신라가요의 기반과 작품의 이해

반교어문학회 편

도서
출판 보 고 사

머 리 말

───────────────────────────────────────ㅇㅇㅇ

우리의 노래는 늦어도 신석기시대에는 벌써 출현해 있었던 것으로 보이지만, 오늘의 노래문화 양상은 청동기시대인 부족국가에 들면서부터 그 얼개가 형성되기 시작한다. 일정한 때가 되면 많은 사람들이 모여 술 마시며 노래하고 춤을 추었다고 하는 국중대회에 관한 각종 기록이나, 이 때 현악기가 등장하여 쓰이고 있었다는 기록들은 신분과 기능에 따른 다양한 노래가 당시에 이미 존재해 있었을 것임을 짐작하게 한다. 그렇지만 우리 노래문화의 구체적인 모습은 신라, 그것도 향가의 등장에 와서야 비로소 접하게 된다. 그러므로 일일이 밝혀 말하지 않더라도 향가의 소중함이 무엇인가는 쉽게 통하며 느낄 수 있다. 그 동안 적지 않은 선학과 동학들이 향가의 해독은 물론 그 문학적 성격과 의미를 알아내기 위한 작업에 매달려 온 것도 그것의 이해가 그만큼 중요한 일이었기 때문이다.

현재 우리가 접하고 있는 신라의 가요들은 수적으로는 얼마 되지 않지만, 참으로 다채로운 모습을 하고 있다. 순수한 서정을 노래하고 있는 것이 있는가 하면, 어떤 기능이나 역할을 수행하고 있는 것들이 그보다 더 다양하게 존재해 있다. 여기에 노래가 만들어지고 불려진 상황도 제각각일 뿐 아니라, 그 형식도 노래의 수에 비해 국면이 다양하다. 그러므로 향가를 비롯한 신라가요의 이해에는 먼저 노래의 배경을 다각적으로 접근하며 점검하고 이를 바탕으로 작품을 꼼꼼히 따져서 읽는 눈이 필요하다. 이 책은 반교어문학회 회원들이 쓴 신라가요에 관한 논문 가운데 이러한 시각과 통할 수 있는 글들을 모아 '반교어문연구총서'로 묶은 것이다.

이 책의 발간에 도움을 주신 분들이 있다. 윤철중 회원은 책의 편집을 주도했으며, 김문태 회원은 이를 도왔다. 또한 출판업계의 사정이 그 어느 때보다 어려운 형편임에도 불구하고 보고사 김흥국 사장은 원고를 선뜻 받아주었다. 이 분들께 학회를 대표하여 감사의 말씀을 드린다. 그리고 글을 싣도록 허락해 준 필진들에게도 고마운 마음을 전한다. 끝으로 이 책이 신라가요의 이해에 다소나마 기여하여 도와 주신 분들의 노고가 보람으로 남게 되기를 기대하며 삼가 머리말에 대신한다.

1998년 3월 15일

반교어문학회 대표간사 강등학 씀

목 차

目 次

1부 신라가요의 배경과 기반의 이해

祭儀가 表象化 되는 한 樣相 : 說服型 呪詞

三句六名에 대하여

鄕歌와 歌樂

화랑도의 風流와 鄕歌

『三國遺事』소재 詩歌와 敍事文脈 연구방법론

呪術的 鄕歌와 密敎呪言의 關係樣相

水路夫人說話와 首露神話의 背景祭儀 檢討

祭儀가 表象化 되는 한 樣相 ;
說服型 呪詞

강 등 학

1. 서 론

그 동안 주사에 대한 연구는 주로 향가를 비롯한 상대시가의 속성을 이해하기 위한 목적의 일환으로 이루어져 왔다. 이 가운데 현존하는 주사를 전체적으로 다룬 주요 업적은 다음과 같다.

가) 김열규 ; 「향가의 문학적 연구 일반」, 김열규외편 『향가연구』, 서울, 민중서관, 1977.
나) 임기중 ; 『신라가요와 기술물의 연구』, 서울, 이우출판사, 1981.
다) 김병욱 ; 「한국 상대시가와 주사」, 김학성외편 『고전시가론』, 서울, 새문사, 1984.

이 분야의 논의는 가)로부터 본격화 되었다. 이 논문은 향가의 주가적 성격을 밝히고자 하면서 아울러 주가의 형태, 주사의 은유원리 등을 다루고 있다. 나) 역시 향가의 주술적 요소를 밝히는 작업을 하면서 주사의 전승형태와 내면구조 등에 대해 논의를 하였다. 그리고 다)는 가)의 업적을 바탕으로 구지가 및 海歌詞와 그 산문전승의 관계를 보다 상세

히 다루고, 주술과 언어의 문제, 주사의 형태분석과 함께 상대시가의 본
질과 그 기능에까지 관심을 보였다.

기존 연구의 이러한 업적을 통해 주사의 이해에 필요한 사항들이 정
리되었다. 특히 주사의 형식, 주사에 작용되고 있는 주술원리, 그리고 향
가를 비롯한 상대시가의 주사적 성격 등이 해명되었다.

그럼에도 불구하고 그 간의 논의들이 지나쳐 온 문제도 없지 않다. 그
가운데 하나는 주사의 유형에 관한 문제이다. 그 동안 학계에서 다루어
온 주사의 자료들은 주로 龜旨歌, 海歌詞, 東明王의 祈雨呪詞, 조선조 궁
중의 祈雨呪詞, 鼻荊郎呪詞, 志鬼呪詞 등이었다. 그런데 선행연구들은 이
들 자료들을 서로 변별적으로 다루지 않았다. 차이를 두었어도 그것은
동일한 범주 안에서의 구분이었다. 결론부터 미리 말하자면 비형랑주사
와 지귀주사는 주술의 방법, 주력의 근거 등에서 나머지 자료들과 차이
가 있다. 그것은 주사의 성립배경과 성격이 다르기 때문이다.

이러한 시각에서 이 글은 위의 주사들의 차이점을 밝혀 유형화하고,
나아가 비형랑주사와 지귀주사의 성립배경과 그 성격을 검토해 보고자
한다.

2. 呪詞의 두 유형

일반적으로 주사는 대상을 환기, 서술, 명령한다. 이러한 점은 다음의
주사를 통해 확인할 수 있다.

    A. 龜何龜何 首其現也 若不現也 燔灼而喫也[1]
    B. 龜乎龜乎出水路 掠人婦女罪何極 汝若悖逆不出獻 入網捕掠燔之喫[2]
    C. 天若不雨而漂沒沸流王都者 我固不汝放矣 浴免斯難汝能訴天[3]
    D. 蜥蜴蜥蜴 興雲吐霧 裨雨滂沱 放汝歸去[4]

---

1) 일연 ,『삼국유사』, 권2 가락국기조.
2) 앞의 책, 권2 수로부인조.
3) 이규보,『동국이상국전집』, 권3 동명왕편.

A의 구지가는 '龜何龜何'의 환기와 '首其現也'의 명령에 이어 '若不現也 燔灼而喫也'의 서술로 짜여 있다. 그리고 서술의 부분은 조건과 위협의 두 부분으로 구성되어 있다. '若不現也'는 조건이고, '燔灼而喫也'가 위협이다.

B는 海歌詞이다. 해가사도 四句로 구성되어 있지만 그 구체적인 짜임은 구지가와 다르다. 해가사는 환기와 명령의 부분을 제1구에 처리하고 대신 제2구를 서술부로 전환하였다. 그러나 환기, 명령, 서술의 기본 틀은 그대로 유지되었다. 그리고 서술에도 조건(汝若悖逆不出獻)과 위협(入網捕掠燔之喫)의 내용이 포함되어 있다.

C는 동명왕이 松讓을 정복하기 위해 비를 내리게 한 祈雨呪詞이다. 그런데 C에는 환기의 부분이 없다. 그리고 C에는 서술부가 먼저 나온다. 서술부는 '天若不雨而漂沒沸流王都者'의 조건과 '我固不汝放矣'의 위협으로 구성되어 있다. 그리고 여기에 '浴免斯難汝能訴天'의 명령부가 이어 있다. 그러나 C 역시 그 기본적인 구성요소는 A와 차이가 나지 않는다. 다만 명령부와 서술부가 도치되어 있고 환기부가 생략되어 있을 뿐이다. 명령문에서 대상의 환기를 생략하는 것은 흔히 있는 일이다.5)

D는 조선조 궁중에서 행한 기우제의 주사이다. 그런데 이 주사는 환기, 서술, 명령의 구성과 그 순서에서 A와 차이가 없다. 다만 서술부의 문면이 위협적으로 표현되어 있지 않은 점이 다르다. 그것은 조건이 A~C와 달리 긍정적 가정으로 되어 있기 때문이다. 그러나 C의 서술부도 문면의 의미와는 달리 그 종국적 의미는 대상에 대해 위협을 가하는 뜻이다. 비를 내리게 하면 놓아 주겠다는 것은 그렇지 못할 경우에는 놓

---

4) 成俔 , 『용재총화』, 권7.
5) 환기는 그 자체가 주력을 가진다. 그러나 여기서는 단지 문법적 사항만을 고려한 것이다. 환기의 주력에 대하여는 다음의 논문을 참고할 수 있다.
　김열규 ,「향가의 문학적 연구 일반」, 김열규외편 『향가연구」, 서울, 민중서관, 1977, pp.128-9.

아 주지 않겠다는 것이기 때문이다. 그렇다면 D의 구성은 표현의 시각을 달리 했을 뿐 그 기본적인 틀은 A와 같은 것임을 알 수 있다.

이렇게 볼 때 위 주사들의 구조는 서술과 명령의 부분을 포함하고 있으며, 또한 서술은 조건과 위협으로 구성되어 있다는 점에서 공통점을 보인다. 그리고 C를 제외하면 모두 환기의 부분이 있다. 그러나 C도 명령의 부분이 있기에 실제의 실행에 있어서는 환기의 부분이 있었을 개연성을 가지고 있다. 이러한 점에서 위 주사들의 기본구조는 환기, 서술(조건, 위협), 명령의 짜임이라고 할 수 있다. 그리고 이 기본구조를 바탕으로 나름대로의 변용을 하고 있다고 할 수 있다.

이와 같은 구조적 양상은 다음의 주사에도 나타난다.

    E. 聖帝魂生子 鼻荊郎室亭 飛馳諸鬼衆 此處莫留停
    F. 志鬼心中火 燒身變化神 流移滄海外 不見不相親

E는 삼국유사에 전하는 鼻荊郎呪詞이다. 그런데 이 주사는 제1, 2구에 서술을 하고, 제3구에서 환기, 그리고 제4구에서 명령을 하고 있다. 그러므로 E는 서술, 환기, 명령의 순서를 보이면서 A의 구지가와 그 기본적인 구조를 같이 하고 있다.

F는 大同韻府群玉에 실려 전하는 心火繞塔에 나오는 志鬼呪詞이다. 그런데 이 주사는 제1~3구에서 서술을 하고, 제4구에서 명령을 하고 있다. 그러므로 F에는 환기의 부분이 없다. 그러나 서술과 명령의 부분이 있고, 또한 C의 경우와 같이 명령문에는 환기가 생략되기 쉽다. 따라서 다소의 변화는 있지만, F 역시 구지가와 같은 기본구조에서 벗어나는 것은 아니다.

그럼에도 불구하고 E와 F는 서술의 내용에 있어 A~D의 주사와 다른 면을 보인다. E의 서술내용은 '성제의 혼이 낳은 아들, 비형랑의 집이다' 는 것이다. 그리고 F는 '지귀 마음 속의 불이 몸을 태우고 화신으로 변했다'는 것이다. 이것은 어떤 사실에 대한 기술이다. 그러므로 여기에는 조건과 위협이 없다. 이러한 점에서 A~D와 E, F는 차이가 난다.

그런데 E와 F의 이와 같은 서술내용에는 각자의 산문전승이 응축되어 수용되어 있다. 그런가하면 A~D의 서술내용은 '명령을 들어주지 않으면, --- 하겠다'든지, '명령을 들어주면 ---하겠다'는 것이었다. 그러므로 A~D의 서술은 명령 부분과의 관련하에 주어진다. 따라서 A~D의 서술내용은 주사 자체의 문맥에서 생성된 것일 뿐 문맥외적 관련은 없다. 이러한 점에서 E와 F의 서술내용은 A~D의 그것과 그 기본적인 성격이 다르다.

한편 A~D와 E, F는 그 서술의 내용과 성격뿐만 아니라 명령의 대상에서도 서로 다른 양상을 보인다. A의 주술적 목적은 수로왕의 출현이다. 그런데 A는 이러한 요구를 거북이에게 하고 있다. 그리고 B 역시 주술의 목적은 수로부인의 귀환인데 그것을 거북이에게 요구하였다. 또한 C와 D도 비를 내리게 하고자 하는 목적을 각각 사슴과 도롱룡에게 요구하였다. 그러므로 이들은 모두 주술의 목적과 직접 관계없는 대상에게 필요한 것을 요구하고 있다고 하겠다. 따라서 A~D의 명령대상은 모두 주술의 목적을 직접 달성시켜 줄 수 있는 존재들이 아니다. 그들은 단지 매개자일 뿐이다.

그러나 E와 F의 명령대상은 A~D와 다르다. E의 주술적 목적은 귀신을 물리치기 위한 것이다. 그리고 F의 주술적 목적은 화귀의 침입을 막는 것이다. 그런데 이 주사들은 이러한 목적을 달성하기 위해 각각 귀신과 火鬼에게 근접을 말라고 직접 요구하고 있다. 그러므로 E와 F에는 매개자가 없다. 따라서 A~D의 주술대상이 간접적이라면, E와 F의 주술대상은 직접적이라고 할 수 있다.

이처럼 A~D와 E, F의 명령대상이 서로 다른 것은 주력의 근거가 다르기 때문이다. 전자는 매개자에게 위협하고 명령한다. 곧, 매개자에게 주술을 거는 것이다. 그러므로 전자의 주술효과는 매개자가 주술목적의 유관자에게 영향을 미칠 수 있는가의 여부에 달려있다. 따라서 주술사는 매개자가 주술 목적의 유관자에게 영향을 미칠 수 있도록 해야 한다. 바꾸어 말하면 매개자가 주술사의 의도대로 움직일 수 있도록 만들어야 하는 것이다. 이를 위해 전자의 주사들은 매개자를 위협한다. 곧, 매개자가 그들의 요구를 들어 줄 수 있도록 강요하는 것이다.

그러나 후자의 경우는 사정이 다르다. 후자는 주술목적의 유관자에게 직접 명령한다. 따라서 이 경우의 주술 효과는 주술 목적의 유관자가 이 명령을 수용하느냐의 여부에 달려 있다. 그러므로 주술사는 목적의 유관자가 주술사의 명령을 받아들이도록 해야 한다. 그러기 위해서는 주술사는 그의 명령을 따르도록 주술대상을 구속해야 한다. 그러나 이 주사들은 전자의 경우처럼 주술대상을 위협하면서 강요하지 않는다. 단지 '이곳은 비형랑의 집이니 여기에 머무르지 말라', '지귀는 화신이 되어 멀리 갔으니 가까이 오지 말라'는 식으로 말할 뿐이다. 이것은 어떤 사실을 알려 주고 사정이 그와 같으니 어떻게 하라고 설득시키는는 형식이라고 할 수 있다. 다시 말하면 說服시키는 것이다.

이미 검토한 대로 A~D와 E, F는 그 특성이 다르다. 이것은 주력의 근거와 주술의 목적을 달성하는 방법이 서로 다른 데서 주로 기인된다. 전자는 제삼자를 끌어들여서 그를 협박하여 자신의 요구를 들어 주도록 조치하는 하는 반면, 후자는 해당자에게 어떤 사실을 직접 알리고 사정이 그와 같으니 어떻게 하라고 설득한다. 그러므로 전자의 주력은 매개자에 대한 위협에 근거를 두게 되고, 후자는 대상에게 알려 준 사항, 곧 문맥 외적 사항에 근거를 두게 된다. 명령대상의 차이나, 서술 내용의 차이는 모두 이와 같이 A~D와 E, F의 주사가 그 기본적인 속성을 달리 하고 있는 데서 비롯된 것이다. 사정이 이와 같다면 이들은 서로 다른 유형으로 구분될 필요가 있다. 이러한 점에서 전자를 强要型 주사라고 하고, 후자를 說服型 주사라고 부르도록 한다.

3. 說服型 呪詞의 형성배경과 그 성격

비형랑주사와 지귀주사의 주력은 문맥외적 사항에 근거를 두고 있다고 했다. 여기서 문맥외적 사항이란 물론 이 주사들의 산문전승을 가리킨다. 그렇다면 산문전승이 이 주사들의 주술적 목적과 밀접한 관계를 가지고 있다고 할 수 있다. 이제 산문전승이 이들의 주술목적인 벽귀와 진화를 어떻게 실현시킬 수 있는지 검토해보기로 한다. 다음은 비형랑주사의 산문전승을 요약한 것이다.

> 비형랑은 진지왕의 혼과 도화 사이에서 출생했다. 그런데 비형랑이 선왕의 아이라고 해서 진평왕이 데려다 궁중에서 키웠다. 15세에 이르러 집사의 벼슬을 주었는데, 비형랑은 밤마다 궁 밖에 나가 귀신의 무리들과 놀았다. 진평왕이 이를 알고 신원사 북쪽에 다리를 놓게 했다. 비형랑은 명에 따라 귀신을 부리어 하룻밤만에 다리를 놓았는데, 그것을 귀교라고 했다. 또한 진평왕은 귀신의 무리 가운데 정사를 도울 만한 자를 천거하도록 요구했다. 이에 비형랑이 길달을 천거하자, 왕은 그에게 집사의 벼슬을 주고, 각간 임종으로 하여금 아들로 삼게 했다. 그런데 하루는 길달이 여우로 변하여 도망을 하니 비형랑이 그를 잡아 죽였다. 그 후 귀신들이 비형랑의 이름만 들어도 두려워하여 달아났다. 이에 사람들이 '聖帝魂生子 鼻荊郎室亭 飛馳諸鬼衆 此處莫留停'의 글귀를 문에 써 붙여서 귀신을 물리치게 되었다.6)

비형랑을 도와 다리를 놓아 준 귀신은 인간에게 해로운 존재가 아니다. 이 점은 인간에 출현하여 정사를 도운 길달도 역시 마찬가지였다. 그러나 길달이 인간을 등지고 달아나면서 그는 악귀로 인식된다. 비형랑은 인간에게 해로운 귀신을 잡아 죽였다. 이로써 귀신들이 그를 두려워하게 되었다. 물론 비형랑을 무서워하는 귀신은 악귀일 것이다. 비형랑

---

6) 一然, 『三國遺事』, 卷1 「桃花女鼻荊郎」.

주사의 산문전승은 이처럼 비형랑이 인간에 도움이 되는 귀신을 부리고, 또한 해로운 귀신은 죽여 없애는 비범한 행위를 기술하고 있다.

비형랑 주사는 비형랑의 이러한 비범한 행위를 믿는 데서 출발한다. 그러므로 비형랑주사의 전승집단에게는 비형랑의 비범한 행위는 사실로 인지된다. 따라서 비형랑 주사가 주사로서 전승되는 기저에는 유사가 유사를 낳는다는 이른바 유사법칙의 주술심리가 작용되고 있다.

프레이저는 유사법칙에 의한 주술의 예를 다양하게 제시한 바 있다. 이 중에 간단한 것을 예로 들면 다음과 같다.

> 다이아크의 주술의는 환자의 집에 불려가면 드러누워서 죽음을 가장한다. 그리하여 그는 시체로 취급되고 거적에 싸여서 집 밖으로 내어져서 땅위에 놓인다. 거의 한 시간 지난 후에 다른 주술의가 거적에서 시체를 끄집어 내서 다시 생명을 준다. 그가 회복함에 따라 환자도 쾌유된다고 믿어지고 있다.7)

呪術醫가 죽었다가 재생하면, 환자도 쾌유된다. 이것은 유사가 유사한 상황을 가져 오기 때문이다. 곧, 주술사의 행위와 같이 병이든 환자는 죽고 병이 없는 상태로 다시 태어 나는 것이다.

주사 속의 비형랑은 산문전승과 단절되면 그 힘이 사라지고 만다. 그의 힘은 그가 귀신을 부렸고, 또한 귀신을 죽였다는 사실로부터 주어진 것이기 때문이다. 그러므로 주사 속의 비형랑은 산문전승이 응축되어 표상화된 존재다. 바꾸어 말하면 비형랑은 산문전승과 등가물이라는 것이다.

이 주사는 '성제의 혼이 낳은 아들, 비형랑의 집이 여기다'라고 기술하고 있다. 비형랑의 집이 여기라는 것은 비형랑이 여기에 있다는 것이다. 그리고 비형랑이 여기에 있다는 것은 그의 비범한 능력과 그 행위가 여기에 실재한다는 것을 의미한다. 따라서 이 주사의 서술부는 앞의 예

---

7) J. G. Frazer, 『황금가지』 I (장병길역), 삼성출판사, 1978, p.52.

에서 주술의가 보인 죽음과 재생의 행위와 그 기능을 같이 한다. 즉, 기대하는 결과를 이루기 위해 유사한 상황을 설정하고 설정된 상황의 문제를 해결해 버리는 것이다. 비형랑이 여기에 있고, 또 그는 이미 악귀를 없애 버린 것이다. 그러므로 이러한 결과는 다시 주술의 실행 장소에 전이된다. 곧, 이 주사를 써 붙인 곳에도 더 이상 악귀의 존재는 없게 된다. 이것은 기대의 결과를 만들어 실제로 그러한 상황이 된 것으로 인정하는 것이다. 다시 말하면 결과를 선점하는 것이다.

지귀주사도 같은 시각에서 이해할 수 있다.

> 지귀는 신라 활리역졸이다. 그는 선덕여왕의 아름다움을 사모하였다. 그래서 그는 근심하면서 눈물을 흘려 형용이 초췌했다. 왕이 분향하기 위해 절에 행차하려 함에 그 사정을 듣고 그를 부르게 했다. 지귀가 도착하여 절의 탑 아래에서 어가의 행차를 기다리다가 홀연히 잠이 들었다. 이에 왕이 팔찌를 빼어 그의 가슴에 놓고 환궁하였다. 뒤에 잠에서 깬 지귀는 한동안 근심하여 기절하다가 심화가 나와 탑을 돌고서는 곧 화귀로 변하였다. 왕이 술사로 하여금 주사를 짓게 했는데 시속에 이것을 문에 붙여서 화재를 막았다.[8]

귀신은 주로 밤에 활동한다. 비형랑이 귀신의 무리들과 어울린 때도 밤이었다. 그리고 처용이 가무하며 역귀와 부딪친 것도 밤이었다. 이것은 귀신이 음의 존재이기 때문이다. 그런데 음의 존재는 가리워져 있다. 곧, 그는 정체불명의 존재이다.[9] 그러므로 정체가 드러나서 더 이상 가리워진 부분이 없을 때 귀신은 마력을 잃고 만다. 낮이 되면 귀신이 귀신으로서 갖는 능력과 힘이 사라지는 것은 이 때문이다.

지귀설화는 지귀가 화귀가 되기까지의 내력을 말하고 있다. 그리고 지

---

8) 『大同韻部群玉』. 「心火繞塔」
9) 최진원, 『한국고전시가의 형상성』, 서울, 성균관대학교 대동문화연구원, 1988, p.225.

귀주사는 이러한 산문전승을 응축하여 '지귀의 마음 속 불이 몸을 태우고 화신으로 변했다'고 기술하고 있다. 이것은 화귀의 내력을 밝힌 것이다. 다시 말하면 화귀의 정체를 폭로한 것이다. 내력이 밝혀지면서 화귀는 그 힘을 잃게 된다. 가리워진 부분이 드러난 화귀는 더 이상 음의 존재가 아니기 때문이다. 이것은 처용이 역신의 행위를 간음으로 형상화하여 지적했을 때 역신이 처용에게 용서를 빌었던 것10)과 맥락을 같이 하고 있다.

마력을 잃은 화귀는 이미 화귀가 아니다. 이로써 화귀는 더 이상 존재하지 않게 되었다. 이러한 결과는 이젠 주술의 실행 장소에 전이된다. 그러므로 주술의 장소에도 화귀는 존재하지 않게 된다. 역시 유사법칙이 작용되는 것이다. 이렇게 볼 때 비형랑 주사와 지귀주사는 그 서술부에 악귀를 퇴치하는 기능이 부여되어 있음을 알 수 있다. 그리고 이것은 이 주사들의 주력적 근거가 산문전승에 놓여져 있음을 확인해 주는 것이다.

사정이 이와같다면 여기서 한 가지 문제가 제기될 수 있다. 위 두 주사의 서술부와 명령부의 관계가 그것이다. 이 유형의 주사는 서술부만 가지고도 주술의 목적을 이미 달성하고 있다. 그것은 결과를 선점했기 때문이다. 그러므로 악귀를 대상으로 다시 명령을 할 필요가 없다. 명령을 하면 그것은 사족에 불과한 것이다.

명령은 주사의 가장 핵심적인 사항이다. 명령은 기대하는 바를 요구하는 부분이기 때문이다. 그럼에도 불구하고 설복형 주사에서는 명령이 꼭 긴요하지 않다. 이것은 강요형 주사가 명령의 부분이 없이는 성립될 수 없는 것과 대조적인 것이다.

4구의 짧은 형식에 꼭 긴요하지 않은 사항이 자리 잡게 된 데는 그만한 사정이 있었을 것이다. 그 사정은 비형랑주사와 지귀주사의 형성과정과 관계되는 것으로 보인다. 그리고 이 두 주사의 형성은 산문전승과 밀

---

10) 앞의 논문, pp.225-6.

접한 관계를 가지고 있다. 그러므로 여기서의 문제는 실상 산문전승의
속성에 관한 것으로 모아진다.

비형랑주사와 지귀주사의 산문전승은 일정한 서사적 맥락이 있다. 그
리고 비형랑이 악귀를 퇴치하는 일이나, 지귀가 화귀로 변신하는 행위
등은 앞에서 예로 든 다이아크의 주술의의 행위와 같이 실연되었을 개
연성이 있다. 그렇다면 이 두 주사의 산문전승은 그 근원이 제의에 있는
것으로 볼 수 있다. 제의는 일정한 서사적 내용을 극적으로 실연하기 때
문이다.

제의는 일정한 서사적 내용을 극적으로 실연한다고 했다. 그러나 어떠
한 이유든 제의의 실연은 중지되는 일이 많다. 그런데 제의의 실연이 중
지되어도 그 서사적 내용은 다른 모습, 곧 이야기로 전환되어 남는다.
제의로부터 비롯된 이야기는 주로 신화, 전설 등으로 자리 잡는다.

제의가 이렇게 이야기화 되면서 나타나는 한 가지 현상은 역사화의
경향이다.[11] 곧, 이야기가 역사적 사실인 양 꾸며지는 것이다. 이러한 경
향에 따라 제의의 신적 존재가 역사적 인물로 대치되기도 하고, 역사적
인물을 새롭게 끌어 들이기도 한다. 그런가 하면 제의의 서사적 주인공
이 역사적 인물인 양 꾸며지기도 한다. 이를테면 가락국기의 수로신화나,
수로부인의 전승은 모두 제의적 잔존물로 검토되고 있으나, 그것은 역사
적 기록인 양 자리 잡혀 있다.

비형랑주사와 지귀주사의 산문전승도 같은 맥락에서 이해할 수 있다.
현전하는 비령랑주사와 지귀주사의 산문전승도 역사적 인물을 등장시켜
마치 역사적 기록인 양 자리 잡혀 있다. 그러나 우리는 물론 이 산문전
승의 내용을 액면 그대로 받아들이지 않는다. 그것은 이 산문전승들의
내용이 비현실적이기 때문이다. 따라서 이 산문전승들도 위와같은 시각
에서 각각 벽귀와 진화를 위한 의식의 서사적 잔존물이 유사역사화된

---

11) Lord Raglan, "Myth and Ritual", Myth : a Symposium, ed. by Thomas
   A. Sebeok, Indiana Univ. Press, U.S.A. 1965, p.129.

것으로 보게 된다.

한편 제의가 중단되어도 서사적 내용은 남게 되듯이 그 사유 또한 쉽게 사라지지 않고 공동체의 인식 속에 그대로 남는다. 제의적 사유가 제의를 낳게 한 발상과 인식이라고 본다면, 그 기능적 인식은 진실성이다. 제의의 내용을 믿고 그 결과를 믿는 것이다. 제의적 사유에 대한 이러한 믿음은 그 서사적 내용이 이야기로 전환되어도 쉽게 변하지 않는다. 신화는 말할 것 없이 전설도 진실된 것으로 여겨지는 것이다. 그러므로 제의적 사유에 대한 믿음이 유지되는 한 제의공동체의 인식에서는 신화나, 전설이 그저 단순한 이야기일 수 없다. 그것은 이야기로 전환된 제의인 것이다.

주술은 그 결과에 대한 믿음으로부터 시작된다. 믿음이 뒷받침 되지 않는 주술은 유희에 지나지 않는다. 이 점은 비형랑주사와 지귀주사의 경우도 다를 바 없다. 이미 제의로부터 멀어져 이야기로 전환된 내용을 바탕으로 주사가 성립되었다는 것은 그 믿음의 끈이 아직 단절되지 않았음을 의미한다. 곧, 제의는 해체되었어도 그것에 대한 기능적 인식과 믿음은 그대로 남아 있었던 것이다. 그러므로 이 두 주사의 기저에 놓여 있는 사유와 인식은 제의적인 것이라고 할 수 있다.

비형랑주사와 지귀주사가 가지고 있는 제의성은 강요형 주사의 주술성과 다른 것이다. 제의에는 일정한 서사적 맥락이 있고, 그것은 극적으로 실연된다. 그리고 이 실연을 통해 기대하는 결과를 만들어 낸다. 제의의 현장에서 비형랑이 길달을 죽이고, 지귀의 심화가 분출되어 화귀로 변하는 것이다. 그리하여 악귀가 사라지는 상황이 실재하도록 하는 것이다. 곧, 기대하는 결과를 만들어 先占하는 것이다.

그러나 강요형주사의 주술은 대상을 자신의 뜻대로 조절하려는 인간의 의지만 강하게 표출될 뿐 결과를 만들어 내지는 않는다. 이를테면 동명왕은 송양을 물바다로 만들어 정복하고자 했다. 이러한 목적을 이루기 위해 그는 사슴을 매달아 놓고 위협을 가했다. 그 결과 비가 내렸다. 그러나 이것은 동명왕이 직접 만들어 낸 결과는 아니다. 그것은 사슴이 하늘에 호소하여 이루어진 것이다. 동명왕은 그러한 결과를 가져오도록 사슴에게 요구하였을 뿐이다. 그러므로 비형랑주사와 지귀주사의 배경이되는 제의가 기대하는 결과를 생산하는 것이라면 강요형주사의 주술은 기대의 결과를 주문하는 것이라고 할 수 있다.

주문과 생산은 다른 일이다. 주문은 요구의 행위이고, 생산은 만들어내는 행위이다. 비형랑주사와 지귀주사가 서술부와 명령부의 조화를 이루지 못하는 것은 주문과 생산의 두 가지 일을 한 곳에 수용하고 있기때문이다. 곧, 서술부에서 이미 기대하는 결과를 생산했음에도 불구하고 명령부에서는 그 결과를 주문하는 양상을 보이고 있는 것이다.

그럼에도 불구하고 이 두 주사의 형식은 강요형 주사와 다르지 않다. 이것은 설복형 주사가 강요형 주사의 형식에 의해 구성되었음을 말해주는 것이다. 비형랑주사와 지귀주사는 서술부만 가지고도 주술의 목적이 달성되지만, 강요형 주사는 명령부가 없이는 성립될 수 없기 때문이다. 서정이 이와같다면 비형랑주사와 지귀주사는 제의적 내용과 사유가이야기로 전환된 이후 강요형 주사의 형식에 의지 하여 형성된 것이라고 할 수 있다.

이미 검토한 바와 같이 비형랑주사와 지귀주사는 서술부에서 기대의 결과를 만들어 내고 있다. 그리고 여기에는 결과를 선점하여 실제로 그와 같은 결과를 얻고자 하는 유사법칙의 심리가 작용되어 있다. 그런데 이렇게 기대의 결과를 만들어 선점하는 기능을 가진 서술의 내용은 문면에는 드러나 있지 않다. 문면의 맥락으로만 본다면 이 두 주사의 서술내용은 명령의 근거가 될 뿐이다. 그러므로 이 두 주사는 그 내용과 속성이 제의에 기원을 두고 있음에도 불구하고 주사에는 그러한 속성이그대로 유지되지 못했다.

그런가하면 이 두 주사의 명령은 강요형주사만큼 강하지도 않다. 강요형주사의 명령은 위협적 서술이 뒷받침하고 있지만 비형랑주사와 지귀주사는 이러한 장치가 없기 때문이다. 그렇다면 비형랑주사와 지귀주사는 그 형식을 빌려왔음에도 불구하고 구성부의 기능과 성격은 강요형주사와 달라졌다고 하겠다.

이러한 양상은 비형랑주사와 지귀주사가 이질적 내용과 형식이 연결되어 성립됨으로써 빚어진 것이다. 즉, 형식은 내용에 의해 그 구조적 속성이 변화되고, 또한 내용은 형식에 의해 그 기능의 속성이 달라진 것이다. 그 결과 이 두 주사의 문면은 결과의 선점이라는 본래의 제의적 내용과 성격을 직접 드러내지도 않고, 또한 강요형주사의 형식적 특성도 그대로 유지 되지 않는, 제3의 산물로 자리 잡게 된 것이다.

이것은 이 두 주사의 구성요소인 제의적 내용과 주술적 형식이 각자의 고유성은 그 기저에 남겨두면서, 다른 한편으로는 본래의 속성과 다른 양상을 갖게 되었음을 말해 주는 것이다. 이 두 주사의 문맥이 일정한 사실을 알리고 그것을 바탕으로 대상을 설득시키는, 곧 설복의 양상을 보이게 된 것은 이 때문이다. 그리고 이들을 유형화시켜 강요형주사와 구분지어야 하는 것도 이 때문이다.

강요형 주사는 일정한 행위와 함께 구연된다. 그러나 비형랑주사와 지귀주사는 글귀를 써서 문에 붙여 놓는 것으로 그친다. 그러므로 이 두 주사의 위상과 기능은 강요형주사와 다르다. 강요형주사는 행위와 함께 구연되기 때문에 주사는 주술 실행의 한 구성소에 지나지 않는다. 그러기에 강요형 주사의 주술은 주사의 구연만 가지고 성립되지 않는다. 이러한 점에서 주사는 행위, 곧 몸짓과 동격이다. 주사의 구연도 하나의 행위로써 행해지는 것이다. 그러나 비형랑주사와 지귀주사의 주술은 주사만 가지고 성립된다. 그러므로 강요형 주사는 주술의 부분적 기능을 담당하고 있다면, 비형랑주사와 지귀주사는 주술의 기능을 전담하고 있다고 할 수 있다. 바꾸어 말하면 전자가 주술의 부분이라면, 후자는 그 자체가 주술의 전체인 것이다.

비형랑주사와 지귀주사의 주술이 주사만 가지고 성립되는 것은 그 형성배경이 제의에 있기 때문이다. 제의가 해체된 이후 그 기능은 이야기로 옮겨지고, 다시 그 기능은 주사로 옮겨 진 것이다. 그러므로 그 기능으로 볼 때 이 두 주사는 제의와 격을 같이 하는 것이다. 곧, 제의적 사유와 기능이 표출의 매체를 달리 하며 비형랑주사와 지귀주사에 이른 것이다. 이 과정에서 제의 현장의 실연은 언어로 대치되고, 또한 그 서사성은 보다 응축되었다. 그러므로 비형랑주사와 지귀주사는 제의의 잔존물이며, 표상물로서 이해하게 된다. 이것은 제의가 관념화되어 가는 한 양상이라고 볼 수 있을 것이다. 표상은 의미화의 과정이기도 하기 때문이다.

이러한 점에서 설복형 주사의 성격은 처용의 화상과 다르지 않다. 처용의 화상이 그 산문전승과 단절되면 물론 벽귀의 힘은 사라진다. 처용설화는 처용이 벽귀의 힘을 갖게 되기까지의 내력에 관한 이야기이다. 그러나 이것도 제의의 잔존물이다. 이야기 이전의 제의에는 헌강왕 앞에 산신이 출현하여 춤을 추듯이 처용이 역귀를 물리치는 행위가 실연되었을 것이다. 이러한 실연이 이야기화 되면서 언어로 대치되고, 그것이 다시 화상으로 표상화된 것이다. 그러므로 처용의 화상을 통해 벽귀를 꾀하는 일은 제의적 사유의 또 다른 표현이라고 할 수 있다. 바꾸어 말하면 변형된 제의라는 것이다.

우리는 여기서 제의가 중단되어도 그 사유와 인식은 그대로 남아서 새로운 매체를 통해 표출되는 양상을 다시 확인하게 된다. 제의도 어느 측면이든지 결국생활의 어떤 필요를 충족시켜 주는 기능을 갖는다. 그러므로 생활상의 필요가 사라지면 제의도 더 이상 유지될 수 없다. 그러나 생활상의 필요가 존속함에도 불구하고 다른 요인에 의해 제의가 중단되면 제의가 맡고 있었던 기능을 수행할 수 있는 대체사항을 모색하게 된다. 악귀, 화귀, 역귀 등의 침범을 막고자 하는 것은 제의가 중단된 이후에도 생활의 바람으로 남는 것이다. 비형랑주사, 지귀주사, 처용의 화상 등은 이러한 필요에 의해 새롭게 모색된 제의의 대체물이다. 이러한 점에서 이들은 표현의 형식은 달라도 그 성격을 같이 하고 있다. 모두 제의의 표상물이기 때문이다.

4. 결 론

우리는 앞에서 주력의 근거와 주술의 목적을 달성하는 방법이 서로 다른 두 부류의 주사가 있음을 확인하여 각각 하나의 유형으로 설정하였다. 제삼자를 끌어 들여 자신의 요구를 들어 주도록 조치하는 방법을 취하는 것을 강요형이라고 했고, 어떤 사실을 직접 알리고 사정이 그와 같으니 어떻게 하라고 주술의 대상을 설득하는 방법을 취하는 것을 설복형이라고 했다. 이 시각에 따르면 구지가, 해가사, 동명왕의 기우주사, 조선조 궁중의 기우주사는 강요형주사이고, 비형랑주사와 지귀주사는 설복형주사에 속한다.

이 두 유형의 주사는 서술의 내용과 성격에서 차이를 보인다. 강요형주사의 서술 내용은 명령을 들어 주지 않으면 어떻게 하겠다고 매개자를 위협하는 것으로 되어 있으나, 설복형 주사의 서술내용은 산문전승을 응축한 것이다.

비형랑주사와 지귀주사의 산문전승은 본래 벽귀와 진화를 위한 제의에서 비롯된 것으로 보인다. 다시 말하면 제의의 서사적 내용이 유사역사화되면서 이야기로 전환되었고, 또한 이야기를 바탕으로 주사가 구성되었다는 것이다. 그리고 현재의 산문전승은 이렇게 구성된 이야기와 주사가 한 곳에 연결되어 자리 잡은 것이다. 그러므로 이 두 주사의 서술 내용의 기저에는 제의적 사유와 인식이 놓여 있다. 사정이 이와같기에 비형랑주사와 지귀주사는 제의의 잔존물로 이해하게 된다.

비형랑주사와 지귀주사의 내용은 제의적인 것이지만, 그 형식은 강요형주사와 같은 것이다. 이것은 이 두 주사가 강요형주사의 형식을 빌어 구성되었기 때문이다.

강요형주사는 일정한 행위와 함께 구연된다. 그러나 비형랑주사와 지귀주사는 글귀를 써서 문에 붙여 놓는 것으로 그친다. 그러므로 강요형주사는 주술의 부분적 기능을 담당하고 있다면, 비형랑주사와 지귀주사는 주술의 기능을 전담하고 있다. 이렇게 비형랑주사와 지귀주사의 주술이 주사만 가지고 성립되는 것은 이 주사가 제의의 대체물이기 때문이다. 즉, 구체적으로 실연되던 제의는 그 내용이 언어(이야기)로 대치되는 과정을 거쳐, 그것이 다시 응축되고 표상화되어 주사로 자리 잡은 것이다. 그러므로 기능의 측면에서 본다면 비형랑주사와 지귀주사는 제의와 격을 같이 하게 된다.

표현의 매체는 달라도 처용의 화상도 같은 성격을 갖고 있다. 이 역시 제의적 실연이 언어로 대치되면서 이야기화 되고, 그것이 다시 화상으로 표상화된 것이다. 그러므로 비형랑주사와 지귀주사는 처용의 화상과 함께 제의가 관념화되어 가는 양상의 결과로서 이해하게 된다.

이 글의 기본적인 의도는 현존하는 주사가 서로 다른 속성을 가진 두 부류가 있음을 밝히고자 하였다. 그러나 실제로 거둔 성과는 처음의 의도에 미치지 못했다. 그리고 입춘과 단오 등에 쓰였던 주사를 함께 다루지 못했다. 그러므로 여기서의 논의는 이러한 한계를 가지고 있다.

《 參考文獻 》

『大同韻部群玉』
『東國李相國全集』
『三國遺事』
『용재叢話』
김병욱, 「한국 상대시가와 주사」, 김학성외편 『고전시가론』, 새문사, 1984.
김열규, 「향가의 문학적 연구 일반」, 김열규외편 『향가연구』, 서울, 민중서관, 1977.

임기중, 『신라가요와 기술물의 연구』, 이우출판사, 1981.
최진원, 『한국고전시가의 형상성』, 서울, 성균관대학교 대동문화연구원, 1988.
Fraxer, J.G. 『황금가지』 I (張秉吉譯), 三省出版社, 1978.
Raglan, Lord, "Myth and ritual", Myth : a Symposium, ed. by Thomas A, Sebeok, Indiana Univ. Press, U.S.A. 1965, p.129.

三句六名에 대하여

강 등 학

1. 서 론

널리 알고 있는 바와 같이 崔行歸는 균여의 보현십원가 11수를 번역하면서 그 서문에서 향가의 형식에 대하여 다음과 같이 언급한 바 있다.

　　漢詩는 중국말로 얽어 五言七字로 갈고 다듬으며, 鄕歌는 우리 말로 늘어 놓아 三句六名으로 끊고 다듬는다.1)2)

여기서 언급된 '三句六名'은 현재 우리가 알고 있는 향가의 형식에 대한 거의 유일한 기록이다. 이 때문에 그 동안 학계에서는 이 '三句六名'의 해석을 위해 참으로 다각적인 노력을 해왔다. 그러나 이러한 노력에도 불구하고 '三句六名'이 뜻하는 바는 뚜렷한 통설이 없이 의견이 분분한 상황이다.

분분한 여러 설에 대한 문제점은 이미 누차 지적되어 온 바 있으므로 이 글에서는 일일이 검토하지 않기로 한다.3) 다만 기존의 견해들이 공

---

1) 詩句唐辭 磨琢於五言七字 歌排鄕語 切磋於三句六名 (均如傳 第八 譯歌現德分者)

2) 삼구육명의 여러 견해에 대한 자세한 정리 및 문제점의 지적은 다음의 논문으로 미룬다. 김학성, 「삼구육명의 해석」, 장덕순 외 『한국문학사의 쟁점』,

통적으로 안고 있는 문제점만 언급한다면, 그것은 향가가 노래로 불리
워졌다는 점을 진지하게 인식하지 않았다는 것이다.

향가의 기본적인 속성은 그것이 노래로 불리워지는 장르라는 점에 있
다. 따라서 삼구육명의 구체적인 내용이 무엇이든지 그것은 가사가 만들
어지고 불려지는 시가 장르의 일반적인 속성 위에 놓일 때 보편성을 확
보할 수 있을 것이다. 이 글은 이러한 시각에서 삼구육명을 어떻게 이해
해야 할것인가에 대해 검토해보고자 한다.

2. 삼구육명의 해석을 위한 시각

균여전은 보현십원가 11수를 일정한 단위로 나누어 기재하고 있다. 초
기의 향가 연구자들은 이 단위에 '句'라는 이름을 붙여 향가의 형식을 이
른바 4구체, 8구체, 또는 10구체 등으로 규정했고, 이는 뒤를 이은 연구
자들에게 거의 그대로 받아들여져 통용되어 왔다.

그런데 향가는 삼국유사에서도 균여전과 같이 分記되어 있다. 그러나
삼국유사와 균여전의 분기양상은 서로 다르다. 이른바 10구체의 경우 균
여전은 嗟辭를 포함하여 11개의 단위로 일정하게 나누었지만 삼국유사
는 7, 9, 10, 11단위 등으로 다양한 양상을 보인다. 뿐만 아니라 분기의
단위도 균여전의 1단위가 삼국유사에서는 2단위로 나뉘거나 균여전의
2단위가 삼국유사에서는 1단위로 되어 있기도 하다. 그러므로 언뜻 보기
에 삼국유사의 향가 분기는 균여전과 달리 어떤 원칙이 없는 것처럼 보
이기까지 한다.

사정이 이와 같기에 그간 학계에서는 균여전의 分記單位를 기준으로
삼국유사의 향가를 재정리 하여 그 형식을 규정해 왔다. 따라서 지금까
지의 향가에 대한 형식 규정은 처음부터 기본적인 문제점을 안고 출발
한 것으로 보아야 할 것이다. 왜냐하면 삼국유사의 분기양상은 향가의

서울, 집문당, 1986.

형식규정에 반영되지 않았기 때문이다. 균여전의 향가 분기양상이 어떤 의미를 갖는 것이라면 삼국유사의 그것도 다를 바 없을 것이다. 그럼에도 후자의 것을 무의미한 것으로 취급하는 것은 그 실상과 관계없는 연구자의 자의적인 해석일 뿐이다. 그러므로 향가의 형식규정은 균여전과 삼국유사의 분기양상에 공히 일관되게 통할 수 있는 원칙에 따라 마련되지 않으면 설득을 얻기 어려울 것이다.

崔正如는「鄕歌分節攷」라는 논문을 통해 삼국유사 소재 향가의 분기양상을 무의미한 것으로 다루어 왔던 그 동안의 태도에 문제를 제기한 바 있다. 그에 따르면 삼국유사 소재 향가는 무의미하게 널려 있는 것이 아니라 가창상의 歌節에 따라 분기되어 있다는 것이다. 다시말하면 삼국유사의 향가들은 歌譜에 따라 분기되어 있다는 것이다.14) 최정여의 이러한 견해는 삼국유사의 향가 분기양상을 새롭게 이해하는 계기를 마련해 주었다. 이 글도 최정여의 견해에서 시사받은 바가 크다. 이러한 점에서 이 논문은 그 간의 여러 논의들보다 진일보한 점이 있다.

그러나 이 논문에도 기본적인 문제점이 발견된다. 그것은 시가의 형식에 대한 시각에 관한 문제이다. 최정여는 그의 논문에서 문학의 형식과 가창의 형식을 구분했다. 이를테면 그는 가곡창의 가사는 문학적으로는 3장 형식이고, 음악적으로는 5장 형식이 된다고 했다. 그것은 가곡창의 가사를 가사 자체의 질서에 따라 적는다면 3단위가 되고, 창곡의 질서에 따라 적는다면 5단위가 되기 때문이라고 했다. 이처럼 이른바 10구체 향가도 문학적으로는 삼구육명의 형식이 되고, 음악적으로는 삼국유사의 향가 분기처럼 다양한 양상을 갖는다는 것이 그의 주장이다.15)

그러므로 최정여는 균여전을 바탕으로 한 향가의 문학적 형식의 논의는 그대로 인정하면서 삼국유사의 향가 분기양상에 대하여만 가창상의

---

3) 최정여, 「鄕歌分節攷 - 三國遺事 所收分을 中心으로」, 김열규 외편,『향가
  연구』, 국문학논문선, 서울, 민중서관, 1977.
4) 앞의 논문, pp.242~3, 247.

측면에서 이해하려 했던 것이다. 사정이 이와 같기에 최정여는 균여전의
향가 분기양상에 대하여는 그것이 문학적 질서에 따른 것인지 또는 가
창의 질서에 따른 것인지 명확한 언급을 하지 않았다.

그렇다면 시가의 형식은 문학과 가창의 두 측면에서 이원적으로 존재
하는 것인가?

그 동안 시가 장르의 형식을 규정하는 방법으로 흔히 율격을 활용해
왔다. 그래서 시가의 형식에 대한 논의에는 주로 자수, 음보, 시행 등의
요소들이 구조적으로 어떠한 양상을 보이는가를 검토해왔다. 그러나 동
일한 장르의 시가 작품들이 율격적으로 일관된 양상을 드러내는 것이
아니며, 또 이러한 양상은 자연스러운 것임은 이미 밝혀진 바 있다.16)
그것은 시가의 가사들이 가창을 전제로 구성된 것이기 때문이다. 따라서
가창의 질서로 구성된 가사의 형식을 낭독의 구조인 율격을 통해 규정
하는 것이 실상과 맞지 않는 것임은 근래 거듭 지적되고 있다.17)

시가의 장르적 형식은 어느 개인의 창조물이 아니라 전승공동체의 창
자나 수용자들의 마음 속에 함께 자리 잡혀 있는 공유의 인식이다. 그러
므로 그것은 규범적 성격을 갖는 장르수행의 문법 가운데 하나라고 할
수 있다. 따라서 시가의 형식은 구연, 곧 가창을 배제한 채 단순히 가사
자체만을 가지고 논할 성질의 것은 아니다. 그것은 가사가 만들어지고
또 불려지는, 다시 말해 장르수행의 문맥 위에서 다루어져야 한다.

시가는 창곡과 가사가 함께 어울려 유기화 되는 장르이다. 그리고 시
가의 장르수행은 전승공동체가 공유하는 인식 속에서 이루어져야 한다.
그러기에 시가의 장르들은 창곡과 가사를 연결짓는 방법을 일정하게
틀 잡아 놓고 있다. 창곡과 가사를 연결짓는 이러한 틀을 가창구조라고
한다.18)

---

5) 강등학, 『정선아라리의 연구』, 서울, 집문당, 1988, pp.79~84.
6) 앞의 책, p.83.
   김대행, 『우리시의 틀』, 서울, 문학과비평사, 1989, p.124.

가창은 가사를 창곡의 구조에 알맞게 배분하여 聲音化 하는 행위를
말한다. 그리고 가사구성은 창곡의 구조에 어울리면서 동시에 가사 자체
의 유기적인 질서가 유지되도록 언어를 읽어 나가는 일이다. 이러한 측
면에서 보면 가창과 가사구성의 작업은 창곡과 가사의 조화로운 연결이
라는 동일한 전제 아래 수행되는 것이라고 할 수 있다. 따라서 가창구조
는 가창의 틀이되면서 동시에 가사구성의 틀이 되기도 하는 것이다. 다
시 말하면 가창구조는 가사구성이 창곡의 구조에 맞도록 마련된 일종의
鑄型과 같다는 것이다.

시가 장르의 형식은 문학적 형상화의 틀, 다시 말해 작시의 구조적 意
匠이다. 그러므로 시가의 장르 형식 규정은 결국 작시의 통사를 밝히는
작업인 것이다. 그렇다면 시가의 장르적 형식은 문학과 가창의 두 측면
으로 이원화 되어 있는 것으로 보기 어렵다. 왜냐하면 가창의 틀이 바
로 문학적 형상화의 틀이 되기 때문이다. 이것은 언어의 통사가 발화의
틀이 되면서 동시에 문장구성의 틀이 되는 것과 같은 것이다. 따라서 시
가의 장르적 형식은 가창구조에 의해 규정되어야 한다. 그것이 곧 장르
에 대한 전승공동체의 형식적 인식이자 작시의 통사이기 때문이다.

3. 삼구육명의 의미

사뇌가의 가사들이 다음과 같은 구조를 가지고 있음은 그 동안 학계
에서 이론이 없이 통해 왔다.

A₁ ᄆᄉ미 부드루
A₂ 그리술본 부뎌前에

---

7) 가창구조에 대하여는 다음의 논문을 참고하기 바란다.
   강등학, 「강릉·명주지역의 농요에 대한 서설적 연구」, 『인문학보』 제6집,
      강릉대학 인문과학연구소, 1988.
   -----, 「민요의 가창구조에 대하여」, 『한국민요학』 제1집, 민요학회, 1990.

A_3 졂누온 모믄
A_4 法界못ᄃ록 니르가라
B_1 塵塵마락 부텨ㅅ刹이
B_2 刹刹마다 뫼시리술본
B_3 法界 ᄎ산 부텨
B_4 九世 다아 禮ᄒᆞ숣져
C_1 아으
C_2 身語意業无疲厭
C_3 이에 브즐 ᄉ못다라

(禮敬諸佛歌)[19]

위의 가사는 모두 11개의 작은 단위로 이루어져 있다. 그리고 이들은
C_1을 제외하고는 모두 A_1과 A_2, 그리고 A_3과 A_4 등으로 둘씩 묶이어 새
로운 단위를 이루었다. 이어서 이 단위들은 $A_{1\sim4}$, $B_{1\sim4}$, $C_{1\sim3}$ 등으로 묶
이어 보다 큰 단위를 구성했다. 이를 정리하면 다음과 같다.

$A_1 \rightarrow A_2 \Rightarrow A_3 \rightarrow A_4 /$
$B_1 \rightarrow B_2 \Rightarrow B_3 \rightarrow B_4 /$
$C_1 \qquad \Rightarrow C_2 \rightarrow C_3 /$

이러한 구조는 물론 11수의 보현십원가뿐만 아니라 사뇌가의 다른 작
품들에서도 공통적으로 나타난다. 다만 찬기파랑가에서만 차이가 날 뿐
이다.

이로 보아 보현십원가 11수는 일정한 구조를 바탕으로 작시된 것이
분명하다. 그렇다면 삼구육명의 해결을 위해 먼저 주목해야 할 기본적인
사항은 무엇이 균여로 하여금 이같이 일정한 구조하에 보현십원가 11수
를 작시하도록 했는가 하는 점일 것이다. 바꾸어 말하면 보현십원가 11

---

8) 양주동, 『고가연구』, 서울, 박문출판사, 1954, p.673.

수의 공통된 구조는 어디서 비롯된 것인가 하는 것이다.

균여전의 第七 歌行化世分者에는 보현십원가의 창작배경과 관련되는 다음과 같은 언급이 있다.

　　대사는 外學으로 사뇌에 특히 능하여 普賢菩薩의 十種願王에 의해 노
　　래 11장을 지었다.[20]

위의 기록은 균여가 사뇌가에 밝았으며, 또한 보현십원가는 사뇌가로 부르도록 작시되었음을 말해 주고 있다. 따라서 우리는 여기서 보현십 원가가 사뇌가의 창곡을 전제로 하여 만들어졌다는 점을 확인하게 된다. 그러므로 보현십원가 11수는 모두 사뇌가의 창곡에 맞추어 노래할 수 있는 구조를 갖추고 있다고 보아야 할 것이다. 다시 말하면 보현십원가 11수의 구조는 사뇌가의 가창구조와 맞물려 있다는 것이다.

그런데 균여전은 보현십원가 11수를 $A_1 \sim C_3$와 같이 11개 단위로 일정 하게 분기하고 있다. 그리고 지금까지 균여전의 이러한 향가 분기단위인 이른바 구는 시행으로 취급하는 일이 많았다. 그러나 균여전의 향가가 시행을 단위로 분기되었다고 한다면 그것은 가집에 보이는 가사정리의 일반적인 양상과 다른 것이다.

이를테면 악장가사는 가사들을 사모곡처럼 모두 붙여 썼거나, 청산별 곡, 서경별곡처럼 章을 기준으로 나누어 놓았다. 그리고 악학궤범은 동 동처럼 역시 장을 기준으로 가사를 나누었거나, 정읍사, 처용가처럼 창곡 의 단위에 따라 나누어 적었다. 그러므로 이 가집들은 가사를 아예 붙여 쓰거나, 나누어 쓴다면 창곡의 구조를 그 기준으로 활용하고 있음을 알 수 있다. 이것은 창자, 또는 수용자들이 시가의 형식을 음보, 시행 등과 같이 율격적으로 인식하는 것이 아니라 가창구조에 의해 인식하고 있음

---

9) 師之外學 尤閑於詞腦 依普賢十種願王著歌一十一章 (均如傳, 第七, 歌行化世
　　分者)

을 말해 주는 것이다.

시가에 대한 형식인식이 가창구조에 의해 자리 잡히는 것이라면 균여 전의 향가 분기도 같은 시각에서 이해해야 할 것이다. 이미 검토한 대로 가집들은 가사정리의 단위로 시행을 채택하지 않았다. 그리고 삼국유사 의 향가 분기의 단위도 시행이 아님은 분명하다. 그런데도 유독 균여전 에서만 시행을 단위로 분기했다고 볼 수는 없을 것이다. 따라서 균여전 향가의 분기 단위는 가창구조의 한 단위로써 이해해야 할 것이다.

보현십원가가 사뇌가로 부르도록 작시되었고, 또한 균여전의 향가 분 기 단위를 시행으로 볼 수 없다면 우리는 위에서 제시한 사뇌가의 구조 를 더 이상 가사 자체의 구조, 이른바 문학적 형식으로 규정할 수는 없 을 것이다. 물론 겉으로 보면 A_1 ~ C_3 의 11개 단위들과 이들 상호간의 관계는 가사 자체의 구조로서 간주할 수도 있다. 그러나 그것은 피상적 인 결과일 뿐이다. A_1 ~ C_3 의 단위와 이들의 구조는 가창의 질서에 의해 형성된 것이기 때문이다. 따라서 위에서 제시한 사뇌가의 구조는 곧, 이 장르의 가창구조와 일치하게 된다.

사정이 이와같을 때 우리는 삼구육명은 어떠한 시각에서 이해해야 할 것인가?

이와 관련하여 먼저 확실히 말할 수 있는 것은 최행귀는 향가를 시로 써 인식한 것이 아니라 시가로써 인식했다는 점이다.

    일전에 스님을 우연히 만나 현묘한 글을 보았는데, 無端히 오묘한
    唱을 따라 하다 보니 스님의 마음에 무언가 기대함이 있음을 속으로 혜
    아리게 되었다. 빗대보면 한 근원의 두 물줄기처럼 詩와 歌는 같은 몸
    에 다른 이름이다. 이에 한 수 한 수 번역하여 間전에 이어 쓴다.21)

---

10) 一昨因逢道友 幸覽玄言 縱수妙唱以無端 潛恐高情之有待 憑托之一源兩派
    詩歌之同體異名 逐首各飜 間전連寫 (均如傳, 第八 譯歌現德分者)

최행귀는 詩와 歌가 '同體異名'이라고 했다. 이것은 詩와 歌가 그 근원이 다르지 않음을 말하고 있으면서 동시에 詩와 歌는 분명히 다른 것이라는 인식을 말해 주는 것이다. 더구나 최행귀는 가사를 글로만 보고 한시로 번역한 것이 아니다. 그는 창을 듣고 또 그것을 따라 할 수 있었다. 그렇다면 작자인 균여는 물론 최행귀도 사뇌가에 대한 가창구조를 인식하고 있었다고 보아야 할 것이다.

최행귀가 사뇌가를 부를 줄 안다는 것은 어쩌면 당연한 것이다. 왜냐하면 사뇌가는 '世人의 戱樂之具'이었기 때문이다.22) 균여가 보현십원가를 지으면서 굳이 사뇌가를 택한 것도 실은 이 장르를 세인들이 두루 알고 있기 때문이었다. 따라서 삼구육명의 언급은 이러한 배경 아래 해석되어야 한다.

삼구육명은 사뇌가의 작시에 대한 언급이다. 즉, 사뇌가의 가사는 우리 말을 삼구육명으로 다듬어 구성한다는 것이다. 그러므로 삼구육명은 사뇌가의 가창구조를 작시적 입장에서 표현한 언급으로 보아야 한다.

삼구육명이 사뇌가의 가창구조에 대한 작시적 언급일 때 그 구체적인 내용은 자명해진다. 그것은 사뇌가의 창곡과 가사가 함께 단위화되는 매듭에 대한 표현이 되기 때문이다.

위에서 제시한 사뇌가의 가창구조는 그 층위에 따라서 3, 6, 11단위로 나뉘었다. 그런데 삼구육명은 세 개의 句와 여섯 개의 名을 가리킨다. 그렇다면 삼구육명은 사뇌가의 가창구조 가운데 상위 두 단위를 가리키는 것이라고 할 수 있다. 사뇌가의 가창구조를 삼구육명의 시각에서 다시 정리하면 다음과 같다.

명   명
1구 ; $A_1 \rightarrow A_2 \Rightarrow A_3 \rightarrow A_4$
2구 ; $B_1 \rightarrow B_2 \Rightarrow B_3 \rightarrow B_4$
3구 ; $C_1 \qquad \Rightarrow C_2 \rightarrow C_3$

11) 均如傳 第七歌行化世分者

　사모곡의 가창구조는 사뇌가와 흡사한 면이 있다. 그러기에 사모곡을
통해 최행귀가 삼구육명을 언급한 인식의 기저를 그 일단이나마 이해할
수 있다.

위는 시용향악보에 실려 있는 사모곡의 악보이다. 사모곡의 가사는 다음과 같은 단위로 나눌 수 있다.

A₁. 호믹도 ᄂᆞᆯ히어신 마ᄅᆞᄂᆞᆫ
A₂. 낟ᄀᆞ티 들리도 어쁘새라
B₁. 아바님도 어ᅀᅵ어신 마ᄅᆞᄂᆞᆫ 위덩더둥셩
B₂. 어마님 ᄀᆞ티 괴시리 어뻬라
C₁. 아소 님하
C₂. 어마님 ᄀᆞ티 괴시리 어뻬라

위의 가사는 우선 A, B, C의 세 단위로 크게 나뉘어 있다. 그런데 악보를 보면 창곡 역시 이 가사의 단위에 따라 크게 셋으로 나뉘어 있다. 즉 가사의 단위가 끝나는 곳에 1대강 이상의 긴 시가를 배정하고 끝음을 모두 宮으로 마무리함으로써 단위경계를 분명히 짓고 있다.

그런가하면 A~C의 단위들은 각각 다시 둘로 나뉘어진다. 그런데 악보를 보면 창곡 또한 각 단위별로 매듭을 지우고 있다. 이를테면 A_1에는 끝음절에 11박의 긴 시가를 배정하였고, B_1에는 '위 덩더둥셩'의 여음을 넣고 여기에 上二로부터 下五에 이르는 종지형의 선율로 단위간의 경계를 지우고 있다.

그리고 C_1과 C_2 사이는 음계를 통해서 경계가 지워 있다. 곧, C_1의 주요 음들은 下一, 下二, 下三 등으로 낮은데 비해 C_2의 '어마님ᄀ티'의 음들은 上一, 上二, 宮 등으로 높혀 차별화 되어 있다. 이러한 차이는 A와 B의 제1대강과 제2대강에서 나타나는 양상과는 분명히 다른 것이다. 여기에 C_1의 끝음을 下二로 배정하고, C_2의 첫음에 上二를 배정하여 음계의 차이를 둠으로써 이러한 단위간의 경계를 명확히 하고 있다. 또한 C_2는 가사는 물론 선율에 있어서도 B_2와 거의 차이가 나지 않는다. 그러므로 C_2는 B_2와 대등한 단위로 인식된다. 따라서 C_1이 C_2와 변별되는 단위임은 분명하다.

사정이 이와 같다면 사모곡의 가사와 창곡은 그 구성자질들을 함께 어울리도록 하여 구조적인 매듭을 짓고 있다고 하겠다. 그러기에 창자나 수용자는 이러한 구조적인 매듭을 단위적으로 인식할 수 있게 된다. 따라서 사모곡의 창곡에 맞추어 새로운 가사를 구성한다면 이러한 구조적 인식 -- 가창구조의 지배를 받게 될 것이다. 즉, 사모곡은 가사와 창곡을 셋으로 크게 나누고, 이어서 이 단위들을 둘로 나누었다. 이것이 사모곡이 가사와 창곡을 유기화시키는 요령인 것이다. 따라서 새로운 가사를 구성한다면 이러한 질서에 따르게 되며, 그 결과는 위에서 제시한 A_1~C_2와 같아지고 말 것이다.

그런데 사뇌가와 사모곡은 모두 크게 세 단위로 나뉘어지고, 또한 각 단위는 다시 두 단위로 구분되었다. 그리고 크게 나뉜 세 단위 가운데 마지막 단위의 처음에는 차사가 자리하고 있다. 그러므로 사뇌가와 사모곡은 가창구조의 큰 짜임새에서 차이가 나지 않는다. 따라서 사뇌가의 구체적인 노래의 모습은 그 큰 층위에 있어서 사모곡과 유사할 것으로 짐작이 된다. 곧, 사모곡의 가창구조를 최행귀의 방식대로 표현한다면 역시 삼구육명이라 할 만한 것이다.

사모곡의 악보를 통해 확인할 수 있듯이 시가는 창곡과 가사가 그 자질들에 의해서 층위에 따라 단위화되고, 그 경계에는 이를 인식할 수 있는 표지가 설정된다. 최행귀가 언급한 삼구육명에 대한 근거도 바로 그가 인식한 사뇌가의 가창구조였던 것이다.

4. 결 론

시가는 창곡과 가사가 함께 어울려 유기화되는 장르이다. 그러므로 시가의 장르적 형식 규정은 가사가 만들어지고 또 불려지는, 곧 장르수행의 문맥 위에서 다루어져야 한다.

가사가 만들어지고 불려지는 행위는 가창구조에 의해서 이루어진다. 그러므로 가창구조는 작시의 鑄型이라고 할 수 있다. 그런데 균여는 보현십원가를 사뇌가의 창곡을 전제로 하여 구성했고, 최행귀도 사뇌가를 부를 줄 알았다. 따라서 균여는 물론 최행귀 역시 사뇌가의 가창구조를 파악하고 있었던 것으로 보아야 한다.

이러한 시각에서 볼 때 삼구육명은 사뇌가의 작시의장에 대한 언급이며, 그 구체적인 내용은 사뇌가 가창구조의 상위 두 단위를 가리키는 것으로 보인다.

시가에 대한 형식인식은 가창구조에 의해 자리 잡힌다. 그리고 악학궤범, 악장가사 등의 가집들은 바로 이러한 가창구조를 기준으로 가사를 정리하고 있다. 삼국유사는 물론 균여전의 향가들도 가창구조를 기준으로 분기한 것으로 보인다. 그러므로 향가의 형식규정은 균여전과 삼국유사의 분기양상에 공히 일관되게 통할 수 있는 원칙에 따라 마련되지 않으면 설득을 얻기 어려울 것이다

그런데 여기에서는 삼국유사의 향가분기 양상에 대하여는 구체적으로

다루지 않았다. 그것은 이 글이 삼구육명을 이해하는 방향을 정리하는 데 촛점을 두었기 때문이다. 그러나 여기서의 삼구육명에 대한 논의는 삼국유사의 향가분기 양상을 염두에 두면서 검토한 것이다. 미진한 점은 향가의 형식을 논다른 논문을 통해 뒤에 보충하기로 한다.

《 參考文獻 》

강등학, 『정선아라리의 연구』, 서울, 집문당, 1988.

-----, 「강릉·명주지역의 농요에 대한 서설적 연구」, 『인문학보』제6집, 강릉대학 인문과학연구소, 1988.

-----, 「민요의 가창구조에 대하여」, 『한국민요학』제1집, 민요학회, 1990.

김대행, 『우리시의 틀』, 서울, 문학과비평사, 1989.

양주동, 『고가연구』, 서울, 박문출판사, 1954.

장덕순외, 『한국문학사의 쟁점』, 서울, 집문당, 1986.

최정여, 「鄕歌 分節攷 - 三國遺事 所收分을 中心으로」, 김열규 외편, 『향가연구』, 국문학논문선, 서울, 민중서관, 1977.

鄕歌와 歌樂

허 남 춘

1. 序

근자에 들어 문학 쪽에서뿐만 아니라 역사학, 사회학, 사회경제학, 사상사 등에서 근대의 기점이나 근대성에 대한 논의가 활발하다. 그 이유에는 여러가지가 있겠지만 그 가운데 가장 큰 이유는 민족의 정체성을 찾자는 의도일 것이다. 민족의 자생적 노력과 전통의 계승에 의해서 근대를 맞이한 정황은 인정되지만 근대의 주도적인 문화성은 역시 서구에서 온 것이고, 이 서구적 근대문명은 심각한 위기상황을 야기시켰다. 이 위기와 혼돈에서 벗어나기 위해 근대성에 대한 검토가 이루어지고 그 대안을 민족의 전통문화(혹은 동양문화)에서 찾으려는 모색도 있게 되었다. 20세기 말에 들어서야 비로소 서구문화 컴플렉스에서 벗어나고 서구문화 우월주의를 비판하게 되었고, 지리적·사회 문화적, 혹은 풍토적 요인에 대한 객관적 성찰이 이루어져 문화의 상호 영향관계나 각 문화의 독자성을 인정하게 되었다. 그 결과 서구적 이원론과는 다른 세계관, 예컨대 동양적 일원론 같은 세계관을 서구문화에 뒤떨어진 문화가 아닌 '다른 문화'로 보는 시야가 열렸다.[1]

---

1) 진형준, 상상력 그리고 사회, 「문학의 새로운 이해」, 문학과지성사, 1996, pp.250 - 251. 동양적 일원론은 신과 인간과 우주와 자연이 조화로운 질서

문학의 생성·발전과 쇠퇴는 문학 담당층의 출현·소멸과 긴밀한 관련을 맺는다. 새로운 담당층은 기존의 사상을 비판하고 변증법적으로 통합하면서 새로운 문학을 창출한다. 그런데 전통사상의 기저 위에 외래의 사상이 전래되면 두 사상은 갈등을 겪고 투쟁하며, 그 과정에서 문화의 새로운 역량이 생성된다. 어느 것이 다른 하나를 밀어내는 일방적 승리와 패배는 없다. 전통적 사상이 중세의 보편주의에 통합되는 것으로 해석하는 것이 일반이지만, 그것은 문화의 주체를 너무 얕보는 태도이다. 전통적 사상에 중세의 유가적 세계관이 통합되며 중세문화가 형성되었듯이, 중세적 자기화의 사상적 기저에 서구의 사상이 통합되어 근대적 문화가 형성되었다. 이런 자주적 문화관, 문학관을 가졌기에 우리는 중세의 어떤 시기를 맞아 새로운 시학을 성립시켰고, 우리말 문학에 대한 자긍심도 갖게 되었다.

우리는 중세에 대한 새로운 관점을 가져야 한다. 중세 전기까지는 전통사상(산천숭배, 제천의례, 시조신 신앙)에 토대를 둔 문학이 중요한 역할을 하였고, 중세 후기에는 유가적 사상에 기저를 둔 예악사상이 문학에 큰 영향을 미치고 있다. 음악과 문학은 불가분의 것이었고, 한시의 창작과 문학관도 시경론에 밀착되어 있다. 문학은 문학적 조건만을 탐구의 대상으로 삼는다거나, 언어적 의미분석에만 매달려야 한다는 것은 중세문학성을 곡해하는 태도이다. 향가도 마찬가지로 음악과 불가분의 관계에 있다. 그러므로 신라시대의 가악관에 초점을 맞춰 향가를 살펴야 할 필요성이 제기되었다. 그리고 향가문학의 사상적 기반이 무엇인지를 명확히 규명해야 할 필요성도 제기되었다.

본고는 우선 시대구분론의 입장에 서서 향가가 고대의 문학으로 해석되어야 할 것인지 중세의 문학으로 해석되야 할 것인지에 대해 고민해 볼 것이다. 그리고 동양적 일원론에 입각한 우주론과 예악사상을 살필

속에 존재한다는 사유이다. 이러한 사유체계에 대해 현대문학에서도 관심을 갖게 된 점은 무척 다행이다.

것이고, 그 내부에서 고대적 전통 예악사상이 점차 유가적 예악사상으로
전환되어가는 이행기적 과정을, 고대문학에서 중세문학으로의 이행기와
함께 고찰할 것이다.

2. 고대에서 중세로의 이행기

중세의 시작은 중국으로부터 불교와 유교가 이 땅에 유입된 이후 우
리가 중세보편주의 문화 속에 편입되는 시기이다. 그런데 보편주의 문화
가 도래하는 시기를 중세의 시작으로 볼 것인가, 아니면 적극적으로 수
용되어 주도적인 위치를 점하는 시기를 중세의 시작으로 볼 것인지 불
분명하다. 이런 논의는 근대의 기점을 정하여 중세와 근대를 구분하고자
했던 많은 학자들의 관심과도 상통하는 것이다. 결국 조동일 교수의 「한
국문학통사」가 정의한 바의 '중세에서 근대로의 이행기'로 잠정 결론이
유보된 셈이다. 그러나 시대구분론의 목표가 중세와 근대를 명확히 나누
는 데 있는 것이 아니고 중세의 제요소가 쇠퇴·소멸하며 어떻게 근대
가 마련되었으며, 그 원동력은 무엇인가를 규명하는 데 있는 것이라면,
고대와 중세를 구분짓는 작업도 쉽게 해결날 문제가 아니고 고대와 중
세의 명확한 구분도 큰 의미는 없을 것이다.

그러므로 '고대에서 중세로의 이행기'를 설정하여 우리 문학을 살피는
것도 유용한 태도라 할 만하다. 정출헌 교수가 "근대 이행기에서의 민족
문화의 의의를 중세봉건사회의 규범과 제국주의의 침탈에 맞서고자 했
던 점에 둘 수 있다면, 중세이행기에서의 그것은 낯선 보편주의의 확장
에 맞서 대내적으로 공동의식을 강화하면서 이를 고대적 자기중심주의
와 소화시키려 했던 점에서 찾을 수 있다"[2]고 하여 중세이행기의 필요
성을 역설한 바에 동의한다. 그런데 우리는 중세 보편주의 문화의 실체

---

2) 정출헌, 향가의 민족문학적 성격, 「語文論集」 제 34집, 고려대 국문학과,
    1995, p.19.

인 불교와 유교에 대해 중립적인 견해를 가져야 한다. 유교와 불교에 대해 과대평가를 한다면, 중세 보편주의 문화의 접촉과 더불어 갑자기 고대문화가 청산되었다고 하며 기존 문화에 대한 몰인식을 드러내는 태도일 것이다. 유교와 불교의 도래로 고대사회가 출발되었다는 태도 역시 민족문화의 자발적 능력을 무시하는 처사일 것이다. 반대로 유교와 불교에 대해 과소평가를 한다면, 이는 보편문화의 저력을 깔보는 태도일 것이다.

우리는 우선 고대문화의 주체성에 대해 새삼 인식해야 한다. 토착신앙을 원시신앙으로 보는 입장과 율령 반포와 불교의 공인을 고대국가의 이데올로기로 보는 종래의 입장을 비판하며, 고대국가의 형성을 천신신앙의 측면에서 고찰한 사학계 최광식 교수의 견해가 주목된다. 그는 "신화가 신앙의 이론적 구조라고 한다면, 제의는 신앙의 실천적 형태"라고 하며 신앙적 측면을 중시하여 제천의례와 시조묘 제사 그리고 신궁제사의 성립이 고대국가체계를 가능케 한 것으로 보고 있다.3) 고대의 제의에서 중시하여야 할 것은 천신신앙이다. 이는 과거 영고·동맹·무천의 제천의식과 연결되는 전통이다. 천신신앙은 시조신앙과 산악숭배와 결합하여 仙的 信仰(仙風)이 되고, 이는 지배자의 신앙이 되었는데, 신라의 三祀인 三山 五岳以下 名山大川의 제사가 그 증거가 된다. 仙風은 山川祭儀를 위주로 하였는데, 祭天 祭始祖神의 제의를 결합시키고 생산과 풍요를 기원하는 상부 이데올로기가 되었다.4) 하부에는 무속신앙이 있었다.

---

3) 최광식, 韓國 古代國家의 支配이데올로기, 한국고대사연구회, 「한국사의 시대구분」, 신서원, 1995, pp.135 - 142.

4) 허남춘, 고려속요의 송도성 연구, 성대 박사학위논문, 1991.에 자세히 언급하였다. 최광식 교수는 "지배자의 정당성을 하늘(天)에서 얻고, 천손 강림의 천손에 제사"하는 제천과 제시조신을 고대 지배이데올로기라 하였고(위의 논문, p.141), 김기홍 교수는 "지배층은 신앙체계의 조직화와 제사권의 장악 또는 천신 등 최고의 신과 왕의 혈통 간의 연결을 조작해 냄"으로써 자신들의 권위를 절대화하였다고 서술하고 있다.(韓國史의 古·中代 時代區分, 「韓國史

고대문화를 논하는 데 있어 토착신앙을 무속신앙으로만 보는 태도는 결국 하부 이데올로기만 인정하는 태도이고, 결과적으로 굳건한 고대 민족문화를 무시하는 처사이기에 경계해야 할 것이다. 三韓의 초기에 '天君은 국읍에서 천신에 제사하였으며, 소도에서는 귀신에게 제사를 지냈다'5)고 하였으니, 고대국가의 형성단계에서도 상부이데올로기와 하부 이데올로기가 함께 존재하고 있었던 것이다.

신라사회는 고구려나 백제보다 문화적 발전이 늦다고 한다. 그 이유는 지리적 위치에도 기인하지만 전통문화를 고수하는 입장이 강하였음을 알 수 있다. 신라는 전통사상을 기반으로 불교와 유교를 받아들이며 서서히 강국으로 부상한다. 새로운 고급문화의 접촉에 의해서만 새로운 세계를 구축할 수 있었던 것이 아니라 전통과 새로운 문화의 결합으로 가능하였던 것이다. 통일기 신라문화의 발전이 당에 대한 事大와 당문화의 모방에서만 이루어졌다고 하거나 당문화의 영향을 정도 이상으로 과대평가하는 것은 '문화'가 무엇인지, '문화교류'가 무엇인지 모르는 자들의 천박한 견해에 지나지 않는다.6) 이 시기에 대한 이해가 김부식의 중세적 인식에서 크게 벗어나지 못하고 있음을 자각해야 한다. 불교는 국제공통문화이기에 불교문화의 영향으로 漢族文化에 일방적으로 압도되지 않았고, 중국을 통해 유입된 불교도 자기화하는 과정을 거치며 전통문화와 습합하기에 이른다. '불교를 涵攝하면서 새로운 힘을 얻어 신장·상승해 있었던 본유의 자기전통의 완강한 견제'7) 때문에 신라말의 한문학이 미숙하고 불완전한 모습을 지니는 것이다. 이러한 선택적이고 자주적인 문화의식의 저변에는 신라고유의 사상이 자리잡고 있기 때문일 것이다.

신라는 고유의 지배이념을 바탕으로 중국식 제도·문물과 불교를 받

의 時代區分」, p.89)

5) 國邑各一人主祭天神 名之天君 又諸國各有別邑 名之爲蘇塗 立大木懸鈴鼓 事鬼神(『魏書』 東夷傳, 韓)

6) 김철준, 개요, 「한국사」3, 국사편찬위원회, 1981, p.3.

7) 이동환, 「한국사」17, 국사편찬위원회, 1994, pp.200 - 201.

아들이며 고대국가의 체계를 완비해 나간다. 지증마립간은 처음 왕의 칭
호를 쓰며 漢化政策을 시도하지만 전반적인 개혁에까지 미치진 못한다.
지증왕대에 시조의 탄생지인 奈乙에다 神宮을 창립하여 제향한 것을 보
더라도 중국문화의 영향은 미미한 정도였다. '射琴匣'설화를 보면 이미
소지왕 때에 불교가 왕실에까지 진출하였다는 점을 알 수 있는데, 전통
세력의 완강한 견제에 의해 왕실에서의 수용은 실패한다. 그후 법흥왕
때에 불교를 공인하려 하지만 이차돈의 순교에도 불구하고 실패로 돌아
가고, 진흥왕 때에 이르러 승려제도를 인정하는 단계에서 수용된다.8) 진
흥왕 때엔 화랑 貴山과 箒項의 부탁으로 원광법사가 세속오계를 만드는
데, 이는 고유의 화랑사상에 불교가 융합하는 모습이다. 이후 화랑사상
에 미륵신앙이 결합되어 미륵은 화랑사상의 상징이 되었다. 불교가 수용
되는 과정에서 불교는 기존의 세계관을 흡수·융합하여 공존하는 유연
성을 보인다. 그러나 7C 불교가 國敎化하여 중세 지배이데올로기로 부상
하고, 8C 경덕왕대에 이르러 중국식 관명과 제도를 도입하고 지명을 한
자로 바꾸는 대대적인 漢化政策이 전개되며 고대의 지배이데올로기는
쇠퇴기를 맞는다. 경덕왕을 이어 왕위에 오른 제 36대 혜공왕은 무열계
의 마지막 왕이다. 『삼국유사』 표훈대덕의 설화에서 나타나듯이 무척 유
약한 왕이었다. 반왕당파 세력의 漢化政策 압력을 견디지 못하여 중국식
제례인 5廟를 정한다. 결국 상대등 김양상과 시중 김주원 등의 반왕당파
에게 살해되고 이후부터 내물계가 등장하게 된다. 반왕당파의 거두 김양
상이 제 37대 선덕왕에 오르게 되는데 그는 적극적으로 한화정책을 실
행한다.

---

8) 이에 대한 자세한 논의는 최광식의 위의 논문 참조. 그는 불교의 전래와 수
   용, 그리고 공인의 과정을 단계적으로 살피고 있는데, 불교의 공인 이후(7c)
   그것이 國敎로 인정되고 이때 고대국가의 상부 지배이데올로기인 천신신앙
   이 중세 지배이데올로기인 불교로 바뀐다고 한다.

제 37대 선덕왕에 이르러 사직단을 세웠고, 또 祀典에도 나타났으니
다 경내의 산천에 그치고 천지에까지 미치지 아니한 것은 대개 왕제에
'천자는 7묘, 제후는 5묘다. 이소와 이목과 태조의 묘로써 다섯이 된다'
라 하였고, 또 '천자는 천지와 천하의 명산대천을 제사하고 제후는 사직
과 그 나라 안에 있는 명산대천을 제사한다'라 하였다. 이 까닭에 감히
예를 넘어 시행하지 못했던 것이던가.9)

고대·중세의 예학사상은 정치사상의 핵심이었다. 禮 가운데 祭禮가
중시되었음은 두말할 필요도 없다. 선덕왕대에 제사를 새로 정비했다는
것은 새로운 통치체제를 마련했다는 혁신적 의미를 지닌다.『三國史記』
제사조의 위 기록은 중국을 천자의 나라로 인정하고 신라를 제후국으로
인식한 내용인데, 신라의 三山 五岳 이하 名山大川의 大·中·小祀를 중
국의 의례에 꿰맞춘 느낌이 든다. 이는 김부식이 중국의 예악사상을 준
거의 틀로 삼은 사대적 견해이다. 그 실상은 祭天이 행하여졌고 자주적
인 제의를 거행한 것이었는데 김부식에 와서 왜곡된 것이 아니었을까.
아무튼 신라 통일 이전에는 신라 고유의 예악이 있었지만 신라후기에는
(특히 내물계 이후) 중국제로 전환한 흔적이 역력하다.

결국 8C를 즈음하여 불교와 유교의 보편문화가 전통문화를 압도하기
시작한다. "불교의 국교화는 인격신의 신앙을 관념신으로 바꿈으로써 시
조신 신앙을 위축"10)시키고, 유교 이념에 의한 왕권 강화 등 국왕을 정
점으로 하는 강화된 중세적 통치권이 형성되기에 이른다.

3C에서 8C에 이르는 유교와 불교의 수용과정은 고대국가의 정립단계
를 확고히 진전시키는 방향과, 고대국가의 체제를 서서히 변화시키고 해

---

9) 至第三十七代宣德王 立社稷壇 又見於祀典 皆境內山川 而不及天地者 盖以王
   制曰 天子七廟 諸侯五廟 二昭二穆太祖之廟而五 又曰 天子祭天地 天下名山大
   川 諸侯祭社稷 名山大川之在其地者 是故不敢越禮而行之者歟 (『三國史記』雜
   志 第一, 祭祀)
10) 허홍식, 佛敎思想史에서 본 古代의 기점과 종점,「韓國史의 時代區分」,
    p.124.

체시키는 방향으로의 양면적인 변모를 초래하였다. 본고는 이 시기를 고
대에서 중세로의 이행기로 보고, 고대 전통문화와 중세 보편주의문화의
교체과정을 통해 향가의 성격을 규정하려 한다.

3. 新羅의 歌樂

『三國史記』樂志에는 유리왕대 會樂 辛熱樂 등 18개의 악곡명과 三絃
三竹 등의 악기가 소개되어 있다. 내물왕 이전에는 歌尺·舞尺·琴尺이
모두 동원된 종합예술 형태였는데, 내물왕대의 <笳舞>에는 笳尺과 舞尺
이, 그 이후 자비왕대의 <碓樂>에는 舞尺과 琴尺이, 법흥왕대 <美知樂>
에는 舞尺과 琴尺만이 배열되어 있어 歌尺이 빠져 있는 것을 볼 수 있
다. 내해왕대의 <勿稽子歌>는 거문고 가락에 자신의 심정을 노래하고
있는데, 이런 사실을 두고 김승찬 교수는 종합예술형태인 가무악이 비로
소 가악과 무용으로 분화되기 시작하였다고 하고 3C 즈음에 '歌의 分
化'가 이루어졌다고 한다.[11] 예술의 결합방식에는 흡수·결합·배합·종
합의 방식이 있는데, 결합이란 원시종합예술이 歌·舞·樂 등으로 분화
되었다가 새로운 결합을 하는 형태를 의미한다.[12] 그러니 신라악이란
1C 초엽 고대국가의 체제를 형성한 유리왕대부터 원시종합예술의 형태
를 벗어나 각각의 예술로 분화되고, 새로운 결합에 의해 '악'을 구축한
것으로 볼 수 있다. 樂은 歌·舞·奏의 결합형태이고, 樂의 하위에는 歌
樂과 歌舞와 舞樂이 있다. 그런데 통상 악기의 반주를 '奏' 대신에 '樂'의
용어로 써온 결과 類 개념의 악과 種 개념의 악이 혼동된 것이 사실이

---

11) 김승찬·손종흠, 「고전시가론」, 방송통신대출판부, 1993, p.37.
12) 가극이나 무용극, 가곡 등이 결합에 해당한다. 배합은 主된 예술형식과 從
的 예술형식이 배합된 것으로 무용을 할 때 음악의 반주가 따르는 형태라
한다. (유홍준·박수인 옮김, 「예술개론」, 청년사, 1989, pp.224 - 226) 신라의
가무악이 결합의 방식을 주로 택하고 있지만, 일부는 배합의 방식에 의해 노
래가 주가 되고 악기의 반주는 보조적인 경우도 있었을 것이다.

다. 가척이 빠져 있는 악이 舞樂이고 歌를 중시한 樂이 歌樂이다.

思內樂 중에 舞가 중시된 것을 思內舞라 했고, 琴의 伴奏가 중시된 것을 思內琴이라 했고, 歌가 중시된 것을 思內歌라 했을 것이다. 사내무나 사내금에도 모두 노래(歌)가 포함된다. 사내무는 監 3인, 琴尺 1인, 舞尺 2인, 歌尺 2인으로 구성되었고, 사내금은 舞尺 4인, 琴尺 1인, 歌尺 5인으로 구성되었다. 思內歌(혹은 詞腦歌)에도 琴과 鄕笛의 반주가 동반되었다. 『三國史記』 악지 중 유일하게 **歌란 이름의 徒領歌는 궁중악이되 歌가 중시된 樂이다. 물계자가도 歌樂의 형태를 띈 것으로 보아야 할 것이다. 『三國史記』 유리왕조의 "始製兜率歌 此歌樂之始也"에서 도솔가도 歌樂의 형태이다. 『樂學便考』에서는 이 도솔가를 '歌舞'라고 칭하고 있는데13) 도솔가도 가악 또는 가무의 하위범주를 거느리는 가무악이었던 것이다. 그런 맥락에서 안정복의 『東史綱目』의 도솔가 기록을 두고 악의 성격을 논한 윤영옥 교수의 소론은 의의가 있지만, "此新羅歌 樂之始也"라 끊어 읽어14) 가악이 가무악의 결합이라는 사실 혹은 악의 하위범주임을 간과한 점도 있다고 하겠다.

『三國史記』 악지의 첫머리에는 祭祀志와 樂志가 있다. 그 제의란 동양에서는 禮이고, 신라악은 모두 통일 이전에 만들어졌고 중국의 영향을 받지 않았거나 영향을 받았다고 하여도 미미한 정도였을 것이니, "7C 이전의 신라악은 순전히 신라인들의 고유한 음악사상에 의하여 만들어진 것"15)이다. 즉 신라에는 신라 고유의 예악사상이 있는 것이다. 이를 두고 이민홍 교수는 중국의 예악사상과 변별하여 '民族樂舞' 혹은 '전통예악'이라 명명하고 있다.16) 예악이라는 사고방식이나 그 제도는 중국에서

---

13) 新羅儒理王 行仁政來歸者衆 民俗歡康 始製兜率歌 史氏曰 此爲歌舞之始 (『樂學便考』 卷1, 樂府原始)

14) 윤영옥, 始製兜率歌의 문제, 『碧史李佑成 教授 定年論叢』, 여강출판사, 1990, p.267.

15) 여기현, 三國史記 樂志 新羅樂의 性格(1), 「반교어문연구」 제 5집, 반교어문학회, 1994, p.34.

먼저 이룩된 중세적 이념이 들어오면서 더욱 확고하게 되었겠지만, 고대 음악의 전통을 계승하면서 구체적인 내용을 갖출 수 있었다는 점을 간과할 수 없다.[17]

예악이란 통치질서를 완비하는 과정에서 제일 중시된 것이다. 예를 통해 상하의 질서를 구축하고 악을 통해 계층간의 위화감을 해소하고 계층을 통합하였다. 그래서 건국 초기나 국가의 기강이 흐트러지고 전란 등으로 위기를 맞이하게 되면 으레 악을 정비하였다. 악은 결국 민심 수습의 차원에서 이루어진 것이다. 신라 초기 德思內나 石南思內와 같은 지방의 악(郡樂)을 가져와 궁중악에 편제한 것은 지방민심을 수습하려는 정치적 의도가 있으며, 신라 말 국가적인 위기를 맞게 되자 토속신 제사를 드리고 아울러 가악을 중시한 것도 발호하는 호족과 그에 동조한 백성들의 불만과 위화감을 무마하기 위한 일환이었다. 악의 정비에는 또 다른 의도가 숨겨져 있다. 樂의 대표는 笛이었다. 기장 천 알이 들어가는 길이의 笛을 만들고 이 笛의 소리를 기준음으로 삼아 다른 악기의 음을 정비하였다고 한다. 요즘의 피아노 기준음에 맞춰 오케스트라의 음을 조화시키는 것과 같은 이치였을 것이다. 그리고 이 笛은 도량형의 기본인 '尺'이 되었다. 이런 연유에서 노래 부르는 자와 악기를 연주하는 자를 歌尺 琴尺과 같은 명칭으로 부른 것은 아닐까. 도량형의 완비는 토지를 균등하게 분배하는 토대가 되었고, 백성들은 일정한 경제적 수입을 보장받게 되니, 자연 민심이 안정되고 통치질서가 구축되었던 것이다. 서구식 근대화 직후 미터법을 보급하여 상거래를 바로잡아 경제적 질서를 구축하고자 한 점도 역시 통치질서의 구축과 연관된 정책이라 하겠다.

신라는 일찍 악을 정비하였다. 그리고 전통을 고수한 면모가 눈에 띈다. 고구려나 백제와 비슷한 시기에 불교가 전래된 듯한데, 그 수용과 공인이 무척 더뎠다는 점은 전통문화가 완강하게 불교를 거부했다는

---

16) 이민홍, 民族樂舞와 禮樂思想, 「東洋學」 23집, 단국대 동양학연구소, 1993.
17) 조동일, 「한국문학통사」, 지식산업사, 1982, p.111.

증거이다. 풍수적으로도 신라의 경주는 藏風形局의 땅이어서 새로운 문화를 접촉하고 수용하는 데는 고구려나 백제보다 불리했지만, 외적의 침입을 방어하는 데는 유리했고, 평양이나 공주는 得水形局이어서 진취적이긴 하지만 방어에 불리했고 결국 신라가 통일의 주역이 되었다고 한다.18) 신라는 지리적 풍토성에 기인하여 전통문화를 고수하는 고집이 있었고, 그 전통 애호정신이 삼국통일의 원동력이 되었다.

신라는 통일 이전까지 전통예악을 유지하였던 것으로 보인다. 星川·丘日 등 28명을 부성에 보내 당악을 배우게 했다는 당의 음악에 대한 기록이 문무왕 4년(664)에 나타나는 것으로 그런 짐작을 할 수 있다. 신라는 三山 五岳의 전통적인 제사를 중시하였고, 이런 전통이 계승되어 화랑제도의 성립을 보게 되었다. 화랑들은 '遊娛山水'하였고 '相悅以歌樂'하였다고 하는데, 그들이 산수를 유람하며 즐겼다는 문맥은 신라의 주요한 三山 五岳以下 名山大川의 祭儀處에 致祭한 것이고, 가악으로 기뻐했다는 것은 樂으로 제의의 절차를 삼은 것이다. 이 절차 뒤에 祭酒를 마시며 놀이도 벌였을테니 고대 제의에서 祭天儀式 뒤에 飮酒歌舞하였다는 것과 맥락이 통한다. 최진원 교수는 飮酒歌舞를 '詞腦者 世人戲樂之具'의 희락과 연관시키고, "제의성이 풍화되어 가면 자연 '놀이=오락'화되어 있었으리라"19)라고 했는데, 이 언급을 참조하면 즐기고 기뻐한 상황이 이해될 것이다. 신라의 대표적인 집단, 화랑의 노래는 제례에서 불린 가악이니 '신라 고유의 예악'이라 할 수 있다. 처음에 薛原郎을 받들어 國仙을 삼았다고 했는데, 薛原의 무리가 지었다는 '思內奇物樂'이 바로 신라의 전통예악이었다. 그러니 화랑이 담당한 思內樂과 思內歌가 다

---

18) 최창조, 「땅의 논리 인간의 논리」, 민음사, 1992, pp.240 - 242.

19) 최진원, 詞腦와 戲樂, 「韓國古典詩歌의 形象性」(증보판), 성균관대 출판부, 1996, p.234. 중국에서도 '옛날 토템 가무와 주술의식이 진일보하여 완비되고 분화된 것이 곧 이른바 禮와 樂'(이택후, 권호 역, 「華夏美學」, 동문선, 1990, p.20)이라고 했듯이, 고대 제의적 성격의 것이 의례와 놀이에 쓰이는 악으로 轉化한다.

르지 않음을 알 수 있다.

화랑들이 산천을 찾아 노래부르고 춤을 추면서 수련을 일삼는 기풍이 고조되자 사뇌가의 출현을 보게 되었는데, 이 사뇌가를 "가 또는 요라고 했지, 악도 아니고 곡도 아니다. 악기 반주는 없이 부르는 노래가 아닌가 하고, 사설이 아주 소중하기 때문에 향찰로 표기했을 것 같다"[20]고 조동일 교수는 논한다. 악기의 반주가 없이 부르는 노래여서 '樂이 아니고 歌'라고 했는데, 최근 김승찬 교수는 '樂에서 불리던 우리말 노래와 鄕札로 씌어진 노래'를 향가의 개념으로 정의했고, 김학성 교수는 형성기의 향가가 仙徒에 의해 토속신 제사에서 주로 불렸고 가무백희와 함께 존재한 듯하다고 하고, 이 전통을 이은 화랑들의 향가가 '악기의 반주(玄琴과 젓대)'에 실려 불렸다고 했다.[21]

향찰이 우리말 표기수단이 되기 이전의 우리말 노래도 향가라는 언급은 가악을 향가에 포함시키고, 가악의 연장선상에 향가가 놓인다는 말이다. 그리고 향가는 만파식적이나 月明師의 젓대가락에 실려 불렸다고 했으니 가악의 범주에서 논할 만하다. 신라의 기원이 된 辰韓의 기록을 보게 되면, '辰韓俗喜歌舞 飮酒鼓瑟'(後漢書)라 하거나 '胡琴 一作辰韓琴'(三國志, 通典)라 했으니 일찍부터 신라에 고유의 악기가 존재하였다고 할 만하다. 원시적인 형태의 악기는 건국초와 이후 계속되는 악의 정비 때에 세련되게 다듬어지고, 악기의 반주에 얹어 노래부르는 가악의 발전이 있었을 것이다.

그런데 향가 중에서 사뇌가 계열의 가요에 관해서『三國史記』악지에서는 일언반구도 언급하지 않는 이유는 무엇일까. 이에 대해 이민홍 교

---

20) 조동일,「한국문학통사」1, pp.124 - 127.
21) 김승찬, 전기향가연구,「國文學의 史的 照明」1(李相斐 教授 회갑논총), 계
   명문화사, 1994. 김학성, 鄕歌의 장르體系論,「大東文化硏究」제 27집, 성대
   대동문화연구원, 1987, p.13. 김학성 교수는『花郞世紀』의 기록을 토대로 화
   랑 중에 무예를 닦는 호국선이 있었고, 가악을 담당하는 雲上人이 있었다고
   언급한다.

수는 "이같은 선별적 채록과 전승에는 분명히 음악에 대한 나름의 이념적 잣대가 있었음"[22]을 언급한다. 사뇌가가 전통적 제례 혹은 불교적 제례의 형식 속에 포함된 가악이었기에 중국의 유가적 예악사상과 괴리되거나 충돌되는 면모가 있었다는 의미이다. 그러나 김부식의 삼국사기 편찬의식은 12C 세계관의 반영이다. 그 이전의 사회·역사적 흐름을 유가사상의 일변도로 볼 수는 없다. 13·14C 신흥사대부가 등장하여 주자학적 세계관을 정치에 반영하고 드디어 조선조를 건설하였다. 주자학적 세계관이 통치 이념이 되었을 뿐만 아니라 지배이데올로기로 정립한 것이다. 그 이전의 중세사회(중세 전기)는 불교가 지배 이데올로기로, 유교가 통치 이데올로기로 자리하고 있었다. 불교가 지배 이데올로기로, 유교가 통치 이데올로기로 떠오른 시기를 우리는 중세의 시작으로 보아야 할 것이다. 그렇다면 '고대에서 중세로의 이행기'에는 고대적 지배 이데올로기가 서서히 와해되고 그것이 불교로 교체되는 과도적 시기일 것이다.

이 이행기 과정에서 고대 신앙이 불교와 습합되고 전통문화가 불교문화에 압도되기 시작하며, 전통문화와 유가의 보편문화가 충돌되는 양상을 보인다. 이 교체의 시기를 대체적으로 8C전후로 보고자 하였는데, 8C까지는 전통예악과 유가예악과 불가예악이 서로 공존하는 시기였고, 오히려 전통예악이 중시되었을 것이다. 그러다 그 주도권이 사라지자 유가적 통치 이데올로기에 부합되는 유가적 예악과, 유가적 예악에 허용될 수 있는 일부 전통예악만이 후대의 기록에 남게 되는 것이다. 『三國史記』 악지의 郡樂(內知·白實·德思內·石南思內 등)이 삼국시대의 민도를 살필 수 있는 가악이어서 유가적 예악에 수용된 것 같고, 그 사정은 『高麗史』 악지의 삼국속악과 속악두 마찬가지이다.

고려 초 태조는 훈요십조를 남겼고 그 가운데 '팔관회'를 숭상하여 仙風을 진작시키길 당부하는 대목이 있다. 그러나 얼마 후 성종대에 팔관

---

22) 이민홍, 短歌와 樂學思想, 「林下 崔珍源 博士 定年論叢」, 대한, 1991, p.399.

회를 축소·폐지한다. 후에 거란의 침입시에 민심 수습을 위해 李知白의
건의로 팔관회가 부활된다. 이때 팔관회의 선랑제도 부활을 축하하는 郭
東珣의 '八關會仙郎賀表'는 화랑사상과 전통예악이 긴밀한 관계가 있음을
시사해 준다. 그리고 저간의 사정에서 유가적 문물·예악·제도의 정비
과정은 고대적 산천제의인 팔관회와 전통예악을 축소·폐지하는 과정임
을 알 수 있다. 불교가 전통적 신앙인 산천제의를 山神閣으로 포용하였
고, 전통예악에 대해서도 유화적인 태도를 보이는 점과 대조적이다.

결국 중세의 시작은 유가적 통치이념의 핵심부를 차지하는 예악사상
이 전통적 통치이념인 전통예악을 철저하게 배격하는 방향으로 전개된
다. 그래서 삼국사기를 비롯한 사서에 전통예악사상을 담고 있는 향가가
배격된 것 같다. 그리고 8C를 전후한 시기는 산천숭배의 지배 이데올로
기를 바탕한 전통적 가악관의 고대문학이, 유가적 이데올로기를 바탕한
유가적 가악관의 중세문학으로 이행하는 과정을 반영한다고 하겠다.

4. 歌樂과 感動

악은 조화를 추구한다.(樂從和) 소리를 조화롭게 한다는 것은 결국 민
심을 조화롭게 하여 천지의 조화를 꾀한다는 것이다. 인간의 감정을 화
평하게 하면 인간의 말과 소리를 조화롭게 할 수 있고, 나아가 사회의
불평과 불만을 해소하여 사회적 조화를 도모할 있고, 결국 정치적인 안
정을 얻어 천하를 화평하게 할 수 있는 것이다. 당대의 사람들은 인간세
계의 부조화나 갈등, 파탄이나 위기가 발생하게 되거나 발생할 정도의
극심한 상태에 이르면 천체나 우주의 변괴 혹은 災異가 나타난다고 생
각했고, 그것을 정치적 위기의 조짐으로 보아 역사에 기록하고 있다. 삼
국사기와 고려사에 기록된 무수한 자연현상에 대한 기록은 바로 그들의
세계관의 반영이다. 그들은 이러한 흉조와 이상이 생겼을 때 歌樂을 사
용하여 그 조화를 도모하기도 하고, 제사를 통해 그 본연의 질서회복을

꾀하였다. 이것이 그들의 예악사상이다. 재앙을 물리치고 우주적 질서를 모색하는 데에 유가적·불가적·전통적 종교가 함께 동원되었듯이, 樂을 통한 모색에 있어서도 불가적 가악과 유가적 가악과 전통적 가악이 두루 소용되었다. 중세 이전에는 "그 가악관에 대하여 전통적 가악관과 유교적 가악관 및 불교적 가악관을 아울러 가지고 있어, 그것이 천지조화·사회질서·우주적 리듬을 바르게 실현하는 방편으로 존재하는 것이라 사유"[23] 하였던 것이다. 중세 이전의 시기에 이런 특성이 두드러졌고 중세 전기까지도 이런 특성이 두루 나타난다.

악이 추구하는 것은 사회질서와 인체심신과 우주만물이 상호 연계되고 감응하여 조화롭게 존재하는 세계다. 이 악의 정신은 詩와 부합된다.

　　잘 다스려지는 시대의 음악은 편안하면서도 즐거우니, 그 정치가 화평하기 때문이며, 어지러운 세상의 음악은 원망하면서도 노여워하니, 그 정치가 어긋나 있기 때문이며, 망한 나라의 음악은 슬프고도 음울하니, 그 백성이 곤궁하기 때문이다. 음악의 이치는 정치와 통한다.[24]

　　시는 뜻이 가는 바이다. 마음에 있으면 志요 말로 발하면 시가 된다. 情은 마음 속에서 움직여 말로 나타나니, 말이 부족하면 감탄하게 되고, 감탄이 부족하면 노래하고, 노래가 부족하면 자신도 모르게 손으로 춤추고 발로 구른다. 情은 소리로 발하고, 소리에 무늬가 있으면 이를 音이라 이른다. 잘 다스려지는 시대의 음악은 편안하면서도 즐거우니, 그 정치가 화평하기 때문이며, 어지러운 세상의 음악은 원망하면서도 노여워하니, 그 정치가 어긋나 있기 때문이며, 망한 나라의 음악은 슬프고도 음울하니, 그 백성이 곤궁하기 때문이다. 따라서 옳고 그름을 바로 잡고, 천지를 움직이며 귀신을 감동시키는 데는 시보다 가까운 것이 없다.[25]

23) 김승찬, 「韓國上古文學硏究」, 제일문화사, 1978, p.148.
24) 治世之音 安以樂 其政和 亂世之音 怨以怒 其政乖 亡國之音 哀以思 其民困 聲音之道 與政通矣 (『禮記』樂記)
25) 詩者 志之所之也 在心爲志 發言爲詩 情動於中 而形於言 言之不足 故嗟嘆之 嗟嘆之不足 故咏歌之 咏歌之不足 不知手之舞之 足之蹈之也 情發於聲 聲

『禮記』樂記와 『毛詩』의 大序는 모두 治世・亂世・亡國의 音이 드러내는 정감의 형식을 정치현실과 연결시켜 서술하고 있다. 그리고 大序의 요지는 詩의 정치해석학으로 그 근원이 여전히 예악전통임을 알 수 있다. 詩는 '정치의 득실'을 바로 잡기 위한 것이라 했는데, 이는 악의 기능과도 기본적으로 일치하는 것이다. 시와 음악은 원래 불가분의 것으로, 원래는 신을 제사하고 공로를 경축하는 데 쓰던 것이라 한다.26) 시는 전통적 윤리・정치적 요구에서부터 서서히 개인의 정감・욕망을 표출하는 쪽으로 변모할 수밖에 없었고, "雅・頌은 시경 속에서 단지 극히 일부분만을 차지하고 있고, 더욱 큰 영역은 서정성이 농후한 風에 넘겨 주었다"27) 고 한다. 사회생활의 발전과 더불어 시적 요구가 달라지고, 윤리적 속박에서 벗어나 자유로이 정감을 표현하고자 하는 쪽으로 변모한 것이다. 즉 고대적 사유 속의 시는 告神明의 頌을 주축으로 하였지만, 개인의 뜻과 정감을 표출하는 風이 중시되는 쪽으로 전환하는 것이라 하겠다.

여기에서 詩頌의 감동(感天地動鬼神)을 鄕歌의 감동과 견주어 본다면 향가의 가악적 성격을 좀더 명료히 할 수 있을 것이다.

　　월명이 또 일찌기 亡妹를 위하여 齋를 올리고 향가를 지어 제사하니, 홀연히 광풍이 불어 지전을 날려 서쪽으로 향해 없어졌다.…… 월명이 항상 사천왕사에 있어 저를 잘 불었다. 일찍이 달 밝은 밤에 저를 불며 문 앞 큰 길을 지나니 달이 가기를 멈추었다. 이로 인하여 그 길을 월명리라 하였다. 법사도 또한 이로써 이름이 났다. 師는 곧 능준대사의

於文謂之音 治世之音 安以樂 其政和 亂世之音 怨以怒 其政乖 亡國之音 哀以思 其民困 故正得失 動天地感鬼神 莫近於詩 (『毛詩』 大序)

26) 李澤厚, 권호 역, 「華夏美學」, 동문선, 1990, pp.48 - 49. '시'는 대체로 최초에는 巫師가 입으로 중얼대던 呪語로서, 祭神활동과정, 본 씨족의 기적 역사, 군사정벌의 승리, 제사 典禮의 儀容 등에 대한 記述・歌頌・傳承이었다고 한다.

27) 李澤厚, 「위의 책」, p.51.

문인이다. 신라사람이 향가를 숭상한 자가 많았으니 대개 향가는 詩頌
과 類인가. 그러므로 능히 천지귀신을 감동시킴이 한두 가지가 아니었
다. 찬하노니 '바람은 지전을 불어 저 세상에 가는 누이의 路資를 삼고
부는 저는 명월을 움직여 항아를 머무르게 하도다…'[28]

향가가 詩頌과 마찬가지로 '天地鬼神'을 감동시킨다고 했다. 여기서 월
명이 죽은 누이를 위해 향가를 지어 제사를 하니 지전이 바람에 날려
갔고, 저를 불면 달이 가기를 멈추었다는 것은 향가의 가악적 효용성을
의미한다. 이것은 詩와 樂의 효용성과 통한다. 樂으로의 보편적 성격은
뒤에 재론하기로 하고 우선 詩頌의 告神明과 향가의 제의성을 검토해
보겠다. 이에 대해 최진원 교수는 "향가와 시송은 천지귀신을 감동시키
는 점에서 같다. 그러나 시송은 抽象性인데 반하여, 향가는 具象性이다.
향가는 제의를 통한 생의 표현 – 서정성이다"[29]라 하였고, 성기옥 교수
는 "일연이 이해하는 천지귀신으로서의 신관념은 전통적인 유가의 그것
보다 훨씬 인격화된 구체성을 띠고 있다. 그가 예로 든 <도솔가>의 미
륵보살과 동자, <제망매가>의 아미타불과 죽은 누이동생의 영혼, 월명리
의 유래담에 나오는 달과 피리의 교감 등이 모두 그러한 인격신으로서
의 구체성을 직접적으로 드러내고 있다"[30]고 했다. 두 분 모두 詩頌의
추상성과 非人格神에 대한 추상적 감동을 언급하였다. 그리고 향가가 감
동시키는 대상은 '인격화된 구체성'을 가진 존재이고, 그래서 향가는 구
상성이 있다고 하였다.

---

28) 明又嘗爲亡妹營齋 作鄕歌祭之 忽有驚颷吹紙錢 飛擧向西而沒 … 明常居四
　　天王寺 善吹笛 嘗月夜吹過門前大路 月馭爲之停輪 因名其路曰月明里 師亦以
　　是著名 師卽能俊人師之門人也 羅人尙鄕歌者尙矣 盖詩頌之類歟 故往往能感動
　　天地鬼神者 非一 讚曰 風送飛錢資逝妹 笛搖明月住姮娥 … (『三國遺事』, 感通
　　第七, 月明師 兜率歌)
29) 최진원, 향가의 '感動天地鬼神' 考, 「陶南學報」 제 12집, 1990, p.7.
30) 성기옥, '感動天地鬼神'의 論理와 향가의 呪術性 問題, 「林下 崔珍源 博士
　　정년논총」, 대한, 1991, p.71.

고대의 의례를 절제·이성·질서의 日神形과 열광·충동·무질서의 酒神形으로 나누어 왔다. 고대 중국의 禮樂 전통은 非酒神形이기에 분방한 욕정, 본능적 충동, 강렬한 격정, 원망 등을 배제하고 조화 추구의 정감형식을 추구한다.[31] 즉 중국의 예악에는 前論理를 거부하고 주술적 감동을 배격한 합리주의의 전통이 일찍부터 있었다.

그러나 향가에는 前論理의 원형상징성이 내재하고, 주술적 감동을 위주로 하는 노래가 다수 존재한다. 융천사가 혜성가를 지어 혜성이 나타난 변괴를 없앴다는 사실에서 노래에 담긴 주술성을 찾을 수 있고, 월명사가 도솔가를 지어 해가 둘 나타난 변괴를 해결하였다는 기록에서도 요구·명령의 주술성을 찾을 수 있다. 충담사의 찬기파랑가는 원형상징의 자장에서 완전히 벗어나지 않은 작품으로, 물·달·잣나무 등의 자연물이 영원성을 상징하고 전논리의 세계를 드러낸다.[32] 그러나 화랑의 숭고라는 개인적 감정을 불러 일으키고, '좇고 있노라'에서는 개인의 시간이 느껴진다. 원가의 배경설화에서는 주술성이 강하게 느껴지지만, 노래에서는 탄식과 체념의 서정성이 강하다. 경덕왕대를 전후한 8C는 그러한 변화의 시기이다. 향가의 전논리와 구상성도 중세 유가적 합리주의 문화를 만나면 서서히 소멸하고 추상성으로 변모한다.

이처럼 시송의 告神明과 향가의 제의성이 다른데도 향가를 '詩頌之類'에 비교한 것은 '감동'의 차원에서 말한 것이고, 특히 가악이 정치적인 위기나 우주적인 災異를 조절할 수 있다는 측면에서 바라본 듯하다. 그래서 성기옥 교수는 언어의 형식 자체가 문제되는 표현의 차원에서의 '주술적 감동'으로도 접근할 수 있지만 다른 한 편으로, "시적 울림으로서의 일반적 감동론으로까지 나아갈 수 있는 길을 열어 두었다"[33]고 했

---

31) 이택후, 「위의 책」, p.39.
32) 최진원, 향가의 서정성, 「國文學과 自然」, 성균관대 출판부, 1981, p.185.
33) 성기옥, 위의 논문, p.72.

다. 일반적 감동이란 인식의 차원에서의 감동을 의미하지만 음악의 감동,
소리의 감동을 전제로 한다.

> (國風의) 國이라 함은 제후에게 봉한 땅이며, 風이라는 것은 민속가요
> 의 시이다. 이를 풍이라 일컬음은 위로부터 교화를 입어서 노래하면 그
> 노래가 사람을 감흥시킴이, 마치 바람으로 인해 사물을 움직여 소리를
> 내매 그 소리가 사물을 움직일 수 있음과 같기 때문이다. 그러므로 제
> 후가 이를 채집해 천자에게 바치면, 천자는 이를 받아 樂官에 배열하고
> 이를 통해 풍속의 美惡을 살피어 그 정치의 득실을 아는 것이다.[34]

여기에서 '바람으로 인해 사물을 움직여 소리를 내매 그 소리가 사물
을 움직일 수 있다'는 믿음은 앞의 향가의 감동과 통한다. 향가의 노랫
소리가 바람을 불러일으켜 지전을 날려 보내고, 월명의 젓대소리가 달을
멈추게 한다는 사연과 부합되어, 소리가 사물을 움직인다는 소리의 감동
론을 지향한다. 자연의 바람이 불어(驚飇吹) 지전을 날리는 감동도 있고,
인위적인 바람을 불어넣어(吹笛) 달을 멈추게 하는 감동도 있다. '吹'란
자연의 바람이 불 때도 악기를 불 때도 쓰이는 것이었고, 자연의 바람이
인간세계를 움직일 수 있었고 인위적인 바람소리(젓대소리)가 자연을 움
직일 수도 있었다. 바람소리는 우주 자연의 운행을 변화시킬 수 있다고
믿었고, 그래서 詩經의 風은 애초 바람이 자연을 지나는 소리라고도 한
다. 이런 소리의 감동은 詩·歌·樂에 두루 함유되어 있는데, 후에 정치
적인 이념 - 樂에 통합된다.

소리가 사물을 움직일 수 있다는 사연은 笛을 귀히 여겨 변괴를 없앴
다는 내력과, 鄕笛을 얻게 된 내력에도 잘 드러난다. 효소왕 때 혜성이

---

34) 國者 諸侯所封之域 而風者 民俗歌謠之詩也 謂之風者 以其被上之化以有言
   而其言又足以感人 如物因風之動以有聲 而其聲又足以動物也 是以諸侯採之 以
   貢於天子 天子受之 而列於樂官 於以考其俗尙之美惡 而知其政治之得失焉 (『詩
   傳』, 詩集傳序)

나타났는데, 이는 琴과 笛을 封爵하지 아니 한 때문이란 일관의 말을 듣고, 笛을 萬萬波波息笛이라 봉하니 혜성이 사라졌다고 한다.[35] 노래로 혜성을 퇴치한 것은 아니지만 玄琴과 神笛의 영험함 때문에 그렇게 되었다는 것이다. 일찌기 신문왕 때부터 만파식적의 신이한 힘은 널리 알려져 있었다. 왕이 동해안에 나갔을 때 용이 대를 바치며 "성왕이 소리로써 천하를 다스릴 瑞徵이니 이 대를 취하여 저를 만들어 불면 천하가 화평할 것이다"라 하여 대로 저를 만드니, 이 만파식적을 불면 쳐들어온 병사가 물러가고, 병이 낫고, 가물었을 때 비가 오고 비가 오다가도 맑게 개고, 풍파가 가라앉는다고 한다.[36] '소리로 천하를 다스린다는 것'은 소리의 감동론이 악의 감동으로 이어진 예이다. 악기의 소리가 우주적 변괴를 물리칠 수 있고, 사회적 변란을 해결할 수도 있고, 외물을 변화시킬 수 있다는 생각은 樂의 효용성을 적절히 언급한 것으로 여겨진다.

향가를 지어 불렀더니 혜성이 없어지고, 두 해가 나타난 변괴를 해결하였다는 것은 통치 질서의 회복을 의미한다. 그러니 중국의 예악사상과 크게 다르지 않은 점이다. 그러나 향가가 중세 유가적 예악사상에 의해 나타나게 되었다는 의미는 아니다. 중국의 예악사상이 들어오기 전부터 전통적인 예악이 있었다. 신라의 악은 제의를 통한 구상성을 원천으로 하고 있다. 앞에서 거론하였듯이 山川儀禮가 예이고 화랑의 '相悅以歌樂'이 악인 것이다. 이 전통적 가악의 토대는 이미 신라 초에 마련되었다. '始製兜率歌 此歌樂之始也'에서 가악이란 단순한 노래가 아니고 歌舞樂의 예술형태이며, 이것이 우리나라 궁중악에 대한 첫 기술일 것이다. 도솔가는 국가적인 기반 수립을 노력하는 시기에, 국내를 순행하며 베풀던 제의에서 국가적인 위기를 극복하기 위해 지어진 가악이다. 결국 도솔가의 내포와 외연은 상하의 질서를 확립하고 민심을 순화하는 수단으로

---

35) 『三國遺事』 卷第三, 柏栗寺.

36) 聖王以聲理天下之序也 王取此竹 天下和平 吹此笛 則兵退病愈 旱雨雨晴 風定波平 號萬波息笛 (『三國遺事』 卷第二, 萬波息笛)

지어진 전통적 예악인데, '민속환강을 구하는 祈祝의 제의에서 쓰인 전통
적 가악'이라 할 수 있다.37) 이 가악의 전통은 향가에 이어진다. 화랑은
국가적·사회적 위난과 부조화를 해결하고자 歌樂을 매개로 하여 수련
하고 제사하고, 국정을 보좌하였다. 천체의 변괴를 가악으로 다스렸다는
융천사와 월명사와 같은 낭승은 바로 전통적 예악을 담당한 계층이다.

『三國史記』 경덕왕조에 나타나는 혜성출현, 雷電, 大風, 지진, 귀신의
북소리 등의 무수한 災異는 정치적·경제적 혼란과 파탄을 의미하는 것
이고, 그 상징적 표징으로 五岳三山神이 殿庭에 출현하여 장차 나라에
있을 변란을 미리 조짐해 준 것이다. 헌강왕 때에도 地神과 山神은 나라
가 장차 망할 줄 알았으므로 춤을 추어 경계하였건만 國人은 깨닫지 못
하고 도리어 상서가 나타났다고 하여 耽樂을 더욱 심히 한 까닭에 마침
내 나라가 망하게 되었다고 한다. 五岳三山神은 국가의 중요한 치제 대
상인데, 그 치제를 맡을 사람은 다름 아닌 선풍을 숭상하던 화랑들이겠
고, 이에 낭승인 월명사와 충담사가 가악으로써 그 변괴를 물리치고 국
가적 위기를 구한 것이다. 경덕왕대에는 국가적인 핵심세력에서 밀려나
있긴 했지만 반왕당파의 세력을 견제하기 위해 화랑세력을 필요로 했다.
김양상을 비롯한 다수의 내물계가 왕권에 도전해 오자, 무열왕을 도와
삼국통일의 위업을 성취했던 화랑세력은 후에도 무열계의 지지세력이
되었던 것이다.

『三國遺事』 景德王·忠談師·表訓大德條를 보면 경덕왕 24년에 五岳
三山神이 궁궐의 뜰에 현신하자 왕은 榮服僧(제의를 잘하는 승려)를 맞
아 들이는데, 그가 바로 충담사이다. 왕이 충담사에게 어디에서 오느냐

---

37) 이에 대한 자세한 논의는 졸고, 兜率歌와 新羅 初期의 歌樂, 『國語國文學
論叢』(碧史 李佑成 先生 定年論叢), 여강출판사, 1990. 조동일 교수도 "유리
왕 때의 도솔가는 국가적인 안정을 기원하는 재래적인 형태의 노래였을 테
인데, 월명사는 그것을 계승해서 재앙을 물리쳤으며, 불교적인 격식의 노래
는 부르지 않았다"고 했다.(『한국시가의 역사의식』, 문예출판사, 1993, p.27)

고 묻자 三花嶺의 彌勒世尊에게 차 공양을 드리고 오는 길이라 대답하는데, 여기에서 충담이 화랑에 속한 郎僧임을 알 수 있다. 미륵은 이미 불교적인 성격을 벗어나 화랑정신의 상징이었다. 왕이 차를 청하여 대접하고, 찬기파랑가에 대해 말을 나누고, 이어 왕은 "나를 위하여 안민가를 지으라"고 하매 충담사가 명을 받들어 노래를 지어 바쳤다고 한다. 왕이 제의를 잘하는 승려를 맞아 향가를 청하는 것은 어떤 이유인가. 바로 국가적인 위기가 있음을 직감한 왕이 낭승을 불러 치제하고 전통적인 가악인 향가로 위난을 타개하고자 한 의도가 있었던 것이다.

안민가에서 "군은 아비요, 신은 사랑스런 어미시라, 민을 즐거운 아해로 여기시니…… 君답게 臣답게 民답게 하면, 나라는 태평하리라"의 내용을 굳이 유교적 세계관으로 해석할 필요는 없다. 군신민이란 통치체계가 어찌 우리에겐 없단 말인가. 건국 초기부터 통치기반을 닦아온 신라 왕조도 나름대로 군신민의 위계적 질서를 모색하였을 것이고, 이것이 바로 예적 질서의 추구인데, 전통적 예적 질서를 구축한 상태에서 유가적 예적질서의 영향을 받아 그것이 더욱 공고해졌을 것이다. 그러므로 안민가의 창작 동기와 그 작가가 낭승이었던 점을 감안한다면, 이 노래는 '전통적 예악관에 의해 창출된 가악'의 의미를 갖는다.[38]

『三國遺事』 月明師・兜率歌條를 보면, 경덕왕 19년 해가 둘이 나란히 나타나 열흘 동안이나 사라지지 않자 왕은 월명사에게 散花功德의 啓 짓기를 청한다. 월명사는 國仙之徒에 속하기 때문에 그것은 짓지 못하고 향가만을 안다고 하며 도솔가를 지어 바친다. 애초에 仙風에는 산화공덕의 노래가 있어 재앙을 물리치고 복을 비는 전통이 어느 시기까지 지속되었는데, 선풍에 미륵신앙을 결합시켜 나타난 화랑도에는 그 전통이 계속 이어지지 못하고, 낭승들에게는 향가가 그런 기능을 대신하는 것으로 여겨진 듯하다. 월명사의 도솔가는 신라 제 3대 유리왕대 도솔가의 전통

---

38) 이에 대한 자세한 논의는 졸고, 화랑도의 風流와 鄕歌, 『基谷 姜信沆 博士 定年論叢』, 태학사, 1995, pp.339 - 340.

을 이은 가악으로, 역시 전통적 예악관 하에서 지어진 노래라 하겠다.

그러나 모든 향가가 전통적 예악관에 의해 지어진 것은 아니다. 일부는 불교적 가악관에 의해 창작되었고, 8C 후반 이후의 것은 유가적 예악관에 의해 창작된 것도 있다. 향가가 오랜 기간 동안 지속된 역사적 장르이기에 단일한 속성만을 보여주는 것은 아니다. 그러나 전성기 향가의 주도적인 담당층은 화랑(郞僧)이었고, 그들의 노래에는 전통적 사상(仙風)과 전통적 가악관이 담겨 있다는 견해를 밝힌 것이다. 화랑과 가악에 대한 위의 접근태도는 향가의 본질을 어느 정도 해명할 수 있는 방식이라 확신한다.

5. 結

본고는 우선 중국의 중세적 보편주의 문화가 도래하기 이전의 시기를 고대로 설정하고, 민족의 자주적인 노력에 의해 고유의 문화와 전통을 가진 고대국가가 상당 기간 존속되었다고 보았다. 그리고 이 시기의 전통문화를 사상적인 측면에서 祭天·祭始祖神·山川祭儀가 결합된 지배 이데올로기(仙風)라 규정하였다. 그러나 이 전통사상은 불교가 국교화되고 유교가 통치 이념으로 자리하면서 퇴조한다. 그러나 전통과 외래문화의 교체가 하루 아침에 이루어지는 것은 아니었다. 전통이 주도적인 상황에서 불교와 유교의 이념이 전래되고 수용되는 과정은 약 3C에서 8C까지 계속되었다. 이 시기를 고대에서 중세로의 이행기로 설정하였다.

신라에는 중국의 예악사상이 유입되기 이전에 나름대로 고유의 예악사상을 발전시켜 왔는데, 그것이 『삼국사기』 악지의 思內樂의 부류이다. 이 思內樂은 歌舞樂이 결합된 형태인데, 歌가 중시될 때 思內歌라 하였다. 신라 제 3대 유리왕 때의 도솔가를 '歌樂之始'라고 하는데, 일찍부터 신라의 전통적 가악이 있었음을 보여주고 있다. 이 도솔가는 민속환강을 구하는 祈祝의 제의에서 쓰인 가악이다. 향가 혹은 사뇌가는 가악의 전

통 속에서 지어졌는데, 특히 '相悅以歌樂'하던 화랑에 의해 山川儀禮에서
주로 불렸다. 향가는 玄琴이나 鄕笛과 같은 악기의 반주가 수반되었다.
현전하는 향가 중 8C 경덕왕대의 것이 많은데, 이 시기의 작품은 전통적
인 가악관에 의해 지어졌다. 향가는 혜성이 나타난 변괴를 없애거나 해
가 둘 나타난 변괴를 해결하는 등 국가적인 위난을 구하였기에, 일연이
'感動天地鬼神'의 능력이 있다고 하였고 詩頌의 類와 같다고 하였다. 詩
頌의 추상성과 향가의 具象性을 간과한 면도 있지만, 樂이 천지조화나
사회질서, 우주적 리듬을 바르게 한다는 정치적 측면에서의 효용성을 언
급한 것이어서 향가를 해석하는 중요한 단서가 되었다. 향가는 결국 歌
樂의 연장선상에서 해석해야 옳을 것이다.

3C‐8C까지의 이행기과정에서 전통문화가 불교문화에 압도되고, 유
가의 보편문화와 충돌되는 양상을 보이는데, 8C까지는 전통문화와 전통
가악이 주도권을 가졌던 것 같다. 그러나 8C 경덕왕대 이후로 합리주의
에 입각한 漢化政策이 강력해지고 불교가 지배이념으로 확고히 자리잡
게 되자, 유가적 가악이 서서히 전통적 가악을 압도해 나갔던 것으로 보
인다.

신라의 하대로 내려가며 전통문화는 새로운 중세 보편주의 문화에 밀
려나기 시작한다. 그리고 신라의 전통적 예악사상이 서서히 유가적 예악
사상에 통합되어 가는 것은 당연한 귀결이다. 삼국 통일 후 화랑의 이념
은 빛이 바래고, 8C 후반 내물계가 등장하게 되자 무열계의 지지세력이
었던 화랑은 쇠퇴하게 된다. 그리고 향가의 주도적인 작자층인 郎僧의
활약도 미미해진다. 그러나 화랑세력이 소멸된 것은 아니다. 國仙 膺廉
이 제 48대 경문왕에 오르고, 경문왕 때에 國仙 邀元郎 등이 화랑의 성
지인 금난굴을 찾아 치제하는 등 그 전통이 지속되고, 향가도 신라 후기
를 지나 고려 초기까지 계속 지어진다. 향가에 담긴 가악의 전통이 유가
적 가악에 의해 위축되긴 했어도 면면히 존속되었던 것이다. 팔관회와
같은 전통의례가 유가적 의례에 통합되는 과정을 겪었지만 고려말까지

존속되었고, 전통적인 가악은 고려를 지나 조선조까지 '삼국 속악'으로
남는다.

　향가는 신라의 전통적인 가악이었음에도 불구하고 후대의 악부가집에
서 제외되고 마는데, 그 이유는 유가적 가악과 이념적 낙차가 컸기 때문
인 듯하다. 유가적 예악은 仙風과 같은 전통적인 지배 이데올로기를 허
용하지 않았고, 화랑들에 의해 三山五岳의 국가적인 山川儀禮에서 불린
향가를 철저히 배제하였던 것이다. 다행히 『삼국유사』에 실려 우리 고유
의 가악적 면모를 전해 주고 있다.

화랑도의 風流와 鄕歌

허 남 춘

1. 序

우리의 고전시가를 시가사의 계기성으로 살펴 볼 때 향가는 제의적·종교적 서정이 우세하고, 고려 속요는 향락적 서정이 우세하며, 시조는 관념적 서정이 우세하다고 한다. 그러나 개인서정 혹은 개성서정이란 미적 준거 아래에서 각 시기의 시가를 살펴 보면, 향가는 지나치게 집단서정에 매몰되거나 불교적 근엄성에 빠져 있는 것이 되고, 시조는 지나치게 주자학적 교훈성을 강조하는 철학적 개념의 표출에 머물고, 가사는 관념적 철학의 설명적·서술적 장르라는 비판을 받게 된다. 고려 속요에 대한 평가는 조선조 사대부의 시각을 조금도 벗어나지 못한 채 향락과 퇴폐의 노래 혹은 淫詞란 규정을 서슴치 않는다. 조선조 사대부의 시각에서 벗어나 당대의 삶의 구현방식에 주목하는 입장에서 고려 속요를 보게 되면 진솔한 표현과 생의 간절한 염원과 호소의 감동을 만나게 된다. 시조를 주자학이란 철학의 직접적인 진술이라는 시각에서 한 걸음 나가면, 자연에 대한 새로운 인식과 자연미의 발견 그리고 이념과 흥취의 조화된 미의식을 만나게 된다.

그처럼 향가의 감동과 미의식을 규명하는 과정에서 그 한계점을 먼저 인지하지 말고, 삶과 종교 또는 제의가 결합되어 형성된 신라인의 세계관을 조화롭게 인식해야 한다. 신라인들이 고구려·백제와의 정복전쟁의 치열한 삶을 살면서 가졌고, 삼국통일의 감격을 껴안으면서 가졌고, 불확실한 현세의 고통스런 삶을 살면서도 가졌던 공통된 의식은 숭고한 세계에 대한 기원과 호소와 찬양이었고, 염원하는 세상이 이 현실에서 실현되길 바라는 현세적 세계관이 결합된, 이른바 '비속하지만 숭고한 삶'1)의 추구였다.

향가의 미의식을 찾기 위해서는 우선 향가의 주도적인 담당층과 그들의 세계관을 규명해야 한다. 현재까지의 연구 결과 그 중심 담당층으로 신라 중대의 郞僧을 거론하는데, 그들의 세계관으로는 불교적 - 그중에서도 미륵하생신앙을 들고 있고 그것이 화랑도사상과 결합되어 있다고 한다. 그런데 화랑도의 사상이 무엇인가는 온전하게 설명되지 못하고 있다. 본고는 우선 이 화랑도 사상의 실체를 규명하고, 화랑의 풍류와 가악관을 살펴 향가를 해석하는 전단을 구하고자 한다.

2. 花郞徒와 風流

화랑제도는 신라 24대 진흥왕 대에서 비롯된다. 그러나 그 기원은 오랜 듯하다. 신라 사회는 고구려나 백제보다 문화적 발전이 늦다고 한다. 그 이유는 지리적 위치에도 기인하지만 전통문화를 고수하는 입장이 강하였음을 알 수 있다. 신라는 전통사상을 기반으로 불교와 유교를 받아들이며 서서히 강국으로 부상한다. 새로운 고급문화의 접촉에 의해서만 새로운 세계를 구축할 수 있었던 것이 아니라 전통의 발전적 계승으로 가능하였던 것이다. 통일기 신라문화의 발전이 당에 대한 事大와 당문화

---

1) 조동일, 삼국유사 불교설화의 숭고하고 비속한 삶, 「한국설화의 민중의식」, 정음사, 1985, p. 65. 숭고한 삶의 추구는 설화에도 나타나지만 시가에도 나타나는 것이고, 불교적 숭고만이 아니라 삶을 에워싸는 종교·제의의 숭고가 현세적 긍정 속에서 수용되었다고 하겠다.

의 모방에서만 이루어졌다고 하거나 당문화의 영향을 정도 이상으로 과대평가하는 것은 '문화'가 무엇인지, '문화의 교류관계'가 무엇인지 모르는 자들의 천박한 견해에 지나지 않는다.2) 이 시기에 대한 이해가 김부식의 중세적 인식에서 크게 벗어나지 못하고 있음을 자각해야 하는 것이다. 불교는 국제공통 문화이기에 불교문화의 영향으로 漢族文化에 일방적으로 압도되지 않았고, 중국을 통해 유입된 고급불교도 자기화하는 과정을 거치며 세속적 불교로 수용되기에 이른다. 이러한 선택적이고 자주적인 문화의식의 저변에는 신라고유의 사상이 자리잡고 있기 때문일 것이다. 그 전통사상의 주류를 우선 화랑도 사상에서 구해 본다.

> (가) 37년 봄 원화를 받들기 시작하였다.……그뒤 다시 미모의 남자
> 를 데려다 곱게 꾸며 화랑이라 칭하고 그를 떠받들게 하니 도중
> 이 구름처럼 모여들어 혹은 도의로써 연마하고 혹은 가악으로써
> 즐기며 산수를 유람하여 먼 지방도 안 가는 데가 없었다. 이로
> 인하여 그들의 간사함과 바름을 알게 되어 그 중 착한 자만을 뽑
> 아 조정에 천거하였다. 김대문의 「화랑세기」에 '어진 재상과 충
> 신도 이에서 나왔고 양장용졸도 이에서 나왔다'고 하였다. 최치
> 원의 '鸞郞碑序'에 '나라에 현묘한 도가 있으니 그 이름은 風流
> 다. 교를 만든 근원은 仙史에 자세히 실려 있거니와 그 핵심은
> 유불선 3교를 포함하는 것이다'.3)

> (나) 왕은 또한 천성이 온아하고 크게 神仙을 숭상하여 낭자의 아름
> 다운 자를 가리어 原花를 삼았다.……이에 대왕은 명을 내리어
> 원화를 폐하더니 그후 여러 해에 또 생각하되 나라를 흥하게 하

---

2) 김철준, 개요, 「한국사」3, 국사편찬위원회, 1981, p.3.
3) 始奉原花……其後更取美貌男子 粧飾之 名花郞以奉之 徒衆雲集 或相磨以道
義 或相悅以歌樂 遊娛山水 無遠不至 因此知其人邪正 澤其善者 薦之於朝 金
大問 花郞世紀曰 賢佐忠臣 從此而秀 良將勇卒 由是而生 崔致遠 鸞郞碑序曰
國有玄妙之道 曰風流 設敎之源 備詳仙史 實賴包含三敎 (「三國史記」 本紀 第
四, 眞興王條)

려면 반드시 風月道를 먼저 일으켜야 된다고 하여 다시 령을 내리어 양가 남자의 덕행 있는 자를 뽑아 花娘이라고 개칭하였다. 처음에 설원랑을 받들어 國仙을 삼으니 이것이 花郎國仙의 시초였다. 그래서 그의 비를 명주에 세웠다.4)

진흥왕대에 처음 原花制가 시작되었다가 남모와 준정의 싸움으로 인하여 그것을 폐하고 다시 화랑제를 도입하였다. 여기서 화랑집단을 '國仙' '花郎' '風月道' '風流'이라 칭하는데, 그 집단의 성격은 어떠한 것이었을까. 신라에서 유교식 교육기관이 생긴 것은 통일 후인 신문왕 2년에 가서이다. 그 이전인 진흥왕대에 팽창되어 오던 민족통일 의지가 결집되어 국토방위와 통일대업의 완수를 목표로 하는 화랑제와 같은 국가적인 청소년 교육제도가 성립되었다는 견해5)가 있고, 화랑 膺廉이 왕위를 계승하게 된 것은 郎徒의 잠재적인 군사력에 의한 것이라 하여 군사적 집단의 성격을 강조한 견해6)가 있고, 민속학적 관점에서 成年儀禮로 본 三品彰影의 견해도 있다.7) 그리고 당시 신라사회는 아직까지 국가제도적인 인재등용법과 국가적 교육기관의 설립이 없었기 때문에 당시의 화랑제도는 이 두가지 구실을 함께 담당했다는 안정복의 견해8)가 있고, 그 외에 심신수양·인격도야의 기능을 중시한 견해9)도 있다. 중세

---

4) 又天性風味 多尙神仙 擇人家娘子美艶者 捧爲原花……於是大王下令 廢原花 累年 王又念欲興邦國 須先風月道 更下令 選良家男子有德行者 改爲花娘 始奉 薛原郎爲國仙 此花郎國仙之始 故堅碑於溟州 (「三國遺事」 卷三, 彌勒仙花 未 尸郎 眞慈師條)

5) 이선근, 「화랑도 연구」, 동국문화사, 1954, p.12.

6) 이기백, 신라 私兵考, 「신라정치사회사연구」, 일조각, 1974, p.260.

7) 김열규 교수도 입사식의 기능이 있다가 교육적 기능이 강화되며 화랑도가 이루어진 것으로 본다.(「한국신화와 무속연구」, 일조각, 1977, p.178)

8) 新羅用人之術 只有花郎選用之法 而無學校之制 (「東史綱目」第四 下, 神文王 2年 6月條)

9) 기파랑의 求道者的 文士的 용모를 들어 설명한 예가 있다. (박노준, 「신라가요의 연구」, 열화당, 1982, p.224)

의 지역공동체가 신앙조직과 생산활동조직, 그리고 전투조직의 기능을
담당하고 있었다면 화랑은 아마 신앙조직과 수련활동조직, 그리고 전투
조직의 기능을 가진 것 같다. 특히 (가)의 '遊娛山水'에서의 '山水'는
이기백 교수가 지적하였듯이 「三國史記」 祭祀志의 '三山 五岳已下 名山
大川'의 의미10)이니, 화랑은 산천을 다니며 제사를 드리는 신앙기능을
갖는다. 화랑들이 산천에 '遊'한 다음의 기록을 살펴 보더라도 그것이
단지 유흥의 기능만을 갖지는 않은 듯하다.

* 第五居烈郎 第六實處郎 第七寶同郎等 三花之徒 欲遊楓岳……大王
  歡喜 遣郎遊岳焉 (「三國遺事」 卷第五, 融天師彗星歌 眞平王代條)
* 夫禮郎爲國仙 珠履千徒 親安常……領徒遊金蘭 (「三國遺事」 卷第三,
  栢栗寺條)
* 王諱膺廉 年十八爲國仙……郎爲國仙 優遊四方……國仙邀元郎譽昕
  郎桂元叔宗郎等遊覽金蘭 (「三國遺事」 卷第二, 四十八 景文大王條)

거열랑 등 세 화랑의 무리가 풍악에 가 놀려 할 때 혜성이 심대성을
범하여 여행을 중지하려 했는데, 이때 융천사가 향가를 지어 불러 변괴
가 없어지고, 일본병이 물러나게 되어 왕이 기뻐하고 낭도들을 풍악에
놀러 보냈다고 한다. 국가적 위기가 수습된 후이긴 하지만 단지 놀려 보
냈다는 것은 어딘지 의아하다. 후에 왕이 된 응렴이, 국선이 되어 사방
으로 놀러 다닌 것은 아닐 것이다. 민정을 살피고, 나라를 다스릴 수 있
는 역량을 키우기 위해 심신을 수련하고, 국가적 제의처에 치제를 드려
국가의 안녕을 빌기도 했을 것이다. 부례랑이 무리를 이끌고 금난굴에
갔다는 것과 요원랑 등이 금난굴에 갔다는 것도 국가적 성지에 치제를
드리려는 의도가 있었던 듯하다. 낙산에 있는 금난굴은 고대로 민간신앙
의 대상으로써의 聖穴이었는데, 불교 전래 이후 佛緣國土의 사상에 의해

---

10) 이기백, 新羅五岳의 成立과 그 意義, 「신라정치사회사연구」, p.206.

관음진신의 현신처로 대치되었던 것이다.11) 총석정의 四仙峰, 금난굴, 삼일포의 四仙亭, 영랑호, 한송정, 월송정 등 강원도 일대를 遊娛한 것은 이곳이 국토의 등뼈가 되는 태백산의 성지라고 보았던 때문인 듯하다.12) (나)에서 최초의 국선인 설원랑의 비를 강릉에 세웠다는 것도 같은 맥락일 것이다. 이처럼 화랑의 '遊'는 歌樂으로 제의를 들이고 놀이를 했다는 이중적 사유가 담겨 있다. 종합적으로 본다면, 도의로써 수련하였다고 하니 심신수련의 기능과, 가악으로 기뻐하였다고 하니 악을 담당한 기능과, 산수를 다니며 치제한 기능을 두루 갖고 있었다고 하겠다.

김학성 교수도 "화랑의 원류인 仙徒들은 애초에 土俗神을 받드는 것이 주임무였는데, 뒤에 가서는 국가의 동량재를 길러내는 인재양성의 기능을 갖게 되면서 도의를 닦는 데 더욱 힘을 쏟게 되었다"13)고 하여 애초에는 신앙기능이 우세하였고 뒤에 심신수양의 기능이 강화된 것으로 보았다. 그런데 경덕왕 24년에 五岳三山의 신이 現侍하였다는 기록14)은 "무열왕계의 전제왕권을 비호하던 五岳三山神이 현시하여 장차 나라에 변란이 있을 것을 미리 조짐해 준 것"15)이라 하여 오악삼산신과 같은 토속신에 대한 신앙이 신라 중대에까지 남아 있음을 볼 때, 토속신에 제사 드리는 주된 담당층인 화랑의 신앙기능은 상당히 오랫 동안 지속된

---

11) 三品彰影의 견해를 김승찬, 「古典詩歌論」, 한국방송통신대학출판부, 1993, p.104.에서 재인용.
12) 「韓國學基礎資料選集」 -古代篇-, 한국정신문화연구원, 1987, p.441.
13) 김학성, 鄕歌의 장르體系論, 「大東文化硏究」 제 27집, 대동문화연구원, 1992, p.15.
14) 王御國二十四年 五岳三山神等 時或現侍於殿庭 (「三國遺事」 卷第二, 景德王 · 忠談師 · 表訓大德條)
15) 김승찬, 「신라향가론」, 세종문화사, 1993, p.151. 이기백 교수는 三山神을 신라의 호국신, 五岳神은 전제왕권의 비호신일 것이라 하였고(「신라정치사회사연구」, p.215), 조동일 교수도 "오악, 삼산의 신들이 대궐 뜰에 나타났다는 것은 우연한 일이 아니다. 오악, 삼산은 신라의 수호신이 깃들어 있는 곳이다"라고 하였다.(「한국시가의 역사의식문」,문예출판사, 1993, p.53)

듯하다.

(나)에서 '왕은 천성이 온아하고 크게 神仙을 숭상'하였다고 했다. 여기서의 신선은 신라 고유의 國風인 원화·화랑의 도를 仙에 비하는 데서 나온 필법16)이라고 한다. 중국의 도교가 아님은 분명하다. 眞智王 때 眞慈가 발원하여 彌勒仙花를 만나고 이어 未尸를 國仙으로 삼게 되는데, "國人이 神仙을 불러 미륵선화라 하고 무릇 매개하는 사람을 未尸라 하니 모두 진자의 유풍이다"17)라 했는데, 일찌기 진자가 부처께 花郎으로 현신하길 빌었더니 꿈에 한 중이 수원사에 가면 彌勒仙花를 만날 수 있다고 한 점을 미루어 본다면, 신선은 바로 花郎道이고 특히 미륵신앙이 결합된 화랑도이다.

그리고 (가)의 '仙史'도 마찬가지로 국선화랑의 역사이며, '鸞郎碑序'의 인용에 나타나는 '風流'도 유불선 3교가 합쳐서 된 것이라 풀이하는 것은 잘못이다. "나라에 현묘한 도가 있는데, 그 도는 실로 3교를 포함하는 만큼 원래 3교보다 더 넓은 내용의 것이라는 뜻"18)으로 보아야 하고, 그 근원은 산천 숭배의 '仙風'인 것이다. 김승찬 교수도 "풍류도는 三敎를 혼용한 사상이 아니라 포함하고 있는 사상이다. 따라서 화랑도는 고대로부터 전수하던 고유사상을 근간으로 하여 외래의 사상을 소화·흡수시켰으니 …… 신라인에게 있어서 神仙思想이란 고유한 山神숭배사상의 발전으로 風月徒의 사상의 근간인 것이다"19)라 하여 풍류도를 산천 숭배의 고유사상으로 보고 있어 본고의 취지와 부합한다. 여기에서 산천 숭배의 사상을 좀더 체계적으로 규명해 보겠다.

國仙이었던 김유신은 홀로 中嶽의 석굴에 들어가 수련하며 신비체험을 하게 되는데 산신의 계시에 의해 검술을 터득한다. 그 후 '奈林 穴禮

---

16) 이병도 역주, 「三國遺事」, 광조출판사, 1984, p.344의 註.

17) 國人稱神仙曰彌勒仙花 凡有媒係於人者曰未尸 皆慈氏之遺風也 (「三國遺事」 卷第三, 彌勒仙花 未尸郎 眞慈師條)

18) 「韓國學基礎資料選集」 -古代篇-, p.437.

19) 김승찬, 「한국상고문학론」, 새문사, 1987, p.80.

骨火等 三所護國之神'인 三娘子의 도움으로 白石에게 잡혀갈 위기를 극
복하게 되는데, 후에 백석을 처형하고 三神에게 제사한다. 그가 도움을
받고 제사를 드린 '三山'과, 그가 수도하였던 '五岳'의 중심인 중악은
모두 國仙花郎의 심신수련의 도량이자 제의처였다. <國仙道 - 花郎道 -
風月道 - 風流道>라는 것은 모두 신라의 전통사상인 仙風 (仙的 信仰)
에서 유래된 것이며 이는 三山五岳의 산천제의를 그 내용으로 한다.

신라의 주된 제사는 '三山 五岳已下名山大川'20) 이다. 일반적으로 중
국의 大祀에는 圓丘 宗廟 社稷이, 中祀에는 先農 先蠶 城隍 岳 海 風雲
雷雨 등이, 小祀에는 馬祖 先牧 기타 名山大川 등이 배열되어 있는 것과
다르다. 이를 두고, '천자는 천지와 천하의 명산대천에 제사하되 제후는
사직과 자기 영토의 명산대천에 제사한다'는 중국의 예악사상에 충실하
여 신라는 제후의 예를 벗어나지 않고 '三祀에 三山 五岳 名山大川'만
제사한 것이라는「삼국사기」祭祀條의 견해는 잘못이다. 신라에서는 산
악숭배의 신앙이 특히 중시되었고 이런 전통이 중국의 예악사상과 접촉
한 후에도 지속된다. 시조묘·神宮(시조의 탄생지)·산천에 제사하였다
는 기록은 "중국의 예악사상이 지배하기 이전의 것이고, 이는 신라 고유
의 예악사상에 의한 것"21)이며 신라 하대까지 신라 고유의 제사와 악이
중시되었다는 흔적이다.

고대로부터 있었던 자연신앙과 정령신앙, 祖靈신앙, 시조신앙, 山靈신앙
이 신라에서는 仙的信仰과 巫的信仰으로 통합되고 체계화한다. 특히 仙的
신앙은 산악숭배의 자연신앙이 발전하여 부족국가 형성시에 사회지배문
화로서 등장하고, 巫的신앙은 각종 정령신앙들을 체계화한 것으로서 나중

---

20) 三山五岳已下名山大川 分爲大中小祀 (「三國史記」卷32, 雜志 祭祀條) 여기
    에 奈歷 骨火 穴禮가 大祀로, 吐含 地理 鷄龍 太伯 父岳(公山이며 방위로 中
    岳임)이 中祀로, 雪岳 등이 小祀로 편제되어 있다.
21) 여기현, 삼국사기 악지 신라악의 성격(1), 「반교어문연구」제 5집, 반교어
    문학회, 1994, p. 33.

에 민중의 강한 종교적 욕구를 충족시켜 온 것으로 보인다. 仙的신앙(仙風)은 산악숭배를 기초로 하여 공동체성이 강한 국조신앙과 직접 연결되는 한편 기를 중요시하여 인간의 내적 수련을 요구하는 자력신앙의 성향이 강한 데 반해, 巫的신앙은 격렬한 종교체험인 엑스타시나 빙의현상을 기반으로 두고 신앙형식상 구복적인 타력신앙의 성향이 강하다.22)

단군은 죽어 태백산신이 되었고, 탈해는 죽어 동악신이 되었으며, 신라의 시조모인 선도성모는 선도산신으로, 가야의 시조모 정견모주는 가야산신으로 숭앙된 점으로 보아 시조신앙 혹은 시조모신앙이 산악숭배와 긴밀한 연관성이 있는 듯하다.23) 이처럼 신라를 비롯한 한반도 내에서는 산악숭배신앙과 시조신앙이 결합되어 있음을 살필 수 있고, 특히 신라에서는 이 전통이 지속되어 三山五岳의 제사를 국가의 중요한 제사로 받들고 있음을 알 수 있다. 탈해가 묻힌 동악, 즉 토함산은 오악의 하나로 中祀에 배열되어 있으며 제사가 끊이지 않는다는 점을 보더라도 그 실상을 알 수 있다. 그리고 혁거세가 등극하기 전에 있었던 6부족의 시조는 모두 산악에 강림한 신격인데, 산악숭배를 기초로 하여 시조신앙이 연결되고 있음을 짐작케 한다.

이러한 선풍은 사회지배문화로 자리잡으며 화랑도 사상을 배태하지만 신라 중대 이후 전제왕권이 강화되며 서서히 쇠퇴하고, 그 자리를 불교에 내주게 된다. 진골 지식층이 전제 왕권 강화에 참여하며 전통적 문화기반이 불교적·유교적 문화기반으로 바뀌게 되는 것이다. 즉 지배층의 호국불교와 왕실불교가 사회지도원리로 등장하며 선풍은 파괴되고, 화랑도는 역사의 뒤편으로 밀려나게 된다. 신라 하대에는 화랑정신에 의한

---

22) 윤승용,민간신앙과 사회변혁,「역사 속의 민중과 민속」, 이론과 실천, 1990, p.426. 이 논문에서도 "최치원이 말한 풍류도도 역시 선적 문화를 바탕으로 형성"되었다고 논급하고 있다.

23) 塑像安於土含山 王從其言 故至今國祀不絶 卽東岳神也 (「三國遺事」, 脫解條) 聖母祠:在西嶽仙桃山聖母 (「新增東國輿地勝覽」,慶州, 祠廟條) 伽倻山神 正見母主 ((「新增東國輿地勝覽」,高靈, 沿革條)

사회결속이 무너지게 되고[24] 왕위 계승을 위한 진골들의 투쟁과정이 펼쳐진다. 그 결과 선풍과 불교의 밀교·미타·미륵신앙이 巫的신앙에 흡수되며 민간신앙의 장을 형성하기에 이른다.

　신라의 仙風은 후에 고려에까지 이어진다. 고려 태조는 훈요십조에 선풍을 숭상할 것을 강조하여 고려 팔관회로 계승되고 태조 이래로 그 유풍이 숭상되는데, 고려의 팔관회는 오악과 명산대천 그리고 천령과 용신을 제사하는 것[25]으로, 산천숭배의 선풍이 지배이념으로 부활·계승됨을 알 수 있다.

3.　郎僧의 仙風과 歌樂

　화랑은 도솔천에서 下生한 미륵으로 여겨졌다. 화랑집단은 미륵을 좇는 무리로 일컬어지고, 미륵은 화랑정신의 상징이었다. 김유신의 무리를 龍華香徒라고 했는데, 용화는 미륵신앙과 밀접한 관계를 가지고 있으며, 竹旨郎의 탄생담을 보면 죽지가 미륵의 화신으로 여겨지는데 후에 김유신을 도와 삼국을 통일한다. 眞慈가 미륵상 앞에서 발원 서원하여 화랑의 출현을 기다리다 彌勒仙花를 만나고 이어 未尸郎을 만나 그를 임금에게 추천하여 국선이 되게 하였다는 내용을 보더라도, 화랑은 미륵의 화신이라 사유하였음을 알 수 있다. 화랑도는 "고유사상인 산신숭배사상이 발전한 신선사상인데, 여기에 다시 불교의 미륵신앙이 습합되어 화랑도 사상을 창출"[26]한 것으로, 불교 공인 이후 원광의 세속오계 수용을 거치고, 선풍과 미륵 하생신앙이 결합된 것으로 보인다.

　화랑의 제도를 살피면 國仙 - 花郎 - 門戶 - 郎徒의 편제를 이룬 듯한데, 여기에서 미륵사상을 선풍에 결합한 郎僧이란 집단이 주목된다.

---

24) 조동일, 「한국시가의 역사의식」, p.59.
25) 八關所以事天靈及五岳名山大川龍神也 (「高麗史」 卷2, 世家, 太祖26年)
26) 김승찬, 위의 책, p. 80.

國仙에게는 그를 시종하고 보호·보좌하면서 화랑·낭도들을 교화하고 지도하는 郎僧(승려낭도)이 존재[27]하였는데, 未尸郎을 보좌한 眞慈, 夫禮郎을 보좌한 安常(大統이란 승직을 받음), 膺廉을 보좌한 範敎, 文弩郎을 보좌한 轉密이 있고, 耆婆郎을 사모한 忠談師도 또한 그런 낭승으로 여겨진다. 충담사는 남산 三花嶺의 미륵불에게 차공양을 하고, 경덕왕을 위해 안민가를 지은 인물이다. 일찌기 찬기파랑가를 지었듯이 화랑의 무리 중에서 가악을 담당한 인물이며, 충담사와 같은 낭승들이 주도적으로 가악을 담당한 듯하다. 조동일 교수는 이에 대해 "화랑의 집단에는 신앙과 교육을 담당하고 노래를 짓는 것을 임무로 하는, 정통 승려와는 구별되는 승려가 있었는데, 융천사, 월명사, 충담사가 모두 이런 사람이었다. 이 사람들이야말로 향가 창작의 주역이었고, 화랑집단이 지향해야 할 가치관을 향가를 통해 구체화하는 데 결정적인 구실을 했다"[28]고 하여 충담사나 월명사와 같은 낭승이 향가를 지어 그들의 이념과 가치관을 표출하였고, 그들이 신라 중대의 주도적인 향가 작가임을 피력하였다. 아울러 낭승이 신앙과 노래를 담당했다는 평가에 주목한다면, 가악을 매개로 '遊娛山水'의 수련과 제사를 담당했다는 것을 유추할 수 있다.

융천사가 혜성가를 지어 혜성이 나타난 변괴를 없앴다는 사실에서 노래에 담긴 주술성을 찾을 수 있고, 노래가 우주의 변괴를 퇴치할 힘이 존재한다고 믿은 당대인의 사유를 알 수 있다. 효소왕 때 혜성이 나타났는데 이는 琴과 笛을 封爵하지 아니 한 때문이란 일관의 말을 듣고 笛에 萬萬波波息笛이라 봉하니 혜성이 사라졌다고 한다.[29] 노래로 혜성을 퇴치한 것은 아니지만 玄琴과 神笛의 神物의 영험함 때문에 그렇게 되었다는 것이다. 일찌기 신문왕 때부터 만파식적의 신이한 힘은 알려졌다.

---

27) 김승찬, 위의 책, p.78.
28) 조동일, 「한국시가의 역사의식」, p. 56.
29) 有彗星孚于東方 十七日 又孚于西方 日官奏曰 不封爵於琴笛之瑞 於是冊號
笛爲萬萬波波息笛 彗乃滅 (「三國遺事」卷第三, 栢栗寺條)

왕이 동해안에 나갔을 때 용이 대를 바치며 "성왕이 소리로써 천하를
다스릴 瑞徵이니 이 대를 취하여 저를 만들어 불면 천하가 화평할 것이
다"라 하여 대로 저를 만드니, 이 만파식적을 불면 쳐들어온 병사가 물
러나고 병이 낫고, 가물었을 때 비가 오고 비가 오다가도 맑게 개고, 풍
파가 가라앉는다고 한다.30) 악기의 소리가 우주적 변괴를 물리칠 수 있
고, 사회적 변란을 해결할 수도 있고, 외물을 변화시킬 수 있다는 생각은
'樂'의 효용성을 언급한 것으로 여겨진다. 여기에서 주목할 것은 소리로
천하를 다스려 화평하게 할 수 있다고 사유한다는 점이다.

소리를 조화롭게 한다는 것은 결국 민심을 조화롭게 하여 천지의 조
화를 꾀한다는 것이다. 인간의 감정을 화평하게 하면 인간의 말과 소리
를 조화롭게 할 수 있고, 나아가 사회의 불평과 불만을 해소하여 사회적
조화를 도모할 수 있고 결국 정치적인 안정을 얻어 천하를 화평하게 할
수 있는 것이다. 당대의 사람들은 인간세계의 부조화나 갈등, 파단이나
위기가 발생하게 되거나 발생할 정도의 극심한 상태에 이르면 천체나
우주의 변괴 혹은 災異가 나타난다고 생각했고, 그것을 중요한 조짐으로
보아 역사에 기록하고 있다. 삼국사기와 고려사에 기록된 무수한 자연현
상에 대한 기록은 바로 그들의 세계관의 반영이다. 그들은 이러한 흉조
와 이상이 생겼을 때 歌樂을 사용하여 그 조화를 도모하기도 하고, 제사
를 통해 그 본연의 질서회복을 꾀하였다. 이것이 그들의 예악사상이다.
예악사상은 중국에서 영향받은 것만 남아 있는 것은 아니다. 영고·동
맹·무천 등 제천의례도 우리의 전통적인 禮的 秩序이다. 국가의 제의를
동양에서는 禮로 이해하는 것이다.31) 樂도 마찬가지다. 중국에서 전래된
악이 영향력을 행사했지만, 전통적인 악이 있고, 전통악을 통해 천지와

---

30) 聖王以聲理天下之瑞也 王取此竹 作笛吹之 天下和平 ……吹此笛 則兵退病
  愈 旱雨雨晴 風定波平 號萬波息笛 (「三國遺事」卷第二, 萬波息笛條)
31) 이민홍, 民族樂舞와 禮樂思想, 「東洋學」 23집, 단국대 동양학연구소, 1993,
  p.67.

민심의 조화를 꾀하였다.

화랑이 유오집단이며 가악으로 즐겼다는 것은, 유흥으로만 해석할 수 없는 중요한 대목이다. 화랑은 가악으로 국가적·사회적 위난과 부조화를 해결하고자 수련하고 제사하고(이 또한 예적 질서이다) 국정을 보좌하였다.[32] 천체의 변괴를 가악으로 다스렸다는 융천사와 월명사와 같은 낭승은 바로 전통적 예악을 담당한 계층이다. 경덕왕대에는 국가적 핵심 세력에서 밀려나 있긴 했지만 반왕당파의 세력을 견제하기 위해 그들 화랑세력을 필요로 했기에, 월명사는 도솔가를 지어 해가 둘 나타난 변괴를 해결하였고, 충담사는 왕권을 위협하는 반왕당파를 견제하고 국가적인 질서를 구축하기 위해 안민가를 지어 부른 것이다.[33]

「三國史記」 경덕왕조에 나타나는 혜성출현, 雷電, 大風, 지진, 귀신의 북소리 등의 무수한 災異는 정치적·경제적 혼란과 파탄을 의미하는 것이고, 그 상징적 표정으로 五岳三山神이 殿庭에 출현하여 장차 나라에 있을 변란을 미리 조짐해 준 것이다. 헌강왕 때에도 地神과 山神은 나라가 장차 망할 줄 알았으므로 춤을 추어 경계하였건만 國人은 깨닫지 못하고 도리어 상서가 나타났다고 하여 耽樂을 더욱 심히 한 까닭에 마침내 나라가 망하게 되었다고 한다.[34] 앞에서 언급하였듯이 오악삼산신은 국가의 중요한 치제 대상인데, 그 치제를 맡을 사람은 다름 아닌 선풍을 숭상하던 화랑들이겠고, 이에 낭승인 월명사와 충담사가 노래로서 그 변괴를 퇴치한 것이다.

---

32) 詩歌와 밀접한 관계를 가지고 있는 음악도 또한 종교적인 성격을 농후하게 지닌 것이었다. "화랑도가 가무를 즐겼다"든가 한강 공격시 우륵과 그 제자 尼文을 불러 음악을 시켰다든가, 또 擬聲에 의하여 어떤 힘을 나타낼 수 있다고 믿은 듯싶은 백결선생의 대악 같은 것은 모두가 이러한 음악의 종교적 기능을 말하여 준다.(이기백, 「韓國史新論」, 일조각, 1976, p.79)

33) 이에 대한 논의는 박노준, 「신라가요의 연구」의 안민가 조와, 김승찬, 「신라향가론」의 안민가 조에 자세하다.

34) 「三國遺事」 卷第二, 處容郞 望海寺條.

「三國史記」 경덕왕조에는 禮樂名儀를 실천한 왕에게 당 현종이 경하의 글을 보낸 기록이 있다.[35] 경덕왕대는 官府 部署를 개혁하고 한자식 改名을 하는 등 漢化政策에 따른 왕권 전제화에 박차를 가했음을 볼 때 중국식의 예악사상으로 더욱 무장하였을 것이다. 더불어 금강경 강독과 백월산 南寺 창건 등 수많은 佛事治績을 볼 때, 전통적 문화기반에서 유교적·불교적 문화기반으로 서서히 변모를 추진하였던 것이 사실이다. 그러나 유교적·불교적 예악사상을 가지고 통치질서를 모색한 만큼 전통적 예악사상을 중시한 점도 간과할 수 없다. 더구나 전제왕권 강화에 참여했던 진골 중 다수의 내물계가 왕권을 이반하고 도전을 해 오던 시기에, 정권의 핵심에서 밀려나 있었지만 아직도 많은 민중들의 지지와 환호를 받고 있는 화랑세력과 그들의 이념을 바탕으로 난국을 수습하려는 의지가 경덕왕에게 있었던 것이다.[36] 그러므로 화랑세력의 예악을 빌어 왕권을 강화하려 한 것이고, 안민가와 도솔가도 이런 맥락에서 이해해야 한다.

　　왕이 나라를 다스린 지 24년에 五岳三山의 신들이 간혹 현신하여 殿庭에서 왕을 모시더니, 3월 3일에 왕이 귀정문 누상에 납시어 좌우에게 묻되 누가 능히 도중에서 한 榮服僧을 데려올 수 있겠느냐 하였다. 이때 마침 威儀가 깨끗한 한 대덕이 있어 길에서 배회하고 있었다. 좌우가 보고 데리고 와서 보이니, 왕이 가로되 내가 말하는 榮僧이 아니라 하고 도로 보냈다. 다시 한 중이 납의를 입고 앵통을 지고 남쪽에서 오는지라, 왕이 기뻐하여 누상으로 영접하였다.[37]

35) 嘉新羅王歲修朝貢 克踐禮樂名儀 賜詩一首 (「三國史記」新羅本紀 第九, 景德王 15年 2月條)
36) 화랑세력은 경덕왕 때 정계에서 밀려나 있었으므로 충담사를 매개로 해서 재야세력과 제휴를 하면 왕권을 위협하는 신하들을 누를 수 있다고 판단했던 것 같다.(조동일, 「한국시가의 역사의식」, p.54)
37) 王御國二十四年 五岳三山神等 時或現侍於殿庭 三月三日 王御歸正門樓上 謂左右曰 誰能途中得一員榮服僧來 於是適有一大德 威儀鮮潔 徜徉而行 左右

경덕왕이 충담사를 만나게 되기까지의 경과이다. 왕은 '榮服僧'을 찾고자 한다. 이를 두고 옷을 잘 입은 승려라 해석하면 잘못이다. 왜냐하면 威儀가 깨끗한 승려를 천거하였지만 왕은 자신이 찾는 승려가 아니라고 말하고 있기 때문이다. 이를 두고 威儀가 있는 승려[38]라고 해도 문맥에 맞질 않는다. 위엄과 예의가 정결한 大德을 마다하고 납의를 입은 충담을 적격자로 인정한 때문이다. 충담은 남산 삼화령의 彌勒世尊에게 차공양을 드리고 오는 길이라고 한 점을 보더라도 낭승임에 틀림 없다. 여기서 榮服僧 혹은 榮僧이라고 한 것은 '제의를 잘하는 승려'를 의미하는데, 전통적 제의를 잘 모시는 승려였을 것이다. 대덕을 모셔 왔는데도 돌려 보냈으니 불교적인 제의를 하고자 함이 아니었고, 유가적 제의를 모시고자 했다면 굳이 승려를 찾을 이유가 없기 때문이다. 오악삼산신을 모시는 것이었기에 전통적 제의 - 선풍의 낭승을 찾은 것이다.

안민가에서 "군은 아비요, 신은 사랑스런 어미시라, 민을 즐거운 아해로 여기시니…… 君답게 臣답게 民답게 하면, 나라는 태평하라라"의 내용을 굳이 유교적 세계관으로 해석할 필요는 없는 것이다. 군신민이란 정치체계가 어찌 우리에겐 없었단 말인가. 건국 초기부터 통치기반을 닦아온 신라왕조도 나름대로 군신민의 위계적 질서를 모색하였을 것이고, 이것이 바로 예적 질서의 추구인데, 전통적 예적 질서를 구비한 상태에서 유가적 예적 질서의 영향을 받아 그것이 더욱 공고해졌을 것이다. 그러므로 안민가의 창작 동기나 당대의 시대적 분위기나 작가가 낭승이었다는 점을 감안한다면, 이 노래는 전통적 예악관에서 창출되었다고 보아야 한다.

경덕왕 19년 경자 4월 1일에 해 둘이 나란히 나타나 열흘 동안이나 없어지지 않았다. 일관이 아뢰기를 緣僧을 청하여 산화공덕을 지으면

望而引見之 王曰 非吾所謂榮僧也 退之 更有一僧 被衲衣 負櫻筒 從南而來 王喜見之 邀致樓上 (「三國遺事」卷第二, 景德王 忠談師 表訓大德條)
38) 이병도 역주, 「三國遺事」, p.245.

재앙을 물리치리라 하였다. 이에 조원전에 깨끗한 단을 설하고 청양루
에 행차하여 緣僧을 기다렸다. 때에 월명사가 밭두둑의 남쪽 길을 가기
에 왕이 사자를 보내 불러 단을 열고 기도문을 지으라 하였다. 월명이
아뢰기를 "저는 國仙之徒에 속하여 단지 향가를 알 뿐이요 梵聲에는 익
숙치 못합니다"라 하였다. 왕이 "이미 緣僧으로 뽑혔으니 향가라도 좋
다"고 하였다. 이에 월명이 도솔가를 지어 바쳤다.39)

나라에 변괴가 있고 나서 왕이 누각에 나아가 인연 있는 중을 찾아
만나고, 그로 하여금 변괴를 해결하는 노래를 지어 바치게 하였다는 점
이 위의 안민가 창작 배경과 같다. 해가 둘 나타났다는 변괴는 이미 많
은 선학들이 언급하듯이, 왕권에 도전하는 반왕당파의 대두일 것이다.
이 위기를 극복하고자 緣僧을 찾았다고 했는데, 경덕왕대는 전제왕권이
강화되는 시기이고 중국식 관제정비가 이루어지는 등 漢化政策이 시도
되는 때이라 왕의 주변에 유가적 제의를 드릴 수 있는 사람들이 많았을
것이므로 별도의 유가적 제의를 드릴 사람을 구하지는 않았을 것이고,
마찬가지로 王師 등 고승대덕이 궁중에 있었을 것이므로 불교적 치제를
드릴 자를 새로이 구하지는 않았을 것이다. 이도 또한 국선지도에 속한
월명사와 같은 낭승을 택하여, 선풍의 전통적 예악의 힘으로 국가적 위
난을 극복하고자 하는 경덕왕의 의지로 생각된다.

그런데 왕은 散花功德의 啓 짓기를 청하였지만, 월명사는 국선지도에
속하기 때문에 그것은 짓지 못하고 향가만을 안다고 하며 도솔가를 지
어 바친다. 애초에 선풍에는 산화공덕의 노래가 있어 재앙을 물리치고
복을 비는 전통이 어느 시기까지는 지속되었는데, 선풍에 미륵하생신앙

---

39) 景德王 十九年庚子四月朔 二日並現 挾旬不滅 日官奏 請緣僧作散花功德 則
　　可禳 於是潔壇於朝元殿 駕幸靑陽樓 望緣僧 時有月明師 行于阡陌時之南路 王
　　使召之 命開壇作啓 明奏云 臣僧但屬於國仙之徒 只解鄕歌 不閑聲梵 王曰 旣
　　卜緣僧 雖用鄕歌可也 明乃作兜率歌賦之 (「三國遺事」 卷第五, 月明師 兜率歌
　　條)

을 결합시켜 나타난 화랑도에는 그 전통이 계속 이어지지 못하고, 낭승들에게는 향가가 그런 기능을 대신하는 것으로 여겨진 듯하다. 선풍의 전통적 가악에 있었던 산화공덕의 노래는, 신라 제 3대 유리왕대의 '歌樂之始'라 하는 도솔가 장르가 아니었을까. 도솔가 등 초기의 악은 토속신 제사에 仙徒들이 주관하여 차사사뇌격으로 부른 노래[40]인데, '민속환강을 구하는 祈祝의 제의에서 쓰인 가악'[41]인 듯하다. 그 제의란 동양에서는 禮이고, 그들의 노래가 악기 반주(玄琴과 젓대)에 실려 불렸으니 樂이다. 결국 낭승에 의해 불려진 노래에는 전통적 예악관이 담겨 있다고 하겠다.[42]

도솔가는 郎佛習合의 呪歌라기보다는 佛敎 儀式上의 呪歌로 보아야 한다는 견해[43]가 있고, "우리나라에 있어서의 미륵사상은 전래 초기부터 밀교적 특색을 띠었던 것"이라 하며 雜密思想에 의한 呪歌라는 견해[44]가 있다. 그런데 성기옥 교수는 향가의 詩的感動論을 서술하며 표현의 차원에서의 감동의 주술적 의미를 요구의 형식과 호소의 형식으로 나누고, 도솔가는 "월명사의 지극한 덕과 정성이 미륵보살을 감동시킬 수 있었던 종교적인 힘"[45]이라고 하여 도솔가의 힘은 주술적인 힘과 거리가

---

40) 김학성, 鄕歌의 장르體系論, p. 16. 김문태는 "주술적·토속신앙적 성격을 지닌 도솔가 장르에 불교적 요소를 결합시킴으로서 도솔가를 만들어냈다"고 하여 유리왕대 도솔가와 경덕왕대 도솔가의 연관성을 서술하고 있다.(「三國遺事의 詩歌와 敍事文脈硏究」, 태학사, 1995, p.141)

41) 졸고, 도솔가와 신라 초기의 가악,「國語國文學論叢」(碧史 李佑成 先生 定年紀念論叢), 여강출판사, 1990, p.283.

42) 원효와 같은 俗講僧의 和請노래는 타악기의 반주가 수반되었고, 雲上人(즉 화랑 중 무예를 닦는 護國仙과 구별되는, 가악을 담당하는 화랑도)의 향가는 현악기(琴)와 젓대(笛) 등의 선율악기가 수반되었다고 한다. (김학성, 鄕歌의 장르體系論, p.13)

43) 박노준, 「신라가요의 연구」, p.170.

44) 김승찬, 「신라향가론」, p.111.

45) 성기옥, 感動天地鬼神의 論理와 향가의 呪術性 問題, 「古典詩歌의 理念과 表象」(최진원 교수 정년논총), 1991, p.65.

멀고 오히려 '호소'의 형식을 취하여 자발적인 힘이 드러난다고 하였다. 이에 대한 반론으로 김승찬 교수는 저급한 신령에 대해서는 요구의 형식(강제적, 위협적)에 의해 주술성을 드러내지만, 고급한 신령에 대해서는 호소의 형식(경건적, 청원적)에 의해 신성성을 드러내는데, 이 또한 불교의 雜密的 주술이라고 하며, 도솔가의 呪歌的 성격을 설명한다.46)

도솔가의 "미륵좌주를 모셔라"라는 표현에서 신앙의 대상 '미륵'은 이미 불교적인 성격을 벗어나 화랑정신의 상징이다. 그래서 도솔가의 解詩에도 '멀리 도솔의 대선가를 맞이한다'(遠邀兜率大僊家)라 하여 '仙家'를 언급하고 있다. 그런데 이 노래에서는 신앙대상보다 언어에 주목해야 할 것이다. '모셔라'의 요구의 형식에 주목하여 이 노래를 선풍의 전통적 예악관에서 비롯된 '토속적 주술'로 보아야 하지 않을까 한다. 우리의 神觀을 보면 현실 중심, 인간 중신이어서 신을 놀리기도 하고 위협하기도 한다. 그런데 여기에서의 위협의 대상은 꽃이고, 기원의 대상은 미륵이다. 그렇다면 구지가에서처럼 신의 출현을 기원하며 '거북'을 위협하는 언어형식과 동일하고, 거북이 신의 매개자47)이듯이 꽃도 신의 매개자로 해석된다.

우리 언어 관습에서는 기원적 사실을 현실화시켜 서술하기도 하는데, 우는 아기를 달래며 울지 말라는 소망을 '우리 아기 울지 않는다'라거나 심부름을 시키며 '벌써 갔다'라는 표현을 한다. 노래에서도 기원적 사실을 현실화시켜 서술하는 경우를 고사 축원이나 성주풀이에서 볼 수 있다. 그러므로 우리는 예축의 내용을 표현하는 다양한 언어형식에 주목해야 한다. 그렇다 보니 우리의 시가에서 기원의 내용이 요구의 형식으로도 드러나게 되는 것이다. 이런 점을 감안하면, 樂과 詩가 가진 보편적 감동 또는 詩的 울림의 차원에서 '두 해가 나타난 변괴'를 물리친 힘이 존재한다는 점도 인정해야 할 것이다.

---

46) 김승찬, 향가연구에의 제언, 「陶南學報」 제 14집, 도남학회, 1994, p.171.
47) 성기옥, 上古詩歌, 「한국문학개론」, 새문사, 1992, p.46.

4. 結

본고는 우선 화랑의 '遊娛山水'에서 논의를 시작하였다. 유오는 원래 儀禮 즉 제의성으로 인식되었는데, 그것이 풍화되며 놀이(오락)으로 받아들여지게 된 것이다.[48] 그들이 유람한 산수는 신라의 중요한 치제 대상인 '三山五岳已下名山大川'이고, 그들은 이러한 주요 신앙처에 歌樂으로 제사를 드리고, 심신을 단련하기도 했다. 화랑도는 '仙'으로 기록되는데 이는 도교의 仙이 아니라 신라의 산악숭배의 전통적 신앙을 의미하는 仙風(仙的信仰)이다. 선풍은 산악숭배를 기초로 하여 공동체성이 강한 국조신앙과 결합하여 사회지배문화로 등장한 것이다. 그러나 신라 통일 후 화랑의 이념이 서서히 빛을 잃어가는 과정에서 화랑은 체제 밖으로 밀려나게 되고, 신라 중대의 왕들이 전제왕권을 강화하며 漢化政策을 펴는 과정에서 크게 위축된다. 그러나 경덕왕대를 즈음하여 반왕당파의 도전이 심각해지자 선풍과 이를 주도하는 화랑 계층이 다시 중앙 정계에 등장하여 국가적 위기를 해결하는데, 郎僧들의 가악이 큰 역할을 한다.

郎徒의 무리 중 신앙과 교육을 담당한 郎僧이 향가를 지어 그들의 세계관을 표현하였는데, 융천사나 월명사, 충담사가 선풍의 전통적 예악관을 바탕으로 향가를 창작한 것이다. 그들은 국가적인 위기를 해결하는 제의를 담당했다. 그 제의란 동양에서는 禮이고, 그들의 노래가 악기 반주에 실려 불렸으니 樂이다. 그러니 월명사와 충담사에 의해 불려진 노래에는 전통적 예악관이 담겨 있다고 하겠다. 충담사의 안민가를 들어 君臣民의 정치체계가 나타난다고 유가적 예악관으로 해석하는 것은, 중세의 질서와 가악을 지나치게 중국 중심적으로 해석하는 태도이다. 그리

---

48) 그리고 균여는 향가를 '戱樂之具'라고 했는데, 희락은 제의이고 그 내용은 가무이다. (최진원, 詞腦와 戱樂考, 「陶南學報」 제 13집, 도남학회, 1992, pp.8-9)

고 월명사의 도솔가에 '미륵좌주'란 대상을 호칭하는 시가의 표현을 불
교적 주술로 해석하는 점도 재고해야 할 것이다. 불교적 가악은 범패의
형식을 취했을 것이며, 여기서의 '미륵'은 이미 불교적인 성격을 벗어나
화랑정신의 상징인 것이다. 그러므로 꽃이라는 매개자를 위협하여 미륵
에게 기원적 사실을 염원하는 이 노래의 요구 형식에 주목하여 전통적
예악관에서 비롯된 '토속의 주술'로 보아야 할 것이다.

『三國遺事』소재 詩歌와 敍事文脈
연구방법론

金 文 泰

1. 머 리 말

『삼국유사』소재 시가는 가사가 생략된 채 그 제목만이 전해오는 것과 가사가 온전히 전해오는 것으로 대별된다. 가사실전의 시가로는 「兜率歌」 1), 「身空詞腦歌」2), 「鸚鵡歌」3), 「玄琴抱曲」·「大道曲」·「問群曲」4), 「散花歌」5) 등이 있다. 가사가 전해오는 시가로는 「海歌」6)·「龜旨歌」7) 등의 漢譯歌 2수와 「慕竹旨郎歌」8)·「獻花歌」9)·「安民歌」·「讚耆婆郎歌」10)·「處容歌」11)·「薯童謠」12)·「禱千手大悲歌」13)·「風謠」14)·「願往生歌」15)·「兜率

---

1) 卷一 紀異一 第三 弩禮王
2) 卷二 紀異二 元聖大王
3) 卷二 紀異二 興德王 鸚鵡
4) 卷二 紀異二 四十八 景文大王
5) 卷五 感通七 月明師 兜率歌
6) 卷二 紀異二 水路夫人
7) 卷二 紀異二 駕洛國記
8) 卷二 紀異二 孝昭王代 竹旨郎
9) 卷二 紀異二 水路夫人
10) 卷二 紀異二 景德王 忠談師 表訓大德
11) 卷二 紀異二 處容郎 望海寺

歌」・「祭亡妹歌」16)・「彗星歌」17)・「怨歌」18)・「遇賊歌」19) 등의 鄕歌 14首
가 있다. 전자의 경우는 가사가 전해오지 않으므로 부대상황을 통해 그 노
래의 의미와 성격을 추론할 수 밖에 없지만, 후자의 경우는 대부분 가사와
더불어 그 생성배경을 알려주는 서사문맥20) 이 함께 수록되어 있어 노래
의 의미와 성격을 밝히는 데 큰 도움이 되고 있다. 따라서『삼국유사』소재
의 시가에 대한 연구가 후자에 집중되는 것은 자연스러운 현상이며, 본고
에서도 역시 후자를 중심으로 논의를 전개해 나가기로 한다.

　『삼국유사』소재 시가에 대한 연구는 불교학적, 민속학적, 역사학적, 어
학적, 문학적 관점에서 이른 시기부터 풍부하고 다양하게 이루어져 왔다.
이러한 관점은 광의로 문학을 어떻게 볼 것인가, 협의로 『삼국유사』를
어떻게 볼 것인가 하는 문제와 직결된다. 그럼에도 불구하고 기존의 논
의 대부분이 이러한 문제를 철저하게 검증하지 않은 상태에서, 그리고
이에 대한 접근방식을 체계적으로 정립하지 않은 상태에서 이루어져 왔
음은 부인할 수 없는 사실이다. 따라서『삼국유사』소재 시가의 의미와
성격은 미리 마련된 연구자 개인의 고정된 관점에 따라 다양하게 규명
될 수 밖에 없었다. 결국『삼국유사』소재 시가는 함께 수록되어 있는 서
사문맥과 어떠한 관계가 있는가, 즉 시가가 주인가, 서사문맥이 주인가
내지 이 둘은 긴밀한 관계인가, 별개의 것인가 하는 문제로부터 이들은

12) 卷二 紀異二 武王
13) 卷三 塔像四 芬皇寺千手大悲 盲兒得眼
14) 卷四 義解五 良志使錫
15) 卷五 感通七 廣德 嚴莊
16) 卷五 感通七 月明師 兜率歌
17) 卷五 感通七 融天師彗星歌 眞平王代
18) 卷五 避隱八 信忠掛冠
19) 卷五 避隱八 永才遇賊
20) 본고에서 지칭하는 '敍事文脈'이라는 용어는『삼국유사』에 있어서의 시가
　　를 제외한 나머지 부분을 통칭하는 개념으로 사용한다. 따라서 서사문맥이라
　　는 용어 안에는 온전한 이야기 구조를 갖춘 설화 뿐만 아니라, 문학적 구조
　　를 지니지 못한 여타의 기록물도 포함된다.

역사성을 띤 것인가, 아니면 허구성을 띤 것인가 하는 문제에 이르기까지의 실로 원론적인 의문들이 끊임없이 제기되어 왔던 것이다.

본고는 이러한 원론적인 문제를 해결하기 위해 마련된 것이다. 따라서 본고에서는 향가연구 전반에 걸친 연구사를 개관하기[21] 보다는 향가연구의 합리적인 접근태도와 이를 기반으로한 방법론을 제시하는 데에 목적을 둔다. 이를 위해 우선 개괄적이지만 반드시 점검해야 할 문학연구의 관점과 『삼국유사』연구의 관점을 점검하고, 이를 토대로 『삼국유사』 소재 시가와 서사문맥 연구의 관점을 정립하는 데에까지 나아가기로 한다.

2. 『三國遺事』연구의 관점

1) 문학연구와 『삼국유사』연구

문학작품은 한 시대를 살다 간 작가의, 향유층을 의식한 정신적 소산물이다. 이러한 정의가 그릇되지 않다면 문학연구의 범주는 문학작품 뿐만 아니라, 그 작품을 창작한 작가와 그 작가가 살던 당대의 시대상, 그리고 그 작품을 수용하는 향유층 등을 동시에 아우를 수 있는 데에까지 확대되어야 한다.

문학작품 자체를 연구하기 위해서는 작품을 구성하는 언어의 고증 및 그 언어의 상징성, 그리고 그 언어가 질서화하여 만들어 낸 작품의 내적 구조와 그 일관성에 주목해야만 한다. 『삼국유사』소재 시가연구, 특히 향가연구에 있어서는 鄕札의 현대적 解讀, ‘鄕歌’라는 명칭의 개념 및 그 적법성 여부와 ‘詞腦歌’라는 명칭의 개념 및 그 범주, 소위 4구체·8구

---

21) 향가연구 전반에 걸친 연구사 개관에 대해서는 黃浿江 (鄕歌硏究 70年의 回顧와 現況, 『韓國學報』 30, 一志社, 1983), 成昊慶 (향가 연구의 함정과 그 극복을 위한 모색, 『국어국문학』 100, 국어국문학회, 1988), 鄭昌一 (鄕歌의 再評價를 提言한다, 『국어국문학』 100, 국어국문학회, 1988), 楊熙喆 (鄕歌麗謠 硏究의 回顧와 展望, 『국어국문학 40년』, 集文堂, 1992) 참조.

체・10구체로서의 향가형식의 구분에 대한 합리성 여부와 율격, 『均如傳』「譯歌現德分」의 평에 입각한 三句六名, 향가의 修辭的 특성, 특히 원형상징을 포함한 일련의 상징적 의미, 시가와 서사문맥의 구조적 관련여부, 편목성격과 시가성격의 동질성 등에 논의가 집중되었다. 이로써 보면 작품 자체에 대한 관심은 높은 수준에 와 있음을 알 수 있으나, 그 어느 하나의 문제도 합의점에 도달하지 못하고 있는 실정이다.

작가를 연구하기 위해서는 작가의 사회적 신분과 문학적 위상, 그리고 그의 창조적 상상력과 사상을 위시한 작가의식에 주목해야만 한다. 기존의 『삼국유사』소재 시가연구에 있어서는 작가가 실존인물인가, 아니면 가공인물인가의 여부, 忠談師・月明師・融天師의 신분・역할 및 화랑들과의 관계, 향가의 주요 작가층과 그들의 세계관 등에 대해 논의가 집중되었다. 그러나 고대문학에서 흔히 보듯이 『삼국유사』소재 시가의 경우도 작가의 신분이나 사상이 확연히 드러나지 않는 경우가 종종 있어 이 방면의 연구는 어느정도 한계를 지니고 있다.

문학작품에 투영된 시대상을 연구하기 위해서는 당대 문화의 시대정신 및 문학전통, 그리고 그 사회적 현실의 역동적 반영여부에 주목해야만 한다. 『삼국유사』소재 시가의 창작시기는 신화시대로부터 통일신라말까지이므로 시대상 연구는 주로 신라에 집중되어 신라의 신분제도와 정치체제, 정신적 지주로서의 토속신앙과 불교의 전개과정, 통일의 원동력이자 신라문화의 견인차였던 화랑의 위상과 역할, 삼국관계에 있어서의 신라의 위상, 신라와 주변 제국과의 역학관계 등 이 시기의 전반적인 정치・경제・사회・문화의 특성과 위상을 밝히는 데 주력했다. 물론 이 방면의 연구에 있어서는 역사학계・고고학계・민속학계・철학계・종교계 등 주변 제학문에 대한 경청이 절대적으로 필요하다.

향유층을 연구하기 위해서는 작품이 향유층에 미치는 영향과 향유층의 수용태도, 그리고 문학의 기능에 주목해야만 한다. 『삼국유사』소재 시가의 향유층에 대한 연구는 향가가 목적의식을 지닌 노래인가 아니면

순수 서정의 노래인가의 여부, '羅人尙鄕歌者尙矣 盖詩頌之類歟 故往往
能感動天地鬼神者 非一'이라는 향가에 대한 一然 평의 의미, '夫詞腦者
世人戱樂之具'라는 향가에 대한 均如 평의 의미 등 『삼국유사』소재 시
가가 생성되던 시기의 고대인과 신라인, 그리고 창작 내지 수집·정리한
고려인들의 수용태도 및 그 효용성에 집중되었다. 이 방면의 연구 역시
보다 심화되어야 할 소지를 남기고 있다.

　이상과 같이 볼 때 문학연구 관점중 작품에 중점을 둔 관점의 연구가
폭넓게 진행되어 왔음을 알 수 있다. 작가·시대상·향유층에 대한 관점
은 작품을 온전히 이해하기 위한 것이므로 이러한 현상은 당연한 것이
라 할 것이다. 상기의 관점들은 각각 별개의 것이 아니라 여타의 관점들
과 상호 관련하에서 총체적으로 조망되어야 하며, 이 때 『삼국유사』소재
시가의 의미와 성격은 보다 온전히 그 면모를 드러낼 수 있을 것이다.
그러나 상기의 관점에서 제기된 문제들, 특히 작품 자체에 중점을 둔 관
점에서 제기된 문제들은 이미 언급한 바와 같이 해결의 실마리를 찾지
못하고 있다.

　이는 기존의 논의가 여타 관점의 업적을 종합적으로 체계화하여 조망
하지 못한 데에서 비롯된 것이라 할 것이다. 그러나 보다 심각한 과오는
이들 시가가 수록되어 있는 『삼국유사』라는 책의 성격과 이 책을 편찬
한 一然이라는 편찬자의 의도와 의식을 간과한 상태에서 이들 시가를
분석하려 했다는 점에 있다. 즉 작품의 관점에서는 시가 자체의 의미를
규명하는 데에 치중하여 『삼국유사』 체재 안에서의 이들의 위상을 규명
하는 데에는 소홀하였으며, 작가의 관점에서는 시가를 지은 원작자의 작
가의식을 밝히는 데에 집중한 나머지 이를 수집·정리한 편찬자의 의도
와 관련하여 이들 시가의 의미를 밝히는 데에는 미흡했던 것이다. 따라
서 『삼국유사』소재 시가의 의미와 성격은 연구자 개인의 관점에 따라
개별적으로 진행될 수 밖에 없었으며, 제기된 문제들은 그 어느 하나도
합의점에 도달하지 못하고 난항을 거듭할 수 밖에 없었던 것이다.

여기서 『삼국유사』의 체재와 성격 및 一然의 편찬의도를 살펴볼 필요가 있다. 이는 곧 『삼국유사』소재 시가 연구의 총체적이고 체계적인 방법을 제시해줄 것이기 때문이다.

2) 『삼국유사』와 一然

『삼국유사』는 高麗의 存亡이 경각에 달려있던 일대 혼란기에 禪僧 一然에 의해 쓰여졌다.[22] 이러한 『삼국유사』의 전반적인 성격에 대해서는 그동안 꾸준히 논의되어 왔으며, 이는 크게 세가지로 요약된다.

첫째, 『삼국유사』를 史書로 파악하는 견해가 있다. 이러한 논의는 『삼국유사』를 역사기록물로 보는 데에서 기인한다. 그러나 『삼국유사』를 史書라 한다면 내용의 9할 이상이 新羅에 대한 기록이라는 점에서 三國의 역사를 제대로 기술하지 못한 一然의 史家로서의 공정치 못한 자세가 문제시될 뿐만 아니라, 紀異篇 이후의 篇에 수록된 수많은 불교설화를 어떻게 설명할 것인가 하는 것이 문제점으로 대두된다. 즉 『삼국유사』를 史書로 파악할 경우, 『삼국유사』는 그야말로 불완전하고 졸속한 史書임에 틀림없는 것이다.

둘째, 『삼국유사』를 野史集으로 파악하는 견해가 있다. 이러한 견해는 '遺事'라는 표제의 해석에 바탕을 둔 것인데, 앞서 살펴 본 史書로서 『삼국유사』를 파악한 것과 대동소이하다 할 것이다. 즉 『삼국유사』가 補史의 성격을 지녔다면 百濟와 高句麗의 기록이 빈약한 것은 어떻게 설명할 것이며, 『삼국유사』와 『삼국사기』의 중첩되는 부분은 어떻게 설명할 것인가 하는 문제가 제기된다. 이러한 의미에서 볼 때 『삼국유사』의

---

22) 필자는 『삼국유사』의 체재·성격 및 一然의 편찬의도에 대한 견해를 이미 밝힌 바 있다(『三國遺事』의 體裁와 性格, 陶南學報 12, 陶南學會, 1990). 중언부언일 수 있으나, 본항에서는 논의의 전개를 위해 부득불 상기논문의 내용을 간략하게 요약·정리하기로 한다. 개념정의·방증자료·인용 등은 생략한다. 이에 대한 구체적인 논의는 상기 논문 참조.

'遺事'는 正史에 遺漏된 쇄잡한 옛 사실의 撰書를 뜻하는 것이라기 보다는 老禪師의 겸양에서 나온 것이라 보는 것이 보다 타당할 것이다.

셋째, 『삼국유사』를 佛敎史書로 파악하는 견해가 있다. 佛敎史를 불교의 교리나 불교가 지닌 원리적인 문제를 중심으로 서술해 나가는 불교자체의 역사로 파악한다면, 이러한 견해에도 문제가 있다. 『삼국유사』는 불교사 뿐만 아니라, 그 이상의 내용을 담고 있다는 문제가 있는 것이다. 다시말해 불교와는 전혀 관계없이 보이는 紀異篇의 수많은 설화를 어떻게 설명할 것인가 하는 문제가 생기는 것이다.

『삼국유사』는 서술양식·편목성격·설화내용·讚의 有無 등에서 큰 차이점을 지니는 紀異篇과 餘他篇으로 대별되는데, 이상의 史書로서의, 野史集으로서의, 佛敎史書로서의 성격 파악은 『삼국유사』 전반의 紀異篇과 후반의 餘他篇 중 그 어느 한 쪽에 치중한 결과라 할 것이다. 즉 이상의 논의는 『삼국유사』 전체의 성격을 충분히 드러내지 못하고 있다는데에 그 한계가 있는 것이다. 따라서 『삼국유사』의 전반적인 성격은 불교와 무관하게 보이는 紀異篇과 불교와 밀접한 관련을 지니는 餘他篇이 동일선상에서 고구될 때 온전히 드러나게 될 것임은 자명한 사실이다.

기이편은 토속적인 설화가 시대순으로 서술된 古朝鮮으로부터 高麗 이전까지의 역사로서 史書의 本紀와 유사한 성격을 지니지만, 神異한 설화로써 역사를 서술하였다는 점에서 일반 史書와는 다른 양상을 보이고 있다. 반면 餘他篇은 불교적인 설화가 주제별로 서술된 것으로서 高僧傳과 유사한 성격을 지니지만, 불교와 직접적인 관련이 없는 설화까지 수록되어 있다는 점에서 일반 高僧傳과는 다른 양상을 보이고 있다. 따라서 『삼국유사』는 史書·野史集·佛敎史書·高僧傳·說話集 등의 성격을 복합적으로 지니고 있으며, 紀異篇에서는 설화와 역사의 공존을, 餘他篇에서는 불교와 사회의 유대를 위주로 하고 있다는 점에서 佛敎文化史類로 규정할 수 있다.

그러나 紀異篇과 餘他篇은 각기 별개의 것이 아니라, 서로 긴밀한 유대관계를 지니고 있다. 一然은 기이편과 여타편에 내재되어 있는 '異'를 모두 '怪'가 아닌 '神'으로 인식하고 있으며, 기이편을 여타편으로 나아가기 위한 디딤돌로 마련하고 있는 것이다. 一然이 기이편을 편찬한 의도는 불교전래 이전부터 불교전래와 더불어 병존해 오던 시기의 국가를 지탱해 온 集團無意識世界 내지 精神世界의 추이를 파악코자 함이었으며, 이러한 세계가 국가의 存亡과 불가분의 관계에 놓여 있다는 것을 말하고자 함이었다. 다시말해 一然은 설화가 집단무의식세계를 핵심으로 하고 있으며, 그 집단무의식세계는 宗敎心性의 원천으로서 언제든 他宗敎로 이행될 수 있는 것임을 간파하고 있었으며, 통일점이 없는 집단무의식세계에 하나의 조명을 비추어줌으로써 불교의 三昧境에 접어들 수 있게 하였던 것이다. 따라서 一然은 王曆篇「高麗太祖」條에 수많은 創寺 기록을 삽입시킴으로써 기존의 집단무의식세계의 변질 및 정신세계의 혼란·파괴를 불교로 대체하고 있는 것이다. 결국 일연은 불교의 存亡이 국가의 存亡이라는 인식하에서 『삼국유사』를 편찬하였고, 편찬목적은 고려말의 혼란 내지 위기를 타개해 나갈 방도를 우의적으로 제시하기 위함에 있었다 할 것이다.

이상과 같이 볼 때 『삼국유사』는 一然이라는 편찬자의 특별한 목적의식 하에서 치밀하게 구성되었으며, 條目 뿐만 아니라 篇目 전체가 유기적인 연관관계를 맺으며 일관되게 서술되고 있음을 알 수 있다. 따라서 『삼국유사』소재의 시가연구는 원작자와 작품 자체에 대한 관점 뿐만 아니라, 이를 수집·정리하여 일관되게 서술한 一然과 이러한 의도에서 편찬된 『三國遺事』를 동시에 고려하는 관점에서 이루어져야 할 것이다. 기존의 연구에서 대두되었던 수많은 문제점들이 난맥상을 보이고 있는 것은 이러한 관점이 치밀하게 검토되지 못한 데에서 야기된 것이라 해도 과언이 아닐 것이다. 이제 이러한 기본적인 관점을 견지하면서 앞서 제기한 원론적인 문제에 접근하기로 한다.

3. 시가와 서사문맥 연구의 관점

1) 시가와 서사문맥의 성격

『삼국유사』소재의 시가와 서사문맥이 역사성을 띤 것인가, 아니면 설화성을 띤 것인가 하는 문제는 끊임없이 제기되어 왔다. 이에 대한 논의는 크게 세 가지로 대별된다.

첫째, 『삼국유사』의 내용을 歷史와 說話로 구획지을 수 없으며, 이를 구획짓는 것은 무의미하다는 견해이다.[23]

둘째, 『삼국유사』는 '歷史의 說話化'이므로 이를 역사적 사실로 보아야 한다는 견해이다.[24]

셋째, 『삼국유사』는 '說話의 歷史化'이므로 이를 허구적 세계로 이해해야 한다는 견해이다.[25]

---

23) 최철 (『향가의 문학적 해석』, 연세대 출판부, 1990, p.52)은 설화와 역사를 구획짓는 일은 인식의 한계에서 오는 것이므로 『삼국유사』의 설화를 전승된 이야기 그대로 이해하고 받아들이는 태도가 요청된다고 하였다. 홍순석 (鄕歌와 背景說話, 『鄕歌文學硏究』, 一志社, 1993, p.169)은 향가 및 그 배경설화에 대한 연구자의 문맥 혼동은 설화와 역사를 혼동한 찬술자의 기술과 관련이 있으며, 『삼국유사』가 역사적 문맥과 설화적 문맥을 동시에 포함하고 있기 때문에 획일적으로 구별되는 논리를 세우는 것은 무의미하다고 하였다.

24) 박노준 (『新羅歌謠의 硏究』, 悅話堂, 1985, p.33)은 『삼국유사』가 史書的인 기록과 說話的인 기록이 혼재해 있는 古典으로서의 遺事이나, 遺事에 설화적인 요소가 개재해 있다 해도 그 내면에 적지 않게 역사적인 潮流가 흐르고 있으므로 이를 '歷史의 說話化'로 보아야 한다고 하였다. 이러한 관점은 직접적으로 언급하지는 않았을지라도 여러 연구자들의 『삼국유사』소재 시가 각 편에 대한 연구에서 견지되고 있다.

25) 金學成 (古代歌謠와 토템的 思惟體系, 『大東文化硏究』 22, 成均館大 大東文化硏究院, 1988, pp.61-69)은 고대 가요의 타당한 해석을 위해서 텍스트 자체의 본질 파악 뿐만 아니라 그러한 텍스트를 존재하게 한 컨텍스트와의 관련 체계 위에서 의미망을 추출해야 한다는 전제하에 설화텍스트는 어디까지나

이상의 논의는 결국『삼국유사』의 내용을 역사와 설화로 구분지을 수 있는가 없는가, 구획지을 수 있다면 어느 쪽으로 보아야 할 것인가 하는 데로 귀착된다. 이러한 논의는『삼국유사』소재 시가에 있어서 작품의 의미, 작가의 실존여부, 당대의 시대상 반영여부, 향유계층의 세계관 등을 해명하기 위해 필수불가결한 것이다. 따라서 "설화와 역사를 구분하는 것은 인식의 한계에서 오는 것"이며, "찬술자조차도 설화와 역사를 혼동하고 있으므로 이를 구분하는 것은 무의미"하다는 첫번째 견해는 이 문제의 중요성을 인식하지 못하고 있는 데에서 나온 것이라 할 것이다.

『삼국유사』의 내용을 역사성과 설화성으로 나누어 보려는 두번째·세번째의 견해는 『삼국유사』소재 시가연구에 유효한 것임에 틀림없으나, 이들 견해 역시 한계를 지니고 있다. 두번째 견해는 歷史性에 중점을 두어『삼국유사』의 내용을 史實로 보려는 것이다. 즉 설화는 역사적인 潮流 속에서 생성된다는 전제하에서『삼국유사』소재 설화 역시 史實로 보고자 한 것이다. 반면 세번째 견해는 說話性에 중점을 두어『삼국유사』의 내용을 虛構的 眞實로 보려는 것이다. 설화는 상상력의 소산물인 만큼 역사성 보다는 우선 설화성의 측면에서 보아야 한다는 전제하에서

설화로 이해하여 그 허구적 진실을 밝히는 측면에서 의미해석을 내려야 하며, 고대가요와 그 배경설화는 그것을 생성한 시대 현실 혹은 관련상황과의 접맥 속에서 해명해야 한다고 하였다. 成基玉 (願往生歌의 生成背景 硏究, 『震檀學報』 51, 震檀學會, 1981, pp.216-217)은 <願往生歌>처럼 派生說話의 경우 그것은 역사적 사실 그 자체가 아니라 역사적 사실의 설화적 표현이므로 전승층의 상상력에 의해 전적으로 허구의 세계에 돌입해 있으며, <安民歌>·<龜旨歌>처럼 單獨說話의 경우 거기에는 역사적 사실과 허구적 사실이 뒤섞여 공존하므로 그 설화로부터 역사석 의미를 주출해 낼 수 있다 하였다. 林基中 (新羅歌謠와 記述物의 硏究, 半島出版社, 1991, p.63)은 '遺事'란 말의 의미가 그렇듯이『삼국유사』의 내용은 史料일 수는 있어도 歷史일 수는 없는 것이 대부분이며, 이러한『삼국유사』에 내재한 記述物을 說話라고 일단 규정해 놓고도 그 설화적인 사실을 역사적인 사실과 전적으로 동일시해 온 것은 그동안 우리 학계가 가지고 있었던 모순이라 하였다.

『삼국유사』소재 설화를 허구적 진실로 보고자 한 것이다. 이러한 상반된 두 견해는 공히 一然의 편찬의식과 『삼국유사』의 전반적인 성격과의 관련하에서 논의되지 못하고 있다는 한계를 지니고 있다. 연구자들은 설화와 역사와의 원론적 관계에만 논의를 국한시킴으로써 『삼국유사』에 정착된 설화의 성격을 간과하고 있는 것이다.

앞서 언급한 바와 같이 一然은 불교의 存亡이 국가의 存亡이라는 인식하에서 고려말의 혼란 내지 위기를 타개해 나갈 방도를 우의적으로 제시하기 위해 불교문화사류인 『삼국유사』를 편찬하였다. 이러한 의미에서 古朝鮮으로부터 高麗 이전까지의 우리 민족의 삶을 설화로써 재구하였던 一然은 확고한 목적의식과 엄정한 史觀을 가지고 있었다 할 것이다. 一然은 철저한 목적의식과 史觀을 견지하면서 이에 합당한 시가와 설화를 기존의 문헌과 현지답사 등을 통해 취사선택하여 『삼국유사』를 편찬하였던 것이다. 따라서 『삼국유사』소재 시가 및 설화는 이 책이 편찬되던 당대에 전승되어 오던 것의 극히 일부분이며, 讚을 제외한 나머지 부분은 一然이 이를 改作 내지 創作하지는 않았을지라도 이에는 一然의 시각이 전적으로 개재되어 있다. 즉 一然은 당대에 전승되어 오던 시가와 설화를 있는 그대로 수록하기는 하였지만, 이들 시가와 설화 안에는 이미 一然의 목적의식과 史觀이 용해되어 있는 것이다. 『삼국유사』소재 설화는 실제의 삶이 說話化하여 전승되던 것이 일연의 의도에 따라 재편집된 것이다. 다시말해 『삼국유사』소재 설화는 '一然化한 설화' 인 것이다. 그러므로 『삼국유사』소재 설화에 대한 연구는 일반적인 설화에 대한 연구보다 한 층위를 더 감안한 상태에서 이루어져야 한다.

문학이 삶의 체험 가운데서 나오는 것과 마찬가지로 설화 역시 실제의 삶을 통해 창출된다. 따라서 설화 안에는 어느정도의 역사성이 내재되어 있다. 그러나 설화에 내재되어 있는 史實은 역사의 직접적인 반영이 아니다. 환언하면 역사 그 자체가 아니라, 역사의 굴절·반영인 것이다. 이러한 의미에서 설화에 굴절·반영된 史實은 문학적 진실, 즉 허구

적 진실로 다루어져야만 한다. 그러나 문제는 一然이 이러한 허구적 진
실로서의 설화를 통해 우리 민족의 역사를 재구하려 했다는 점이다. 특
히 '紀로서의 異'인 紀異篇은 史書의 本紀와 같은 성격을 지니고 있으
므로, 이 안에 수록된 설화는 자연적으로 一然에 의해 역사성을 부여받
고 있다는 사실을 상기할 필요가 있다. 이러한 면은 一然이 설화 내용중
史實과 다르거나 의문시되는 부분에 『삼국사기』등의 史書를 참조하면
서 연대고증과 계보고증을 함으로써 보다 정확한 역사를 재구하려 했다
는 데에서도 여실히 드러난다. 따라서 『삼국유사』소재 설화는 상상력이
가미된 '허구적 진실로서의 설화'의 모습과 역사성이 가미된 '一然化한
설화'의 모습을 동시에 지니고 있다.

'허구적 진실로서의 설화'는 실제 삶을 투영하고 있기는 하나, 이는
향유층의 상상력에 의해 굴절·반영된 것이므로 이를 史實 그 자체로
인식할 수는 없다. 향유층의 지향에 따라 史實과는 달리, 혹은 정반대로
설화가 창출될 수도 있기 때문이다. 따라서 설화 내용이 史實과 일치하
는가, 안 하는가 하는 것이 중요한 것이 아니라, 그러한 史實을 향유층이
어떻게 인식하고 있었으며, 이를 어떻게 형상화하였는가 하는 것이 보다
중요한 문제인 것이다. 설화의 史實은 흔히 상징화·비유화되어 나타난
다. 이러한 상징적·비유적 의미는 그것이 원형상징이든, 혹은 개인상징
이든 간에 그 집단과 개인의 삶의 모습 및 그 당대의 시대상을 고려해
야 해결될 수 있다.26) 그러나 '허구적 진실로서의 설화'에 있어서는 이

---

26) 神話에 흔히 등장하는 原型象徵의 경우는 그것이 先史時代부터 굳어져 연
면히 계승되어 온 것인 만큼, 이로부터 역사성을 추출해 낸다는 것은 무리이
다. 그러나 個人象徵의 경우는 史料를 통해 작가의 신분 및 당대의 시대상
등을 조망함으로써 그 의미를 보다 정확히 추출할 수 있다. 崔珍源 (國文學
과 自然, 成均館大 出版部, 1981, pp.187-193)은 원형상징은 영원한 磁場이
아니라, 祭政分離로부터 흔들리기 시작하여 律令制에 이르러서는 해체를 맞
게되므로 모든 상징을 原型으로 보아서는 안되며, 이 類型的 의미에 문학事
象의 시대적 位相을 보태는 것이 필요하다고 하였다. 이러한 견지에서 볼 때

러한 상징·비유체계를 통해 史實을 밝히는 것이 어려울 뿐만 아니라, 그 의미도 그리 중요한 것이 아니다. 우선 이를 史實과 대조해 볼 근거가 박약한 경우가 대부분이고, 또한 史實과의 일치여부 보다는 史實을 상징화·비유화한 향유층의 인식이 보다 중요하기 때문이다.

그러나 '허구적 진실로서의 설화'로써 역사를 재구하려 한『삼국유사』소재의 설화의 경우는 이와 다른 면모를 지니고 있다. '一然化한 설화'에는 상상력이 가미된 '허구적 진실로서의 설화'에 역사성이 부여되어 있는 것이다. 따라서 '一然化한 설화'에 내재되어 있는 상징·비유는 史實과 긴밀한 연관관계를 맺고 있다. 이러한 상징·비유의 의미는 일차적으로 正史인『삼국사기』와의 대조를 통해 파악할 수 있다.『삼국유사』소재 설화에 내재되어 있는 史實을『삼국사기』의 조목과 대조해 봄으로써 사실여부를 밝혀낼 수 있는 것이다. 그러나『삼국유사』는 기존의 '허구적 진실로서의 설화'로써 이루어져 있으므로 一然이 이를 어떻게 보았는가에 따라 史實과 허구 사이에 괴리가 생길 수 있다. 一然의 의도와 상징화·비유화된 史實이 일치할 수도 있지만, 일치하지 않을 수도 있는 것이다. 이러한 괴리는 그 자체로써 중요한 것이 아니다. 보다 중요한 것은 一然이 향유층의 입장에서 기존의 설화를 어떻게 보았는가, 一然이 그렇게 본 이유는 어디에 있는가, 一然은 이를 통해 무엇을 말하려 했는가에 있다.

이처럼『삼국유사』소재 설화가 '실제삶 - 허구적 진실로서의 설화 - 一然化한 설화'라는 등식으로 이루어져 있다는 인식하에서 一然의 관점을 우선적으로 고려한다면 一然이 보았던 부분 뿐만 아니라, 一然이 잘못 보았거나, 一然이 간과한 부분까지도 밝혀 낼 수 있을 것이다.[27] 단

율령제가 반포된 景德王代 전후의 시가및 서사문맥에 등장하는 상징은 원형상징이라기 보다는 개인상징이며, 이러한 상징은 당대의 시대상 등을 고려함으로써 보다 정확히 파악될 수 있는 것이다.

27) 박노준(一然의 新羅歌謠 受容態度,『語文論集』14·15, 高麗大 國語國文學

일한 표층구조에서 다양한 심층구조를 밝혀냄으로써『삼국유사』를 보다 정확히 이해할 수 있는 것이다.

이러한 추론은『삼국유사』의 기록과『삼국사기』의 기록을 대조해 볼 때, 그 타당성이 인정된다.

「慕竹旨郎歌」의 배경은 孝昭王代이다. 그러나 이 條는 竹旨郎이 주체이므로『삼국사기』에는 이와 관련한 기록이 전혀 없다.「獻花歌」·「海歌」의 배경은 聖德王代이다. 그러나 이 條 역시 水路夫人이 주체이므로『삼국사기』에는 이와 관련한 기록이 나타나지 않고 있다.「安民歌」·「讚耆婆郎歌」의 배경은 景德王 24년이다. 이 條의 주체는 경덕왕이기는 하나,『삼국사기』에는 이와 관련한 기록이 나타나지 않고 있다.「處容歌」의 배경은 憲康王代이다. 헌강왕은 서사문맥상 처용과 더불어 이 條의 주체로 볼 수 있다. 그러나『삼국사기』에는 헌강왕의 開雲浦·鮑石亭·金剛嶺 행차 및 同禮殿 연회 등의 기록이 전혀 나타나지 않고 있다.「薯童謠」의 배경은 百濟 武王代이다. 이 條의 주체는 무왕으로서 신라 眞平王과 우호적인 관계 속에서 진평왕의 사위가 되나,『삼국사기』「武王」·「眞平王」條에는 이 때의 백제·신라의 관계가 전쟁으로 점철되었음을 보여 주고 있어『삼국유사』와는 상반된 모습을 보이고 있다.「龜旨歌」의 배경은 駕洛國 건국시조인 首露王代이다.『삼국사기』에는 駕洛國本紀가 실려있지 않으므로 이에 대한 자세한 고찰이 어려운 형편이다.

「禱千手大悲歌」의 배경은 景德王代이다. 그러나 이 條의 주체는 希明이므로『삼국사기』에는 이에 대한 기록이 전혀 없다.「風謠」의 배경은 善德王代이다. 이 條의 주체는 良知이므로『삼국사기』에는 선덕왕 3년에

硏究會, 1973, p.192)은 新羅歌謠緣起記錄이 一然의 主觀的 裁斷과 表現修辭에 의해 변형됨으로써 본래의 내용이 변모하였다고 하였다. 그러나『삼국유사』소재의 시가와 설화는 一然에 의해 본래의 내용이 변모되어 수록된 것이 아니라, 이미 언급한 바와 같이 그 본래의 내용이 실리기는 하였으나 一然의 목적의식과 사관에 의해 '실제삶 - 허구적 진실로서의 설화 - 一然化한 설화'라는 등식하에서 그 의미가 변질되었다고 보는 것이 보다 타당할 것이다.

靈廟寺를 竣成했다는 기록 이외에 이에 대한 기록이 없다.「願往生歌」의 배경은 文武王代이다. 이 條의 주체는 廣德·嚴莊이므로『삼국사기』에는 전혀 나타나지 않고 있다. 또한 광덕이 열반한 후 엄장은 元曉의 도움으로 열반하게 되는데,『삼국사기』「문무왕」條 16년과 21년에는 義湘에 관련된 기록이 나오지만 원효에 관련된 기록은 전혀 나타나지 않고 있다. 「兜率歌」·「祭亡妹歌」의 배경은 景德王 19년이다. 경덕왕은 月明師와 더불어 이 條의 주체로 볼 수 있다. 그러나『삼국사기』에는 수차례에 걸친 星怪의 기록을 제외하고는 이와 관련된 기록이 없다.『삼국사기』에서의 '二日竝現' 기록은 「경덕왕」조가 아닌 그 다음 대인 「惠恭王」條에 나타나고 있다. 「彗星歌」의 배경은 眞平王代이다. 이 노래로 星怪가 없어졌을 뿐만 아니라, 日本兵이 물러갔다고 하였으나,『삼국사기』「진평왕」조에는 이 노래의 관련기록 뿐만 아니라 일본군에 대한 기록이 전혀 나타나지 않고 있다. 「怨歌」의 배경은 孝成王·景德王 兩代이다. 이 條의 주체인 信忠은『삼국사기』에 구체적으로 언급되고 있어『삼국유사』의 기록과 거의 일치하고 있다. 그러나 이러한 일치는 一然이 「信忠掛冠」條에 『삼국사기』를 인용한 데에서 비롯된 것이다. 「遇賊歌」의 배경은 元聖王代이다. 그러나 이 條의 주체는 永才이므로『삼국사기』에는 이와 관련한 기록이 전혀 나타나지 않고 있다.

이상과 같이 볼 때 一然은『삼국사기』와 여타의 기록을 통해『삼국유사』를 역사적 사실로 만들고자 하였음에도 불구하고,『삼국유사』의 기록이 史實과 정확히 일치하지 않고 있음을 알 수 있다. 이는 '허구적 진실로서의 설화'로써 역사를 재구하고자 한 데에서 기인하는 것이다. 그러므로 앞서 언급한 바와 같이 '一然化한 설화'에 역사성이 부여되어 있기는 하나, 이를 문면 그대로 史實로 인정할 수는 없는 것이다. '허구적 진실로서의 설화'에 형상화된 상징·비유체계를 해석해야 一然의 목적의식과 史觀도 해명할 수 있는 것이다.『삼국유사』소재 시가와 서사문맥에 형상화된 상징·비유의 해석은 다양할 수 있다. 그러나 一然의 의도를 간파하는 것이 해석의 관건이다. 一然이 채택한 시가와 서사문맥의 본연의 의미가 一然의 의도와 일치할 수도 있고, 그렇지 않을 수도 있기 때문이다. 상징·비유에 대한 다양한 해석중 一然의 의도는 어디에 있었는가 하는 것을 우선적으로 고려하는 것이 바로『삼국유사』소재 시가와 서사문맥 연구의 요체가 될 것이다.

2) 시가와 서사문맥의 관계

『삼국유사』소재 시가는 함께 수록되어 있는 서사문맥과 어떠한 관계가 있는가, 즉 시가가 주인가, 서사문맥이 주인가 내지 이 둘은 긴밀한 관계인가, 별개의 것인가 하는 문제는 끊임없이 제기되어 왔다. 이에 대한 논의는 크게 두 가지로 대별된다.

첫째, 시사와 서사문맥은 별개의 것이라는 견해이다.[28]

둘째, 시가와 서사문맥은 긴밀한 연관관계를 지니고 있다는 견해이다.[29]

---

28) 정병욱 (증보판『한국고전시가론』, 신구문화사, 1985, p.89.)은 <處容歌>를 고찰하면서 일체의 부대설화나 역사적인 현실성 여부, 민속학적인 요소를 배제하고 이를 독립된 시가로 다루어야 한다고 하였다. 李崇源 (鄕歌 內面構造 試攷,『韓國詩歌文學硏究』, 新丘文化社, 1983, p.11) 역시 설화는 몇 차례 변이된 것이고, 향가는 원형을 유지하고 있으므로 향가를 설화문맥에서 분리시켜 고찰하여야 한다고 하였다.

29) 成基玉 (앞의 논문, p.203)은 향가의 해명열쇠는 모두 그런 것은 아니지만, 대부분 함께 수록된 산문전승 속에 내재되어 있다고 하였다. 黃浿江 (앞의 논문, p.208) 역시 서사형태와의 상관 속에서 향가를 조명하게 될 때 향가 이해의 시야는 그지없이 확대될 수 있다고 하였다. 박노준 (앞의 책, p.15. p30) 또한 原始詩歌의 산문은 韻文과 散文의 미분화 상태의 반영이므로 新羅歌謠의 전반적인 연구는 반드시 산문기록과 섭맥시켜서 고찰할 때 가능하다고 하였다. 최철 (앞의 책, p.59)도 노래의 의미와 아름다움과 정서를 노래와 설화의 유기적인 관계 속에서 찾아야 한다고 하였다.

金烈圭 (『鄕歌의 語文學的 硏究』, 西江大 人文科學硏究所, 1981, pp.28-29)는 이 둘의 관계를 산문기록이 단순히 향가의 동기를 설명하여 향가가 서사진행상의 계기가 되지 못하는 경우와 향가가 서사문맥에 밀착되어 있어 향가

이상의 논의는 결국『삼국유사』소재의 시가와 서사문맥의 의미를 어디에서 찾을 것인가 하는 문제로 귀착된다. 이러한 논의는『삼국유사』소재 시가의 의미가 서사문맥의 의미에 영향을 미치는가, 반대로 서사문맥의 의미가 시가의 의미에 영향을 미치는가 하는 문제를 해명하기 위해 필수불가결한 것이다.

시가와 서사문맥이 별개라는 첫번째 견해는『삼국유사』의 시가가 독립적이고, 원형 그대로의 것이라는 데에서 나온 것이다. 즉『삼국유사』소재의 시가는 그 자체로 독립된 시가이므로 이를 서사문맥과 분리하여 고찰하여야 한다는 것이다. 그러나 이러한 견해는 고대가요가 서사문맥과 긴밀하게 밀착되어 전승된다는 특성을 간과하였다는 문제점 뿐만 아니라, 一然의『삼국유사』편찬의도를 전적으로 무시하였다는 문제점을 안고 있다. 설령『삼국유사』소재 시가가『삼국유사』에 수록되기 이전에 독립시가로서의 모습을 지니고 있었다 하더라도, 이들이 一然의 목적의식과 사관하에서 서사문맥과 더불어『삼국유사』에 수록되었다면, 이의 고찰에 있어서는 一然의 시각이 우선적으로 고려되어야만 한다. 一然의 시각을 배제한 상태에서『삼국유사』소재 시가의 의미를 논한다는 것은 어불성설일 수 밖에 없기 때문이다.

一然은『삼국유사』全篇에 걸쳐 각종 문헌에서 271번의 인용을 하고 있을 뿐만 아니라, 의문이 나는 부분은 실제의 답사를 통해『삼국유사』

가 서사진행상의 계기가 되는 경우로 나누고 있다. 金學成 (앞의 논문, pp.65-66)은 古代歌謠에 있어서 설화와 가요의 결합에는 필연적인 동인이 내재되어 있으므로 이 둘은 상호유기적이고 보완적인 입장을 취하는데, 이들은 그 결합양상에 따라 유기적 관계, 설명적 관계, 부가적 관계로 나눌 수 있다고 하였다. 林基中 (앞의 책, pp.251-260)은 둘의 결합양상을 넷으로 나누어 노래가 主이고 記述物은 노래를 위해 존재하는 것과 노래와 기술물이 竝立돼 있는 것은 노래의 성격이 呪術的인 반면, 기술물이 주이고 노래는 부수적인 것과 노래만 전하고 기술물은 전하지 않는 것은 노래가 抒情的이라고 하였다.

를 편찬하였다. 다시말해 『삼국유사』는 수많은 인용서를 통해 '編纂된 책'인 것이다. 그러므로 한 條目 내에서의 각각의 부분들은 서로 무관하고, 나아가 이질적인 것으로 보이는 경우가 허다한 것이 사실이다. 그러나 一然이 이러한 수많은 인용을 통해 무엇을 말하려고 했는가 하는 一然의 편찬의도를 고려한다면, 하나의 조목 내에서 서로 무관하게 보이고 심지어 이질적인 것으로 보이는 이들 각 부분은 서로 긴밀한 연관관계를 지니고 있는 것으로 보아야 할 것이다. 이러한 의미에서 시가를 서사문맥과의 관련하에서 고찰하여야 한다는 두번째 견해는 매우 타당하다. 그러나 이러한 견해 역시 시가와 서사문맥간의 관계를 한 조목 내에서 직접적으로 관련되는 부분에 국한해서 논의를 전개하고 있다는 한계를 지니고 있다. 다시말해 시가와 그 시가에 직접적으로 관련된 서사문맥에만 관심을 집중한 결과, 시가는 그 시가와 직접적으로 관련이 없는 듯이도 보이는 부분을 포함한 그 조목 전체의 서사문맥과 긴밀한 연관관계를 지니고 있다는 사실에는 주의를 기울이지 않았다는 문제를 지니고 있는 것이다.

또한 『삼국유사』의 유기적 성격은 하나의 조목 내에 국한되는 것이 아니다. 한 조목 내에서의 부분들의 유기적 관계 뿐만 아니라, 前後의 조목간에서도 유기적 성격이 유지되고 있는 것이다. 특히 시대순으로 기술되고 있는 기이편에 있어서 동일 王代의 이야기가 서로 다른 조목으로 나뉘어 전후에 수록된 경우, 그리고 先後代 王의 이야기이기는 하나 그 내용이 전후 조목에서 공통되게 나타나는 경우 이들 조목들은 서로 긴밀한 연관관계를 지니고 있다. 따라서 이러한 조목 내에 수록되어 있는 시가와 서사문맥을 고찰하는 데 있어서는 이들 조목간의 유기적 성격을 고려하여야만 그 의미가 온전하게 드러나게 될 것이다.

이러한 『삼국유사』의 유기적 성격은 각 편목 내에서도 유지되고 있다. 앞서 언급한 바와 같이 一然이 기이편을 편찬한 의도는 불교전래 이전부터 불교전래와 더불어 병존해 오던 시기의 국가를 지탱해 온 集團無

意識世界 내지 精神世界의 추이를 파악코자 함이었으며, 이러한 세계가 국가의 存亡과 불가분의 관계에 놓여 있다는 것을 말하고자 함이었다. 따라서 불교전래 이전부터 불교전래와 더불어 병존해 오던 시기를 시대 순으로 기술한 기이편과 불교전래 시점부터 그 전개과정을 주제별로 기술한 기이편은 별개의 것이 아니라, 긴밀한 연관관계를 지니고 있는 것이다. 또한 각각의 편목은 그 편목의 성격에 합당한 이야기들로 이루어져 있으므로 동일 편목에 있는 조목들은 그 편목의 성격을 공유하고 있다. 그러므로 동일 편목에 있는 시가와 서사문맥은 어느정도 성격상의 공통분모를 지니고 있다고 보아야 하는 것이다.

결국 『삼국유사』소재의 시가와 서사문맥의 의미를 고구하기 위해서는 동일 조목 내에서, 전후의 조목 사이에서, 그리고 동일 편목 내에서 유지되고 있는 유기적 성격을 고려해야만 하는 것이다.[30]

이제 『삼국유사』소재의 시가 각 편을 살핌으로써 이러한 추론의 타당성을 검증하기로 한다. 다만 기존에 행해졌던 바와 같이 시가가 조목의 어느 부분에 위치하느냐에 따라 서사문맥과의 관계를 구분하는 방법은 지양하도록 한다. 시가의 가사가 서사문맥의 뒤에 별도로 소개되고 있다 하더라도 서사문맥 안에 이미 "作歌云" 등과 같은 방식으로 열거되고 있는 경우, 이를 서사문맥과 단절된, 혹은 서사문맥과 긴밀한 연관관계를 지니지 못하는 시가로 볼 수는 없기 때문이다. 비록 가사까지 서사문맥 안에 들어가 있지는 않지만, 이러한 시가는 그 자체로 이미 서사진행상의 계기와 동인이 되고 있는 것이다. 따라서 시가의 조목 내에서의 위치

---

30) 姜恩海 (三國遺事 紀異篇의 굿노래와 感通篇의 創作呪詞 연구,『民俗語文論叢』, 啓明大 出版部, 1983, p.612)는 동일 편목 내의 시가들에서 발견되는 유사성은 그들 사이의 공통된 질서를 함축하는 것이라 하였고, 홍순석 (앞의 논문, p.162) 역시 『삼국유사』 향가의 이해는 해당하는 篇目이나 條目의 성격과 밀접하다고 하였으며, 洪起三 (<水路夫人>硏究,『陶南學報』13, 陶南學會, 1992, p.44)도 연구자가 자기의 연구목적에 따라 설화의 필요한 부분만을 끊어 읽는 태도를 지양해야 한다고 하여 필자와 같은 견해를 보인 바 있다.

를 통해 시가와 서사문맥의 관계를 고찰하는 것보다는 시가의 서사문맥
상의 문제해결에 대한 기여도를 통해 이 둘의 관계를 고찰하는 것이 보
다 타당할 것이다. 서사문맥에서 드러나는 문제에 시가가 어느정도 관여
하는가 하는 것은 곧 시가와 서사문맥이 어느정도 긴밀한 관련을 지니
는가 하는 것과 직결되는 것이다.

「慕竹旨郎歌」가 수록된 紀異篇의 「孝昭王代 竹旨郎」조는 죽지랑이 부
당한 대우를 받고 있던 郎徒 得烏를 구출하고 益宣을 징벌하는 부분과
죽지랑의 신비한 탄생과 위업을 그린 부분으로 이루어져 있다. 득오가
죽지랑을 사모하여 지은 「모죽지랑가」는 이 조의 말미에 "初 得烏谷 慕
郎而作歌曰"이라고 첨부되어 있어 서사문맥과의 긴밀한 연관관계가 미
약하다. 「모죽지랑가」는 앞의 부분들과 마찬가지로 죽지랑의 덕을 드러
내는 부분으로 작용하기는 하나, 이 조의 중심인물은 죽지랑이므로 득오
가 지은 이 노래가 서사문맥상에 드러나는 문제를 해결하는 데에는 어
떠한 기여도 하지 못하고 있다. 전후의 조목에 이와 관련된 기록이 나타
나지 않고 있을 뿐만 아니라, 이 조의 서사문맥과도 긴밀한 연관관계를
지니지 못하므로 「모죽지랑가」의 의미는 노래 자체에서 찾을 수 밖에
없다. 결국 「모죽지랑가」는 득오가 죽지랑을 사모하여 부른 개인서정의
노래로 보아야 할 것이다.

「獻花歌」·「海歌」가 수록된 紀異篇의 「水路夫人」조는 수로부인이 벼랑
위의 철쭉꽃을 원하자 牽牛老翁이 꽃을 꺾어 「헌화가」와 함께 바친 부분
과 수로부인이 海龍에게 납치되자 군중이 「해가」를 불러 수로부인을 구출
한 부분으로 이루어져 있다. 「헌화가」와 「해가」의 가사는 이 조 말미에 소
개되고 있으나, 이들 노래는 이미 서사문맥 안에서 각각 "作歌詞獻之"와
"作歌唱之"로 나타나고 있어 서사문맥과 긴밀한 연관관계를 지니고 있다.
또한 이들 노래는 수로부인이 처한 문제를 해결하는 데 있어서 결정적인
기여를 하고 있다. 따라서 천길 벼랑위의 꽃을 꺾는 행위와 「헌화가」, 그
리고 海龍에게 납치된 부인을 구출하는 행위와 「해가」의 의미는 순차적으

로 전개되는 이 조목의 전체적인 유기성 안에서 찾아야 한다. 또한 이 조 바로 앞에는 「수로부인」조의 배경과 동일한 聖德王代의 기록으로서 흉년과 구휼의 내용만으로 이루어진 「성덕왕」조가 수록되어 있어 「헌화가」·「해가」의 의미는 이와의 유기적인 관계 속에서 찾아야 할 것이다. 이러한 전후 조의 유기성은『삼국사기』「성덕왕」조가 극심한 가뭄과 흉년에 대한 기록으로 점철되어 있으며, 실제로 두차례에 걸쳐 강릉의 理曉居士를 불러 祈雨祭를 올리게 함으로써 이를 해소하였다는 기록이 실려 있다는 점에서도 그 타당성이 입증된다. 결국 「헌화가」·「해가」는 기우제와 밀접한 관련을 지니는 祭儀謠라 보아야 할 것이다.[31]

「安民歌」와 「讚耆婆郞歌」가 수록된 紀異篇의 「景德王 忠談師 表訓大德」조는 五岳三山神이 때때로 출현하자 영복승인 충담사를 초빙하여 노래를 지어 부르게 하였다는 부분과 왕이 無子하여 표훈대덕의 도움으로 상제께 청해 아들을 얻었으나 나라가 어지러웠다는 부분으로 이루어져 있다. 「안민가」와 「찬기파랑가」의 가사는 첫부분이 끝난 말미에 나란히 소개되고 있다. 그러나 「안민가」는 서사문맥 안에서 "僧應時奉勅歌呈之"로 나타나고 있어 서사문맥과 긴밀한 연관관계를 지니고 있으며, 이 노래는 경덕왕이 처한 문제를 해결하는 데에 결정적인 기여를 하고 있다. 반면 「찬기파랑가」는 영복승으로 선발된 충담사의 영험함을 방증하는 자료로 제시되고 있기에 서사문맥과의 관련은 미약하며, 문제해결에 대한 기여도도 미약하다. 따라서 「안민가」의 의미는 서사문맥과의 관련 하에서, 「찬기파랑가」의 의미는 서사문맥과 별도로 찾아야만 한다. 이 조의 중심문제는 오악삼산신의 빈번한 출현인데, 「안민가」를 통한 문제 해결의 결과는 전혀 언급되고 있지 않다. 오히려 이 조 바로 다음에 「惠恭王」조가 뒤따르고 있음에도 불구하고 이 조 말미에 혜공왕대의 혼란상을

---

31) 이에 대한 구체적인 논의는 金文泰 (「獻花歌」·「海歌」와 祭儀文脈, 林下 崔珍源 博士 停年紀念論叢『古典詩歌의 理念과 表象』, 論叢刊行委員會, 1991) 참조.

구체적으로 명기하고 있다는 점을 고려할 때, 이 조의 두 부분은 유기적인 연관성을 지니고 있으며, 그 의미는 바로 다음에 수록된 「혜공왕」조와의 관련 속에서 고찰해야 할 것이다. 결국 오악삼산신의 출현은 『삼국사기』 「경덕왕」조와 「혜공왕」조의 기록에서 나타나는 정치적, 나아가 종교적 혼란의 상징적 표현이며, 그 심각상은 유교적 통치이념을 직설적으로 설파한 「안민가」로 해결될 수 없는 것이었다고 보아야 할 것이다.[32]

「處容歌」가 수록된 紀異篇의 「處容郎 望海寺」조는 왕이 開雲浦에 출유했을 때 東海龍이 나타나 춤을 추었다는 부분, 疫神이 처용의 처와 동침하고 있을 때 처용이 나타나 춤을 추었다는 부분, 왕이 鮑石亭에 행차하였을 때 南山神이 나타나 춤을 추었다는 부분, 왕이 金剛嶺에 행차하였을 때 北岳神이 나타나 춤을 추었다는 부분, 왕이 同禮殿에서 연회를 하고 있을 때 地神이 나타나 춤을 추었다는 부분으로 이루어져 있다. 「처용가」는 서사문맥 안에 그대로 소개되고 있어 서사문맥과 긴밀한 연관관계를 지니며, 이 노래는 처용이 처한 문제를 해결하는 데 결정적인 기여를 하고 있다. 이 조의 중심문제는 조목 서두에서는 태평성대로 묘사되었으나, 조목 말미에서는 '國終亡'으로 언급되고 있다는 점이다. 이러한 문제는 공통화소로 이루어진 다섯 개의 부분들이 유기적으로 연결되어 있다는 데에서 그 해결의 실마리를 찾을 수 있다. 이들은 서로 무관한 듯이도 보이나, 실상은 모두 '國終亡'에 연결되어 있는 것이다. 그러나 「처용가」와 직접적인 관련을 지니는 두번째 부분은 여타 부분과 상이하게 나타나는 데, 이는 여타 부분에 대한 알레고리로 작용하기 때문이다. 따라서 「처용가」의 의미도 이러한 구도 속에서 고찰되어야만 한다. 『삼국사기』 「憲康王」조 6년의 태평성대 기록과 4년의 山海精靈이라 불리운 기괴한 4人의 出現·獻舞 기록도 간과할 수 없다. 결국 一然은 이러한 공통화소를 지닌 다섯 개의 부분을 반복함으로써 集團無意識世

---

32) 이에 대한 구체적인 논의는 이 책의 金文泰 (「安民歌」와 敍事文脈) 참조.

界의 변질 및 시대착오적인 佛敎의 土俗信仰化가 망국의 원인이 되었음을 암시하고 있는 것으로 보아야 할 것이다.[33]

「薯童謠」가 수록된 紀異篇의 「武王」조는 서동이 池龍의 아들로 태어나 노래를 지어 善化公主를 아내로 맞이한 후 인심을 얻어 등극하게 되었다는 부분과 결혼후 池中에서 미륵삼존이 출현하자 그 못을 메꾸어 彌勒寺를 창건하였다는 부분으로 이루어져 있다. 「서동요」는 서사문맥 안에 그대로 수록되어 있어 서사문맥과 긴밀한 연관관계를 지니고 있으며, 서동이 처한 문제를 해결하는 데 결정적인 기여를 하고 있다. 이 조에 있어서의 중심문제는 무왕이 百濟末王인 義慈王의 先王임에도 불구하고 이 代에 어떠한 亡國의 조짐도 보이지 않고 있다는 점, 기이편이 문제해결이나 이상성취에 불교적인 것이 직접 개입하지 않는 조목들로 구성되어 있음에도 불구하고 龍子인 무왕이 塡池하여 사찰을 세우고 있다는 점, 그리고 『삼국사기』에 따르면 무왕과 진평왕대는 전쟁으로 점철된 기간이었음에도 불구하고 무왕이 진평왕의 사위가 되고 서로 호감을 갖는 사이로 묘사되고 있다는 점 등이다. 이러한 문제는 이 조의 전후 부분을 유기적인 관련 하에서, 이 조 바로 앞의 「南扶餘 前百濟 北扶餘」條와 바로 다음의 「後百濟 甄萱」條와의 관련 하에서, 그리고 기이편의 전반적인 특성과의 관련 하에서 볼 때 그 실마리가 풀릴 것이다. 결국 이 조의 의미는 토속신앙의 불교화에 있으며, 불교와의 습합 이전의 「서동요」는 불교와는 무관한 가상적인 현실문맥으로 이루어진 讖謠로 보아야 할 것이다.[34]

「龜旨歌」가 수록된 紀異篇의 「駕洛國記」조는 九干들이 수상한 소리의

---

33) 이에 대한 구채적인 논의는 이 책의 金文泰 (「處容郎 望海寺」조의 구조와 의미 ; 『三國遺事』所載 '龍' 傳承 硏究, 成均館大 大學院 博士學位論文, 1990, pp.108-112) 참조.

34) 이에 대한 구체적인 논의는 金文泰 (<薯童謠>와 敍事文脈, 『새국어교육』 47, 한국 국어교육 학회, 1991) 참조.

지시에 따라 땅을 파며 노래를 불렀더니 하늘로부터 알이 내려왔으며, 이에서 首露가 탄생하여 등극하고, 阿踰陀國으로부터 도래한 許黃玉을 왕후로 맞이하여 치세하다 승하하였다는 부분과 수로왕·허왕후의 승하 이후의 廟祭와 가락국 멸망 이후의 영토문제, 그리고 수로왕 이후의 九 代孫의 曆數에 관련된 부분으로 이루어져 있다. 이 조의 중심인물은 수로왕이다. 그러나 이 조의 뒷 부분은 수로왕의 승하 이후의 일로서 그 자손대에 관련된 것이므로 앞 부분과 직접적인 연관관계를 지니지 않고 있다. 이처럼 전후 부분의 유기성이 희박한 것은 一然이 스스로 자료를 수집해서 이 조를 만든 것이 아니라 金官州 長官의 저술을 정리해 실은 데에서 기인하는 것이라 할 것이다. 따라서 「구지가」의 의미는 앞 부분에 국한된다. 「구지가」는 서사문맥 안에서 소개되고 있어 서사문맥과 긴밀한 연관관계를 지니며, 구간들이 처한 문제를 해결하는 데 결정적인 기여를 하고 있다. 이 조와 관련되는 전후 조목도 없고, 가락국에 관련된 여타의 문헌도 보이지 않으므로 「구지가」의 의미는 철저하게 이 조 서사문맥 내에서, 그러나 여타 신화에서 나타나는 신화상징과의 관련 하에서 찾아야 할 것이다.

「禱千手大悲歌」가 수록된 塔像篇 「芬皇寺千手大悲 盲兒得眼」조는 希明의 아이가 눈이 멀어 아이를 시켜 분황사 천수대비 앞에 가 노래를 지어 빌게 하였더니 눈을 뜨게 되었다는 부분과 이에 대한 一然의 감흥을 읊은 讚詩 부분으로 이루어져 있다. 노래의 가사는 이 조 말미에 소개되고 있으나, 이미 서사문맥안에서 "令兒作歌禱之"로 나타나고 있어 서사문맥과 긴밀한 연관관계를 지니고 있다. 또한 이 노래는 희명과 그 아이가 처한 문제를 해결하는 데 있어서 결정적인 기여를 하고 있다. 따라서 이 노래의 의미는 이 조의 서사문맥 및 一然의 찬시와의 관련 하에서, 그리고 불교적 성격을 지니고 있는 탑상편의 전반적인 성격과의 관련 속에서 찾아야 한다. 결국 「도천수대비가」는 개인의 기원을 담은 불교적 개인서정의 노래라 보아야 할 것이다.

「風謠」가 수록된 義解篇 「良志使錫」조는 승려인 양지가 錫杖에 포대를 걸어두면 스스로 날아가 시주를 하여 돌아왔다는 부분과 靈廟寺 丈六像을 만들 때 士女들이 진흙을 나르며 노래를 부른 부분, 그리고 양지에 대한 一然의 논평과 찬시 부분으로 이루어져 있다. 「풍요」는 서사문맥 안에 수록되어 있어 서사문맥과 긴밀한 연관관계를 지니고 있으나, 양지가 처한 문제해결에는 간접적인 기여를 하고 있다. 세 부분 모두 양지의 才德에 관한 것이나, 「풍요」는 양지의 여러 일화 중에서 영묘사 장육상을 만드는 시점에서 불리운 것이기에 두번째 부분에 국한된다. 이 노래의 특징은 여타의 『삼국유사』소재 시가가 서사문맥 내에서 "作歌" 등으로 서술되고 있는데 반해, 이 노래의 서사문맥에서는 이러한 언급이 전혀 없다는 데에 있다. 즉 이 노래는 창작가요가 아닌 것이다. 이러한 면은 「풍요」가 여타의 『삼국유사』소재 시가와는 달리 『삼국유사』편찬 당시까지도 일종의 노동요로 세간에서 불리워지고 있었다는 점에서도 드러나고 있다. 결국 「풍요」는 기존의 노동요로서 佛事의 현장에 차용되어 불리운 노래이기에 서사문맥과 긴밀한 연관관계를 가지고 있음에도 불구하고, 문제해결에는 직접적인 기여를 하지 못하는 것이라 보아야 할 것이다.

「願往生歌」가 수록된 感通篇 「廣德 嚴壯」조는 광덕과 엄장이 출가하여 광덕이 먼저 열반하자, 엄장이 광덕의 처를 취하려 하다 잘못됨을 뉘우치고 원효의 도움으로 정진한 뒤 역시 열반에 들었다는 단일한 내용으로 이루어져 있다. 「원왕생가」는 이 조의 말미에 "德嘗有歌云"이라 소개되고 있어 일견 서사문맥과 긴밀한 연관관계를 지니고 있지 못한 듯이도 보인다. 그러나 이 노래는 등장인물들의 공편된 이상인 '西昇'을 성취하기 위한 수행과정의 절정에서 불리워졌다. 이에 부처는 이들이 보인 '感', 즉 西昇에 대한 지극정성과 그 지극정성이 응축되어 표현된 이 노래에 대해 '應'하였고, 결국 이들은 서승의 이상을 성취할 수 있었던 것이다. 따라서 이 노래는 이 조의 등장인물들이 지닌, 공통되지만 개인

적인 이상성취에 있어서 핵심적인 역할을 하는 불교적 개인서정의 노래
라 보아야 할 것이다.35)

「兜率歌」·「祭亡妹歌」가 수록된 感通篇의 「月明師 兜率歌」조는 二日竝
現의 괴변이 일어나 緣僧인 月明師를 초빙하여 노래를 지어 부르게 하니
日怪가 사라지고 미륵이 현신하였다는 부분, 일찍이 월명사가 죽은 누이
를 위해 노래를 지어 부르자 지전이 서방으로 날아갔다는 부분, 월명사가
피리를 잘 불어 그 영험이 있었다는 부분, 그리고 一然의 향가에 대한 평
과 찬시 부분으로 이루어져 있다. 이 조의 중심은 첫번째 부분에 있다.
나머지 부분은 월명사의 영험함에 대한 방증자료로서 첫번째 부분을 뒷
받침하기 위해 서술된 것이다. 따라서 「도솔가」는 서사문맥 안에 수록되
어 서사문맥과 긴밀한 연관관계를 지닐 뿐만 아니라, 경덕왕이 처한 문제
해결에 결정적인 기여를 하는 데 반해, 「제망매가」는 서사문맥과 긴밀한
연관관계를 지니지 못하고 있으며, 이 조의 문제를 해결하는 데에 직접적
인 기여를 하지 못하고 있다. 이 조의 등장인물과 중심문제 및 해결방법
은 「안민가」의 서사문맥과 거의 흡사하다. 그러나 「안민가」를 통한 문제
해결의 결과는 전혀 언급되고 있지 않는 데 반해, 「도솔가」를 통한 문제
해결의 결과는 대단히 만족스럽게 기술되고 있다는 차이가 있다. 이는 기
이편과 감통편의 차이에서 기인하는 것이라 보아야 할 것이다. 따라서

---

35) 이 조에 있어서의 문제로 광덕과 엄장 이야기가 원효와 의상 일화의 설화
   적 표현이라는 견해(成基玉, 앞의 논문)가 제기된 바 있다. 그러나 이러한 견
   해에는 설화적인 인물인 엄장이 실존인물인 元曉의 도움을 받아 열반하고
   있어 전후의 논리가 맞지 않는다는 점, 이를 구체적인 史實로 볼 경우 <願
   往生歌>의 배경은 文武王代인데 『삼국사기』 「문무왕」條 16년과 21년에는 義
   湘에 관련된 기록이 나오지만 원효에 관련된 기록은 전혀 나타나지 않고 있
   는 것을 설명하기 어렵다는 점, 광덕·엄장은 문무왕대이고 노힐부득·달달
   박박은 경덕왕대의 인물인데 서사문맥의 구조적 유사성 때문에 이러한 대비
   적 인물을 모두 원효와 의상으로 보기 어렵다는 점, 역사적 인물이 설화화
   된 경우 다른 이름으로 차용되는 예를 보기 어렵다는 점 등의 문제가 있다.

「도솔가」의 의미는 이 조의 서사문맥 뿐만 아니라, 이와 유사한 구조를 지니는 「안민가」와 그 서사문맥과의 관련 하에서 찾아야 할 것이며, 「제망매가」의 의미는 「찬기파랑가」와 마찬가지로 서사문맥과는 별도로 찾아야만 한다. 결국 이일병현은 오악삼산신의 출현과 마찬가지로 경덕왕대의 정치적·종교적 혼란의 상징적 표현이고, 「도솔가」는 禳災·招福의 기능을 지닌 불교적인 가상적 현실문맥의 노래이며, 「제망매가」는 개인의 염원을 담은 불교적 개인서정의 노래로 보아야 할 것이다.36)

「彗星歌」가 수록된 感通篇 「融天師 彗星歌 眞平王代」조는 居烈郞·實處郞·寶同郞 등이 楓岳에 遊娛하려 할 때, 혜성이 心大星을 범해 중지하려 하자 융천사가 노래를 지어 부르니 변괴가 사라지고 일본군이 물러가 왕이 기뻐하여 이들을 풍악에 보냈다는 단일한 내용으로 이루어져 있다. 「혜성가」의 가사는 이 조 말미에 소개되고 있으나, 서사문맥 안에 이미 "作歌歌之"라 수록되어 있으므로 서사문맥과 긴밀한 연관관계를 지니며, 화랑들이 처한 문제를 해결하는 데에 결정적인 기여를 하고 있다. 이 조의 중심문제는 星怪인데, 이는 이 조의 서사문맥과의 관련 하에서 뿐만 아니라, 이와 유사한 구조를 지니는 「도솔가」와 그 서사문맥과의 관련 하에서 고찰되어야 할 것이다. 감통편의 「도솔가」가 기이편의 「안민가」와 달리 결과에 있어서 가상적인 현실문맥으로 이루어진 것과 같이 감통편의 「혜성가」역시 『삼국사기』「진평왕」조에 일본군의 기록이 전혀없음에도 불구하고 이들의 還國이 결과로 제시되고 있기 때문이다. 이 역시 감통편의 성격에서 기인하는 것이라 할 것이다. 결국 「혜성가」는 「도솔가」와 마찬가지로 禳災·招福의 기능을 지닌 불교적인 가상적 현실문맥의 노래라 보아야 할 것이다.

「怨歌」가 수록된 避隱篇의 「信忠掛冠」조는 신충이 약속을 저버린 孝成王을 원망하며 노래를 지어 잣나무에 붙이니 잣나무가 말랐고 이에

---

36) 이에 대한 구체적인 논의는 金文泰 (「兜率歌」(儒理王代·景德王代)와 敍事文脈, 『泮橋語文硏究』 4, 泮橋語文硏究會, 1992) 참조.

놀란 왕이 약속을 지키자 잣나무가 소생하였다는 부분과 후에 신충이 승려가 되어 南岳에 은거하며 왕을 위해 斷俗寺를 창건하였다는 부분, 그리고 一然의 고증과 찬시 부분으로 이루어져 있다. 「원가」의 가사는 첫번째 부분 말미에 소개되고 있으나, 서사문맥 안에 이미 "怨而作歌"라 수록되어 있으므로 서사문맥과 긴밀한 연관관계를 지니며, 신충이 처한 문제를 해결하는 데에 결정적인 기여를 하고 있다. 따라서 이 노래의 의미는 이 조의 서사문맥 및 一然의 찬시와의 관련 하에서, 그리고 勿稽子를 제외한 전 조목의 등장인물이 승려라는 공통점을 지니는 피은편의 전반적인 성격과의 관련 속에서 찾아야 한다. 다만 「원가」는 신충이 승려가 되기 이전의 노래이므로 불교와는 직접적인 관련이 없는 개인의 기원을 담은 개인서정의 노래라 보아야 할 것이다.

「遇賊歌」가 수록된 避隱篇의 「永才遇賊」조는 향가를 잘하는 영재가 南岳에 은려하려 할 때 도적들을 만나 그들의 요구에 의해 노래를 지어 부르니 도적들이 감동하여 모두 승려가 되어 함께 은거하였는 부분과 一然의 찬시 부분으로 이루어져 있다. 이 노래는 서사문맥안에 수록되어 있어 서사문맥과 긴밀한 연관관계를 지니고 있으며, 영재가 처한 문제를 해결하는 데에 결정적인 기여를 하고 있다. 따라서 이 노래의 의미는 이 조의 서사문맥 및 一然의 찬시와의 관련 하에서, 그리고 「원가」와 마찬가지로 피은편의 전반적인 성격과의 관련 속에서 찾아야 한다. 결국 「우적가」는 개인의 심정을 담은 개인서정의 노래라 보아야 할 것이다.

이상과 같이 볼 때 기이편 소재의 시가들은 시대순으로 기술되고 있는 기이편의 특성상 전후조목과 유기적 연관관계를 지니고 있으며, 사서의 본기와 유사한 기이편의 성격상 삼국사기의 기록과도 어느정도 대비해 볼 수 있는 여지가 있음을 알 수 있다. 그러나 여타편의 시가들은 주제별로 기술되고 있는 여타편의 특성상 전후 조목과 유기적 연관관계를 지니지 못하고 있으며, 고승전과 유사한 여타편의 성격상 삼국사기의 기록과 대비하는 것이 어렵다는 특성을 지니고 있음을 알 수 있다. 또한 기이편 소재의 시가들은 일반문화사의 성격을 띠고 있는 기이편의 특성상 불교적인 성격이 미약한 반면, 여타편 소재의 시가들은 불교문화사의 특성을 띠고 있는 여타편의 특성상 불교적인 성격이 강하다는 것을 알 수 있다.

결국 『삼국유사』소재 시가, 즉 '一然化한 시가'를 고찰하는 데에 있어서는 편목 및 조목의 성격과 구조, 一然의 논평이나 一然의 찬시를 고려하는 것이 대단히 중요하다는 것을 알 수 있다. 一然의 시각에 대한 고려는 곧 특정 시가가 특정 편목, 특정 조목에 수록되게 된 배경을 설명해주는 단서가 될 뿐만 아니라, 그 시가의 의미를 직접적으로 시사해 주는 것이기 때문이다. 나아가 이러한 一然의 시각에 대한 고려는 '一然化한 시가' 이전의 '本然의 시가'의 의미를 고찰할 수 있는 근거가 될 수 있는 것이기 때문이다.

4. 맺음말

문학 연구 방법론은 연구자가 하나의 틀을 만들어 놓고 그 안에 문학작품을 끼워 맞추는 데 목적이 있는 것이 아니다. 문학작품을 총체적인 안목에서 보다 정확하게 이해하고자 하는 데에 그 효용성이 있는 것이다. 본고에서 제시한 방법론 역시 『삼국유사』소재 시가와 서사문맥의 의미를 보다 정확하게 파악코자 마련된 것이다. 미흡한 점은 시가 각 편을 고찰하면서 수정·보완하기로 한다. 요점을 정리하면 다음과 같다.

문학작품은 한 시대를 살다 간 작가의, 향유층을 의식한 정신적 소산물이다. 따라서 문학연구의 범주는 문학작품 뿐만 아니라, 그 작품을 창작한 작가와 그 작가가 살던 당대의 시대상, 그리고 그 작품을 수용하는 향유층 등을 동시에 아우를 수 있는 데에까지 확대되어야 한다. 이러한 관점들은 각각 별개의 것이 아니므로 여타의 관점들과 상호 관련하에서 총체적으로 조망해야 하며, 이 때 문학작품의 의미와 성격은 보다 온전히 그 면모를 드러낼 수 있을 것이다. 그러나 『삼국유사』소재의 시가와 서사문맥 연구에 있어서는 이러한 관점 뿐만 아니라, 이들 시가가 수록되어 있는 『삼국유사』의 성격과 이 책을 엮은 편찬자의 의도와 의식이 아울러 고려되야만 한다.

『삼국유사』는 史書·野史集·佛敎史書·高僧傳·說話集 등의 성격을 성격을 복합적으로 지니고 있으며, 紀異篇에서는 설화와 역사의 공존을, 餘他篇에서는 불교와 사회의 유대를 위주로 하고 있다는 점에서 佛敎文化史類이다. 그러나 기이편이 여타편으로 나아가기 위한 디딤돌로 마련되고 있다는 점에서 紀異篇과 餘他篇은 각기 별개의 것이 아니라, 서로 긴밀한 유대관계를 지니고 있다. 禪僧인 一然이 기이편을 편찬한 의도는 불교전래 이전부터 불교전래와 더불어 병존해 오던 시기의 국가를 지탱해 온 集團無意識世界 내지 精神世界의 추이를 파악코자 함이었으며, 이러한 세계가 국가의 存亡과 불가분의 관계에 놓여 있다는 것을 말하고자 함이었다. 결국 一然은 불교의 存亡이 국가의 存亡이라는 인식하에서 『삼국유사』를 편찬하였고, 편찬목적은 고려말의 혼란 내지 위기를 타개해 나갈 방도를 우의적으로 제시하는 데에 있었다.

문학은 실제 삶의 체험을 통해 창출된다. 따라서 문학 안에는 어느정도의 역사성이 내재되어 있다. 그러나 문학에 내재되어 있는 史實은 역사의 직접적인 반영이 아니다. 역사 그 자체가 아니라, 역사의 굴절·반영인 것이다. 이러한 의미에서 문학에 굴절·반영된 史實은 문학적 진실, 즉 허구적 진실로 다루어져야만 한다. 그러나 문제는 一然이 확고한 목적의식과 엄정한 史觀을 견지하면서 이러한 허구적 진실로서의 문학을 통해 우리 민족의 역사를 재구하려 했다는 데에 있다. 특히 기이편은 史書의 本紀와 유사한 성격을 지니고 있으므로 이 안에 수록된 문학작품은 자연적으로 一然에 의해 역사성을 부여받고 있다. 즉 『삼국유사』소재의 문학작품은 '一然化한 문학'인 것이다. 따라서 『삼국유사』소재 설화는 상상력이 가미된 '허구적 진실로서의 설화'의 모습과 역사성이 가미된 '一然化한 설화'의 모습을 동시에 지니고 있다.

설화의 史實은 흔히 상징화·비유화되어 나타나는데, '一然化한 설화'에 내재되어 있는 상징·비유는 史實과 긴밀한 연관관계를 맺고 있다. 이러한 상징·비유의 의미는 일차적으로 正史인 『삼국사기』와의 대조를 통해 파악할 수 있다. 그러나 『삼국유사』는 기존의 '허구적 진실로서의 설화'로써 이루어져 있으므로 一然이 이를 어떻게 보았는가에 따라 史實과 허구 사이에 괴리가 생길 수 있다. 실제로 一然이 『삼국사기』와 여타의 기록을 통해 『삼국유사』를 역사적 사실로 만들고자 하였음에도 불구하고, 『삼국유사』의 기록은 史實과 정확히 일치하지 않고 있다. 그러므로 '一然化한 설화'에 역사성이 부여되어 있기는 하나, 이를 문면 그대로 史實로 인정할 수는 없는 것이다. 결국 『삼국유사』소재 설화의 역사성·허구성 문제는 『삼국유사』소재 설화가 '실제삶 - 허구적 진실로서의 설화 - 一然化한 설화'라는 등식으로 이루어져 있다는 인식하에서 一然의 관점을 우선적으로 고려할 때 해결될 수 있다.

一然이 특별한 목적의식 하에서 수많은 인용을 통해 치밀하게 편찬한 『삼국유사』를 통해 무엇을 말하려고 했는가 하는 점을 고려한다면, 하나의 조목 내에서 서로 무관하게 보이고 심지어 이질적인 것으로 보이는 각 부분은 서로 긴밀한 연관관계를 지니고 지니고 있다고 보아야 할 것이다. 『삼국유사』의 유기적 성격은 하나의 조목 내에 국한되는 것은 아니다. 한 조목 내에서의 부분들의 유기적 관계 뿐만 아니라, 前後의 조목간에서도 유기적 성격이 유지되고 있는 것이다. 이러한 『삼국유사』의 유기적 성격은 각 편목 내에서도 유지되고 있다. 각각의 편목은 그 편목의 성격에 합당한 이야기들로 이루어져 있으므로 동일 편목에 있는 조목들은 그 편목의 성격을 공유하고 있다. 그러므로 동일 편목에 있는 시가와 서사문맥은 어느정도 성격상의 공통분모를 지니고 있는 것이다.

결국 『삼국유사』의 시가와 서사문맥의 의미를 고구하기 위해서는 동일 조목 내에서, 전후의 조목 사이에서, 그리고 동일 편목 내에서 유지되고 있는 유기적 성격을 고려해야만 한다. 이러한 一然의 시각에 대한 고려는 곧 특정 시가가 특정 편목, 특정 조목에 수록되게 된 배경을 설명해주는 단서가 될 뿐만 아니라, 그 시가의 의미를 직접적으로 시사해 준다. 나아가 이러한 一然의 시각에 대한 고려는 '一然化한 시가' 이전의 '本然의 시가'의 의미를 고찰할 수 있는 근거가 될 수 있다. 그러나 시가가 어느 부분에 위치하느냐에 따라 서사문맥과의 관계를 구분하는 방법은 지양해야 할 것이다. 시가의 조목 내에서의 위치를 통해 시가와 서사문맥의 관계를 고찰하는 것보다는 시가의 서사문맥상의 문제해결에 대한 기여도를 통해 이 둘의 관계를 고찰하는 것이 보다 타당할 것이다.

《 參考文獻 》

姜恩海. 三國遺事 紀異篇의 굿노래와 感通篇의 創作呪詞 연구. 『民俗語文論叢』. 啓明大 出版部. 1983.

金文泰. 『三國遺事』所載 '龍'傳承 硏究. 成均館大 大學院 博士學位論文. 1990.

———. 『三國遺事』의 體裁와 性格 - 一然의 編纂意圖와 관련하여 -. 陶南學報 12. 陶南學會. 1990.

———. 「獻花歌」・「海歌」와 祭儀文脈. 林下 崔珍源 博士 停年紀念論叢 『古典詩歌 의 理念과 表象』. 論叢刊行委員會. 1991.

———. 「薯童謠」와 敍事文脈. 『새국어교육』 47. 한국 국어교육 학회. 1991.

———. 「兜率歌」(儒理王代・景德王代)와 敍事文脈. 『泮橋語文硏究』 4. 泮橋語文硏究會. 1992.

金烈圭. 『鄕歌의 語文學的 硏究』. 西江大 人文科學硏究所. 1981.

金學成. 古代歌謠와 토뎀的 思惟體系. 『大東文化硏究』 22. 成均館大 大東文化硏究院. 1988.

박노준. 一然의 新羅歌謠 受容態度, 『語文論集』 14・15, 高麗大 國語國文學硏究會, 1973

———. 『新羅歌謠의 硏究』. 悅話堂. 1985.

成基玉. 願往生歌의 生成背景 硏究.『震檀學報』51. 震檀學會. 1981.

成昊慶. 향가 연구의 함정과 그 극복을 위한 모색.『국어국문학』100. 국어
　　　국문학회. 1988.

楊熙喆. 鄕歌麗謠 硏究의 回顧와 展望.『국어국문학 40년』. 集文堂.1992.

李崇源. 鄕歌 內面構造 試攷.『韓國詩歌文學硏究』. 新丘文化社. 1983.

林基中. 新羅歌謠와 記述物의 硏究. 半島出版社. 1991.

정병욱. 증보판『한국고전시가론』. 신구문화사. 1985.

鄭昌一. 鄕歌의 再評價를 提言한다.『국어국문학』100. 국어국문학회. 1988.

崔珍源. 國文學과 自然. 成均館大 出版部. 1981.

최　철.『향가의 문학적 해석』. 연세대 출판부. 1990.

洪起三.「水路夫人」硏究.『陶南學報』13. 陶南學會. 1992.

홍순석. 鄕歌와 背景說話.『鄕歌文學硏究』. 一志社. 1993.

黃浿江. 鄕歌硏究 70年의 回顧와 現況.『韓國學報』30. 一志社. 1983.

呪術的 鄕歌와 密敎呪言의 關係樣相

柳 孝 錫

1. 머 리 말

주지하는 바와 같이 신라는 불교 이데올로기의 지배를 받았다. 따라서 이 시간적 범주 안에 있는 모든 문화적 산물은 정도의 차이는 있어도 불교와 일정하게 연관되어 있다. 신라(통일신라 포함)문학의 精粹라는 향가의 경우도 이런 점이 인식되어 불교의 영향권내에서 그 성격을 파악하려는 노력이 계속되어 왔다.

흔히 불교로 통칭되는 종교현상은 역사적으로 그 존재양상이 매우 다양하고 복잡하다. 이 가운데 본고에서 관심을 갖는 呪術性은 주로 密敎(불교의 초기단계에서 흡수되어진 밀교) 쪽에서 두드러진다. 밀교는 특유의 주술성으로 인해 불교가 교세를 확장하는데 상당한 기여를 했다. 따라서 향가도 불교적 인식체계하에서 보는 경우 주술적인 요소는 밀교의 몫으로 돌리게 된다. 주술성이 강한 향가는 陀羅尼的 기능에서 다루고, 月明師나 融天師 등은 밀교계통의 승려로 간주하는 것 등이 그러한 예이다.

그러나 관련기록들을 세밀히 검토해 보면, 신라불교의 교세 확장에 미친 밀교적 주술의 역할이 斯界에서 과대평가되어 있음을 알 수 있다. 즉 지배층에 대한 보호의식(이것은 흔히 호국이념으로 미화되어 나타나기도

함)으로 인한 한정된 수용만이 발견된다. 『金光明經』이나 『仁王經』은 비교적 약한 주술성에도 불구하고 강력한 호국의식으로 인해 三部秘經이라는 『大日經』, 『金剛頂經』, 『蘇悉地經』보다 더 각광을 받아 護國經典으로 인정되었던 것이다. 따라서 신라의 밀교전래에는 주술성보다 호국의식에 따른 한정된 수용이 주목된다. 같은 맥락에서 볼 때, 주술적 향가에 밀교의 주술성을 맞바로 관련지으려는 경향은 일단 재고를 요한다.

하지만 무엇보다 주술적 향가와 밀교의 관계를 재검토하려는 의도는 우리의 독특한 문화토양에서 생성된 일군의 詩歌를 외래종교의 영향으로 치부해 버릴 수 있겠느냐는 의문에 바탕을 둔다. 呪歌의 기원이야 우리의 고대시가에서도 분명히 발견되기 때문이다.

2. 密敎의 전래와 토착신앙의 대응

종래의 견해들은 밀교적 기능이 전래초기 불교의 정착을 용이하게 했다는 쪽이지만 과연 그러했는지는 의심스럽다. 呪言이야 이미 오래 전부터 토착신앙에서도 사용했던 것인데, 異國語로 되어 있어서 뜻도 모르는 밀교의 陀羅尼를 환영했을 것 같지는 않다. 이보다는 상황에 따라 각각에 걸맞도록 傳統呪歌를 응용하여 부르는 것이 훨씬 용이하고 의미도 명료했을 것이다.

傳統呪歌는 토착신앙에 접맥되어 있고, 토착신앙은 신라 특유의 보수성에 자리한다. 불교가 전래된 지 수백 년이 지난 원효의 시대에 '南無阿彌陀佛'만 암송하면 극락에 간다는 초보적 포교가 행해지고 있었으니, 당시의 불교 대중화 단계를 짐작해 볼 수 있다. 이를 뒤집어 말하면 토착신앙의 영향력이 만만치 않았음을 뜻하는 것이다.

신라의 대중불교는 정통적 교리와는 거리가 있다. 부처의 가르침에 따라 해탈해야 한다는 敎旨나 지배층에서 중시하는 護國的 기능은 기층민중에게 그다지 중요한 문제였을 리 없다. 이들에게 부처는 토착신앙의 여러 神格과 유사한 존재로 인식되었을 것이다. 그러니 禳災招福도 굳이 密法에 따라 陀羅尼로 해야 하는 것이 아니라 신라 고유의 呪言으로 가능하다고 생각했던 것 같다. 그러기에 希明은 千手觀音에게 기원하면서도 이런 경우에 讀經하도록 규정된『千手觀音經』대신에 우리 語法(언어란 단순히 의사소통의 수단이 아니라 사유체계 그 자체이기도 하다)의 鄕歌로 간구했던 것이다.

밀교의 수용만이 그러했던 것은 아닐 것이다. 불교의 본령이 그러했고, 다른 종교들 역시 유사했을 터이다. 그러나 밀교의 경우 그 핵심적 역할인 다라니의 주술성으로 인해 토착신앙과 대립·경쟁되는 양상이 매우 심각하게 나타난 듯하다.

이제 이러한 양상을 본격적으로 살펴보기로 한다. 먼저 신라시대 대표적 密敎僧들의 행적을 정리하면 다음과 같다.

(1) 明朗 (『三國遺事』卷二 文虎王 法敏, 卷四 義湘傳敎, 卷五 明朗神印) : 善德王 元年(632년)에 入唐하여 貞觀 九年(635년)에 歸國했다. 唐軍을 文豆婁秘法으로 퇴치하고 神印宗의 始祖가 되었다. 義湘傳敎條에 고승으로 호칭되었다.

(2) 密本 (『三國遺事』卷五 密本摧邪) : 선덕왕의 질병을 興輪寺의 僧 法惕이 치유하려 했으나 효력이 없었다. 이에 密本이 招致되어 『藥師經』을 讀誦하니 그의 六環杖이 날아가 '老狐'와 법척을 찔러 죽였다. 비로소 왕의 병이 나았다. 국왕의 치병에 호출될 정도로 유명한 승려였다.

(3) 惠通 (『三國遺事』卷五 惠通降龍) : 入唐하여 無畏三藏에게서 秘法을 전수받았다. 唐 公主의 병을 呪文으로 치료하기도 했다. 귀국(665년)하여 神文王의 등창을 呪文으로 치료했고 孝昭王 王女의 병도 고쳤다. 國師로 책봉되었다.

(4) 寶川 (『三國遺事』卷三 臺山五萬眞身) : 淨神大王의 太子로 僧이 되어 『隨求陀羅尼經』을 암송하는 것으로 일생의 課業을 삼았다.

(5) 大賢 (『三國遺事』卷四 賢瑜珈海華嚴) : 景德王 때(753년) 여름에 가뭄이 들자 大賢이 內殿에 招致되어 『金光經』을 誦하니 우물이 솟았다. 왕궁에서 인정할 정도의 高僧이었다.

이들은 비교적 행적을 자세히 알 수 있는 대표적 밀교승이다. 그런데 이렇게 일별해 보면 주목할 만한 공통점이 발견된다. 모두가 唐 유학을 했거나 高僧 또는 國師로 대접되어 상당한 지위를 누렸다는 점이 그것이다.

한편 이들 이외에도 단편적이나마 몇 명의 密僧에 대한 기록을 더 확인할 수 있다.

> (6) 明曉 : 聖歷 三年(700년)에 入唐하여『不空羅索陀羅尼經』一卷을 번역하여 가지고 귀국하여 유포시켰다.[1]
>
> (7) 不可思義師 : 唐 유학 때 善無畏三藏의 口說을 받아『大昆盧遮那經』供養次第法疏 二卷을 저술했다.[2]
>
> (8) 惠日 : 唐에서 歸國時 三部秘經을 가지고 와 전했다.[3]
>
> (9) 義林 : 103세의 고령 때까지 신라에 밀교를 전했다.[4]
>
> (10) 安含 : 인도와 중국에서 十乘의 秘法, 玄義, 眞文을 두루 보고 귀국하여 <旃檀香火星光妙女經>을 번역했다.[5]

이들 경우에서도 발견되듯이 모두가 중국이나 인도에서 密法을 전수받으므로써, 앞에서 지적한 공통점이 다시 확인된다.

그 밖에도 신라의 密僧으로 玄超, 悟眞, 均亮, 金知尙 등 여럿이 중국의 문헌에 보이며 밀교승이라고 할 수는 없지만 慧超, 圓測 등 많은 승려들이 唐 유학을 계기로 밀교경전에 대한 序나 疏를 남기고 있다.[6] 중국문헌을 많이 참고해서 그렇기도 하겠지만 실제로 신라승들의 밀교전수는 인도나 중국을 유학함으로써 가능했던 것으로 간주된다. 따라서 밀

---

1) 『開元釋敎錄』第九. 鄭泰赫, 「密敎」, 東國大學校 譯經院, 1981, p.183에서 재인용.
2) 朴泰華, 「韓國佛敎의 密敎經典傳來考」, 『韓國佛敎學』一輯, 1975. p.51.
3) 「大唐靑龍寺三朝供奉行狀記」一卷. 朴泰華, 앞의 논문, p.50에서 재인용.
4) 『顯戒論緣起』卷上과『元亨釋書』一卷. 朴泰華, 앞의 논문, p.50에서 재인용.
5) 覺訓, 『海東高僧傳』卷二 釋安含.
6) 朴泰華, 앞의 논문, pp.51 - 52.

교승들은 대부분 '海外留學派'라고 할 수 있다.

또한 당시의 신라불교에서 高僧이라고 숭앙된 인물들은 대부분 중국이나 인도에 유학했던 경력이 있다. 그런데 이때의 중국이나 인도에는 밀교가 대단히 성행하여 불교에 틈입해 있었다. 따라서 밀교승이 아니라고 하더라도 留學僧의 상당수가 밀교의 직·간접적 영향을 받았던 것으로 보인다. 앞의 경우가 그러한 예이다. 이렇게 밀교는 독립적으로, 또는 정통불교에 수용되어 留學僧들을 통해 전래되었다.

그런데 이렇게 전래된 밀교가 국내에서 수용·확산되기는 용이하지 않은 듯하다. 다음의 사건들이 이러한 추정을 입증한다.

먼저 『三國遺事』卷四 圓光西學條에 보면 원광의 초기 수도생활에 대한 설화가 다음과 같이 전한다.

처음에 중이 되어 佛法을 배웠는데 30세에 조용히 수도할 생각으로 三岐山에 홀로 머물렀다. 4년 뒤에 한 比丘가 와서 멀지 않은 곳에 거주하며 따로 절을 짓고 2년을 살았다. 그는 사람됨이 강하고 사나우며 呪術을 배우기 좋아했다. (원광)법사가 밤에 홀로 앉아 불경을 외우는데 갑자기 神이 그의 이름을 부르는 소리가 있었다. "그대의 수행은 아주 훌륭하다. 무릇 수행하는 자가 비록 많지만 法대로 하는 자는 드물다. 이제 이웃에 있는 중을 보니 곧바로 주술을 닦지만 얻는 바는 없다. 소란한 소리는 남의 靜念을 괴롭히며 거처는 나의 행로에 방해가 되어 매번 왕래할 때마다 미워하는 마음이 생겨날 지경이라. 법사는 나를 위해서 (그에게) 전하여 다른 곳으로 옮기게 하라. 만일 오래 머문다면 내가 갑자기 罪業을 지을까 걱정이라." 다음날 법사가 가서 고하여 말하되 "내가 어젯밤에 神의 말을 들었는데, 스님은 다른 곳으로 옮기는 것이 좋겠소. 응하지 않으면 재앙이 있을 것이오." 比丘가 대답하되 "수행이 지극한 사람도 마귀에게 현혹되는 바가 있소? 법사는 어찌 狐鬼의 말을 걱정하오?" 그날 밤에 神이 다시 와서 말하되 "전에 내가 말한 일에 대해 比丘가 어떤 대답을 했는가." 법사가 神의 노여움을 두려워 하여 "아직 말하지 못했지만 굳이 말하면 어찌 듣지 않겠습니까."하고 대답했다. 神이 말하되 "내가 이미 모두 들었는데 법사는 어찌 말을 보태는가? 단

지 가만히 있으면서 내가 하는 바를 보라." 드디어 작별하고 갔다. 밤중
에 벼락과 같은 소리가 있었다. 이튿날 거기를 보니 산이 무너져 比丘
가 있던 절을 묻어버렸다. 神이 다시 와서 말하되 "법사가 보기에는 어
떠한가?" 법사가 대답하되 "보기에 심히 놀랍고 두렵습니다." 神이 말하
되 "나의 나이는 3천년에 이르고 神術은 가장 훌륭하니, 이것은 오히려
작은 일이라. 어찌 놀라기에 족하겠는가? 나는 장래의 일도 모르는 바
가 없고 천하의 일에 통달하지 못한 바가 없다. 이제 생각하건대 법사
가 오직 여기에만 居하면 비록 스스로 이로운 행위는 있으나 남을 이
롭게 하는 공로는 없으니 지금 高名을 드날리지 않으면, 미래에 勝果를
얻지 못할 것이라. 어찌 중국에서 佛法을 가져와 신라의 혼미한 무리를
인도하지 않는가?" 대답하되 "중국에서 道를 배우는 것은 본래 원하던
바이나 바다와 육지가 멀리 막혀 스스로 못 갈 뿐입니다." 神이 이에 중
국에 들어가는 데 행할 계획을 자세히 일러주었다. 법사는 그 말을 따
라 중국으로 갔다. 11년을 머물면서 三藏에 널리 통달하고 儒術까지 아
울러 배웠다.

줄거리가 장황한 채로 여기서 하나의 설화는 일단 마무리된다. 그런데
이 설화는 같은 佛敎界이면서도 神과 '一比丘'가 암투를 벌이다 어느
한쪽이 죽고만다는 점에서 특이하다. 따라서 이 설화의 의미 역시 이들
이 각각 무엇을 상징하는가에 의해 해명될 수 있다.

기왕의 대표적 견해로 李基白은 이 설화를 재래의 神이 불교 편을 드
는 巫佛交替의 상징으로 보면서 '一比丘'는 토속신앙의 상징인 巫覡으
로 규정한 바 있다.7) 그러나 위 설화의 문맥상 神을 재래의 土着神으로
간주하기에는 곤란한 점이 있다.

설화에 의하면 神은 佛法守護를 강조하고 靜念을 중시했다. 또한 원광
의 불교유학을 권장하고 주선하는 親唐的 성향을 갖고 있다. 이것을 토
착신앙 계열이라고 볼 수는 없다. 오히려 중국 쪽의 정통불교를 대변하
는 목소리라고 해야 할 것이다. '一比丘' 역시 巫覡으로 규정하는 데는

7) 李基白, 『新羅思想史硏究』, 一潮閣, 1986, p.98.

의문이 생긴다. 문헌에 분명히 '比丘' 또는 '僧'이라는 용어로 지칭되고 있으며 그의 거처 역시 '蘭若'라고 했기 때문이다. 물론 이런 점들을 불교적 윤색으로 볼 수도 있다. 그러나 미비한 채로 이러한 기록마저 무시해 버리고 그를 巫覡으로 간주할 수 있는 근거를 찾기는 더욱 어렵다.

이 比丘가 정통불교를 상징하는 神과 첨예하게 대립하면서 呪術을 익힌다는 점에서 이것은 傳統呪術이며, 그는 토착신앙 쪽이다. 그러나 그는 분명 僧이라고 했다. 그렇다면 그의 확실한 정체는 무엇인가.

신라는 異次頓의 순교같은 시련을 겪고서야 비로소 불교가 용인되기 시작했다. 그 만큼 토착신앙의 뿌리가 깊었다는 의미이다. 따라서 불교가 정착되기 위해서는 토착신앙과 융합하거나 일정한 관계를 유지해야만 했다.(이러한 양상을 흔히 巫佛習合이라고 한다.)

앞에서 '一比丘'는 정통적인 해외불교와 대립적이기는 했지만 분명히 승려라고 했다. 또한 주술을 배우기 좋아한다고도 했다. 이렇게 그는 토착신앙을 바탕으로 불교를 수용한 승려로 추정하게 된다. 그렇다면 神과 '一比丘'의 관계는 각각 해외정통불교 대 신라적 불교의 대립으로 파악할 수 있을 것이다.

한편 兩者間의 극렬한 대립은 그 직접적 동기가 呪術에 있어 주목을 요한다. '一比丘'가 주술의 연마에만 전념했다든지, 神이 比丘의 주술 연마에 예민하게 반응하여 마침내 그를 생매장시키고 자신의 초능력을 과시했다는 것은 이들의 실체가 바로 呪力에 있음을 시사한다.

그렇다면 神은 해외정통불교 쪽에서도 밀교적 주술의 상징으로, '一比丘'는 신라적 불교에 수용된 전통적 주술의 상징으로 구체화된다. 神과 '一比丘'의 투쟁은 바로 이러한 이질적 呪術觀의 설화적 형상화라고 할 수 있다.

圓光 자신을 통해서도 이러한 사정을 살펴볼 수 있다. 수도 초기의 원광은 神과 '一比丘'의 사이에서 어중간한 입장을 취할 뿐 아니라 자신은 주술에 대해 관심이 없었다. 이러한 그가 중국유학을 마치고 돌아온

후에는 왕의 병을 說法으로 치료하기에 이르렀다.8) 물론 이 說法이 呪術的이었다고 기록상 확인되지는 않는다. 그러나 불교의 치병은 대부분 밀교와 관련되어 있다는 것이 통설이다. 따라서 원광의 治病說法 역시 밀교적인 방식으로 작용했다고 보는 데 큰 무리는 없을 것이다. 원광이 초기 승려생활에서 행하지 못하던 치병을 유학 후에 할 수 있었다는 사실은 다른 승려들의 경우와 마찬가지로 당시 중국에서 크게 세력을 확장시키고 있던 밀교의 영향을 받았을 것임을 추정케 한다.

또한 이와같은 원광의 변모에서 우리는 神의 이미지를 다시 확인하게 된다. 원광의 불교 留學은 神의 권유와 주선으로 실현되었다. 따라서 留學 후의 원광은 바로 神이 기대하던 僧侶像이며 결국 神의 닮음꼴이 되는 셈이다. 그렇다면 留學 후에 나타난 원광의 밀교적 성향 역시 神의 일면인 것이다. 결국 신의 주술이란 밀교적인 것으로 풀이된다. 그리고 '一比丘'는 신의 건너편에서 전통적 주술로 무장한 채 그와 맞서 있었던 것이다.

『三國遺事』 卷五 密本摧邪條에서도 같은 양상을 발견할 수 있다.

善德王 德曼이 병에 걸려 오랫동안 앓고 있었다. 興輪寺 승려 法惕이 招致되어 병을 치료했지만 오래 되어도 효과가 없었다. 이때 密本法師가 덕행으로써 나라에 유명했다. 左右의 신하들이 그 승려로 대신하기를 청했다. 왕이 불러 궁궐 안으로 맞아들였다. 밀본이 침실 밖에서 『藥師經』을 읽었다. 다 읽고나자 가지고 있던 六環杖이 침실 안으로 날아들어가 한 老狐와 법척을 찔러 뜰 아래로 거꾸로 던지니 왕의 병이 곧 나았다.

하나의 설화로서 이야기는 일단 여기서 마무리된다. 그런데 이 설화가 특별히 관심을 끄는 이유는 法惕과 密本의 범상치 않은 관계에 있다. 물론 승려들 상호간에도 알력은 얼마든지 존재할 수 있다. 그러나 앞의 圓

---

8) 『三國遺事』 卷四 圓光西學.

光西學條에서도 보았듯이 승려가 절과 함께 생매장이 된다고 했을 때는 문제가 달라진다. 특히 이 설화에서처럼 승려가 또 다른 승려를 지팡이로 찔러 죽인다고 했을 때는 결코 예사로운 일이 아니다.

密本은 해외유학을 다녀온 밀교승이라고 기록되어 있어 그의 宗派的 성향을 쉽게 파악할 수 있다. 한편 法惕은 興輪寺 승려라는 점만 확인된다. 따라서 법척의 종파적 성향을 이해하기 위해서는 그에 관한 유일한 정보인 홍륜사의 성격부터 규명해야 한다.

홍륜사의 터는 본래 天鏡林이라고 한다. 그리고 이 天鏡林은 토착신앙의 聖域이었다9)고 한다. 이 자리에다 홍륜사를 창건하려 하자 토착신앙계의 반발이 심했고 이에 異次頓의 희생이 필요했다는 것이 역사학계의 일반적 견해이다. 이와같이 토착신앙 쪽의 강한 반발을 무마시키며 축조된 홍륜사라면 자연히 토착신앙적 요소가 수용되지 않을 수 없었을 것이다. 創寺後의 그 역할 가운데 巫的기능이 계승되었다10)는 것도 같은 의미이다.

또한 이 절은 54代 景明王 때 南門과 左右의 廊廡가 소실되었다. 그러나 새로이 重修를 못하다가 貞明 7年(921년)에 帝釋天이 현시하여 영험을 나타낸 뒤 비로소 공사를 하게 되었다.11) 여기서 帝釋天의 등장에 주목할 필요가 있다. 제석천은 불교의 天神組織上 그리 높은 신격이 아니다. 단지 우리나라에서만 巫俗神이 攝化된 결과로 매우 빈번하게 나타난다.12) 부처와 보살 특히 婆羅門神 등을 배제시키고 南門 등의 重修를 위해 하필 제석천이 현시했다고 한 것은 홍륜사의 토착신앙적 성향을 입증하는 셈이다.

---

9) 李基白, 앞의 책, p.29.
10) 金在庚, 「新羅에 있어서의 密敎의 受容과 性格」, 慶北大 大學院 碩士論文, 1976, p.17.
11) 『三國遺事』 卷三 興輪寺壁畵 普賢.
12) 高翊晋, 「韓國古代의 佛敎思想」, 佛敎學會 編, 『初期 韓國佛敎敎團史의 硏究』, 1986, pp.70 - 71.

이상을 통해 볼 때 홍륜사는 토착신앙적 성향이 강했으니, 呪力觀에 있어서도 전통적이었을 가능성이 높다.

일반적으로 僧籍을 올린 사찰은 그 승려의 불교관을 규정짓는다. 홍륜사의 성격을 위와같이 정리할 때, 法惕은 토착신앙적 주술을 소유한 승려였다고 짐작된다. 한편 앞에서 密本은 해외유학을 했고 주술을 부리는 密僧임을 확인했다. 그렇다면 위 설화에서 같은 승려인 밀본과 법척이 死鬪를 벌인 까닭이 설명될 수 있다. 즉 앞서 원광의 설화에서도 목격했듯이 밀교적 주술과 전통적 주술의 대립 및 암투 때문이었다고 하겠다.

물론 이밖에도 유사한 사례는 더 찾을 수 있다.13)

3. 주술적 향가와 陀羅尼의 교차점

앞서 홍륜사는 토착신앙적 요소가 두드러진 사찰이며 法惕 역시 이에 바탕을 둔 呪力觀을 소유한 승려로 추정했다. 그런데 이러한 法惕의 종교관을 그 자신에게만 국한된 것으로 볼 필요는 없다. 즉 홍륜사 승려의

---

13) 밀교승과 토착신앙적 呪僧의 대립양상은 앞서 살펴본 圓光과 密本의 경우 이외에도 더 발견할 수 있다.

『三國遺事』卷三 魚山佛影條에는 '毒龍과 交通하며 電雨를 내려 五穀이 익지 못하게 하였던 萬魚山의 다섯 羅刹女를 呪術로도 어쩔 수 없었는데 부처를 청하여 설법했더니, 그제야 五戒를 받아 災害를 멈추었다.'고 되어 있다. 같은 책 卷四 二惠同塵條에는 明朗이 金剛寺 낙성회를 열었는데 高僧들이 모두 모였으나 惠空만이 오지 않았다. 명랑이 향을 피우고 정성껏 기도하니 조금 후에 와서 말하기를 "은근히 청하기에 왔다."고 했다.

앞서 본 圓光과 密本의 설화가 해외유학을 한 密敎僧 對 土着信仰的 呪僧의 정면 대결에서 토착신앙적 呪僧의 처절한 패배를 다룬 것이라면, 魚山佛影條는 토착신앙의 일방적 열세를, 二惠同塵條는 양자간의 불편한 관계를 완곡하게 다룬 것이라고 볼 수 있다.(惠空을 토착신앙적 주승으로 보는 이유는 家婢의 아들로 미천하게 태어나 불교 대중화에만 힘쓰며, 해외유학을 하지 않았으면서도 많은 神異를 나타낸 점에 있다. 또한 그가 낭도승이었다는 점에서 더욱 그러하다.)

일반적 성향으로까지 확산시켜 생각할 수 있다. 왜냐하면 법척이 治病을 위해 왕실에 招致되었다는 것은 홍륜사를 대표한 것이고, 이것은 법척이 홍륜사 승려의 전형이라는 의미이기 때문이다.

홍륜사 승려로 여기서 주목코자 하는 인물은 眞慈師와 範敎師이다. 眞慈師는 眞智王代의 興輪寺 승려였다. 그는 늘 彌勒像 앞에 '우리 大聖이 花郞으로 현시해 내가 받들 수 있기를 바랍니다'하고 發願했다. 꿈에 지시를 받고 미륵선화를 찾아 보게 되었는데, 왕이 그를 國仙으로 삼았다. 그의 風敎가 세상에 비춘 지 7년이 되어 홀연히 사라지니 眞慈가 슬퍼함이 심했다[14]고 한다. 간략히 인용해 본 이 설화를 통해 眞慈師는 바로 興輪寺의 승려였음을 알 수 있다. 또한 그가 郞徒僧이었을 것임도 인정된다. 주지하다시피 화랑도는 그 표방하는 이념에서 불교적인 성향이 강하지만, 한편 토착신앙 역시 사상적 근간이 되고 있음을 부인할 수 없다. 그런 점에서 眞慈師가 토착신앙적 성향이 강한 興輪寺에 僧籍을 둔 채 화랑을 추종하는 郞徒僧이었다는 것은 우연한 현상이 아닐 것이다.

한편 範敎師는 景文王이 國仙으로 있던 시절 郞徒僧이었다. 그는 智略을 세워 마침내 경문왕으로 등극케 한 결정적 공헌을 했다.[15] 이 승려가 『三國史記』에 따르면 '興輪寺僧'이라는 것이다.[16]

지금까지 홍륜사의 승려로 法惕에 이어 眞慈師와 範敎師를 살펴보았다. 기록상 이들이 어떤 불교관을 소유했는지는 알려져 있지 않다. 그러나 이들이 홍륜사 승려였다는 점과 낭도승[17]이었다는 점을 결합시켜 볼 때, 정통불교보다는 토착신앙과 융합된 불교를 신봉하였을 것이라고 추정하게 되었다.

---

14) 『三國遺事』 卷三 彌勒仙花 末尸郞 眞慈師.
15) 앞의 책, 卷二 四十八 景文大王.
16) 『三國史記』 卷十一 新羅本紀 十一 憲安王 景文王.
17) 李基東, 「新羅花郞徒의 起源에 대한 一考察」(『歷史學報』 69輯)에 의하면 화랑도는 삼한시대 山神信仰과 주술적·종교적 기능에 뿌리를 두고 있다는 것이다.

문헌상에 보이는 낭도승으로는 앞에서 살펴본 眞慈師 · 範敎師 이외에 惠宿[18] · 轉密[19] · 安常[20] · 融天師[21] · 月明師[22] · 忠談師[23] 등이 있다. 이들은 각기 당시에 유명했던 승려들이었고 신망도 두터웠다고 한다. 그러나 공교롭게도 이들은 한 명도 해외유학을 하지 않았다. 물론 당시 여건상 중국 등의 유학이 용이한 것은 아니었지만, 이것을 우연한 공통점으로 등한시 할 수는 없을 것 같다.

당시에 해외유학은 정통불교를 전수받는 가장 확실한 길이었다. 반대로 국내에서만 수도생활을 한 경우 정통불교에 대한 사상적 · 교리적 깊이가 상대적으로 일천했을 것이다. 그래서 많은 승려들이 목숨을 걸고 해외유학을 떠났던 것이다.[24] 그럼에도 불구하고 이들 낭도승들은 해외로 불교유학을 떠났거나, 국내에서도 이를 전수받고자 갈구했던 흔적이 보이지 않는다.

이러한 점이 결국 불교관에 있어서 낭도승과 정통수도승의 거리를 시사하는 것이 아닐까 한다. 물론 낭도승에게도 정통불교가 중심적 세계관이었던 것은 분명하다. 그러나 낭도승에게는 그것만이 유일한 사상적 범주가 아니라는 것이다.

고대로부터 전승된 토착신앙은 불교가 수용된 이후에도 소멸되지 않고 신라인의 의식세계에 일정하게 자리했다고 볼 수 있다. 이러한 현상은 낭도승에게도 예외는 아니었을 것이다. 특히 그들이 숭상하는 화랑도

---

18) 『三國遺事』 卷四 二惠同塵.
19) 『三國史記』 卷四十七 列傳七 金歆運.
20) 『三國遺事』 卷三 栢栗寺.
21) 앞의 책, 卷五 融天師 彗星歌 眞平王代.
22) 앞의 책, 卷五 月明師 兜率歌.
23) 앞의 책, 卷二 景德王 忠談師 表訓大德.
24) 宋의 道原이 지은 『景德傳燈錄』에 의하면 신라 출신의 入唐僧은 모두 40여명이다. 이 숫자도 결코 적은 것은 아니나, 『景德傳燈錄』이 중국 승려들의 法系를 기록하는 데 목적이 있었으므로 실제 신라의 入唐僧은 이보다 훨씬 많았을 것이다.(黃浿江, 『新羅佛敎說話硏究』, 一志社, 1975, p.288 참고)

의 기원이 토착신앙에 뿌리를 두고 있고, 그 화랑의 의식에 영향을 미치고 있었던 점에 비추어 볼 때, 낭도승의 종교관에서 토착신앙의 작용은 무시될 수 없을 것이다.

위와같은 맥락에서 낭도승의 呪術을 추정한다면, 그것은 토착신앙적 呪力觀의 실현으로 설명된다. 정통불교의 한 영역이며 특히 중국 등의 유학을 통해서 가능할 수 있었던 밀교적 주술은 그들의 생리에 잘 맞지 않았을 것이다. 따라서 낭도승의 주술과 밀교승의 그것은 각기 원류를 달리했기에 앞의 설화들에서 보았듯이 상호 대립되고 있었음을 추론케 된다.

신라시대 呪言의 큰 흐름은 주술적 향가와 陀羅尼라고 할 수 있다.25) 다라니는 眞言이라고도 하는데, 密敎의 본질적 속성인 주술이 이를 통해 작용된다. 신라시대에 전래되어 고려시대까지 크게 위세를 떨쳤던 것으로 되어 있다. 한편 신라시대는 향가의 전성기이기도 하다. 특히 주술적 향가는 다라니와 기능상 중복되므로써 兩者의 관계 양상은 그 해명을 요한다.

주술적 향가의 선별은 종래에 여러 차례 시도되었지만 여전히 논란의 소지가 있다. 그런데 본고의 목적은 주술적 향가의 선별에 있는 것이 아니라 밀교적 주술과의 관계를 해명하는데 있으므로 선별화에 대한 시비는 차치한다. 다만 주술성이 있는 향가 중 이 문제를 해명하는데 문헌기록상 직접적 도움이 되는 것만을 대상으로 삼고자 한다.

먼저 月明師의 「兜率歌」에 주목하겠는데 그 생성배경은 다음과 같다.

景德王 十九年 庚午 四月 초하루에 두 개의 해가 나란히 나타나 열흘이 되어도 사라지지 않았다. 日官이 아뢰기를 "인연있는 승려에게 散花

---

25) 다라니란 呪詞로서 엄밀한 의미에서 보면 呪歌와는 구별된다. 그러나 기능적인 면에서는 동일하므로 본고는 이러한 범위 내에서 차별없이 대비시키기로 한다.

功德을 짓도록 하면 가히 물리칠 수 있을 것입니다."라고 했다. 이에 朝
元殿에 壇을 깨끗이 하고 靑陽樓에 행차하여 인연있는 승려를 기다렸
다. 이 때에 月明師가 밭두렁의 남쪽 길로 가고 있었다. 왕이 그를 불러
오도록 하여 壇을 열고 啓를 짓도록 했다. 月明이 "臣僧은 聲梵은 익숙
하지 못하고 단지 鄕歌만 알 뿐입니다."고 아뢰었다. 왕이 "이미 인연있
는 승려로 뽑혔으니 비록 향가라도 좋다."고 하였다. 月明이 이에 「兜率
歌」를 지어 바쳤다.

이 설화를 피상적으로 보면 '二日竝現'이라는 사건을 해결하기 위해
경덕왕이 월명사를 선발한 과정이 매우 우연한 것으로 이해된다. 그러나
숨은 의미를 따져보면 그렇게 단순한 사건이 아니다.

日官의 奏請을 받고 靑陽樓에 행차할 때 경덕왕은 이미 月明師같은
인물의 '향가'를 기대했다고 할 수 있다. 애초에 梵唄로써 재앙을 물리치
려 했다면 청양루에 몸소 행차하여 승려가 지나가기를 기다릴 필요가
없었을 것이다. 『金光明經』의 讀經이나 梵唄에 능한 大寺刹의 高僧을 궁
내로 招致하면 그만이었을 것이기 때문이다.[26] 앞서 언급했듯이 753년에
경덕왕은 실제로 祈雨를 위해 密僧인 大賢을 內殿에 불러 『金光經』을
講하게 했던 적이 있다. 따라서 청양루에 행차한 왕이나 이를 주청한 日
官은 애초에 정통불교의 경전이나 범패보다는 주술적 향가에 능한 승려
를 염두에 두었다고 보는 것이 순리이다.

경덕왕은 즉위한 후 재임 中期까지는 정통불교에 매우 심취해 있었
다.[27] 그러던 경덕왕이 자신의 권력이 약화되던 재임 末期, 즉 760년대

---

26) 『金光明經』 卷二 四天王品 六, p.371(『한글대장경』 71, 경집부, 동국대 역경
    원, 1967 참조)에 의하면 이 경전을 무시할 경우 괴상한 살별이 나타나고 두
    개의 해가 한꺼번에 뜨기도 하며, 이 경전을 지니고 읽고 외우면 이러한 재
    앙이 없어진다고 한다.

27) 그는 불국사를 창건하기 시작(751년)했고, 菩薩戒를 받기(752년)도 했으며,
    약 50萬 斤이 되는 黃龍寺의 鍾과 31萬 斤이 되는 芬皇寺의 銅像을 주조(754
    년)하게 했다. 또 密僧인 法海를 黃龍寺로 초치하여 『華嚴經』을 듣기(754년)

에는 정통불교계와의 관계가 소원해진 것 같다. 대사찰의 高僧·大德에 의존하지 않고 정통 佛僧이라고 할 수도 없는 일개 낭도승인 月明師(760년), 忠談師(765년)를 몸소 찾았기 때문이다.

이러한 현상은 무엇을 의미하는가. 그것은 「兜率歌」의 생성원인인 '二日竝現'과 더불어 생각해야 올바르게 규명될 것이다. '二日竝現'의 상징성에 대해서는 기왕에 많은 논란이 있었으나, 역사학계의 견해가 대체로 수긍할 만 하다. 즉『三國史記』등에 비추어 볼 때, 景德王代는 귀족세력의 모반 등으로 인해 정치적으로 專制王權의 몰락기였다는 것이다. 따라서 '二日竝現'은 親王黨派와 反王黨派간의 대립으로 보아야 한다는 것이다.[28] 이와같은 정황을 염두에 둘 때, 왕권에 대한 도전세력의 저변도 짐작해 볼 수 있으니, 경덕왕이 대사찰의 高僧들에게 의존하지 않은 까닭도 같은 맥락에서 생각할 수 있다. 즉 이들의 정치적 입장이 경덕왕에 대해 비판적이었거나, 적어도 도전세력을 의식해서 거리를 유지하려 했던 것[29]으로 풀이된다. 하루아침에 벼슬을 버리고 深山에 들어가 경덕왕의 소환에도 불응한 채, 오히려 음악에 심취한 왕을 비판한 李純, 그리고 天帝에게 得男을 요구하라는 경덕왕의 명령에 그렇게 되면 나라가 위태로울 것이라고 抗辯한 表訓[30]에게서 경덕왕과 정통승려간의 관계의 일단을 엿볼 수 있다.

경덕왕은 왕권 도전인 '二日竝現'의 禳災를 해결하기 위해 舊來의 초

도 했다.

28) 李基白,「新羅惠恭王代의 政治的 變革」,『社會科學』二輯, 1958.

29) 신라 敎宗의 대표적 종파라고 할 수 있는 華嚴宗조차 專制王權과 疎遠하기도 했고(李基白,『新羅思想寺硏究』, p.262), 禪宗의 경우 이러한 현상이 특히 두드러져 興德王 이후 歷代王들은 禪門의 有力者들을 거의 國師나 王師로 대접하려 했으나 이들은 대부분 신라 왕실에 비협조적이거나 소극적이었다.(崔柄憲,「新羅下代 禪宗九山派의 成立」,『韓國史硏究』7, 1972, p.105와「禪宗九山의 成立과 下代佛敎」,『韓國史 3』, p.579의 내용 요약)

30)『三國遺事』卷二 景德王 忠談師 表訓大德.

현실적 呪術을 동원하려 했다. 이에 적합한 인물로 선택된 자가 이미 呪力으로 유명했던 月明師였다. 그는 승려이기는 했지만 화랑의 무리에 속해 있어서 정통불교적 주술보다 舊來의 呪力觀을 신봉했던 것 같다. '不閑聲梵 只解鄕歌'라는 月明師의 진술이 이를 입증한다. 경덕왕이 聲梵을 직접적으로 요구하지 않았음에도 불구하고 月明師가 먼저 聲梵을 언급한 것은 그것이 불교적 주술의 보편적 방법이었음을 시사한다. 그렇다면 이에 對替的 개념으로 설정된 향가는 자연히 전통적 주술을 의미하는 것으로 보아야 한다. 尹榮玉도 이미 月明師를 가리켜 순수한 佛僧과는 다른 재래신앙에 경도된 巫的 神僧31)이라고 했는데, 이 지적은 종래의 불교적 傾斜를 극복한 입론이었다. 월명사가 향가에만 능하다고 했을 때 경덕왕이 흔쾌히 승낙한 것도 처음부터 사건의 해결을 위해 梵唄 아닌 향가를 기대했기 때문이었다고 생각된다.

이러한 가운데 논의를 다지기 위해 위의 설화를 주의깊게 살펴보면 경덕왕과 월명사가 만난 직접적 계기가 日官의 奏請에 있음을 발견하게 된다. 그렇다면 日官은 이런 만남을 어째서 도모했는가.

日官은 고대사회에서 王의 측근으로 있으면서 日月星辰의 運數를 말해주는 토착신앙적 직책이었다. 그리하여 그 성격상 불교와는 자연히 대치되는 것이며 흔히 불교를 배척하는 데 선봉적 역할을 했다.32) 그러니 日官이 승려를 추천했다는 것은 일견 의구심을 갖게 한다.

물론 日官의 입장에서야 '二日竝現'을 물리치기 위해 당연히 순수한 토속신앙적 주술만을 고집하려 했을 것이다. 그러나 시대의 이데올로기는 이미 불교로 넘어가 있었다. 따라서 日官은 시대적 대세인 불교를 감안하면서도 자신의 종교관을 반영시킬 수 있는 타협적 방법을 모색했던 것 같다. 즉 승려이면서도 토착신앙을 수용한 郞徒僧인 月明師같은 인물

---

31) 尹榮玉, 「新羅歌謠의 硏究」, 영남대 박사학위논문, 1979, p.62.
32) 신종원, 「신라불교의 전래와 그 수용에 대한 재검토」, 고대 사학과 석사학위 논문, 1976, p.44.

을 염두에 둔 셈이다. 경덕왕이 정치적인 이유 때문이라면 日官은 종교
적인 이유에서 정통승려 대신에 월명사같은 토착신앙에 밀착된 승려를
필요로 한 것이라고 할 수 있다.

앞서 언급한 바와 같이 月明師는 '不閑聲梵 只解鄕歌'라고 했다. 佛敎
의 모든 儀式文은 모두 漢文으로 되었고, 그 漢文歌詞는 전부 梵唄로 唱
해진다. 梵唄란 淸淨 또는 인도의 歌唄라는 뜻으로 聲唄, 讚, 經唄라고도
칭한다. 범패란 한문가사로 된 것을 唱함으로써, 배우기 어렵고 범패를
한다고 해도 그 뜻을 이해하는 이가 많지 않다.33)

月明師의 진술과 위와같은 梵唄의 속성을 연관지어 볼 때 다음과 같
은 점들을 유추해 볼 수 있겠다.

첫째, 月明師는 해외유학을 하지 않은 소위 국내파 승려였다. 異國語
로 되어 있어서 배우기도 어렵고 이해하기도 어려운 梵唄는 해외유학을
통해 익숙할 수 있었던 것이 당시 실정이다. 慈藏의 경우에도 국내에 있
는 동안 승려가 된 지 10년이 지났으나 범패를 전혀 배우지 못했다. 4句
로 된 간단한 글귀도 해석하지 못할 정도였다.34) 이를 통해 신라불교계
에는 상당한 기간동안 범패는 물론이고 梵語조차 제대로 교육되지 않았
음을 알 수 있다. 여기서 月明師는 국내파 승려였다는 점이 확실시되며,
이를 '國仙之徒'라는 신분과 연관지어 볼 때 그가 토착신앙에 밀착되었을
것으로 추정된다.

둘째, 주술적 향가는 범패와 대립적 관계였을 것이다. "단지 향가만
알 뿐 聲梵은 익숙하지 않다"고 한 것은 '二日竝現'의 사건을 전제로 한
진술이다. 이 말을 일단 광의로 해석하면 향가나 범패 모두가 이 사건을
해결할 呪力이 있다는 뜻이다. 그런데 월명사는 범패를 할 능력은 없다
고 했다. 정통불교의 입장에서야 禳災時 招致될 승려라면 범패에 능해야

---

33) 본문 가운데 梵唄에 대한 개론적 설명은 黃晟起, 「韓國佛敎梵唄의 硏究」
(『韓國佛敎學』 二輯, 1976)에서 요약.
34) 『三國遺事』 卷三 臺山五萬眞身.

하고, 이로써 제거해야 함이 원칙이다.

그럼에도 불구하고 월명사는 범패에 대한 자신의 無知를 언급하면서 조금도 부끄러워 하지 않았다는 데 주목할 필요가 있다. 오히려 그러한 능력이야 향가로도 가능하다는 것이 月明師의 所信이었던 것 같다. 단순히 범패에 無知한 것만이 아니라, 향가에 대한 깊은 애정에 반비례하여 그것을 疏遠하게 여겼던 것으로 볼 수 있다. 이렇게 월명사는 향가와 범패를 분명히 二元化 시킴으로써, 兩者를 경쟁적·대립적 관계로 파악하고 있다.

그런데 이러한 인식태도를 月明師 개인의 특이한 가치관으로 국한시켜서는 안될 것이다. 작품을 창출하기 위한 장르선택은 일차적으로 작가의 세계관을 반영하는 것이지만, 결국은 그 장르의 담당층이 공유하는 의식의 구심력 작용을 받기 때문이다. 따라서 주술적 향가와 범패를 대립적 관계로 인식했던 것은 토속적 주술을 신봉하는 낭도승이 해외유학을 한 정통불승(밀교 포함)을 경쟁적인 상대로 간주한 데 기인했던 것으로 여겨진다.

셋째, 이 聲梵이란 구체적으로 陀羅尼였을 것이다.[35] 범패는 행해지는 목적에 따라 그 종류가 다양하다. 이중에서 월명사가 언급한 범패란 주술적인 것에 국한된다. 불교의 주술은 절대적으로 密敎의 영역이다. 밀교의 주술은 밀교 경전의 諷誦이나 다라니의 암송을 통해 실현된다. 이중에서 月明師는 어느 것을 염두에 두고 범패를 언급했을까.

월명사는 범패를 향가와 대립적·경쟁적 관계로 인식했다고 보았다. 그의 이러한 태도는 일차적으로 기능성에 기준을 두고 있다. 그리고 본질적으로는 장르적 변별이 전제되고 있다. 따라서 월명사가 언급한 범패란 주술적 향가와 기능적·장르적으로 대립되는 것이어야 한다. 이러한 조건에 비추어 볼 때, 밀교경전의 諷誦은 적합하다고 할 수 없으며 다라

---

35) 범패에 다라니가 포함됨은 물론이다.(黃晟起, 앞의 논문에서 범패의식에 쓰이는 다라니가 소개되어 있다.)

니라야 향가와 극명히 對比되는 것이다.

지금까지의 작업을 통해 月明師가 언급한 범패란 결국 밀교적인 다라니였음을 추론케 되었다. 또한 주술적 향가는 밀교의 영향권내에 있었던 것이 아니라 상호간에 경쟁적·대립적 관계를 유지했음을 찾아볼 수 있었다.

다음으로「安民歌」를 살펴보기로 한다. 물론「安民歌」는 전형적 呪歌는 아니다. 그러나 이 노래를 창작하게 된 발상이 주술적 관념과 유관하므로 함께 다루어 볼 수 있다. 呪歌의 속성은 '현실적인 목적을 초현실적으로 해결'하려는 데 있다. 그렇다면 '治世安民'이라는 지극히 현실적인 목적을 한낱 승려의 노래를 통한 초현실적 방법으로 성취하려고 했던 점에서「安民歌」는 기능상 주술성을 떨쳐 버릴 수 없다. 忠談師는 자발적 상상력에 의해「安民歌」를 지은 것이 아니다. 歌名마저 미리 정해 둔 경덕왕의 요구에 따라 '歌呈之'했던 것이다. 경덕왕은 治世安民의 필요성을 깊이 인식했으면서도 이를 행정적 조치로 해결하려 하지 않았다는 데 주목할 필요가 있다.

충담사는「安民歌」의 창작으로 인해『三國遺事』卷二 景德王 忠談師 表訓大德條에 등장한다.

　　왕이 나라를 다스린 지 24년 五岳과 三山의 神들이 때때로 궁전의 정원에 나타나 (왕을) 모셨다. 3월 3일 왕이 歸正門의 樓에 올라 左右의 신하에게 일러 말했다. "누가 능히 길에서 榮服僧 한 사람을 데려올 수 있겠는가?" 이때 마침 威儀있고 깨끗한 大德이 배회하며 가고 있었다. 左右의 신하가 보고서 그를 데려오니, 왕은 "내가 말한 榮僧이 아니다." 하고 그를 돌려보냈다. 다시 승려 한 사람이 衲衣를 입고 櫻筒을 지고 남쪽에서 오고 있었다. 왕이 보고 기뻐하며 樓위로 맞이했다. 통속을 보니 茶具가 많았다. 왕이 묻기를 "그대는 누구인가?" 하니 중이 대답하기를 "忠談입니다." 했다. 왕이 묻기를 "어디서 오는 길인가?" 하니 중이 대답하기를 "저는 항상 3월 3일과 9월 9일에 차를 달여서 三化嶺의 彌勒世尊께 드립니다. 지금도 드리고 돌아 오는 길입니다."고 했다.

왕이 "나에게도 차 한 잔을 나누어 줄 수 있겠는가?" 하니 중이 이에
차를 달여 드렸는데, 차의 맛이 이상하고 찻간 속에 이상한 향기가 진
하게 풍겼다. 왕이 묻기를 "내가 일찍이 들으니 스님의 耆婆郎을 찬양한
詞腦歌가 그 뜻이 심히 높다고 하던데 과연 그러한가?" 하니 "그렇습니
다."고 대답했다. 왕이 말하되 "그렇다면 나를 위하여 「安民歌」를 지어
라." 하니 중이 이내 왕의 명을 받들어 노래하여 바쳤다. 왕이 그것을
아름답게 여겨서 王師로 봉하니 중이 두 번 절하고 굳이 사양하였다.

원문에 의하면 「安民歌」를 짓던 해는 여러 차례 귀신의 출현이 있었
다고 한다. 이것은 이미 통설화되어 있듯 국운의 흉조이다. 앞서 언급한
바와 같이 경덕왕 때는 이미 권력의 위기가 표면화되어 있었다. 一然이
「安民歌」의 배경설화를 서술하면서 바로 그 위에 귀신의 출현을 언급한
것도 이 노래가 필요한 위기상황을 시사하고 연계성을 확보하기 위함이
었다.

이에 景德王은 歸正門에 나아가 榮服僧을 찾았다. 나름대로 국가적 위
기를 극복하려는 적극적 의지였던 셈이다. 「安民歌」가 필요했던 상황은
우연한 또는 단일의 사건 때문이 아니라 누적·심화되는 구조적 문제에
기인했다. 「安民歌」라는 歌名도 경덕왕 자신이 미리 정해 두고 충담사에
게 가사를 요구했다. 경덕왕이 벌써부터 安民의 노래를 필요로 했다는
증거이다. 결국 경덕왕은 애초부터 충담사와 같은 승려를 통해 「安民歌」
를 헌납받을 목적으로 歸正門에 행차했다고 볼 수 있다.

이때 한 大德이 '徜徉而行'을 했다. '徜徉'은 그냥 지나가는 것이 아니
라 일종의 '배회'를 의미한다. 따라서 줄거리 전개상 일견 매우 어색한
표현으로 여겨진다. 그러나 '徜徉'은 결코 군더더기 묘사가 아니다. 이
것은 의도적인 행위를 의미한다. 즉 大德이 歸正門 주변에서 徜徉했다는
것은 계획적인 서성거림이라고 할 수 있다. 경덕왕이 「安民歌」를 얻기
위해 歸正門에 행차하여 榮服僧을 찾을 것이라는 사실을 사전에 알고
있었다는 의미이다.

그렇다면 이러한 정보는 어떻게 얻었을까. 한 나라의 국왕이 어디에 어떤 목적으로 행차하는가는 중요한 기밀이다. 따라서 왕의 측근들만이 알 수 있는 것이다. 이들을 원문에서는 '左右'의 신하라고 칭하고 있다. 그렇다면 이들이 왕의 행차 계획과 의도를 미리 大德에게 알려주었다고 할 수 있다. 그리고 大德으로 하여금 歸正門 주변을 서성거리며 지나가 도록 했던 것으로 보인다. 이러한 사전 준비 뒤에 왕의 명령을 기다려 눈에 쉽게 띄는 그를 데려왔던 (左右望而引見之) 것이다.

그러나 경덕왕은 그를 자신이 찾던 승려가 아니라고 하면서 一言之下 에 물리친다. 左右의 신하라면 重臣인데 이들이 선택한 승려를, 그것도 소위 大德을 배척한 것은 충격적이다. 반추해 보건대 「兜率歌」의 설화에 서는 日官이 주청한대로 하여 경덕왕이 월명사를 맞이하는 과정이 순조 로웠다. 日官이 제시한 세계관이 왕에 의해 현실성을 획득했다는 의미이 다. 日官이나 重臣은 직무상 차이는 있지만 모두 왕을 보좌하는 것이 본 분이다. 그러나 경덕왕 때의 정치적 상황을 점검해 보면 중신들은 왕의 보좌 세력이 아니라 위협의 대상이었음을 확인케 된다. 이들은 국가의 위기를 왕과는 다른 시각에서 보고 있었고, 통치체제에도 불만을 가졌다 고 할 수 있다.[36] 이들은 현실인식과 이해관계를 경덕왕과 달리 했으니, 安民의 방법에 대해서도 다른 견해를 제시했을 것이다.

그렇다면 경덕왕이 「安民歌」를 얻으러 歸正門에 행차하여 승려를 찾 으려고 했을 때도 자신들의 정치관이 피력되는 기회로 삼으려 했던 것 같다. 이에 '左右의 신하'들은 그 역할에 가장 적합한 승려 한 사람을 미리 歸正門 근처에 대기시켜 놓았고, 그는 경덕왕에게 선택될 때를 기 다리며 '서성거리고(徜徉)' 있었다고 생각된다. 그가 '左右의 신하들'과 현실인식을 같이 했음은 두 말할 나위가 없다.

---

36) 경덕왕의 아들이 즉위하자 곧 上大等 金良相과 時政에 대해 極論한 것이 라든지, 마침내 金良相과 이찬 金敬信 등이 그를 시해한 것이 단적인 예이 다.(『三國史記』 卷九. 新羅本紀 惠恭王)

이 승려를 大德이라고 했다. 月明師나 忠談師 등에게서는 발견할 수 없는 호칭이다. 물론 이 大德이 누구를 가리키는지는 알 수 없다. 그러나 신라불교의 일반성에 비추어 보면, '威儀鮮潔한 大德'이란 상당한 학식과 높은 지위에 있던 승려임에 틀림없다. 左右의 重臣들에 의해서 천거될 정도라면 더욱 그러하다. 따라서 그는 정통불교를 신봉하는 입장이겠고 앞의 자료들에 비추어 볼 때 해외유학을 했을 가능성도 높다.

앞서 언급했듯이 일개의 노래에 의한 安民이란 애당초 초현실적 방법이다. 그러니 呪力에 의존할 수 밖에 없는 것이다. 이렇게 呪力을 사용해야 한다면 이 大德은 밀교적 승려이어야 하지 않을까 한다. 다시말해 그가 密僧일 가능성이 높지만 설사 밀승이 아니라 하더라도 밀교의 영향을 받은 승려일 것이라는 뜻이다. 신라에는 순수한 密敎家가 아니라고 하더라도 大學僧은 모두 밀교를 등한히 하지 않았기 때문이다.[37]

그가 경덕왕에게 선택되었더라면 자연히 重臣들이 의도하는 安民의 방법을 대변한 후 다라니를 암송하지 않았을까 한다. 그러나 경덕왕은 어느 특정한 승려를 정해 둔 것도 아니면서 자신이 찾는 승려가 아니라고 하면서 大德을 물리쳤다. 이들의 謀議를 간파했기 때문이라고 생각된다.

이와 달리 忠談師는 경덕왕이 '보기만 하고도 기뻐하며 스스로 선택'했다. 이것은 결코 한 승려에 대한 無作爲的 선택이라고 할 수 없다. 자신의 立地를 강화할 수 있는 忠의 세계관을 발견했다는 반가움이다. 교리적 지식이나 사회적·불교적 지위로 보아 忠談師는 이 大德과 비교가 될 수 없을 터인데, 경덕왕에게는 그렇게 인식되지 않았다는 데 시대적 심각성이 있다고 생각된다.

忠談師 역시 향가를 지은 여타 승려와 마찬가지로 어떤 인물이었는지 자세히 알 수 없다. 단지 그가 「安民歌」의 창작 이전에 「讚耆婆郎歌」를 지은 적이 있었고, 이로 인해 세상에 이름이 알려졌다는 사실만이 확인

---

37) 鄭泰赫, 앞의 책, p.175.

된다. 찬미의 대상인 耆婆郎 역시 행적을 알 수 없다. 그러나 耆婆郎은 분명 화랑이겠고, 이로 미루어 忠談師를 郎徒僧으로 보는 데 큰 무리는 없다. 忠談師는 평소에 三化嶺의 미륵을 공양한 것으로 되어 있는데, 화랑이 곧 미륵의 화신이라는 당시의 통념을 상기하면 그와 화랑의 유대성이 확실해진다.

앞에서 우리는 낭도승의 종교관 중 토착신앙적 성향이 강할 것으로 추정했다. 특히 呪力觀에 있어서는 토착신앙적일 것으로 보았다. 따라서 그 속성상 密敎僧과는 대립된다고도 했다. 이러한 입론은 결국 忠談師의 경우에서도 다시 제기된 셈이다. 「兜率歌」의 배경설화가 '주술적 향가 對 다라니의 대립구조'에 기초한다면, 「安民歌」의 배경설화는 그것들의 담당층인 '낭도승 對 밀교승의 사회적 위상' 위에 존립한다고 볼 수 있는 것이다.

다음으로 「彗星歌」를 살펴보자. 이 작품의 배경설화는 「兜率歌」나 「安民歌」의 경우보다도 기록이 더욱 간결하여 접근하기에 여러모로 어려움이 많다. 『三國遺事』卷五 融天師 彗星歌 眞平王代條에는 다음과 같은 기록이 전한다.

> 第五의 居烈郎, 第六의 實處郎, 第七의 寶同郎등 세 화랑의 무리가 楓岳에 유람을 가려는데 혜성이 나타나 心大星을 범했다. 낭도들이 그것을 이상히 여겨 여행을 중지하려고 했다. 이때에 天師가 노래를 지어 불렀더니 별의 변괴가 곧 사라졌고, 일본 軍兵이 그들의 나라로 돌아가니 오히려 경사가 되었다. 대왕이 기뻐하며 화랑들을 보내어 楓岳을 유람케 했다.

먼저 이 설화의 핵심 모티브인 혜성 출현에 주목하여, 다른 경우의 실례와 비교해 볼 필요가 있다. 그러나 유사사건을 단순히 열거하는 작업이어서는 별다른 의미가 없겠고, 혜성 출현에 대응했던 방법이 분석되어야 할 것이다.

혜성은 신라시대 몇 차례 출현했던 것으로 전한다. 대략 보아『三國史記』新羅本紀 脫解尼師今 二十年條와 逸聖尼師今 十年條,『三國遺事』卷三 栢栗寺條 정도에서 확인된다. 그 중『三國史記』에는 혜성 출현에 따른 禳災의 방법이 언급되지 않아서, 融天師의「彗星歌」와는 더불어 생각하기 곤란하다. 또한『三國遺事』栢栗寺의 혜성은 萬波息笛으로 퇴치됨으로써 본고에서 관심을 갖는 呪術方法과는 근본적으로 차이가 심하다. 이렇게 혜성 출현의 동일 사건들이 呪言을 사용치 않아「彗星歌」를 이해하는데 별 도움을 못 준다.

그렇다면 이에 대한 대안으로서, 당시에 향가 이외의 어떤 呪言이 존재했는가를 살펴보고 그것이 선택되지 않은 이유를 해명하는 방법을 택해 보자.

앞서 누누이 언급했듯이 신라시대 呪言의 큰 갈래 중 하나는 密教的인 것이다. 천재지변을 密教的 呪術로 해결했던 경우는 景德王 때(753년)의 大賢의 예가 대표적이다. 그 해 여름에 가뭄이 심하게 들자 왕은 그를 內殿으로 불러들여『金光經』을 講하게 하여 祈雨를 했다.[38] 이것은 정통 불교의 입장에서 볼 때 지극히 당연한 대응방식이다.

眞平王 때의 혜성 출현에도 밀교적 주술로 퇴치하려 했다면 密經 講讀이나 陀羅尼 暗誦이 행해졌어야 한다. 주술적 향가를 密教의 영향으로 파악하려는 견해는 근본적으로 여기에 모순이 있다.「彗星歌」에 불교적 이미저리가 형성되어 있고 작가가 승려라고 하더라고 이것은 정통불교와 다른 또 하나의 종교성을 상기시킨다.「兜率歌」가 그러했던 것처럼「彗星歌」역시 天災라는 상황을 두고 밀교에서는 유래를 찾아볼 수 없는 '鄕歌'라는 장르가 사용되었다.

彗星出現이라는 상황에서 왜 陀羅尼가 아닌 鄕歌가 채택되었는가 하는 관심은 兩者擇一의 우연한 결과로 설명되어서는 안된다. 두말할 필요

---

38)『三國遺事』卷四 賢瑜珈 海華嚴.

없이 장르의 선택은 작가가 가지고 있는 세계관의 발로이기 때문이다.

용천사가 어떤 인물이었는지는 기록의 한계로 인해 자세히 알 수 없다. 그러나 그가 세 화랑의 楓岳遊覽이 중지되는 것에 예민하게 반응하여 「彗星歌」를 지었던 것이나, 그 내용에서 세 화랑이 달보다도 위대하다고 칭송했던 점 등은 용천사 자신을 낭도승으로 간주하기에 충분한 근거가 된다.39)

용천사가 낭도승으로서 주술적 향가를 창작했다는 사실은 결국 월명사의 「兜率歌」나 忠談師의 「安民歌」와 같은 범주에서 인식될 수 있다는 단서가 된다. 특히 밀교 쪽에서는 혜성, 즉 살별이 나타날 경우 『金剛明經』을 독경하도록 가르치고 있음(註26 참조)에도 불구하고 이를 무시했다는 점은 용천사의 呪力觀에서 밀교성을 배제시키기에 충분하다. 결국 「彗星歌」라는 주술적 향가는 낭도승에 의한 토착신앙적 주술의 발현으로 이해되어야 하지 않을까 한다.

신라의 향가 가운데서 불교적인 성향이 특히 강한 노래로 「禱千手大悲歌」를 꼽는다. 더욱이 이 노래는 밀교적 주술의 작용으로 주목되어 왔다. 그 근거는 『千手觀音經』에 眼盲者가 得眼하는 방법으로 千手觀音에게 기원하는 대목이 있고, 이것이 「禱千手大悲歌」의 배경설화와 상당히 흡사하다는 데 있다.

그러나 이러한 견해는 지나치게 피상적인 분석의 소산이다. 希明과 그의 아이가 비록 千手大悲에게 得眼을 기원했다고 하더라도 『千手觀音經』에서 제시하는 方法이 사용되지는 않았기 때문이다. 『千手觀音經』에서 교시하는 바와 같이 陀羅尼로 기원해야 영험을 얻을 수 있다는 것이 밀교적 입장인데, 希明이 이 陀羅尼에 無知했음은 물론이겠다. 그러면서도 영험에 대한 의심 없이 향가로써 노래했고, 그 결과 소망을 이루었다. 규정된 다라니를 사용하지 않았고 자기가 부르기 편한 노래로 呪力을

---

39) 낭도승으로서 화랑의 시련을 돕는 실례는 眞慈師나 安常 등에서도 쉽게 확인된다.

얻고자 했다.

그렇다면 이는 더 이상 밀교적 세계가 아니다. 돈독한 佛心을 바탕으로 규정된 陀羅尼 呪法을 암송해야 소원을 들어주는 부처의 이미지를 希明에게서는 찾을 수 없다. 토착화 단계에서 신라적 전통신앙에 흡수되어 버린 한낱 呪術的 神像으로 인식되었을 뿐이다. 그러기에 눈과 손이 천 개씩이나 되니 하나만 달라는 요구를 주술적 향가로 표상할 수 있었던 것으로 보인다.

4. 주술적 향가의 전통성

불교가 오래 전에 수용되고 陀羅尼가 留學僧들을 통해서 신라에 소개된 이후에도 呪力을 필요로 하는 자리에 향가는 자주 동원되었다. 이러한 현상들은 주술적 향가가 밀교와 다른 전통적 사유체계에 맥이 닿아 있음을 시사한다.

月明師「兜率歌」條에는 향가란 '대개 詩頌의 類이다. 그런 까닭에 천지귀신을 감동케 한 것이 한두 번이 아니었다.'고 진술되어 있다. 또 이 대목의 앞에는 '신라인이 향가를 숭상한 지가 오래 되었다.'고 했다. 이렇게 기록상으로는 '羅人尙鄕歌久矣'가 비록 前述되어 있지만 그 의미를 따지면 이 구절은 오히려 뒤에 배치되어야 한다. 향가를 숭상한 지 오래되어 천지귀신을 감동시킨 것이 아니라, 천지귀신을 감동시킨 적이 많아서 오랫동안 숭상되었다는 해석이 타당하기 때문이다. 月明師 훨씬 이전부터 향가는 숭상되었고, 그 가장 큰 이유 중 하나가 귀신마저 감동시키는 呪力에 있었던 것이다. 이러한 사실을 근거로 하여 주술적 향가의 연원은 밀교적 영향 이전의 고대 전통적 주술에까지 소급될 수 있다.

傳統呪言의 기원은 현존하는 작품을 통해서도 어느 정도 추정이 가능하다. 주지하는 바와 같이 「龜旨歌」는 먼저 언급할 수 있는 대표적 작품이다. 또한 고구려의 東明王이 순행 도중에 큰 사슴을 잡아서 거꾸로 매

달고 비를 오도록 했다는 呪言40) 역시 좋은 예이다. 그리고 신라에는 귀
신들을 제어하는 힘을 가진 鼻荊郎을 두고 時人이 지었다는 呪言41)이
있다. 이 작품은『三國遺事』에 전하면서도 향찰표기로 되어 있지 않지만,
내용이나 형식에서 밀교적 呪言은 분명 아니다. 그렇다면 이 또한 傳統
呪言의 맥락에서 다루어질 수 밖에 없다.

   傳統呪言의 초기 형태로 위에서 언급한 작품은 추정컨대 전체의 편린
에 불과하다. 고대사회일수록 呪言의 사용은 더욱 다양하였을 것이기 때
문이다. 오랫동안 면면히 전승되어 오던 傳統呪言은 신라의 경우 향가장
르의 생성과 불교의 수입으로 인해 일단의 전환을 맞은 것으로 보인다.

   주지하는 바와 같이 불교는 국내에 전래되면서 곳곳에서 토속신앙과
마찰을 빚었고 신라의 경우 이러한 양상은 더욱 심했던 것 같다. 그러니
兩者의 실천적 기능인 傳統呪言과 陀羅尼 역시 상호 반목하였을 것이다.
물론 兩者가 후대로 가면서 교섭·융합하였을 것을 짐작할 수는 있다.
그러나 동일한 기능에 상이한 종교관을 가진 경우 초기단계에는 대립·
경쟁했을 가능성이 훨씬 높다. 특히 상고시대부터 지속적으로 전승되어
온 傳統呪言은 다라니의 도전이 충격적이었을 것이다.

   이러한 현상은 토착신앙의 바탕 위에 불교를 수용했던 一群의 승려들
에게 더욱 심각하게 나타난 듯 하다. 이들은 중국 등을 유학한 정통승려
와 불교인식에서 차이가 있었을 것이고 呪力觀에 있어서는 더욱 그러했
을 것이다. 앞서 확인했듯 국내승은 다라니는 물론 梵語조차 해득하지
못했던 것으로 보인다. 이런 점은 토착신앙에 접맥되어 있던 일군의 승
려들이 밀교적 주술에 배타적인 입장을 취하는데 상승작용을 했을 것이다.

   그러나 한편으로 이들은 승려라는 신분상 전통적 주술을 그대로 수용
할 수도 없었을 것이다. 이러한 입장에서 밀교적 주술을 대신하기 위해
고안된 것이 토착신앙에 바탕한 불교와 향가형식의 결합이었다고 생각

---

40)『東國李相國集』卷三 古律詩 東明王篇.
41)『三國遺事』卷一 桃花女 鼻荊郎.

된다. 주술적 향가가 낭도승과 관계가 깊은 것은 여기에 그 까닭이 있지 않을까 한다.

그러나 장르갈래상 주술적 향가는 傳統呪歌와 분명히 구별된다. 형식이나 담당층이 전혀 다르며, 세계관에서도 주술적 향가는 傳統思惟 이외에 불교적 인식체계를 수용했기 때문이다. 詩作原理에 있어서도 불교적 세계관의 영향은 두드러졌다. 傳統呪歌의 구조적 특징, 예컨대 환기·명령·위협 등의 장치42)가 주술적 향가에서는 거의 배제되거나 약화된 것이다. 하지만 드물게나마 傳統呪歌의 구조적 장치를 보존한 주술적 향가도 있으니 월명사의 「兜率歌」가 바로 그것이다. 月明師는 앞서 확인했듯 정통불교의 梵唄에 대해 경쟁의식을 분명히 했고, 전통주술의 영향을 받은 향가에 대해서 깊은 애정을 갖고 있었다. 다른 주술적 향가에서는 이미 배제된 傳統呪歌의 환기·명령구조가 그의 「兜率歌」에서만 활용된 것은 낭도승 중에서도 특히 도드라진 月明師의 위와같은 종교적 성향에 기인했다고 생각된다.

5. 맺음말

주술적 향가는 密敎意識의 작용이라는 측면에서 흔히 다루어졌다. 그러나 이땅에도 삶의 고난은 무수히 있었고 이를 초현실적으로 극복해보려는 呪術 또한 舊來로부터 자생되어 왔던 것이 사실이다. 관련기록 등을 통해 보더라도 밀교적 주술이 국내에 수용되는 과정에서 상당한 거부반응을 불러 일으켰음은 쉽게 목격되었다. 그럼에도 불구하고 주술적 향가를 밀교의 영향으로 간주할 수 있겠는가 하는 의문에서 본고는 출발했다.

논리의 근거로써 주술적 향가 가운데서도 밀교와 더불어 생각할 수

---

42) 柳孝錫, 「反復的 喚起와 民謠의 傳統」(『首善論集』 13輯, 成大 大學院, 1988)에서 이러한 양상을 다루었다.

있는 작품들을 연구대상으로 삼았다. 「兜率歌」·「安民歌」·「彗星歌」·
「禱千手大悲歌」등이 그것이었다. 이 가운데 세 작품이 낭도승의 것이라
는 데 착안하여 그들의 종교적 성향을 추출해 보았다. 그 결과 낭도승들
은 토착신앙에 밀착되어 있었으며, 정통불교 특히 밀교에 배타적이었던
것으로 추단했다. 그리고 이들의 呪力觀은 토착신앙 쪽에 가까이 있었던
것으로 파악했다. 따라서 주술적 향가는 密敎呪言과 경쟁적·대립적 관
계에 있었음이 관련설화를 통해 비로소 설명되었다. 하지만 이들이 토착
신앙적 주술에 맥을 대고 있었다고 하더라도 승려라는 신분상 傳統呪言
을 그대로 답습할 처지는 아니었던 것 같다. 이에 당시의 주도적 장르로
부각되고 있던 향가를 채용했던 것이라 추정된다.

주술적 향가는 토착신앙의 발현은 아니다. 토착신앙과 전래불교가 융
합되어 새롭게 정립된 신라특유의 사상을 기반으로 해서, 呪力이 요구되
는 현장에서 실천적으로 기능한 셈이다. 주술적 향가가 密敎呪言과 숙명
적으로 경쟁했음에도 불구하고, 한편으로 불교적 세계관을 수용했던 것
은 여기에 그 이유가 있지 않을까 한다.

《 參考文獻 》

1. 자료

『開元釋敎錄』
『景德傳燈錄』
『金剛頂經』
『金光明經』
『大唐靑龍寺三朝供奉行狀記』
『大日經』
『東國李相國集』
『三國史記』

『三國遺事』
『蘇悉地經』
『元亨釋書』
『仁王經』
『千手觀音經』
『한글대장경』
『海東高僧傳』
『顯戒論緣起』

2. 논저

金在庚, 「新羅에 있어서의 密敎의 受容과 性格」, 慶北大 大學院 碩士論文, 1976.

高翊晋, 「韓國古代의 佛敎思想」, 佛敎學會 編, 『初期 韓國佛敎敎團史의 硏究』, 1986.

朴泰華, 「韓國佛敎의 密敎經典傳來考」, 『韓國佛敎學』 一輯, 1975.

신종원, 「신라불교의 전래와 그 수용에 대한 재검토」, 고대 사학과 석사학위논문, 1976.

柳孝錫, 「反復的」 喚起와 民謠의 傳統」, 『首善論集』 13輯, 成大 大學院, 1988.

尹榮玉, 「新羅歌謠의 硏究」, 영남대 박사학위논문, 1979.

李基東, 「新羅花郞徒의 起源에 대한 一考察」, 『歷史學報』 69輯.

李基白, 「新羅惠恭王代의 政治的 變革」, 『社會科學』 二輯, 1958.

_____, 『新羅思想史硏究』, 一潮閣, 1986.

鄭泰赫, 『密敎』, 東國大學校 譯經院, 1981.

崔柄憲, 「新羅下代 禪宗九山派의 成立」, 『韓國史硏究』 7.

_____, 「禪宗九山의 成立과 下代佛敎」, 『韓國史 3』.

黃晟起, 「韓國佛敎梵唄의 硏究」, 『韓國佛敎學』 二輯, 1976.

黃浿江, 『新羅佛敎說話硏究』, 一志社, 1975.

水路夫人說話와 首露神話의
背景祭儀 檢討

강 등 학

1. 서 론

널리 알고 있는 바와 같이 수로신화와 수로부인설화에는 龜旨歌와 海
歌라는 동일유형의 노래가 실려 있다. 이러한 연고로 선행연구들도 이
두 노래의 관계에 대해 관심을 보여왔다. 그리고 그 주된 견해는 해가가
구지가를 원용한 것으로 이해하는 것이었다. 그러나 이러한 견해들은 수
로신화와 수로부인설화를 비교하여 얻은 결과는 아니었다. 수로신화나
수로부인설화 가운데 어느 하나를 다루면서, 필요에 따라 언급해 왔을
뿐이다. 그러므로 두 이야기의 설화적 검토, 또는 제의적 검토는 거의
이루어지지 않았다고 할 수 있다.

구지가와 해가를 주사로 파악하는 것은 이미 학계의 정설로 굳어졌다
고 보아야 한다. 따라서 이 두 노래는 제의와 무관할 수 없다. 그렇다면
구지가와 헤기는 딘지 노래만을 따로 떼어 비교할 성질의 것은 아닐 것
이다. 구지가와 해가는 그 내용뿐만 아니라 구연에 따른 행위마저 유사
하다. 주가와 행위가 함께 연계되어 있는 상황은 제의의 일부로 보아야
한다. 따라서 수로신화와 수로부인설화는 그 배경제의에 어떤 관련을 갖

고 있다고 해야 한다. 구지가와 해가의 관계도 이러한 배경제의의 맥락 위에서 이해할 때 비로소 그 본질적 성격이 밝혀지게 될 것이다.

한편 두 이야기의 배경제의에 대한 검토를 통해 서로의 관계가 밝혀지면 각각의 제의적 성격도 보다 분명해지리라 본다. 이렇게 되면 獻花歌와 해가를 이해할 수 있는 기본적인 바탕도 마련될 것으로 본다. 그동안 헌화가에 대한 학계의 관심은 두드러져 관련 논문이 적지 않게 발표되었다.1) 그러나 대부분의 논문들은 배경설화를 전체적으로 다루지 않았다. 헌화가와 관계되는 측면만을 취급하면서 해가의 해당부분은 지나쳐 버리거나 형식적인 언급을 하고 그치는 일이 많았다. 그리고 해가를 다룬 논문들은 반대로 헌화가의 부분을 등한시하였다. 그 결과 이 논문들은 해당 노래의 해석에는 그럴만한 시각을 갖추고 있으면서도 같은 시각으로 다른 하나의 노래를 해석하지 못하는 문제를 안게 되었다. 이러한 문제점은 필자에게도 해당된다. 필자도 헌화가에 관한 논문을 발표한 바 있는데, 역시 해가 관계부분은 다루지 않았다.2)

사정이 이러하기에 수로부인설화를 하나의 문맥으로 검토하면서 헌화가와 해가를 함께 다룬 논문들이 도드라져 보이게 된다. 이러한 논문들은 주로 제의적 시각에서 접근한 작업들이다.3) 그러나 이 논문들은 배경

---

1) 헌화가와 해가에 대한 선행논문들의 정리와 소개는 다음의 논문들로 미룬다.
  金承璨, 「삼국유사 수로부인조의 한 고찰」, 『千峰李能雨博士七旬紀念論叢』, 1991.
  金文泰, 「<헌화가>·<해가>와 제의문맥」, 『고전시가의 이념과 표상』(林下崔珍源博士 停年退任紀念論叢), 1991.
  성기옥, 「<헌화가>와 신라인의 미의식」, 『한국고전시가작품론1』(白影鄭炳昱先生10 週忌追慕論文集), 집문당, 1991.
2) 강등학, 「헌화가의 심층」, 『새국어교육』 제33·34합집, 한국국어교육학회, 1981.
3) 여기현, 「수로부인이야기의 제의적 연구」, 성대대학원 석사학위논문, 1984.
  장정룡, 「신라향가 헌화가의 배경론적 고찰」, 『井山柳穆相博士華甲紀念論叢』, 1988.

제의를 유형적으로 파악하려는 노력이 약하여 아쉬움을 남기고 있다. 그러기에 이 견해들의 논리는 수로부인설화의 배경제의, 또는 신앙적 성격을 해석하는 일에는 도움이 될 수 있지만, 수로부인설화와 수로신화의 제의적 공동성을 이해하는 일에는 적용되기 어렵다. 그것은 두 이야기의 배경제의가 밀접한 상관을 갖고 있다는 점을 고려하지 않았기 때문이다. 그러므로 구지가와 해가의 관계도 후자가 전자를 원용한 것이라는 생각에 그칠 수 밖에 없는 것이다.

이 글은 수로신화와 수로부인설화의 배경제의를 검토하는 것을 목적으로 하고 있다. 그리고 이러한 작업은 이미 언급한 대로 구지가, 해가, 그리고 헌화가 등의 이해를 위한 기본적인 바탕을 마련하기 위해서 설정된 것이다. 그러므로 이 시가들의 작품론적 분석은 다른 기회로 미루기로 한다.

2. 동해안 풍어제와 그 유형

수로부인설화는 강릉 근처의 해안을 무대로 한 이야기이다. 그리고 이 이야기가 어떤 제의를 배경으로 형성된 것이라면 주인공 수로부인은 神格일 수 있다. 그러므로 이 설화의 배경제의는 여신을 대상으로 동해안에서 행한 의례일 가능성이 크다. 또한 제의를 바탕으로 설화가 형성될 정도라면 그 제의는 일회적인 것은 아닐 것이다. 그러므로 수로부인설화의 배경제의는 설화형성 이전에 상당기간 전승되면서 거듭 행해 온 것으로 이해해야 한다. 그리고 이 설화의 배경제의가 이처럼 전승력을 갖춘 것이라면 그것은 오늘의 민간전승 가운데 그 맥락이 발견될 수도 있다. 이러한 점에서 동해안, 특히 영동지역의 풍어제를 검토해 보기로 한

김문태, 앞의 논문.
이창식, 「<수로부인> 설화의 현장론적 연구」, 『동악어문논집』 제25집, 동악어문학회, 1990.

다. 그것은 이 풍어제가 여신을 대상으로 바닷가에서 치루는 의례이기 때문이다.

동해안 풍어제의 기본적 성격은 여신에 대한 성의례이다. 곧, 여신의 성적 결합을 기본적 모티프로 하는 의례인 것이다. 그런데 이러한 모티프는 두 가지 방법으로 실현된다. 그 하나는 남녀서낭을 결합시키는 방법이고, 또 다른 하나는 여신에게 男根, 또는 牛囊 등의 性徵을 바치는 방법이 그것이다. 전자를 神婚型이라 하고, 후자를 性徵奉獻型이라고 부르도록 한다. 이 가운데 먼저 신혼형의 의례부터 살펴보기로 한다. 다음은 1986년 5월 30일에 치루어진 강릉 안목마을의 풍어제에 대한 보고이다.

> 남서낭당과 여서낭당은 남대천을 사이에 두고 격리되어 있다. '진대'는 神格을 가진 神體로 남서낭님을 상징하며 '짐대서낭님', 또는 '진대서낭', '진또배기서낭' 등으로 불리우고 있다. ---
> 여서낭당에서 시작하여 풍악을 울리며 진대서낭을 청하러 간다. 남서낭신인 진대서낭에 도착한 제관들은 제물 일부를 따로 마련하여 진실하고 독축하고 남녀서낭의 상봉을 축수하는 화해굿을 하며 당맞이굿 세존굿 군웅굿 등을 한다. 이때 진대서낭에 남서낭신이 강신한다. 남서낭과 함께 갈 것을 청하여 감응하면 신목을 다시 배에 싣고 여서낭당으로 돌아온다.[4]

남서낭을 모셔다가 여서낭과 결합시키는 것이 안목 서낭제의 중심이 되는 내용이다. 여기서 남녀서낭의 결합은 신의 결혼을 의미한다. 이러한 유형의 풍어제는 이밖에도 강릉시 강문동, 명주군 주문진 등의 사례가 보고되어 있다.[5] 그리고 명주군 사천면의 별신굿의 경우에도 남녀서낭을 동침시키는 화해굿의 제차가 있다.[6]

---

4) 장정룡, 『강릉의 민속문화』, 원주, 대신출판사, 1991, pp.47-8.
5) 김의숙, 「江原道東海岸港浦口鄉土文化調査報告(民俗信仰部門)」, 『강원문화연구』 제 3집, 강원대 강원문화연구소, 1983, p.176, 178.
6) 최길성, 『한국무속의 연구』, 서울, 아세아문화사, 1978, p.308.

성징봉헌형의 제의에서는 남근, 우랑 등을 여신에게 바친다고 하였다. 그런데 이러한 의식을 치루는 곳에는 성징봉헌을 하게 된 사정을 말하는 이야기가 전하고 있다.

옛날 이 마을의 처녀가 바닷가에서 해초를 캐고 있는데 동네 총각이 포구 앞 외딴 바위에 가면 해초가 많다면서 그 바위까지 실어다 주었다. 해질 무렵에 총각이 데리러 가려는데 갑자기 풍랑이 일어서 갈 수가 없었고, 애를 태우던 처녀는 마침내 파도에 휩쓸려 빠져 죽고 말았다. 그때로부터 이 마을에는 고기가 안 잡히고 어부들이 죽는 해난사고가 잦았다. 어느 날 밤 총각 사공의 꿈에 그 자기가 나타나더니 처녀의 원혼을 풀어 달라고 하소연하면서 사라졌다. 총각 사공은 해산의 향나무 가지에 남근을 큼지막하게 깎아 매달고 위로하는 제사를 올렸다. 이 후부터 총각 사공은 신기하게도 고기를 무진장으로 잡아 올렸다. 그러나 다른 사람들은 계속해서 빈손이었다. 마을 사람들은 총각 사공에게서 그 연유를 듣고 너도나도 남근을 깎아 바치고 제사를 올렸다. 그랬더니 마을 사람들 모두 고기를 잘 잡게 되었다. 그래서 마을 사람들은 의논하여 공동으로 남자의 성기를 깎아서 봉헌하는 치성을 드리게 되었다는 것이다.7)

이 이야기는 삼척군 원덕읍 신남리에 전하는 해신의 내력담, 곧 본풀이이다. 성징봉헌을 해 온 사례는 이밖에도 고성군 죽왕면 문암리, 명주군 강동면 안인진리 등의 경우가 보고되어 있으며, 위와 유사한 설화 또한 함께 전하고 있다.8)

성징봉헌형과 신혼형의 제의는 모두 여성으로 형상화된 해신에 대한 성의례라는 점에서 동일한 성격을 갖는다. 남근을 봉헌하든, 또는 남서낭과의 결합을 이루든 그 기본 모티프는 여신이 성적결합을 이루도록

---

7) 장정룡, 앞의 책, pp.59-60.
8) 김선풍, 「동해안의 성황설화와 부락제고」, 『관대논문집』 제6집, 관동대학교, 1978, pp.11 - 2, 23 - 4, 28.

하는 것에 있는 것이다. 이러한 점에서 두 유형의 풍어제는 그 기본적 발상이 동일한 것이라고 할 수 있다.[9] 그럼에도 불구하고 성징봉헌형과 신혼형은 분명히 다른 내용의 제의이다. 전자가 익사한 여성의 원을 달래기 위한 의례라며는 후자는 마을의 중심이 되는 두 주신이 결합하는 축제인 것이다. 그렇다면 이 두 유형의 관계는 무엇인가?

안인에서는 여신에 대한 남근봉헌이 이제는 금기로 되어 있다. 그것은 이 곳의 여신이 金大夫라는 남신과 짝을 이루었기 때문이다. 이러한 사정은 다음의 보고를 통해 이해할 수 있다.

> 海嫏堂에는 현재 海嫏之神과 金大夫之神 두 분의 位牌를 모시고 있는데 이 두 분은 神(魂)끼리 死後結婚한 것이다. 원래 해랑당에는 전설상 해랑신만 봉안되던 곳인데 1930년경 그 동네 구장 金千午씨 부인인 장분남 여인이 갑자기 미쳐 가지고 성황당을 오르내리며 자꾸 지껄이기를 "내가 설악산 김대부에게 시집을 가니 위패를 하나 金大夫之神이라고 써 다오"라고 중얼댔다. 그 집에서는 미친 것으로 알고 무당을 불러 굿도 하고 약도 쓰고 별짓을 다 했으나 낫지 않았다. 낫기는 커녕 오히려 점점 더 하고 음식도 안 먹고 여위어가는지라 동네 노인들이 모두 모여 의논하길 이는 필시 해랑지신이 덮친 것이고 잘못하다간 사람까지 죽일테니 허허실실로 어디 그녀가 원하는 대로 해보자고 결정하고 목수를 시켜 위패를 깎고나니 그 즉시서 장여인은 꿈에서 깨듯 아무렇지도 않았다. 너무도 신기한 일이고 해서 동네에서는 의논을 해서 두 내외분을 당에 모셔 주기로 했다. 그 후부터 동네도 편안하고 海事도 잘 되었다고 한다.[10]

이 일이 있고서 남근을 해랑당에 바치는 일이 없어졌는데 그 이유는 다음과 같다.

---

9) 김의숙도 남녀서낭의 합위의식과 남근봉헌제는 '陰·陽의 結合으로써 생생력과 풍요, 그리고 順理를 유도하려는 類感呪術의 범주 속에서 이루어지고 있는 陰陽相生의 祭儀'라고 하여, 양자가 같은 성격의 제의임을 말하였다. (김의숙,『한국민속제의와 음양오행』, 서울, 집문당, 1993, p.165.)

10) 김선풍, 앞의 논문, p.12.

안인 앞바다에는 매년 전라도, 경상도에서 후리하러 오는 뱃사람이
많았다. 한 번은 울진에 사는 뱃사람이 후리하러 와서 소를 잡고 치성
을 잘 드렸는데, 모르고 전처럼 신 몇 두름을 매달고서 치성을 드렸다.
그 사람은 봉화산에서 내려오자마자 피를 토하고 죽고 말았다. 그 후부
터는 후리꾼이 뚝 끊어졌다고 한다.11)

이러한 이야기에 대해 현지 주민들은 海神이 이미 결혼했기 때문에
벌을 준 것이라고 인식하기도 하고, 또 이와 관계없이 해신이 이미 결혼
을 했기 때문에 남근을 바치면 욕되게 하는 것이기에 없앤 것이라고도
한다.12)

명주군 주문진에도 성징봉헌제를 치루는 곳에 전하는 것과 같은 설화
가 있다. 이곳의 해신 津이는 현감의 사사로운 요구를 거절하고 죽은 마
을의 처녀이다. 이 처녀가 죽은 뒤에 역시 해난사고가 잇달았는데, 뒤에
부임한 현감 鄭佑福이 그 사정을 듣고 진이에게 여서낭의 칭호를 주고
명복을 빌면서 사고와 질병이 없어졌다고 한다.13) 지금 이곳에는 남녀서
낭당이 있는데, 여서낭은 남서낭의 첩이라고 한다. 그리고 두 서낭 사이
에 낳았다는 아이가 남서낭의 옆에 그려져 있다.14)

원을 품고 죽은 여성이 해신으로 모셔지는 경우에는 예외없이 남근봉
헌의 풍습이 있다. 그런데도 주문진에서는 남근봉헌을 하지 않는다.15)
이것은 이곳의 여서낭이 남서낭과 부부의 관계를 맺고 있다는 점과 관
계되는 것으로 보인다. 따라서 주문진의 경우도 안목의 경우와 같이 여
서낭이 남신과 짝을 이루면서 남근봉헌이 중단된 것으로 볼 수 있다.

안인과 주문진의 사례를 통해 우리는 남근의 기능이 남신으로 대치될

---

11) 위와 같음.
12) 강릉대 국문학과, 「제9차 학술조사보고서 (강원도 명주군 일대)」, 『강릉
   어문학』 제6집, 강릉대학교 국문학과, 1989, pp.136-8.
13) 김선풍, 앞의 논문, pp.4-5.
14) 김의숙, 앞의 보고서, p.178.
15) 강릉대 국문학과, 앞의 보고서, p.101.

수 있는 것임을 알았다. 이것은 성징봉헌형이 신혼형으로 전환될 수 있음을 의미한다. 각도를 달리 하면 성징봉헌형이 신혼형보다 선행형태의 성의례라는 것이다. 신혼형의 제의에 성징봉헌형의 잔재가 남아 있는 것도 이를 뒷받침한다. 이를테면 신혼형의 의례에 수소를 제수로 쓰는 거나, 아예 낭신까지 상에 올리는 사례들이 그것이다.16)

성징봉헌형이 신혼형으로의 전환에는 남신의 존재를 전제로 해야 한다. 그리고 남신을 새롭게 수용하게 되면 기존의 여신과의 관계를 어떤식으로든 설정해야 한다. 안인의 경우는 단순히 부부의 관계로 처리하였고, 주문진의 경우는 여서낭을 첩으로 설정하였다. 물론 남녀신격의 관계를 이처럼 미리 따진 연후에 함께 봉안하는 것은 아닐 것이다. 그러나 그 계기가 무엇이든간에 제의의 유형전환은 남녀신격의 관계에 대한 합리적 해석이 민중들 사이에 인식되어야 뿌리를 내릴 수 있다.

신혼형의 사례로 들었던 안목의 여서낭은 渡來女神으로 설정되어 있다. 이러한 점은 여서낭당이 있는 竹島가 浮來島라는 전설을 통해 이해할 수 있다. 다음은 김선풍이 보고한 이 전설의 내용이다.

> 현 安木의 원래 이름은 全州里(젠주리)며 그 來歷은 다음과 같다.
> 옛날 全羅北道 全州에서 이섬이 떠내려 왔기 때문에 全州里라 불렀다. 그렇기 때문에 옛날엔 全州에서 每年 세를 받아 갔다 한다. 그런데 그 동네에 여섯살 먹은 神童이 꾀를 내어 온 산을 칡으로 동여 매놓고 세금을 받으러 온 全州人을 보고 "이 산이 당신네 산이라면 칡으로 동여 매놨으니 가지고 가시구려" 라고 말하니 全州人이 말문이 막혀 그냥 돌아가버렸고, 그뒤로 세금을 받으러 오지 않는다고 한다. 현재도 한 아름 되는 통나무같은 칡이 竹島에 많다.17)

죽도는 여서낭이 좌정해 있는 성지이다. 그런데 이 섬이 다른 지역에

---

16) 김의숙, 앞의 보고서, pp.174-6.
17) 김선풍, 앞의 논문, p.6.

서 떠내려 온 것이라는 말은 안목의 여서낭이 도래여신이라는 것을 뜻
한다. 이러한 점은 강릉시 강문동의 여서낭에 대한 다음의 이야기가 보
다 구체적으로 뒷받침해 준다.

> 강문의 죽도는 큰 물이 났을 때 오죽헌 뒷산이 떠내려온 것이라고 한
> 다. 이 산은 용의 형상을 하고 있는데 철길이 날 때 그 허리가 잘렸다.
> 용의 허리가 잘릴 때 사람들이 많이 다쳤다.
> 죽도가 떠내려 왔을 때 마을 노인의 꿈에 "내 앉은 여기가 내 자리이
> 니, 여기에다 내 집을 지어달라" 는 말을 듣고, 죽도에 가보니 고리짝이
> 죽도의 나뭇가지에 걸려 있었다. 그 고리짝을 열어보니 파랑, 빨강, 노
> 랑색의 헝겊과 글씨가 들어 있었다. 그것을 건져 놓으니 다음날 꿈에
> 나타나 고맙다는 말을 하였다. 이에 흙으로 담을 만들고 서낭을 모셨다.
> 그 뒤로 고기도 잘 잡혔다.[18]

여기에 수로신화의 허황옥이 타고 와서 파선했다고도 하고, 또는 허황
옥이 타고 왔다고도 전하는 섬이 石舟라는 이름으로 主浦에 있음을 고
려하면[19] 안목의 여서낭을 도래여신으로 이해하는 데에는 별 무리가 없다.

풍어제의 신격으로는 여신으로 형상화되는 해신이면 족하다. 그럼에도
안목의 여서낭이 도래신의 성격을 갖는 것은 무엇을 말함인가? 이 점을
이해하기 위해서는 안목 여서낭의 배우자가 골매기 신격이라는 것을 주
목해야 한다. 골매기 신격은 지역의 수호신, 달리 말하면 지역의 터주신
이다. 그러므로 안목의 여서낭이 도래여신의 성격을 갖는 것은 그와 짝
을 이루는 골매기신과 대응시킨 결과라고 할 수 있다. 다시 말하면 골매
기신을 선주적 존재로 보고 그와 짝을 이루는 여신을 도래한 존재로
설정하여 대응시킨 것이다. 이것은 안목의 풍어제가 해신에 대한 기존의

---

18) 서준섭, 「강원도동해안항포구향토문화조사보고(구비문학부문)」, 『강원문
　　　화연구』 제3집, 강원대학교 강원문화연구소, 1983, pp.133-4.(요약)
19) 김택규, 「회고와 전망」, 『신라시대의 언어와 문학』, 서울, 형설출판사,
　　　1974, p.287.

제의를 골매기신을 중심으로 한 제의체계에 편입시킨 형식으로 형성된 것임을 의미한다. 따라서 안목의 여서낭에게 도래신으로서의 성격이 부여된 것은 골매기신을 지역의 주신으로 여기는 인식이 자리잡힌 이후라는 것을 알 수 있다.

강문의 죽도는 용의 형상을 하고 있었다고 했다. 이것은 도래여신이 용신계 여신격임을 의미한다. 해신이 바다의 정령에 대한 인식이라고 하면 도래여신의 본질적 성격은 용신계 신격이라고 할 수 있다. 다시 말하면 본래 용신계 여신격으로 간주된 해신이 골매기신과의 관계를 설정하면서 도래의 성격이 부여된 것으로 보아야 한다는 것이다. 그러므로 안목의 도래여신도 그 기본적인 성격은 용신계 신격이었을 것임을 미루어 볼 수 있다. 도래여신의 이러한 성격은 뒤에 거론할 제주도의 칠성당본풀이 등에도 나타난다. 따라서 강문과 안목 풍어제의 신혼은 지역의 터주신인 골매기신격과 도래여신인 용신계 여신격의 결합이라는 의미를 갖게 된다.

동해안의 성의례는 성징봉헌형과 신혼형의 두 유형이 있다고 했다. 그리고 성징봉헌형은 신혼형으로 전환할 수 있다고 했다. 또한 안목의 경우를 통해 신혼제의 해신은 지역의 수호신과의 관계 설정을 위해 도래신의 성격이 부여되고 있음을 보았다. 동해안 풍어제에 나타나는 이러한 제의적 양상은 수로신화와 수로부인설화의 배경제의에서도 그대로 나타난다. 이 글의 관심사항을 검토하기에 앞서 동해안의 풍어제를 먼저 검토한 것은 이 때문이다.

3. 수로부인설화의 제의적 문맥

널리 이해하고 있는 바와 같이 수로부인의 설화는 전반부의 헌화가 관련 부분과 후반부의 해가 관련 부분의 두 에피소드로 구성되어 있다. 수로부인 설화의 이러한 구성은 강릉태수인 순정공이 강릉에 부임해 가

는 여정에 따라 있었던 일을 기술하는 형식을 취하고 있기 때문이다. 그
러나 이 설화는 그 기술형식과 달리 단지 순정공의 강릉길에 일어난 일
을 적은 것으로 보기에는 어려운 점이 있음은 물론이다. 수로부인이 용
궁에 다녀 온 일 하나만 가지고도 이 설화를 현실문맥대로 이해하기에
는 무리가 있음이 드러난다. 봄, 해안가, 용, 재생, 주사(해가) 등은 제의
에 흔히 등장하는 요소들이다. 그러므로 수로부인설화의 이해에 현실문
맥이 아닌 다른 시각이 필요하다면 먼저 제의적 시각에 의한 접근이 되
어야 할 것이다.

제의적 시각에서 보면 수로부인설화의 전반부와 후반부는 각각 어떤
제의의 祭次에 해당한다. 이 가운데 편의상 후반부를 먼저 검토해보기로
한다. 이 부분의 핵심적 내용은 수로부인의 죽음과 재생으로 집약된다.
용에 의한 납치는 죽음이다. 바다의 신이 데려간 것으로 간주하는 것이
다. 그리고 용이 다시 수로부인을 내놓은 것은 재생이다.

그런데 죽음과 재생을 겪는 동안 수로부인의 위상은 달라진다. 수로부
인은 용궁에 갔다 와서 인간의 요리가 아닌 음식을 맛보았다고 했다. 그
리고 설화는 세상에 있지 않은 이상한 향기가 수로부인의 몸에 배어 있
었다고 설명하고 있다. 이것은 죽기 이전의 수로부인은 강릉태수 순정공
의 부인, 곧 속계의 여성이었지만, 재생 이후의 수로부인은 非俗의 존재
가 되어 버렸음을 의미한다. 다시 말하면 수로부인은 용신계 여신격으로
재생한 것이라는 말이다.

이렇게 본다면 수로부인설화의 후반부는 성징봉헌제의 제의설화와 같
은 성격을 갖게 된다. 성징봉헌제의 여신격은 거의가 바다에 익사한 여성
이다. 바다에 빠진 여성들은 죽음을 통해 속인들의 곁을 떠났지만 그들은
다시 신의 자격으로 환원되어 속계에 모셔진다. 따라서 수로부인설화의
후반부는 속계의 여성이 바다에 익사하여 여신으로 좌정하기까지의 내력
을 말하는 성징봉헌제의 설화와 통하게 된다. 다시 말하면 수로부인설화
의 후반부는 용신계 여신격의 내력담을 모태로 하고 있다는 것이다.

이제 수로부인설화의 전반부를 검토해보기로 한다. 이 부분의 핵심적 내용은 수로부인에 대한 노인의 헌화로 집약된다. 그런데 헌화의 배경공간은 바다와 그 곁에 병풍처럼 둘러 있는 천길의 암벽이다. 잘 알려진 대로 바다는 여성의 이미지를, 그리고 암석은 남성의 이미지를 갖는다. 그러므로 바다와 암벽으로 구성된 공간은 남녀의 생명원리가 표상되는 곳이다. 다시 말해 성적 생생력이 작용되는 곳이다.[20] 동부여의 태자 金蛙와[21] 南平文氏의 시조 多省이 기아의 몸으로 발견된 곳도[22] 못과 큰 바위로 구성된 공간이었다. 바위와 못으로 표상되는 남녀의 이미지가 기아가 발견되는 곳, 즉 비범한 존재가 탄생되는 성소로 형상화된 것이다.

헌화의 배경공간이 가지고 있는 이러한 표징은 봄을 맞이하면서 보다 뚜렷한 의미를 갖게 된다. 봄, 특히 척촉화가 만개하는 季春은 生氣方盛하고 陽氣發泄하는[23] 생생력의 계절이다. 이때 짙푸른 바다를 배경으로 높게 치솟은 천길의 암벽은 척촉화로 붉게 물들여진다. 이에 이 공간의 생명원리적 표상은 절정에 이른다. 성적 생생력이 포화되는 순간이다. 그러므로 척촉화의 붉음은 發情의 표징이며, 생생력이 극대화된 양기가 된다.[24] 노인은 이러한 척촉화를 수로부인에게 꺾어 바쳤다. 이로써 봄의 양기는 수로부인에게 옮겨진다.

수로부인은 용신계 신격이라고 했다. 따라서 노인의 헌화는 동해안의 성징봉헌제와 같은 의미를 갖게 된다. 천길 암벽의 남성상징을 용신계 여신격에 바친 것이다. 그렇다면 수로부인설화의 배경제의는 동해안의 성징봉헌제와 같은 유형의 의식으로 볼 수 있다. 둘다 여신으로 형상화된 해신을 맞이하여 그에게 성적결합을 시키는 의식인 것이다.

그러나 여기에는 아직 한 가지 문제가 남아 있다. 그것은 수로부인설

---

20) 김열규,『한국민속과 문학연구』, 서울, 일조각, 1975, p.225.
21)『三國遺事』東夫餘條.
22)『林下筆記』卷18, 文獻指掌編八(김열규, 앞의 책, p.225에서 재인용)
23)『禮記』卷6, 月令 季春條
24) 강등학, 앞의 논문, p.84

화는 헌화가 먼저 이루어지고 그 뒤 이틀 후에 용에게 잡혀가는 일이
일어난 것으로 되어 있기 때문이다. 그러므로 이 설화의 구조에 따르면
성징봉헌을 한 뒤에 그 대상신격을 맞이하는 결과가 되어 버리는 것이
다. 이것은 이 설화가 제의로부터 유리되어 독자적으로 전승되면서 나타
난 양상으로 보인다.

여기서 우리는 수로부인조의 기록이 설화로서의 완성도가 낮다는 점
에 주목해야 한다. 이 설화는 강릉태수 순정공이 임지로 가는 여정에 있
었던 두 가지 사건을 전하고 있다. 그러나 이 두 사건은 어떤 유기적 관
련을 갖고 있지 못하다. 다시 말하면 노인의 헌화와 수로부인의 피납은
아무런 인과관계가 없다. 다만 이 두사건은 일정에 따라 나란히 제시되
어 있을 뿐이다. 그러기에 이 설화에는 어떤 결말이 제시되어 있지도 않다.

사정이 이와같아서 수로부인설화의 두 에피소드는 어느 하나를 빼내
어도 그 구조상 나타나는 문제는 없다. 이것은 두 에피소드가 각각 독립
성을 갖고 있음을 의미한다. 다시 말하면 노인의 헌화와 용에 의한 피납
의 내용이 각각 독립된 이야기이었다는 것이다. 그것은 각각의 에피소드
가 나름대로의 완결성을 갖고 있다는 것으로 반증된다. 즉, 전반부의 내
용은 암벽 위의 꽃을 갖고 싶어 하는 수로부인의 욕구를 우연히 지나던
노인이 해결해 주었다는 것이다. 그리고 후반부의 내용은 수로부인이 용
에게 잡혀갔는데 마을의 노인이 이를 해결해 주었다는 것이다. 이처럼
각각의 에피소드는 사건이 제시되면, 이어서 그것을 해결하여 서사적 결
말을 짓고 있다. 따라서 수로부인설화는 각각 독립적으로 존재하던 이야
기를 한 곳에 모아 놓은 것이라고 할 수 있다.

수로부인설화의 두 에피소드가 본래 독립적으로 존재한 이야기라면
이들이 한곳에 모이게 된 사정은 무엇인가? 그것은 이것들이 동일한 제
의를 근거로 성립된 설화이기 때문이다. 동일한 제의를 배경으로 독립된
이야기가 형성되어 전하는 일은 강릉단오제의 경우에도 나타난다. 강릉
단오제에는 대관령국사서낭을 모셔와 국사여서낭과 合位를 시키는 제차

가 있다. 그런데 두 남녀서낭에는 다음과 같이 각각 전하여 오는 이야기
가 있다.

옛날에 명주군 학산리의 한 처녀가 석천이라는 우물에 물을 길러 갔
다. 물을 뜨니 바가지 물 속에 해가 떠 있었는데, 처녀는 그 물을 마셨
다. 그로 인해 처녀는 아이를 낳게 되었다. 집에서는 처녀가 낳은 아이
라고 해서 뒷산에 있는 학바위 밑에 갖다 버리게 했다. 다음날 아침 아
이를 버린 곳에 가보니 학과 여러 짐승들이 보호하고 있었다. 그것을
보고 이 아이가 보통 인물이 아니라고 여겨 데려다 키웠다. 7세가 되자
경주에 보내 공부를 시켰더니 국사가 되어 돌아왔으며, 중국에까지 이
름을 떨치게 되었다. 뒤에 임진왜란이 일어났을 때 범일국사가 대관령
에 올라 술법을 쓰니 왜군이 감히 접근하지 못하고 달아났다. 그 뒤 죽
어서 대관령서낭신이 되었다.

옛날 강릉에 정씨가 살고 있었는데, 그 집에 나이 찬 딸이 있었다. 하
루는 꿈에 대관령서낭이 나타나 그 집에 장가오겠노라고 했으나 정씨는
이를 거절했다. 그 뒤 어느날 정씨의 딸이 툇마루에 앉아 있었는데 호랑
이가 와서 업고 달아났다. 가족들이 호랑이가 물어간 것을 알고, 대관령
국사서낭당에 가 보니 딸은 서낭과 함께 서 있는데 벌써 죽어 혼은 없고
몸만 비석처럼 서 있었다. 가족들이 화공을 불러 화상을 그려 세우니 몸
이 비로소 떨어졌다고 한다. 그래서 호랑이가 딸을 데려간 4월 15일에 대
관령국사서낭을 모셔다 여서낭사에서 함께 제사하게 되었다.[25]

전자는 梵日國師가 대관령국사서낭으로 좌정하게 된 내력에 관한 이
야기이며, 후자는 대관령서낭과 여서낭을 합위시키게 된 경위를 설명하
는 이야기이다. 신의 내력은 신맞이의 의식에서 구송되는 일이 많다. 그
리고 남녀서낭의 합위는 강릉단오제의 중요한 제차로서 지금도 행해지
고 있다. 그러므로 위의 두 설화는 강릉단오제의 신맞이와 남녀서낭 합
위의 제의적 모티프에 바탕을 두고 있다고 할 수 있다. 그런데도 대관령

---

25) 임동권, 『한국민속학논고』, 서울, 집문당, 1975, pp.216-7.(요약)

국사서낭 내력담과 남녀서낭합위의 내력담은 각각 독립된 이야기로 전
승되고 있다. 그럼에도 불구하고 이들이 함께 거론되는 것은 강릉단오제
를 근거로 하여 전승되어 온 설화이기 때문이다.

우리는 이미 수로부인설화의 배경제의가 신맞이와 성적결합의 두 모
티프로 구성된 것임을 말했다. 그리고 수로부인의 피납과 노인 헌화의
에피소드는 이러한 모티프를 단위로 하여 성립된 이야기이다. 여기에 강
릉단오제의 위와같은 사례를 참고하면 수로부인설화의 두 에피소드는
같은 제의의 서로 다른 제차를 배경으로 형성된 두 개의 이야기라고 할
수 있다.

그리고 이 이야기들이 제의적 모티프와 다른 순차로 자리잡은 것은
배경제의의 핵심이 성정봉헌, 곧 신의 성적 결합에 있기 때문에 그것을
먼저 처리하고, 이어서 그 배경이 되는 내력담에 해당되는 이야기를 덧
붙인 것으로 보인다. 신의 내력담은 신맞이의 의식에서 구연되기도 하지
만, 강릉단오제의 경우처럼 이야기로만 전하기도 한다. 동해안 성정봉헌
제의 배경설화들도 실제 제의로서 구연되는 것은 아니다.

이렇게 핵심이 되는 일을 먼저 말하고 뒤에 이를 이해할 수 있는 배
경을 덧붙이는 방법은 삼국유사에 흔히 보이는 기술양식 가운데 하나이
다. 이를테면 月明師 兜率歌條는 二日竝現에 대한 내용을 먼저 기술하고
이어서 祭亡妹歌와 月明里에 대한 기사를 제시하였다.26) 이 기사에서 제
망매가와 월명리에 관한 내용은 이일병현을 해결한 월명사에 대한 이해
를 돕기 위해 덧붙인 것이다. 같은 기술양식이 수로부인설화의 후반부에
서도 나타난다. 이 부분의 이야기 말미에 과거에도 심산대택을 지날 때
마다 누차 이러한 일이 있었음을 전하고 있는데, 이것은 수로부인의 피
납에 대한 이해를 돕기 위해 제시된 내용이다.

이렇게 볼 때 수로부인설화는 해신에 대한 성정봉헌의 의례에 바탕을

---

26) 『三國遺事』 卷5 月明師兜率歌條

두고 형성되었으며, 노인 헌화의 부분은 해신에 대한 성정봉헌을, 수로부인 피납의 부분은 해신의 내력담을 모태로 하여 형성된 이야기라고 정리할 수 있다.

4. 수로신화와 수로부인설화의 제의적 맥락

수로신화는 수로의 탄강과 신혼의 두 부분으로 크게 나뉜다. 이 신화 역시 제의적 시각에서 이해하면 수로 탄강의 부분은 가야의 시조신 수로를 맞이하는 영신의례에 관한 이야기이면서 동시에 수로가 가야의 시조신으로 좌정하기까지의 내력에 관한 이야기가 된다. 그리고 신혼의 부분은 수로가 허왕후를 맞이하여 합혼하기까지의 과정에 관한 이야기이다. 수로신화의 이러한 두 이야기는 앞에서 거론한 강릉단오제와 관련된 두 이야기와 그 성격을 같이 한다. 그러므로 현재의 강릉단오제를 염두에 두면 수로신화의 배경제의도 수로를 맞이하여 허왕후와 합위하는 내용의 의례이었을 것으로 생각한다. 그러므로 수로신화와 수로부인설화의 배경제의는 그 유형이 같지 않다. 전자는 신혼형이고 후자는 성정봉헌형이기 때문이다.

그럼에도 불구하고 수로신화와 수로부인설화는 유사한 부분이 있다. 수로왕의 탄강부분과 수로부인의 재생부분이 그것이다. 이미 언급한 바와 같이 이 두 부분은 각각 가야의 시조신과 용신계 여신의 내력담이면서 이들 신격을 맞이하는 의례에 관한 이야기이다. 그러므로 이 두 부분의 제의적 모티프와 기능은 동일하다. 그리고 이 두 부분의 이야기는 이러한 일반적 사항뿐만 아니라 세밀한 내용에 있어서도 동일한 면을 보인다.

수로왕의 탄생은 九干들이 그 무리들과 함께 구지봉에서 흙을 파면서27) 구지가를 부르는 과정을 거쳐 이루어졌다. 그리고 수로부인의 재생

---

27) ‘掘峯頂撮土’에 대한 학계의 해석은 다양한데, 근래에는 그것이 ‘봉 정상의

은 노인이 바닷가에서 마을사람들로 하여금 막대로 해안을 두드리면서 해가를 부르도록 하는 과정을 거쳐 이루어졌다. 그러므로 이러한 행위를 가야의 시조신과 용신계 여신을 맞이하는 제의적 과정으로 본다면 양자는 동일한 것이라고 할 수 있다.

또한 九干이 각 씨족의 지도자라면, 노인은 마을을 대표하는 의식의 주관자일 수 있다. 따라서 구간은 노인과 대응되며, 구간의 무리들은 마을사람들과 대응된다. 그리고 구지가와 해가는 동일유형의 각편이다. 흙을 파는 행위와 해안을 두드리는 행위는 노래의 구연과 함께 해 나가며, 모두 막대와 같은 기구를 사용하게 된다. 따라서 구지가는 해가와 대응되고, 구지봉의 흙을 파는 행위는 해안을 두드리는 행위와 대응된다.

이러한 사정은 수로왕 탄강과 수로부인 재생의 배경제의는 같은 것임을 말해 준다. 다만 차이가 있는 점은 전자가 남신을 대상으로 산에서 행한 제의인 반면, 후자는 여신을 대상으로 해안에서 행한 제의라는 것일 뿐이다. 그러므로 수로신화와 수로부인설화의 배경제의는 서로 어떤 관련을 맺고 있음이 분명하다. 그렇다면 이 두 이야기의 배경제의는 어떤 관계에 있는가? 이 점을 이해하기 위해 수로왕과 허왕후의 신적 성격을 먼저 검토해보기로 한다.

가락국기는 수로왕의 탄생에 앞서 하늘에서 붉은 줄이 땅에 드리웠다고 기술하고 있다. 하늘로부터 붉은 줄이 땅에 이른 것은 남성적 존재인 하늘과 여성적 존재인 땅의 신성결합을 의미한다. 곧 天地의 이성적 결합에 대한 기술인 것이다. 이같은 상황은 혁거세신화에도 나타난다. 혁거세 역시 전광과 같은 기운이 땅에 이른 이후에 존재했다. 그러므로 수

한줌 흙을 파다'로 해석하며, 그 뜻은 가락국 전 영토에 대한 소유와 지배를 상징하는 것이라는 견해가 제시된 바 있다.(최진원, 「한국신화고석(2) -수로신화-」, 『대동문화연구』 제24집, 성대 대동문화연구원, 1990, p.71.) 그러나 여기서는 해가의 '以杖打岸'과의 대응 관계를 고려하여 흙을 파는 행위로 단순하게 해석하기로 한다.

로와 혁거세는 모두 천지의 이성적 결합에 의한 소생이며, 그러기에 이들은 모두 천신계 신격이라고 할 수 있다.

한편 허왕후는 아유타국의 공주로서 가야에 도래한 것으로 되어 있다. 그러나 수로왕 당시는 불교전래 이전이다. 그러므로 허왕후가 아유타국의 공주라는 것은 불교적 윤색이다. 불교적 윤색 이전의 허왕후의 성격은 용신계 여신격인 것으로 보인다. 이러한 점은 다음의 설화를 비롯한 몇 가지 주변정황으로 보아 파악할 수 있다.

> 金官 虎溪寺의 婆娑石塔은 옛날 이 고을이 金官國으로 되어 있을 때 世祖 首露王의 妃 許皇后 黃玉이 東漢 建武 24년 갑신에 西域 阿踰陀國에서 싣고 온 것이다. 처음에 공주가 양친의 명을 받들어 바다를 건너 장차 동으로 향하려 하다가 波神의 怒함을 만나 견디지 못하고 돌아와 부왕에게 아뢰니 부왕이 이 탑을 싣고 가게 하였다. --- 그러나 그 때 해동에는 아직 절을 세우고 불법을 받드는 일이 없었으니 대개 불교가 전래되지 아니 하였으므로 해서 그 지방 사람들이 믿지 아니하였던 때문이다. --- 제8대 銍知王 2년 임진에 이르러 그 곳에 절을 세우고 또 王后寺를 창설하여 지금까지 복을 빌고 있으며 겸하여 南倭를 진압하고 있으니 --- 28)

허왕후가 석탑을 가져오게 된 동기는 波神의 怒함 때문에 항해를 할 수 없었기 때문이었다. 여기서 파신은 곧 용의 이칭에 다름 아니다. 용은 바다의 신이다. 순조로운 항해는 용의 보호가 있어야 가능하다. 탈해의 도래에도 용이 보호를 했다. 그러므로 왕후사 설화의 허왕후 부분에서 불교적 의미를 가진 요소를 제외시키면 그는 바다 건너 먼 나라의 공주라는 점과 그의 도래가 용과 어떤 관계를 가지고 있다는 것만 남게 된다. 위의 설화에서 불교적 요소를 빼고 남게 되는 것은 이처럼 극히 제한된 요소에 지나지 않지만, 이를 통해 허왕후의 성격은 이해할 수 있

---

28) 『三國遺事』, 卷3 金官城婆娑石塔條(이병도역, 서울, 대양서적, 1975, pp.246-7.)

다. 그것은 허왕후가 도래여신이며, 동시에 용과 유관한 존재라는 것이다.

왕후사는 銍至王이 허황옥의 명복을 빌기 위하여 세운 절이다. 그런데 이 사찰은 수로왕과 허황옥이 처음 만나 합혼한 곳에 세워졌다.29) 이것은 왕후사의 창건 목적이 허황옥의 명복을 빈다는 명분과 달리 허황옥을 대상으로 한 전통적인 신앙을 불교로 수용하려는 데 있었음을 말해준다. 그러기에 이 사찰의 실질적 기능도 허황옥의 신적 성격과 맞물려 형성된 것으로 보인다.

왕후사의 연기설화에 따르면 이 사찰은 기복과 왜의 침략을 막아주는 호국의 기능을 하고 있다. 그러므로 신격으로서의 허왕후는 기복과 호국의 두 기능을 동시에 충족시킬 수 있는 존재이어야 하며, 이러한 문제는 허왕후를 용신계 신격으로 이해할 때 풀릴 수 있다. 용신계 신격은 풍요의 신이며, 또한 용이 호법, 호국의 존재임은 삼국유사의 여타 기록에서 흔히 발견되는 것이기 때문이다.

도래여신이 풍요의 신이거나 용신계 신격의 성격을 갖는 것은 제주도의 삼성신화와 칠성당본풀이에도 나타난다. 먼저 제주도 삼성신화를 살펴본다. 삼신 梁乙那, 高乙那, 夫乙那는 땅에서 솟아난 이후 사냥을 하며 지냈는데 이들이 배우자를 맞이하는 상황은 다음과 같다.

　　하루는 한라산에 올라 바라보니 자줏빛 흙으로 봉한 나무함이 동해쪽으로 떠와서 머물러 떠나지 않았다. 세 사람이 내려가 이를 열어 보니, 그 속에는 새알 모양의 玉函이 있고 자줏빛 옷에 관대를 띤 한 사자가 따라와 있었다. 그 옥함을 여니 푸른 옷을 입은 처녀 세 사람이 있었는데 --- 아름답게 장식하여 같이 앉아 있었다. 또 망아지와 송아지, 五穀의 씨를 가지고 왔는데, 이를 금당의 바닷가에 내려놓았다.

　　세 神人은 즐거워하여 말하기를 "이는 반드시 하늘이 우리 세 사람에게 주신 것이다"고 했다. 使者는 再拜하고 엎드려 말하기를 "나는 東海 碧浪國의 사자입니다. 우리 임금께서 이 세 공주를 낳으시고 --- 서쪽

---

29)『三國遺事』卷2 駕洛國記條

바다의 기상을 바라보시더니, --- 神子 세 사람이 絶岳에 내려와 장차
나라를 열고자 하나 배필이 없으시다 하시고, 신에게 명하여 세 공주를
모셔 가라 하여 왔사오니, 마땅히 혼례를 올려서 大業을 이루소서" 하
고, 사자는 홀연히 구름을 타고 어디론지 사라져 버렸다.[30]

제주도의 세 신인과 인연을 맺은 배우자들은 도래여신들이다. 그런데
이 신화의 여신들은 망아지, 송아지 등과 함께 오곡의 종자를 가져왔다.
이것은 이들이 생산신, 곧 곡신이면서, 또 풍요의 신격임을 의미한다.
다음은 제주도 무속신화인 칠성본풀이의 내용이다.

중의 아이를 가진 딸을 부모가 石函에 담아 동해에 띄우자, 그것은
제주도 해변에 표착한다. 버려진 딸은 석함 속에서 7녀를 낳았는데 모
두 뱀이었고, 자신 또한 뱀으로 변했다. 육지에 오른 뱀 여덟은 해녀의
致祭를 받고 巨富를 시켜준다. 그 뒤 이들은 각기 신으로 받들어지는데,
그 主職能은 米穀을 지켜 거부를 만들어 주는 것이다.[31]

七星神은 도래여신들이다. 그리고 이들은 미곡을 지키고 부자를 만들
어 주는 신이라고 했다. 이 도래여신들 역시 곡신이면서 풍요의 신격인
것이다. 그런데 칠성본풀이의 여신들은 뱀으로 형상화되었다. 현용준은
이것을 龍蛇信仰과 穀神信仰이 연계된 것이라고 했다.[32] 용신계의 신격
이 곡신으로서의 의미도 함께 지니는 일은 드물지 않다. 일반적으로 용
신이 단지 농경을 돕는 기능의 신으로만 형상화되는 것은 아니다. 그러
나 농업의 측면에서는 용신이 水神이라는 점에서 농산과 직접 연계되어
있다. 여기에 여신으로 형상화된 용신계의 신격은 그 생산성으로 인해
수신의 성격과 함께 穀母的 성격을 아울러 부여받게 되는 것이다.
주몽신화의 柳花는 水神 河伯의 딸이다. 그런데 유화는 남하한 주몽에

---

30) 현용준, 『무속신화와 문헌신화』, 서울, 집문당, 1992, pp.184-5.
31) 앞의 책, p.465.(요약)
32) 위와 같음.

게 오곡의 종자를 비둘기를 통해 전해 주었다.33) 이것은 유화가 용신계
신격으로서 곡모적 성격을 갖는 존재임을 말한다. 그런가하면 혁거세신
화의 閼英 또한 鷄龍의 소생으로서 용신계 신격이다. 그리고 유화와 알
영은 모두 천자인 解慕漱와 혁거세의 배우자들이다. 제주도 삼성신화와
칠성당본풀이의 여신격, 여기에 유화와 알영의 성격을 참고하면 허왕후
를 용신계 여신격으로 이해하는 데 별문제가 없을 것으로 본다. 강릉시
강문동의 여서낭도 도래여신이면서 용신계 신격이었다. 허왕후의 신적
성격이 이렇고 보면 수로신화의 신혼은 천신계 남신과 용신계 여신의
이성적 결합이라는 의미를 갖는다. 그리고 주몽신화와 혁거세신화의 신
혼도 역시 같은 의미를 갖는 것은 물론이다.

이제 수로신화와 수로부인설화의 제의적 관계를 검토해보기로 한다.
동해안 신혼형의 제의는 지역의 수호신과 도래여신이 결합하는 의례라
고 했다. 허왕후 역시 도래여신임을 생각하면 두 제의의 여신격에게 부
여된 성격이 같음을 알 수 있다. 다만 두 제의의 남신이 하나는 나라의
시조신이고, 나머지 하나는 지역의 수호신이라는 점이 다를 뿐이다.

그러나 나라의 시조신과 지역의 수호신은 그 기본적 성격이 다른 것
이 아니다. 나라의 시조신도 일정 단위의 지역을 수호하는 신이다. 수로
나 혁거세도 각각 그들의 부족이 연맹의 주도세력으로 등장하기 전에는
부족, 또는 지역의 신에 지나지 않았다. 따라서 나라의 시조신과 지역의
서낭신은 일정한 영역을 수호하는 터주신이라는 점에서 같은 성격을 갖
는다. 그러므로 수로신화의 배경제의는 지역의 터주신과 도래여신의 결
합이라는 점에서 동해안 신혼형 제의와 그 기본적 구조와 성격을 같이
한다.34)

---

33) 李奎報, 『東明王篇』
34) 김승찬도 수로왕은 부족 수호신적, 창건신적 성격을 지니며, 민간신앙의
　　측면에서 보면 골매기신격에 해당한다고 말한 바 있다.(김승찬, 『한국상고문
　　학론』, 서울, 새문사, 1987, p.23.)

그런데 안목의 여서낭이 도래여신의 성격을 갖는 것은 골매기신을 선주적 존재로 보고 그에 대응시킨 결과라고 했다. 그리고 이것은 안목의 풍어제가 해신에 대한 기존의 제의를 골매기신 중심의 제의체계에 편입시킨 형식으로 형성된 것임을 의미한다고 했다. 따라서 수로신화의 배경제의 또한 허왕후를 대상으로 한 제의를 수로왕 중심의 제의체계로 정리한 것이라고 생각할 수 있다.

이러한 생각은 다음의 연구성과들에 의해 뒷받침된다. 인류학 쪽의 연구들은 우리 건국신화에 북방과 남방적 요소가 함께 나타나고 있다고 한다. 즉 天孫下降神話는 내륙아시아의 알타이어족의 분포권에 속하고, 卵生神話는 히말라야와 인도네시아 등으로부터 대만, 김해, 원산, 북해도의 대마해류를 따라 분포되어 있다고 한다. 특히 히말라야와 인도네시아의 난생신화는 龍蛇의 요소가 결부되어 있다고 한다.35) 또한 도래여신과 관계되는 海中의 이상국에 대한 他界觀도 역시 남방문화적 요소로서 남해안과 동해안에 분포되어 있다고 한다.36)

또 역사학 쪽의 연구성과에 따르면 상대의 부족국가들은 대부분 철기문화를 가진 流移民 집단이 북방으로부터 내려와 남방의 토착족과 연맹하였다고 한다. 그리고 이러한 연맹의 구축은 북방의 유이민들이 영도세력이 되면서 스스로를 天神族이라 칭하고 토착족과 결혼하면서 이루어진 것이라고 했다.37)

이러한 견해들을 참고하면 수로는 북방계의 신격이고, 허왕후는 남방계의 신격이라고 할 수 있다. 그리고 이 두 계열의 신격이 북방으로부터 남하한 유이민 집단이 남방의 선주족과 연맹을 이루면서 하나의 체계로 재정리되었다는 생각을 가능하게 한다. 수로신화는 철기문화를 가지고

---

35) 김재붕, 「난생신화의 분포권」, 『문화인류학』 제4집, 한국문화인류학회, 1971.
36) 현용준, 앞의 책, p.473.
37) 김철준, 『한국고대국가발달사』 한국문화사대계Ⅰ, 고려대학교 민족문화연구소, 1971, p.473

김해지방에 내려와 거점을 잡게 된 首露族과 농경과 어로에 종사하던 허왕후족이 연맹을 결성하는 과정이 승화되어 형성된 것이라고 본 김택규의 견해도38) 같은 맥락에서 언급된 것이다. 따라서 수로신화 배경제의의 神婚構造는 허왕후 대상의 제의를 수용하면서 자리잡은 것이라고 할 수 있다.

그런데 수로족이 유이민 집단이고 허왕후가 선주족 집단이라면, 허왕후가 도래여신으로 설정된 사실과 어긋난다. 순리대로 본다면 수로왕이 도래신으로 설정되어야 하는 것이다. 그러나 이것은 문제가 되지 않는다. 수로신화는 수로족이 주도권을 차지한 이후 그들 중심의 체계로 마련된 것으로 보아야 하기 때문이다. 생각이 이에 미치면 우리의 관심은 선주족의 제의, 곧 허왕후 대상의 제의에 모아진다.

수로신화 배경제의의 神婚構造가 선주족과 유이민 집단이 연계되면서 형성된 것이라면 허왕후 대상의 제의는 용신계 여신격에 대한 성정봉헌의 유형이었을 것이다. 이에 대한 근거는 수로부인설화 배경제의의 신맞이 부분과 수로신화 배경제의의 해당부분이 일치한다는 사실이다. 각도를 달리 하여 말하면 용신계 여신격에 대한 성정봉헌제는 허왕후족의 전통적 제의로서 전승되던 것인데, 수로왕족이 남하하여 주도권을 잡으면서 새로운 형편에 맞도록 제의가 재편되었다는 것이다. 그리고 이 재편의 과정에서 용신계 여신격을 맞이하던 제의의 내용이 그대로 대상신을 달리 하여 천신계 남신을 맞이하는 데에 활용되었다는 것이다. 신맞이의 노래와 그에 따른 행위가 수로신화에 수용된 것은 이 때문이다. 사정이 이와같다면 수로신화의 배경제의는 선주족인 허왕후족의 제의적 전통을 거의 그대로 수용한 것이라고 할 수 있다.

그렇다고 수로부인설화의 배경제의가 곧 허왕후족의 용신계 여신격을 대상으로 한 제의, 바로 그것이었다고 보기는 어렵다. 그것은 이들의 시

---

38) 김택규, 앞의 논문, p.288.

공적 차이를 무시하기 어렵기 때문이다. 따라서 이 두 제의는 그 유형과 내용이 같은 것으로 이해해야 할 것이다. 그리고 이러한 유형의 제의가 적어도 수로왕 당시에 동해안과 남해안, 곧 이른바 신화의 남방적 요소가 나타나는 지역에 넓게 분포되어 있었다고 보아야 할 것이다. 이것은 오늘날 남근을 깎아 바치는 의례가 동해안의 이곳 저곳에 편재해 있는 상황을 생각하면 이해할 수 있는 일이다.

생각이 이에 이르면 수로부인설화와 수로신화는 모두 동·남해안의 용신계 여신격을 대상으로 한 성징봉헌형의 의례를 배경으로 하고 있다고 할 수 있다. 수로신화의 배경제의는 성징봉헌제를 신혼형으로 재편하여 가야의 시조신과 國母를 대상으로 한 國行祭儀로 정착되었고, 수로부인설화의 배경제의는 그대로 민간에 전승되었다고 하겠다. 그리고 수로신화와 수로부인설화는 이렇게 전승된 제의를 배경으로 형성되어 전해오다가 삼국유사에 정착하게 된 것이라고 하겠다. 구지가와 해가가 동일유형의 노래로서 시공적 차이가 뚜렷한 서로 다른 이야기에 남아 있게 된 것도 이러한 맥락에서 이해되어야 한다.

현재 삼국유사에는 수로부인설화의 연대가 수로신화보다 오히려 늦은 것으로 되어 있다. 그리고 이것은 사실일 수 있다. 그러나 이것은 문제가 되지 않는다. 그것은 설화의 형성과 전승, 또한 문헌정착시기의 문제이기 때문이다. 해가가 구지가보다 산문적 양상을 보이는 것도 그 전승의 경로와 문자에 의한 정착시기가 다르기 때문이라고 해야 할 것이다.

여기서 한 가지 더 거론할 것은 수로신화의 배경제의와 동해안 신혼형의 풍어제의 관계이다. 앞에서 검토한 바와같이 이 두 제의는 그 구조는 물론 남녀신의 성격 또한 동일하다. 그렇다고 해서 수로신화의 배경제의가 민간전승화 하여 그대로 동해안 일대의 신혼형 제의가 형성되었다고 말하기는 쉽지 않다. 같은 구조가 혁거세신화와 주몽신화에도 발견되는 점을 감안하면 이 역시 언제부터인가 유형화되어 동해안에 편재된 것으로 보인다. 다만 그 시기가 문제인데 그것은 성징봉헌제의 유형화보

다는 뒤늦은 것으로 생각하며, 또한 고대국가의 국행제의가 형성된 이후
로 잡아야 할 것으로 보인다. 오늘날 서낭에 대한 당제가 거의 대부분
유교식 제사로 치루어지는데, 이러한 양상은 조선조 성립 이후에 확산된
것으로 보아야 하는 것과 같은 맥락에서 이해해야 하기 때문이다.

5. 결 론

동해안에는 여신(해신)을 대상으로 한 성의례가 전승되고 있다. 이 성
의례는 풍어를 목적으로 행해지는데, 여신에 대한 성적결합의 방법은 남
녀서낭을 결합시키는 신혼형과 남근과 같은 성징을 바치는 성징봉헌형
이 있다. 수로부인설화와 수로신화의 배경제의는 동해안의 이러한 성의
례의 유형과 동일하다. 곧, 수로부인설화의 배경제의는 용신계 여신격에
게 남성의 상징인 석벽 위의 척촉화를 바치는 성징봉헌형의 의례이며,
수로신화의 배경제의는 지역의 터주신과 용신계 여신격인 도래여신이
결합하는 신혼형의 의례이다.

동해안의 신혼형 의례는 성징봉헌형의 의례가 전환된 것이다. 그리고
동해안의 신혼형 의례도 남서낭은 지역의 수호신인 골매기신이며 여서
낭은 용신계 여신격인 도래여신이다. 그러므로 동해안 신혼형 의례와 수
로신화의 배경제의는 그 기본적인 성격이 같다. 이러한 점을 참고하면
수로신화의 배경제의도 성징봉헌형의 의례를 수용하여 재편된 것이라고
할 수 있다.

수로부인설화의 해가 관련 기술은 용신계 여신격을 맞이하는 의례에
관한 것이며, 수로신화의 구지가 관련기술은 천신계 남신격을 맞이하는
의례에 관한 것이다. 이 두 노래의 관련기술은 노래뿐만 아니라 구연에
따른 행위와 그 기능, 의례의 주관과 구성원들에 이르기까지 동일한 양
상을 보인다. 이처럼 이 두 이야기의 배경제의의 영신의례 부분은 그 내
용이 동일하다. 이것은 수로신화의 배경제의 구성이 수로부인설화와 같

은 성징봉헌형의 제의를 바탕으로 구성된 것임을 말해준다.

수로부인설화의 배경제의와 같은 성징봉헌형의 의례는 가야 당시 동·남해안에 편재되어 전승되고 있던 것으로 보이며, 허왕후족의 전통적 제의도 같은 유형이었을 것으로 보인다. 그리고 허왕후족의 이러한 전통적 제의가 수로왕족의 북방계 유이민 집단이 내려와 허왕후족의 집단과 연맹관계를 이루면서 연맹에 따른 새로운 질서가 반영되어 수로신화의 배경제의로 재편된 것으로 보인다.

현재 우리가 접하고 있는 수로신화와 수로부인설화는 각각 이러한 제의를 배경으로 형성된 이야기이다. 두 이야기에 동일한 유형의 노래가 함께 전하고 있는 것도 그 배경제의의 위와같은 맥락에서 비롯된 것이다. 그러므로 이러한 제의적 배경을 제외한 채 단지 구지가와 해가만을 문제삼는다면 두 노래의 본질적 관계는 드러나지 않는다.

또 헌화가와 해가의 이해에도 사정은 다르지 않다. 이 두 노래는 용신계 여신격을 대상으로 한 성징봉헌제의 구성물이다. 해가는 신을 맞이하면서 부르는 노래이며, 헌화가는 성징봉헌을 하면서 부르는 노래이다. 헌화가의 '나를 부끄러이 여기지 않는다면'의 부분도 성징봉헌과 관련되어 있는 것이다. 따라서 이 두 노래에 대한 본질적 성격과 상호관계는 성징봉헌 의례라는 제의적 문맥 위에서 설명되어야 할 것이다.

필자의 헌화가에 대한 선행논문에는 이 글의 내용과 차이가 나는 부분들이 있다. 그것은 필자의 선행논문이 수로부인설화의 배경제의를 전체적으로 고려에 넣지 않았기 때문이다. 따라서 두 논문에 차이가 나는 점은 이 글의 견해를 따르도록 한다. 이미 언급한대로 이 글에서의 작업은 수로신화와 수로부인설화의 배경제의에 대한 관계를 파악하는 것으로 한정한다고 하였다. 그러므로 관련 노래들에 대한 논의는 다른 기회로 미루도록 한다.

《 參考文獻 》

李奎報,『東明王篇』

一 然,『三國遺事』,

『禮記』

강등학,「헌화가의 심층」,『새국어교육』제33·34집, 한국국어교육학회, 1981.

강릉대 국문학과,「제9차 학술조사보고서 (강원도 명주군 일대)」,『강릉어문학』제6집, 강릉대학교 국문학과, 1989.

김문태,「<헌화가>·<해가>와 제의문맥」,『고전시가의 이념과 표상』(林下崔珍源博士停年退任紀念論叢), 1991.

김선풍,「동해안의 성황설화와 부락제고」,『관대논문집』제16집, 관동대학교, 1978.

김승찬,『한국상고문학론』, 서울, 새문사, 1987.

-----,「삼국유사 수로부인조의 한 고찰」,『千峰李能雨博士七旬紀念論叢』, 1991.

김열규,『한국민속과 문학연구』, 서울, 일조각, 1975.

김의숙,「江原道東海岸港口鄕土文化調査報告(民俗信仰部門)」,『강원문화연구』제3집, 강원대학교 강원문화연구소, 1983.

-----,『한국민속제의와 음양오행』, 서울, 집문당, 1993.

김재붕,「난생신화의 분포권」,『문화인류학』제4집, 한국문화인류학회, 1971.

김철준,『한국고대국가발달사』한국문화사대계 I, 고려대학교 민족문화연구소, 1971.

김택규,「회고와 전망」,『신라시대의 언어와 문학』, 서울, 형설출판사, 1974.

서준섭,「江原道東海岸港口鄕土文化調査報告(口碑文學部門)」,『강원문화연구』제3집, 강원대학교 강원문화연구소, 1983.

성기옥,「<헌화가>와 신라인의 미의식」,『한국고전시가작품론1』(白影鄭炳昱先生10週忌追慕論文集), 집문당, 1991.

여기현,「수로부인이야기의 제의적 연구」, 성대대학원 석사학위논문, 1984.

이창식,「<수로부인> 설화의 현장론적 연구」,『동악어문논집』제25집, 동악어문학회, 1990

임동권,『한국민속학논고』, 서울, 집문당, 1975.

(一荷李源祺先生殉國五十周年追慕論叢, 1993)

장정룡, 「신라향가 헌화가의 배경론적 고찰」, 『井山柳穆相博士華甲紀念論叢』, 1988.

-----, 『강릉의 민속문화』, 원주, 대신출판사, 1991.

최길성, 『한국무속의 연구』, 서울, 아세아문화사, 1978.

현용준, 「무속신화와 문헌신화」, 서울, 집문당, 1992.

2부 ── 신라가요 작품의 이해

兜率歌와 新羅初期의 歌樂

허 남 춘

1. 신라 가악과 주변 국가의 가악

兜率歌는 歌樂의 始初라고 하니 그것의 문학적 성격과 아울러 음악적 특성도 고려의 대상으로 삼아야 할 것이다. 그러므로 삼국시대 이래로 이 땅에서 생겨난 가악과 한편으로는 중국에서 유입된 가악을 살펴보아야 할 것이다. 또한 중국과 우리나라에서 영향받은 바 있는 일본의 가악도 고려의 대상으로 삼아야 할 것이다.

우리나라는 일찍부터 중국과 문화적 교류를 하였는데, 음악에서도 그 교류가 활발히 진행되었으니, 그 시대가 수·당 이전으로 거슬러 올라간다. '공무도하가'는 중국 한의 악부에 실려 있으며 <隋書> <唐書>에는 많은 고려의 음악명과 그 연행방식 등이 실려 있다. 한편 중국의 가악도 상당량 우리나라의 삼국에 유입되었을 것인데 그 자세한 기록을 알 수가 없으나, <삼국사기> <고려사>의 樂志와 그밖의 散在한 우리의 典籍을 통해서 그 일단을 살필 수 있으며, 일본의 <古事記>에 실린 음악 관계 기사를 통해서도 그 사정을 어느 정도 엿볼 수 있으리라 생각된다. 특히 <고사기>에는 백제와 신라와의 음악적 교류 기사를 다수 싣고 있는데 악공과 악기의 숫자가 상세하며, 우리의 가악을 추정할 만한 기사도 눈에 띈다.

우리나라는 일찍이 중국의 제도·문물을 받아들여 고대국가의 면모를 새로이 하였으며 관제를 정비하고 禮樂을 정비하였으니 그 일례가 신라의 '兜率歌'라 할 수 있는데 <삼국사기> 유리왕 조를 보면 '歌樂之始也'란 기록이 있는 바, 이에 대한 선학들의 견해를 종합한다면 이 때의 가악은 중국의 궁중악과 우리의 재래악이 한 데 합쳐져 집대성된 시기의 歌舞樂이라 할 수 있다. <삼국사기>에 의하면 유리왕 9년에는 '嘉俳'가 궁중에서 베풀어졌는데 이때 '歌舞百戱'하였다고 전한다. 이 '가무백회'의 전통은 신라를 거쳐 고려에까지 이어지는데 그러므로 '燃燈會' '八關會'와 긴밀한 관계가 있을 것으로 보이며, 그 始原의 오램을 상기시키고 있다.

우리나라는 일본과도 다양한 교류가 이루어져 우리의 음악이 일찍이 일본에 전하여졌는데, 앞선 시기에는 백제가 다음 시기에는 신라가 그 역할을 담당하였다. 일본에 전해진 우리의 음악은 통칭하여 '고려악'이라고 했는데 이 음악 중에 新鳥蘇라고 일컫는 것은 신라의 도솔가와 그 연관성을 맺고 있다. 이 도솔가는 두리노래 등으로 일컬어지는데[1] 일본의 右方樂舞인 新鳥蘇의 鳥蘇가 '도리소'로 읽혀지는 관계로 도솔가의 옛 우리말 음독을 옮긴 것이라 하여 그 상관성이 언급되었고[2] 신조소의 연행방식이 '鄕樂雜詠'의 내용을 더듬어 볼 때 유사하다는 사실이 논의되기도 하였다. 중국의 몇몇 자료 속에는 '東夷' 조에 侏離 朝離 兜離 등의 우리 음악의 제목이 전해지고 있는데[3] 이는 신라의 도솔가의 다른 명칭일 것으로 추정되고 있다. 이런 사실들을 종합해 볼 때 도솔가는 궁중의 가악으로 널리 연행되었으며, 또한 중국이나 일본 등지로도 널리 알려진 음악임을 알 수 있다.

---

1) 여기서 朝離·侏離는 당시의 우리말을 한자로 차용해서 중국인들이 기사화했을 것이라고 한다. (정병욱, 『한국고전시가론』, 신구문화사, 1984, p.68)
2) 李惠求,「兜率歌考」, 『新天地』 8권 1호, 1953.
　　李杜鉉,「新羅古樂再考」, 『新羅伽倻文化』 1輯, 靑丘大, 1966, pp.44-45.
3) 東夷之樂曰朝離 (班固, 『白虎通儀』)
　　東夷之樂曰侏離 (杜佑, 『通典』, 樂考)

唐書 악지에는 南朝 송나라 때 이미 고구려와 백제의 伎樂이 중국에 들어간 것으로 언급되어 있다. 중국에서는 수·당에 걸쳐 고려악이 상당히 숭상되어 조정에서는 악공을 두어 상연시키곤 하였으나 송대에 내려와서는 악공들이 흩어져서 잘 보존되지 않았던 것 같다.[4] 隋書에는 隋의 九部伎 중에 '高麗伎'가 들어 있으며, 고려의 歌曲 가운데는 芝栖舞曲이 들어 있는데 지서무곡의 악기와 악공 배열이 상세함을 살필 수 있다.[5] 그리고 唐書에는 高麗樂에 관한 기사에서 舞人의 복식, 악기가 좀더 상세히 설명되어 있으니, 則天武后 때만 해도 二十五曲이 있었는데 唐末에는 많이 잊혀진 듯하다.[6]

일본의 敎訓抄에는 百濟의 味麻之가 伎樂을 일본에 전했다는 기록이 있는데 이는 부처를 공양하기 위한 歌舞를 뜻한다. 또한 欽明天皇紀에는 백제의 國風俗舞가 연주되었다는 기록이 있으며 天平代에는 백제 고구려 신라의 음악이 唐의 음악과 함께 소개되어 있다.[7] 453년 경 <日本書記>에 의하면 신라왕이 다수 (80인)의 악인과 수종의 악기를 보내어 歌舞를 공연하였음을 볼 때 대규모의 신라 樂舞가 전해졌음을 알 수 있다.[8] 이 신라 가무는 우리 나라의 자생적인 가무이기보다는 중국과의 음악 교류를 통해 성립된 가무악이었을 것이다.

일반적으로 가무 혹은 가악은 歌舞樂의 별칭으로서 서로 통용되는 명칭이라 할 수 있으니, <樂學便考>에서는 이 도솔가를 '歌舞'라고 호칭하고 있다.[9] 사실 우리나라를 비롯한 동양에서는 궁중음악이 歌·舞·奏

---

4) 車柱環 譯, 『高麗史 樂志』, 을유문화사, 1972, p.21.
5) 『隋書』 樂志.
6) 『唐書』 樂志.
7) 『日本古典全書』, 歌舞品目, 上卷, 異域樂名.
8) 藝術史硏究會 編, 『舞樂の受容』, 平凡社, 1981, p.31.
　　春正月乙亥朔戊子 天皇崩 時年若干 於是 新羅王聞天皇旣崩 驚愁之 貢上調船八十艘及種種樂人八十… 或舞歌 遂參會於殯宮也 (『日本書記』, 卷13, 允恭天皇 42年)
9) 新羅儒理王 行仁政來歸者衆 民俗歡康 始製兜率歌 史氏曰 此爲歌舞之始 (『樂

로 구성되어 있는데, <三國史記> 악지를 보면 그 奏樂의 형태를 어느 정도 짐작케 한다. 그 예로 정명왕 9년에 왕이 新村에 행차하여 잔치를 베풀고 악을 연주하는데 대개가 監, 琴尺, 舞尺, 歌尺으로 악인이 편성되어 있으며, 이 奏樂의 형태가 古記에 의한 기록임을 볼 때 이른 시기부터 歌, 舞, 奏(대개가 琴의 반주)가 '樂'의 범주에 들어 있었다. 그런데 통상 악기의 반주를 '奏' 대신에 '樂'의 용어로 써온 결과 類 개념의 악과 種 개념의 악이 혼동된 것도 사실이다. 여기서도 전례를 좇아 가무악이 결합된 개념어로 보고자 한다. 그렇다면 신라의 '始製兜率歌 此歌樂之始也'에서 歌樂은 바로 가무악으로써 종합적 예술형태이며, 이 기록은 '중국의 영향 아래 문물제도를 정비해 가는 一環으로서의 樂制 기록'10)일 것이며 우리 나라 궁중음악(악장)에 대한 첫 기술인 것이다.

여기에서 가악의 시작이라고 하는 도솔가의 내용과 제작 동기를 살펴봄으로써 고대의 음악적 전통을 어느 정도 규명할 수 있으리라 생각한다.

2. 兜率歌의 성격과 제작 동기

삼국시대에는 원시 시가의 뒤를 이어 한편으로는 원시적 색채를 그대로 계승한 장형의 서사시가 집단적 성격을 띤 채 성립해 있었고, 또 한편으로는 개인의 정서를 중심한 단형의 서정시가 성립해 있었던 시대라고 개괄된다.11) 도솔가의 성립 연대가 1세기인 점을 들어 가악이 성립되기에는 이르다고 하면서 국가의 체제가 정비된 내물왕 전후의 시기가 이 노래의 창작 시기였을 것이라고 추정하는 경우도 있으나, 김승찬의 견해를 좇아 3세기 초반 다분히 서정적인 '물계자가'가 지어진 시기를 개인적, 서정적 시가의 출현기로 보고 도솔가가 지어진 1세기는 국가적인

學便考』,卷1, 樂府原始)
10) 정기호, 「고려 악장가사의 연구」,『인문과학』 제13집, 인하대, 1987, p.29.
11) 이명구, 「한국의 고전 詞腦歌 考」,『成均』11호, 성균관대, 1960, p.13.

차원에서의 가악이 성립된 시기로 보고자 한다.12) 즉 '물계자가'가 지어진 신라 奈解王代를 전후하여 시가가 가무악에서 분화되었다면 도솔가는 가무악의 형태일 것이다. 물론 도솔가를 서정시로 보는 견해도 있으나 장르적 구분은 뒤로 미루고 우선 그 가악으로의 특성에 주목하여 그것이 궁중악으로 쓰이면서 어떤 내용을 담았으며 어떤 기능을 담당하였는가 하는 점을 규명하고자 한다.

도솔가는 단순한 가요가 아니라 가무악이 하나로 종합된 公的 規模의 儀式歌舞라는 점을 고려해 볼 때, 원시적인 색채를 어느 정도 극복하고 국가적인 기반 수립에 노력하는 시기의 가악 즉 人倫世敎的 正風 歌樂13)을 준비해 가는 과정의 노래라고 보아도 좋을 것이다. 즉 治者와 被治者 간의 자율적 조화를 목적으로 하여 이 노래가 의도적으로 창제되어 궁중의례에 사용되었을 것이니 그 내용은 우선 임금이 도탄에 빠진 민정을 잘 다스리겠다는 다짐이거나 혹은 임금의 德政과 善治에 대한 감사의 뜻을 표하는 頌祝 讚頌이었을 것이다. 대부분의 연구는 도탄에 빠진 백성들을 임금이 잘 보살펴 민속이 환강해지고 이에 백성들이 임금을 頌祝하는 노래를 부른 것으로 도솔가 사연담의 전 후 문맥을 해석해 왔다.

기실 유리왕 대에는 국가적인 기반 수립에 노력하였는데 그 중 가장 중요한 사업은 禮와 樂의 수립에 있었으니, '예로써 모든 상하의 질서를 확립하며, 한편 악으로써 민심을 醇化하여 어지고 선한 백성을 만드는 일'14) 이 시급하였을 것이다. 그런데 <三國史記> 유리왕조의 '한 노파

---

12) 김승찬, 『한국상고문학론』, 새문사, 1987, pp.60-62 참조.

13) 김승찬, 『위의 책』, p.69. 위의 견해와 같이 국가적인 차원의 악장으로 보는 견해는 이명구 교수의 「도솔가의 역사적 성격」(『성대 논문집』 22집, 1976)과 홍재휴 교수의 「도솔가고」(『한국전통문화연구』 1집, 효성여대, 1985) 등이 있다.

14) 이명구, 「도솔가의 역사적 성격」, 『成均館大學校 論文集』제 22집, 1976, p.27.

가 배고픔과 추위에 쪼들려 죽게 되었다'라는 기록을 주목한다면 도솔
가는, <淮南子> 本經訓에 '和失然後聲調'라느니 '樂者所以救憂也'라 하
였으니 유리의 失政에 의한 民憂를 구하기 위한 수단으로 지어진 것인
지도 모르겠다.15) 그렇다면 도솔가는 예악사상에 기초하여 국가적인 위
기 극복이나 민심의 조화를 목적으로 하여 지어진 가악일 가능성도 있
다. 하지만 이와 아울러 염두에 두어야 할 것은 도솔가 지어진 시기가
신라 초로써 주변 국가의 침략에 촉발되어 자체 내의 지배체제를 결속
하며 부족 연맹국가의 기반을 다지는 시기였으며, 이 때는 調雨力과 지
도력이 있는 연장자가 尼師今으로 요청되었다16)고 하니 유리왕 대의 여
러 의식은 다분히 風雨順調를 비는 제의적 가악을 수반하였으리라 짐작
된다.

  이러한 가정이 설득력이 있다면 도솔가는 民俗歡康하여 이를 송축하
는 가악이기보다는 '民俗歡康을 구하는 祈祝의 제의에서 쓰인 가악'이라
할 수 있다. 조동일 교수도 도솔가의 복합적 성격에 대해 다음과 같이
서술하고 있다.

  도솔가는 나라를 평안하게 하자는 주술 또는 기원을 곁들이면서 국가
  적인 질서를 상징하는 서정시라고 보는 편이 타당할 것 같다. 어쩌면
  조선왕조를 건국하면서 제정한 악장류의 노래와 상통하는 것이되, 아직
  은 무속적인 상징이 남아 있고 인륜도덕을 두드러지게 내세우지 않는
  점에서 차이가 있었을지도 모른다.17)

  즉, 신라 유리왕 대는 원시종합예술 형태의 가무악에서 벗어나 자체적

---

  15) 김승찬, 『위의 책』, p.65. 주 27. 당시에 존재하던 朴氏부족과 昔氏부족의
    갈등이라거나 여러 內憂外患을 상고할 때, 국가적인 기반이 완전히 조성된
    태평기라고는 볼 수 없을 것이다.
  16) 김승찬, 『위의 책』, p.58.
  17) 조동일, 『한국문학통사』 1, 지식산업사, 1982, p.121.

인 노력으로 혹은 중국의 영향 아래에 가악을 정비해 가는 시기였으며 동시에 전통적인 제의의 잔재가 남아 있던 시기이므로 도솔가는 국가적인 질서라거나 人倫世敎的인 면과 주술 또는 기원을 함께 담고 있다고 한다. 이렇게 볼 때 도솔가는 국가적인 위난을 구하고자 하는 이유에서 창제된 '일정한 격식을 갖춘 가악'일텐데, 이 악은 다분히 呪詞的인 성격을 내포하고 있었을 것이다. 조동일 교수도 도솔가가 순수 서정시라고 보기는 어렵다고 언급하고 있다. 아마도 국가적인 질서를 담은 것은 서정시가 아닐 것이다.

유리왕이 즉위하고, 5년 되는 해 11월에 국내를 순시하다가 백성이 기한에 시달리다가 죽게 된 것을 보고 옷과 음식을 내리고, 有司에게 명하여 홀아비, 홀어미, 고아, 늙은이, 병자를 구휼하게 하니 이웃 나라 백성들이 소문을 듣고 오는 자가 많았다. 그리하여 그 해에 民俗이 歡康해졌다고 한다. 우리는 여기에서 왕도정치의 한 전범을 보게 된다. 四窮을 먼저 구한다는 점도 그렇고 仁政을 실행하니 이웃 나라 백성이 소문을 듣고 오는 자가 많았다는 기록이 그것이다. 또한 11월의 施惠가 즉각적인 결과로 이어지는 점도 석연치 않다. 더욱 의문이 가는 점은, 朴氏와 昔氏의 왕위 경쟁뿐만 아니라 부족간이나 부족 내부의 쟁투가 상존해 있었으며, 외침도 수시로 있던 건국 초의 혼란에도 불구하고 백성들이 즐겁고 편안해졌다는 기록이다. 그러므로 유리왕 대의 이 기록은, 나라에 혼란이 야기되었으나 왕의 노력으로 민속환강을 얻게 된 사실에 대한 기록이기보다는 나라를 평안하게 하자는 기원의 내용을 당대의 기록에 짜맞춘 것이라 여겨진다. 그러한 추론의 근거를 헌강왕 대의 역사 기록에서 찾을 수 있으니, 신라가 국가적인 위기에 처하였을 때 왕을 중심으로 위난 극복을 위한 여러가지 노력을 보인 점이 나타나기 때문이다.

신라 헌강왕 대는 내외적으로 무척 혼란한 시기였으며 國亡의 조짐이 여러 방면으로 드러나는 시기였다. 사방에서 반적이 일어나고, 특히 헌강왕 3년에는 신라 敗亡을 예감하게 하는 고려의 太祖王이 송악군에서 태어났다.18) <三國遺事> 處容郎 望海寺 條에는 "地神과 山神은 나라가 장차 망할 줄 알았으므로 춤을 추어 경계케 하였건만 國人은 깨닫지 못하고 도리어 祥瑞가 나타났다고 하여 耽樂을 더욱 심히 한 까닭에 마침내 나라가 亡하게 되었던 것이라 한다"19)고 하여 이 때에 이미 國亡의 조짐이 나타났다고 하니 당대의 혼란은 짐작할 만하다. 그러나 그 서두에는 "서울로부터 海內에 이르기까지 집과 담이 連하고 초가는 하나도 없었으며 풍악과 노래가 길에서 끊이지 않고 風雨는 사철 순조로왔다" (삼국유사)라 했으며 "음양이 고르고 풍우가 순조로와 해마다 풍년이 들고 백성은 먹을 것이 넉넉하며 변경은 평온하고 市井은 안락하니 이는 모두 聖德의 소치입니다"(삼국사기)라고 하여 민속이 환강한 太平盛代로 기록되어 있음을 볼 때, 전후의 사실이 어긋나 있으며 이러한 전후의 불일치에는 특별한 의도가 숨어 있으리라 여겨진다.

헌강왕 대에는 국가의 기강을 어지럽히는 여러 사건들이 일어났으며 이러한 혼란을 극복하려는 노력의 일환으로 동해 용왕, 남산신, 북악신, 지신 등에게 나라의 평온을 비는 제를 올렸으니, 당시의 사정은 민심이 수습되고 생산이 순조로운 태평성대이기보다는 그러한 국가적인 태평성대를 기대하고 그것을 불러들이려는 염원이 강했던 시기였을 것이다. 그러므로 <삼국유사>나 <삼국사기>의 민속이 환강하고 태평성대를 누렸다는 기록은 축원하는 문구를 제의의 거행사실과 함께 적어 넣은 것이라 생각된다.

사방에서 민란이 일어나 후삼국 시대를 예고하는 위기가 벌어진 것이다. 헌강왕은 위기를 극복하기 위해서 각 지방을 순회하면서 동서남북의 수호신굿을 새삼스럽게 거행했다고 생각된다. 그 때를 <삼국유사>의 문

---

18) 『三國史記』, 新羅本紀 第11, 憲康王條 '三年春正月 我高麗太祖大王生於松岳郡'
19) 地神山神知國將亡 故作舞以警之 國人不悟 謂爲現瑞耽樂滋甚 故國終亡

면에서는 번영을 누리고 있는 태평성대라고 묘사한 대목은 축원하는 문구를 표면적으로 인정되는 사실에다 맞춘 것이라고 보는 편이 적당하다.[20]

조동일 교수는 국가적 위난을 극복하기 위해 수호신굿을 거행하여 태평성대를 맞이하려는 노력을 보인 것으로 이 문맥을 해석하고 있다. 또 그는 이러한 수호신굿의 내력은 신라 초기까지 소급될 수 있다고 하며 '왕이 차차웅 노릇을 하던 단계에서는 그런 행사를 직접 담당하는 것을 관례로 삼았다'[21]고 언급하였는데, 그렇다면 南海 次次雄의 바로 다음에 즉위한 유리왕은 수호신굿을 직접 주재하였다고 보아 마땅하다. 김승찬은 유리가 雨師 rain maker적인 呪術力을 더욱 지닌 부족장으로 斯盧부족 연맹장에 즉위하였다고 한다.[22] 이와 같은 여러 사실들을 종합해 볼 때 처용가는 국가적 위기를 극복하고 태평성대를 맞기 위한 제의에서 거행된, 춤과 노래를 동반한 가무이듯이, 兜率歌도 국가의 기반을 수립하는 시기에 야기된 여러 위난을 극복하려는 일환으로 거행된 제의에서 민속환강을 祈祝하는 가악이었을 것이다.[23]

경덕왕 대의 도솔가도 하늘에 해가 둘이 나타나 십일 동안 없어지지 않는 변괴를 퇴치하기 위해, 산화공덕의 의례 과정 중에 월명사에 의해 불려진 노래인 점을 검토한다면, 그 제작 동기가 유리왕 대의 도솔가와 같다는 점을 알 수 있다. 한편 앞에서 거론한 일본의 右方樂舞 '鳥蘇'가 神事舞인 점을 참고한다면 그 원형이라 할 유리왕 대의 도솔가도 제의에서 거행된 歌舞樂이었으리라 짐작된다.[24]

---

20) 조동일, 『한국문학통사』 1, p.207.
21) 조동일, 『위의 책』, p.206.
22) 김승찬, 『위의 책』, p.54.
23) 신라 초기, 국가적인 위난을 해결하기 위해 산천에 제의를 드렸으며 그 결과 풍년이 들었다는 기록이 보인다.(『三國史記』, 新羅本紀 第1, 婆娑王 條) 당대에는 이와 같은 제의가 수시로 거행된 듯하며, 이 제의가 가악을 동반한 시기가 유리왕 대를 즈음한 시기인 듯하다.
24) 이두현 교수는 도솔가를 祭神歌라고 보는 종래의 의견에 덧붙여, "단순한

3. 유리왕 대의 歌舞百戲

유리왕 9년에는 績麻行事로써 嘉俳가 거행되었는데, 왕이 6부를 둘로 나누고 왕녀 두 사람으로 하여금 부내의 여자들을 거느리고 길쌈을 하게 하였다. 이 績麻行事가 끝나는 8월 15일에 진 편은 주식을 장만하여 이긴 편에 사례하였는데 그 날 밤에는 歌舞百戲가 벌어진다고 한다. 두편이 나뉘어 績麻를 경쟁하는 이 놀이는, 兩派祭儀로써의 性的 의미로 보는 심리학적 해석과, 의례가 사회적 통합에 기여한다는 기능주의적 해석, 어떤 대립하는 모순을 매개한다는 구조주의적 해석, 이런 오락이 없다면 사람들이 너무도 지리하리라는 상식적 해석 등25)이 가능할 것이다. 국가적 기반을 다지는 유리왕 대의 시대적 여건을 감안한다면 여섯 부족을 통합하여 부족 연맹체를 공고히 하려는 노력으로 볼 수 있으며, 오락적 기능이나 노동력 收聚의 목적으로 해석할 수 있겠다. 그러나 이에 앞서 염두에 두어야 할 것은 이 績麻, 즉 織造의 행위라는 점이다.

織造의 행위는 실용적인 목적으로 수행되었음은 물론이지만, 한편으로는 제의와도 연관성이 있는 듯하다. <삼국유사> 延烏郎細烏女 條에 연오랑과 세오녀는 바위를 타고 일본으로 건너갔는데 이 둘이 떠난 뒤 신라에는 '日月無光'하게 되었다고 한다. 이에 세오녀가 짠 비단으로 하늘에 제사드렸더니 일월이 예전과 같이 되었다는 기록이다.26) 또한 仙桃聖 母는 天仙들을 부려 비단을 짜고 그것으로 남편의 朝衣를 지으니 나라

가요가 아니라 나아가 神事儀式의 '兜率歌舞'였다고 보는 필자의 의견은 일본의 右方樂舞 '鳥蘇'가 神事舞의 일종임을 밝힐 때 더욱 보강되리라 생각된다"(「新羅古樂再攷」, 『신라가야문화』 1집, 청구대, 1969, p.47)라 했다.

25) 아야베 쓰네오 엮음, 이종원 역, 『문화를 보는 열다섯 이론』, 인간사랑, 1987, p.196.

26) 朕之妃 有所織細綃 以此祭天可矣 仍賜其綃 使人來奏 依其言而祭之 然後日月如舊.

사람들이 성모의 신험함을 알게 되었다고 한다.27) 가락국의 허왕후도 가락 땅에 처음 도착하게 되었을 때 山靈에게 비단바지를 폐백으로 바친다. 織造의 행위는 '신을 섬기는 기본의례'이며 織造를 담당한 여인은 '奉布함으로써 神女가 된다'28)고 한다. 세오녀는 일본에 건너가 王妃가 되었으며 신라의 일월을 회복시킨 神驗을 보여 주며, 선도성모는 신라의 시조인 박혁거세를 낳은 國母이면서 선도산신이 되어 많은 신험을 보여 준다. 허황옥은 왕후로 신이한 渡來 기록을 보여 준다.

이와 같은 신화적 여주인공들은 모두 織造의 기능을 담당하고 있으며, 그 織造物을 신에게 바침으로써 神聖性을 구현하게 된다. 유리왕 대의 績麻行事를 주관하던 '王女 二人'도 部內의 여자들이 정성스럽게 짠 布를 우선 신에게 폐백으로 바치며 제의를 담당했던 것은 아닐까 한다. V.Propp는 '만일 하나는 종교적인 생활로 거슬러 올라가고, 다른 하나는 실생활로 거슬러 올라가는 두 형식에서 동일한 요소를 발견한다면 종교적 형식이 1차적인 것이고 실생활의 형식이 2차적인 것'이라고 한다.29) 그렇다면, 제의적인 목적이 실생활의 필요성과 서로 어긋나지 않을 경우에는 제의적인 목적이 1차적인 것이고, 부내의 여자들을 모아 한 달 동안 함께 직조하는 실생활의 목적이 2차적인 것일 것이다. 이런 소론을 토대로 한다면, 그들의 織造 행위는 신을 섬기는 기본 의례이며, 그 직조물을 바치며 儀禮를 벌이고 歌舞百戲하는 것이 8월 15일의 嘉俳가 아닌가 한다.

유리왕 대에는 '歌樂之始也' '歌舞百戲'의 기록에서 알 수 있듯이, 이미 여러 의식에 歌舞樂이 쓰인 듯하다. 특히 국가적 위난을 구하려는 의

---

27) 『三國遺事』卷第5, 感通第7, 仙桃聖母隨喜佛事 條.
28) 최진원, 「韓國神話考釋」 2, 『大東文化研究』 第 24輯, 대동문화연구원, 1990, p.81.
29) V.Propp, 「환상적인 옛날이야기의 변형」, 츠베탕 토드로프, 김치수 엮, 『러시아 형식주의』, 이화여대출판부, 1981, p.171.(종교적인 형식과 실생활의 형식의 모든 것들을 1, 2차로 해석하면 오류일 것이라는 단서도 제시하고 있다.)

식이나 祭神行事 때에 이 歌舞樂이 쓰였을텐데 '百戲'까지 성행하였다
고 한다. 이 百戲는 후대에 보이는 侏儒戲나 倡優戲 등의 雜戲, 그리고
최치원이 기록한 鄕樂雜詠보다는 원시적인 형태의 것이라 생각된다. 이
歌舞百戲는 上代에서부터 祭天 의식이나 山川 제의에서 거행되었을 것
인데 이러한 전통이 신라 후대에까지 이어지고 외래의 잡희와 결합되면
서 더욱 풍부해졌을 것이다.

고려 태조 왕건은 '훈요십조'를 지어 신라 진흥왕 33년에 시작된 전
통적인 天靈 및 山川祭儀인 八關會와, 불교의식인 燃燈會를 국가적인 행
사로 정하였는데, 이 두 의식에서는 반드시 '歌舞百戲'가 연행되었다. 팔
관회는 天靈과 五嶽, 名山, 大川, 龍神을 섬기는 것으로 上代의 산천제의
의 전통과 맥이 닿는 듯하다. 또 '황룡사 9층탑을 세운 뒤에 팔관회를
베풀고 죄인을 赦하면 외적이 능히 해하지 못하리라'[30]라고 한 것을 보
아도 팔관회는 국가의 安泰를 기원하는 정신에서 베풀어진 것임을 알
수 있다. 그리고 이 팔관회는 泰封시대에도 매년 仲冬(11월) 14, 15일에
거행하였다고 한다.[31] 이를 종합해 볼 때 팔관회는 1)명산 대천에 제사
하여 2)국가의 평안을 기원하는 행사이며 3)11월에 거행하며 4)가무백희
가 연행되었다.

유리왕 대의 도솔가도 나라의 여러 곳을 순행하며 민속환강을 기원하
고 제의를 드리는 神事儀式歌舞이며 11월에 거행된 것이라고 볼 때, 이
러한 전통이 면면히 이어져 내려오며 팔관회와 같은 의식을 낳게 된 것
이 아닌가 한다. 팔관회는 '一陽生'하는 11월의 冬至日에 거행되는데[32],
중국에서 비롯된 圜丘祭祀도 천자가 冬至에 지내는 하늘제사이다. 한편
팔관회가 고려 때 西京에서는 10월에 행해졌는데 그것이 고구려의 동맹

---

30) 『三國遺事』, 卷3, 皇龍寺九層塔 條.
31) 김상기, 『高麗時代史』, 서울대출판부, 1984년, pp.790~781.
32) 최진원, 「동동고 3」, 『국문학과 자연』, 성균관대출판부, 1981, p.172. 팔관회
    일인 11월 14,15일이 月食 또는 冬至 기타 拘忌가 있을 때에는 뙬日을 전후
    하여 행하였다고 한다.(김상기, 『위의 책』, p.791.)

과 관련이 있지 않을까 하며, 개경의 仲冬 팔관도 또한 동맹, 영고, 무천, 韓의 十月祭와 관련이 있지 않을까[33]하는 견해도 있다는 것을 볼 때 유리왕 대의 도솔가도 이와 같은 제천 의식의 영향이 있어 11월의 관련 기사를 담고 있는 것이 아닐까 한다. 그리고 유리왕 9년 조의 가무백희가 인접한 시기인 유리왕 6년의 도솔가에도 포함되어 있다고 여겨진다. 일본의 新鳥蘇가 도솔가와 연관되었으리라는 점은 이미 언급한 바, 이 신조소의 가무중 郷樂雜詠에 비견할 만한 伎樂이 들어 있다[34]고 하니 도솔가는 가무악이면서 伎樂을 함께 하는 가무백희였다고 생각한다. 이 所論을 보충할 수 있는 언급이 이미 최동원의 '新羅歌樂攷'에서 있었으니, 신라에서는 가무악과 함께 각종 百戲가 더불어 행해졌을 가능성이 있다고 한다.[35]

4. 結

이상의 내용을 요약하여 結論에 대신하고자 한다.

1) 우리 나라는 여러 시기에 걸쳐 중국 등과 음악 교류가 있었고, 그 결과 일찍이 歌樂의 성립을 보았을 것이고 우리의 가악이 중국 일본에도 널리 알려졌을 것이다. 신라의 도솔가가 중국에서는 '侏離, 朝離'등의 제목으로 알려진 듯하며, 일본에서는 '新鳥蘇, 古鳥蘇' 등으로 알려진 듯하다.

2) '始製兜率歌 此歌樂之始也'에서 가악이란 단순한 노래가 아니고 歌舞樂의 종합적 예술 형태이며, 이것이 우리나라 궁중 음악(樂章)에 대한 첫 기술일 것이다.

3) 도솔가는 禮樂思想에 기초하여 국가적인 기반 수립에 노력하는 시

---

33) 김상기, 『위의 책』, p.792.
34) 이두현, 위의 논문, pp.43-45.
35) 최동원, 「新羅歌樂攷」, 『부산대 논문집』 제 15집, 1973, p.13.(『古時調論攷』, 삼영사, 1990, p.303)

기에, 상하의 질서를 확립하고 민심을 醇化하는 수단으로 지어진 것
인 듯하지만, 이와 아울러 전래의 제의적 성격도 포함된 듯하니 도
솔가는 民俗歡康하여 이를 頌祝하는 가악이기보다는 '민속환강을 구
하는 祈祝하는 제의에서 쓰인 가악'이라 할 수 있다.

4) 도솔가는 국내를 순행하며 베풀던 제의에서 국가적인 위기를 극복
하기 위해 지어진 가악이라 할 수 있다. 이는 원시 종합 예술의 형
태를 벗어난 神事儀式 歌舞樂일 것이다.

5) 유리왕 대에 績麻行事로서 嘉俳가 거행되었는데, 이 행사가 끝나는
8월 15일에는 歌舞百戱가 벌어진다고 한다. 이를 통해 天神 , 山川祭
儀 등 여러 의식에서 歌舞樂이 쓰인 것을 알 수 있다. 이러한 유리
왕대의 歌舞百戱의 전통은 팔관회와 같은 행사를 통해 신라 말까지
지속되는 듯한데, 팔관회가 五嶽, 名山, 大川, 龍神 등 土俗神을 모시
는 행사인 점에서 그러하다.

＜會蘇曲＞과 娑蘇神母의 織羅

윤 철 중

1. 嘉俳와 績麻

＜회소곡＞은 『삼국사기』 신라본기 유리왕 9년의 기사에 나온다.

왕이 이미 육부(六部)를 정한 후 이를 둘로 나누어 왕녀(王女) 두 사람으로 하여금 각기 부내(部內)의 여자를 거느리어 편을 짜고 패를 만들어 秋七月 기망(既望)으로부터 날마다 일찍 대부(大部)의 마당에 모이어 적마(績麻)를 시작하여 을야(乙夜)에 파하게 하고 8월 15일에 이르러 그 공의 다소를 고사(考查)하여 지는 편은 주식을 장만하여 이긴 편에 사례하고 이에 가무백희(歌舞百戲)를 모두 하게 되니 이를 가배(嘉俳)라 한다. 이때 진 편의 한 여자가 일어나 춤추며 탄식하기를 회소회소(會蘇會蘇)라 하니 그 소리가 애아(哀雅)했다. 후인이 그 소리를 가지고 노래를 지어 이름을 회소곡(會蘇曲)이라 하였다.[1]

이 기록은 한가위(嘉俳)를 맞이하기 위하여 7월 16일부터 8월 15일까

---

1) 金富軾, 「三國史記」卷第一, 新羅本紀 第一儒理尼師今.

王既定六部, 中分爲二, 使王女二人, 各率部內女子, 分朋造黨, 自秋七月既望, 每日早集大部之庭, 績麻, 乙夜而罷, 至八月十五日, 考其功之多少, 負者置酒食, 以謝勝者, 於是, 歌舞百戲皆作, 謂之嘉俳, 是時, 負家一女子起舞, 歎曰會蘇會蘇, 其音哀雅, 後人因其聲而作歌, 名會蘇曲.

지 길쌈(績麻)내기를 한다는 것과 한가위에는 주식이 마련되고 歌舞와 百戱가 演作된다는 것과 그 자리에서 한 여자가 일어나 '會蘇會蘇'라고 외쳤는데 뒤에 그 소리가 지니는 음조와 의표에 따라 <회소곡>을 지었다는 것이다. 이 기록에 대하여 김열규는

> 이 記錄이 兩派競逐戱에 대하여 말하고 있음은 명백하다. 이 경우 績麻 이외의 다른 祭儀的 意義를 직접 文面에서 結論짓기는 힘들다. 다만 嘉俳의 記錄이 女性의 便戰에 대해서 말하고 있되, 그 便戰이 있다는 사실로 해서 女性原理的 生生力(競爭力)과 달의 相關性이 그 記錄 가운데서 暗示되어 있음을 알 수 있다.[2]

라 하여 양파 편전으로 이해한 적마(績麻)를 여성원리와 달의 원리에 의한 풍요와 번영을 재래하는 계절적 제의로 파악하고 있다. 이와 같이 적마를 여성의 편전으로 보고 우리 민속의 오랜 전통으로 지켜져 오는 풍요를 재래하는 여성 편전의 원형으로 본 관점은 본 고찰에 시사하는 바가 크며 적마와 가무백희를 수반하는 가배가 풍요와 번영을 재래하는 계절적 제의라는 관점은 본 고찰의 출발점이 된다.

7월 16일에 시작되는 績麻는 女性 成年式의 通過祭儀이기도 하다. 이 祭儀는 娑蘇神母를 神性模型으로 하고 있다. 한 달에 걸쳐 치루어지는 績麻의 시련을 거쳐 나온 六部의 처녀들은 이제 成年 女人으로 새로 태어나는 再生의 기쁨에 환호하는 것이다. 娑蘇神母를 思慕하여 模儀하는 이 績麻祭儀의 뒤에 벌어지는 놀이가 歌舞百戱이며 이러한 가무백희에서 이제는 成年의 자격을 획득한 女人이 '會蘇會蘇' 외치는 소리는 娑蘇神母를 思慕하여 환호하는 외침인 것이다. 이때 績麻祭儀의 神聖模型은 娑蘇神母의 織羅라 할 수 있는 것이다.

---

2) 金烈圭, 「韓國民俗과 文學硏究」, 一潮閣, 1975, p.155.

2. 娑蘇神母의 織羅

사소신모는 신라 시조 혁거세 거서간의 모성이 되는 신모이다. 仙桃聖母로도 일컬어지고 있다. 그런데 『삼국사기』의 혁거세 거서간 본기에는 사소신모의 이야기가 보이지 않는다. 혁거세 본기에서는

> 고허촌장인 소벌공(蘇伐公)은 어느날 양산밑 나정 곁에 있는 숲사이를 바라보니 말이 무릎을 꿇고 울고 있어 가보니 말은 간데없고 다만 큰 알만 있어 알을 깨어보니 거기에서 어린 아이가 나왔다. 곧 그를 거두어 길렀더니 나이 십여 세가 되매 뜻과 재능이 뛰어나게 숙성했다. 육부 사람들은 그 출생이 신이하였으므로 그를 높이어 받들었고 이에 이르러 그를 세워서 임금으로 삼았다.3)

라고 한 것처럼 혁거세의 부성과 모성에 대한 언급이 없이 다만 큰 알을 깨어서 얻은 영아로 소벌공이 수양한 것으로 되어 있다. 또 「삼국유사』 기이 제일 신라시조 혁거세왕의 신화에서도 협주에서 선도성모의 일을 간략히 다루었을 뿐 혁거세의 부성과 모성에 대한 이야기는 역시 보이지 않는다.

> 六部의 조상들이 각기 자제들을 거느리고 알천안상(閼川岸上)에 모여서 의논하기를 우리가 위로 백성을 다스릴 군주가 없어 백성들이 모두 방일(放逸)하여 제 마음대로 하니 어찌 덕있는 사람을 찾아 임금으로 삼아 나라를 세우고 도읍을 정하지 아니하겠는가 하고 이에 높은 곳에 올라가 남쪽을 바라보니 양산(楊山) 아래 나정(蘿井) 곁에 이상한 기운

---

3) 金富軾, 「三國史記」 卷第一, 新羅本紀 第一始祖.
　　高墟村長蘇伐公, 望楊山麓, 蘿井傍林間, 有馬跪而嘶, 則往觀之, 忽不見馬, 只有大卵剖之, 有嬰兒出焉, 則收而養之, 及年十餘歲, 岐嶷然夙成, 六部人, 以其生神異, 推尊之, 至是, 立爲君焉.

이 전광(電光)처럼 드리우더니 한 백마가 꿇어 앉아 절하는 형상을 하고 있었다. 그곳을 찾아가 보니 한 붉은 알이 있는데 말은 사람을 보고 길게 울며 하늘로 올라가 버렸다. 그 알을 깨어 보니 의형이 단정하고 아름다운 동자(童子)가 있었다. 경이하게 여겨 동천(東泉)에 목욕시키니 몸에서 광채가 나고 새와 짐승이 따라 춤추며 천지가 진동하고 일월이 청명하였다. 인하여 혁거세왕이라 이름하였다.[4]

『삼국사기』에서는 소벌공이 혁거세를 수양한 것으로 기록되어 있었으나 이 유사의 기록에서는 붉은 알을 깨어서 동자를 얻는 것으로만 기록되어 있다. 『삼국유사』의 혁거세신화는 혁거세의 부성과 모성에 대한 언급은 없이 신화의 벽두에 본 신화와는 직접적인 관계가 없이 별개의 것으로 보이는 六部祖가 각각 어느 어느 산으로 내려 왔다는 천강신화적인 요소를 언급하고 있다. 이 점은 매우 특이한 점이다. 혁거세의 神母와 父神에 대한 기사가 없어지고 그 대신 六部祖가 天降했다는 기사가 그 자리에 대신 들어간 듯한 인상을 주고 있는 것이다.

「가락국기」의 수로신화에는 九干이 모여 수로왕을 맞이한다는 점에서 혁거세신화와 닮은 점이 있다. 수로왕의 모성과 부성에 관한 기록이 없다는 점도 닮아 있는 점이다. 혁거세신화와 수로신화가 이런 두 가지 점에서 닮아 있다는 것은 신라 제 30대 문무왕 법민에게 혁거세는 그 신라의 시조요 수로는 그 외가 가락국의 시조라고 법민이 인식하고 있는 점과 관계가 있는 것인지 모른다. 이러한 양쪽 시조를 공유했다는 의식이 시조의 신모가 신라의 서술에서 배제되는 변이과정의 요소로 작용한 것인지 모른다.

---

4) 一然, 『三國遺事』 卷第一, 紀異第一, 新羅始祖 赫居世王.

六部祖各率子弟, 俱會於閼川岸上, 議曰, 我輩上無君主臨理蒸民, 民皆放逸. 自從所欲. 盖覓有德人, 爲之君主, 立邦設都乎, 於是乘高南望, 楊山下蘿井傍, 異氣如電光垂地. 有一白馬跪拜之狀, 尋撿之, 有一紫卵. 一云靑大卵. 馬見人長嘶上天. 剖其卵得童男. 形儀端美. 驚異之. 浴於東泉. 東泉寺在詞腦野北. 身生光彩, 鳥獸率舞, 天地振動, 日月淸明, 因名赫居世王.

『삼국사』(三國史)에 『북사』(北史)의 말을 인용했는데, "고구려에는 신사(神祠)가 둘이 있었다. 첫째는 부여신(扶餘神)인데 이는 나무를 깎아 부인상(婦人像)으로 만들었고, 둘째는 고등신(高登神)인데 이는 시조 부여신의 아들로서 대개 하백(河伯)의 딸과 주몽(朱蒙)이다."하였다. 또 "정화(政和) 무렵에 송(宋)나라로 들어가 우신관(佑神館)에 나아가서 한 여선상(女仙像)을 보았다. 관반학사(館伴學士) 왕보(王黼)가 이르기를, '이는 귀국(貴國)의 신인데 알겠습니까? 옛날 제실(帝室)의 딸이 있었는데 남편이 없이 아기를 배자 남에게 의심을 받고 바다로 떠서 도망을 쳐서 얼마 후 진한(辰韓)에 이르러 아들을 낳았는데, 이가 해동(海東)의 시주(始主)가 되었답니다. 제(帝)의 딸은 지선(地仙)이 되어 선도산(仙桃山)에 있었는데 이것이 그의 초상(肖像)이랍니다.' 했다."하였다.

또 대송(大宋) 신사(信使) 왕양(王襄)이 동해성모(東海聖母)에게 드린 제문(祭文)을 보니, "어진 사람을 배어 나라를 처음 세웠다."하는 글귀가 있으므로 이 동신(東神)이 바로 선도산 신성(仙桃山 神聖)이란 것을 알게 되었다. 이 두 말이 서로 비슷하니 우리 나라에 어찌 이런 두 여선(女仙)이 있어 시조로 되었던 것일까?

이는 반드시 전하는 말과는 같지 않을 것이다.

이 사실은 우리 나라에 있어서는 이미 믿을 수 없는 허황한 말로 되었는데 저 상국(上國)까지 전해져서 그를 높여 제사까지 지내게 되었으니 웃을 만한 일이 이와 같다.[5]

성호는 위에 인용한 글의 내용처럼 부여신을 하백의 딸로 보고 고등신을 주몽으로 보면서 주몽을 시조 부여신의 아들로 인식하여 고구려의 시조로 부여신인 하백의 딸로 보고 있다. 또 진한 땅으로 건너 온 제실

---

5) 李瀷, 『星湖僿說』, 卷之二十四 經史門, 仙桃山神.

　　三國史引北史云句麗有神祠二所 一曰扶餘神刻本作婦人像二曰高登神云是始祖扶餘神之子盖河伯女及朱蒙云又曰政和中入宋詣佑神館見一女仙像館伴學士王黼曰此貴國之神知之乎古有帝室之女不夫而孕爲人所疑乃泛海抵辰韓生子爲海東始主帝女爲地仙在仙桃山此其像也又見大宋信使王襄祭東海聖母文有娠賢肇邦之句乃知東神則仙桃山神聖者也兩說恰相類東邦豈有二女仙爲始祖耶此必傳說有不同也此事在本國已是虛誑難信傳至上國亦嘗崇奉事之可笑如此.

의 딸이 선도산의 지선이 되고 그가 진한 땅에 이르러 낳은 아들이 해동의 시주가 되었다고 보고 있다. 이 선도산의 지선도 부여신과 마찬가지로 해동 진한 땅의 시조가 된 것으로 인식하고 있다. 그러면서 부여신과 선도산신이 이 땅의 시조가 된 것을 비판하여 "이 두 말이 서로 비슷하여 우리 나라에 어찌 이런 두 女仙이 있어 시조로 되었던 것일까? 이는 반드시 전하는 말과는 같지 않을 것이다. 이 사실은 우리 나라에 있어서는 이미 믿을 수 없는 허황한 말이 되었다"고 말하고 있다. 이러한 성호의 관점은 이조의 유교적 분위기에서는 일반화된 것이겠지만 이미 고려 시대의 유교적 지식인에게도 일반화된 인식의 세계였을 것이다. 유교적 합리주의의 눈에는 女仙이 시조로 관념되는 개국은 용납되지 않았을 것이다. 그러한 신화에 대한 인식 태도가 혁거세신화와 수로신화에서 신모의 신이적 신동 출산의 이야기를 배제했다고 볼 수도 있는 것이다. 그렇다면 주몽신화에는 신모 유화와 천제자 해모수의 신성한 만남을 사지(私之)라는 폄하된 용어로 처리하면서 신모 유화가 성자 주몽을 출산하는 이야기가 남아 있고 혁거세신화와 수로신화에서는 신모의 이야기가 배제된 것은 어떤 원인에 말미암은 것인가. 고구려 건국신화인 주몽신화는 민간 전승의 힘에 더 많이 의존하고 있었고 신라와 가락의 건국신화는 관권의 통치 이념의 윤색을 더 많이 거쳤다는 말인가. 어쨌든 이 문제는 신화의 변이 과정에 민간 전승과 통치 이념의 통제가 어떻게 작용하는가를 말하는데 중요한 단서를 제공해 주는 사안으로 볼 수 있다.

가락국기에서는 수로의 출현에 따르는 신모의 모습이 기록되어 있지 않다. 신라시조 혁거세의 기록에서도 혁거세의 출생에 따르는 신모의 이야기가 나타나지 않고 있다. 그러나 가락국기에서 배제되어 있는 신모의 모습과 신라시조 혁거세의 기록에서 배제된 신모의 모습이 다른 기록을 통하여 남아 있다는 흥미로운 사실을 우리는 잘 알고 있는 것이다. 『동국여지승람』 고령군 연혁에는 수로왕의 모신격인 정견신모에 대한 기록이 전해지고 『삼국유사』 선도성모수희불사의 이야기 속에 혁거세왕의 모신격인 사소신모의 이야기가 전해지고 있는 것이다. 최치원 찬 석리정의 비문을 인용하여 『동국여지승람』 고령군 연혁에서 전해주는 내용을 살펴보면

정견천왕사(正見天王祠)는 해인사에 있다. 세상에 전하기를 대가야국 왕후 정견이 죽어서 산신(山神)이 되었다고 한다.6)

가야산신인 정견모주(正見母主)는 곧 천신(天神) 이비가(夷毗訶)에게 감응되어 대가야왕과 금관국왕 두 사람을 낳았다.7)

가야산의 산신이 된 정견신모는 천신 이비가에게 감응되어 금관국왕인 수로를 낳은 것이 되니 수로왕의 모성은 정견신모(正見神母)이고 부성은 천신 이비가(夷비訶)이다.

정견신모는 수로왕의 모성이고 사소신모는 혁거세의 모성이다. 사소신모의 이야기는 『삼국유사』 권 제5 감통제7 선도성모수희불사에 기록되어 전한다.

선도산 신모는 본래 중국 황실의 딸이었다. 이름은 사소(娑蘇), 일찍이 신선술을 체득하여 이 해동에 와서 머무르고 오랫동안 돌아가지 않았다. 그 부황(父皇)은 소리개의 다리에다 '이 소리개가 머무르는 곳을 따라가 집을 삼으라'는 사연의 편지를 달아 보냈다. 사소는 편지를 받아보고 소리개를 놓았더니 소리개는 날아서 이 선도산에 와서 머물렀다. 사소는 드디어 선도산으로 와서 살면서 지선(地仙)이 되었다.8)

---

6) 『東國輿地勝覽』 卷30, 陜川 祠廟條.
　　正見天王祠 在海印寺中 俗傳大伽倻國王后正見 死爲山神.
7) 同上 卷29, 高靈縣 建置沿革條.
　　伽倻山神正見母主 乃爲天神夷毗訶之所感 生大伽倻王 …… 金官國王 …… 二人.
8) 一然, 『三國遺事』 卷第五 感通第七 仙桃聖母隨喜佛事.
　　神母本中國帝室之女, 名娑蘇, 早得神仙之術, 歸止海東, 久而不還, 父皇寄書 繫足云, 隨鳶所止爲家, 蘇得書放鳶. 飛到此山而止, 遂來宅爲地仙.

사소는 선도산의 지선이 되었다. 본래 중국 帝室의 딸이었으므로 그가
해동에 와서 머무른 것은 중국에서 진한 땅으로 건너왔다는 것을 말해
주고 있는 것이다. 앞에서 인용한 바 있는 성호의 글에 선도산의 지선에
대해 말하기를 "옛날 제실(帝室)의 딸이 있었는데 남편이 없이 아이를
배자 남에게 의심을 받고 바다로 떠서 도망을 쳐서 얼마 후 진한(辰韓)
에 이르러 아들을 낳았는데, 이가 해동(海東)의 시주(始主)가 되었다"고
하고 있다. 이 사실은 『삼국사기』에도 실려 있어9) 성호가 이 기록을 자
료로 이용했던 것으로 보이고 『환단고기』에는 부연 각색된 듯한 느낌을
주면서 좀더 자세한 내용을 전해주고 있다.

> 사로시왕(斯盧始王)은 선도산 성모의 아들이다. 옛날 부여 제실의 딸
> 바소(婆蘇)가 남편이 없이 아이를 배어 남들에게 의심을 받게 되어 눈
> 수(嫩水)로부터 도망하여 동옥저에 이르렀다가 또 배로 물을 건너 남쪽
> 으로 내려와 진한(辰韓)의 나을촌(奈乙村)에 이르렀다. 그때에 소벌도리
> (蘇伐都利)가 그것을 듣고 가서 거두어 그의 집에서 길렀다. 나이 열 세
> 살이 되니 뜻과 재능이 뛰어나게 숙성하여 성덕(聖德)이 있었다. 이에
> 진한 육부는 함께 받들어 거세간(居世干)을 삼고 서라벌에 도읍을 세우
> 고 나라를 진한이라 일컫고 또한 사로라고 하였다.10)

---

9) 金富軾, 『三國史記』 卷第十二, 新羅本紀 第十二 敬順王.
　　論曰, 新羅朴氏昔氏, 皆自卵生, 金氏從天入金櫃而降, 或云乘金車, 此尤詭怪,
不可信, 然世俗相傳, 爲之實事, 政和中, 我朝遣尙書李資諒, 人宋朝貢, 臣富軾,
以文翰之任輔行, 詣佑神館, 見一堂設女仙像, 館伴學士王黼曰, 此貴國之神, 公
等知之乎, 遂言曰, 古有帝室之女, 不夫而孕, 爲人所疑乃泛海, 抵辰韓生子, 爲
海東始主, 帝女爲地仙, 長在仙桃山, 此其像也, 臣又見大宋國信使王襄祭東神聖
母文, 有娠賢肇邦之句, 乃知東神則仙桃山神聖者也, 然而不知其子王於何時.
10) 『桓檀古記』, 高句麗國本紀 第六.
　　斯盧始王仙桃山聖母之子也昔有夫餘帝室之女婆蘇不夫而孕爲人所疑自嫩水逃
至東沃沮又泛舟而南下抵至辰韓奈乙村時有蘇伐都利者聞之往收養於家而及年十
三岐嶷夙成有聖德於是辰韓六部共尊爲居世干立都徐羅伐稱國辰韓亦曰斯盧.

여기에서는 사소를 바소(娑蘇)로 기록하고 있으나 동일 신모의 지칭일 것이고 특히 이 기록에서 관심을 끄는 것은 사소신모가 도착한 곳이 奈 乙村이라는 것이다. 奈乙은 신라 제22대 지증왕 때 신궁(神宮)을 처음 세웠다는 장소인 나을(奈乙)과 동일한 이름이고 탈해왕이 처음 도착했다 는 내아(乃兒)와 같은 명칭의 지명이기 때문이다.[11]

선도산 성모 즉 사소신모는 중국에서 남편이 없이 아이를 배어 남들 에게 불의회임(不義懷妊)했다는 의심을 받아 물길로 달아나 진한에 와서 아들을 낳고 그 아들이 동국의 시조 임금이 되는 것이다. 선도성모수희 불사에는 다음과 같은 이야기가 더 기록되어 있다.

> 당초 사소는 진한에 와서 성자를 낳으니 동국의 시조 임금이 되었다. 아마 혁거세(赫居世)와 알영(閼英)의 두 성인이 탄생되어 온 바일 것이 다. 그래서 계룡(雞龍)이니 계림(雞林)이니 백마(白馬)니 하는 말이 나오 게 된 것이다. 닭은 서방에 속하기 때문이다. 일찍이 여러 천선(天仙)을 시켜 깁을 짜서 붉은색(꼭두서니빛)으로 물들이어 조의(朝衣)를 만들어 선 그 남편에게 바쳤다. 나라 사람들은 이것으로 하여 비로소 사소가 신성한 증험을 나타내는 사람임을 알게 되었다.[12]

사소신모는 여러 천선에게 깁을 짜게 할 수 있을 만치 직라(織羅)의 기술을 지니고 있을 뿐만 아니라 그 비단에 꼭두서니빛 물을 들일 수 있는 기술을 가지고 있었다. 이것은 신성한 행위인 것이다. 꼭두서니빛

---

11) ‘乃兒’는 ‘나올’로 읽는다. 奈乙神宮의 ‘奈乙’도 ‘나올’로 읽는다. ‘나올’ 은 日精日子와 통하는 말이다. 해의 정기를 받아 탄생한 神童이 ‘나올’이고 이때 ‘나올’은 시조신이 되고 奈乙神宮은 이런 의미를 지닌 日子를 모신 곳 이고 奈乙, 奈兒는 이런 神童이 강림한 곳이다.

12) 『三國遺事』, 仙桃聖母隨喜佛事.
　　其始到辰韓也, 生聖子爲東國始君, 盖赫居, 閼英二聖之所自也, 故稱雞龍, 雞 林, 白馬等, 雞屬西故也, 嘗使諸天仙織羅, 緋染作朝衣, 贈其夫, 國人因此始知 神驗.

은 천제(天帝)의 신성함을 나타내는 빛깔이다. 또 비단은 그 자체가 신 성물로서 신라 시대의 제천(祭天)에서 천신(天神)에게 바치는 제물로 사 용되고 있었다. 이런 비단을 짜는 사소신모, 그것도 여러 천선을 거느리 고 깁을 짜는(織羅하는) 모습은 사소가 그대로 신성한 존재임을 말해주 는 것이다. 사소신모가 천선을 거느리고 직라하는 모습은 유리왕 대에 큰 마을 큰 마당에 모여서 신라 여인들이 연행(演行)하던 적마제의(績麻 祭儀)를 가능하게 한 신성모형이 되기에 충분한 것이다.

일본이 그들의 시조신으로 받드는 신모(여신) 천조대신(天照大神)은 高天原에 있을 때 주로 신상제를 올리는 일과 神衣 짜는 일을 하고 있다.

> 이로부터 뒤, 素戔鳴尊의 하는 짓은 대단히 난폭하였다. 왜냐하면 다
> 음과 같은 일이 있었다. 天照大神은 天狹田(아마노사나다)·長田을 自身
> 의 밭으로 하고 있었다. 그런데, 素잔鳴尊은 봄이 되자 거기에 重播種子
> (이를 爾枳磨枳(이기미기)라 이른다)(한번 播種한 위에 또 播種하는 것)
> 를 한다든지, 또 밭두덕(田畔)을 파괴한다든지(毁, 이를 波那豆(하나쓰)
> 라 이른다), 가을에는 天斑駒(아메노후치고마)를 밭 가운데 방목하여 밭
> 을 황폐시켜, 경작과 수확을 방해하였다. 또 天照大神이 新嘗(니이나메)
> (新穀을 神에 供하는 祭)의 제사를 올릴 때를 맞추어, 몰래 新嘗의 궁전
> 에 분뇨를 뿌리기도 하였다. 또 天照大神이 齋服殿에서 神衣를 짜고 있
> 는 그때에 天斑駒를 벗겨서 그 궁전의 지붕에 구멍을 뚫고 던져 넣기도
> 하였다. 이 때문에 天照大神은 하늘을 쳐다보았다가 織機의 북(梭)으로
> 몸에 부상을 입었다. 이런 일이 있어 天照大神은 대단히 立腹하여 天石
> 窟(아마노이와야)에 들어가 磐戶를 잠그고 숨어 버렸다. 이 때문에 세상
> 은 항상 어둠이 되고, 주야의 교대도 할 수 없게 되었다. 그래서 八十萬
> 神(야소요로즈노가미)은 天安河(아마노야스가와)의 언덕에 모여서 그 비
> 는 방법을 의논하였다.[13]

---

13) 成殷九 譯註, 『日本書紀』, 정음사, 서울, 1987, p.50.
　　是後, 素戔鳴尊之爲行也, 甚無狀. 何則天照大神, 以天狹田·長田爲御田, 時
　　素戔鳴尊, 春則重播種子, (重播種子, 此云璽枳磨枳). 且毁其畔. (毁, 此云波那
　　豆.) 秋則放天斑駒, 使伏田中. 復見天照大神當新嘗時, 則陰放屎於新宮. 又見天

천조대신이 고천원을 다스리고 있었던 신화적 이야기는 일본열도로 이주해 간 한반도의 이주민들이 그들의 조상이 한반도에서 나라를 열고 신화를 창조하던 시기의 신들이 활동하던 모습에 대한 기억이며 위의 글에서 보이는 天石窟은 斯盧國의 동쪽 日上國[14]을 진호하는 토함산에 있었던 石塚[15]에 비견될 수 있는 것이다.

천조대신이 고천원에서 짜던 신의는 비단일 것이다. 천조대신이 짜던 비단은 천조대신의 시조신으로서의 신성성을 증험하고 있는 것이다. 비단 神衣를 짜는 천조대신의 모습이 이른 시기의 사로국에서 비단을 짜서 꼭두서니 물을 들여 朝衣를 만드는 사소신모의 모습과 겹치는 것은 이들의 신화적 위상이 동일하기 때문일 것이다.

비단이 신화적 신성성을 보여주는 이야기에는 또 연오랑 세오녀 설화가 있다.

> 이때 신라에선 까닭 모르게 해와 달이 빛을 잃었다. 나라 안이 법석이었다. 왕의 물음에 일관(日官)은 다음과 같이 아뢰어 왔다.
>
> "우리 나라에 내려와 있던 해와 달의 정기가 이제 일본으로 건너가 버렸기 때문에 이런 변괴가 생긴 것입니다."
>
> 왕은 일본으로 사신을 보내어 연오랑과 세오녀를 돌아오도록 타일렀다. 이미 그곳의 왕이 되어 있는 연오랑은 신라의 사신들에게 말했다.
>
> "내가 이 나라에 오게 된 것은 하늘이 그렇게 하도록 시킨 것이다. 이제 어찌 돌아갈 수야 있겠는가. 그러나 나의 아내에겐 그가 짠 가는 새 명주가 있다. 이것을 가져가서 하늘에 제사를 올리면 해와 달의 빛이 다시 회복되리라."

照大神, 方織神衣, 居齋服殿, 則剝天斑駒, 穿殿甍而投納. 是時, 天照大神驚動, 以梭傷身. 由此, 發慍, 乃入于天石窟, 閉磐戶而幽居焉. 故六合之內常闇, 而不知晝夜之相代. 于時, 八十萬神, 會於天安河邊, 計其可禱之方.

14) 日上郡은 『삼국사기』 지리지 三國有名未詳地分에 실려있는 지명이다. 또 악지에 內知는 日上郡樂이라 하여 日上郡이 사로국의 동쪽에 있음을 보여주고 있다.

15) 『삼국유사』 탈해왕 기사에 '登吐含山作石塚留七日'이 보인다.

신라의 사신들은 그 명주를 받아 돌아와 왕에게 사실을 아뢰었다. 왕은 곧 사신이 전하는 연오랑의 말대로 그 명주를 받쳐 들고 하늘에 제사를 올렸다. 그런 뒤, 해와 달의 빛은 옛대로 회복되었다.

왕은 그 명주를 대궐 안의 곳간에다 간수하고 국보로 삼았다. 그리고는 그 곳간의 이름을 '귀비고(貴妃庫)'라 짓고, 하늘에 제사드렸던 그곳은 '영일현(迎日縣)' 또는 '도기야(都祈野)'라 이름하였다.16)

연오랑과 세오녀가 떠나버린 신라에는 해와 달이 빛을 잃었다. 일관의 말에 따라 연오랑과 세오녀를 데리러 간 사신은 연오랑과 세오녀가 돌아 오는 대신 세오녀가 가는 실로 짠 명주를 가지고 돌아와 연오랑이 시키는 대로 신라의 왕은 그 명주를 받쳐 들고 하늘에 제사를 올리니 해와 달의 빛이 회복되었다. 이것은 연오랑과 세오녀가 표착한 일본의 어느 해변 나라에서는 渡來한 神母의 성격을 지니고 있는 세오녀가 짠 명주(비단)가 사소신모나 천조대신이 짠 비단과 동일한 신성성을 지니고 있는 것을 말해 주고 있는 것이다.

비단이 신성성을 보여 주는 신화소로는 가락국기의 許黃玉渡來神話 속에서도 찾을 수 있다. 아유타국을 떠나온 허황옥은 처음 가락국 지경에 들어와 망산도에 상륙하고 고교(高嶠)에 올라 비단 바지를 바쳐 산령에게 제를 올리고 있는 것이다.17) 이때 허황옥이 산령에게 바치는 비단 바지는 도래신이 비단을 바치고 신성성을 획득하기 위하여 토착신에게 올리는 제의로 이해할 수 있다.

허왕후는 비단 바지를 폐백으로 삼아 산령에게 제를 올리는 것으로 자신이 신성혼인의 여신의 자격을 획득하고 있음을 보여주고 있다. 연오

---

16) 『三國遺事』, 紀異第一, 延烏郎 細烏女.

是時新羅日月無光, 日者奏云, 日月之精, 降在我國, 今去日本, 故致斯怪, 王遣使求二人, 延烏曰, 我到此國, 天使然也, 今何歸乎, 雖然朕之妃有所織細綃. 以此祭天可矣. 仍賜其綃. 使人來奏. 依其言而祭之. 然後日月如舊. 藏其綃於御庫爲國寶. 名其庫爲貴妃庫. 祭天所名迎日縣. 又都祈野.

17) 王后於山外別浦津頭, 維舟登陸, 憩於高嶠, 解所著綾袴爲贄遺于山靈地.

랑은 자신의 왕비가 짠 가는 실 명주를 제물로 보내어 하늘에 제사하게
하여 해와 달의 빛을 도로 얻어 세오녀가 성모의 자격을 지니고 있다는
것과 세오녀가 짠 직물이 신성한 직물이라는 것을 증명해 보여주고 있
는 것이다. 천조대신이 天眞名井(아마노마나이)라는 우물이 있고 天石窟
(아마노이와야)라는 석굴이 있고 天安河(아마노야스가와)의 냇물이 흐르
고 天香山(아마노가구야마)이라는 우뚝 솟은 묏부리가 있는 高天原(다가
마노하라)의 소도(蘇塗)[18]에서 새로 거두어 들이는 새 곡식을 신에게 바
치는 신상제(新嘗祭)를 올리고 비단으로 神衣를 짜는 행위는 그가 소도
를 지키는 사제자이며 天帝孫을 낳을 神母임을 보여주고 있는 것이다.
천조대신의 신성한 행위 속에 비단 神衣를 짜는 일은 가장 중요한 명목
인 것이다. 사소신모는 여러 天仙들을 거느리고 비단을 짜서 그가 신성
하다는 것을 드러내 보여 주었다. 이와 같이 사소신모가 織羅하는 신성
한 행위는 유리왕대 추수를 맞이한 가을 8월에 신성한 니사금의 큰 마
당에서 벌리는 女性 入社式의 通過祭儀로 베풀어 지는 績麻의 신성모형
이 되기에 충분한 것이다. 이러한 의미의 적마는 그것이 그대로 희락사
모지사라 할 수 있다. 사로국 온 나라 사람이 모여 그들의 성모를 사모
하여 국중대회를 열어 그들의 成年이 된 기쁨을 환호하는 戲樂思慕之事
임에 틀림없는 것이다.

3. 斯盧國의 歌樂

수로왕과 허왕후의 신성결혼을 기리기 위하여 가락국의 백성들은 희
락사모지사를 행했던 것이다. 이곳 지방민과 이속들은 승점(乘岾)에 올
라가 장막을 쳐 놓고 먹고 마시고 그리고 환호해 대면서 이쪽 저쪽으로

---

18) 이러한 蘇塗는 한반도 곳곳에 있었을 것이다. 吐含山도 그와 같은 소도 가
운데 하나이겠는데 토함산에는 遙乃井이 있고 石塚이 있었다. 토함산을 香嶺
이라 하기도 했다. 같은 소도라는 견지에서 우물과 석굴이 비견될 수 있다.

눈길을 던져 바라보는 한편 건장한 청장년들이 두 편으로 갈라져 망산도(望山島)에서부터 세차게 말을 몰아 뭍으로 달리고 물에선 미끄러지듯 배를 밀어나와 북쪽으로 고포(古浦)를 목표로 하여 다투어 내닫는다[19]고 한 것이 그것인데 여기 환호하는 소리는 두 성인의 혼인하는 그날의 그것을 재현하는 것일 것이다. 이 환호하는 놀이 속에 가악이 함께 행해졌는지는 알 수 없지마는 이 사모지사의 "장막을 쳐 놓고 먹고 마시고 그리고 환호해 댔다(設帷幕 酒食歡呼)"는 것은 "진 편이 주식을 장만하여 이긴 편에 사례하고……외치기를 아소아소했다(負者置酒食 以謝勝者……歡曰會蘇會蘇)"는 것과 상통하는 점이 있다. 이것은 가락국 토민들이 무리지어 환호해 대던 것이 수로왕과 허왕후의 신혼에 대한 희락사모지사의 절정이었다고 한다면 사로 육부의 온 나라가 모여 가무백희하는 가운데 '아소 아소'하고 외치던 한 여인의 애아한 소리는 사소를 사모하는 희락사모지사의 분위기를 절정으로 끌어 올리는 것이었을 것이다. 사로국의 가악은 희락에 연유되어 만들어진 것으로 여겨지는데 회소곡도 사로국의 국중대회와 밀접한 관계가 있는 戱樂之具에 연유되는 것으로 이해할 수 있다.

유리왕 때의 가악으로 <兜率歌> <會蘇曲> <會樂> <辛熱樂>이 있었고 탈해왕 때 <突阿樂>, 바사왕 때 <枝兒樂>이 있었다. 이것들은 斯盧國의 歌樂이라 할 수 있다. 사로국에 점차 병합된 사로국 주변의 여러 소국의 가악으로는 <內知> <白實> <德思內> <石南思內> <祀中> 등의 가악이 있었다. 이들 가악은 신라가 형성되던 초기 부족국가의 가악으로 사로국을 중심으로 생각할 때 사방에 둘러 서 있는 형편을 보여주고 있다.

---

19) 『三國遺事』, 卷第二, 駕洛國記.
　　此中更有戱樂思慕之事, 每以七月二十九日, 土人吏卒陟乘岾, 設帷幕, 酒食歡呼, 而東西送目, 壯健人夫, 分類以左右之, 自望山島, 駿蹄駭駿而競湊於陸, 鷁首泛泛而相推於水. 北指古浦而爭趨, 盖此昔留天神鬼等望后之來, 急促告君之遺跡也.

사로국은 2대 남해왕 3년(A.D. 6) 봄 정월에 始祖廟를 세우고 3대 유
리왕 2년(A.D. 25) 봄 2월에 왕이 시조묘에 親祀하고 5년(A.D. 28)에 왕
이 국내를 순행하고 민속이 환강하여 비로소 도솔가를 만드니 이것이
가악의 시초가 되었다. 이 가악은 시조묘에 제사를 올리는 제의에 쓰인
것으로 여겨지고 있다. 도솔가는 여러 학자가 '두리노래'로 읽고 있으니
'兜率'은 '두리'가 틀림없는 듯하고 이 '두리'는 곧 祖靈을 가리키는 말로
볼 수 있다. 이런 경우 도솔가는 조상신에게 올리는 제사의 제의에서 사
용된 가악으로 인식되는 것이다. 회소곡은 유리왕 9년(A.D.32)에 가배놀
이에 연유되어 만들어진 가악이고 시조 혁거세왕의 신모인 娑蘇神母의
신덕을 송도하는 제의에 연유되어 만들어진 가악이라 할 수 있는 것이
다.『사기』악지에 실려 있는 郡樂을 보면 내지는 日上郡樂이고 백실은
押梁郡樂이고 덕사내는 河西郡樂이고 석남사내는 道同伐郡樂이고 사중
은 北隈郡樂이다.

　'白實'은 '붉실'로 읽을 수 있다.

　'白'은 광명을 뜻하는 '붉'의 音借字라 할 수 있다. '붉실'은 '붉돌'·'白岳'
과도 관계가 있는 日神의 광명한 빛이 강림하는 마을이다. 이런 마을은
압량소국이 나라를 연 좋은 터전이었을 것이며 그곳으로 압량국의 시조
조령이 강림했을 것이다. 압량소국은 신라의 6대 지마왕(A.D. 112~133)
때에 사로국에 병합되어 押梁郡이 되었는데 押督이라고도 했으며 지금
의 경북 慶山에 자리 잡았던 소국이었다. 德思內의 고장인 河西郡은 바
사왕(A.D. 80~112) 때에 屈阿火村을 취하여 현을 둔 곳이다. 河曲縣이
라고도 했고 지금의 울산이다. 이 굴아화촌은 비교적 이른 시기에 사로
국에 병합되었는데 이곳은 사로국의 남쪽으로 下西知村(동쪽) 斤烏支(북
쪽)와 함께 東海에서 사로국으로 통하는 동해변의 河口를 형성하는 주요
한 포구가 있던 곳이다. 울산의 개운포 하서지촌의 栗浦 하서지촌, 乃兒
의 아진포와 斤烏支(영일만)의 林谷浦가 그것이다. 이 屈阿火村에도 屈
阿火小國이 형성되었을 것이고 그들의 신화의 고장이 이곳에 펼쳐져 있

었을 것이다. 처용암이 있는 外煌江 하구와 외황강의 발원에 위치하는 망해사가 자리잡은 영취산의 산정에 있는 굿바위, 이것들이 굴아화소국의 신화의 현장이었을 것으로 보고 싶다. 헌강왕 때의 저 유명한 처용설화는 이 굴아화촌의 시조신화를 원형으로 삼고 그 위에 굴절 변용된 모습으로 지금 남아 있는 것으로 보고 싶다. 사실 탈해신화는 下西知村 乃見의 시조신화와 깊이 맺어지고 있는 것이며 雲梯神母는 근오지의 鳥川의 河口와 운제산 정상의 대왕암과 이어지는 신화의 통로와 깊이 맺어지고 있는 것이다. 근오지(영일)의 鳥川 하구에 있는 日月池도 이곳 도래신화의 통로와 맺어지는 성지이며 연오랑·세오녀의 설화도 이곳 도래신화를 그들의 조상신의 이야기로 간직하고 살다가 이곳에서 일본의 어느 해안으로 떠나지 않으면 안 되었던 어느 집단의 슬픈 그러면서도 힘찬 신화의 반영이라고 이해하고 싶은 것이다. 울산에 자리잡았던 屈阿火村은 사로국의 남쪽 통로였다. 바사왕 때 굴아화촌을 취하여 현을 둔 河西縣은 처용설화의 현장이기도 한 것이다. 德思內의 '德'은 山을 뜻하는 말이 아닌가 여겨지는데 山靈이 내려주는 은덕을 빌어 山靈에게 望祭하는 제의에 사용되었던 기원의 노래가 아니었나 생각해 보는 것이다. 石南思內의 고장인 道同縣은 臨川縣과 이웃하고 있는데 刀冬火 즉 道同伐은 언제 사로국에 병합되었는지 확실치 않으나 이웃 臨川縣이 助賁王 (A.D. 230~246) 때에 骨火小國을 伐得하여 치현한 곳이니 그 무렵이 아닐까 여겨진다. 道同伐은 지금의 영천이고 그곳에는 지금도 道同이라는 지명이 남아 있다. 이곳 군악인 석남사내는 사자의 부활을 주원하는 제의에서 부르는 노래인 듯하다.[20]

사로소국을 중앙으로 잡을 때 백실의 고장 압량군(경산)은 서쪽이고 덕사내의 고장 하서군(울산)은 남쪽이고 석남사내의 고장 도동벌군(영천)은 서북쪽인데 내지의 고장 일상군은 日上이 뜻하는 것으로 보아 사

---

20) 졸고, 「석남사내의 성격에 대한 시고」, 『상명여자대학 논문집』 제13집, 1984, pp.227~250.

로국의 동쪽에 위치하고 사중의 고장 북외군은 北隈가 보여주는 것처럼 사로국의 북쪽에 위치하는 것으로 보고 싶다. 內知는 '知'를 '알'로 訓借할 수 있다면 '내알' 내지 '나올'로 읽을 수 있을 것이나21) 향가 해독에서 '知'는 '지·다'로 音借되는 것이 일반적이어서 '知'를 '알'로 훈차하는 것은 설득력이 약하다.

<內知> <白實> <德思內> <石南思內> <祀中> 이것들은 모두 그곳 鄕人의 喜樂에 연유되어서 만들어진 것이다(此皆鄕人喜樂之所由作也). 여기서 喜樂이라 한 것은 戱樂과 같은 말일 것이다. 희락을 조령에게 올리는 풍요와 다산을 기원하는 제의에 유래하는 것이라고 한다면 이것들도 도솔가나 회소곡이 지니는 조상신(조령)에게 올리는 제의에 쓰이는 제의가의 가악으로 이해할 수 있을 것이다.

4.   會蘇·아소·娑蘇

无涯는 <회소곡>에 대하여

> 이른바 '負家一女子 起舞欺曰 會蘇會蘇, 其音哀雅'라 한 '會蘇會蘇'는 '아소·아소'의 借字이니, 이 哀怨·凄切한 音調를 가진 '아소'란 말은 後世歌謠에도 連綿히 仍用된 亦一傳統的 感嘆用語이다. 그런데 우리는 이 <會蘇曲>이 內容은 敍情的이면서도 그 形式은 依然히 集團的·行事的 舊型이었음을 推測할 수 있다.

고 말하고 '會蘇'에 주를 달아

> '會蘇'의 '會'는 '集也'의 義가 아니오 '知會·理會'의 義訓 '알'을 借한 것이니 '會蘇'는 곧 '아소'('소' 우에 'ㄹ'音脫落)이다. '知'字는 音借 '지·치'에 慣用됨으로 佛典注疏類에 흔히 쓰인 '알'의 義의 '會'를 訓借한 것이다.

---

21) '內知'를 '나올'로 읽을 수 있다면 儒理王의 國舅인 日知葛文王의 명호 '日知'도 '나올'이어서 동의어가 될 가능성이 있다.

라 하고 이어서 '아소'의 어의에 대하여

'아소'는 後世歌謠에 慣用된 바, 그 原義는 '奪·取'의 訓과 同語인 '去·
袪'의 義의 '앗'의 命令形 '아쇼', 곧 禁止의 辭(마오·그만두오)이다.22)

라 말하였다. 그리고 <鄭瓜亭曲>의 "아소 님하 도람드르샤 괴오쇼셔"와
<履霜曲>의 "아소 님하 ᄒᆞ디 녀졋 期約이이다"와 <思母曲>의 "아소 님
하 어마님 ᄀᆞ티 괴시리 업세라"를 예문으로 들어 이들 노래에 쓰인 '아
소'가 <會蘇曲>의 '會蘇' 즉 '아소'를 이어받고 있는 것으로 보았다. 이러
한 无涯의 말에서 "'회소회소'는 '아소·아소'의 借字이고 後世歌謠에 仍
用된 感嘆用語이고 '아소'는 '去·袪'의 義의 '앗'의 명령형 '아쇼' 곧 禁止
의 辭(마오·그만두오)이다"를 뽑아 낼 수 있다. 그렇다면 과연 '아소'는
'마오·그만두오'라고 할 수 있는지 의문이다. 崔東元은 <정과정곡> <만
전춘별사> <사모곡> <이상곡>의 前大節과 後小節의 음악적 악보상의
분단을 말하면서

<鄭瓜亭曲> <滿殿春(別詞)> <思母曲> <履霜曲> 등은 '아소 님하'
이하를 後小節로 보겠는데, 그렇게 볼 때, '아소 님하'는 감탄사의 성격
을 지닌 것으로 파악하지 않을 수 없다. 그 위치(後小節의 앞머리에 붙
는다는)로 보나 語彙로 보아 그렇게 볼 수 밖에 없는 것이다. '아소'가
'禁止辭', '님하'가 '님의 尊稱呼格'으로 풀이되더라도 문학상의 歌意와 꼭
연결된다고는 할 수 없다. 더구나 '아소'를 동일한 것으로 보지 않고
<鄭瓜亭曲> <履霜曲>에는 禁止辭로 쓰이고, <滿殿春> <思母曲>에서
는 '알소, 알으시오'의 뜻으로 쓰였다고 할 때, 과연 그런 의미 분화를
인정할 수 있을 것인가 의문이다.23)

라고 하여 '아소 님하'는 감탄사의 성격을 지닌 것으로 파악하고 그것이

---

22) 梁柱東, 增訂『古歌硏究』, 一潮閣, 서울, 1965, pp.19~20.
23) 崔東元,『古時詩論』, 三英社, 서울, 1980, p.162.

어의를 지니는 유의어라 하더라도 문학상의 歌意 즉 가의의 문맥이 잘
연결되지 않는다고 지적하였다. <정과정곡>의

　　니미 나롤 ㅎ마 니즈 시니잇가
　　아소 님하 도람 드르샤 괴오쇼셔

에서는 '아소'를 금지사 '그리마오'로 읽어서 그런대로 문의가 연결되고
있으나 '니미'의 '님'과 '님하'의 '님'이 동일인을 지칭한다고 할 때 그러하
지 앞뒤의 님의 지칭이 다르다고 한다면 '아소'를 '그리마오'로 풀이하는
것은 어색한 점이 드러나 보인다. <이상곡>의

　　이러쳐 뎌러쳐 期約이잇가
　　아소 님하 ᄒᆞᆫ디 녀졋 期約이이다

에서도 '아소'를 '그리마오'로 읽는 것은 문맥이 어색하게 느껴진다. <사
모곡>의

　　아바님도 어이어신마ᄅᆞᄂᆞᆫ
　　어마님ᄀᆞ티 괴시리 업세라
　　아소 님하 어마님ᄀᆞ티 괴시리 업세라

에서도 '아소 님하'를 '그만두오(마십시오) 님이시여'로 풀이한다면 '아소
님하'가 문맥 문의와는 독립된 감탄사라는 느낌을 강하게 받게 된다.
<만전춘별사>의 '아소 님하 遠代平生애 여흴술 모ᄅᆞᆸ새'에서도 '그리마
오 님아'와 '遠代平生에 이별을 모릅시다'는 의미 연결이 부드럽지 않은
반면 영탄의 감을 담고 있는 관용되는 감탄용어로 보는 것이 좋을 것
같다.
　결국 '아소 님하'는 문맥의 의미에는 걸리지 않는 독립된 성분인 감탄

사로 이해해야 할 것 같다. 무애의 말대로 感嘆用語일 뿐으로 그가 인정한 의미 부분을 빼버리고 다른 문장성분에 걸리지 않는 독립어로 보는 것이 좋을 것 같다. 또 '아소'의 원형을 '앗다'로 보려 했고 그 어간 '앗'의 명령형 '아소'로 잡으려 했으나 '아소'는 기본형도 잡히지 않고 활용형도 찾아 볼 수 없는 감탄사일 수 밖에 없는 것이다. 다시말해 '아소'는 영탄의 뜻을 품고 있는 감탄사일 수 밖에 없는 것이다. '아소'의 '그리마오·마십시오'의 뜻을 갖는 말이라고 하기 어렵고 영탄의 감을 나타내는 말이라는 점을 전제로 과감한 추단을 해본다면 '아소'는 신성한 존재에 대한 경외심과 생사화복을 주재하는 신령에 대한 기구하는 심성과 그러한 신격이 상주하는 신당에 대한 무서움이 한데 녹아 나온 영탄의 감이 함축되어 있는 餘音이라 할 수 있다. 嘆曰會蘇會蘇 그대로 영탄의 소리인 것이다. 化石化된 단어,이제는 어의를 잃어버린 化石이 된 餘音인 것이다. 고려속요에 사용된 '아소'는 이 화석화된 여음이었으나 본래 그 말이 지니고 있던 경외심과 기도하는 마음과 무서워하는 심성이 한데 어우러져 잠재의식 속에 되살아난 '그만두오 '하는 금지의 뜻을 느끼게 한 것일까. '嘆曰會蘇會蘇 其音哀雅'는 다시 한번 음미해 보고 싶다.

   女性 成年式인 入社式으로 치루어지는 績痲는 분명히 사소신모를 思慕하는 제의임에 틀림없다. 그러한 통과제의 뒤에 베풀어지는 가배 놀이의 歌舞百戲가 벌어지는 마당에서 '아소 아소'하고 외치는 소리는 娑蘇神母를 사모하여 부르는 소리로 추상하기에 모자랄 것이 없는 것이다. 그러니 그 소리는 哀雅하게 들릴 수 밖에 없다고 해야 한다. 그 소리는 사소신모를 思慕하는 것이므로 哀切하지마는 또 그것은 神母를 頌禱하는 것이므로 雅正한 것이 되는 가악이었다고 해야 할 것이다. 후세 고려시대의 악곡인 <정과정곡> <이상곡> <사모곡> <만전춘(별사)> 등에 사용된 '아소 님하'는 이 애절하고 아정한 소리의 감을 담고 있는 것이며 숭앙·경외하며 간절히 기구하며 무서워하는 존재인 님의 이름이 지니는 의미가 이제는 화석화되어 언중의 잠재의식 속에서 금지의 명령형으

로 느끼게 된 것이 아닐까.

會蘇의 '會'를 訓借하여 '아소'로 읽는 것처럼 娑蘇를 音借하여 '아소'로 읽을 수 있다. '사소↔솨소↔아소'의 변화를 상정할 수 있기 때문이다. '娑蘇'가 '아소'로 읽힐 수 있다는 것은 일본 九州의 阿蘇山도 한반도에서 건너간 이주족이 무서운 화산에 바친 이름이라고 볼 수 있기 때문이다. '娑蘇'는 '阿蘇'로 바뀔 수 있고 '娑蘇'와 같은 단어로 사용되었던 '婆蘇'도 '阿蘇'로 바뀔 수 있는 것이다.

「薯童謠」의 新考察

— '夘乙抱遣'에 대한 새로운 해석 —

윤 철 중

1. 序

『三國遺事』에서는 「薯童謠」를 3구로 나누고 있다. '善化公主主隱 / 他密只嫁良置古 / 薯童房乙夜矣夘乙抱遣去如'로 나눈 것이 그것이다.[1] 小倉進平은 『三國遺事』의 3구를 그대로 따르고 있고,[2] 趙潤濟는 「薯童謠」를 四句體歌에 분류하여 '善化公主主隱 / 他密只嫁良置古 / 薯童房乙夜矣 / 夘乙抱遣去如'로 분구하였고,[3] 梁柱東은 '善化公主主隱 / 他密只嫁良置古 / 薯童房乙 / 夜矣夘乙抱遣去如'로 나누어 「薯童謠」가 四句體 鄕歌임을 보여 주고 있다.[4] 이후 3구를 택하기도 하지만,[5] 대체로 4구로 분구하는 것이 일반적인 경향이다.

---

1) 一　然, 『三國遺事』, 서울大學校 中央圖書館所藏 中宗壬申刊本 縮小影印本, 民族文化推進會, 1977(再版), p.159.

2) 小倉進平, 『鄕歌 및 吏讀의 硏究』, 京城帝國大學, 1929, p.189.

3) 趙潤濟, 『朝鮮詩歌史綱』, 東光堂書店, 1937, p.42.

4) 梁柱東, 『朝鮮古歌硏究』, 博文書舘, 1942. 『古歌硏究 增訂版』, 一潮閣, 1965, p.432.

5) 徐在克, 『新羅 鄕歌의 語彙 硏究』, 啓明大學 韓國學硏究所, 1975, p.24. 尹榮玉, 『新羅詩歌의 硏究』, 螢雪出版社, 1980, p.146.

4구로 나누는 경우, 제1구와 제2구는 '善化公主主隱 / 他密只嫁良置古'로 거의 고정되어 있으나, 제3구와 제4구의 分句에 있어서는 '薯童房乙 / 夜矣卯乙抱遣去如'의 분구를 따르기도 하고,6) '薯童房乙夜矣 / 卯乙抱遣去如'로 나누어 '夜矣'를 제3구에 올려 붙이기도 한다. 심지어 '薯童房乙'의 뒤에 '츳작(찾아)'이라는 語句를 첨가하여 한 구로 삼는 경우도 있다.7) 노래의 구문을 감안한다면 '善化公主主隱 / 他密只嫁良置古 / 薯童房乙夜矣 / 卯乙抱遣去如'와 같은 분구가 타당하리라 여겨진다.

「서동요」를 語節 단위로 띄어쓰면 제1구와 제2구는 대체로 '善化公主主隱 / 他 密只 嫁良 置古'와 같이 하나의 모형을 제시할 수 있으나, 제3구와 제4구는 해독과 해석의 차이에 따라 다음과 같이 세 가지 모형을 제시할 수 있다.

① 薯童房乙 夜矣 夘乙 抱遣 去如

② 薯童 房乙 夜矣 夘乙 抱遣 去如

③ 薯童房乙 夜矣 夘乙抱遣 去如

①모형은 '夘乙'이 '抱遣'을 한정하는 부사이고, '薯童房乙'은 '抱遣 去如'의 목적어이다. 이 모형은 양주동에서 정착된 것으로 문맥이 평이하다. 그러나 '夘乙'을 '몰래'로 해독하는 것은 무리한 점이 많다고 지적되어 왔다.

②모형은 '夘乙'이 對格形으로서 '抱遣'의 목적어가 되고, '房乙'은 '去如'의 行動 方向이 되는 장소로 보는 것이다. 지금도 해독과 해석에 대한 여러 견해가 제시되고 있는 미완의 과제로 남아 있다.

③모형은 '夘乙抱遣'을 複合動詞로 이해하려는 것이다. '薯童房乙'은 '夘乙抱遣'의 목적어이다. '夜矣'는 ①②모형의 경우와 마찬가지로 부사어

---

6) 홍기문, 『향가해석』, 과학원, 1956, p.197. 金完鎭, 『鄕歌解讀法硏究』, 서울大學校 出版部, 1980, p.94. 金俊榮, 『鄕歌文學』, 螢雪出版社, 1981, p.126. 金善琪, 『옛적 노래의 새풀이』, 普成文化社, 1993, p.393.
7) 兪昌均, 『鄕歌批解』, 螢雪出版社, 1994, p.541.

이다. 이 모형은 아직 제시된 적이 없으며, 이 논문에서 실험적으로 제안하려는 것이다.

특히 '夗乙'에 대한 해석은 지금까지 '夗乙'이 '抱遺'을 한정하는 부사라는 견해와 '夗乙'이 '抱遺'에 걸리는 목적어라는 견해가 주로 거론되어 왔다. 그러나 '夗乙抱遺'을 複合語로 보는 길이 있을 듯한데, 복합어의 가능성에 입각한 논의는 아직 시도되지 않은 것 같다. 이 분야에 무지한 필자는 '夗乙抱遺'을 복합어로 보는 것 자체가 무리여서 입론의 여지가 없다거나, 어떤 禁忌가 있어 아직까지 논의가 유보되어 온 것이 아닌가 하는 두려운 생각도 품고 있다. 너그러운 가르침을 기다린다.

2. 諸氏의 '解讀 노래'에 대한 檢討

「薯童謠」의 해독·해석은 '夗乙'에 집중되어 온 감이 있다. '夗乙'의 해독·해석에 따라 '薯童房乙'의 해석도 달라지고, 노래 전체의 통사상 문장 구조도 달라지게 된다. 합리적으로 설명하려는 욕구는 더러 동요의 詩情에 손상을 입히기도 한다.

鮎貝房之進은 『朝鮮史講座』에서 「薯童謠」를 '善化公主主隱 / 他密只嫁良置古 / 薯童房乙 / 夜矣夗乙抱遺去如'와 같이 4句로 분구하여, '薯童房乙'을 한 구로 잡고, '夜矣'를 아래 구에 붙여 '夜矣夗乙抱遺去如'를 한 구로 잡았다. 나아가 문제의 초점이 되고 있는 '夗乙'은 '卯乙'로 처리하였고, '卯乙'의 해독에 있어서는 '卯'字의 경우 音을 써서 '묘'로 읽고 '乙'字의 경우 '을'의 종성을 써 '夗乙'은 '뫌'로 읽을 수 있으며, '뫌'은 '抱'의 부사로 쓰인 것을 알 수 있다고 하였으나, 그 의미 해석은 後考에 미룬다고 유보하였다.

선화 공쥬님은 / 나멀긔 멀여두고 / 셔동방을 / 밤의 □ 안견 간다.[8]

---

8) 鮎貝房之進, 「國文, 吏吐, 俗謠, 造字, 俗字, 借訓字」, 『朝鮮史講座(特別講義)』,

(善花公主님은 / 他人에게 嫁入 아니하고 / 서동방을 / 밤에 □ 안겨
간다.)

위의 해독을 보면 우선 '他'字를 '남', '密'字를 '밀' 또는 '믈', '只'字를
'기' 또는 '긔'로 보아 '他密只'를 '나믈긔' 또는 '나멀긔'라고 하고, '密只'
를 助詞로 처리하여 '他人에게'라고 풀이하였다. 그리고 '嫁'字는 訓蒙字
會에 訓義가 '멀일'이니 '멀일'로 읽겠다고 하였다. 그러나 실제로 訓蒙字
會에서 '嫁'字의 訓은 '멀일'이 아닌 '얼일'이니, 鮎貝房之進이 본 '멀일'은
'얼일'의 錯誤로 보이어서, '멀일'은 '얼일'로 바로잡아야 할 것이다. 小倉
進平이나 梁柱東도 '嫁良'을 '얼어'로 해독하여 이후 그대로 지켜지고 있다.

또한 鮎貝房之進은 '嫁良置古'의 '置古'를 '그만두고'의 禁止의 뜻으로
처리하여 '嫁入 아니 하고'로 보고, '他密只嫁良置古'를 '他人에게 嫁入 아
니 하고'라고 풀이하였다. 이렇게 되면, 선화공주가 서동방이 아닌 타인
에게 시집을 갔어야 했을 것인데 그렇게 하지 아니 하고 서동방을 밤에
만나 안긴다는 것이 된다. "공주가 '薯童을 밤에 안고 갈 수 있는' 사전
조건으로 '타인에게 진작 嫁入하여야 한다'는 것이 과연 옳은 견해일
까"9)라고 지적한 崔鶴璇의 견해와 같이, '남에게 진작 시집갔어야 할 몸
으로 서동방과 부정을 저질렀다'라고 하는 것은 선화공주의 인품을 폄하
하려는 해독자의 의도가 깔려 있는 것으로 볼 수 있다. 이러한 시각은
群童을 모아 童謠를 퍼뜨린 薯童의 眞意에 위배되는 것이라고 보아야
한다. 서동의 입장에서 퍼뜨린 동요라면 '서동과 짝지어 놓고 밤이면 밤
마다 안고 뒹굴다가 간다'면 되는 것이지, 무슨 남에게 시집갔어야 했을
것이라는 전제 조건이 필요한 것은 아닐 것이기 때문이다. 남에게 시집
갔어야 했을 것이라는 전제 조건은 동요의 문맥으로는 순조롭지 못한
것이다. '密只'는 小倉進平과 梁柱東에 와서 '그스기 · 그스지'로 해독되어

朝鮮史學會, 1923, p.211.
9) 崔鶴璇, 『鄕歌硏究』, 圖書出版 宇宙, 1985, p.48.

鮎貝房之進이 조사로 처리한 잘못을 바로 잡고 있다.

鮎貝房之進은 「서동요」의 해독·해석에서 문제의 초점이 되고 있는 '夗乙'을 '卯乙'로 판독하고 '몰'로 해독하였으면서도, 의미 해석에 있어서는 빈칸으로 유보하여 논쟁의 소지가 있음을 예고하였다. 小倉進平과 梁柱東은 '卯乙'을 '몰래'로 풀이하여 '抱遣'을 한정하는 부사로 보았고, 池憲英은 '무엇을'로 읽어 對格으로 처리하였다. 홍기문은 '卵乙'을 '란'音으로 읽어 '夜'字에 딸리는 助詞로 처리하였고, 정열모는 '卵乙'을 '알을'로 읽어서 對格으로 처리하였다.

鮎貝房之進의 해독과 해석 가운데 뒤에 오면서 많은 수정이 가해진 곳은 '他密只'와 '嫁良置古'와 '夗乙'이다.

小倉進平은 『鄕歌 및 吏讀의 硏究』에서 鮎貝房之進의 해독을 수정하면서 다음과 같이 3句로 나누어 해독하고 있다.

> 善化公主님은 / 남(애) 그스기 얼여 두고 / 薯童房올 밤애 몰내 안고 가다[10]

鮎貝房之進이 '나멀긔'라고 해독하여 '남에게'라고 풀이했던 '他密只'를 小倉進平은 '남 그스기'로 해독하여 '남(애) 몰내'라고 해석하였다. 또 鮎貝房之進이 '멀여두견'이라 해독하고 '嫁入 아니 하고'라고 해석하였던 '嫁良置古'를 小倉進平은 '얼여두고'라고 해독하여, '멀여'에서 '얼여'로 綴字를 바로 잡고 '嫁入하여두고'라고 해석하였다. 결국 小倉進平은 '他密只 嫁良置古'를 '남(애) 몰내 얼여두고'라고 해독하고 '남모르게 嫁入하여 두고도'라고 해석하여, '선화공주가 타인과 몰내 혼약을 했으면서도 서동방을 밤에 몰내 안고 간다.'라고 해석하였다. 이것은 鮎貝房之進이 시작한 선화공주에 대한 폄하하는 시선을 그대로 남겨 놓고 있는 것이 된다. 그러나 '他密只'에 있어서는 '密只'를 '그스기'로 해독하여, 이후 부분적인

---

10) 小倉進平, 『鄕歌 및 吏讀의 硏究』, 京城帝國大學, 1929, p.189.

수정을 가한 이도 있지만 대체로 이에 따르고 있다. '嫁良置古'의 '얼여두고'는 양주동의 '얼어두고'를 거쳐 '시집 가서'·'교합해 두고'·'짝맞추어 두고' 등의 뜻으로 이해하면서 해독을 그대로 지켜오고 있다.

鮎貝房之進이 '묠'로 읽으면서도 의미 해석을 유보해 두었던 '夘乙'은 小倉進平의 경우 '夘'字를 '卯'字로 판독한 점에 있어서는 鮎貝의 견해에 따랐으나, '묘' 대신 '모'음으로 읽고 '몰내'로 풀이하기 시작하여 양주동에게 이어졌다. 양주동은 '卯乙'을 '몰'로 해독하고 '몰래'로 해석하였으나, 이후 반론이 거듭되어 「薯童謠」 연구의 중심 과제가 되어 왔다.

「薯童謠」에 대한 梁柱東의 '解讀 노래'를 『古歌硏究』의 표기 그대로 적어 보면 다음과 같다.

> 善化公主니믄
> 눔그스지 얼어두고
> 맛둥바올
> 바미 몰 안고가다[11]

이 '解讀 노래'를 梁柱東은 『古歌硏究』의 後尾에 달아 놓은 附錄의 釋詞에서,

> 善花 공주님은, / 남 그으기 얼어 두고, / 맛둥방을 / 밤에 몰래 안고 가다.[12]

라고 풀이하였다. 이 해석은 鮎貝와 小倉이 잘못 만들었던 「서동요」의 문맥을 바로 세우는 출발점이 되었다. 즉 梁柱東은 鮎貝·小倉이 만들어 놓은 '이미 출가했어야 했거나 혼약한 여인이 저지른 부정'이라 왜곡하여

---

11) 梁柱東, 『朝鮮古歌硏究』, 博文書舘, 1942. 『增訂古歌硏究』, 一潮閣, 1965, p.432.
12) 上同, p.877.

선화공주의 인품을 폄하하고 있는 문맥을 바로 잡았다. 제1구와 제2구의 해독과 해석은 대체로 여기에서 마무리 되게 된다.

양주동이 '善化公主님은 남 그으기 얼어 두고'라고 한 것은 '선화공주님이 남 모르게 은밀히 서동방과 짝지어 두었다'는 것이고, '맛둥방을 밤에 몰래 안고 가다'라고 한 것은 선화공주가 남 모르게 짝지어 둔 맛둥방을 '밤에 몰래 안고 간다'는 것이지, 鮎貝나 小倉이 말한 것처럼 '진작 정해진 사람이 있었는데도 엉뚱한 딴 남자인 서동방과 통정한다'는 말이 아닌 것이다.

'선화공주님은 남 그으기 얼어 두고 맛둥방을 밤에 몰래 안고 간다'는 이 문장 구조는 매우 평이하고 순하다. 이 문장은 한 개의 主語 '선화공주님은'과 한 개의 目的語 '서동방을'과 한 개의 敍述語 '안고 간다'로 짜여져 있다. 실제로 '선화공주님은'은 '얼어 두고'와 '안고 가다'의 두 개의 서술어에 대한 주어이지만, '선화공주님은 남 그으기 얼어 두고'라는 節은 '선화공주는 서동방을 밤에 몰래 안고 간다'라는 節에 딸려 있는 두 개의 節이 이어져 이루어진 하나의 문장인 것이다. 동요의 문맥은 이와 같이 평이하고 순하고 재미가 있는 것이라야 하는 것이지, 억지로 뜻을 돌려서 노래해 놓고는 아이들에게 새겨서 들어 달라고 강요할 겨를이 없는 것이다. 이런 점에서 鮎貝와 小倉의 '解讀 노래'에 대한 해석은 억지로 만든 노래라는 느낌을 주고 있으며, 그에 비해 梁柱東의 '解讀 노래'는 童謠의 順理에 맞는 문맥을 찾아 냈다고 말할 수 있는 것이다.

그러나 이와 같은 문맥은 池憲英에게서 새로운 국면을 맞이하게 된다.

善化公主니믄 / 눔모리 어러두고 / 薯童房올 / 바미 몰 안고가다[13]

이 해독은 표기된 외형으로만 본다면 양주동의 해독과는 다만 '눔그스지'가 '눔모리'로 바뀐 정도이다. 그러나 '薯童房乙'을 '서동 방으로'라고

---

13) 池憲英, 『鄕歌麗謠新釋』, 正音社, 1947, p.6.

풀이하여 '去如'의 行動 方向으로 보았고, '몰'을 의문대명사의 대격형인 '무엇을'로 풀이하였다. 이에 대하여 남풍현은 다음과 같이 평하고 있다.

'夘乙'을 對格形으로 파악한 것은 池憲英에서부터 시작된다. 그는 '乙' 이 借字表記法에서 對格助詞로 주로 쓰인 것을 중시한 것으로 믿어지는 데, 이는 이 詩歌의 解讀에 새로운 章을 연 것이다. 그는 '夘乙'을 '몰'로 읽고 이것을 의문대명사의 對格形인 '무엇을'로 해독하였다. 또 '薯童房 乙'을 '去如'의 行動 方向으로 보아 이 句를 "밤에 무엇을 안고 그(薯童) 房으로 가는가"라고 풀이하였다. 이로써 '房'을 무리하게 '童'의 뜻으로 보는 견해를 지양하였다. 그러나 '몰'은 중세 국어의 '므스' '므슴' '므슥' 과 어형상 대응하기 힘들 뿐더러 歌意를 모호하게 표현한 것으로 본 흠 이 있다. 이 동요는 그 背景說話와 긴밀하게 연결되어 있는 것인데 '夘 乙'을 의문사로 풀이함으로써 이 유대가 이완된 결과를 낳게 하였다.[14]

이 평에서 남풍현은, 지헌영이 '夘乙'을 대격형으로 파악한 것은 이 노래의 해독에 새로운 장을 연 것이나, '몰'은 중세 국어의 '므스' '므슴' '므슥'과 어형상 대응하기 힘들 뿐더러 歌意를 모호하게 표현한 것으로 본 흠이 있다고 하였다. '선화공주는 밤에 무엇을 안고 서동의 방으로 가는가'라는 말은 '선화공주는 서동방을 밤에 안고 간다'는 말보다 의표가 모호하다. '夘乙'을 목적어로 처리한다면 가지고 가는 물건이 서동과 직접적으로 연결되는 것이어야 했을 것인데 '무엇을'이라는 의문사로 해석하여 설화와의 연관성을 약하게 만든 것이라는 것이다.

梁柱東은 '夘'字를 '卯'字로 판독하여 '夘乙'을 '몰'로 읽었고, '몰'을 '몰래'로 풀이하여 小倉을 답습하였다. 이러한 해독은 이후 끈질기게 비판의 소리를 들어 왔다. 한 노래 속에 훈독하여 '몰래'라는 의미로 해독되는 '密只'의 '密'字가 있는데도 불구하고, 굳이 字形마저 고쳐서 音借한 '卯'字를 사용했겠느냐는 지적을 받아 왔다. 이러한 비판의 결과로 '夘乙'

14) 南豊鉉, 「薯童謠의 '夘乙'에 대하여」, 『백영정병욱선생환갑기념논총』, 新丘 文化社, 1982, p.208.

을 '무엇을'로 읽어 對格形으로 파악한 池憲英의 견해가 나왔고, 홍기문
은 '夗'字를 '卯'字로 판독하고 音借字로 처리하여 '바르란'의 '란'음을 표
기한 것으로 보았다.

홍기문이 해독한 '노래의 역문' 곧 '해독 노래'는 다음과 같다.

　　(직역)
　　선화공쥬니믄 / 늠 그스기 얼어 두고 / 서동 집을 / 바르란 안고 가다

　　(의역)
　　선화공주님은 / 남 몰래 시집 가서 / 서동이를 / 밤이면 안고 가다.15)

'해독 노래'의 문맥에 있어서 홍기문은 양주동의 것을 크게 벗어나지
않는다. 홍기문의 '선화공주님은 남 몰래 시집 가서 서동이를 밤이면 안
고 가다.'라고 한 것은 양주동의 '선화 공주님은 남 그으기 얼어 두고 맛
둥방을 밤에 몰래 안고 가다.'라고 한 것에서 '夗乙'에 대한 수정 이외에
기본적으로 문맥이 바뀐 것은 없다. '그으기'는 '은밀히'·'몰래'라는 말이
고, '얼어 두고'는 '시집 가서'라고 해서 그 뜻이 바뀐 것이 아니니, 홍기
문의 '해독 노래'에 있어서도 '선화공주님은' 主語이고 '서동이를'은 目的
語이고 '안고 가다'는 敍述語인 것이다.

홍기문은 '夗乙'을 '卯乙로 보고 '몰래'로 읽는 것을 인정하지 아니 하
였다. 홍기문은 '夗乙'에 대한 小倉進平과 梁柱東의 견해를 다음과 같이
비판하였다.

　　<향가 급 리두 연구>나 <조선 고가 연구>에서 <卵>자를 <卯>자로
　　인정한 다음 먼저 책에서는 <夜矣>를 <밤애>, <卯乙>을 <몰내>라고
　　읽고, 나중 책에서는 <夜矣>를 <밤의>, <卯乙>을 <몰>이라고 읽었다.
　　나중 책이 철자에 대한 약간의 수정을 가한 이외 <卯乙>의 두 글자를

──────────
15) 홍기문, 『향가해석』, 과학원, 1956, p.197.

현대어 <몰래>에 해당한 말로 해석하여 먼저 책 그대로 도습하고 있다. 그러나 <卯乙>에서는 <몰내>라는 <내>의 음을 찾아 볼 수 없으며 그렇다고 <몰>이란 말로 해석한다는 것도 정확한 편이 못된다. 첫째 <몰내>가 <남이 모르게>의 뜻으로 되는 데는 <내>의 뜻이 가담되어 있다는 것을 잊어서는 안되니 <몬내>, <끝내> 등에서 <내>를 떼여 버려서는 <몬내>, <끝내>와 같은 말로 될 수 없다. 둘째 우의 <늄 그스기>란 말이 이미 <몰래>의 뜻이라는 것을 또한 잊어서는 안 되니 불과 몇 마디 되지 않는 노래에서 동일한 뜻의 말을 그렇게 중복했을 것 같지 않다. 세째 근본적으로 파고 들어 가서는 <몰래> 내지 <몰>을 <卯乙>의 두 자로 기사했다는 것부터 의문이 없을 수 없는 것이다.[16]

홍기문은 처음부터 '夘'字를 '卵'字로 보고 있었다. 홍기문은 그러한 입장에 서서, '卵'字를 '卯'字로 인정하고 '卯乙'을 '몰내'·'몰'로 읽는 小倉進平과 梁柱東의 견해를 세 가지 이유를 들어 비판하고 있는 것이다. 첫째 '몰'은 '래'가 없는 상태로는 '몰래'라는 말이 될 수 없다는 것이다. 이것은 '卯乙'을 '몰'로 읽은 양주동의 견해가 성립될 수 없음을 말하는 것이 된다. 둘째 '그스기'와 '몰래'는 같은 뜻의 말이니 몇 마디 되지 않는 짧은 노래 속에서 같은 뜻을 가진 말을 중복해서 쓰지 않았을 것이라는 것이다. 이것은 '夘乙'을 '몰래'로 읽는 문제를 근본적으로 재고해야 하는 이유가 되는 것이다. 셋째 '몰래'를 꼭 표기해야 되었다면 '몰래'를 표기하는데 굳이 '卯乙'로 기사하지 않았을 것이라는 것이다. 이것은 '夘'字를 '卯'字로 판독한 부적절성을 함께 지적하는 것으로서, 그대로 인정할 수 있다면 '夘乙'의 판독·해독·해석에 있어서 근본적으로 시각의 전환을 요구하고 있다고 말할 수 있는 것이 된다.

홍기문이 제시한 이러한 이유는 모두 타당한 것이었다. 鮎貝房之進이 유보해 두었던 '夘乙' 즉 '卯乙'의 해석을 '몰내'와 '몰'로 읽어 '몰래'로 해석한 小倉進平과 梁柱東의 견해로는 「薯童謠」의 해석에 있어서 시원한

16) 上同, p.203.

결과를 기대하기 어렵다는 것이다.

이와 같이 小倉進平과 梁柱東을 비판한 홍기문은 '夘'字를 '卵'字로 판독하고, '卵'字를 '夜矣'에 딸리는 助詞의 일부분으로 처리하는 해독을 내놓았다.

> <夘>는 <卵>이요 <夜矣卵>은 <바므란>이란 말이다. <卵乙>은 <卵>의 뜻을 표시하던 리두어였을 것인 바 후인의 전사 내지 인각에서 그런 말이 통용되는 관계상 <乙>을 덧넣어서 드디여 <卵乙>로 되어 버린 것이다.[17]

홍기문의 위의 주장은 '夘'字를 '卵'字가 아닌 '卵'字로 잡고, '卵'을 音借字로 읽어 '바므란'의 조사의 일부분인 '란'音을 표기한 것이라는 것이다. 鮎貝·小倉·梁柱東이 '夘乙'을 '卯乙'로 판독한 부당성을 지적한 것은 타당도가 높은 견해이었으나, '夘'字가 '卵'字로 고쳐져야 할 정당한 이유와 '卵乙'이 '란'音으로 읽혀져야 하는 까닭이 설명되어 있지 않은 것은 새로운 문제를 낳게 되는 결함으로 남게 되었다.

李鐸은 '夘'의 판독을 '卯'의 입장에 따르면서 '卯乙'을 '믇을'로 읽고 '무엇을'로 해석하였다.

> 善化公主님은 / 눔믇으 얼아 도고 / 마동방을 / 밤이 믇을 안고 가득

> 선화공주님은 / 남 몰래 얼러 두고 / 맏동방엘 / 밤에 무엇을 안고 가다[18]

'卯乙'에 대하여 지헌영이 '몰'로 읽었으나 李鐸은 '믇을'로 읽어 해독을 달리하였다. 그러나 '믇을'을 '무엇을'로 해석하여 의문부사로 보는 것은

---

17) 同上, p.203.
18) 李 鐸, 「鄕歌 新解讀」, 『한글』114호, 1956, p.8.

지헌영과 같이 하였다. 이리하여 이탁은 「서동요」 해석의 대의를 '선화공
주님은 남 모르게 얼러 붙어 두고서 서동이 방에를 밤에 무엇을 안고
가더라'라고 하여, '薯童房乙'을 '서동이 방에를'로 해석하여 처소격의 입
장을 취하였다. 이탁이 '몰=무엇을'이라는 지헌영의 입장을 취한 것과는
달리 金善琪는 '몰=몰래'라는 양주동의 해석을 "길이 후학들로 하여금 혀
를 내두르게 하리라고 믿는다"고 하여 '몰'로 읽는 입장에 찬동하였다.

션똬 공쥬님안 / 남기시기 얼일아 도고 / 쑈뚱 빵알 / 밤애 몰안겨
가다19)

金善琪는 '房乙'을 '빵알'로 읽고 '房'을 '집'으로 새겼으나, 이 경우 '집'
이 장소 개념을 지니는 말인지의 여부에는 언급하지 않았고, '薯童房乙'
을 양주동의 견해에 따라 대격으로 처리한 듯하다.

金俊榮은 양주동의 입장을 따르면서 홍기문의 견해에도 주의를 기울
였다.

善花公主님은 / 늠 그슥 얼아 두고 / 마동방을 / 밤의 몰 안고 가다

善花公主님은 / 남 그윽이 교합해 두고 / 마동방을 / 밤에 몰래 안고
가다.20)

김준영은 '卯乙'을 '몰'로 읽고 부사로 쓰인 것이라 했으나, 혹시 '卯'字
가 아니라 '卵'字라면 '卵乙'은 조사 '랑은'·'란은'의 方言으로 보아야 하
겠다고 하였다. 이것은 원칙적으로 '卯乙'을 양주동의 견해처럼 '몰'로 읽
는 것이나, '卵'字로 판독되는 것이라면 '卵乙'을 '란을'로 읽고 '란을'을

19) 金善琪, 「쑈뚱노래」, 現代文學151호. 『옛적 노래의 새풀이』, 普成文化社,
    1993, p.393.
20) 金俊榮, 『鄉歌文學』, 螢雪出版社, 1981, p.126.

'랑은'·'란은'의 방언으로 처리한다는 듯이 보인다. 홍기문의 '바므란'의 '란'과 같은 관점으로 좋은 비교가 된다.

'卵'字를 音借字로 해독하는 것이 합리적으로 설명하기 어려워지니, 관심이 '卵'字의 訓讀으로 돌아 가게 되고, '卵乙'을 '알을'로 읽게 되었다. '卵乙'을 '알을'로 읽게 되니, 「薯童謠」의 문장에 目的語가 두 개 생기는 결과가 되었고, 이후 이것을 해결하려는 노력이 계속되어 이에 따르는 다양한 견해가 나타나게 되었다. 거기에 더하여 '薯童房'은 사람을 지칭하는 말에서 벗어나 '薯童'과 '房乙'을 분리하여 '머선의 방'·'서동의 방' 등과 같이 선화공주의 행동이 지향하는 방향으로 해석하게 되었다. 이로 인하여 문장 구조와 文意는 점점 복잡해지고, 「薯童謠」의 해석은 미세적이고 국소적 의미 파악에 관심이 쏠리는 경향을 보이게 되었다. 그리하여 「서동요」의 해석은 童謠의 文理에서 점점 멀어지는 듯이 보이게 되었다.

홍기문의 견해대로라면 '夘乙'을 '卵乙'로 고쳐서 '몰'로 읽는 것은 부적절하다는 것이다. 그렇다고 홍기문의 주장대로 '夘乙'을 '卵乙'로 고쳐서 '바므란'의 '란'音을 표기한 것으로 보기도 어려운 것이다. 정렬모는 '卵乙'에서 '乙'을 무시하고 '란'音을 읽어 낼 수는 없다[21]고 지적하였다.

정렬모는 서동요를 6句로 나누어 다음과 같이 해독하였다.

(직역)
선화 곰쥐 / 니믄 늠달기 / 어러두고 / 머선 방을 / 바미 아롤 / 품고 가요

(의역)
선화 생쥐년 / 님은 눈독에 / 정드려 놓고 / 머스매 청에 / 밤이라 알만 / 품고만 간다[22]

---

21) 정렬모, 『향가연구』, 사회과학원 출판사, 1965, p.117.
22) 上同, p.103.

정렬모는 '薯童'을 '머선' 곧 '머섬'의 표기라고 추정하였다. '房'은 音讀하여 글자 그대로 '房'으로 읽고, '乙'은 音借하여 '을'로 읽으면서 장소 상황어를 표현한다고 하였다. 결국 '薯童房乙'을 '머선 방을'이라고 직역하고 '머스매 청에'라고 의역하였다.[23] 이것은 '薯童房'의 '房'이 '薯童'이라는 人名에 붙는 접사가 아니라 방(청)이라는 공간 장소를 가리키는 말이며, 선화공주의 행동이 지향하는 방향을 표시하고 있는 것이라고 풀이하였다. 梁柱東의 해독에서는 '서동방을 몰래 안고 간다'이던 것이 정렬모의 해독에서는 '서동 방에 밤알을 안고 간다'로 바뀌게 된 것이다. 이러한 구문 이해의 변화는 '卵乙'의 해독이 '알을'로 바뀌면서 두 개의 목적어가 등장하는 통사론적 불편을 해소하려는 노력에서 비롯된 것으로 볼 수 있다.

'薯童房乙'의 '乙'이 '서동 방으로'의 '으로'로 해석됨으로써 '乙'이 행동이 지향하는 방향을 표시한다는 생각은, 이후 '卵乙'을 '알을'로 해독하는 결과로 나타나는 두 개의 목적어를 해결하려는 노력에 이용되게 되었다.

정렬모는 '夜矣卵乙抱遣去如'를 '바미 아롤 품고 가요'라고 직역하고, '밤이라 알만 품고만 간다'라고 의역하였다. '夜'字는 訓借하여 '밤', '卵'字도 訓借하여 '알', '夜矣卵'은 '밤이알'로 읽어서 栗子 곧 '밤알'이라고 하였다. 이때 '卵乙'의 '乙'은 對格이라고 하였다. 나아가 정렬모는 '薯童房乙 夜矣卵乙 抱遣去如'와 같이 띄어 읽고 '머슴애 방에 밤알을 품고 간다'로 해석하였다.[24]

小倉進平・梁柱東・홍기문이 '薯童房乙'을 목적어로 처리하였던 것이 지헌영의 '무엇을'을 거쳐 정렬모에 와서 '薯童房乙'의 '乙'은 處所格 내지 向進格으로 바뀌고, '夜矣卵乙'의 '乙'이 目的格의 자리에 놓이게 되었다. '夜矣卵'을 '밤알(栗子)'로 풀이한 것은 매우 신기한 착상이나, '밤(栗)'을 표기하기 위하여 '夜'字에서 訓借했다는 것은 그대로는 납득하기 어려운

---

23) 上同, pp.112~115.
24) 上同, pp.115~116.

해독법이라 할 수 있다. '夘'를 '卵'으로 바꾸어 '卵'을 '알'로 읽고, '夘乙'을 '夘乙'이 아닌 '卵乙'로 고쳐 나가는 새로운 상황에서 합리적으로 대처하려는 고심의 결과가 '薯童房乙'을 목적격에서 처소격 내지 향진격으로 바꾼 것이라 해야 할 것이다. 그렇다면 이것은 문법에 맞는 해독일 수는 있어도 문장론적 문맥의 순리를 얻었다고 말할 수는 없을 것이다. 이후 '夘'字냐 '卵'字냐 하는 문제는 「서동요」의 문맥을 자의적으로 변조하는 실험적 시료로 삼게 되면서 해독과 해석에 대한 중심 과제가 되었다.

　徐在克의 해독은 다음과 같다.

　　　<解讀>
　　　善化公主니믄 / 눔 그슥 어라 두고 / 마둥바올 바미 알안겨거다

　　　<現代語譯>
　　　善化公主님은 / 남 몰래 교합해 두고 / 마퉁놈을 밤에 알안았다.[25]

　서재극은 '薯童房乙 夜矣 夘乙抱遣去如'를 '마퉁바올 바미 알안겨거다'라고 해독하고, '마퉁놈을 밤에 알안았다'라고 현대어역하였다. '夘乙'을 '알'로 읽었고, '夘乙抱遣去如'를 '알안다·알품다'로 이해하였다.

　　　楊子方言의 「北燕朝鮮洌水之間 謂伏鷄曰抱」는 「알안다, 알품다」를 이름이다. 「密只」이란 말이 앞에 있는데, 다시 「夘乙」 즉 「夘乙(몰, 不知)」(從來 解釋들)로 썼을까? 「密只(그슥)」과 「夘乙(몰)」은 異音 同義語가 아닌가? 筆者는 上記 論文에서 「去如」를 疑問形 「간다」로 解讀했기 때문에 이 「夘」字를 「불(睾丸)」로 보았고, 다음 「乙」을 對格으로 處理하였으나, 여기서 「夘」의 末音添記로서의 「乙」로 修正하는 同時에, 「去如」의 「去」를 完了相의 先語末 語尾 「-거-」로 處理하는 바이다.[26]

────────────

25) 徐在克, 『新羅 鄕歌의 語彙 硏究』, 啓明大學校 韓國學硏究所, 1975, p.25.
26) 上同, p.24.

徐在克은 '薯童房乙 夜矣 夘乙抱遣去如'를 한 句로 처리하고, '去如'의 '去'를 完了相의 先語末 語尾 '一거一'로 처리하였다. 이에 대하여 金完鎭은 "徐在克의 '알안겨거다'는 재미 있는 착상이기는 하나, 얼마나 그 의견에 동조할 사람이 생길까 하는 느낌을 준다."27)라고 하여 서재극의 '알안겨거다'에 찬동하지 아니 하였다. 그러나 이것은 '夘乙'을 '알'로 읽어 '乙'을 '알'의 末音添記로 처리한 것을 포함하여 '去'를 完了相의 先語末 語尾로 처리한 데 대한 비판일 수는 있어도, '夘'을 '알'로 읽은 것에 대한 불만의 표시는 아니었던 것 같다.

홍기문이 '夜矣夘乙'을 '바므란'으로 읽어 '夘'字를 音借字로 읽고 助詞로 처리하더니, 정렬모는 '夜矣夘乙'을 '밤이아롤'로 읽어 栗子 곧 '밤알'이라 하여 '夘'字를 訓借字로 보고 '夘乙'을 대격으로 이해하였다. 서재극도 '夘乙'을 '알'로 읽고 '불알'로 해석하여 '夘'字를 訓借字로 처리하였다. 김완진은 '夘乙'을 '알홀'로 읽고 '夘'字를 '卵'字로 판독하면서 '알홀'을 정렬모처럼 대격으로 처리하였다.

金完鎭은 『鄕歌解讀法研究』에서 「薯童謠」를 다음과 같이 해독하였다.

轉寫:
善化公主니리믄
눔 그윽 어러 두고
薯童 방올
바매 알홀 안고 가다.
現代語譯:
善化公主님은 / 남 몰래 짝 맞추어 두고 / 薯童 방을 / 밤에 알을 안고 간다.28)

이 해독의 요체는 '夘乙'을 '알홀'로 읽은 데 있다. 지헌영이 의문조사

---

27) 金完鎭, 『鄕歌解讀法研究』, 서울大學校 出版部, 1980, p.96.
28) 上同, pp.94~96.

로 처리한 '무엇을'의 모호성에서 벗어 났고, 정렬모가 '夜'字를 '栗'로 이해하면서 제시한 '밤이알'이 안고 있는 부적절성을 개선하였으며, 서재극이 '夘乙'을 '알'로 읽었을 때 '乙'을 말음첨기로 처리한 과용성을 해소하였다. 그러나 이미 '薯童房乙'이 대격의 자리에 있음에도 불구하고 '알홀'을 또다시 대격으로 처리함으로써 한 문장에 두 개의 대격이 충돌하는 결과를 가져오게 한 전철을 그대로 답습하였다. 다시 말하면 한 문장에 두 개의 대격이 충돌하는 데서 일어나는 통사상 구문의 불합리를 해결해야 했던 선행자의 고심은 그대로 떠안게 되었다.

> '薯童'을 풀어 읽는 노력을 보류한다. '房'을 男子를 위한 접사로 본 것은 小倉進平에서 시작되어 모두가 이를 따라 왔지만, 著者는 이를 文字 그대로의 '방'으로 보고, 끝에 오는 '去如'의 行動 方向으로 잡는다.[29]

金完鎭은 '薯童房乙'의 '房'을 小倉進平·梁柱東·홍기문처럼 접사로 보지 않고 문자 그대로 '방'으로 보고 선화공주의 행동 방향으로 본다는 것이다. 이것은 '房'을 '薯童'이라는 人名에 붙는 접사로 처리하는 小倉進平·梁柱東·홍기문의 견해를 버리고, 공간 장소의 개념으로 이해하는 지헌영·이탁·정렬모의 견해에 따르는 것이 된다.

김완진은 '밤에 알을 안고 간다'의 풀이에 대하여 다음과 같이 말하였다.

> '乙'字는 원칙적으로 대격의 표시로 쓰이는 자이기에 '夘乙'을 '알홀'로 읽으며 이 句 전체를 '바매 알홀 안고 가다'로 읽는데, 解讀의 順理에 맞고 文法에도 어긋남이 없으나, 구체적으로 그것이 무슨 내용을 뜻하는가까지는 말하기 어렵다. '알을 안고 간다'는 것이 당시의 어떤 隱語 내지는 比喩的 表現인 것 같이도 느껴지나, 지금으로선 後考를 기다린다 할 수밖에 없다.[30]

---

29) 上同, p.95.
30) 上同, p.96.

이 인용문의 핵심은 '夘'을 '알'로 읽고 있다는 것이다. 즉, '夘'을 '卯'가 아닌 '卵'으로 보고, '乙'을 대격으로 처리하여, '卵乙'을 '抱遣'의 목적어로 삼았다. 김완진의 해독의 결과는 '선화공주님은 서동 방으로 밤에 알을 안고 간다'가 되는 것이다. 양주동의 '선화공주님은 맛둥방을 밤에 몰래 안고 간다'와는 매우 다른 결과를 가져 오고 있다. 양주동의 해석은 '선화공주가 밤에 서동방을 안고 (뒹굴다가) 간다'로 이해되는 것인데, 김완진의 해석은 '선화공주가 서동의 방으로 알을 안고 간다'는 것이 되어, 선화공주는 알의 소유자 내지는 운반자가 되는 것이다. 정렬모의 '밤(栗)'과 서재극의 '불(睾丸)'이라는 해석이 있었지만, 단안을 피하여 당시의 隱語이거나 比喩的인 표현일 것이라고 하여 여운을 남겨 두었다.

홍재휴·김문태·유창균은 '알'의 해석에 계속 관심을 보였지만, 박갑수·남풍현은 '卵'字로 판독하는 견해에 동의하지 않았다. 그리하여 박갑수와 남풍현은 '夘'字의 새로운 해독을 시도하였다.

朴甲洙는 '夘'를 '톳기'를 거쳐 '돍'으로 읽고 '자리(席)'로 해석하였다. '夘乙'은 대격으로 처리하여 "善化公主님은 남 모르게 (薯童을) 얼러두고 薯童에게 밤에 잠자리를 안고 간다"로 풀이하였다. 이에 대하여 남풍현은 '돍'을 표기하자면 '席'字가 있다. 이것을 버리고 '토끼(兔)'의 뜻을 거쳐서 '席'의 뜻을 표기한다는 것은 借字表記法에 수의성이 있다 하더라도 지나친 표기법상의 戲弄이다."[31]라고 하였다. '夘'字에 대한 종전의 해독에 만족하지 못하고 새로운 해독을 시도했으나, 결과적으로는 '夘'字에서 벗어나지 못하는 한계에 머무르게 되었다.

南豊鉉은 '夘'字는 '卵'으로 읽힐 가능성보다는 '卯'로 읽힐 가능성이 높다고 말하고, '夘乙'은 '모롤'을 표기한 것이며 그 뜻은 '마(薯蕷)를'이라 하였다. 그리하여 「서동요」의 해독을

---

31) 南豊鉉, 「薯童謠의 '夘乙'에 대하여」, 『백영정병욱선생환갑기념논총』, 新丘文化社, 1982, p.209.

善化公主님은 눔 그스기 얼어 두고 薯童 房을 밤이 모롤 안고 가다.

라 하고, 그 뜻을

善化公主님은 남 모르게 남자를 사귀어 두고 밤에 마(薯蕷)를 안고
薯童의 房으로 간다.[32]

라고 하였다. 마를 표기하면서 음차자로 '卯'字를 이용하였다는 것은 한
노래 속에 '薯'字가 쓰이고 있는데 굳이 '卯'字를 썼겠느냐는 지적을 받을
수 있다. 또 마를 가지고 가는 것이 식량 공급의 뜻을 담고 있는 것인지
는 몰라도 선화공주를 곤궁하게 하기에는 행위를 매개하는 물건이 너무
온건하다 할 것이다.

박갑수와 남풍현이 '卯'을 '卵(알)'으로 판독하는 데서 오는 歌意의 모
호성을 인지하고, 그러한 해독에서 벗어나려 한 것은 생산적인 의도였으
나, '卯'字에 머물러 '卯'字의 해독에 집착한 결과 새로운 대안을 제시하
지 못하고 말았다.

洪在烋는 정렬모의 해석과 김완진의 견해를 받아 들이고, 서재극이 풀
이했던 睾丸이라는 견해와는 달리 陰核으로 보아 "이 童謠를 通釋하면
「善化公主님은 남 모르게 密約한 郎子 薯童의 房으로 밤이 되면 몰래 알
(陰核)을 안고(가지고) 간다네」라는 뜻으로 풀이 될 듯하다."[33]라고 하였다.

'卵乙'을 '알을'로 해독하고, '卵乙抱遺去如'를 '음핵을 가지고 간다네'라
고 해석하여, 음핵을 가지고 가는 방향을 서동의 방으로 잡고 있는 것이
다. '薯童房乙'의 '을'이 慶尙道의 方言으로는 '에게'·'으로' 등으로 混用
되고 있으니,[34] '서동의 방으로 음핵을 가지고 간다'는 문장은 문법에 어
긋남이 없는 완벽한 구문을 이루고 있는 것이다. 그러나 이것이 아무리

---

32) 上同, p.214.
33) 洪在烋, 『韓國古詩律格研究』, 太學社, 1983, p.139.
34) 上同, p.137.

선화공주의 음란성을 강조하기 위한 노래라 하더라도,[35] 문장이 지니는 詩的 眞實이나 문장이 발산하는 詩情의 향기 그것을 담고 있는 正常的인 文彩로 보기에는 아무래도 답답한 감을 털어버리기 어렵다. 이렇게 말하고 있는 것은 행위의 음란성을 지적하여 탓하려는 것이 아니라 문장의 논리성에 문제가 있다는 것을 짚어 보자는 것이다. 이러한 문장의 논리성 문제는 이미 지헌영의 '밤에 무엇을 안고 그 방으로 가는가'와 이탁의 '薯童이 房에를 밤에 무엇을 안고 가더라'와 정렬모의 '머선 방을 바미아롤 품고 가요'에서 시작된 것이다.

金文泰는 "결국 <서동요>에서 문제가 되어 온 '알을 안고 간다'(夘乙 抱遣去如)는 어구는 '임신하여 부른 배를 안고 간다'는 것을 비유적으로 표현한 것이라 할 것이다."[36]라고 하였다. '알'을 '임신하여 부른 배'를 비유적으로 표현한 것이라 한다면, 선화공주의 운신이 더욱 복잡하여 행동의 선후 관계가 모호해 지고, '알을 안고 간다'가 지니고 있는 통사상의 문제는 여전히 그대로 남아 있게 된다.

兪昌均은 '夘'을 '卵'으로 보고 '알'로 읽는데 동의하고 있다. 그러면서도 '夘乙'을 '알을'로 읽을 때 두 개의 목적어가 나타나는 것을 해결하려는 종래의 방식에 대하여 회의적인 태도를 보이고 있다.

제4구와의 관계에서 볼 때 여기에 서술어가 추가되지 아니하면 하나의 '文'에 두개의 목적어가 내포되어 문맥의 흐름이 통사상의 일반적인 형식에서 벗어나게 된다. 그래서 제4구의 '夜矣夘乙抱遣去如'에 있어서 '夘乙'을 梁柱東은 '몰(돋내)'의 뜻으로 새기고 있으나, '乙'을 新羅後期에 주로 목적격의 표시에 쓰인 점으로 미루어 찬성하기 어렵다. 또 일부에서는 이것을 '알을'로 읽고 있는데 이 경우에는 '乙'이 목적격이 되는데, 제3구의 '薯童房乙'과의 관계가 과연 통사적으로 가당한지 문제가 된다.[37]

---

35) 上同.
36) 金文泰, 『三國遺事의 詩歌와 敍事文脈 硏究』, 太學社, 1995, p.113.
37) 兪昌均, 『鄕歌批解』, 螢雪出版社, 1994, p.569.

제3구의 '薯童房乙'과 제4구의 '卵乙'이 모두 목적어가 되어서 통사적으로 문제가 되므로 제3구에는 서술어가 추가되어야 통사적으로 순조로운 문맥을 이룰 수 있다는 것이다. 그리하여 유창균은 제3구에 서술어를 하나 더 추가 보충하는 해독을 만들어 내었다.

<解讀>
善化公主 님은 / 눔 그스기 얼아두고 / 막동 집을 (츳작) / 밤이 알을 안고가다

<意譯>
善化公主 님은 / 남 몰래 정을 두고 / 막동의 집을 (찾아) / 밤에는 알을 품고 가는구나[38)]

'薯童房乙'을 '막동의 집을'로 해석하고 '房'을 거주 공간으로 간주하여 선화공주가 찾아가는 장소로 정하였으나, '집을'을 처소격이나 향진격으로 잡지 않고, '집을' 다음에 '찾아'라는 서술어를 추가하여 목적격(대격)으로 그대로 남겨 두었다. 문제의 초점이 되는 '卵乙'은 김완진의 견해에 따라 '알을'로 읽어 목적어로 삼았고, 이에 따라 두 개의 목적어를 설정하였다. '抱遣'은 '알안다·알품다'라고 한 서재극의 견해에 따라 '품고'로 읽었다.

'薯童房乙'을 목적어로 남겨 두었음에도 불구하고, 구문의 기본적인 틀은 김완진을 따르면서, 제3구의 '막동의 집을' 다음에 '찾아'를 보충한 것이다. 이것은 엄청난 변화이다. 지헌영에서 시작하여 김완진이 정돈한 해독의 기본 틀에 따르면서도 '薯童房乙'을 목적격으로 되돌려 보내려는 노력을 보여주고 있는 것이다.

유창균이 '薯童房乙'을 목적격으로 되돌려 보내려고 한 것은, 지헌영에서 시작하여 김완진에 이르기까지 줄기차게 시도한 '집을'의 격에 대한

---

38) 上同, p.541.

해석 즉 처소격 내지 향진격이라는 인식에 대한 단호한 반성론이라 아니 할 수 없다. 그러나 이러한 반성은 또 하나의 서술어('찾아')를 추가함으로써 노래의 원상을 크게 손상시킬 수도 있는 위험한 결과를 불러오고 말았다. '薯童房乙'을 향진격으로 전환하려는 선행자의 무리한 처사를 바로 잡으려는 생각은 대단히 높이 평가되어야 할 것이지만, '薯童房乙'이 목적어의 위치에서 이탈되도록 만들어 놓은 원인이 '알을'에 있다는 것을 간과한 것은 매우 아쉬운 일이 아닐 수 없다.

'夘乙'의 해독에만 초점을 맞추어 생각한다면, 김완진의 '알을 안고 간다'는 해독은 해독의 妙諦를 얻은 것이라 말할 수 있다. 지헌영의 '夘乙'을 '무엇을'로 풀이한 것이 향가 해석에 새로운 장을 열었다고 지적한 남풍현의 말과 같이, 김완진의 '알을 안고 간다'는 신선한 충격이었음에 틀림 없다. 그러나 '薯童房乙'과 함께 놓고, 문장 전체의 구문과 의미와 詩情의 균형을 염두에 두고 생각한다면, '무엇을'로 시작하여 '알을'까지 오게 된 '夘乙'에 대한 해석이 대격형으로 흘러간 것은 길고 긴 우회로를 거쳐온 느낌을 주는 것이다.

「서동요」와 같은 짧은 노래에 목적어가 두 개 들어 있는 것은 통사상으로 부드러운 문장이라 말할 수 없다. 그 중 한 개의 목적격(대격)을 향진격으로 바꾼다 하더라도 어형을 그대로 두고 노래 부른다면 청각상의 불편은 여전히 남아 있을 수밖에 없다. 이러한 통사상의 불편이 '夘乙'을 목적어로 풀이한 데에서 기인한 것이라면, 이제는 인식을 바꾸어 '夘乙'의 해독에 있어서 해독의 기본적인 시각을 과감히 전환할 필요가 있다. 지금까지 '夘乙'을 '抱遣'을 한정하는 副詞나 '抱遣'에 걸리는 목적어로 생각해 왔다면, 이제는 '夘乙抱遣'을 복합동사로 처리하는 방법은 없을까 생각해 볼 수 있는 것이다.

3. '夘'字의 字形에 대한 檢討

주지하는 바와 같이 「薯童謠」의 해독·해석과 관련된 논의는 주로 '夘'字를 '卯'字로 보느냐 '卵'字로 보느냐 하는 '夘'字 판독 문제에서 시작되었다. 鮎貝房之進이 '卯'字로 판독한 이래 小倉進平·梁柱東, 池憲英·李鐸, 金善琪·金俊榮, 朴甲洙·南豊鉉은 '卯'字로 보았고, 홍기문·정렬모·徐在克·金完鎭·洪在休·兪昌均은 '卵'字로 보았다. 이처럼 '夘'字의 판독에 대한 관심은 '卯'字와 '卵'字로 갈리어 있었다. 그러나 이 논문에서는 '卯'字와 '卵'字에 국한하지 않고 '夘'字를 '夗'字로 판독할 수 있다는 사실도 상기시키려고 한다. '夘'字는 '夗'字와 같은 글자이고, '夗'字는 자전에 '누워딩굴 원'으로 되어 있다. 「薯童謠」 안의 표기인 '夘'字를 '夗'字와 동일한 글자로 보고, 이 글자의 뜻 '누워뒹굴다'를 활용하여 訓讀字로 해독한다면 「서동요」의 새로운 해석이 가능해 진다.

中宗壬申刊本 『三國遺事』에는 '卵'字가 사용된 경우가 24개소이고, '卯'字가 사용된 경우가 33개소 나와 있다. 또 「薯童謠」 작품 속에 사용된 '夘'字를 '夗'字와 동일한 글자로 보아 별도로 취급한다면, '夗'字가 사용된 경우는 1개소이다.[39]

『삼국유사』에서 사용된 '卵'字는 모두 漢文 문장 안에서 문맥을 이루는 한 글자로 사용되고 있다. 즉 '卵'字는 '因而有孕 生一卵 大五升許'[40]·'尋撿之 有一紫卵'[41]·'解櫃脫卵而生 故因名脫解'[42]의 경우처럼 한문 문장 안에서 문장의 한 요소로 사용되고 있다. 또 『삼국유사』에서 '夘'字로 필사된 '卯'字는 모두 干支 표기의 경우에만 사용되고 있다. '乙

---

39) 여기에서 밝힌 수는 『三國遺事』를 직접 짚어가며 조사한 것이나, 누락된 곳을 더 찾게 되면 추가하여 정정하겠다.

40) 『三國遺事』, 卷第一 紀異, 「高句麗」.

41) 上同, 「新羅始祖 赫居世王」.

42) 上同, 「第四脫解王」.

卯'·'丁卯'·'己卯' 등으로 사용된 것이 그 예가 된다. 그런데 「薯童謠」 속의 표기에 사용된 '夘'字는 한문 문장 속에서 한문 문장 성분의 한 요소로 사용된 것도 아니고, 干支 표기에 사용된 경우도 아니다. 「서동요」에서 사용된 '夘'字는 鄕歌 중 하나인 「薯童謠」의 借字表記에 사용된 글자이다. 따라서 「서동요」가 차자표기라는 이유 하나만으로도, 또 「서동요」에 사용된 '夘'字를 '卯'字나 '卵'字로 판독할 수 있다고 하더라도, 다른 漢文 문장에 사용된 '卯'字나 '卵'字와 동일한 자격으로 취급할 수는 없는 것이다. 만약 『삼국유사』에 사용된 '夘'字가 '卯'字 대신에 대용된 경우와 '卵'字 대신에 대용된 경우로 양분되어 있다는 사실을 근거로 하여, 「서동요」 안에 표기된 '夘'字가 '卯'字나 '卵'字 중 兩者擇一로만 판독되어야 한다고 주장한다면, 그러한 논리는 논거가 없는 독단이어서 성립될 수 없는 것이다. 그 뿐만 아니라 '夘'字가 '卯'字나 '卵'字가 아닌 제삼의 글자로 판독된다 하더라도, 논리상 아무런 모순이 없는 것이다. 이러한 전제하에서, '卯'字나 '卵'字를 활용한 해독·해석이 합리적인 결론에 이르지 못한다면, 제삼의 글자로 판독될 가능성이 있는지 검토해야 하는 것은 당연한 일이 될 것이다.

그러나 이와는 시각을 달리하여, 『삼국유사』에서 필사하고 있는 '夘'字의 자형들을 비교하여 '夘'字가 어느 글자의 필사체가 될 확률이 높은지 논의할 수도 있고, 논의된 결과와 관련시켜 「서동요」의 '夘'字가 어느 字의 표기인가를 논의할 수도 있을 것이다.

徐在克은 『新羅 鄕歌의 語彙 硏究』에서 "徐在克(1973a)은 三國遺事에서 「夘」字의 字形을 調査한 결과 「夘」을 「卵」으로 본다고 했다. 그 후 조사한 것과를 합하면 모두 「卵」으로 읽어야 하는 「夘」字가 5個所가 된다."[43]라고 하여, '夘'字를 '卵'字로 보고 『삼국유사』에는 '卵'字로 읽어야 할 '夘'字가 5個所가 된다고 하였다. 이 조사보고는 『삼국유사』에서 '卵'

---

43) 徐在克, 『新羅 鄕歌의 語彙 硏究』, 啓明大學 韓國學硏究所, 1975, p23.

字로 읽어야 할 글자 가운데에서, '卯' 안에 'ヽ'를 찍은 글자(卯)를 빼고 나면, '卩' 안에 'ヽ'를 찍지 않은 '卯'字로 표기된 글자가 5個所가 된다는 것으로 보인다.[44]

洪在烋는 '卯'字를 '卯'字와 '卵'字로 읽은 경우를 구별하여,

從來에는 대개 이 字를 「卯」字로 辨讀하여 「卯乙」을 「몰내」「몰」 「몯」으로 譯讀하여 왔다. 그러나 이미 이 字를 六堂은 「卵」字로 辨讀하였고, 近者에는 「알」로 譯讀한 것을 볼 수 있다. 이와 같은 譯讀은 原文의 「卵」字에 대한 字樣上의 正讀이라 생각된다. 慶州刊本 三國遺事에 使用된 이 글자는 「卵」字로 되었으나 東京大刊本과 朝鮮史學會刊本의 三國遺事(活字本)에서 「卯」字로 옮긴 것을 六堂의 啓明俱樂部刊本과 三中堂刊本(活字本)에서 「卵」자로 바로잡아 놓았다. 그러나 小倉, 梁柱東, 池憲英…등이 「卯」字로 譯讀하여 줄곧 通用된 實情이다.[45]

라고 지적하여, '卯'字는 '卯'字로 읽기보다는 '卵'字로 읽는 것이 바로 읽는 것이라 하고, 原典의 표기도 慶州刊本에서는 '卵'字로 되어 있고, 東京大刊本과 朝鮮史學會刊本에서는 '卯'字이던 것을 六堂의 啓明俱樂部刊本과 三中堂刊本에서는 '卵'字로 바로 잡아 놓았다는 것이다. 洪在烋는 六堂이 바로 잡은 것을 좇아 '卵'字로 읽어야 할 것을 주장하여, 小倉進平과 梁柱東과 池憲英 등이 '卯'字로 읽은 것은 잘못된 것이라고 지적하고 있다. 그러나 육당의 계명구락부간본과 삼중당간본에서 '卵'字로 바로 잡아 놓았다는 것은 자의적인 판단이지 합리적으로 납득할만한 논거가 제시되어 있는 것은 아니다. 또 小倉進平과 梁柱東과 池憲英이 '卯'字로 읽은 것

---

44) 民族文化推進會에서 影印한 中宗壬申刊本에는 '卵'으로 읽어야 할 곳이 25個所가 되는데, '卩'안에 'ヽ'가 찍히지 않은 곳이 5個所라면 '卩'안에 'ヽ'가 찍힌 글자는 20個所가 된다. 「서동요」의 '卯乙'의 '卯'은 '卩'안에 'ヽ'가 찍혀 있지 아니하다. 20個所의 확률을 버리고 5개소의 경우를 취하여 이 곳의 '卯'字를 '卵'字로 읽는 것은 설득력이 약하다.

45) 洪在烋, 『韓國古詩律格研究』, 太學社, 1983, p.137.

은 잘못된 것이라는 지적도 정당한 것이라고 단정할 근거는 없는 것이다.

洪在烋는 이어서 慶州刊本『三國遺事』의 用字例를 근거로 하여 다음과
같이 용례를 뽑아 놓고 있다.

```
         卵
△産一大夘                 <卷一 第四脫解王>
△解檀脫夘而生               <   〃     >
△傍有呵囉國昔天夘下于海邊      <卷三 魚山佛影>
         卵
△乙夘生                   <卷一 金庾信>
△己卯始造建                 <卷二 駕洛國記>
△己夘三月                  <卷二 駕洛國記>
△乙夘大開                  <卷三 阿道基羅>
△乙夘歲                   <卷三 原宗興法>
△己卯斯亦求法               <卷四 勝詮髑髏>
△二年辛夘                  <卷五 明朗神印>
△天寶十年辛夘               <卷五 大城孝二世父母>46)
```

이와 같이 '卵'字로 쓰인 '夘'字의 用例 3개소와 '卵'字로 쓰인 '夘卯夘'
字의 用例 8개소를 제시하고, 그것을 근거로 하여 다음과 같은 결론을
내리고 있다.

　위에서 보는 바와 같이 字樣上으로 보아 「夘, 卯, 夘」가 干支의 「卯」
字 表記에 있어서 混用된 것은 事實이지만 「卵」字 表記가 「夘」으로 統
一되어 있음은 또한 事實이다. 그러므로 「卵」字는 「夘」「卯」 등으로 병
용되었음을 알 수 있고 阿道基羅條의 「乙夘」만이 「卵」字로 誤記되었음
을 볼 뿐이니 이 大文의 「夘乙」의 「夘」字가 「卵」(알)字 表記일 것임은
더욱 明白하다 할 것이다.47)

---

46) 上同, p.138.
47) 上同.

위의 논지를 정리해 보면, ——① 干支의 '卯'字 표기에는 '夘'·'卯'·'夘'字가 혼용되어 있다. ② '卵'字 표기는 '夘'字로 통일되어 있다. ③「薯童謠」의 '夘乙'의 '夘'字는 '卵'(알)字 표기임이 명백하다.——라는 것이다.

그러나 이러한 주장은 논증이 불충분한 것 같다. 『삼국유사』에 있어서 干支의 '卯'字 표기가 '夘'·'卯'·'夘'字로 혼용되고 있어서 '夘'字가 干支로 사용된 경우는 모두 干支의 '卯'로 읽어야 할 것이라는 주장은 찬동할 수 있지만, 위의 引用例에서 '卵'字로 읽혔다고 제시한 脫解王條와 魚山佛影條의 例만을 가지고 '夘'字를 '卵'字로 읽어야 한다는 주장에는 동의할 수가 없는 것이다. 왜냐하면 『삼국유사』에는 '卵'字로 읽어야 하는 경우의 글자가 모두 24 個所 나와 있고,[48] 이 경우에 표기하고 있는 字形도 '夘'字와 '夘'字가 혼용되고 있을 뿐만 아니라, '冂' 안에 'ヽ'가 찍혀 있는 글자(冈)를 사용하고 있는 경우가 훨씬 많아서, 위에서 引用한 脫解王條와 魚山佛影條의 用例만 제시한 것을 가지고는 예문을 자의적으로 선정하였을 뿐만 아니라, 증거로 선정한 수(3개)가 전체의 수(24개)에 비해 너무 적어서 이것만으로 결론을 내리기에는 불충분하기 때문이다.

南豊鉉은 이 점에 대하여 다음과 같이 말하고 있다.

'夘'字는 '卵'字일 가능성도 있으나 '卯'字일 가능성이 더 높다. 『삼국유사』에서 干支의 표기에 나타나는 '卯'의 字形은 모두 '夘'字로 표기되었으나 '卵'字는 '夘'로 된 경우와 '夘'안에 점을 添加한 경우가 있어 字形上 '夘'로 일관하여 나타나지는 않는다. 이로 보면 '卵'字를 '夘'로 쓴 것이 당시의 보편적인 字體라고 하기는 어려운 것이다.[49]

이러한 南豊鉉의 주장은 薯童謠에 쓰이고 있는 '夘'字는 '卵'字일 可能

48) '卵'字로 읽어야 할 곳이 24개소라고 한 것은「서동요」의 '夘'의 경우를 제외한 수이다.

49) 南豊鉉,「薯童謠의 '夘乙'에 대하여」, 『백영정병욱선생화갑기념논총』, 新丘文化社, 1982, p.211.

性보다는 '卯'字일 가능성이 더 높다는 것이다. 이러한 판단은 『삼국유사』에서 '卵'으로 읽혀지는 글자의 字形과 '卯'로 읽혀지는 글자의 字形에 대한 정밀한 분석을 통해 얻은 결론으로 보인다. 『삼국유사』에서 干支의 表記에 나타나는 '卯'字에 사용된 字形은 모두 '夘'字로 표기되어 있고, '卵'字에 사용된 자형에는 '夘'字로 된 경우와 '夘'字의 傍인 '卩'부분 안에 점을 添加한 경우가 있다는 것이다. 그러므로 '卯'字를 '夘'字로 표기했을 가능성은 희박하다는 것이다. 다시 말하면 사용빈도의 통계상의 확률로 보아 「서동요」에서 '卩'字 안에 점을 찍지 않고 그대로 '夘'字로 筆寫한 글자를 '卯'字로 판독하는 것이 순리이지 '卵'으로 판독하기는 어렵다는 것이다. 이것은 탁견으로 보인다.

실제로 『삼국유사』에서 干支의 '卯'字의 表記에 사용하고 있는 字形에는 '夘'字와 '卯'字와 '夘'字 등이 쓰이고 있다. 이 字形들이 지니고 있는 共通點은 각 글자의 傍으로 쓰이고 있는 글자가 '卩'字이건 '阝'字이건 어느 것이건 간에 '卩'字와 '阝'字 안에 'ヽ'를 찍지 않은 글자가 거의 전부라는 것이다. 이에 비해서 '卵'字로 사용되고 있는 글자에는 '夘'字와 '夘'字의 자형이 쓰이고 있지만 대부분 '卩'字 안에 'ヽ'를 찍은 글자가 쓰이고 있는 것이다.

民族文化推進會에서 縮小 影印하여 刊行한 서울大學校 中央圖書館所藏 中宗壬申刊本 『三國遺事』와 民衆書舘에서 발행한 崔南善 編 『增補三國遺事』를 대조하면서, 崔南善이 校訂한 '卵'字와 '卯'字가 中宗壬申刊本에서는 어떻게 筆寫되어 있는지 살펴보기로 하겠다.

다음 도표의 左端에 표시된 數字는 용례에 붙인 일련번호이다. [A]는 『삼국유사』의 篇名이고, [B]는 설화의 제목 즉 『삼국유사』의 項目名이다. [C]는 崔南善 編 『增補三國遺事』에서 '卵'字와 '卯'字로 校訂한 例文을 그대로 적어 놓은 것이고, [D]는 최남선 편 『증보삼국유사』에서 '卵'字와 '卯'字로 校訂한 글자가 中宗壬申刊本에서는 어떻게 필사되어 있는가를 보여주는 中宗壬申刊本의 字形을 적어 놓은 것이다. [E]는 용례가 나와

있는 中宗壬申刊本의 民族文化推進會 影印本의 面數이다. [D]의 글자 옆
에 V표를 한 글자는 판별이 어려운 글자를 표시한 것이다.

제1예문에서 제25예문까지는 '卵'字로 교정된 용례이고, 제26예문에서
제59예문까지는 '卯'字로 교정된 용례이다. 최남선 편『증보삼국유사』에
서 '卵'字로 교정한 글자에 대한 中宗壬申刊本의 筆寫體의 字形은 'ㄇ' 안
에 'ヽ'를 찍은 '夘'字와 'ㄇ' 안에 'ヽ'를 찍지 않은 '夘'字가 있고, '卯'字
로 교정한 필사체의 자형에는 '卯'·'夘'·'夘'字가 있다.

	[A]	[B]	[C]	[D]	[E]
1.	王曆	赫居世	姓朴 卵生	夘	1
2.	王曆	首露王	壬寅三月卵生	夘	3
3.	〃	〃	因金卵而生	夘	4
4.	紀異	叙曰	簡狄呑卵而生契	夘	31
5.	紀異	五伽耶	下六圓卵	夘	43
6.	紀異	高句麗	有孕生一卵大五升許	夘	46
7.	紀異	新羅始祖	有一紫卵	夘	54
8.	〃	〃	一云靑大卵	夘	54
9.	〃	〃	剖其卵得童男	夘	54
10.	〃	〃	男以卵生	夘	55
11.	〃	〃	卵如瓠	夘	55
12.	紀異	第四脫解王	七年後産一大卵	夘 V	60
13.	〃	〃	人而生卵	夘 V	60
14.	〃	〃	解櫝脫卵而生	夘 V	61
15.	紀異	金傅大王	皆自卵生	夘	151
16.	紀異	武王	卵乙抱遣去如	夘	159

17.	紀異	駕洛國記	有黃金卵六	夘	179
18.	〃	〃	六卵化爲童子	∨夘	179
19.	〃	〃	彌月生卵	夘	181
20.	〃	〃	卵化爲人	夘	181
21.	〃	〃	天所降卵	夘	193
22.	〃	〃	山中降卵	夘	195
23.	〃	〃	下六圓卵	夘	196
24.	〃	〃	世祖從金卵而生	夘	197
25.	塔像	魚山佛影	昔天卵下于海邊	夘	286
26.	王曆	溫祚王	癸卯立	夘	2
27.	王曆	居登王	己卯立	夘	8
28.	王曆	理解尼叱今	丁卯立	夘	9
29.	王曆	㞢品王	己卯立	夘	9
30.	王曆	基臨尼叱今	丁卯年定國號	夘	10
31.	王曆	國原王	辛卯立	夘	11
32.	王曆	毗有王	丁卯立	夘	14
33.	王曆	鋘知王	辛卯立	夘	14
34.	王曆	文周王	乙卯立	夘	15
35.	王曆	平原王	己卯立	夘	18
36.	王曆	庚申國除	癸卯	夘	20
37.	王曆	昭聖王	己卯立	夘	25
38.	王曆	哀莊王	辛卯立	夘	25
39.	紀異	第四脫解王	建初四年己卯崩	夘	62
40.	紀異	金庾信	乙卯生	夘	84
41.	紀異	文虎王法敏	在封乾二年丁卯	卯	105
42.	紀異	文虎王法敏	在調露元年己卯	卯	108
43.	紀異	南扶餘前百濟	元徽三年乙卯	卯	156
44.	紀異	駕洛國記	立安四年己卯	卯	188
45.	〃	〃	卽位己卯年	卯	189
46.	〃	〃	建安四年己卯	卯)卯	191

47.	〃	〃	元嘉二十八年辛卯	卯	199
48.	興法	阿道基羅	乙卯大開	夘	206
49.	〃	〃	文武王己卯開	夘	207
50.	興法	原宗興法	乙卯大伐天鏡林	夘	216
51.	〃	〃	初興役之乙卯歲	夘	218
52.	興法	寶藏奉老	乾封二年丁卯	夘	221
53.	塔像	皇龍寺九層塔	貞觀十七年癸卯	卯	237
54.	塔像	前後所將舍利	宣和元年己卯	夘	257
55.	塔像	洛山二大聖	會昌七年丁卯	夘	280
56	義解	勝詮髑髏	時當貞元己卯	卯	268
57.	神呪	明朗神印	長興二年辛卯	夘	386
58.	避隱	信忠掛冠	二十二年癸卯	夘	419
59.	孝善	大城孝二世	天寶十年辛卯	夘	433

그림 1. 제16예문

제16예문은 「薯童謠」안에서 쓰인 용례이다. 이를 살펴보면 최남선은 '卵'字로 판독하고 있다. 유창균은 "<三國遺事>에서 이 글자 자체가 부분적으로 지워져 잘 알 수 없다. 民族文化推進會에서 刊行한 影印本에서는 이 자의 왼편 쪼각이 지워져 있고, 이 책의 上段의 校正에서는 무엇을 근거로 한 것인지 알 수 없으나, '卯'자로 바로 잡고 있다."[50]라고 말하고 있지만, 필자가 조사한 책에는 이 글자의 왼쪽 쪼각 즉 偏의 중간 부분이 지워져 있는 것은 같았으나, 해당면 상단에 '卵'字가 아닌 '卯'字로 교정하고 있었다.[51]

「서동요」의 제16예문을 빼면 '卵'字의 용례는 24개소가 된다. '卵'字로

---

50) 兪昌均, 『鄕歌批解』, p.571.
51) 『三國遺事』(中宗壬申刊本 影印本), 民族文化推進會, 1977, p.159.

쓰인 용례 24개소 가운데 '冂' 안에 'ヽ'가 찍히지 않은 경우는 제7예문·
제18예문·제25예문이고, 판독이 어려우나 필사한 필적으로 미루어 'ヽ'
를 찍은 것으로 간주할 수 있는 것이 제12예문·제13예문·제14예문이
며, 여타의 예문은 모두 'ヽ'가 찍혀 있는 글자임이 확인된다. 'ヽ'가 찍히
지 않은 '夘'字로 필사된 곳이 3개소인데 비해서 '冂' 안에 'ヽ'가 찍힌
'夘'字로 필사된 곳은 21개소인 것이다.

'卯'字로 쓰인 용례 33개소 가운데 '卵'字로 誤記된 곳이 제44예문·제
46예문의 2개소가 있고, 여타의 곳은 '卯'字를 써서 正字로 필사된 제53
예문·제56예문의 2개소를 포함하여 모두 31개소가 '冂' 안에 'ヽ'를 찍지
않은 '夘'·'卯'·'夘'字로 혼용되고 있다.

좀더 세분하여 앞에서 제시한 예문을 살펴보기로 하겠다.

먼저 王曆에 나와 있는 '卯'字와 '卵'字의 용례를 비교해 보겠다.

王曆에는 '卵'字로 교정된 곳이 3個所가 있는데 3個所 모두 '冂' 안에
'ヽ'가 찍혀 있는 '夘'로 되어 있고, '卯'로 교정된 곳이 13개소가 있는데,
모두 '冂' 안에 'ヽ'가 없는 '夘'나 '夘'로 되어 있다.

1. 王曆	赫居世	姓朴 卵生	夘	1
2. 王曆	首露王	壬寅三月卵生	夘	3
3. 〃	〃	因金卵而生	夘	4
26. 王曆	溫祚王	癸卯立	夘	2
27. 王曆	居登王	己卯立	夘	8
28. 王曆	理解尼叱今	丁卯立	夘	9
29. 王曆	麻品王	己卯立	夘	9
30. 王曆	基臨尼叱今	丁卯年定國號	夘	10
31. 王曆	國原王	辛卯立	夘	11
32. 王曆	毗有王	丁卯立	夘	14
33. 王曆	銍知王	辛卯立	夘	14
34. 王曆	文周王	乙卯立	夘	15
35. 王曆	平原王	己卯立	夘	18

36. 王曆	庚申國除	癸卯	夘	20
37. 王曆	昭聖王	己卯立	夘	25
38. 王曆	哀莊王	辛卯立	夘	25

이와 같이 王曆의 경우를 보면 六堂의 『증보삼국유사』에서 '卵'字로
교정한 中宗壬申刊本『삼국유사』의 '夘'에는 'ㄇ' 안에 'ヽ'를 찍었고, '卯'
字에는 'ㄇ' 안에 'ヽ'를 찍지 않은 것을 알 수 있다. 이것은 中宗壬申刊
本『三國遺事』의 필사에 있어서 '卵'字와 '卯'字를 구별하여 筆寫하고 있
다는 것을 말해주는 것이고, 이것으로 미루어 보면 「薯童謠」의 '夘乙'의
'夘'字는 'ㄇ' 안에 'ヽ'가 없는 것으로 보아 '卵'字로 읽힐 가능성보다는
'卯'字로 읽힐 가능성이 높다고 말할 수 있는 것이다.

紀異篇에 나와 있는 '卯'字와 '卵'字를 비교해 보겠다.

紀異篇에는 叙曰條에 1個所, 五伽耶條에 1個所, 高句麗條에 1個所가
모두 'ㄇ' 안에 'ヽ'가 찍힌 '夘'字로 筆寫되어 있고,

4. 紀異	叙曰	簡狄呑卵而生契	夘	31
5. 紀異	五伽耶	下六圓卵	夘	43
6. 紀異	高句麗	有孕生一卵大五升許	夘	46

新羅始祖 赫居世王條에 5개소가 나타나 있는데, 1개소만 'ㄇ' 안에 'ヽ'
가 없는 글자로 쓰여져 있다.

7. 紀異	新羅始祖	有一紫卵	夘	54
8. 〃	〃	一云靑大卵	夘	54
9. 〃	〃	剖其卵得童男	夘	54
10. 〃	〃	男以卵生	夘	55
11. 〃	〃	卵如瓠	夘	55

이 1개소의 예도 '有一紫夕卩 一云靑大夘'에서 보는 바와 같이 본문에서는 '卩' 안에 'ヽ'가 없는 글자로 썼다가 협주에서는 '卩' 안에 'ヽ'가 찍힌 글자를 쓰고 있다. 이것은 필사 때의 착각이거나 실수로 보이는 경우이다.

紀異篇의 第四脫解王條에는 '卵'字가 3개소, '卯'字가 1개소 표기되어 있는데, 필사된 자형의 구별이 매우 어려운 곳이다.

12. 紀異	第四脫解王	七年後産一大卵	夘 ∨	60
13. 〃	〃	人而生卵	夘 ∨	60
14. 〃	〃	解櫝脫卵而生	夘 ∨	61
39. 紀異	第四脫解王	建初四年己卯崩	夘	62

中宗壬申刊本 第四脫解王條의 자형을 검토해 보면, '卯'字로 쓰인 제39 예문은 '卯'字로 사용한 용례이다. 이 용례의 '建初四年己卯'의 例에서는 '夘'字의 '卩'의 끝 획을 삐쳐 올린 것이 분명한데다가, '卩' 안에 'ヽ'를 찍지 않아 '卯'字로 읽어야 할 것이 분명하다.

이것도 자형을 서로 비교하면서 판단해 보면, 제12예문의 '七年後産一大卵'과 제13예문의 '人而生卵古今未有'의 例에서는 '夘'字의 '卩' 안에 'ヽ'를 찍은 것이 분명하고, 제14예문의 '解櫝脫卵而生'의 例에서도 앞의 것들에 비해서 애매하기는 하지만, 획의 끝을 삐쳐 올린 것이 아니라 'ヽ'점을 내려 찍은 흔적을 인정해도 좋을 것으로 보아, 이 3개소의 경우는 '卩'안에 'ヽ'를 찍은 '夘'로 판독하여 '卵'字로 읽어도 무방할 것 같다.

洪在烋가 慶州刊本의 실례를 들어 '卵'字의 용례가 '夘'字로 되어 있다고 제시한 다음 예문의 경우도,

△産一大夘　　　　　　　　　　　<卷一 第四脫解王>
△解櫝脫夘而生　　　　　　　　　<　　〃　　>
△傍有呵囉國昔天夘卩下于海邊　　<卷三 魚山佛影>

民族文化推進會 影印刊本에서는 魚山佛影條의 '傍有呵囉國昔天夘下于海邊'의 '夘'字를 제외하면, 앞에서 지적한 것처럼 '夘'字의 '卩' 안에 '丶'가 찍혀 있는 것으로 판독될 가능성이 높아, '卩'에 '丶'가 찍히지 않은 글자로 단정하기는 어렵다. 설사 '卩'에 '丶'가 없는 '夘'字로 필사되어 있다 하더라도, 이것은 『삼국유사』에서 '卩' 안에 '丶'를 찍은 '夘'字로 筆寫한 사용 빈도에 비하면 극히 사용 빈도가 적은 예외적인 誤字라 할 수 있는 것이다. 이 예외적인 오자를 근거로 하여 「서동요」에 記寫된 '夘乙'을 '卵乙'로 고치는 것은 필사자의 착각이거나 실수로 인하여 '卩' 안에 '丶' 찍기를 빠뜨린 것을 근거로 하여 결론을 내리는 결과가 되어 편견이 될 우려가 큰 것이다.

駕洛國記에는 '卵'字의 경우가 8개소, '卯'字의 경우가 4개소 보이고 있다.

17.	紀異	駕洛國記	有黃金卵六	夘	179
18.	〃	〃	六卵化爲童子	∨夘	179
19.	〃	〃	彌月生卵	夘	181
				夘	
20.	〃	〃	卵化爲人	夘	181
21.	〃	〃	天所降卵		193
22.	〃	〃	山中降卵	夘	195
23.	〃	〃	下六圓卵	夘	196
24.	〃	〃	世祖從金卵而生	夘	197
44.	紀異	駕洛國記	立安四年己卯	卵	188
45.	〃	〃	卽位己卯年	卯	189
46.	〃	〃	建安四年己卯	(卯)卵	191
47.	〃	〃	元嘉二十八年辛卯	卯	199

제17예문 '有黃金卵六'과 제18예문 '六卵化爲童子'의 경우에만 '卩'에 '丶'를 찍지 않았고, 나머지 6개소의 경우는 모두 '卩' 안에 '丶'를 찍어

놓고 있다. 오히려 '卯'字의 경우에 있어서 제46예문 '建安四年己卯'의 경우는 '卵'字로 읽힐 가능성이 높은 필사체이며, 제44예문 '立安四年己卯'의 경우는 正字인 '卯'字로 필사되어 있다. 이것은 誤字이다.

이밖에도 '卵'字의 표기는 紀異篇 金傅大王條의 제15예문 '皆自卵生'의 경우와, 塔像編 魚山佛影條의 제25예문 '昔天卵下于海邊'의 예가 있다.

| 15. 紀異 | 金傅大王 | 皆自卵生 | 夘 | 151 |
| 25. 塔像 | 魚山佛影昔 | 天卵下于海邊 | 夘 | 286 |

'皆自卵生'의 경우는 'ヽ'를 찍은 필사이고, '昔天卵下于海邊'의 예는 'ヽ'가 찍혀 있지 않은 필사체이다.

이상에서 살펴 본 바와 같이 예외로 보아야 하는 것이 '卵'의 경우 제7예문·제18예문·제25예문의 3개소, '卯'의 경우 제44예문·제46예문의 2개소, 이렇게 양쪽의 경우를 합하여 6개소가 된다. '卵'字의 표기에서 '冂' 안에 'ヽ'를 찍는 것을 빠뜨린 3개소의 경우와, '卯'字를 표기하면서 '卵'字로 쓴 2개소의 경우가 그것인데, 이것은 필사할 때 착각하였거나 실수로 인하여 誤記한 것으로 볼 수 있다. 그렇다면 '冂' 안에 'ヽ'를 찍지 않은 '夘'·'卯'·'夘'字로 필사된 글자는 모두 '卯'字로 볼 수 있으며, '冂' 안에 'ヽ'를 찍어 넣은 '夘'字는 모두 '卵'字로 볼 수 있는 것이다. 다시 말하면 확률로 보아 '冂' 안에 'ヽ'를 찍지 아니한 글자는 '卵'字로 보지 않아도 무방한 것이다.

이러한 결론은 「서동요」에 사용되고 있는 제16예문의 경우 '夘'字의 필사체가 '冂' 안에 'ヽ'가 없는 자형이 분명하므로 '卵'字로 판독될 가능성보다는 '卯'字로 판독될 가능성이 더 높은 것이라 할 수 있는 것이다.

이렇게 볼 때, '卵'字로 판독한 해독보다는 '卯'字로 판독한 해독이 정설로 자리잡아 주었으면 기대할 수 있을지 모르겠으나, '卯'字로 판독한 해독·해석이 타당성을 널리 인정받지 못하고 있는 것이 지금까지의 실정이다. 일반적으로 양주동의 '몰(몰래)', 지헌영의 '몰(무엇을)', 이탁의 '믇을(무엇을)', 박갑수의 '돍을(잠자리를)', 남풍현의 '모롤(마를)'이 모두 정상적인 차자표기의 실제로 보아 납득하기 어려운 것이 아닌가 보고 있다.

지금까지 살펴본 바와 같이 '夘'字의 판독에 있어서 '卯'字도 '卵'字도 올바른 판독이 되었다고 하기 어려운 것으로 보인다.

4. '夘乙抱遣'의 해석

「薯童謠」의 해독·해석과 관련하여 논의의 핵심이 되어 왔던 '夘乙'과 '夘乙抱遣'을 보다 집중적으로 검토하기 위해, 다시 앞에서 살핀 견해들을 간략히 정리하면 다음과 같다.

「薯童謠」의 '夘'字를 '卯'字로 판독한 것은 鮎貝房之進에서 시작되어, 小倉進平·梁柱東·池憲英·李鐸·金善琪·朴甲洙·南豊鉉이 이에 따르고 있다. 鮎貝는 '夘'字를 '卯'字로 판독하고 '夘乙'을 '몰'로 해독했으나 의미 해석은 유보하였고, 小倉進平은 '夘乙'을 '몰내'로 읽었다.

양주동은 '夘乙'을 '몰'로 해독하고 '몰래'의 뜻으로 해석하여 '선화공주 님은 남 그으기 얼어 두고 맛둥방을 밤에 몰래 안고 간다'라는 해독·해석을 세웠으나,[52] '몰래'는 앞에 나온 '그으기(密)'와 의미가 중복되는 말이어서 무리한 표현이라는 비판을 받아 왔다.[53] 그러나 김선기는 '몰'로 읽는 양주동의 견해에 찬동하였다.[54]

지헌영은 '夘乙'을 '몰'로 해독하는 점에 있어서 양주동과 견해를 같이하고 있으나, '몰'을 의문부사의 대격형인 '무엇을'로 해석하여, '夘乙'을 대격형으로 해석하는 길을 열어 놓았다.[55] 이탁은 '믇을'로 읽으면서 '무

---

52) 梁柱東, 『古歌研究』.
53) 홍기문, 『향가해석』.
54) 金善琪, 『옛적 노래의 새풀이』.
55) 池憲英, 『鄕歌麗謠新釋』.

엇을'로 해석하는 것은 지헌영과 같이 하였다.56) 박갑수는 '夘乙'의 '乙'
을 목적격 조사로 처리하는 정렬모·김완진의 견해를 따르면서, '夘'를
'돍'으로 해독하고 '잠자리(席)'로 해석하였다. 남풍현은 '夘'를 '모'로 해독
하고 '마(薯蕷)'로 해석하여 '선화공주가 마를 안고 서동의 방으로 간다'
는 것으로 이해하였다.57)

  홍기문은 '夘字를 '卵'字로 판독하는 입장을 취하였고, 정렬모·徐在
克·金完鎭·洪在烋·兪昌均이 '卵'字로 판독한 이 견해에 따르고 있다.
홍기문은 '夜矣卵乙'을 '밤으란'으로 읽으면서 '卵乙'을 '란'음으로 읽었
고,58) 정렬모는 '夜矣卵'을 '밤이알'로 해독하여 '밤(栗)'으로 풀이하고, '夜
矣卵乙'의 '乙'을 대격 조사로 보았다.59) 홍기문은 '夜矣卵乙 抱遣去如'를
'바므란 안고 가다'로 해독하여 '밤이면 안고 가다'로 풀이하였고, 정렬모
는 '夜矣卵乙 抱遣去如'를 '바미 아롤 품고 가요'라 해독하고 '밤이라 알
만 품고만 간다'라 풀이하였다. 서재극은 '卵乙'을 '알'로 읽으면서 '알'을
'불(睾丸)'로 풀더니, '卵乙抱遣去如'를 '알안겨거다'로 해독하면서 '알안
다·알품다'로 해석하였다.60)

  김완진은 '卵乙'을 '알홀'로 해독하고, '乙'을 대격으로 처리하면서, '卵
乙 抱遣去如'를 '알을 안고 간다'로 풀이하였다.61) '알을 안고 간다'라는
말은 隱語이거나 비유적 표현일 것이라고 여운을 남겨 두었다. '알을 안
고 간다'라는 말이 비유적인 표현일 것이라는 암시는 홍재휴에 와서는
'알'이 음핵에 비유되어 '밤이 되면 몰래 알(음핵)을 안고(가지고) 간다네'
라 하였고,62) 김문태는 '알을 안고간다'는 어구는 '임신하여 부른 배를

---

56) 李 鐸, 「鄕歌 新解讀」.
57) 朴甲洙, 「鄕歌解讀의 몇 가지 問題」, 『金亨奎博士古稀紀念論叢』, 서울師大
    國語敎育科, 1981.
58) 홍기문, 『향가해석』, p.203.
59) 정렬모, 『향가연구』, p.115.
60) 徐在克, 『新羅 鄕歌의 語彙 硏究』, p.24.
61) 金完鎭, 『鄕歌解讀法硏究』, p.96.
62) 洪在烋, 『韓國古詩律格硏究』, p.137.

안고 간다'는 것을 비유적으로 표현한 것이라 하였다.63) 유창균은 '밤이 알을 안고 가다'로 해독하고 '밤에는 알을 품고 가는구나'라고 풀이하면서, 서재극의 '알안다 · 알품다'가 가장 타당성이 있는 것으로 생각한다고 하였다.64)

양주동의 '卯乙(몰래)'은 '抱遣(안고)'를 한정하는 부사이다. 그리하여 '선화공주님은 남 그으기 얼러 두고 밧둥방을 밤에 몰래 안고 간다'라는 하나의 문장이 제시되었다. 이 때 '선화공주님은'은 主語이고, '맛둥방을'은 目的語이고, '안고 간다'는 敍述語이다. 이 문장은 매우 평이하다.

지헌영이 '卯乙'을 '무엇을'로 해석했을 때, '무엇을'은 '抱遣去如(안고 가느냐)'에 걸리는 목적어가 되어, 「서동요」와 같은 짧은 노래의 문장 속에 두 개의 목적어가 중복 사용되는 統辭上의 불편이 생기게 되었다. 이러한 현상은 정렬모 · 김완진의 경우에도 마찬가지인데, 이런 모순을 해결하기 위하여 도입한 방안이 '薯童房乙'을 처소격 내지 향진격으로 처리하는 방법이었다.

김완진은 '卯乙抱遣去如'를 '알을 안고 간다'로 해독했다. 전체의 해독은 '선화공주님은 남 몰래 짝 맞추어 두고 서동 방을 밤에 알을 안고 간다'이다. 여기서 '薯童 방을'을 '去如(간다)'의 행동 방향으로 잡으면, 그 풀이는 '선화공주님은 남 몰래 짝 맞추어 두고 서동의 방으로 밤에 알을 안고 간다'가 되는 것이다. '알을 안고 간다'가 은어 내지 비유적인 표현인 것같이 느껴진다고 함으로써 참신한 호기심을 불러일으켰지만, 막상 '음핵을 안고 간다' · '임신한 배를 안고 간다' · '알을 품고 간다'라고 감추어졌던 비유가 실상을 들어 내고 보니, 착상은 호기심에 부합되는 것이기는 해도 문맥의 정돈이 어렵게 되었다. 즉 전체의 문맥 파악이 어려워 몹시 당황할 수밖에 없게 되었다.

물론 비유적 표현이라고 했으니, 아이들이 실제로 소리내어 부르는 노

---

63) 金文泰, 『三國遺事의 詩歌와 敍事文脈 研究』, p.113.
64) 兪昌均, 『鄕歌批解』, p.572.

래는 어디까지나 '서동 방을 밤에 알을 안고 간다'이니까, 듣는이에게 별
문제는 없을 듯이 보이나, 노래를 듣는 사람의 사고 기능에는 여간한 혼
란이 오는 것이 아닐 것이다. 즉, '선화공주는 서동의 방으로 밤이 되면
음핵을 안고 간다'·'선화공주는 서동의 방으로 밤에 임신한 배를 안고
간다'·'선화공주는 막동의 집을 찾아 밤에는 알을 품고 간다'와 같은 상
황 설정은 직접적인 명쾌한 영상을 만들어 주지 못할 뿐만 아니라, 현실
적으로 실존 가능한 행위가 아니거나 행위의 선후 순서 내지 인과 관계
에 모순을 수반하고 있는 것이다.

'夘'字를 '卵'字로 판독하는 입장을 취하고, '卵乙抱遣去如'의 해독에
'알을 안고 가다'라고 제안하였을 때, 이러한 해석은 신선한 충격이었음
에 틀림 없었다. 그러나 시간을 두고 반추해 본 결과, 비유하고 있는 속
뜻은 어떠하건 간에, 아이들이 실제 음성으로 노래할 경우 '선화공주님은
서동방을 밤에 알을 안고 간다'라고 소리내어 부르는 노래 소리는 '薯童
房乙'이 향진격이라고 일깨워주기 이전에 이미 현실적으로 청각적인 면
에서 두 개의 목적어가 들려오는 것이니 불편하게 들리기는 여전한 것
이다.

'夘乙'의 해독에만 초점을 맞추어 생각한다면 '알을 안고 간다'는 해독
은 새로운 경지를 개척한 것이 된다. 그러나 '薯童房乙'과 함께 올려 놓
고 문장 전체의 구문과 의미와 詩情의 균형을 염두에 두고 살펴본다면,
'무엇을'로 시작하여 '알을'까지 오면서 '夘乙'이 대격형으로 풀이되었던
것은 길고 긴 우회로를 거쳐온 느낌을 주는 것이다.

「서동요」처럼 짧은 노래에 목적어 어형이 두 개 들어 있다는 것은 통
사상으로 부드러운 문장이라고 말할 수 없다. 그 중 한 개의 목적격(대
격)을 향진격으로 바꾼다 하더라도, 조사의 어형을 그대로 두고 노래부
른다면 청각상의 불편은 여전히 남아 있을 수밖에 없는 것이다. 이러한
통사상의 불편이 '夘乙'을 목적어로 보는 데서 비롯되는 것이라면, 시선
을 돌리어 '夘乙'에 대한 해독의 관점을 과감히 바꾸어 볼 필요가 있다.

다시말해서, 지금까지는 '夗乙'에 대해 '抱遣'을 한정하는 부사로 보거나 '抱遣'에 걸리는 목적어로 생각해 왔다면, 이제는 '夗乙抱遣'을 복합동사로 처리하는 방법을 생각해 볼 수 있지 않을까 하는 것이 그것이다.

앞에서 살핀 것처럼 中宗壬申刊本『三國遺事』에는 '卵'字가 사용된 경우가 24개소 있고, '卯'字가 사용된 곳이 33개소 있다. 또, 「薯童謠」 안에 사용된 '夗'字를 '夗'字와 같은 자로 본다면, '夗'字가 사용된 곳은 1개소가 된다.

'夗'字가 '卵'字로 사용된 글자는 '夗'字의 '冂'안에 'ヽ'가 찍혀 있는 '夗'의 자형으로 필사되는 것이 전반적인 원칙으로 되어 있다. 그런데 '卵'字로 사용된 24개소의 글자 가운데 3개소는 '冂'안에 'ヽ'가 찍히지 아니 한 '夗'字로 필사되어 있다. 또 한편 干支의 '卯'字로 사용된 글자는 '冂'안에 'ヽ'를 찍지 않은 '夗'・'卵'・'夗'字 등의 자형으로 필사되어 있는데, 33개소의 글자 가운데 2개소가 '卵'字로 필사되어 있다. 이 전자의 '冂' 안에 'ヽ'가 없는 3개소와 후자의 '卵'字로 필사된 2개소는 예외적인 誤字로 보아야 할 것이다. 이것은 필사할 때 착각하였거나 실수로 인하여 誤記한 것으로 볼 수 있기 때문이다. 그렇다면 '冂' 안에 'ヽ'를 찍지 않은 글자는 모두 '卯'字로 볼 수 있으며, '冂' 안에 'ヽ'를 찍어 넣은 글자는 '卵'字로 보는 것이 타당할 것이다. 그러니까 확률로 보아 '冂' 안에 'ヽ'가 없는 글자는 '卵'字로 보지 아니 해도 좋은 것이다.

『三國遺事』에 사용된 '卵'字와 '卯'字의 여러 字形을 검토해 본 결과, '卵'字를 筆寫한 字形은 '冂' 안에 'ヽ'를 찍는 '夗'字로 쓴 것을 원칙으로 하였고, '卯'字를 筆寫한 字形은 '冂' 안에 'ヽ'를 찍지 아니 하는 것을 원칙으로 했다는 사실을 알았다. 또 「薯童謠」에 사용된 '夗乙'의 '夗'字의 '冂' 안에는 'ヽ'가 찍혀 있지 아니하여, '卵'字의 筆寫일 가능성보다는 '卯'字의 筆寫일 可能性이 더 높다는 사실도 알았다.

崔南善의 『增補三國遺事』에는 「薯童謠」에 사용된 '夗乙'의 '夗'字를

'卵'字로 교정하고 있지만,65) 民族文化推進會에서 영인하여 간행한 中宗 壬申刊本『三國遺事』의 해당면 상단에는 '卯'字로 교정해 놓고 있다.66) 이 두 책은 모두 교정한 근거를 제시하지 아니 하고 있어서, 자의적인 교정이라는 지적을 면할 수 없게 되었다. 이 두 책이 이 글자를 교정하면서 자의적으로 할 수밖에 없었던 것은 달리 참고할 자료가 없었던 것이 중요한 원인이겠지만, 이 글자가 사용되고 있는 文面이 한문으로 기록된 문장이 아니라 借字表記에 의존하고 있는 향가 표기 부분이어서, 차자표기된 「서동요」의 문맥을 판별하기 어려웠기 때문이었을 것이다.

실제로 '夘'字의 자형이 책 전체에 공통으로 사용되었다 하더라도 한문 문맥으로 판단하여 '卵'字의 용례와 '卯'字의 용례는 확연하게 판별할 수 있지만, 「薯童謠」에 사용된 경우만 판별이 되지 않는 것이다. 판별하기 힘든 「薯童謠」의 경우를 억지로 '卵'字나 '卯'字로 읽으려고 할 것이 아니라, '卵'字나 '卯'字와 대등한 자격으로 사용된 별도의 또 다른 글자가 있었다고 보는 것도 문제 해결의 한 방법이 될 수 있을 것이다. '夘'字는 '卵'字나 '卯'字의 간편한 필사에 이용되기 이전에 그 글자 자체가 '夗'字와 같은 글자라는 사실을 간과해서는 안 될 것이다. 곧이어 확인하겠지만 '夗'字는 字典에 '轉臥'의 번역어인 '누워딩굴 원', 즉 우리말의 '뒹굴다ㆍ딩굴다'에 해당하는 말로 풀이되어 있다.67)

---

65) 崔南善 編,『增補三國遺事』, 民衆書館, 1946. 1971, p.98.
66) 『三國遺事』, 民族文化推進會 影印本, 1973. 1977, p.159.
　　兪昌均은 "《三國遺事》에서 이 글자 자체가 부분적으로 지워져 잘 알 수 없다. 民族文化推進會에서 刊行한 影印本에서는 이 자의 왼편 쪼각이 지워져 있고, 이 책의 上段의 校正에서는 무엇을 근거로 한 것인지 알 수 없으나, '卵'자로 바로 집고 있다.(『鄕歌批解』. p.571.)"라고 히였다. 그런데 이 字의 왼편 조각이 지워져 있는 것은 확인할 수 있으나 '卵'자로 校正되어 있다는 말은 잘 알 수 없다.
67) 張三植 編著『大漢韓辭典』에는 '夗'字가 '누워딩굴 원'으로 풀이되어 있으나 '夗'字의 우리말 의미는 '뒹굴다ㆍ딩굴다'로 쓰는 것이 무난할 것이다. 표준어는 '뒹굴다'이지만 '딩굴다'도 널리 통용되고 있어 이 글에서는 '뒹굴다'와

최남선의 '卵'字 교정이나 民族文化推進會 교주자의 '卯'字 교정 어느 쪽이나 간에 이 글자의 교정에 있어서는 그대로 신용할 수가 없는 것이다. 왜냐하면 「薯童謠」를 표기한 문장은 한문이 아니기 때문에 여타 부분의 한문 문장에 사용된 글자에서 유추했을 것이니, 「서동요」의 '夘'字는 이들과 동일하게 취급할 수 없기 때문이다. 다시 말하면 서로 다른 문장 원리로 표기된 이질적인 두 종류의 문장을 동일하게 취급할 수 있는 객관성·합리성을 인정하기 어렵다는 것이다. 두 문장 체계를 이질적인 것으로 다루었다는 증거로 다른 한문 문장과 달리 향가 표기의 分句에는 띄어쓰기를 시행하고 있다는 사실을 제시할 수 있다. 어차피 「서동요」(향가)는 특수한 인용문인 것이다.

앞에서 언급한 것처럼 字形에 있어서도 「薯童謠」가 아닌 여타의 문장에서는 '卵'字와 '卯'字가 거의 전부를 구별하여 필사하고 있다. '卵'字의 필사는 '卬' 안에 'ヽ'를 찍은 '卵'로 쓰고 있고, '卯'字의 필사에는 '卬' 안에 'ヽ'가 없는 '卬'로 쓰고 있는 것이 그것이다. 뿐만 아니라 자세히 관찰해 보면 「薯童謠」에 사용된 '夘'字와 여타의 문장에 사용된 '卵'字·'卯'字의 필사체가 운필하는 방식에서 구별이 된다는 것이다. 지워진 부분이 있긴 하지만 「서동요」 안에 쓰인 '夘'字에서 '夕'의 경우는 '夕'을 偏에 쓰고 '卩'를 傍에 쓴 글자의 偏 자리에 있는 '夕'字가 분명하지만, 그 밖의 '卵'字와 '卯'字인 경우에는 '夕'字를 썼다고 볼 수는 없는 운필인 자형이 많은 것이다. 「서동요」 안의 '夘'字의 경우는 『삼국유사』 속에서 필사된 '外'字나 '夕'字의 경우처럼 '夕'字 偏의 제2획을 분명히 꺾어 내려 그었으나, '卵'字·'卯'字 경우의 운필은 꺾어 내려 그은 것이 아니라 돌려 내려 긋고 있는 것이다.

「薯童謠」의 '夘'字는 '卵'字의 가능성보다는 '卯'字일 가능성이 더 크다. 그러나 '卵'字도 '卯'字도 아닌 다른 글자로 판독할 수도 있다. '卵'字·

'딩굴다'를 편의상 모두 사용하겠다. 충청도 방언에는 '둥굴다'가 쓰인다.

'卯'字가 아닌 다른 글자로 본다면, '夗'字는 '夗'字 이외의 다른 글자에서 찾기는 어려울 것 같다.

『漢文大辭典』에는 '夗'字와 '夗'字가 다음과 같이 풀이되어 있다.

【夗】 與夗同 〔字彙〕 夗同夗
【夗】 〔廣韻〕 〔集韻〕 於阮切 音苑 阮 轉臥也 〔說文〕 夗 轉臥也 从
夕 卩 臥有 卩也 〔段注〕 凡夗聲宛聲字 皆取委曲意 卩 節 古今字[68]

또,『大漢韓辭典』에는 '夗'字와 '夗'字가 다음과 같이 풀이되어 있다.

【夗】 (원) 〔集韻〕 於阮切 누워딩굴 원(臥轉貌)
【夗】 (원) 『夗』과 같음[69]

두 자전은 위와 같이 적어 놓고 있다. 밑줄친 부분과 같이 '夗'字는 '夗'字와 같은 글자이고 그 의미는 轉臥인데, '轉臥'의 우리말 풀이는 '누워딩굴다'이다. 『大漢韓辭典』에서는 '轉臥'를 '누워딩굴다'라고 풀이 하였지만, '누워딩굴다'는 漢字語 '轉臥'의 字意에 충실한 풀이이고, 우리말 의미는 '누워'는 떼어내고 '딩굴다'로 족하리라 여긴다. '夗'字는 '夗'字와 같은 글자이다. 「薯童謠」에 사용된 '夗'字를 '딩굴다'의 뜻을 지니고 있는 '夗'字와 같은 글자인 '夗'字로 판독하는 것이 어떨까 한다. '夗'字 그대로 읽는 것을 말하는 것이다.

「薯童謠」의 '夗'字를 '夗'字와 같은 글자로 보는 것이 용납된다면, '夗'字는 '딩굴다'의 의미로 쓰인 訓讀字로 볼 수 있으며, '夗乙'을 '抱遣'과 붙여서 한 개의 어휘로 다룰 때 '夗乙抱遣'은 '딩굴안고'가 된다. '딩굴안다'는 '딩굴다'와 '안다'의 複合動詞이고, 「履霜曲」의 '곱돌다'의 '곱'이 '곱

---

68) 『漢文大辭典』 4冊, 臺北, 中華民國51年 (景仁文化社 影印本. 서울. 1981), p.3182.
69) 張三植 編著, 『大漢韓辭典』, 進賢書館, 1979, p.320.

다'의 어간으로서 복합동사를 만들고 있는 것처럼, '딩굴'은 '딩굴다'의 어간으로서 복합동사를 만들고 있는 것이다. '딩굴다'의 어간 '딩굴'이 어간의 모양 그대로 복합어를 만드는 데 사용되고 있는데, 복합동사를 만들 때 앞의 동사가 부사적 성격을 지녀야 한다면, 古語에서 동사의 어간이 그대로 부사로 쓰이는 용례가 허다한 것으로 보아, '딩굴'은 부사의 자격으로 복합동사를 만드는 데 사용되고 있는 것으로 볼 수 있다.

'夘乙'의 '乙'은 音借字로서 '을'로 읽을 수 있고, '딩굴다'의 어간 '딩굴'의 말음첨기로 쓰인 것이라 할 수 있다. '尸'로 말음첨기하지 않고 '乙'로 말음첨기한 것은 '딩굴'의 어형에 따라 末音을 'ㄹ'로 보지 않고 '을'로 보아 '乙'로 표기한 것이라고 볼 수 있다. '夗乙(딩굴)'을 '乙'로 말음첨기했다는 사실이 신라어에 '딩굴다'의 어휘가 존재했다는 반증일 수도 있다.

'딩굴다'의 표준어는 '뒹굴다'이다. 현대어에서 '뒹굴다'와 '딩굴다'가 모두 널리 통용되고 있는데, 충청도 방언으로 '둥굴다'도 사용되고 있다. '乙(을)'로 말음첨기한 것에 근거하여 '둥글다'의 어형을 설정해 볼 수도 있으나, 신라시대에 실재하던 이 어휘에 대한 신라어 어형을 모르는 지금 어느 쪽이나 불안하기는 마찬가지이다. 複合動詞인 '夗乙抱遣'의 어형은 '뒹굴안다'·'딩굴안다'·'둥글안다' 등을 생각할 수 있겠으나, 여기서는 '뒹굴안다'·'둥글안다'를 취하지 않고 '딩굴안다'로 써 두기로 한다.

「薯童謠」를 '善化公主主隱 / 他密只 嫁良 置古 / 薯童房乙 夜矣 / 夘乙抱遣 去如'와 같이 어절 단위로 띄어쓰면서 4구로 분구하고, '夘乙抱遣' 자리에 '딩굴안다'를 적용하고 기왕의 '해독 노래'를 이용하여 다시 정리해 보면 다음과 같다.

善化公主 님은
ᄂᆞᆷ그ᅀᆞᆨ 얼어 두고
薯童房ᄋᆞᆯ 바ᄆᆡ
딩굴안고 가다

'薯童房乙'을 '딩굴안고'의 목적어인 대격으로 처리하는 이상, '房'을 어떻게 해독하더라도 공간 개념으로 해석하지는 않으며, 따라서 薯童이 거처하는 장소가 될 수는 없는 것이다. '房'은 인명에 붙는 접미사이거나 인명에 따르는 호칭으로 이해할 수 있는 것으로, '薯童房'을 '서동이의 집'이나 '서동의 방'이 아니라 '맛둥방'이나 '서동 서방'처럼 공간 개념이 아닌 인명의 호칭으로 이해하려고 한다.

'善化公主님은'은 '얼어 두고'와 '딩굴안고 가다'의 주어이며, '薯童房을'은 '딩굴안고'의 목적어이다. 「서동요」의 구문에서 '善化公主님은'은 주어이고, '薯童房을'은 목적어이고, '딩굴안고 가다'는 서술어이다. 서술어 구실을 하고 있는 '딩굴안고'는 복합동사가 되는데, 이렇게 되면 '夘乙'을 副詞로 보거나 助詞로 쓰거나 目的語로 풀이하는 데서 일어나던 무리한 점이 쉽게 해소된다.

요컨대 '夘'의 의미는 뒹구는 것이며, '夘乙抱遣'은 안고 뒹구는 것이다. 따라서 善化公主와 薯童房이 어디서 만나는 것인지는 잘 알 수 없지만, '去如'는 善化公主가 薯童房을 만나서 안고 뒹굴다가 돌아가는 것을 말하는 것이다. '去如'는 선화공주가 서동의 집으로 가거나 서동의 집을 찾아가는 것은 아니다.

「薯童說話」에서 薯童은 京師 南池邊에 살고 있던 과부가 南池의 池龍과 교통하여 출생하는 것으로 되어 있다. 이 때 南池邊의 寡婦는 池龍의 짝이 되는 神母이다. 神母와 池龍의 아들로 형상화된 薯童은 神童으로 부를 수 있다. 밤 기운이 감도는 대지에서 神童이 이웃의 神女와 만나 뒹구는 그 곳에 신화의 시간은 다시 열리는 것이다. 이와 같은 '神聖의 交婚'이 「서동요」가 품고 있는 詩的 眞實인 것이며, 한 치도 꾸미지 아니한 진솔한 노래말 속에 만물을 감동하게 하는 소이연이 있는 것이다. 「서동요」는 깊고 오랜 시간을 담고 있는지도 모른다. 「서동요」는 어느 건국신화 속의 神들이 사랑하는 모습을 이어받아 전해주는 노래인지도 모른다. 京師 南池는 盆山의 馬龍池와 같은 의미를 지니는 聖地이며, 마하만

한 龍의 주처인 馬龍池를 출생지로 하는 그 자체가 이미 薯童에게 건국 시조의 英雄像을 투영하고 있는 것인지도 모른다. 神들이 사랑하는 모습, 그것이 자연의 품 속에서 현란한 시간을 안고 뒹구는 순간, 그 덤거츤 뒤엉킴 속에서 벌써 百姓의 福을 점지하는 아침은 밝아 오는 것이다.

　해독한 「薯童謠」의 노래를 현대어로 풀어쓰면 다음과 같다.

　'딩굴안다'는 현대어에서 '안고 뒹굴다·안아 뒹굴다'가 실제로 통용되는 어순이지만, '딩굴안다'의 어순도 어감이 크게 거슬리는 바가 없어 그대로 '딩굴안다'를 사용해도 좋을 듯하다.

　선화공주님은 남 모르게 짝지어 두고 서동방을 밤에 딩굴안고 간다.

[參考] 예문을 영인한 그림

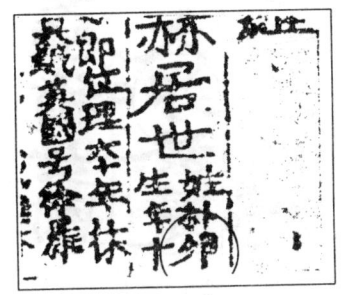

제 1 예문

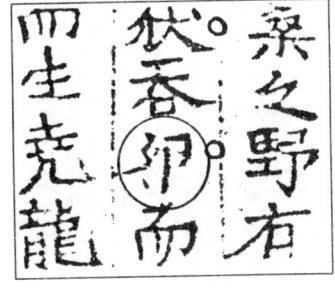

제 4 예문

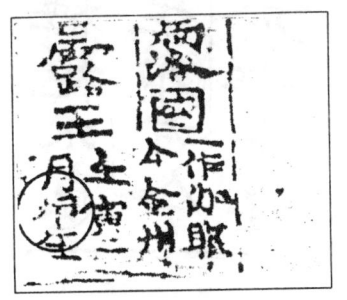

제 2 예문

제 5 예문

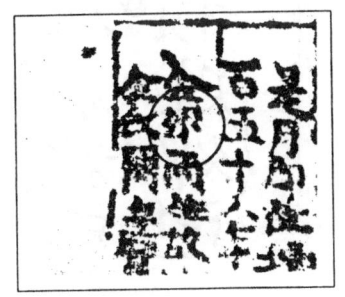

제 3 예문

제 6 예문

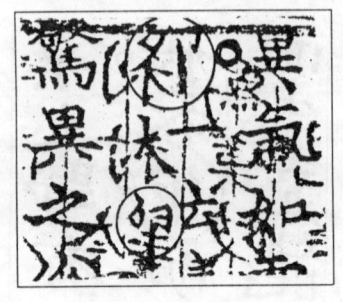

제 7 · 8 예문

제 12 예문

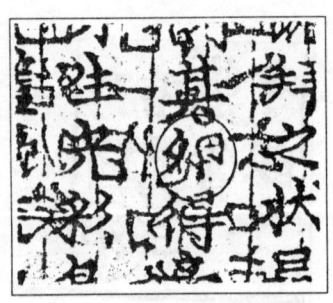

제 9 예문

제 13 예문

제 10 · 11 예문

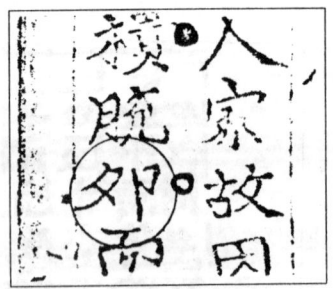

제 14 예문

제 16 예문

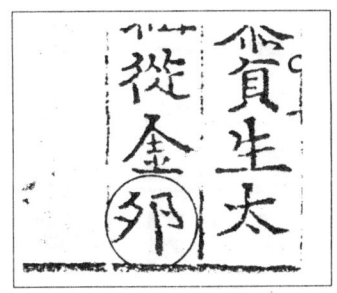

제 24 예문

제 17 예문

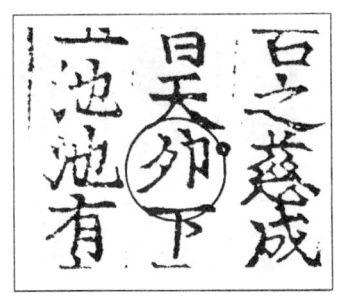

제 25 예문

제 18 예문

제 39 예문

제 44 예문

제 56 예문

제 46 예문

제 58 예문

제 53 예문

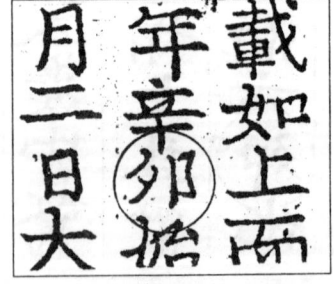

제 59 예문

<獻花歌>의 祭儀性

呂 基 鉉

Ⅰ. 水路夫人이야기의 특성

『三國遺事』卷二 紀異篇 水路夫人이야기는 정체를 알 수 없는 老翁이 水路夫人에게 천길벼랑 위에 만발한 躑躅花를 꺾어 노래(<獻花歌>)와 함께 바치는 사건과, 그 이틀 뒤 水路夫人이 海龍에게 피납되었다가 <海歌>에 의하여 구출된 사건으로 이루어져 있다. 이 두 사건은 각기 서사 문맥과 시가문맥의 두 부분으로 짜여있다. 그런데 기존의 연구는 <獻花歌>의 어석과 함께 노옹이 꽃을 꺾어 바치는 전반부의 사건에 집중되었고, 그 사건은 노옹과 水路夫人의 연사로서 해석하였다. 이러한 해석은 수로부인이야기에 접근하는 시각이 불교적, 무속적, 제의적이든 간에 동일하다.1) 그러나 이러한 결론은 그 시각의 한계성으로 말미암아 이틀 뒤

---

1)이에 관련된 論文으로는 다음과 같은 것이 있다.

金鍾雨. 『鄕歌文學硏究』. 二友出版社. 1978. 31쪽

金雲學. 『新羅佛敎文學硏究』. 玄岩社. 1977. 243쪽

徐延範. <미르(龍)語를 通해서 본 龍宮思想>. 「隨筆文學」 통권 60호. 1997. 77~80쪽

安英姬. <古代人에게 反映된 꽃의 意味>. 「亞細亞女性硏究」 11輯. 淑明女子大學敎. 1972. 190~193쪽.

尹榮玉. 『新羅詩歌의 硏究』. 螢雪出版社. 1980. 169~176쪽.

에 발생한 사건을 해석하는 데 어려움을 불러 일으킨다.[2] 기존의 연구는 이 두 사건을 함께 해석하지 못하였거나, 연관지워 해석하였다해도 시각의 혼선으로 무리를 보이고 있기 때문이다.

수로부인이야기는 두 개의 사건으로 이루어졌지만, 주인공인 수로부인을 중심으로 하여 이틀의 시간을 사이에 두고 일어난 사건이며, 모두가 바다에 접해 있는 공간에서 일어난 사건이다. 두 사건은 유기적으로 연관되어 있으며, 그러한 까닭에 일연은 하나의 제목하에 이들을 기록하였다. 본고는 기존의 연구가 지닌 한계를 극복하면서 두 사건을 유기적으로 해석하고자 시도된 것이다.

이야기의 시대적 배경인 성덕왕대, 핵심인물인 수로부인과 순정공, 천길벼랑 위에 만개한 척촉화, 노옹이 끌고 나오는 암소, 水路夫人을 납치하는 海龍, 그리고 해룡이 거주하는 龍宮, 뿐만아니라 이 이야기의 배경인 천길벼랑이 병풍처럼 둘러쳐져 있는 바닷가, 呪詞인 <海歌> 등의 언표들은 어떤 有意性을 지니고 있다고 생각한다. 왜냐하면 水路夫人이야기는 口碑傳承物이다. 따라서 그 이야기를 표현하고 있는 言表에는 집단구성원의 사유와 인식이 투사되어 있다. 다시 말하면 그 이야기는 집단구성원의 상징과 은유의 원리에 따라 이루어 진 것이기 때문이다.

이들의 실재적 의미는 어떠한 시각에서 온전하게 파악될 수 있는 것일까.본고는 두 사건이 일어나는 시공간에 주목하고자 한다.

金學成. 『韓國古典詩歌의 硏究』. 圓光大學校出版局 . 1980. 343∼347쪽.
姜騰鶴. <獻花歌의 심층>. 『새국어교육』33.34 合輯. 한국국어교육학회. 1981. 76∼94쪽
2) 이러한 제 견해에 대한 비판은 姜騰鶴교수(위의 글 78∼82쪽)에 의하여 이루어졌다. 姜교수는 이러한 제 견해가 지니는 문제점을 克服하는 한 方法으로서 祭儀的인 시각에서 이야기해석에 임해야 할 것을 주장했다. 그러나 姜교수도 결국은 戀事로서 결론을 맺고 있으며, 전반부 사건만을 연구의 대상으로 하는 한계를 보이고 있다.

1. '晝饍'과 '臨海亭'의 意味

이 두 사건은 모두 바다가 접해 있는 곳 (海汀, 臨海亭)에서 '晝饍' 중에 일어난다.

고대인의 사유를 담고 있는 작품에 접근하는 방법은 그 작품의 실상을 바르게 볼 수 있는 것이어야 한다. 신화, 전설, 이야기는 당대의 거울이 아니라 당대의 문화현상의 총체적 반영이다. 따라서 이들에 대한 해석은 당대의 세계관, 미의식, 자연관 등 그네들의 인식을 전제로 하여야 한다.

이러한 의미에서 두 사건이 일어나는 '晝饍과 바닷가'로 시간적 차이와 공간적 거리를 두고 발생하는 두 사건이 공통성을 지닌다는 것은 언표 그 자체 이상의 의미를 지니고 있다고 보아야 할 것이다. 따라서 '晝饍'에 대한 지금까지의 "점심식사"라는 해석은 재고되어야 한다.

이에 '晝饍'에 대하여 새로운 해석을 부여한 金光淳의 견해는 우선 주목할 필요가 있다. 그는 식사를 의미하는 용어가 신분에 따라 구별되어 사용되었음에 착안하여, 여러 문헌의 기록을 통하여 '饍(膳)'은 왕의 식사를 의미하는 용어로만 사용되었고, 왕이 아닌 純貞公에게 그것을 사용한 것은 강릉태수로 부임하는 장도의 안전을 베푸는 祭儀의 祭物을 의미한다고 하였다.[3]

'饍'이 "祭儀의 祭物"이라는 견해를 인정할 때, 두 사건이 발생한 시간

---

3) 金光淳. <献花歌說話에 관한 一考祭>, 『白江徐首生先生還甲記念論叢;韓國詩歌의 研究』. 螢雪出版社. 1981.11~25쪽. '晝饍'이 단순한 점심식사 이상의 의미를 지니고 있다는 것은 洪在烋, 趙東一도 제기한 바 있다.
『三國遺事』에 쓰인 언표(記號)들이 一然 당대의 보편성을 지닌 것인지 아니면 一然이 祭物의 陳設을 의미하기 위하여 특별히 선택한 언표인지는 좀더 천착해야 할 문제이다. 여기에서는 우선 그것이 一然에 의하여 선택된 것이라고 생각하고 金光淳의 견해를 받아들이는 입장을 택하려 한다.

인 '晝饍'은 상징적 의미를 갖는 언표가 된다. 즉 두 사건은 제물을 진설하고 일어난 사건이며, 그것은 곧 제의적인 사건이다. 따라서 이 水路夫人이야기는 제의를 구술하고 있음을 말하여 주는 것이다.

뿐만 아니라, 두 사건이 일어나 공간 '海汀'과 '臨海亭'이란 언표에 주목할 필요가 있다. 이 두곳은 이틀이란 시간의 차이를 두고 사건이 발생한 곳이니 동일의 장소는 아니다. 그러나 '海汀'은 바닷가이고, 그 곳은 암벽이 병풍처럼 둘러쳐져 있는 곳이고,'晝饍'을 베풀 수 있는 '亭'의 형태를 갖춘 그 어떤 구조물이 있었을 것이라 추측하기는 그리 어렵지 않다. '汀'은 字典의 注解에 謝靈運의 시를 인용하여 "曲舟已隱"이라고 의역하고 있다. "曲舟"는 임금이 궁중의 연회에서 베푸는 曲宴을 뜻한다. 따라서 '海汀'은 연회를 베풀 수 있는 곳이며, 그 곳에는 '亭'의 형태를 갖춘 구조물이 있었을 것이다.

『三國遺事』「長春郎·罷郎」條에 백제와의 싸움에서 전사한 두 화랑이 太宗의 꿈에 나타나자, 태종은 그것을 괴이히 여겨 두 혼백을 위하여 하룻동안 牟山亭에서 불경을 說하였다는 기록이 있다.[4] 불경을 설한 '牟山亭'은 불교의 의례를 집행한 제의의 공간이다. 또 憲康王이 幸行한 '鮑石亭'도 南山神이 왕 앞에 나타나 춤을 추었다는 것은 제의적 행위이며, 따라서 그 곳은 제의의 공간이다.[5] 같은 條에 '同禮殿'에서 연회를 베풀 때 地神이 나와 춤을 추었다는 기록이 있다. '殿'은 '亭'보다 그 규모가 큰 것이지만, '同禮殿' 역시 제의의 공간임을 알 수 있다. 여기서 연회라함도 필시 제의를 의미한다고 보아야 할 것이다. '殿'이 제의의 공간임을 입증하는 사례로는 '朝元殿'이 있다.[6] 景德王 代에 해가 둘씩이나 나타나는 괴변을 日官은 재앙이라 아뢰고,왕이 재앙을 물리치기 위하여 壇을 설치한 '朝元殿'은 제의의 공간이다. 이상의 사례를 비추어 水路夫人이야

---

4) 『三國遺事』卷 1. 長春郎·罷郎.
5) 『三國遺事』卷 2. 處容郎·望海寺.
6) 『三國遺事』卷 5. 月明師·兜率歌.

기의 두 사건이 일어나는 '海汀'과 '臨海亭'은 제의를 행한 공간이라고 할
수 있다.

晝饍이 제물의 진설이며, 臨海亭이 제의의 공간일 때, 水路夫人이야기
의 두 사건은 제의적 시·공간에서 발생한 것이며, 제의적 사건을 진술
한 것이다. 따라서 제의적인 시각을 가지고 이야기에 임할 때 온전하게
그 실상을 파악할 수 있다. 그리고 두 사건이 발생한 시간과 공간이 공
통성을 지니고 있으며, 두 사건의 핵심인물이 水路夫人이며, 등장인물이
동일하다는 점 등은 두 사건이 별개의 무관한 것이 아니라 유기적 연관
을 지닌 것임을 말한다.

2. 形成과 性格

『三國遺事』는 水路夫人이야기를 성덕왕대의 일이라고 기록하고 있다.

이 이야기가 구술하고 있는 제의의 모습에 근접하기 위해서는 이 이
야기를 생성한 성덕왕대의 시대적 상황에 주목할 필요가 있다. 왜냐하면
이야기가 구술하고 있는 제의가 성덕왕대 이전에도 이후에도 행하여 진
것이라면 굳이 성덕왕대의 일이라고 밝히지 않았을 것이며, 또한 純貞公
과 水路夫人이라는 특정인물도 굳이 기록하지 않았을 것이다. 聖德王,
純貞公과 水路夫人 이들은 水路夫人이야기가 성덕왕 당대의 산물임을
명백히 하기 위한 언표들이라 생각된다.

『三國遺事』가 水路夫人이야기에 앞서「聖德王」條를 편제하고 있음에
서 더욱 성덕왕대 상황에 주목케 하고 있다. 『三國遺事』의「聖德王」條
는 다음과 같다.[7]

　㉠ 第三十三聖德王神龍二年丙午歲不登人民飢甚
　　 丁未正月初一日至七月三十日救民給粗一口一

---

7)『三國遺事』卷 2. 聖德王.

> 日三升爲式終事而計三十萬五白碩也
> Ⓛ 王爲太宗大王刱奉德寺設仁王道場七日大赦
> ⓒ 始有侍中職

「聖德王」條는 세가지의 내용으로 되어 있다. 가뭄이 들어 백성을 구제하였고, 太宗을 위하여 佛寺를 창건하였으며, 侍中의 직을 두었다는 것이 그 내용이다.

그런데 이러한 내용을 담고 있는 「聖德王」條는 기이편에 편제되어 있음에 유의할 필요가 있다. 『三國遺事』의 편목은 크게 王曆, 紀異, 佛敎의 神異로 되어 있다. 이러한 편제는 김부식이 『三國史記』를 유교적 합리주의에 입각하여 편찬한 데 반하여, 一然은 『三國遺事』를 불교의 비합리주의에 입각하여 편찬했음을 보여 준다.8) 특히 기이편은 불교의그것과도 관련이 없거나, 관련이 있다 해도 아주 미미한 것만을 수록하고 있다. 이러한 一然의 편제의식을 염두에 둘 때, 「聖德王」條의 내용은 기이편에 수록될 성질의 것이 아니라고 생각된다.

설사 太宗을 위하여 奉德寺를 창건한 사실이 기이편에 수록할 만한 것이었다해도9), 불사의 창건과 아무런 연관이 없는 직제의 시작이나, 백성의 구제는 기이편에 수록될 성질의 것이 아니다. 한편 불승인 一然의 입장에서 중앙왕실이 倉廩을 열어 백성을 구제했어도 그것이 불교의 佛力에 의지하여 해결하는 것보다 못하다는 불교우위의 의식이 작용했다 하여도10) 불사의 창건과 백성의 구제는 아무런 연관성도 보이지 않으며,

---

8) 李基白. <『三國遺事』의 史學史的 意義>. 「創作과 批評」41 號. 1976. 61쪽
9) 聖德王이 奉德寺를 創建한 것은 당시 王權을 강화하기 위한 것이었다. (李昊榮. <新羅中代王室과 奉德寺>. 「史學誌」 8. 단국대학교. 1974. 1∼17쪽). 정치적으로 세력을 장악하기 위하여 대규모의 토목공사를 벌임으로해서 반대세력을 누른 것은 절의 규모에 못지 않게 一然의 관심대상이 될 수 있었을 것이다.
10) 一然의 이러한 의식은 「處容郞·望海寺」條에서 볼 수 있다. 王앞에 地神이 나타나 나라가 망할 것을 예언 경고하나 결국은 나라가 망하였다는 기록

職制의 시작은 더더구나 연관성이 없다.

그럼에도 불구하고 내용의 대부분이 가뭄에 백성을 구제하였다는
「聖德王」條를 기이편에 수록하고 있는 까닭은 무엇인가. 여기에는 一
然 나름의 의미가 있었기 때문이라 생각된다.

『三國史記』 성덕왕대의 기록은 이에 시사하는 바가 있다.『三國遺事』
「聖德王」條의 백성의 구제와 연관지어 그 관련 기록들을 정리하면 다
음과 같다.11)

      ㉠ 四年五月旱 …… 十月國東州郡饑人多流亡發使賑恤
      ㉡ 五年春正月國內饑發倉廩賑之 …… 秋八月 …… 穀不登
      ㉢ 六年春正月民多饑死給粟人一日三升至七月
      ㉣ 八年夏五月旱
      ㉤ 十三年夏旱人多病患
      ㉥ 十四年六月大旱王召河西州龍鳴嶽居士理曉祈雨於林泉寺池上則雨浹旬
      ㉦ 十五年夏六月旱又召居士理曉禱則雨

이상의 기록은 다음과 같은 사실을 말하여 준다.

    ㉠ 성덕왕 15연까지는 거의 매년 심한 가뭄이 들어 많은 백성이 굶
      어 죽고 유랑하는 자가 많았다.
    ㉡ 나라(中央王室)에서는 그들을 賑恤하기 위하여 倉廩을 열고, 또
      사신을 파견하기도 하였다.
    ㉢ 王이 직접 居士 理曉를 불러 祈雨祭를 지냈다.

은 地神으로 代表되는 土俗信仰도 별 수 없음을 의미하는 것이며 또 東海龍
이 雲霧를 일으키자 절을 창건함으로써 동해룡이 조복하였다는 것도, 龍은
土俗信仰의 象徵物로 볼 수 있다. 土俗信仰의 상징물인 龍이 佛敎(力)에 의
하여 조복하는 것은 崔珍源敎授(<寺利緣起說話와 仙風>. 119~133쪽) 참조.
11)『三國史記』卷 8. 新羅本紀 聖德王.

가뭄이 들어 백성이 굶어 죽고 유랑하는 자가 있었다는 기록은 성덕왕 이전에도 이후에도 보인다. 또한 그들을 진휼하기 위하여 창름을 열고 곡식을 나누어 주었다는 기록도 보이며, 가뭄이 들어 기우제를 지냈다는 기록도 보이고 있다.

그런데, 『三國史記』의 가뭄에 대한 여타의 기록들이 가뭄시 백성을 진휼했다거나 죄수를 사면했다는 정도로 기록되어 있음에 비하여, 그 진휼의 자세함과 방대함이라든지, 뿐만 아니라 기우제를 두 번씩이나 지냈으며, 그것도 왕이 직접 기우제의 主宰者를 불러 지냈다는 기록, 거의 매년이다시피 가뭄이 들었다는 기록 등은 성덕왕대의 가뭄이 다른 어느 왕대보다 매우 심각하였음을 보여 주는 것이라 생각된다. 『三國遺事』「聖德王」條의 백성의 구제는 『三國史記』의 ⓒ의 기록을 더욱 자세하게 한 것이다. 김부식과 一然의 편찬태도로 볼 때, 두 기록이 서로 뒤바뀐 느낌이다. 「聖德王」條를 기이편에 수록한 一然의 의도는 일면 이러한 사태의 심각성을 암시하는 데 있었을 것이라 생각된다.

성덕왕대의 상황이 매우 심각하였음은 기우제를 두 번씩이나 지냈다는 사실에서도 알 수 있다. 기우제는 고대 天候에 의존해 온 농경사회에서는 중요한 연중행사이며, 역대왕조에서도 기우에 대한 관심은 정책화되어 있었다. 신라에서도 惠樹에서 기우제를 지냈다고 한다.[12] 惠樹의 위치가 어디인지, 그 기우제의 형태가 어떠한 지는 현존 사료로서는 알 수 없다. 그러나 惠樹에서 지낸 기우제는 일정한 곳에서, 정해진 주재자에 의하여 정기적으로 행하여진 국가적 행사였을 것이다. 『三國史記』 신라본기에는 가뭄이 들었다는 숱한 기록이 있다. 그럼에도 惠樹에서 기우제를 지냈다는 기록이 단 한번도 없는 것은 그것이 정례적인 행사였기 때문이라 생각된다.

그런데, 성덕왕대는 가뭄이 심하여 기우제를 지냈다는 기록이 두 번

---

12) 『三國史記』 卷 33. 雜志 祭祀.

(14, 15년)이나 있다. 이 기우제의 주재자는 河西州 龍鳴嶽에 사는 居士
理曉이며, 기우제를 행한 장소는 林泉寺池上이라 기록하고 있다. 왕이
직접 기우제를 주재할 사람을 불렀다는 것, 기우제가 행하여진 장소가
林泉寺의 연못이었다는 점 등은 성덕왕 14, 15년에 행한 기우제가 정례
적인 것이 아니라 別祭로 행하여 진 것이기에 특별히 취급된 것이라 할
수 있다. 그것은 居士 理曉는 이전의 제의(정례적인 제의)의 주재자가
아니며, 林泉寺池는 惠樹에 위치한 곳이 아니기 때문이다. 이는 역으로
생각하면 別祭를 행하여야 할 만큼 가뭄의 정도가 심하였고, 거의 매년
계속되는 가뭄으로 사태가 어려운 지경에 이르렀음을 말하여 주는 것이
다. 즉 정례적인 기우제로서는 제의의 효과를 얻지 못하여 別祭를 행하
여야 할 정도로 사태가 심각하였음을 말하는 것이다.[13]

가뭄이 심하여 사신을 파견하기도 하였으며 유랑하는 백성이 많았던
곳은 나라의 동쪽이며, 기우제를 주재한 거사 理曉는 河西州 龍鳴嶽에
거주한다는 『三國史記』의 기록, 純貞公이 태수로서 부임해가는 임지가
강릉이라는 『三國遺事』의 기록, 두 사건이 발생한 곳이 모두 바다에 접
해 있다는 『三國遺事』의 기록 등은 그 지역적인 공통성을 지니는 것으
로서 서로 연관성이 있다고 생각된다. 이러한 점으로 미루어 보아「聖德
王」條를 기이편에 수록한 一然의 또 다른 의도는 다음에 나오는 水路
夫人이야기를 유도하기 위함에 있다고 생각한다.

한편, 이야기에서 水路夫人이 만개한 척촉화를 원하자, 주변의 종자들
은 사람의 힘이 미칠 수 없다하여 그 不可함을 말한다. 또 水路夫人이
海龍에게 홀연히 피납되자 純貞公과 종자들은 그 구출의 방법을 몰라

---

13)天候에 의한 재해로 사태가 심각한 것 뿐만 아니라 정치적으로도 불안한
시기였다.

　金壽泰, <新羅 聖德王・孝成王代 金順元의 政治的 活動>,「東亞研究」 3號,
西江大東亞研究所, 1983. 李昊榮. 앞의 論文, 李基白, <新羅執事部의 成立>,
「震檀學報」 25,6,7 合輯號, 진단학회, 1964.

당황해 한다. 이는 水路夫人과 종자의 갈등과 대립이며, 純貞公・從者와 海龍의 갈등과 대립이라 할 수 있다.14) 이는 집단에 발생한 갈등과 위기의 표현이라 보여진다. 水路夫人이야기는 水路夫人을 중심으로 하는 두 사건으로 이루어졌지만, 水路夫人 한 개인의 사건이 아니라 집단에 발생한 위기와 심각한 상황을 상징적으로 표현한 것이다. 水路夫人이야기는 이러한 상황을 극복하기 위하여 행하여진 집단적 제의를 구술하고 있는 것이다.

그런데 水路夫人이야기가 一然의 관심의 대상이 되어 『三國遺事』에 수록되어 전승될 수 있었던 까닭은 무엇인가. 이야기를 전승케 하는 動因으로는 興味素, 效用素, 目的素의 세가지 傳承素를 상정할 수 있다.15) 水路夫人이야기의 두 사건은 純貞公에게나 從者에게나 경이적이며 충격적이다. 이 두 사건은 제의적 사건이며, 제의의 내용이다. 이전의 제의와는 다른 辨別的인 요소가 있고, 그것은 계층을 초월하여 경이적이며 충격적인 것으로 받아들여진 두 사건이다. 水路夫人이야기가 지향하는 바는 祭儀性이다. 따라서 전승동인의 하나인 效用素,16) 그 속성 가운데 특히 祭儀性이 전승의 요인이라고 할 수 있다. 제의는 인간이 生의 위기나 전환점에서 그것을 예방 또는 克服하기 위하여 행하는 것으로 原初的 思惟의 行爲化이며, 지혜의 총체적 현상이기 때문이다.

Ⅱ. 敍事文脈의 祭儀的 해석

집단에 발생한 또는 발생할 위기를 극복하기 위하여 행하는 제의는 곧 집단의 안녕과 행복을 창조하기 위한 "굿"이다. 현존하는 굿의 구성

---

14) 이 대립과 갈등의 문제는 뒤에서 논의될 것이다.

15) 金學成. 〈『三國遺事』所載說話의 形成 및 變移過程〉. 326~327쪽

16) 김학성교수는 效用素를 巫覡 또는 佛僧같은 종교・주술 담당자가 그들의 신앙이나 사상을 확산시키는 수단으로 작용하는 전승소라고 했다. (金學成. 앞의 글)

을 살펴볼 때, 일반적으로 열두거리로 이루어 진다. '거리(祭次)'는 각기
특정한 神靈을 불러 모시고 축원하는 독립된 작은 굿이다.[17] 水路夫人
이야기는 두 개의 사건으로 이루어져 있다. '거리'를 원용하여 <獻花歌>
를 부르는 사건을 '꽃거리'라고 하고, <海歌>를 부르는 사건을 '龍거
리'[18]라 하자.

현존의 굿을 살펴보면, 대부분 열두거리로 진행되면서 각 거리는 독자
성을 지닌다. 예를 들어 진오기굿의 열두거리는 (1)周堂물림 (2)不淨 (3)
山마누라 (4)別星 (5)대감 (6)靈依 (7)使者 (8)말미 (9)道場 (10)魂箋 (11)
십오군웅 (12)뒷전으로 되어 있다. 이 열두거리는 각기 전혀 다른 사설
과 노래, 그리고 춤을 갖는다. 즉 열두거리는 각기 독자성을 지닌다. 그
러나 굿의 목적에 따라 열두거리의 구성이 달라질 수 있고, 그 중심이
되는 거리에 따라 굿의 목적이 정해진다. 진오기굿의 경우, 죽은 靈이
돌아와서 넋두리를 하는 '靈依'와 망령을 잡아가는 '使者놀음' 그리고 바
리공주의 本生談을 노래하는 '말미'가 구성의 핵심이 되는 거리이다. 그
외의 거리는 어떠한 굿에도 일반적으로 행하여 진다.

현존하는 굿의 이러한 사정으로 미루어 보아 水路夫人이야기가 표출
하고 있는 제의는 적어도 두거리 이상의 거리로 구성되었을 것이다. 그
런데, 이 두거리를 제외한 나머지는 여타의 제의에도, 또는 이전에 행한
제의에서도 행하여진 것이기에 핵심이 되며 변별적인 두거리만이 기록·
전승된 것이라 생각된다.

1. '꽃거리'-- 祭物의 代替

'꽃거리'에서 성덕왕대 강릉태수로 부임하는 純貞公의 부인 水路가 만
개한 躑躅花를 꺾어 달라고 하자 종자들은 그 불가함을 들어 거절한다.

---

17) 柳東植.『韓國巫敎의 歷史와 構造』, 연세대출판부,1981,296쪽
18) '꽃거리', '龍거리'란 용어는 趙東一(앞의 책,124쪽)에 의하여 제기된 바 있다.

이때 암소를 끌고 지나가던 老翁이 꽃을 꺾어 노래(<獻花歌>)와 함께 水路에게 바친다는 내용이다.

1) '牽牸牛'와 '放母牛'

水路夫人이야기에는 정체를 알 수 없는 老翁이 암소(牸牛, 母牛)를 끌고 등장한다. 소가 농경중심의 생활에 필요한 존재로 인식되면서부터 소에 대한 인간의 관심은 지대하게 되었다. 그래서 소를 중시하는 풍속은 지금도 내려오고 있다. 慶北 盈德郡 寧海面 大津里에는 다음과 같은 風俗이 지금도 행해지고 있다고 한다.

> 尺山마을 이웃마을의 민속으로 6월보름(유두일)에 소가 있는 집에서는 소제사(牛祭)를 지낸다. 소두비(솥뚜껑)에 놋(전)을 자기집 소의 수만큼 부쳐서 냇가에 있는 소바위(牛岩)에 가서 제사를 하면 그 소는 아무 탈 없이 무사하다는 것이다. 어느해 한번 이 소제사를 안 지냈더니 많은 소가 죽었다 한다.[19]

농경문화에 있어 소의 중요성을 인식하고, 그러한 소를 중시한 풍속의 한 예이다. 이 우제는 소가 지니는 농경수단으로써의 기능성에 말미암은 것이다. 농경문화에서 차지하는 소의 중요성은 다음과 같은 기록에서도 알 수 있다.

> 關北俗 是日作木牛 自官府達于閭里
> 遍出于路 盖倣出土牛之制而所以示勸農祈年之意[20]

木牛之制는 입춘에 행한 관북지방의 풍속이다. 土牛之制는 중국의 입

---

19) 『東海岸地區學術踏査報告書』(1970~1976), 성균관대학교 국어국문학과, 1976, 131쪽.
20) 『東國歲時記』立春.

춘행사로서 농사의 풍요를 기원하는 것이다. 나무나 흙으로 소의 형상을
만들어 농사가 시작되는 입춘일에 풍요와 다산을 기원했다는 것은 소가
농경생활에서 차지하는 비중이 얼마나 큰 가를 말하여 주는 것이다. 이
는 일반 백성뿐만 아니라 官에서도 행했다는 것으로 알 수 있다. 경북의
牛制나 관북의 木牛之制는 소의 농경수단으로서의 기능이 인식된 결과
이다. 이밖에도 '소놀이 굿'·'소맥이 놀이' 등도 같은 경우이다.

그런데 소는 일찌기 제의의 제물로 쓰여졌다. 부여에서는 군사에 관한
일이 있을 때 하늘에 제사를 지낸다. 이때 소를 잡아 그 발굽으로써 일
의 길흉을 점쳤다고 한다.[21] 비록 유교의 영향을 받은 것이지만 신라인
들은 五廟祭時에 풍년에는 大牢(牛)를, 흉년에는 小牢(羊)를 제물로 바쳤
다.[22] 또 巫歌에서도

> 왼소머리 깃을 잡아 받으시구
> 큰 소는 허리 찍어 받으시구
> 대양푼에 갈비쩜에
> 소양푼에 영계쩜에 ·········[23]

라고 하여 소가 제물로 바쳐졌음을 보여 주고 있다. 소가 제물로 사용되
는 例는 동서고금을 막론하고 쉽게 발견할 수 있다.

소는 일반적으로 大地와 달과 관련되어 풍요와 다산의 生生力을 지닌
동물로 상징된다.[24] 소가 제물로 선택될 수 있는 것은 소의 이러한 상징
성에 기인한다. 즉 소의 농경수단으로써의 기능성과 생생력의 상징성이
제의, 특히 농경의례에 제물로서 선택될 수 있는 요인인 것이다.

---

21) 『三國志』魏志 東夷傳 夫餘.
22) 『三國史記』권32.「雜志」祭祀.
23) 金泰坤.『韓國巫歌集1』, 圓光大民俗學硏究所, 1971, 33쪽.
24) J.E.Cirlot.『A Dictionary of Symbols』. Philosophical Lbrary.New York.
1962.

제의적 문맥에 등장하는 소는 일단 이러한 제물로서의 의미를 지닌다. 따라서 水路夫人이야기의 시·공간에 노옹이 끌고 나오는 암소는 제의에 바쳐지는 제물이라 할 수 있다.

그런데, 水路夫人이야기의 서사문맥에는 노옹이 암소를 끌고 있는 것(牽牸牛)으로, 시가문맥에서는 노옹이 암소를 놓는 것(放母牛)으로 노옹과 암소의 관계가 '牽'에서 '放'으로 바뀌었다. 이 관계의 변화를 단순히 水路夫人에게 꽃을 꺾어 바치기 위한 노옹의 예비적 행위로만 이해하고 말 것인가. '放母牛'를 예비적 행위로만 이해하고 만다면, 제물로서의 암소는 이야기내에서 중요한 기능과 의미를 상실한다고 생각된다.

왜냐하면, 『三國遺事』에 보이는 소(牛)에 대한 언표는 그것이 불교적 상징물이거나25), 또는 그 어떤 상징성도 내포하지 않은 평범한 기능적인 소이다.26) 그런데 水路夫人이야기의 암소는 불교적인 상징물로서의 암소도 아니며, 평범한 기능적인 소도 또한 아니다. 앞에서 살폈 듯, 암소는 제의의 시·공간에서 기능하고 있으며, 有意性을 지닌다. 따라서 암소를 서술하고 있는 언표 '牽'과 '放'에는 고대인들의 제의에 대한 사유가 투사되어 있는 것으로 보아야 한다. 즉 이들은 제의적인 문맥에서 상징의 의미를 지닌 것으로 파악해야 한다.

『三國史記』 신라본기에 보이는 다섯 번의 기우제에 관한 기록은 惠樹에서 행한 정례적인 기우제와는 다른 특별한 제의라고 할 수 있다. 기우제에 관한 최초의 기록은 沾解王 7년에 가뭄이 들어 시조묘와 명산대천

---

25) 그 例를 들면 다음과 같다.

　　『三國遺事』 卷 5. 郁面婢念佛西昇;牛嘗馱經 ……此龍爲牧牛土之供王乳酪……

　　『三國遺事』 卷 3. 三所觀音 衆生寺;馬載牛馱……

26) 그 例를 들면 다음과 같다.

　　『三國遺事』 卷 2. 駕洛國記;秣馬養牛之厩

　　　// 　卷 1. 高句麗 ;又弃之路 牛馬避之

　　　// 　卷 4. 圓光西學;不殺使蓄謂馬牛鷄犬不殺

에 기우하였다는 것이다.[27] 이 기록은 기우제의 대상이 시조와 명산대천이었으며, 시조제와 산천제가 기우제의 기능도 담당하고 있음을 보여준다. 그런데 두번째 기록인 眞平王 50年의 기록은 龍의 그림에 기우하였다고 한다.[28] 이에서 기우라는 동일한 목적을 지닌 제의에 있어 그 섬기는 대상이 변화하였음을 알 수 있다. 섬기는 대상이 바뀌면 제의형태 또한 변화하며, 제물도 또한 바뀐다. 강원도 강릉과 영월에서 지내는 기우제는 산신에게는 돼지머리(또는 닭)를, 龍神에게는 개(犬)를 쓴다고 한다.[29] 이 사례는 섬기는 대상에 따라 특정한 제물이 있음을 보여 주고 있다.

제물의 종류의 변화는 섬기는 대상의 변화에만 따르는 것은 아니다. 퉁그스인이나 만주족들은 神이나 精靈(spirit)에는 특정한 제물을 바쳐야 한다고 생각한다. 그러나, 그 제물을 구할 수 없는 상황이 발생하면 제물을 대체한다고 한다.[30] 이는 제의의 목적이 같고 섬기는 대상이 같더라도 제물의 종류는 변화할 수 있음을 말한다. 이 변화는 제의의 상황에 따른다.

그런데 무엇보다도 제물의 종류의 변화는 제물이 지니는 效力에 기인한다.

> 城에서 동남쪽으로 10여리 떨어진 곳에 德積山이 있고, 산 위에는 崔瑩의 사당이 있다. 사당에는 塑像이 있는 데 지방 사람이 기도하면 영험이 있다고 한다. 지방사람들이 사당 옆에다 침실을 만들고 민간의 처녀를 두어 사당을 모시게 한다. 그 처녀가 늙고 병들면 다시 젊고 예쁜 사람과 바꿔서 지금까지 300년 동안을 하루같이 그렇게 하고 있다. 그런데 그 시녀가 말하기를, "밤이 되면 神靈이 내려서 交接한다."고 한다.[31]

27) 『三國史記』 卷二. 沾解王.
28) 『三國史記』 卷四. 眞平王.
29) 『韓國民俗大觀』 5. 高大民族文化硏究所. 1982. 343쪽.
30) Shirokogoroff. 『Phychomental Complex of the Tungus』. 상황에 따른 제물의 변화는 『황금가지』나 부락제에 관한 보고서에도 보이고 있다.

사당에 바쳐지는 처녀는 인신제물이다. 그 인신제물의 효력은 "神靈과 밤마다 交接할 수 있는 젊음"에 있다. 늙고 병들은 인신 제물은 제물로 서의 효력을 상실한 것이다. 따라서 그것은 다른 새로운 것으로 代替되 어야 한다. 대체되어야 할 제물은 "젊고 예쁜 처녀"이다.

제물은 제의의 구성상 중요한 위치를 차지하고 있다. 제물에는 주술적 인 힘이 내재되어 있어 신이나 精靈에게 무한한 힘을 발휘하며, 그들을 굴복시킬 수 있으며, 그들의 의지를 강제로 움직이게 할 수 있다고 고대 인들은 사유했다.[32] 따라서 제물은 신이나 정령에게 영향력을 행사할 수 있는 중요한 방법의 하나이며, 제물은 신이나 정령에게 유용하며, 흥미롭 고, 매력적인 것이어야 한다.[33]

그래서 제의가 효과를 획득하지 못하면 주로 제물에서 원인을 찾았다. 제물을 바치는 방법이 잘못되었거나, 제물이 효력을 상실한 것이라 생각 했다.[34] 제의의 효과는 제물과 직결된다는 사유이다. 그래서 제의의 효 과를 획득하기 위하여는 상실된 제물의 효력을 회복해야 한다. 제물의 대체는 이러한 인식의 결과라고 할 수 있다. 제물의 대체는 결국 제의형 태의 변화라고 할 수 있다.

성덕왕대는 계속되는 가뭄으로 사태가 매우 심각하였다. 그래서 집단 에 발생한 위기를 극복하기 위하여 제의를 행하였고 水路夫人이야기는 그러한 제의를 구술한 것이다. 노옹이 제의의 공간에 '끌고 나오는 암소

---

31) 李重煥. 擇里志 京畿松都.
32) E.Cassirer. <Cult and Sacrifice>. 『The Philosophy of Symbolic Forms Ⅲ』.Tale Univ. 1955. 222쪽
33) Shirokogoroff. 같은 책. 198쪽.
34) Tungus人들의 다음과 같은 思惟는 이에 시사하는 바가 있다.(Shirokogoroff. 같은 곳) "제물의 형태는 精靈(spirit)의 성격이나 취향에 상응해야 한다고 퉁 구스인은 생각했다. 그래서 제물의 효과가 없다고 생각되면, 그들은 제물이 알맞은 방법으로 바쳐지지 않았고, 따라서 제의의 방법이나 기도자의 주문을 바꾸어야 한다고 생각했으며, 또는 제물의 종류가 바뀌어야 한다고 생각했 다."

(牽牸牛)'는 이전의 방식대로 제의에 바쳐지는 제물이다. 그런데, 나라에 발생한 위기는 암소를 제물로 바침으로 해서 제의의 효과를 획득하기에는 너무 심각한 것이고, 따라서 제의의 효과를 획득할 수 없다. 다시 말하면, 제물인 암소는 제물로서의 효력과 가치를 상실한, 대체되어야 할 제물인 것이다. 따라서 제의의 공간에서 노옹이 '놓는 암소(放母牛)'는 제물로서의 효력을 상실한 대체되어야 하는 제물이라 할 수 있다. 이러한 수로부인이야기가 구술하는 제의는 이전의 것과는 구별되는 辨別性이 있으며, 그 변별성은 제물의 대체 즉, 제의형태의 변화인 것이다.

2) '水路夫人'

'水路夫人'은 여성이며, 강릉태수로 부임해 가는 역사적으로 실재했던 純貞公의 부인이다. 이러한 사실은 水路夫人을 중심한 여러 언표의 해석에 중요한 열쇠가 될 것이다.

앞에서 晝饍과 臨海亭[海汀]은 제의의 시·공간이라 했다. 그런데 水路夫人이야기의 이 공간은 바다와 천길의 암벽으로 구성된다. 이것은 聖石과 聖水의 對偶이다. 이 대우는 躑躅花가 만발한 生氣放盛하고 陽氣發揚하는 생생력의 계절이라는 시기적 배경과 어울릴 때 그 원초적 생생력은 더욱 증대된다.35) 다시 말하면 바다[水] - 암벽[石] - 꽃[花]이 어우러져 生生力環帶를 구성한다. 제의적 공간은 성스러운 곳[The Sacred Place]이며, 제의적 시간은 아득한 때[태초의 원형적 시간 ; Illo tempore]이다.36) 제의의 시·공간이 생생력환대로 이루어진 場이라면, 제물의 효력은 곧 제물이 지닌 생생력이어야 하고, 생생력환대로 이루어진 시공간

---

35) 姜騰鶴. 같은 글. 84~85쪽.
36) M.Eliade. 『The Sacred and The Profane』.A.Harvast/HBJ Book.N.Y. 1957.68~72쪽. 'Illo Tempore'는 神이 우주를 창조하는 시간으로, 그것은 태초의 原型的 時間이다. 인간은 이 태초의 아득한 때로 회귀함으로써 제의를 행할 수 있다고 한다. Eliade. (52~53쪽參照)

에 바쳐지는 제물은 그와 동등한 생생력을 지녀야 한다. 앞의 최영장군 神祠의 사례에서 神靈과 교접할 수 있어야 한다는 것이 그것을 말하여 준다. 즉 제물의 효력은 처녀의 생기발랄한 생명력에 있는 것이다. 늙고 병들은 제물은 제물의 효력을 상실한 것이며 제의의 공간(신위가 있는 성역)에 존재할 수 없다. 그래서 제물은 생기발랄한 젊은 처녀로 대체된다.

멕시코인들은 옥수수재배에 그 성장을 촉진하기 위하여 제의를 행하는데 옥수수 성장의 각 단계에 따라 바쳐지는 제물이 다르다. 즉 파종기에는 갓난아이를, 발아기에는 어린아이를, 곡식이 익으면 노인을 제물로 쓴다.37) 이러한 사례가 말하는 것은 곡물의 풍요와 다산을 위한 제의에서 그 효과를 증대시키기 위해서는 제의의 시·공간에 적합한 제물이 바쳐져야 한다는 것이다. 즉 제의를 구성하는 모든 요소들이 균형과 조화를 이룰 때 제의의 효과를 획득할 수 있음을 뜻한다.

生生力[Fertility]은 인간 및 동물의 생식, 번식, 산육 등을 포괄함과 함께 농사의 풍요, 계절 및 자연의 雨順風調, 혹은 그 생산성을 광범위하게 일컫는다.38) 이러한 생생력 상징은 우선적으로 大地나 바위, 달, 물 등에서 인식되었다. 그것은 이들이 지닌 불멸성, 불변성, 또는 생명의 근원성 등에 기인한다. 동물이나 자연물에서 이러한 생생력 상징의 原型物(Archetype)이 지닌 속성이 인식될 때 그러한 것들은 이차적인 생생력 상징물이 된다. 月동물인 개구리나 뱀, 거북 등이 그것이며, 소나 돼지 그리고 꽃 등이 그것이다.

노옹이 제의의 공간에 끌고 나오는 암소는 이차적 생생력 상징물이다. 水路夫人이야기 이전의 제의에서 암소는 제물로서의 효력과 가치를 지녔고, 그 효과를 얻을 수 있었다. 다시 말하면 비록 암소가 이차적 생생력 상징물이지만 聖石과 聖水의 원형적 생생력 상징물과 생생력환대의 균형을 이룬다. 그런데 상황이 변하여 집단에 발생한 생의 위기가 절박

---

37) Frazer. 『The Golden Bough』. 金相一譯. 乙酉文化社. 1983.
38) 金烈圭. 『韓國民俗과 文學硏究』. 一潮閣. 1978. 208쪽.

해지면 암소가 지닌 생생력만으로는 그 효과를 얻을 수 없다. 곧 생생력
환대와 균형과 조화를 이룰 수 없다. 따라서 암소에 대체되어야 할 제물
은 암소보다 더한 생생력을 지닌 것이어야 한다.

제의를 행하는 것은 궁극적으로 개인이나 집단에 발생한 또는 발생한
생의 위기나 절박한 상황의 극복에 그 목적이 있다. 개인적으로 행하는
入社儀禮가 개인의 생의 위기나 전환점에서 이루어지며, 집단공동체 단
위로 행하는 部落祭가 또한 그러하다. 개인적 제의이든 집단적 제의이든
그것은 종교적 심성(a religious beliefs)이 행동으로 표상된 것이다. 따라
서 제의는 신과 인간사이의 유기적 관계이다. 결국 제의에서의 신과 인
간의 관계는 일체성(Identity)의 回復에 있고, 根本的으로 신과 인간을 연
결하는 외형적 연결대(a physical band)는 제물의 형태로 나타난다.39) 이
는 신과 인간은 제물을 매개로 하여 연결되어 있으며, 그 제물을 통하여
일체성을 회복한다는 것이다. 이때 제물은 제의의 중심에 위치하며 견고
한 핵심이 된다.40) 신과 인간은 제물을 가운데 두고 철저하게 "주고 받
음의 관계"에 있다. 인간은 신에게 제물을 바침으로 해서 신으로부터 어
떠한 창조물(위기나 절박한 상황의 극복)을 얻는다. 반면, 신은 인간으로
부터 받은 제물의 댓가로서 인간이 원하는 어떠한 창조물을 준다. 따라
서 제물과 창조물은 等價의 것이어야 한다. 巫歌에 "받는 것만큼 복을
내려 달라"고 하는 것은 이러한 사유에서이다. 제물과 창조물은 등가로
교환된다.

夫餘俗에 가뭄이 들어 오곡이 순조로이 익지않아 흉년이 들면 문득
왕에게 허물을 돌리어 혹은 갈아치우고 혹은 죽이기도 하였다.41) 이 夫
餘俗은 天候의 책임은 왕에게 있고, 그것은 不順으로 인한 농작물의 실
패를 구제하기 위해서는 마땅히 왕은 그 목숨을 제물로 바쳐야 한다는

---

39) E.Cassirer. 같은 책. 266쪽.
40) E.Cassirer. 같은 책. 224쪽.
41) 三國志 魏志 東夷傳 夫餘.

고대인의 사유를 보여준다.[42] 殷나라 湯王의 기록은 이 夫餘俗이 제의일 가능성을 보여주며, 이의 구체적인 모습을 보여주고 있다.

> 옛날 은나라 湯王때에 7년 동안 가물어서 백성이 살수 없게 되었다. 太師官이 점을 치니 마땅히 사람을 희생으로 삼아 기도를 하여야 비가 오겠다고 하매 湯王이 말하기 를...목욕재계하고 손톱을 자르고 머리를 깎고 흰 띠풀을 깔고 그 위에 몸소 희생이 되어.. ..비가 와서 사방 수천 리에 흡족하였다.[43]

이 기록은 왕이 몸소 기우제의 희생이 됨을 보여준다. 湯王이 몸소 희생이 되기 이전, 7년의 가뭄 동안에 어떠한 형태로든 기우제를 행하였을 것이다. 그러나 그 제의는 효과를 얻지 못했다. 그래서 太師官은 인간을 희생으로 하여야 한다고 했다. 이는 이전의 제의에 바쳐진 제물은 인간 제물이 아닌 어떤 것이었으며, 그것이 제물로서의 효력이 없자 인간을 제물로 바쳐야 한다는 것이다. 즉 제물을 대체함으로써 제의의 효과를 획득하려는 것이다. 혹심한 7년의 가뭄에 바라는 비, 즉 신으로부터 얻는 창조물은 무한한 가치를 지닌다. 그렇기에 제물 또한 그에 상응하는 等價의 것이어야 한다. 인간세계에서 무한의 가치를 지닌 존재는 인간이며, 그 중에서도 至高의 존재인 왕이다. 왕을 제의의 희생물로 하는 것은 이러한 사유에서이다. 제물로서의 가치에 말미암은 것이다.

성덕왕대는 계속되는 가뭄으로 굶어 죽고 유랑하는 자가 많았으며, 나라 동쪽은 민심이 동요하기도 하였다. 나라에서는 사신을 파견하여 그들을 위무하고 진휼하기도 하였으며, 또한 전래의 제의도 행하였을 것이다. 그러나 이러한 모든 노력에도 불구하고 가뭄은 계속되고 민심은 더욱 동요하였다. 夫餘俗이나 湯王의 기록이 보여 주듯이, 민심은 집단의 위

---

42) 王을 죽이기도 하고 갈아치우기도 한 것을 응징으로도 볼 수 있다. 그러나 그 응징은 제의의 제물이 된다는 면에서 동일한 사유라고 생각된다.

43) 『呂氏春秋』 尸子.

기나 절박한 상황의 책임은 왕에게 있으니, 왕은 그 책임을 지고 마땅히 물러나거나 제의의 희생물이 되어야 한다는 사유가 저변에 깔려 있다. 민심의 동요는 이러한 사유에 원인이 있다.

이상의 논의를 통하여 암소를 대체할 새로운 제물은 두 가지의 요건, 즉 제물의 효력과 제물의 가치을 갖추어야 함을 알 수 있다. 제물의 효력으로는 암소보다 더한 생생력을 소유해야 하며, 제물의 가치로서는 원하는 창조물과 등가의 것이어야 한다.

제의형태의 변화는 크게 두 가지 사유를 지향하며 변화한다. 하나는 제의의 原初性에로의 回歸를 지향하는 것이며, 다른 하나는 고등종교의 思辨性과 合理性을 지향하는 것이다. 불교나 유교에 의하여 제의가 儀禮化 되는 것은 후자의 경우에 속한다.[44] 민심이 제물로서 인간을 요구하며, 제물의 효력이 생생력에 있다는 사유는 원초성에로의 회귀라고 할 것이다. 제의를 행함에 있어 계층간의 그 지향하는 바의 相異는 갈등과 대립을 초래한다.

성덕왕대는 이미 불교가 지배이념으로서 왕실에 수용되었다. 뿐만 아니라 정치적인 불안을 해결하고 세력을 구축하기 위하여 侍中의 職을 두기도 하였다.[45] 이런 점들은 지배계층은 불교나 유교의 사변성과 합리성을 지향하고 있음을 말한다. 따라서 왕(실)은 원초성에로의 회귀, 즉 제의의 희생제물로서 왕을 원하는 백성의 사유에 쉽게 응할 수 없다. 이에 백성과 왕은 대립과 갈등을 겪는다. 그래서 왕은 그 자신이 제물이 됨을 피하기 위하여 일시적인 왕을 내세워 제물로 바치기도 하였다.[46] 이 일시적인 왕은 왕족에서 선택된다. 그것은 왕이 지니는 제물로서의

---

44) 제의가 의례화되는 것은 崔珍源敎授(<동동고2>,『국문학과 자연』. 154~155쪽)가 자세히 논의하였다.

45) 李基白. <新羅執事部의 成立>,「진단학보」 25,6,7합병호. 1964.

46) Frazer. 같은 책. 360~371쪽. 일시적인 왕에 대한 여러 사례를 보이고 있다.일시적인 왕은 왕자나 왕족만이 되는 것은 아니다. 일반백성이나 노예에서도 선택된다.

가치와 효력에 의한 것이다. 왕자는 왕을 대신하기에 가장 적합한 인물이다.

강릉태수로 부임하는 純貞公은 그의 지위로 보아 귀족의 일원이다. 신라사회는 骨品에 따라 관직이 제한되어 있었던 것으로 보아 純貞公은 고귀한 혈통을 지닌 인물이었을 것이고, 水路夫人도 고귀한 혈통을 지녔다고 할 것이다. 귀족계급과 고귀한 혈통은 왕의 신분과 혈통,즉 제물의 가치를 대신할 수 있다. 오랜 가뭄으로 민심이 동요하고 유랑하는 자가 많았던 곳이 나라의 동쪽이며, 純貞公이 태수로서 부임해 가는 임지가 '江陵'이라는 점 등은 이에 시사하는 바가 있다.

인신제물이 되어야 하는 왕을 대신할 수 있는 것은 純貞公과 水路夫人이 지닌 고귀한 신분이다. 그런데 대체되어야 할 새로운 제물은 제물로서의 가치뿐만 아니라 제물로서의 효력도 소유하고 있어야 한다. 제물의 효력은 생생력에 있다. 뿐만아니라 집단의 위기인 가뭄은 陽氣가 극에 달한 까닭이라 인식되었다. 이 양기를 상쇄시켜야만 가뭄은 해소된다. 水路夫人은 여성이며 陰의 상징이다. 이점이 純貞公보다는 水路夫人에게 주목케 한다. 암소가 놓여지는 것(放母牛)은 바위, 암석으로 구성되는 생생력환대와 균형과 조화를 이루지 못하기 때문이다. 그것은 암소가 이차적 상징물이기 때문이다. 水路夫人은 여성이다. 여성은 그 본래 지니고 있는 여성원리로 생생력을 상징한다. 그러나 그 상징은 原初型이라기 보다는 이차적이다. 암소에 대체될 새로운 제물은 원초형이어야 한다. 그런데 水路夫人이야기에서 암소를 끌고 있던 노옹은 암소를 놓고 천길벼랑 위에 만발한 躑躅花를 꺾어 水路夫人에게 바친다. 이 '獻花'의 의미를 무엇인가. 다음의 사례는 이에 시사하는 바가 있다.

경남 마산에서 행하는 기우제에서는 제물인 돼지를 네 다리를 묶어서 물에 담가 두었다가 제사가 끝나면 곡물과 함께 바다에 던진다.[47]

---

47) 『韓國民俗大觀』 5.같은 곳.

물은 모든 생명의 源泉이다. 물은 언제나 源水라는 原初形象(Archetype)
과 관련되어 생생력 상징의 특성을 갖는다.[48] 제물인 돼지를 물에 담가
둔다는 것은 물이 지니는 源水로서의 생생력을 돼지에게 옮기려는 행위
이다. 이는 돼지가 지니는 제물로서의 효력을 증대시키려는 類感呪術的
행위이다. 이로써 돼지는 신에게 바쳐질 수 있다. 증대된 제물로서의 효
력은 제의의 효과인 창조물(여기서는 비)에 등가의 것이 되며, 또한 제
의 공간과 等位의 환대를 이룰 수 있는 것이다.[49] 또 다음의 太伯山祭의
退牛도 같은 범주에서 해석할 수 있다.

太伯山祠 : 산꼭대기에 있는데 世間에서는 天王堂이라 한다. 本道 및
경상도에 이 산곁고을 사람이 봄 가을 제사하는데, 神座앞에 소를 매어
두고는 갑자기 뒤도 돌아보지 않고 달아난다. 만약에 돌아볼 것 같으면
불공한 것을 신이 알고 죄를 준다고 한다. 사흘이 지난 다음 府에서
소를 거두어 이용하는 데 退牛라고 한다.[50]

神座는 그 자체로서 이미 신성한 곳, 곧 聖域(The Sacred Place)이다.
이곳의 모든 것은 성역에 위치함으로써 俗의 것과 구별된다. 俗의 모든
것은 성역에 위치하게 됨으로 해서 聖化된다. 소를 성역인 神座앞에 3일
간 매어 둠으로써 俗의 소는 성화된다. 즉 제물의 효력을 증대시킨다는
유감주술적인 행위이다. 이로써 제물로서의 가치와 효력을 지니게 되어
신에게 바쳐질 수 있다. 뒤를 돌아보지 말아야 한다는 금기를 설정함은
성화에 조금치의 俗의 세계도 끼어들어서는 안된다는 뜻이다. 만약에 돌

---

48) 金烈圭. 같은 책, 같은 곳.
49) 경남 마산의 기우제의 공간은 섬이며, 제단주변은 직색의 금줄이 쳐짐으로
해서 그곳은 성역이다. 돼지를 물에 담근다는 것은 제물이 되기전의 돼지가
지니고 있을 俗의 성질을 씻어 낸다는 일종의 洗體儀(Baptism)라고도 할 수
있다. 그렇다하여도 제물의 효력을 증대키 위한 것이라는 논의는 변함이 없
다.
50) 『新增東國輿地勝覽』 卷 44.

아보면 성화는 완전한 것이 못되고, 따라서 제물은 불공한 것이 되며, 신은 벌을 주게 되는 것이다. 즉 제물로서의 가치와 효력이 완전하지 못하여 제의의 효과를 획득할 수 없다.

풍요제의적 성격을 지닌 줄다리기가 끝난 후 줄을 토막내어 마을 사람들은 각기 집으로 가져가 소먹이로 쓴다. 이는 줄이 지닌 생생력에 의해 소의 생생력을 돋구어 주자는 것이다.51) 이 또한 생생력이 전이된다는 유감주술적인 행위이다.

이상의 사례를 통하여 노옹이 水路夫人에게 躑躅花를 바치는 '獻花'의 의미를 해석할 근거를 마련했다고 생각한다. 꽃은 일반적으로 생생력을 상징한다. 더구나 躑躅花의 붉음은 생생력이 극에 달한 發情의 모습이다.52) '獻花'의 의미는 여성인 水路夫人에게 생생력의 꽃을 바침으로 해서 水路夫人이 지니는 생생력을 촉발시키는 것이다. 水路夫人은 고귀한 신분으로서 제물의 가치를 지녔지만, 암소와 마찬가지로 이차적 생생력 상징물이다. 그렇기 때문에 聖石과 聖水의 對偶로 이루어진 제의의 공간과 생생력환대의 균형과 조화를 이룰 수 없었다. 그런데 꽃을 받음으로 해서 水路夫人이 지닌 생생력이 촉발되어 본래 지니고 있던 생생력은 배가 된다. 증대된 생생력은 원초적 생생력의 聖石과 聖水에 버금할 수 있게 된다. 이때 水路夫人은 제물로서의 효력을 갖게 되어 암소와 대체될 수 있는 것이다.53)

---

51) 金烈圭. 같은 책, 174쪽
52) 姜騰鶴. 같은 글. 84쪽.
53) 獻花의 의미를 水路夫人을 장식하기 위한 것이라고 해석할 수 있다. 그리이스에서는 왕이 희생제물로 선택되면 화환으로 그를 단장하여 제단에 올려 놓으며,또 제물로 선택된 소녀에게 나무토막과 粉을 주어 그녀를 장식한다. (『황금가지』,368,533,536,706~716쪽) 제물을 장식하는 것은 제물을 아름답게 함으로써 신이 즐겁게 받아 들이기 위함이며, 그것은 결국 신에게 영향력을 행사하기 위함이라 할 수 있다. 따라서 그것은 곧 제물의 효력을 증대하기 위한 것이라 할 것이며, 獻花의 의미가 제물의 효력을 증대한다는 논의에는 변함이 없다.

水路夫人은 고귀한 신분을 지녀 왕이 희생 제물이 됨을 대체하며, 躑躅花를 받음으로 해서 생생력이 觸發되어 암소의 제물로서의 효력을 대체하는 인신제물이다. 고귀한 신분은 제물의 가치이며, 觸發된 생생력은 제물의 효력이다. 암소와 대체된 인신제물 水路부인은 제의의 중심이 되며 견고한 핵심이 되는 것이다.

3) '躑躅花'

生氣放盛하고 陽氣發揚한 躑躅花를 水路夫人에게 '獻花'한다는 의미는 水路夫人이 지닌 여성의 생생력을 촉발시켜 바다와 암벽 그리고 암소로 이루어 지는 불완전한 생생력환대를 대체할 수 있는 제물로서의 효력을 갖게 하는 뜻이다.

그러나 이것으로써 척촉화의 모든 의미가 완전하게 드러났다고할 수 없다. 水路夫人이야기의 서사문맥과 시가문맥에서의 척촉화에 관한 부분을 정리하면 다음과 같다.

㉠ 躑躅花는 천길 벼랑 위에 있다.
㉡ 만개한 躑躅花
㉢ 水路夫人이 躑躅花를 원함.
㉣ 노옹이 折花, 獻花한다.

영남지방에는 다음과 같은 이야기가 있다.

> 옛날 지극히 가난한 한 孝女가 있었더니 풍년제의 제물로 이시미에게 바치는데 팔려가게 되었다. 물론 늙은 부모의 여생을 편안케 하기 위하여 자기를 희생시키는 것을 기쁘게 여겼기 때문이다. 이제 최후의 날이 왔다. 못가에 끌려가 제사를 지내고 이 孝女를 못 속에 던질 때가 되자. 그때 별안간 흰 수염의 노인이 흰 구름을 타고 막대기로 못 속의 이시미를 후려치니 이시미는 박살이 나고 말았다. 마을 사람들은 약속 이상의 많은 보상금을 주어 孝女를 잘 살게해 주었다.[54]

이 이야기가 지향하는 바는 효녀의 자기 희생적인 효성과 그에 대한 하늘의 보살핌에 있다. 그런데, 이야기는 풍년제의를 근간으로 하고 있다. 풍년을 기원하는 제의에는 인신제물을 신에게 바쳐야 한다는 원초적 사유가 내제되어 있다. 이러한 원초적 사유에 내재한 인간과 신과 제물의 관계에 주목할 필요가 있다.

이야기에서 효녀는 이시미에게 바치는 제물로 팔려갈 때 보상금을 약속받는다. 「심청전」의 주요 배경설화는 人身供儀설화이다. 심청은 상인들의 항해의 안전을 기원하는 제의에 제물이 되는 댓가로 공양미 삼백석을 받는다. 이 공양미 삼백석은 소설구성상 필요하여 주어진 것이라고 하더라도 심청이 제물이 됨에 그에 따르는 보상인 것이다. 『황금가지』는 인간속죄양으로 선택된 사람에게 제의가 행해질 때까지 왕과 같은 대우를 하며, 또한 많은 보상금이 주어지는 사례를 많이 기록하고 있다. 뿐만 아니라 신에게 바쳐지는 처녀는 마을 사람에게 존경을 받으며 신과 동등한 대우를 받고, 처녀의 가족에게는 상당한 보상이 주어지는 사례도 보이고 있다.55)

이러한 사례가 보여주는 공통된 사유는 인간이 제물이 됨에는 그에 상응하는 등가의 보상이 주어진다는 것이다. 부여의 왕이나 湯王이 스스로 희생제물이 됨에는 백성과 어떠한 갈등도 대립도 보이지 않는다. 왜냐하면 제의를 가운데 두고 부여왕이나 탕왕과 백성이 지향하는 사유는 동일한 磁場내에 있기 때문이다. 그것은 천후와 농사의 책임은 왕에게 있고, 전자의 불순과 후자의 실패는 마땅히 왕의 희생으로써 구제해야 한다는 사유가 동일하게 작용했기 때문이다.

성덕왕대에 발생한 위기를 극복하기 위하여 민심은 제의의 原初性의 回復을 지향했고, 제의의 효과를 획득하기 위하여는 왕이 희생제물이 되어야 한다고 사유했다. 그러나 성덕왕대는 통일 이후이며, 왕이나 왕실

---

54) 柳增善. 『영남의 전설』. 螢雪出版社. 1971. 998쪽.
55) Frazer. 같은 책. 366~367쪽.

(귀족계급)은 불교를 그 지배이념으로 수용했다. 따라서 집단공동체의 위기나 절박한 상황을 극복하는 데 있어 그들은 사변성과 합리성을 지향했을 것이다. 이때 왕과 백성 사이에는 그 지향하는 바의 相異로 갈등과 대립이 생긴다. 이 갈등과 대립은 귀족 신분의 水路夫人을 선택함으로서 해소됨은 앞 항목에서 살핀 바와 같다.

그러나 왕이나 水路夫人은 백성이 원한다 하여 그에 무조건적으로 희생제물이 될 수 없다. 왜냐하면 그들은 이미 불교의 사변성을 수용했을 뿐만 아니라, 지배계급이었기 때문이다. 그래서 水路夫人은 제물이 되어 주는 댓가로서 그에 상응하는 등가의 보상을 원한다. 水路夫人이 따르는 종자들에게 척촉화를 원하는 것은 이렇게 이해할 수 있다. 즉 척촉화는 水路夫人이 제물로 되는 데에 따르는 집단(제의를 行하는 사람)이 주는 보상물인 것이다. 효녀이야기의 약속된 보상금이나, 심청전의 공양미 삼백석과 같은 것이다.

척촉화가 사람의 힘이 미칠 수 없는 천길 벼랑 위에 있다는 것은 보상물이 지니는 가치를 의미한다. 水路夫人의 제물로서의 가치는 인간이면서 동시에 왕의 그것에 버금가는 신분이다. 따라서 제물에 대한 보상 역시 지고의 가치를 지닌 것이어야 한다. 躑躅花가 사람의 힘이 미칠 수 없는, 용이하게 구할 수 없는 곳에 있는 것은 바로 이 때문이다.

그런데 水路夫人은 보상물로서 왜 하필이면 꽃을 원했으며, 집단은 왜 그녀에게 꽃을 주었을까 하는 의문이 남는다. 꽃은 보상물이라 하기에는 너무 추상적이기 때문이다. 이 의문은 우선 앞에서 살핀 바 꽃을 바침으로 해서 水路夫人이 지닌 생생력을 촉발시킴에 있다. 뿐만 아니라 고대인들은 꽃은 부활의 呪力을 지니고 있다고 믿었다.[56] 巫祖神話인「바리공주」에는 세 종류의 꽃이 있다. 뼈를 살리고, 살을 살리고, 숨을 쉴 수 있게 하는 꽃들이다. 바리공주는 이 꽃들로써 죽은 부모를 부활시킨다.

---

56) 安英姬. <고대人들에 반영된 꽃의 의미>. 10쪽

꽃에 부활의 주력이 있다는 사유의 결과이다. 水路夫人은 海龍에게 잡혀 용궁으로 피납된다. 이는 水路夫人의 죽음을 상징적으로 표현한 것이다.[57] 풍요와 다산을 기원하는 제의에서 수로부인이 재생함으로써 풍요와 다산을 약속받는다. 水路夫人이 꽃을 원하고, 또 그녀에게 꽃을 바치는 것은 재생의 힘을 획득하기 위함이다.[58] 그러나 무엇보다도 척촉화의 상징의 의미와 기능은 생생력의 촉발에 있다고 할 것이다.

2. '龍거리' -- 죽음과 再生

'龍거리'는 '꽃거리'에 이어서 水路夫人이 海龍에게 홀연히 피납되었다가 구출된 사건이다. 龍거리는 꽃거리가 행하여 진 이틀 뒤에 일어난다. 이틀의 시간은 일면 꽃거리와 龍거리의 사건을 전혀 별개의 것으로 받아 들이게 한다. 실상 기존의 연구가 두 사건을 유기적으로 연관지어 해석하지 못한 것은 이러한 까닭에 원인의 하나가 있다고 생각된다. 그러나 제의적 시각을 갖고 해석에 임하면 두 사건은 전혀 별개의 사건이 아니라 유기적 연관성을 지니고 있음을 알 수 있다.

---

57) 이에 대하여는 龍거리에서 자세히 논의될 것이다.
58) 제물에 대한 보상이 상징적인 꽃인 것은 꽃이 지닌 상징성에 대한 강렬한 집단무의식의 결과라고 생각한다. 구체적이며, 현물적인 보상이 아니라 상징적인 것은 제의에 대한 그들의 강렬한 욕구의 반영이라 생각되는 것이다. 그것은 계층을 초월한 것이다. 그렇기에 수로부인은 제물이 될 수 있었을 것이다. 그것은 수로부인에게 주어진 숙명이며 절대적인 삶인 것이기 때문이다. 또는, 수로부인이 제물이 됨에 귀족(왕과 수로부인)은 집단의 안정을, 민심의 안정을 그 대가로서 요구하였을 것이다. 이 안정과 평화의 상징이 꽃으로 나타난 것이라고 해도, 척촉화가 보상물인 것이라는 논의에는 변화가 없다. 그러나 척촉화의 우선적 의미는 수로부인의 생생력을 촉발시킴에 있다고 보아야 할 것이다.

1) '海龍'과 '龍宮'

이틀의 시간은 부락제를 살펴보면 쉽게 이해할 수 있다. 최근에 행하여진 강릉 端午祭는 음력 3월 20일부터 시작되어 5월 7일까지 근 50여 일간의 대대적 鄕土神祭이다.[59] 또한 신을 모시는 곳과 本祭가 행하여지는 곳이 다르고 시일의 차가 있다. 동해안 지방의 別神祭의 경우에도 적어도 3일 이상의 시일을 두고 제의가 행해진다. 개인적으로 행하는 재수굿이나 성주굿의 경우에도 본격적인 굿일 경우 며칠의 시일을 두고 행해진다. 東盟이나 迎鼓 등 고대의 집단제의가 며칠간씩 노래부르고 춤을 추었다는 기록은 집단의 제의일수록 오랜 시일을 두고 행해졌음을 알려준다.

꽃거리와 龍거리는 그 내용이 다르고 독립된 거리이다. 臨海亭과 海汀이 같은 곳이 아니고 이틀의 시간의 차가 있는 것은 이러한 제의 구성 면에서 이해할 수 있다. 이틀의 시간과 공간의 이동 사이에는 여타의 제의에서도 행하는 거리가 있었을 것이다. 水路夫人은 매번 깊은 산과 큰 못을 지날 때마다 누차 神物에게 피납되었다고 한다. 깊은 산과 큰 못은 聖石과 聖水의 대우로 이루어진 생생력이 충만한 제의의 공간으로, 臨海亭(海汀)과 같은 생생력이 충만되어 있는 聖域이다. 水路夫人이 피납되었다는 것은 곧 龍거리가 반복되었음을 의미한다. 뒤에 상술하겠지만 龍거리는 이 제의에서 중요한 핵심적인 거리이기 때문이다. 동해안 별신제의 경우, 제의의 주요 거리가 장소를 이동하면서 행해지는 것과 같다.[60]

신화, 전설 그리고 이야기에는 많은 龍이 등장한다. 이런 龍들은 그 상징이 매우 多意的이다.[61] 그러나 龍은 주로 물을 주재할 수 있는 水神

59) 金善豐. <江陵地方 詩歌의 民俗學的 硏究>. 高麗大學校博士學位論文. 1976. 100쪽.
60) 金善豐. 같은 글. 99~107쪽.
61) 金昞國. <朴赫居世神話硏究>. 成均館大學校 碩士學位論文. 1984. 11~24쪽.

으로 인식되었다. 그래서 농경사회에서는 특히 龍에 대한 신앙이 발달하였다.[62] 그것은 천후에 의존하는 고대 농경사회에서 물을 주재하는 龍에 대한 신앙은 각별한 것이었기 때문이다. 駕洛國의 首露王 때에 4년이나 오곡이 익지 않아 농사를 망쳤는데 그 원인은 경내에 있는 毒龍이 萬魚山 五羅刹女와 왕래하여 不倫의 정을 통하였기 때문이라고 한다.[63] 西海龍의 아들 璃目은 절 옆 작은 연못에 살면서 어느 해 심한 가뭄이 들자 비를 내렸다.[64] 이와 같이 가뭄이나 홍수의 원인은 龍에게 있다고 믿었다. 그래서 龍은 기우제의 대상이 된다. 신라 眞平王 50년에는 큰 가뭄이 들자 龍의 그림을 그려 놓고 기우하였다고 한다.

신라사회에서는 수신적인 성격의 龍은 善神的 성격보다는 惡神的 성격을 지닌 것으로 인식되었다. 가뭄과 홍수의 원인을 龍에게 있다고 인식하였다. 그래서 龍이 불륜의 정을 통하였거나 심술을 부렸을 때 집단에 위기가 발생한다고 믿은 것이다. 그때 악신적 성격을 지닌 龍을 달래거나 명령과 위협, 협박으로 굴복시키거나 하여 위기를 극복한다. 이러한 행위는 제의이며 呪術인 것이다. 즉 제의를 행함으로써 집단에 발생한 위기를 극복하는 것이다. 이러한 제의에 바쳐지는 제물도 또한 살아 있는 것이다.[65]

海龍의 의미를 밝히기 위해서는 우선 이야기가 성덕왕대의 일이며, 당대는 계속되는 가뭄으로 집단에 심각한 위기가 발생하였고, 이러한 집단의 위기와 밀접한 연관성을 지니고 있다는 점을 염두에 두어야 한다. 즉 이야기는 집단의 위기를 극복하기 위하여 행한 제의의 구술상관물인 것이다.

김병국은 『三國遺事』에 나오는 龍의 상징의 의미를 행우자, 수호신, 비범한 인물, 해악자, 생명의 본체로 분류하였다.

62) 權相老. <韓國古代信仰의 一瞥>. 「佛敎學報 第1集」. 東國大. 1963.
63) 『三國遺事』 卷 3. 魚山佛影.
64) 『三國遺事』 卷 4. 寶壤梨木.
65) Shirokogoroff. 같은 책. 악신을 위한 제의의 제물은 살아 있는 것 또는 붉은 피가 있는 위혁적인 경우가 대부분이다.

한편 海龍이 水路夫人을 납치하자 純貞公은 그 구출의 방법을 몰라 당황해한다. 경계내에 있는 많은 백성이 水路夫人의 구출에 참여하고 있음에서 이는 水路夫人과 純貞公의 개인의 문제가 아니라 집단에 발생한 위기임을 알 수 있다. 海龍은 집단에 발생한 위기의 원인이며, 악신적 성격을 소유하고 있는 것으로 인식되었다. 水路夫人은 암소에 대체될 제물이다. 水路夫人이 海龍에게 피납되었다는 것은 海龍에게 인신제물을 바쳤다는 뜻이다. 그런데 海龍은 악신적 성격이 있음으로 해서 바쳤다고 하지 않고 홀연히 피납되었다고 한 것이다. 일진광풍과 함께 나타나 마을의 처녀를 납치해가는 지하국 괴물이야기의 표현과 같다. 이점은 <海歌>가 명령, 위협의 呪詞라는 것으로서 더욱 분명해진다. 그런데 海龍은 神的인 존재이면서도 인간의 주술적인 힘에 굴복하는 취약한 면을 지니고 있다. 비록 후대의 사례지만, 芻龍을 만들어 朱土를 바르고 끌고 다니면서 群童에게 욕설과 매질을 하게 하는 것도[66] 같은 사유의 범주에 들 수 있다. 海龍이 인간의 힘에 굴복하는 것은 제의의 효과에 대한 인간의 열망의 표현이라 생각한다.

다음으로 水路夫人이 피납되어 간 바다 속 龍宮에 주목할 必要가 있다. 그곳은 海龍의 거주처이기도 하다.

『三國遺事』에 나타나는 龍宮은 그것이 불교에 의하여 윤색되어 있어 실체를 규명하기에 어려움이 있다. 水路夫人이 바다에서 나와 純貞公에게 용궁의 일에 대해 "칠보궁전에 음식이 맛있고 향기롭고 깨끗하여 인간세계의 것이 아니다."라고 말한다. 그곳은 神祠나 祠堂과 같이 俗의 세계와는 차원이 다른 세계이다. 따라서 그곳에 존재하는 모든 것은 俗의 세계의 것과는 구별된다. 바다(海)라고 언표된 곳은 생생력이 충만된 제의의 공간임은 앞에서 살핀 바와 같다. 용궁은 그러한 바다의 중심에 위치하고 있다. 좀더 정확히 말하면 용궁은 제의의 공간에서 핵심이 되는

---

66) 丁若庸.『牧民心書』.

곳, 즉 祭壇을 의미한다. 그것은 지금의 부락제에서 神祠나 祠堂의 주변에 赤土를 깔고 禁줄로써 출입을 통제하는 것에서 알 수 있다. 신사나 사당이 제의의 공간에서 핵심이 되는 제단이듯이 바다는 적토가 깔려 있는 곳에 비유되고, 용궁은 신사나 사당에 비교될 수 있다.

2) '入海'와 '出海'

水路夫人이 海龍에게 피납되는 것은 제물을 신에게 바치는 것이다. 해룡은 집단에 발생한 위기의 원인이고, 그런 까닭에 악신적 성격이 있어 제물을 바쳤다고 하지 않고 피납되었다고 표현한 것이다. 水路夫人이 해룡에게 피납되어 바다 속 용궁으로 들어가는 '入海'의 의미는 일단 이렇게 해석할 수 있다. 그러나 이 入海에는 고대인의 사유가 내재되어 있다. 그것은 <海歌>에 의하여 水路夫人이 다시 바다 속에서 나오는 '出海'와 결부하여 생각할 때 더욱 그러하다.

A . Von Gennep는 삶과 우주의 法則을 "再生(Regeneration)"으로 보았다. 그래서 그는 어떠한 사회구조에서든 발견되는 에너지는 점차로 사용되고, 그리고 그것은 휴지기에 반드시 회복되어 새로와져야 한다고 말한다.67) 에너지의 상실, 그것은 개인이나 집단에 발생할 또는 발생한 생의 위기(a crisis of life)를 의미한다. 생의 위기는 혼돈의 세계이다. 제의는 궁극적으로 이러한 생의 위기를 극복하는 것이며, 그것은 곧 혼돈의 세계에 질서를 부여하여 상실된 에너지를 회복하는 것이다. Elade의 말을 빌리자면 태초(abinitio)의 신적인 행위나 사건 곧 神的原型(Archetype)을 확립하는 것이다.68) 좀더 부언하면 신적원형은 신화적 질서이며, 그러한 신적원형을 반복·재현함으로써 역사에 실재성을 부여하고 생활을 창조해 나가는 것이다. 이 신적원형을 반복·재현함으로써 상

---

67) A. Vom Gennep. 『A rite of Passage』. Chicago Univ. 1960. 8쪽.
68) M. Eliade. 『The Sacred and The Profane』. 95~99쪽.

실된 에너지의 회복은 가능하다. 이 반복·재현의 행위가 곧 제의이며, 이것의 言表化--구술상관물이 곧 신화인 것이다. 이때 제의의 과정은 "죽음과 재생"으로 나타난다.[69] 죽음의 과정으로써 낡은 것, 俗된 것, 혼돈의 세계를, 재생의 과정으로써 새로운 것, 聖스러운 것, 질서의 세계를 상징한다. 죽음은 재생을 전재로 가능하며, 재생은 죽음의 과정을 거쳐야만 가능한 것이다. 이러한 상징적 죽음과 재생은 왕들의 再生儀, 사회 구성원의 입사식에서 구현되었다.[70] 그런데 죽음과 재생의 과정이 그것을 행위하는 개인에 국한되지 않고 집단과 결부될 때 그것의 의미는 좀 더 새로워 진다.

世宗實錄地理誌의 「朝天石」條에 보이는 '入窟과 登朝天石'은 東明의 제의적 죽음과 재생의 상징적 표현이라고 하면서, 김열규교수는 다음과 같이 말하고 있다. "......이에서 東明의 入窟이 표상하는 죽음은 이중의 의의를 지닌다. 인간 東明으로서는 천상적인 것과 지상적인 것, 久遠과 順臾의 갈등을 초극하자는 몸부림이요, 왕자 東明으로서는 국가의 재생에 부쳐 자신을 바치는 희생인 것이다."[71] 왕들의 제의적 죽음은 부족과 국가의 안녕과 행복을 창조하기 위함이다. 이 죽음이 비록 상징적인 죽음이라 해도 그것을 행하는 자에게 있어서는 엄연한 죽음인 것이다. 객관적으로 상징이라 해도 그 상징에 접하고 있는 고대인에게 있어 그 상징은 현실 그 자체이기 때문이다.[72] 이러한 제의적 죽음은 비록 재생이 전제되어 있는 것이기는 하지만 자기희생이라 할 수 있으며, 집단의 입장에서 보면 집단의 안녕과 행복을 위한 제의의 제물이라 할 수 있다. Oedipus의 죽음은 국민과 국토에 齎來될 재생을 약속한다. 왕들의 제의적 죽음에는 재생 곧 집단의 안녕과 행복이 약속되어 있다고 할 것이다.

---

69) A. Von Gennep는 이를 통과제의의 한 기능으로 보았다.
70) 金烈圭. 같은 책. 281~290쪽.
71) 金烈圭. 앞의 책, 같은 곳.
72) 金烈圭. 앞의 책, 284쪽.

왕들의 제의적 죽음은 재생을 전제로 한 것이기 때문이다.

성덕왕대는 거의 매년 계속되는 가뭄이 있었다. 그것은 사회(집단)가 지니고 있는 에너지의 상실이며, 신화적 질서가 파멸된 혼돈의 세계이며, 聖의 세계가 아닌 俗의 세계이다. 이러한 집단의 생의 위기의 극복은 제의를 통해서 가능하다. 왜냐하면 죽음의 과정은 낡은 것, 혼돈, 俗의 세계의 종언이며, 재생은 새로운 것, 질서, 聖의 세계의 齋來를 의미하기 때문이다.

그런데 이 죽음과 재생의 제의적 행위의 신적원형은 왕에 의하여 행위되었다. 東明의 제의적 죽음과 재생은 그 예가 될 것이다. 湯王과 夫餘王의 이야기도 같은 경우이다. 앞에서 살폈 듯 聖德王은 마땅히 제의의 제물이 되어야 한다. 그러나 당대는 이미 유교나 불교의 합리성, 사변성을 지향하는 까닭에 왕을 대신하는 그에 버금가는 水路夫人으로 대체된 것이다. 水路夫人은 암소에 대체된 제물이면서 왕을 대체한 제물이기도 하다. 따라서 水路夫人은 왕이 행하여야 할 제의적 죽음과 재생의 과정을 겪어야 한다. 그것은 집단에 발생한 위기의 극복을 약속하는 것이기 때문이다. 水路夫人의 재생은 모든 집단구성원의 열망이다. 그렇기 때문에 水路夫人의 구출에 모든 집단 구성원이 참여하는 것이다. 재생에 대한 집단구성원의 열망은 척촉화를 꺾어 水路夫人에게 바침으로 해서 꽃에 내재된 부활의 주력을 水路夫人에게 전이시키는 것으로도 나타난다. 뿐만 아니라 재생을 촉구하는 呪詞 <海歌>를 부름으로 해서 그것은 더욱 극에 달한다. 결국 용궁에서 나온 水路夫人의 몸에서는 이상한 향내가 난다고 했다. 재생의 확신인 것이다.

水路夫人의 '入海'와 '出海'는 제의적 죽음과 재생의 과정을 상징한 것이다. 그것은 곧 집단의 위기를 극복하고자 하는 열망의 행위라고 할 것이다. 이러한 죽음과 재생의 과정은 深山大澤(제의의 공간)을 지날 때마다 반복되어 행함으로써 제의의 효과를 획득하고자 한 것이다.

그런데, 신에게 바쳐진 제물이라면 水路夫人이 어떻게 재생할 수 있는

가 하는 의심이 생긴다. 여기에 이 이야기를 구성하고 있는 層位에 주목
할 필요가 있다. 이 이야기는 두개의 층위로 이루어졌다. 하나는 신 -
제물 - 인간으로 이루어진 제의의 층위이며, 다른 하나는 水路夫人 개인
이 행하는 제의의 층위(죽음과 재생의 과정)이다.

　전자의 경우, 신은 집단에 발생한 위기의 원인으로서 악신적 성격을
소유한 해룡이다. 따라서 인간을 제물로 바침으로 해서 집단의 위기를
극복하고자 한다. 水路夫人이 암소에 대체된 제물로서 기능하고 있는 까
닭은 여기에 있다. 그래서 水路夫人이 해룡에게 피납되었다고 하는 것이
다. 해룡에게 명령과 위협의 주술을 행하는 것도 이 때문이다. 이때 척
촉화는 水路夫人이 지닌 제물로서의 효력을 촉발시키는 구실을 한다.

　후자의 경우에 있어, 그것은 水路夫人이 신적원형을 반복·재현함으로
써 집단에 발생한 위기를 극복하고자 하는 것이다. 즉 왕을 대체한 水路
夫人의 제의적 죽음과 재생을 통하여 집단의 위기를 극복하고 새로운
힘을 획득하고자 하는 것이다. 그래서 水路夫人은 바다 속 용궁에 들어
가 새로운 모습으로 다시 바다로부터 나오는 것이다. 집단의 안녕과 평
화를 약속하며 새로운 모습(힘)을 얻어 재생하는 것이다. 이 때 척촉화
는 부활의 주력이 내재되어 있어 水路夫人에게 獻花됨으로써 재생을 촉
구한다.

　이러한 두 개의 층위는 별개의 것으로서 존재하는 것이 아니라 복합
적으로 존재한다. 꽃거리와 龍거리가 독립된 한 작은 굿이면서 유기적인
연관을 갖는다는 것은 이러한 이유에서이다. 그것은 집단의 위기를 극복
해야 한다는 절대적인 목적안에서 의의를 갖는 것이다.

3) '老翁'

　水路부인이야기에는 水路夫人이 원하는 척촉화를 꺾어 노래와 함께
바치는 정체를 알 수 없는 '老翁'이 등장한다. 또한 水路夫人이 해룡에게

홀연히 피납되어 純貞公과 종자들이 어찌할 바를 몰라 당황해 하고 있을 때 그 구출의 방법을 알려 주는 '老人'도 등장한다. 이야기내에서 노옹과 老人의 기능이 일치하고 있기 때문에 이들은 동일한 인물이라 생각한다.

이야기(설화)에 등장하는 노인은 결코 평범한 노인을 지칭하는 언표가 아니다. 毗處王이 天泉亭에 幸行하였을 때, 쥐들이 나타나 까마귀를 좇으라고 한다. 왕의 명을 받아 까마귀를 좇던 기사가 홀연히 까마귀의 간 곳을 몰라 길가에서 헤매고 있을 때 한 노인이 못가운데에서 나와 글을 올렸다. 그 글은 왕의 위태로움을 경계하는 글이다.[73] 문맥상으로는 이 노인의 정체를 알 수 없다. 다만 왕의 위태로움을 경고하는 글을 받들고 못으로부터 나왔다는 것은 노인이 평범한 인물이 아님을 말하여 준다. 「文虎王 法敏」條에도 보인다. 왕의 庶弟 車得公이 居士의 모습으로 나라를 순행할 때 安吉이 그를 극진히 대접하였다. 이에 公은 서울에 올라오면 자신의 집은 皇龍·皇聖 두 절의 중간에 있고, 자신의 이름은 端午라 하니 자신을 찾으라 한다. 安吉이 서울에 올라와 公을 찾았으나 아는 이가 없었다. 이 때 한 노옹이 나타나 端午는 車得公임을 가르쳐 주며 公을 만날 수 있는 방법을 가르쳐 준다.[74] 그 누구도 모르는 수수께끼 같은 말을 노옹은 쉽게 풀이하여 安吉을 도와준다. 이 노옹 역시 그 정체는 알 수 없으나 그가 평범한 인물이 아님을 알 수 있다. 앞에서 인용한 영남의 효녀이야기에 나오는 흰 지팡이를 든 흰 수염의 노인도 결코 평범한 인물이 아니다.

水路夫人이 만개한 척촉화를 원하자, 따르는 종자들은 "사람의 힘이 미칠 수 없다."하여 그 不可함을 말한다. 이 때 암소를 끌던 노옹은 그 불가능한 折花의 행위를 함으로써 水路夫人이 원하는 꽃을 꺾어 바친다. 또 水路夫人이 해룡에게 홀연히 피납되어 용궁으로 끌려 가자, 純貞公을

---

73)『三國遺事』卷 2. 射琴匣.
74)『三國遺事』卷 2. 文虎王法敏.

비롯한 많은 사람들이 어찌할 바를 몰라 당황하고 있을 때 "뭇 사람의 입은 쇠도 녹인다."하여 水路夫人을 구출할 수 있는 방법을 가르쳐 준다.

앞에서 水路夫人이 척촉화를 원하는 것은 제물이 되는 댓가로서 그에 상응하는 등가의 보상물을 원하는 것이라 했다. 백성은 당연히 그 인신 제물에게 보상을 해야 하지만, 보상물인 척촉화는 사람의 힘이 미칠 수 없는 천길 벼랑 위에 있다. 사람의 힘이 미칠 수 없다는 것은 보상물의 지고한 가치를 뜻한다. 그렇기 때문에 백성은 그 不可함을 들어 보상물을 줄 수 없다고 한다. 이는 백성과 水路夫人(수로부인으로 대표되는 왕실)의 대립과 갈등이다. 따라서 그 보상물은 대립과 갈등의 해소, 즉 민과 왕실의 화해의 상징이다. 그러나 그것은 너무나 지고한 까닭에 쉽게 얻을 수 없으니, 백성의 위기라고 할 것이다. 이때 노옹이 등장한다.

이러한 구원자로서의 노옹의 모습은 水路夫人이 홀연히 피납되었을 때 더욱 분명하게 나타난다. 피납된 수로부인의 구출은 제의의 효과에 대한 확신이다. 왜냐하면 수로부인의 '入海'와 '出海'는 바로 죽음과 재생의 제의적 행위이고, 재생은 풍요와 다산과 번영을 약속하는 것이기 때문이다. 그런데 水路夫人이 해룡에게 피납되자 그들은 水路夫人을 구출하는 방법을 모른다. 여기에 제의를 행하는 집단의 위기와 갈등이 발생한다. 이는 보상물을 두고 발생한 집단과 水路夫人 사이의 갈등과 위기와는 달리 집단과 神 사이의 갈등과 위기이다. 그렇기에 더욱 긴장되고 불안이 따른다. 이야기의 "顚倒躄地"는 이러한 위기와 갈등의 고조를 표현한 것이다. 뿐만 아니라, 呪詞인 <海歌>를 부르는 것도[75] 그러한 불안과 긴장에 말미암은 것이다. 이때 노옹은 "뭇 사람의 입은 쇠도 녹인다(衆口鑠金)"하여 그 구출의 방법을 일러준다. 즉 이전부터 전해 내려오는 呪詞를 원용하여 노래를 지어 막대기로 해안을 두드리며 부를 것을 일러 준다. 이러한 노옹은 집단의 위기를 극복할 수 있는 구원자로서 기

75) 이는 뒤에서 자세히 논의될 것이다.

능하고 있다. 구성원 사이에서의 갈등과 대립은 제의의 특수성--위기의 극대, 제의 형태의 변화, 원초적 사유로의 회귀 등을 말하여 준다. 이전의 제의와는 다른 특성을 지니고 있어 제의를 행하는 사람들에게 쉽게 받아들여질 수 없음을 뜻한다. 따라서 이 특수한 제의를 주재할 특별한 기능인을 요구하게 된다. 노옹의 존재는 이러한 의미에서 파악될 수 있다. 노옹의 기능은 折花의 행위와 呪詞의 원용이라는 지혜로 나타난다.

그런데, 이야기의 시가문맥의 "나를안디붓흐리샤든(吾肹不喩慚肹伊賜等)"에 주목할 필요가 있다. 이것은 노옹이 집단의 위기와 갈등을 해결하기에 앞서 내세운 전제조건이다. 노옹이 내세운 이 조건은 단지 水路夫人에게만 한하는 것이라 할 수 없다. 꽃을 바치는 주체는 노옹으로, 그는 집단을 대표하는 구원자이다. 꽃을 사이에 두고 발생한 갈등과 위기는 전적으로 집단과 水路夫人 사이의 일이며, 노옹은 단지 구원자로서 기능하고 있다. 따라서 노옹이 내세운 전제조건은 水路夫人에게만 한정되는 것이 아니라 집단에게도 해당되는 것이다. 水路夫人과 노옹, 집단과 노옹의 관계가 그것이다. 이렇게 볼 때 折花의 전제조건은 水路夫人에게만 한정되어 있다고 할 수 없다.

이야기에서 노옹은 정체를 알 수 없다고 하였다. 이 표현은 많은 이야기(설화)에서 쉽게 발견할 수 있듯이 신비화하는 표현이다. 그러나, 노옹이 내세운 전제조건을 염두에 둘 때 이 표현의 의미는 이에 머물지 않는다. 노옹은 이전의 제의에서 행하던 기능을 수행하는 것이 아니다. 水路夫人이야기는 성덕왕대에 발생한 심각한 국가적 위기를 극복하기 위한 특별제의이다. 따라서 그 제의는 새로운 것이며, 집단에게는 낯선 것이기도 하다. 그것이 비록 원초적 사유의 결과라고 하더라도 새로운 것에는 낯설게 되고 결국 불안과 긴장이 생기는 것이다. 제의의 효과에 대한 기대가 크면 클수록 불안과 긴장도 따라 비례하기 마련이다. 이러한 때 구원자로서의 노옹이 비록 제의의 주재자이기는 하지만 노옹에 대한 일말의 불안과 긴장이 있었을 것이라고 생각된다. 노옹이 전제조건을 내

세우는 것은 바로 이러한 불안과 긴장에 대한 자신의 초인적인 능력 --
그것은 집단의 위기를 구원하는 능력이며, 곧 특별한 제의를 주재하는
능력이다.-- 을 확신해 달라는 것이라 생각할 수 있다. 정체를 알 수 없
다는 것은 노옹이 새로운 제의의 주재자였기 때문이다. 즉 집단의 고도
의 긴장에 대한 역설적 표현이 집단을 대표하는 노옹을 통하여 전제조
건의 표현으로 나타난 것이다.76) 이러한 서정적 표현은 <獻花歌>와
<海歌>를 판이하게 구별짓게 하는 요인이기도 하다. 이것은 곧 제의의
자장 속에 모든 집단의 구성원이 완전히 일치하고 있음을 뜻하기도 한
다. 곧 집단서정의 한 표현이라 할 수 있다.

Ⅲ. 詩歌文脈의 性格과 機能

水路夫人이야기는 '꽃거리'와 '용거리'로 짜여 있으며, 그것은 각기 서
사문맥과 시가문맥으로 되어 있다. 꽃거리에 해당되는 시가문맥이 '<獻
花歌>'이며, 龍거리에 해당되는 시가문맥이 '<海歌>'이다. <獻花歌>는
노옹이 지어 불렀고, <海歌>는 작자는 알 수 없으나 界內民이 불렀다고
한다. 또한 <獻花歌>는 향찰로 기록되어 있으며, <海歌>는 한자로 기록
되어 있다. 뿐만 아니라 <海歌>는 <駕洛國記>에 나오는 <龜旨歌>의
패로디이다. 또 이야기의 전체구조가 <헌화가>는 서사문맥과 분리되어
있는 반면에 <해가>는 서사문맥의 중간에 위치하고 있다.

제의를 구술하고 있는 水路夫人이야기에 삽입된 두 시가문맥이 보이는
이러한 차이점 등은 이야기내에서 기능의 차이를 보인 결과이다. 논의의
이해를 위해 시가문맥의 원문과 그 해석을 정리하면 다음과 같다.77)

---

76) 이 전제 조건은 "水路夫人이 제물이 됨을 부끄러워하지 않는다면"의 뜻으
　　로도 해석할 수 있다. 즉 부끄러움의 주체를 水路夫人으로 볼 수 있다. 이러
　　한 해석도 그 조건이 老翁의 제의를 주재할 능력에 따른 것이기 때문에 위
　　의 논의에는 큰 차이가 없다고 생각한다.
77) <獻花歌>의 해석은 양주동. (『古歌硏究』. 195~244쪽)의 견해를 따랐으

㉠ <獻花歌>

紫布岩乎邊希	딛배바회ㄱ힝
執音乎手母牛放敎遣	잡으온손암쇼노히시고
吾肹不喩慚肹伊賜等	나흘안디붓흐리샤든
花肹折叱可獻乎理音如	곳흘것가받줍오리이다

㉡ <海歌>

龜乎龜乎出水路	거북아거북아수로를내놓아라
掠人婦女罪何極	남의부인뺏아간죄얼마나큰가
汝若悖逆不出獻	네만일거역하여내놓지않으면
入網捕掠燔之喫	그물로잡아먹으리라

<獻花歌>의 "딛배바회ㄱ힝"는 서사문맥의 "傍有石嶂如屏臨海 高千丈 上有躑躅花盛開"에 해당되는 시적 표현이다. 척촉화가 만개해 있고, 천길 벼랑이 병풍처럼 둘러쳐져 있는 바닷가 그 곳은 곧 제의의 공간이다. 바다와 암석 그리고 꽃으로 생생력환대를 이루는 성역이다. 두 번째 행은 제의의 공간에 놓여지는 암소(放母牛), 즉 제물의 대체를 상징한다. 그런데 시가는 "노히시고"라고 하여 암소를 잡고 놓아 주는 행위자는 노옹이지만 암소를 놓게 하는 주체는 水路夫人이라 하였다. 이는 水路夫人에게 헌화하기 이전에 이루어지는 행위라는 점을 생각할 필요가 있다. 水路夫人은 여성이며 귀족의 일원인 純貞公의 부인이라는 점으로 집단에 발생한 위기를 극복하는 제의의 제물로 선택된다. 水路夫人은 그것이 비록 상징적이긴 하지만 제의적 죽음의 과정을 거쳐야 한다. 죽음은 현실 그 자체이기에 水路夫人 한 개인에게 있어서는 불가피한 생의 좌절로서 그를 위협한다고 할 수 있다. 水路夫人에게 있어 절대숙명이며, 이 숙명은 水路夫人에게 있어서는 생의 비극이기도 한 것이다. 그러나 이 죽음에는 집단의 안녕과 행복이 약속되어 있다. 그렇기에 水路夫人은 숙명을 앞질

며, <海歌>는 李丙燾 (譯註『三國遺事』. 244쪽)의 견해를 따랐다.

러 죽음을 선택한다. 그렇게 함으로써 水路夫人은 죽음이라는 生의 비극
을 초극할 수 있다. 죽음을 자의적으로 결단함으로써 집단의 久遠을 약
속하는 水路夫人에게 있어서는 어쩌면 환희조차 있었을 것이다. 水路夫
人이 노옹으로 하여금 잡고 있는 암소를 놓게 하라고 한 것은 이러한
의미에서 이다. 세 번째 행 "나흘안디붓흐리샤든"의 의미는 더욱 분명해
진다고 할 수 있다. 제의에 대한 기대와 열망 그것은 곧 집단의 불안과
긴장의 표현이라 할 수 있다. 암소에 대체될 제물로서 가장 적합한 제물
은 왕이다. 그런데 水路夫人은 그 왕을 대신해서 제물로 선택되었다. 따
라서 집단의 제의에 대한 기대와 열망은 대체될 제물 水路夫人에게 집
약된다. 제의의 주재자인 노옹을 水路夫人이 부끄러워 한다면 제의는 효
과를 획득할 수가 없다. 다시 말하면 水路夫人과 집단구성원 그리고 노
옹은 제의라는 하나의 場에서 완전 일체를 형성해야만 하는 것이다. 여
기에는 제의에 참여하는 모든 구성원의 집단서정이 짙게 깔려 있는 것이
다. 제의에 참여하는 집단구성원이 완전일체가 될 때 상징적으로 행하
는 제의적 행위는 의의를 갖게 된다. 네 번째 행 "곳흘것가받줍오리이
다"는 水路夫人의 제물로서의 효력을 증대시키며, 제물에 대한 보상의
제의적 행위이다. 이 제의적 행위는 노옹이 내세운 전제조건을 水路夫人
과 집단이 받아들일 때 가능한 것이며 의의를 갖게 된다.

이상의 논의를 통해 <献花歌>는 꽃거리의 서사문맥과 밀접한 관련을
갖고 있음을 알 수 있다. 즉 꽃거리의 서사문맥과 시가문맥은 상호보완
의 관계에 있다. 다시 말하면 <献花歌>는 제의의 과정을 담고 있는 것
이다.

고대가요를 논하려면 祭儀性을 말하기 마련인데 이때 '제의를 부른 노
래'와 '제의에서 불린 노래'는 구별되어야 한다. 이 둘을 구별하는 것은
곧 제의를 통한 '生의 表現-抒情性'을 이해하는 방법이기 때문이다.78) 앞

78) 崔珍源. <郷歌의 抒情性>. 같은 책. 181~182쪽.

의 논의를 통하여 <獻花歌>에서 원형상징의 磁場에서 표출되고 있는 집단서정을 발견할 수 있었다. <獻花歌>는 제의의 과정을 담고 있다. 즉 <獻花歌>는 '제의를 부른 노래'이다. 새로운 제의의 주재자인 노옹에 의하여 새롭게 창작되고 노옹에 의하여 불려졌다는 것은 그것이 제의를 부른 노래이기 때문이다. 노래가 한자가 아닌 향찰로 된 것은 새로운 제의의 과정을 담기에는 한자보다 향찰이 낫기 때문이었을 것이며, 노옹은 향가창작의 전문가였을 것이다.

<海歌>는 駕洛國記에 나오는 <龜旨歌>의 패로디이다. <海歌>의 구체적인 성격을 파악하기 위하여는 <龜旨歌>에 대한 완전한 해석이 선행되어야 한다고 생각한다. <龜旨歌>에 대한 작품해석과 성격 규정은 여러 상이한 견해를 보이고 있다. 그러나 그것이 소박한 언어에 의해 구체적이고 직접적인 표현 방식으로 되어 있으며 거북에 대한 喚起에 이어 강한 명령법으로 이어지고 고도의 정신적 긴장이 유발되면서 강렬한 신념을 깔고 있다는 것으로 보아 전형적인 呪詞(spell)임에는 분명하다.[79] 이런 면에서 볼 때 <海歌>도 또한 전형적인 呪詞라고 할 것이다. <龜旨歌>가 首露王의 탄생에 대한 집단구성원의 강렬한 신념을 노래했듯이, 이 <海歌> 또한 水路夫人의 구출에 대한 집단구성원의 강렬한 신념이 담겨 있는 노래이다.[80] 이 점이 노옹으로 하여금 <龜旨歌>를 원용하여 <海歌>를 지어 부르게 한 것이라 생각된다. 즉 水路夫人의 구출은 水路夫人의 재생이며, 재생은 집단의 안녕과 행복에 대한 약속이다. <海歌>는 水路夫人의 재생을 촉구하는 呪詞라고 할 수 있다.

그런데 水路夫人을 납치한 해룡은 악신적 성격을 지닌다. 해룡에게서 水路夫人을 구출하기 위한 呪詞는 강제명령과 위협적인 어법을 지니게

---

79) 金學成. <韓國古典詩歌의 美意識體系論>, 앞의 책. 57쪽.
80) <龜旨歌>가 黑呪術이든 白呪術이든, 또는 거북에 대한 해석이 어떠하든 그것이 首露王의 탄생에 대한 집단구성원의 열망이 담겨 있다는 논의에는 변함이 없다.

된다. <海歌>는 <龜旨歌>의 패로디이지만 <龜旨歌> 그 자체를 원용한 것이 아니라 呪詞의 원리만을 원용한 것이다. 이점은 <龜旨歌>의 '거북' 은 집단구성원의 신념의 대상이지만 <海歌>의 '거북'은 집단구성원의 신념의 대상이 아니라는 것으로 이해할 수 있다. <海歌>의 거북은 해룡에 대한 간접적 호칭이기 때문이다. 거북이란 언표가 신에 대한 직접호칭이 不可하기 때문이라거나, 거북의 상징성이 해룡의 상징성과 일맥상통한 점이 있다하더라도 마찬가지이다. <海歌>에 있어서 집단구성원의 신념과 열망의 대상이 水路夫人이기 때문이다.

<海歌>는 전해져 내려오는 <龜旨歌>의 주술원리와 그 형태만을 원용한 것이다. 이러한 성격을 지닌 <海歌>는 서사문맥과는 별개의 것으로 존재하는 것이다. 즉 <海歌>는 '제의에서 불려진 노래'이다. 그래서 一然도 <海歌>의 작자를 분명하게 밝히지 않은 것이라고 생각된다. 그것이 한자로 기록되어 있는 것은 향찰 이전에 존재했었기 때문이라 생각된다.

이상의 논의는 水路夫人이야기의 전체 구조안에서 시가문맥의 위치와 기능을 살펴보면 더욱 확실해 진다. 그 구조를 도식화하면 다음과 같다.

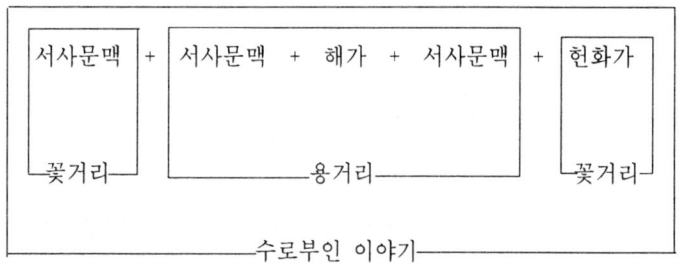

우선 구조상으로 <獻花歌>는 서사문맥과 분리되어 있으며, <海歌>는 서사문맥의 중간에 위치하고 있음을 알 수 있다. 그리고 문맥상으로 <獻花歌>는 서사문맥과 독립되어 존재할 수 있고, <海歌>는 서사문맥과 밀접한 관련을 가지며 서사문맥안에서만 기능하고 있음을 알 수 있

다. 즉 <海歌>는 龍거리 내에서 없어서는 서사문맥이 성립될 수 없음에 비하여 꽃거리의 서사문맥과 <獻花歌>는 상호보완을 하고 있음에도, 그것이 각기 독립되어 존재할 수 있다. 즉 <獻花歌> 그 자체만으로서도 서사문맥이 口述하고 있는 제의의 내용 (제의의 시공간, 제물의 代替, 생생력의 觸發과 보상)을 알 수 있다. 그러나, 龍거리의 <海歌>는 서사문맥의 중간에 위치함으로해서 그것 없이는 서사문맥이 성립될 수 없으며, 독립되어 존재해서는 그 의의를 찾을 수 없다.

이러한 두 시가문맥의 위치와 기능은 그 성격의 차이를 분명히 해주고 있는 것이다. <獻花歌>는 제의의 과정을 담고 있는 것이기에 서사문맥과 분리되어 존재할 수 있으며, 그 자체로서 제의의 과정을 드러낼 수 있다. 그러나, <海歌>가 없이 龍거리의 서사문맥은 그 의의를 찾을 수 없다. 뿐만아니라 제의 과정의 핵심인 水路夫人의 재생이 이루어 질 수 없다. 그것은 <海歌>가 水路夫人의 재생을 촉구하는 呪詞임을 분명히 해 주는 것이다. 다시 말하면 <海歌>는 제의에서 불려진 노래이기 때문에 제의 과정을 구술하고 있는 서사문맥의 중간에 위치하고 있는 것이다.[81]

이상에서 <獻花歌>는 '제의를 부는 노래'이며, <海歌>는 '제의에서 불려진 노래'라는 점을 밝혀 보았다.

IV. 祭儀의 原理

水路夫人이야기는 집단에 발생한 생의 위기를 극복하고자 행하여진 祭儀의 口述相關物이다. 그것은 이전의 제의와는 다른 형태의 것이기에 기록·전승될 수 있었다. '꽃거리'는 祭物의 代替라는 辨別性이 있다. '龍거리'는 이 제의의 목적과도 깊은 관련을 맺는 것으로서 水路夫人의 제의적 죽음과 再生을 통하여 집단에 발생한 위기를 극복하고 집단의 안

---

81) 이러한 구조의 특성은 현존의 굿이나, 판소리에서도 발견할 수 있다고 생각된다. 즉 창과 사설의 반복이 그것이라고 할 수 있다.

녕과 평화, 행복을 약속하는 제의적 행위의 구술이다. 시가문맥인 <獻花歌>는 제의의 과정을 담고 있는 '제의를 부른 노래'이며, <海歌>는 水路夫人의 재생을 촉구하는 呪詞로서 '제의에서 불려진 노래'이다.

그런데, 이러한 제의를 가능하게 하는 제의의 원리, 즉 고대인들의 제의에 투사되어 있는 인식의 구조는 무엇인가. 그것은 '제로(zero;0)의 원리'라고 할 수 있다. 다시 말하면 "⊕"적인 것에 "⊖"적인 것이 等價로 주어지면 "제로"가 된다는 원리이다.

水路夫人이야기에서 집단의 위기는 가뭄이다. 가뭄은 陽氣로서 극에 달한 陰에 결합시킬 때 그것은 상쇄되어 제로가 된다. 이때 제로는 陰과 陽의 균형이며 조화이다. 그것은 곧 Eliade의 말을 빌리자면 神話的 질서, 즉 cosmos의 세계이다.

王이 제물이 되어야 한다는 原初的 사유로의 回歸性과 불교나 유교의 사변성과 합리성은 대립과 갈등을 겪는다. 이 때 水路夫人이 제물로서 선택됨으로해서 대립과 갈등은 해소된다. 즉 제로의 상태가 되는 것이다. 가뭄의 원인은 악신적인 해룡에게 있다. 집단은 신에게 등가의 제물을 바침으로 해서 원하는 창조물을 획득한다. 역으로 신 또한 제물을 받음으로 해서 등가의 창조물을 집단에게 준다. 이 "주고 받음의 관계"는 제로의 원리에 따라 행하여 지는 것이다. 이러한 제의의 원리인 '제로의 원리'는 水路夫人, 집단, 노옹의 관계에서도 동일하게 작용하고 있음을 알 수 있다. 제의에 내재된 고대인의 사유나 인식은 '제로(zero)'를 지향하려는 것이다. 이 '제로'는 생의 균형이며 조화라고 할 것이다. 제의를 행하는 근본적인 사유도 마찬가지이다.

본고는 이야기를 생성한 성덕왕대의 시대적 상황을 주목하여 水路夫人이야기가 제의의 구술상관물임을 밝혀 보았다. 그 논의과정에서 약간의 비약이 있었으며 추정의 과정에서 방증자료의 제시가 부족했던 점도 있었음을 부인할 수 없다. 이점은, 이 이야기가 구술하고 있는 제의가 동일하게 혹은 유사하게 반복·재현되지 않았기에 그러한 방증자료를 찾을 수 없었음에 기인한다. 그래서, 후대나 전대의 제의에 관한 자료에서 거기에 내재된 제의에 대한 인식구조나 사유를 추출하여 해석에 임한 것이다. 그것은 제의의 형태는 변화하지만 제의의 원리는 쉽게 변화하지 않는다는 사실에 근거한 것이다. 예를 들면, 신라시대(그 이전부터 있어온 것이지만)의 기우의 대상이 龍인 것은 현존의 기우제에서도 발견할 수 있다.

『三國史記』성덕왕 14,15연에 행한 기우제는 別祭였음은 분명하다. 居士 理曉가 행한 이 두 번의 기우제와 水路夫人이야기가 구술하고 있는 제의와의 연관성을 밝히는 작업이 있어야 할 것이다. 거사 理曉의 기능은 水路夫人이야기의 노옹과 같다고 생각된다. 그것은 거사 理曉가 행한 기우제나 水路夫人이야기가 구술하고 있는 제의나 모두가 이전의 것과는 다른 別祭였으며 理曉나 노옹은 그러한 別祭의 주재자였기 때문이다.

뿐만아니라. '水路'라 언표된 상징의 의미가 좀더 확연히 드러나야 할 것이다. 이 이야기가 기우제를 구술하고 있다면 '水路(물길)'의 언표는 이 이야기를 해석하는 데 적지않이 도움이 될 것이다. 그렇다면 음이 같은 駕洛國의 '首露'의 의미도 더불어 해결될 수 있을 것이기 때문이다.

\<處容歌\>와 敍事文脈

金　文　泰

1. 머 리 말

一然은『삼국유사』를 편찬하는 데 있어서 시가 및 설화의 주제 내지는
양상에 따라 9편으로 나누어 수록했다. 그러나 일견에는 거의 유사한 시
가 및 설화가 각기 다른 편에 수록된 듯이 보이는 경우도 있다. 여기서
고찰하고자 하는 「處容郎 望海寺」조의 \<처용가\>와 서사문맥 역시 疫神
을 감동시킨다는 점으로 보아서는 당연히 感通篇에 들어가야 할 것 같
은데, 실상은 紀異篇에 수록되어 있다. 여기에서 감동하는 것은 동일한
데 일연은 왜 \<처용가\>와 그 서사문맥을 기이편에 수록했으며, \<願往生
歌\>·\<兜率歌\>·\<祭亡妹歌\>·\<彗星歌\>와 같은 일련의 시가와 그 서
사문맥은 감통편에 수록했는가 하는 의문이 제기된다.

이러한 의문은 감동했다는 사실보다는 왜 감동했는가, 감동한 주체와
대상이 누구인가 하는 것에서 해결의 실마리를 찾을 수 있다. 즉 감통편
소재의 시가와 그 서사문맥은 주체자의 모든 문제나 이상이 佛力으로
인해 해결되거나 성취되어 불교적인 것으로 귀착되고 있는 반면, 기이편
소재의 시가와 그 서사문맥은 佛力이 주체자의 문제해결이나 이상성취
에 직접적으로 개입하지 않고 있어 불교적인 것이 대단히 미약하게 나
타나고 있는 것이다.1) 이렇게 볼 때 기이편 소재의 시가와 그 서사문맥

은 불교적인 성격을 지니고 있다기 보다는 원초적으로 불교와 무관한 시가와 서사문맥에 불교적인 것이 후대에 첨가되었다고 있다고 보아야 할 것이다. 여기에서 하나의 귀납적인 가설을 세울 수 있다. 즉 <처용가>와 그 서사문맥은 일견 望海寺 창건에 관련된 것 처럼 보이지만, 실상은 다른 의미의 것이 내포되어 있다고 보아야 할 것이다.

이제 이 조의 구조를 분석하고, 일연의 시각을 중심으로 그 의미를 추출함으로써 이 가설의 타당성을 검증하고자 한다. 여기에서는 이 조 전체를 분석대상으로 삼을 것이며, 그 안에 공통적으로 흐르는 의미를 추출하는 데 주력할 것이다. <처용가> 부분 이후에 계속되는 南山神·北岳神·地神 부분이 이와 아무런 관련이 없다면, 일연이 이를 구태여 「처용랑 망해사」라는 조목에 같이 수록했을리 없기 때문이다. 또한 <처용가>에 대한 논의는 200여편에 가까운 논문의 양에서도 알 수 있듯이[2] 대단히 분분하게 진행되어 오고 있을 뿐만 아니라, 이에 대한 연구사까지 등장할 정도에 이르렀다. 따라서 여기서는 <처용가>의 성격규정에서 문제시 되는 처용의 正體, 처용의 輔佐王政의 의미, 처용이 歌舞而退한 이유 등에 대한 직접적인 언급은 일단 유보하고, 이 문제를 해결하기 위한 접근방법을 제시하는 데 역점을 두도록 할 것이다. 이 글에서 제시되는 접근방법이 타당하다면, 이러한 방법을 통해 자연적으로 추출되는 <처용가>의 성격에 대한 결론 역시 타당할 것이며, 이는 곧 분분한 논의를 정리하는 계기가 될 것이다.

---

1) 이에 대한 논의는 金文泰(「『三國遺事』의 體裁와 性格」 - 一然의 編纂意圖와 관련하여 - , 陶南學報 12, 陶南學會, 1990.) 참조.

2) 『處容研究論叢』(金東旭·黃浿江·金慶洙 편, 蔚山文化院, 1989, pp.419-424)에 수록된 처용관계 논문은 1988년까지 150편에 달하고 있으며, 『鄕歌古典小說關係 論著目錄』(華鏡古典文學研究會 편, 檀大出版部, 1993, pp.32-35)에 수록된 그 이후의 논문은 30여편에 달하고 있다. 따라서 여기에 누락된 논문을 감안하면 처용관계 논문은 200여편에 달하는 것으로 볼 수 있다.

2. 구조분석

1) 다섯 개 삽화의 유기적 성격

우선 「처용랑 망해사」조의 구조를 도표화하면 다음과 같다.

	(1)	(2)	(3)	(4)	(5)	結
(ㄱ)	大王遊開雲浦	疫神竊與之宿	王幸鮑石亭	王幸於金剛嶺	王同禮殿宴	國
(ㄴ)	東 海 龍	處 容	南 山 神	北 岳 神	地 神	終
(ㄷ)	獻 舞 奏 樂	唱 歌 作 舞	舞 於 御 前	呈 舞	出 舞	亡

(1)은 王이 개운포에 出遊했을 때, 東海龍이 나타나 춤을 추었다는 내용이다.

(2)는 疫神이 처용의 妻와 同宿하고 있을 때, 處容이 나타나 춤을 추었다는 내용이다.

(3)은 王이 포석정에 幸次하였을 때, 南山神이 나타나 춤을 추었다는 내용이다.

(4)는 王이 금강령에 幸次하였을 때, 北岳神이 나타나 춤을 추었다는 내용이다.

(5)는 王이 동례전에서 宴饗을 하고 있을 때, 地神이 나타나 춤을 추었다는 내용이다.

이상과 같이 볼 때 「처용랑 망해사」조는 크게 다섯 개의 공통구조로 이루어져 있음을 알 수 있다. 물론 (1)은 처용의 유래와 정체에 대한 단서를 제공해준다는 의미에서 (2)와 긴밀하게 연결되어 있고, (1)과 (2)는 각각 망해사를 창건하게 된 동기와 결과를 싣고 있다는 점에서 (1)과 (2)를 따로 떼어내 고찰할 수 있는가 하는 문제가 있다. 또한 (1)과 (2)는 모두 온전한 이야기 구조를 갖추고 있지만, (3)·(4)·(5)는 모두 부분적인 삽화에 지나지 않는 듯이 보여 (1)·(2)와 (3)·(4)·(5)를 대등한 위치에서 비교할 수 있는가 하는 것도 문제점으로 대두된다.

우선 (1)과 (2)를 따로 떼어내 고찰할 수 있는가 하는 첫번째 의문을 살펴 보기로 한다. 이 문제는 처용설화로 불리우는 (1)·(2)의 내용이 원래 이러하였는가 하는 의문에서 그 해결의 실마리를 찾을 수 있다. 즉 (1)·(2)가 모두 망해사 창건에 관련된 것이기는 하지만, 앞서 언급한 바와 같이 기이편 소재의 시가와 서사문맥에 있어서는 佛力이 문제해결이나 이상성취에 직접 개입하지 않고 불교적인 것이 대단히 미약하게 나타나고 있기 때문에 여기에서의 망해사 창건 기사는 후대에 불교와의 습합과정에서 첨가된 것으로 보는 것이 타당할 것이다.3) 즉 기이편의 특성과 습합의 측면에서 볼 때, 「처용랑 망해사」조의 (1)·(2)부분은 望海寺緣起說話로 차용되고 있으며, 본래의 설화에는 이러한 불교적인 요소가 없었다고 할 것이다. 따라서 망해사 창건의 동기가 들어있는 (1)과 망해사 창건의 결과가 들어있는 (2)를 불가분의 관계로 볼 수는 없다. 또한 (2)에서의 처용의 유래에 관한 설명 부분은 (1)과 긴밀한 관련을 갖게 하는 요인인 것은 사실이지만, (1)과 (2)는 별개의 삽화로 규정해도 무리가 없을 정도로 온전한 자체의 구조를 지니고 있다. 따라서 (1)과 (2)를 따로 떼어낼 수 있는가 하는 의문은 (1)·(2)가 망해사 연기설화로

---

3) 이에 대해 金學成(『韓國古典詩歌의 硏究』, 圓光大出版局, 1980, pp.325-326, p.339)은 '한 계층에 의해서 이미 형성·구연되어 널리 유포되어 있는 기존 설화를 타계층에서 일단 수용하면, 자기네 계층의 취향과 목적의식에 걸맞게 변형·굴절시키면서 한편 새로운 모티브를 첨가·부연하여 재구성함으로써 설화의 재창작을 초래하기도 한다'는 전제하에, 處容說話는 처용의 실제 사건에 興味素가 첨가되어 民衆說話로 되고, 거기에 效用素가 첨가되어 巫俗說話로 되었으며, 거기에 또 다른 效用素가 첨가되어 佛寺緣起說話로 정착되었다고 하여 「처용랑 망해사」조가 원래는 망해사 창건과 무관하였음을 시사하고 있다. 또한 嚴元大(處容에 關한 綜合的 考察, 『국어국문학연구』, 원광대 국어국문학과, 1976, p.109)는 '이 설화가 佛敎와의 습합에서 이루어졌으며, 처음 處容說話 탄생시는 巫俗信仰이 불교를 습합했고 후대로 내려오면서 불교가 주체된 處容歌舞로 발전한 것같다'고 하여 역시 불교적인 것이 원래의 설화에 첨가되었음을 시사하고 있다.

차용되고 있다는 점과 (1)·(2)를 따로 떼어내도 무리가 없을만큼 온전한 구조를 지니고 있다는 점에서 해결될 수 있는 것이다.

다음으로 (1)·(2)와 (3)·(4)·(5)가 대등한 위치에서 비교될 수 있는가 하는 두번째 의문을 살펴보기로 한다. 이 의문은 (1)·(2)가 하나의 설화로서 온전한 구조를 지니고 있는데 반해, (3)·(4)·(5)는 그렇지 못하다는 데에서 야기된다. 그러나 (3)·(4)·(5)가 (1)·(2)처럼 풍부한 내용을 담지 못하고 있는 것은 사실이지만, 핵심적인 내용에 있어서는 공통성을 지니고 있어 주목된다. 즉 이들 다섯 개의 삽화는 모두 동일한 화소를 지니고 있는 것이다. 또한 (1)·(2)와 (3)·(4)·(5) "又"로 연결되어 긴밀한 연관관계를 지니고 있다.4) 따라서 (1)·(2)와 (3)·(4)·(5)가 대등한 위치에서 비교될 수 있는가 하는 의문 역시 이들이 공통적인 화소를 지니고 있다는 점과 (1)·(2)와 (3)·(4)·(5)가 긴밀히 연결되어 있다는 점에서 해결될 수 있는 것이다.

이상과 같이 「처용랑 망해사」조는 다섯 개의 삽화로 이루어져 있으며, 이들은 모두 동등한 위치에서 비교·검증될 수 있음이 확인되었다. 그러나 이들 다섯 개의 삽화는 「처용랑 망해사」라는 조목에서 각각 개별적인 것으로 존재하는 것이 아니다. 이들 모두는 이 조 말미에 있는 "國終亡"이라는 결론에 연결되어 있는 것이다. 즉 공통구조를 지닌 다섯 개의 삽화는 결국 "國終亡"을 말하기 위함이었던 것이다. 일연은 공통구조를 지닌 다섯 개의 삽화를 통해 무엇인가를 말하려고 했고, 결국 그는 『語法集』의 인용을 통해 이 조를 "國終亡"이라 결론내리고 있는 것이다.

---

4) 李佑成(三國遺事所載 處容說話의 一分析, 『金載元博士 回甲紀念論叢』, 乙酉文化社, 1969, p.92)은 '이 處容郞 望海寺條는 내용에 있어서 前半部와 後半部로 나누어지는 것 같다. ···전반부에 있어서의 龍의 출현과 후반부에 있어서의 山神 地神 등의 출현은 어떤 공통된 문제점을 가지고 있음을 보여주는 것이며 ··· 이 龍과 諸神들이 신라국가의 운명에 어떤 중요한 관계가 있는 것임을 알려주기도 하는 것이다'라고 하면서 전반부와 후반부가 '又'로 연결되어 긴밀한 관계에 있다고 지적한 바 있다.

2) 공통화소의 내용비교

「처용랑 망해사」조를 구성하는 다섯 개의 삽화는 앞서 제시한 도표에 나타나듯이 세 개의 공통화소를 지니고 있다. 이들 공통화소의 내용을 비교함으로써 이 조의 의미를 규명하기 위한 단서를 찾기로 한다.

첫번째 화소인 (ㄱ)을 살펴보면 다음과 같다.

(1)의 (ㄱ)은 王이 주체이며, 開雲浦에 出遊했을 때의 상황이다.
(2)의 (ㄱ)은 疫神이 주체이며, 處容 妻와 同宿하고 있을 때의 상황이다.
(3)의 (ㄱ)은 王이 주체이며, 鮑石亭에 幸次했을 때의 상황이다.
(4)의 (ㄱ)은 王이 주체이며, 金剛嶺에 幸次했을 때의 상황이다.
(5)의 (ㄱ)은 王이 주체이며, 同禮殿에서 宴饗하고 있을 때의 상황이다.

이상과 같이 볼 때, (ㄱ)의 주체는 왕이나 역신 같은 힘이 있는 존재이며, 상황은 출유하거나 연향을 하거나, 몰래 남의 처와 동숙하거나 하여 연향적 성격을 띠고 있다. 물론 (1)·(3)·(4)의 경우, 이 상황이 연향적 성격을 띠고 있다고 단언할 수 없지만, 「金傅大王」조[5] 에 이와 유사한 상황이 나타나고 있어 참고가 된다. 「김부대왕」조에는 '신라가 망할 무렵 후백제의 甄萱이 쳐들어왔으나 景哀王은 妃嬪宗戚 등과 더불어 포석정에 출유하여 宴娛하다 이를 깨닫지 못하였다'[6] 는 기사가 실려있다. 여기서 포석정은 護國神을 제사지내던 곳[7] 으로서가 아니라 宴饗을 위한 장소, 즉 曲水宴을 벌이던 연회의 장소로 활용되고 있음을 알 수 있다. 이와 같이 볼 때 (3)의 포석정 행차 역시 宴饗을 하고 있는 상황이라 짐작할 수 있으며, (1)·(4)의 상황 역시 이와 유사하였을 것이라 짐

---

5) 『三國遺事』卷二 紀異二
6) '萱以冬十一月掩入王京 王與妃嬪宗戚 遊鮑石亭 宴娛 不覺兵至'
7) 李杜鉉, 處容歌舞, 『大東文化硏究』別輯 1 - 處容說話의 綜合的 考察 -, 成均館大 大東文化硏究院, 1972, p.15.

작할 수 있다. 따라서 화소 (ㄱ)은 왕이나 역신 처럼 힘이 있는 존재가 연향을 하고 있는 상황, 좀 더 확대시킨다면 방탕의 한 국면을 그리고 있는 것이라 할 것이다. 다만 (2)의 경우에 있어서는 주체가 왕이 아닌 역신이며, 연향의 상황이 보다 노골적으로 드러나고 있다는 점에서 다른 네 개의 삽화와는 다른 양상을 보이고 있다.

두번째 화소인 (ㄴ)을 살펴보면 다음과 같다.

(1)의 (ㄴ)은 東海龍이 주체이다.
(2)의 (ㄴ)은 處容이 주체이다.
(3)의 (ㄴ)은 南山神이 주체이다.
(4)의 (ㄴ)은 北岳神이 주체이다.
(5)의 (ㄴ)은 地神이 주체이다.

이상과 같이 볼 때 화소 (ㄴ)의 주체는 모두 土俗神임을 알 수 있다. 그러나 동해룡·남산신·북악신·지신 등은 이 조가 아니더라도 토속신으로서의 위치를 점하고 있음을 알 수 있지만, 처용의 경우는 기존의 토속신과는 양상이 다르다는 점이 주목된다. 앞서 언급한 바와 같이 이 조목이 '民衆說話에서 巫俗說話로 이행하면서 변이'8) 된 것이라 한다면, 처용이 門神으로 숭앙된 것은 습합과정을 거치면서 발생한 결과로서 후대의 일로 보아야 하기 때문이다. 문맥상으로도 처용이 신적인 존재로 부각된 것은 역신을 굴복시킨 이후의 일이므로, 처용이 동해용의 아들이라 부연되어 있기는 하나 이를 처음부터 신적인 존재로 볼 수는 없는 것이다. 이러한 의미에서 다음의 기록은 시사하는 바가 크다.

巡幸國東州郡 有不知所從來四人 詣駕前歌舞 形容可該 衣巾詭異 時人謂之山海精靈9)

8) 金學成, 앞의 책, p.339.
9) 『三國史記』卷十一 新羅本紀十一 憲康王

헌강왕이 國東의 州郡을 순행할 때, 어디서 온지 모르는 4인이 왕앞에
나타나 가무를 하였는데, 모양이 해괴하고 의관이 괴이하여 사람들이 山
海의 정령이라 하였다는 것이다. 여기서의 산해정령 4인은 바로 화소
(ㄴ)의 동해룡·남산신·북악신·지신과 상응하는 듯이 보여 주목된다.
이러한 추론은 사람들이 4인을 山海精靈이라 하였는데, 동해룡을 海의
정령이라 한다면 남산신·북악신·지신은 山의 정령에 해당하기 때문에
그 가능성을 엿볼 수 있는 것이다.10) 이와 같이 볼 때 화소 (ㄴ)의 주체
는 토속신이라 할 수 있다. 다만 (2)의 경우에 있어서는 처용이 원래의
토속신이 아니라 후대에 門神으로 숭앙되었다는 점, 그리고 (1)과 (2)가
원래는 별개의 삽화였을 가능성이 있다고 한다면 처용이 동해룡의 아들
이 아니며 奇人 4인에 속하지 않는다는 점에서 기존의 토속신인 동해
룡·남산신·북악신·지신과는 다른 양상을 보이고 있다.

세번째 화소인 (ㄷ)을 살펴보면 다음과 같다.

(1)의 (ㄷ)은 東海龍이 춤을 추는 내용이다.
(2)의 (ㄷ)은 處容이 춤을 추는 내용이다.
(3)의 (ㄷ)은 南山神이 춤을 추는 내용이다.
(4)의 (ㄷ)은 北岳神이 춤을 추는 내용이다.
(5)의 (ㄷ)은 地神이 춤을 추는 내용이다.

이상과 같이 볼 때 화소 (ㄷ)의 내용은 각각 화소 (ㄴ)의 주체가 화소
(ㄱ)의 주체 앞에서 춤을 추는 것으로 되어 있다. 여기서의 춤은 언어의

---

10) 『삼국사기』의 山海精靈과 『삼국유사』의 東海龍·南山神·北岳神·地神과
  의 관련은 李杜鉉(앞의 논문, p.15)에 의해 시도된 바 있다. 즉 山神祭·地神
  祭와 더불어 동해룡이 龍神祭를 반영하고 있어, 處容舞도 호국신인 용신을
  제사지내는 용신가면극에서 영향되었을 것이라 하여 歌舞劇에 초점을 맞추
  고 있다. 그러나 처용과 동해룡이 구분되고 있지 않다는 점에서 이 글과는
  맥락을 달리하고 있다.

대용수단이며, 이는 경험적인 언어가 아니라 상징과 암호와 침묵으로서의 언어로서 文學化 이전의 經典이다.[11] 이렇게 볼 때 (ㄴ)의 주체인 토속신들이나 처용은 (ㄷ)의 춤을 통해 (ㄱ)의 주체인 왕이나 역신에게 무엇인가를 말하려 했다고 할 것이다. 즉 가무라는 '상징과 암호와 침묵으로서의 언어'를 통해 왕이나 역신에게 무엇인가를 암시했던 것이다.

화소 (ㄱ)·(ㄴ)·(ㄷ)의 내용을 종합해 보면, 결국 왕이나 역신같은 힘있는 존재가 방탕한 국면에 처해 있을 때면 토속신이나 처용이 나타나 가무를 통해 각각 왕이나 역신에게 무엇인가를 말하려 했다는 것을 알 수 있다.

3. 의미분석

우선 이 조의 서두를 보면 다음과 같다.

　　憲康大王之代　自京師至於海內　比屋連墻　無一草屋　笙歌不絶道路　風雨
　　調於四時

헌강왕대는 서울로부터 지방에 이르기까지 집이 즐비하고 담이 연이었으며, 초가는 하나도 없고, 풍악과 노래가 길에서 끊이지 않았으며, 風雨가 순조로와 가히 태평성대였다. 그렇다면 일연이 이 代를 "國終亡"으로 결론지은 이유는 어디에 있는가 하는 것이 문제가 된다. 이 문제는 『삼국유사』의 기록과 달리 『삼국사기』「헌강왕」조의 기록에는 망국의 조짐이 거의 보이지 않고 있어 더욱 첨예하게 부각된다. 즉 『삼국사기』에도 奇人 4인이 가무를 하였다는 기사가 실려 있지만, 金富軾은 이를 심각하게 다루고 있지 않으며, 더욱이 이 조에서 망국의 조짐은 거의 보이지 않고 있는 것이다.

---

11) 朴容淑, 美術樣式과 文學的 樣式 8,『現代文學』, 現代文學社, 1977, p.286.

일연이 태평성대를 누리던 헌강왕대를 "國終亡"으로 결론지은 이유는 어디에 있는가 하는 문제는 토속신이나 처용이 가무를 통해 말하고자 했던 것이 무엇인가 하는 의문과 직결된다. 즉 일연은 토속신이나 처용의 가무를 어떻게 이해하고 있는가 하는 데에 문제의 핵심이 있는 것이다. 이 문제를 해결하기 위해 일연이 이 조의 결론으로 제시한『語法集』의 인용문을 들면 다음과 같다.

語法集云 于時山神獻舞 唱歌云 智理多都波 都波等者 盖言以智理國者
知而多逃 都邑將破云謂也 乃地神山神知國將亡 故作舞而警之 國人不悟
謂爲現瑞 耽樂滋甚 故國終亡

諸神은 장차 나라가 망할 것을 알고 이를 가무를 통해 경계케 하고 있으나, 국인들은 그 춤의 의미를 오해하였기에 결국 나라가 망했다는 것이다. 이렇게 볼 때 일연은 공통화소를 지닌 다섯 개의 개별적인 삽화를 반복함으로써 "國終亡"할 수 밖에 없었던 이유를 설명하고 있다고 보아야 할 것이다. 이러한 망국의 원인은 바로 왕이나 역신의 방탕함 때문이기도 하지만, 보다 근본적인 이유는 諸神의 의도를 전혀 간파하지 못했다는 데에서 찾을 수 있다. 즉 문맥 그대로 해석한다면 망국의 동인은 토속신들의 춤에 대한 국인들의 오해에 있는 것이다.

그러나 여기에는 간과할 수 없는 중요한 사실이 있다. 이 조에서는 토속신들의 춤의 의미가 망국에 대한 경계의 의미로 풀이되고 있으나. 고대인에게 있어서의 춤은 '呪術의 고대적 형태'[12] 라는 의미를 지니고 있다는 사실이다. 이러한 사실은 古代祭儀에서 잘 드러나고 있는데, 가무에 관련된 기사를 발췌하면 다음과 같다.

---

12) 金學成, 앞의 책, p.338.

ㅇ夫餘 :
以殷正月祭天 國中大會 連日飮食歌舞 名曰迎鼓
ㅇ高句麗 :
其民喜歌舞 國中邑落 暮夜男女群聚 相就歌戲···以十月祭天 國中大
會名曰東盟
ㅇ濊 :
常用十月節祭天 晝夜飮酒歌舞 名之爲舞天
ㅇ馬韓 :
常以五月下種訖 祭鬼神 群聚歌舞 飮酒晝夜無休 其舞 數十人 俱起相隨
踏地低昂 手足相應 節奏有似鐸舞 十月農功畢 亦復如之
ㅇ弁韓 :
俗喜歌舞飮酒 有瑟 其形似筑 彈之亦有音曲[13]

이상과 같이 볼 때 歌舞는 祭儀에 있어서 상당히 중요한 비중을 차지
하고 있다. 부여나 예나 마한에 있어서 가무는 제의에 필수적인 것으로
수반되고 있는 것이다. 물론 고구려나 변한의 경우는 가무와 제의와의
관계가 직접적으로 언급되고 있지는 않다. 그러나 부여·예·마한의 경
우를 미루어 볼 때, 또한 고구려와 변한 사람들이 가무를 즐겼다는 기록
을 통해서 고구려나 변한의 경우 역시 祭儀時에 가무가 행하여졌음을
능히 짐작할 수 있다. 이렇게 볼 때 가무는 고대인에게 있어 단순한 宴
饗의 의미가 아니라, 祭儀性을 지니고 있는 것이라 할 것이다. 다시 말
해 가무는 곧 제의라는 등식이 성립하는 것이다.
그러나 이러한 등식은 영원하게 유지되는 것이 아니라 어느 시기에
오면 깨어져, 결국 그 의미가 변질되고 만다.[14] 즉 제의에서 집단적으로
행하여진 춤이 헌강왕대에 와서는 그 의미를 상실하고, 단순히 연향적

13) 이상 『三國志』 卷三十 魏書 烏丸鮮卑東夷傳 三十
14) 古代的 思惟·集團抒情은 영원한 磁場이 아니라 어느 시기에 오면 해체된
다는 것은 崔珍源(『國文學과 自然』, 成均館大 出版部, 1981, pp.187-192)에 의
해 밝혀진 바 있다.

의미로만 인식되고 있었다고 볼 수 있는 것이다. 이것은 곧 集團無意識 世界의 변질을 의미하는 것으로 일연은 이러한 숨겨진 의미를 간과하고 있었을 것이다. 토속신들의 춤에 대한 국인들의 인식의 변화는 결국 집 단무의식세계에 대한 인식의 변화라 할 것이며, 일연은 이러한 사실을 주목하고 이 조를 "國終亡"으로 결론짓고 있는 것이라 할 것이다. 다시 말해 가무가 제의성을 상실하고 연향적 의미로 변질된 것을 일연은 "國 終亡"이라 비판했다고 볼 수 있는 것이다. 이는 일연이 紀異篇을 편찬한 목적이 한 국가의 存亡이 어디에 달려 있는가 하는 것을 설파하기 위함 이었고, 국가의 멸망동인으로 한결같이 집단무의식세계의 변질 내지 정 신세계의 혼란·파괴를 들고 있다는 점15)에서도 여실히 입증되고 있다.

그러나 다른 한편으로 보면 禪僧인 일연은 가무가 곧 제의라는 등식 을 이해하지 못하고, 그것을 단순히 연향적 의미로만 인식했기에 處容舞 등의 일련의 가무를 망국에 결부시켰을 가능성도 있다. 그렇지만 일연이 가무는 곧 제의라는 등식을 이해하지 못했다면 기이편 소재의 시가와 서사문맥들을 이해하지 못했다고 밖에 할 수 없는 큰 문제가 대두된다. 그러나 일연은 수많은 관련서적과 현지답사를 통해 『삼국유사』를 편찬 하였기에 그러한 시가와 서사문맥의 의미를 잘 파악하고 있었을 것이다. 만약 일연이 그러한 시가와 서사문맥의 의미를 이해하지 못하고 있었다 면 『삼국유사』, 특히 기이편을 구태여 편찬할 이유도 없었을 것이고, 또 한 편찬할 수도 없었을 것이기 때문이다. 이러한 의미에서 일연이 가무 는 곧 제의라는 등식을 이해하지 못하고, 그것을 단순히 연향적 의미로 만 인식했기에 처용무를 비롯한 일련의 가무를 망국에 결부시켰을 가능 성은 희박하다고 해야 할 것이다. 다만 신라 헌강왕대에는 아직까지 가 무는 곧 제의라는 등식이 유지되고 있었지만, 고려말 일연의 입장에서는 헌강왕대에 이미 그러한 등식이 깨어졌다고 보았을 가능성은 있다. 이러

---

15) 金文泰, 앞의 논문 참조.

한 면은 동해룡·처용·남산신·북악신·지신 등의 歌舞를 비롯한 헌강
왕대의 왕의 出遊나 역신의 竊與之宿 등이 제의의 일환으로 해석되기도
하기에 더욱 그러하다. 그러나 여기에서는 일연의 시각에 비친 헌강왕대
에 초점을 맞추고 있으므로 일연의 시각에서 벗어난, 일연이 느끼지 못
했던 사실에 대해서는 언급하지 않기로 한다.

이렇게 볼 때 일연이 헌강왕대를 "國終亡"으로 결론지은 것은 헌강왕
대에 이미 가무가 제의성을 상실하고 연향적 의미로 변질되었기 때문이
라고 할 것이다. 물론 헌강왕대에 아직도 가무가 제의성을 지니고 있었
다 하더라도 일연은 이 代에 이미 가무가 제의성을 상실하고 있다고 인
식하고 있기에 여기에서는 이러한 양면적 해석에 따른 혼란이 문제가
되지 않는다.

이제 삽화 (1)·(3)·(4)·(5)와는 다르게 보이는 (2)는 무엇을 의미하
는가 하는 문제가 남아있다. 문맥대로 본다면 (1)·(3)·(4)·(5)에서는
왕의 방탕함에 대해 토속신들이 가무로써 경계하고 있지만, (2)에서는
왕이 아닌 역신의 방탕함에 대해 기존의 토속신이 아닌 후대에 門神으
로 숭앙된 처용이 가무로써 경계하고 있다. 또한 (2)에서는 국인들이 諸
神의 춤의 의미를 깨닫지 못하였던 것과는 달리 역신이 처용의 가무의
의미를 알아차리고 굴복하였다는 점에서 다른 네 개의 삽화와는 큰 차
이를 보이고 있다. 다시말해 (2)는 다른 네 개의 삽화와 구조는 같으나,
내용면에 있어서는 다른 양상으로 나타나고 있는 것이다. 이러한 (2)는
단적으로 말해 이 조의 결론인 "國終亡"에 대한 알레고리(allegory : 寓
意)라 할 것이다. 즉 일연은 (2)부분에서의 역신은 처용의 가무의 의미를
알아차리고 방탕한 일을 중단·굴복하였는데 반해, (1)·(3)·(4)·(5)부
분에서의 국인들은 토속신들의 가무의 의미를 오해하여 耽樂을 더욱 심
히 하였기에 나라가 망하는 데까지 이르게 되었다는 것을 강조하기 위
해 (2)를 삽입시켰다고 볼 수 있는 것이다.

그러나 이것은 표층적인 해석에 불과하다. 이 조의 심층에는 앞서 언

급했듯이 집단무의식세계에 대한 인식의 변화를 내포하고 있다. 즉 (1)·(3)·(4)·(5)부분에서는 집단무의식세계가 변질되고 있지만, (2)부분에서는 그 세계가 유지되고 있다고 볼 수 있는 것이다. 따라서 (2)부분은 "國終亡"에 대한 알레고리임에는 틀림없지만, 이 조의 표층에 나타나 있듯이 가무의 의미를 알아차렸느냐 그렇지 못하느냐의 측면에서가 아니라, 집단무의식세계가 유지되고 있느냐 변질되고 있느냐의 측면에 그 알레고리의 성격이 달려 있는 것이라 할 수 있는 것이다.

4. 맺 음 말

이 글은 <처용가>의 의미에 대한 보다 타당성있는 해석을 위한 방법적 전제로 마련된 것이다. 따라서 <처용가>의 성격규정에서 문제시 되는 처용의 正體, 처용의 輔佐王政의 의미, 처용이 歌舞而退한 이유 등에 대한 직접적인 언급은 일단 유보하였다.

「처용랑 망해사」조는 일견 망해사 창건에 관련된 것 처럼 보이지만, 실상은 망해사 창건이 주된 것이 아니라 집단무의식세계의 변질이라는 의미가 내포되어 있다. 일연은 태평성대를 누리던 헌강왕대를 세 개의 공통화소를 지닌 다섯 개 삽화의 반복을 통해서 "國終亡"이라는 결론을 내고 있다. 이러한 결론을 내리게 된 원인은 諸神의 춤에 대한 국인들의 오해에 있는 것이 아니라, 歌舞가 祭儀性을 상실하고 단순히 宴饗的 의미로 인식되어 가무는 곧 제의라는 집단무의식세계가 변질되고 있다는 데에 있다. 그러나 <처용가>가 삽입되어 있는 두번째 삽화에서는 가무는 곧 제의라는 등식, 즉 집단무의식세계가 유지되고 있어 여타의 삽화와 구조는 같으나 내용이 다르게 나타나고 있는 것이다. 다시 말해 두번째 삽화는 나머지 삽화에 대한 寓意로 작용하고 있는 것이다. 결국 일연은 「처용랑 망해사」조를 통해 이러한 집단무의식세계의 변질이 국가의 멸망동인이 되었음을 암시하고 있다고 할 것이다.

그러나 이 글은 일연의 시각을 중심으로 쓰여진 것이다. 따라서 국인

들이 토속신들의 춤의 의미를 오해하였으므로 나라가 망했다는 일연의
평을 토대로 내린 이 글의 결론이 전적으로 타당하다고 할 수만은 없다.
만일 헌강왕대에 가무는 곧 제의라는 등식이 유지되고 있을 경우, 일연
이 이 조를 망국으로 결론지은 이유는 '집단무의식세계의 변질'에만 국
한되지 않는다. 이 경우 망국의 원인은 또 다른 데에서 찾아야만 하는
것이다. 즉 토속신인 동해룡은 불사창건을 위해 왕에게 나타나 망해사
창건의 계기를 만들고 있어 토속신앙을 불교화하는 분수령적 존재가 되
고 있음에도 불구하고, 그의 아들인 처용은 法化가 그의 소임임에도 불
구하고 종국에는 '토속신으로 자리잡는다는 점에 주목해야 하는 것이다.
이는 곧 토속신앙의 불교화에 대한 처용의 시대착오적인 역행이라 할
수 있다. 따라서 일연은 처용의 이러한 불교화에 대한 역행을 부정적인
것으로 보고 이 조를 "國終亡"이라 결론지었을 가능성도 있다.16) 토속신
의 출현은 국가가 위태로울 때 나타나는 현상17) 임에도 불구하고 국인
들은 그 의미를 깨닫지 못하고 더욱 耽樂하였기에 일연은 이 조를 『어
법집』의 인용을 통해 망국으로 결론지은 것이라 볼 수 있는 것이다. 물
론 일연에게 있어 이 조의 위태로움이란 정신세계의 혼란, 즉 토속신앙
의 불교화에 대한 시대착오적 역행이라 할 것이다. 다시 말해 망국의 원
인을 歌舞가 아니 토속신앙과 불교의 習合이라는 차원에서 해결해야 하
는 것이다.

이 조의 구조를 체계적으로 분석하고, 여러가지 가능성을 배제하지 않
으면서 일연의 의도를 정확하게 간파한다면 이 조의 전체적인 의미와
<처용가>의 의미는 자연적으로 추출될 것이다. 이에 대한 논의는 후일
로 미루기로 한다.

---

16) 이에 대한 논의는 金文泰(「『三國遺事』所載 '龍'傳承 硏究, 成均館大學校
    大學院 博士學位論文, 1990.) 참조.
17) 이 책의 「<安民歌>와 敍事文脈」 참조.

《 參考文獻 》

金東旭·黃浿江·金慶洙 편, 『處容硏究論叢』, 蔚山文化院, 1989.

金文泰, 『三國遺事』의 體裁와 性格 - 一然의 編纂意圖와 관련하여 -, 陶南學報 12. 陶南學會, 1990.

─────, 『三國遺事』所載 '龍'傳承 硏究, 成均館大學校 大學院 博士學位論文, 1990.

金學成, 『韓國古典詩歌의 硏究』, 圓光大出版局, 1980.

朴容淑, 美術樣式과 文學的 樣式 8, 『現代文學』, 現代文學社, 1977.

嚴元大, 處容에 關한 綜合的 考察, 『국어국문학연구』, 원광대 국어국문학과, 1976.

李杜鉉, 處容歌舞, 『大東文化硏究』 別輯 1 - 處容說話의 綜合的 考察 -, 成均館大 大東文化硏究院, 1972.

李佑成, 三國遺事所載 處容說話의 一分析, 『金載元博士 回甲紀念論叢』, 乙酉文化社, 1969.

崔珍源, 『國文學과 自然』, 成均館大 出版部, 1981.

華鏡古典文學硏究會 편, 『鄕歌古典小說關係 論著目錄』, 檀大出版部, 1993.

「竹旨郎」이야기와「慕竹旨郎歌」

김 동 욱

1. 머 리 글

『三國遺事』권2. 「孝昭王代 竹旨郎」條는 죽지랑의 생애에 관한 두 편의 이야기와 죽지랑을 두고 부른 한 편의 노래를 전하고 있다. 죽지랑의 美談, 죽지랑의 出生譚, 그리고 「모죽지랑가」가 그것이다. 논의의 편의상 죽지랑의 미담을 (가), 죽지랑의 출생담을 (나)라고 지칭하기로 하자. 이 대목은 이른바 鄕歌의 창작 배경을 설명하여 준다고 하여, 노래와 이야기를 밀접한 관련 아래 다루어 온 예 가운데 하나이다. 「모죽지랑가」처럼 이야기를 수반한 노래를 올바로 이해하는 데에는 노래와 이야기를 관련지어 다루는 것이 선결 요건이라고 할 수 있다.

그러나 대개의 경우, 「모죽지랑가」를 지었다는 得烏가 그 노래를 지은 동기가 어디에 있었는가에 주목하여, 이야기 가운데 죽지랑의 미담을 다룬 (가) 부분을 주로 노래와 관련지어 다루었을 뿐이다.[1] 노래와 이야기

1) 다음의 업적이 대표적인 예이다.
  朴魯埻, 「慕竹旨郎歌攷」, 『淵民李家源博士六秩頌壽紀念論叢』, 同刊行委, 1977.
  金承璨, 『韓國上古文學研究』, 第一出版社, 1978.
  崔 喆, 『新羅歌謠研究』, 開文社, 1979.
  尹榮玉, 『新羅詩歌의 研究』, 螢雪出版社, 1981.

를 관련지어 다룬다고 하면서, 그 이야기 가운데 특정 부분만을 관련 대
상으로 처리하는 것은 납득하기 어려운 일이다. 죽지랑의 출생담은 이제
까지 대체로 소홀한 대접을 받아 왔으나, 「모죽지랑가」를 올바로 해석하
는 데 죽지랑의 미담 못지 않게 중요한 구실을 하리라는 가설을 이 글
의 출발점으로 삼고자 한다.

죽지랑의 미담을 다룬 (가) 부분에 대한 기존의 논의는 단순한 배경
설화로 보는 데에서부터 당대의 정치·사회사에 힘입어 해명하려는 데에
까지 상당한 진전을 보아 왔다. 그 대표적인 것으로 朴魯埻의 업적을 들
수 있다.2) 그러나 죽지랑에 대한 익선의 태도를 '화랑단의 몰락'이나 죽
지랑이 '奈勿王系 인물'이리라는 추정으로 처리한 데에는 수긍하기 어려
운 점이 있다. 그 문제 역시 이 글에서 다시 검토하고자 한다. 이렇게하
여 「효소왕대 죽지랑」조에 실려 있는 두 편의 이야기는 각기 「모죽지랑
가」를 이해하는 요긴한 바탕이 됨을 이 글을 통하여 입증하고자 한다.

2. 竹旨郎과 益宣

1) 이야기를 통해 본 죽지랑

『삼국유사』「효소왕대 죽지랑」조에는 성격을 달리하는 두 편의 이야
기가 실려 있다. 앞서 말하였던 이야기 (가)와 (나)가 그것이다. (가)는
중년 이후의 죽지랑에 관한 이야기이고, (나)는 죽지랑의 출생과 중년까
지의 삶에 관한 이야기이다. 우선 (가)는 다음과 같이 세 단락의 이야기
로 이루어져 있다. 그것을 각각 (가-1)·(가-2)·(가-3)이라고 하여 보자.

　　(가-1) 죽지랑이 득오를 위문 가기까지의 이야기
　　(가-2) 득오가 휴가를 얻기까지의 이야기
　　(가-3) 익선과 모량리 사람들을 징벌한 이야기

---

2) 박노준, 앞의 논문.

(가-1)에서 죽지랑이 득오를 위문하러 가게 된 동기는 공무로 차출되었다는 사실 때문이다. 공무로 갔기 때문에 위문을 가지 않을 수 없다는 말은 그만큼 공적인 일이 사적인 일보다 우선해야 한다는 생각을 보여주면서, 공과 사는 엄연히 구별해야 할 사실임을 말하고 있다. 낭도 137인이 위의를 갖추고 죽지랑과 함께 갔다는 말도 공적인 일을 높여 생각하는 사람들이 지닌 태도를 그 외형을 통하여 나타낸 말이라고 할 수 있다. (가-1)은 죽지랑과 득오의 관계를 말하면서 동시에 죽지랑의 인물됨의 한 면을 말하고자 한 것으로 볼 수 있다.

(가-2)에서는 죽지랑과 매우 대조적인 익선의 인물됨을 말하고자 하고 있다. 득오가 富山城으로 차출되어 간 것은 분명 그곳의 倉直으로 임명되었기 때문이다. 그러나 죽지랑 일행이 득오를 위문하러 갔을 때, 득오는 익선의 밭에서 '예에 따라' 부역을 하고 있다고 하였다. '예에 따라'라는 말이 뜻하는 바가 무엇인지 이야기 속에 분명하게 밝혀져 있지는 않으나, '늘 그렇게 해왔듯이'라는 의미로 본다면, 이미 어제 오늘의 일이 아닌, 지방 관리의 직권을 남용한 부패상을 암암리에 말하고 있다고 하겠다. 여기서 익선의 인물됨이 공무를 빙자하여 사리를 채우는 인물로 이야기 되고 있다는 사실을 읽어낼 수 있다.

익선의 職名인 幢典은 『三國史記』 職官志에도 나타나지 않는 것으로 보아 어떤 직책에 대한 속칭이거나 편의적인 명칭인 듯하나, 인력 동원의 직권을 가지고 있었다는 사실만은 분명히 알 수 있겠다. 죽지랑이 득오의 휴가를 청하였으나, 익선은 굳이 거절하며 허락하지 않았다고 하였다. 使吏인 侃珍이 조세로 거두어 들인 벼 30섬을 주고 다시 騎馬鞍具를 주어서야 비로소 득오의 휴가를 허락하였다고 한다. 이 이야기에서 익선은 직권을 남용해서 사사로운 이익을 채우는 인물로뿐만 아니라, 직권을 미끼로 수회를 일삼는 부패한 관리로 그려지고 있음을 볼 수 있다.

간진이 죽지랑의 선비를 중히 여기는 풍도를 아름답게 여겨, 익선에게 나라의 소세로 거두어 들인 벼를 임의로 넘겨 주는 행위 자체도 익선의 직권 남용과 다를 바가 없는 것이라 할 수 있다. 그런데 이 이야기에서는 간진의 행위를 잘못되었다고 하지 않았을 뿐만 아니라, 그의 자손을 枰定戶孫으로 삼아 표창하였다고 하고 있다. 이 말은 일견 익선의 행위를 잘못이라고 하는 것과 서로 모순되는 듯이 보이기도 하나, 간진의 정당성을 희생시켜 가면서까지 죽지랑의 인물됨을 높이는 한편, 익선의 暗塞不通함을 상대적으로 드러냈다고 본다면, 그것이 모순이 아님을 알 수 있게 된다.

(가-3)은 (가-1)과 (가-2)에서의 인물 사이의 대립, 곧 공명정대한 죽지랑과 암색불통한 익선의 대립이 판가름나는 대목이다. 조정의 花主와 왕이 그 결판을 담당하고 있다. 화주는 익선의 더럽고 추함을 씻고자 하였고, 왕은 모량리 사람들로 하여금 관직이나 승려로 나갈 수 없게 하였다고 한다. 이 사건과 모량리 사람들에 대한 차별 대우가 실제로 관련을 가지는 것이었는지는 입증할 만한 충분한 자료가 없으므로 잘 알 수 없으나, 익선과 같이 부패한 관리의 瀆職事件은 효소왕 때에 문젯거리로 등장하지 않았나 생각된다. 효소왕 10년(701) 5월의 다음과 같은 기사가 그러한 사정을 뒷받침한다.

> '영암군 태수 一吉飡 諸逸이 公利를 배반하고 私利를 도모하므로 杖 100에 처하여 섬으로 귀양보냈다.'[3]

위의 기록으로는 도모한 私利의 내용이 자세하지 않으나, 사서에 오를 만큼 대수롭지는 않아 보이는 관리의 부정 사건이 이처럼 사서에 오른 것은 그러한 사태가 당시의 문젯거리로 등장하였음을 말해주는 것이라고 볼 수 있다.

이야기 (나)는 상당히 불교적으로 윤색된 죽지랑의 출생담이 주를 이루고 있다. 무엇보다도 그의 출생이 신비롭게 꾸며져 있는 것이 주목된

---

3) 金富軾等編, 『三國史記』, 권8. 靈嚴郡太守一吉飡諸逸 背公營私 刑一百杖入島.

다. 그의 아버지가 述宗公이라는 데에서부터 이 부분의 이야기는 시작되고 있다. 술종공은 신라에서 손꼽히던 귀족이었다. 그의 아버지가 술종공임을 내세우는 것은, 죽지랑이 쟁쟁한 명문 귀족의 자손임을 말하고자 하는 것이다. 또한 술종공이 竹旨嶺에서 만나 相感하였던 거사가 죽지랑으로 태어났음을 이야기하고 있는 바, 그 거사의 무덤에 돌미륵을 세웠다는 것으로 미루어, 죽지랑이 미륵의 化現임을 말하고자 하는 것으로 생각된다.

이렇게 태어난 죽지랑은 4대에 걸쳐 재상으로서 나라를 안정시켰다고 하였다. 이를 통하여 볼 때, (가-1)과 (가-2)의 이야기가 실제로 있었던 구체적 사례를 통하여 죽지랑의 인물됨을 말하고자 하였다면, (나)의 이야기는 숭고하게 미화된 신비스러운 이야기를 통하여 그 인물의 훌륭함을 말하고자 하였다고 할 수 있다.

2) 익선의 태도와 죽지랑

「효소왕대 죽지랑」 이야기를 이해하는 데 있어서 한 가지 문제는 죽지랑과 익선이라는 두 인물 사이에 벌어진 일을 어떤 성격의 것으로 받아 들일까 하는 것이다. 달리 말하면, 설화적 문맥을 어떻게 역사적 문맥으로 옮길 것인가가 문제로 등장하게 된다는 것이다.

『삼국사기』에 기록된 죽지랑 관계 기사를 정리하여 보면, 죽지랑이 20대의 청년 장군으로 中侍가 되었다고 하더라도 효소왕대(692-702)에는 이미 회갑을 지난 노년이다.[4] 익선은 제6官等인 阿干이면서도 노화랑 죽지가 득오를 위하여 요청한 휴가를 굳이 거절하였던 것이다. 과연 이와 같은 일이 당대의 현실 속에서 가능하였을까 하는 의문이 앞선다. 신라 사회는 骨品制를 바탕으로 한 엄격한 신분제 사회였기 때문이다.

---

4) 眞德王 3년(649) - 將軍으로 출전, 同王 5년(651) - 波珍飡, 執事府 初代 中侍로 발탁, 文武王 元年(661) - 蘇判, 同王 8년(668) - 伊飡

죽지랑과 익선 사이에 벌어진 일을 합리적으로 설명하기 위하여, 통일 이후 화랑단 세력이 점차 몰락하였을 것이라는 주장과 죽지랑이 무열왕 계와 대립된 내물왕계 추종 세력이었을 것이라는 추측이 있었다.5) 그러 나 그러한 논지의 주요 증빙 자료가 되고 있는 신문왕 원년 金欽突의 반역 사건에 죽지랑이 관련되었을 가능성이 매우 희박하며,6) 죽지랑은 내물왕계의 인물이라기보다는 중도파적인 성격을 지닌 인물로7) 무열왕 계와도 별다른 마찰이 없었던 것으로 판단되므로,8) 그 논거는 미약하다 고 할 수밖에 없다.

통일 전쟁기에 화랑도 세력이 눈부신 활약을 한 것은 사실로 보이나, 그러한 무인적 성격이 화랑도 본연의 것이라고는 말할 수 없을 듯하다. 『삼국사기』에 전하는 대로, 화랑의 성격은 '서로 도의를 갈고 닦고, 서로 노래와 음률을 즐기며 산수에 노닐기도 하면서 조정에 유능한 인재를 천거'하는 데 있었다.9) 통일 전쟁기에 尙武的인 성격이 강조되었던 것은 사실이었겠으나, 그것은 전쟁에서의 승리를 위한 필요에서였을 뿐 통일 이후에는 본연의 위치를 찾아서 되돌아 간 것으로 생각된다.10)

화랑 본연의 성격이 상무적인 것이 아니었음을 보여주는 자료는 『삼 국유사』「四十八 景文大王」條에도 보인다. 뒤에 경문왕이 된 膺廉이 화

---

5) 박노준, 앞의 논문.

6) 김승찬, 앞의 책, pp.103-107.

7) 李萬烈, 『講座三國時代史』, 知識産業社, 1976, p.187.

8) 무열계의 왕통이 이어진 문무왕대에도 계속 높은 요직을 맡고 있었다는 사실에서 그렇게 판단된다.

9) 김부식 등편, 앞의 책, 권4. 或相磨以道義 或相悅以歌樂 遊娛山水 無遠不至 因此知其人邪正 擇其善者 薦之於朝.

10) 그러한 사실을 뒷받침하는 자료로 『삼국유사』 권3. 「栢栗寺」條를 들 수가 있다. 이 이야기에 등장하는 國仙 夫禮郎은 바로 효소왕 때의 화랑으로, 낭 도들을 이끌고 화랑들의 遊娛之地인 金幱窟에 노닐었다고 한다. 天授三年 壬 辰九月七日 孝昭王奉大玄薩湌之子夫禮郎爲國仙......天授四年癸巳暮春之月 領 徒遊金幱.

랑으로 있을 당시 헌안왕이 묻기를, '국선이 되어 사방을 다니며 무슨 이 상한 일을 본 적이 있느냐'고 하였다. 이에 대하여 응렴은 자기가 본 것 이 '겸손한 사람, 검소한 사람, 위엄을 보이지 않는 사람' 등이었다고 하 였다.11) 그러한 인물들이 특별히 눈에 띈 것은 국선인 응렴이 평소 이상 형으로 그리고 있던 인물과 일치하였기 때문이라고 할 수 있을 것이다. 곧 위의 세 가지 인물형은 바로 화랑들이 이상적으로 그려온 자신들의 모습이었으리라 생각된다.

그런데 이 세 가지 인물형은 하나같이 상무의 기상과는 관계가 없는 것들임에 주목된다. 『삼국사기』에 인용된 金大問의 말처럼 賢佐忠臣과 良將勇卒이 화랑도로부터 배출된 것이 사실이지만,12) 화랑도가 장졸을 양성해서 배출하는 戰士 단체는 아니었던 것이다. 화랑도의 목표는 어디 까지나 심신을 수양하고 인격을 도야해서 조정에 필요한 인재를 찾아내 자는 데 있었던 것으로 보인다. 「讚耆婆郎歌」의 기파랑에게서 영웅적인 면모를 찾아보기 어려운 것도 이러한 측면에서 이해가 가능할 것이다.

그러므로 화랑도를 전사단으로 규정하고 통일 이후에 화랑단이 몰락 하였다는 주장은 화랑도의 성격을 너무 단순하게 파악한 것이라 아니할 수 없다. 익선에 대한 죽지랑의 태도는 바로 응렴이 말한 세 번째의 인 물, '본디 존귀한 세력가이면서 그 위세를 보이지 않는' 것에 해당한다고 할 수 있다.13)

---

11) 一然, 『삼국유사』, 권2. 王諱膺廉 年十八爲國仙 至於弱冠 憲安大王召郎 宴 於宮中 問曰 郎爲國仙 優遊四方 見何異事 郎曰 臣見有美行者三 王曰 請聞其 說 郎曰 有人爲人上者 而撝謙坐於人下 其一也 有人豪富 而衣儉易 其二也 有 人本貴勢 而不用其威者 三也.

12) 김부식 등편, 앞의 책, 같은 곳. 賢佐忠臣 從此而秀 良將勇卒 由是而生.

13) 익선에 대한 죽지랑의 태도를 이렇게 설명한 것은 김승찬인데, 이 설명만 으로는 익선의 죽지랑에 대한 태도를 납득시킬 수가 없다. 익선이 죽지랑과 대비되는 단순한 악인이라는 설명으로 익선의 태도를 충분히 설명하였다고 하기에는 미흡하다. 주6) 참조.

3) 죽지랑·익선 관계의 역사적 배경

또 하나 문제로 남는 것은 익선의 죽지랑에 대한 태도를 어떻게 이해할 것인가 하는 것이다. 이 문제를 해결할 실마리는 이 문제가 제기된 이야기 속에서 찾는 것이 가장 바람직하리라 여겨진다. 이야기 (가-3) 가운데에는 익선의 행위에 대한 징벌의 내용이 포함되어 있다. 조정의 화주는 익선의 더럽고 추함을 씻게 하고자 하였고, 왕은 이 사실을 보고 받고 모량리 출신을 관직에서 몰아내는 한편, 관직이나 佛門에 다시 들어갈 수 없도록 하였다고 한다. 여기서 익선을 징벌한 이유는 '더럽고 추한' 태도 혹은 인물됨에 있다고 함을 알 수 있다.

그러나 구체적인 내용은 알 수 없으나, 다같이 공을 뒤로 하고 사리사욕을 앞세운 諸逸에 관한『삼국사기』에서의 죄목은 이와 대조적이다. 즉 '공리를 배반하고 사리를 도모'하였다는 것이다. 공리를 배반하였다는 것은 관리로서 할 일을 제대로 하지 못하였다는 것이고, 그것은 곧 나라를 다스리는 왕의 治道에 역행하였다는 말과도 통한다. 좀더 확대시켜 말한다면, 왕명을 거역하는 일인 것이다. 익선의 죄목이 이야기의 話題인 인물됨의 기준에 의한 설화적 표현이라면, 제일의 죄목은 역사적인 표현이라고 이름할 만한 것이다. 그러므로 익선의 죄목을 역사적인 측면에서 다시 내린다면, 역시 '공리를 배반하고 사리를 도모한 것'이라고 할 수 있을 것이다.

문제가 여기서 끝났다면 이 사건은 익선 한 사람에게 관계된 단순한 독직 사건으로 볼 수밖에 없지만, 왕의 조치는 이 사건이 그리 단순하지 않았음을 시사한다. 이야기이기 때문에 한 사람의 잘못을 강조하기 위해 모량리 사람들 전체에 대하여 징벌을 한 것처럼 과장하였으리라고 하고 만다면 지나치게 안이하고 단순한 이해에 머물지 않을까 우려된다. 물론 역사적으로 모량리 사람들에 대한 징벌이 위의 이야기처럼 시행되었다

는 근거가 없으므로 실재하였던 사실인지의 여부는 가릴 길이 없지만,
그러한 이야기가 가능하기 위해서는 반드시 그만한 요인이 작용한 것으
로 보아야 할 것이다. 허구적인 이야기도 허구 가운데 당대의 역사적인
진실을 내포하고 있다는 사실을 부정할 수 없기 때문이다.

그렇다면 이 이야기에서 왕의 징벌이 의미하는 것은 무엇일까? 우선
자료가 귀한 대로 효소왕의 고민이 무엇이었던가를 살펴보는 것이 이
문제의 해결에 도움이 될 듯하다. 효소왕은 신문왕의 장자로 부왕에 이
어 이른바 中代의 왕권을 강화하는 데 힘썼던 것으로 보인다.『삼국유
사』「萬波息笛」 이야기의 다음 대목이 그것을 말하여 준다.

> '태자 理恭(곧 효소대왕)이 궁궐에 남아 지키고 있다가 이 소식을 듣
> 고 말을 달려 와서 하례하며 서서히 살펴보고 아뢰기를, "이 옥대의 여
> 러 쪽이 모두 진룡입니다."하였다. 왕이 "네가 그걸 어찌 아느냐?"하니
> 태자가 아뢰기를, "한 쪽을 떼어 물에 넣어 보소서."하였다. 이에 왼편
> 둘째 쪽을 떼어 시냇물에 넣으니, 곧 용이 되어 하늘로 올라가고 그 땅
> 은 못이 되었다.'14)

이 대목은 역사적 사실 그 자체가 아닌 이야기이다. 그러므로 효소왕
이 정말 黑玉帶의 용이 眞龍임을 알아 보았는가의 여부가 중요한 것이
아니라, 효소왕이 진룡임을 간파하였다고 믿은 사실이 더욱 중요하다.
진평왕이 하늘로부터 받았다는 옥대가 聖骨王權의 상징인 것과 같이, 흑
옥대가 무열계 왕권의 정통성과 신성함을 나타내기 위한 상징이라면,15)
흑옥대의 용이 진룡임을 간파한 효소왕 역시 무열계 왕권의 정통성과

---

14) 일연, 앞의 책, 권2. 太子理恭 卽孝昭大王 守闕 聞此事 走馬來賀 徐察奏曰
   此玉帶諸窠皆眞龍也 王曰 汝何知之 太子曰 摘一窠沈水示之 乃摘左邊第二窠
   沈溪 卽成龍上天 其地成淵.
15) 金相鉉,「萬波息笛 說話의 形成과 意義」,『韓國史硏究』34, 韓國史硏究會,
   1981.

신성함을 자긍하고 있었다고 할 수 있을 것이다. 스스로가 이어받을 왕통의 정당함을 주장한 효소왕이 왕권을 강화하기 위해 애썼을 것은 자명하다. 그러나 효소왕 때에도 왕권에 도전하는 사례가 있었다.

'효소왕 8년(699) 9월에 동해의 물이 싸우는데 그 소리가 서라벌까지 들렸고, 무기고의 고각이 스스로 울었다.'16)

'9년(700) 5월에 伊湌 慶永이 모반하다가 죽고, 中侍 順元이 이에 연좌되어 파면되었다.'17)

앞의 기록은 사서의 기사이면서도 상당히 상징적으로 표현되어 있다. 동해의 물이 싸운다는 말이 무엇을 상징하는가는 분명치 않으나, 그 소리가 王都에까지 들렸다는 말에서 왕과의 관련을 알 수 있고, 고각이 스스로 울었다는 말은 병란의 조짐을 그렇게 말하였다고 할 수 있겠다. 이러한 조짐이 나중에 인용한 자료의 기록으로 실현되었음을 볼 수 있다. 신라 중대에 있어서 왕권 강화의 중추적 역할을 담당하였던 중시가 연좌된 모반 사건은 심각한 것이었다고 아니할 수 없다.

여기서 앞서 인용하였던 영암군 태수 제일의 독직 사건을 다시 살펴볼 필요가 있다. 제일의 독직 사건이 그 자체로서는 왕권에 직접적인 영향을 미치지 않았을 것으로 보인다. 그러나 정복 지역인 지난날 백제 땅 영암에서 이러한 사건이 일어난 것은 가볍게 보아 넘길 수 없었을 것으로 생각된다. 통일 이후 50년도 채 되지 않은 효소왕대는 아직 무열계 왕권의 초창기라 하지 않을 수가 없다. 미처 정비되지 않은 왕권을 강화해 나가는 과정에서 반대 세력을 어떻게 다룰 것인가는 실로 효소왕의 가장 큰 고민이었을 것으로 추측할 수 있다.

---

16) 김부식 등편, 앞의 책, 권8. 九月 東海水戰 聲聞王都 兵庫中鼓角自鳴.
17) 같은 책, 같은 곳. 夏五月 伊湌慶永 謀叛伏誅 中侍順元 緣坐罷免.

익선의 출신 지역인 모량리는 六村의 성립 이래로 정치적 주도권을 잡지 못한 지역의 하나라고 한다.[18] 더구나 귀족 세력의 성장을 억누르면서 왕권을 강화해 나가고자 한 무열왕계의 입장에서 지방 세력의 성장이나 반발은 가장 경계해야 할 일이었을 것이다. 이러한 상황에서 익선이 중앙의 고위직을 지낸 죽지랑을 업신여긴 것은 모량리라는 지방 세력의 존재를 인정하지 않고서는 이해하기가 어렵다. 모량리가 오래도록 정치적으로 소외된 지역이었던 만큼 조정에 대한 불만도 컸을 것으로 보인다. 이것을 의식하고 있었을 효소왕에게 익선과 같은 태도는 경계해야 마땅할 것으로 여겨졌을 것이고, 그러한 시책이 모량리 사람들에 대한 징벌로 설화화 하였으리라고 추측할 수 있다.

3. 竹旨郎의 出生譚과 幻生談의 時間認識樣相

앞에서 살펴보았듯이, 이야기 (가)가 역사적 실재 인물이었던 죽지랑을 내세운 있었을 법한 이야기라고 한다면, 이야기 (나)는 같은 인물을 등장시킨 비현실적인 이야기가 주축을 이루고 있다. 이 점은 이야기 (나)를 이야기 (가)와 동일한 차원에서 논할 성질이 아님을 뜻하는 것이다. 이야기 (가)가 역사 · 정치 · 사회의 차원에서 다루어져야 한다면, 이야기 (나)는 초역사 · 종교 · 신비의 차원에서 다루어야 올바로 읽을 수 있는 실마리가 풀릴 것이다. 우선 이야기 (나)에 해당하는 부분을 논의하기 편하도록 단락을 구분하면 다음과 같다.

> (나-1) 술종공이 삭주 도독사가 되어 임지로 가려할 때, 삼한에 병란이 있어 기병 삼천으로 호송하였다.
> (나-2) 술종공이 죽지령에 이르니, 한 거사가 그 고갯길을 평탄하게 닦고 있었다.

---

18) 李丙燾, 『韓國史』古代篇, 震檀學會, 1959, p.632.

(나-3) 술종공과 거사가 서로 보고 마음에 느끼는 바가 있었다.

(나-4) 부임한 지 한 달만에 술종공 부부는 거사가 방에 들어오는 꿈을 꾸었다. 꿈을 꾸던 날 거사는 죽었다.

(나-5) 술종공이 거사가 자기 자식으로 태어날 것을 예언하였다.

(나-6) 술종공은 거사를 죽지령 위 북쪽 봉우리에 장사 지내고 무덤 앞에 돌미륵을 세웠다.

(나-7) 술종공 부인이 꿈꾼 날부터 태기가 있더니, 출산하여 죽지라고 이름을 지었다.

(나-8) 죽지는 자라서 벼슬길에 나아가 김유신의 副帥로 삼한을 통일하고, 네 왕대에 걸쳐 冢宰를 지내며 나라를 안정시켰다.[19]

이 이야기는 주체가 술종공으로 되어 있지만, 실상 말하고자 하는 핵심은 죽지령 거사가 죽지랑으로 태어났다는 점이다. (나-1)에서부터 (나-7)까지는 죽지랑이 태어난 경위를 말한 것이므로 죽지랑이 주체로 등장할 수 없다. (나-8)은 죽지랑이 출생한 이후를 말한 것이어서 죽지랑이 주체가 될 수 있다. (나-7)까지의 이야기는 (나-8)을 납득시키기 위한 설명으로 볼 수도 있다. 어쨌든 이 이야기에서 중요한 인물은 술종공과 그 부인이 아니라 죽지령 거사와 죽지랑이다. 그러므로 이 이야기를 거사와 죽지랑의 입장에서 다시 정리하면 다음과 같다.[20]

(거-1) 삼한에 병란이 일어났을 때 등장하였다.

---

19) 일연, 앞의 책, 권2. 初述宗公爲朔州都督使 將歸理所 時三韓兵亂 以騎兵三千護送之 行至竹旨嶺 有一居士 平理其嶺路 公見之歎美 居士亦善公之威勢赫甚 相感於心 公赴州理 隔一朔 夢見居士入于房中 室家同夢 驚怪尤甚 翌日 使人問其居士安否 人曰 居士死有日矣 使來還告 其死與夢同日矣 公曰 殆居士誕於吾家爾 更發卒 修葬於嶺上北嶺 造石彌勒一軀 安於塚前 妻氏自夢之日有娠 旣誕因名竹旨 壯而出仕 與庾信公爲副帥 統三韓 眞德太宗文武神文 四代爲冢宰 安定厥邦.

20) 거사의 입장에서 정리한 이야기는 (거-1), (거-2) 등으로 표시하고, 죽지랑의 입장에서 정리한 이야기는 (죽-1), (죽-2) 등으로 표시한다.

(거-2) 변경(삭주)으로 나아가는 길목인 죽지령 고갯길을 평탄히 닦
　　　았다.

(거-3) 술종공 부부가 자신의 꿈을 꾸던 날 죽었다.

(거-4) 죽지령 북쪽 봉우리에 묻혔는데, 술종공이 무덤 앞에 돌미륵
　　　을 세워 주었다.

(죽-1) 삼국 전쟁기에 태어났다.

(죽-2) 김유신의 부수로 활약하여 삼국을 통일하고 네 왕대에 걸쳐
　　　총재를 지내며 나라를 안정시켰다.

　이야기 (나)를 이렇게 다시 정리해보면, 거사를 중심으로 한 이야기는
비현실적 · 설화적 성격을 띠고 있고, 죽지랑을 중심으로 한 이야기는
현실적 · 역사적 성격을 띠고 있음을 알 수 있다. 그러면서 또 하나 흥
미로운 사실은 거사를 중심으로 한 이야기와 죽지랑을 중심으로 한 이
야기 사이에 몇 가지 대응관계가 발견되는 점이다. (거-1)과 (죽-1),
(거-2)와 (죽-2)가 구체적인 대응관계를 보여준다. 먼저 거사가 등장한
무렵은 삼한에 병란이 일어난 때이다. 죽지랑이 등장하여 활약한 때도
이야기 (나)의 뒷부분에 나타나 있듯이 진덕 · 무열 · 문무 · 신문왕대인
삼국통일 전쟁기이다. 거사는 삼한에 병란이 일어났을 때 죽지령의 고갯
길을 평탄하게 닦고 있었다. 접경 지역인 삭주로 통하는 죽지령은 곧 삼
한의 병란을 진압하러 가는 길목인 것이다. 죽지랑은 삼한을 통일하고
나라를 안정시켰다고 하였다. 벼슬길에 나선 이후 그의 활약은 삼국 통
일의 기틀을 닦는 데 시종하였다고 해도 지나친 말은 아닐 것이다.

　이러한 대응관계를 뒷받침해 주는 이야기가 (나-3)·(나-4)·(나-5)이다.
결국 이야기 (나)에 의하면 죽지랑은 일생의 과업을 태어나기 전에 이미
점지받고 출생하였다고 할 수 있다. 거사의 죽음을 대신하여 태어난 죽
지랑은 거사가 하던 일과 대응관계에 있는 활약을 하며 일생을 보냈기
때문이다. 이야기 (나)의 문맥에 따르면 죽지랑은 거사가 幻生한 셈이

되는 것이다.21) 환생은 祭儀의 입장에서 보면 復活이라고 할 수 있다.22) 부활 제의에서의 부활도 반드시 되살아나는 주체가 질적인 변화를 보여야 한다. 부활 주체의 질적인 변화는 단순한 변화가 아니라 俗에서 聖으로의 변화여야 한다. 단군 신화에서 곰이 웅녀로 부활하는 것이 좋은 예가 될 것이다.

죽지랑 이야기에서는 거사가 죽지랑으로 환생하였으니 단순한 변화로 보일지도 모른다. 그러나 (나-6)에서 암시되어 있듯이, 죽지랑은 미륵의 化現으로 태어나 화랑이 되었다. 성스러운 존재로의 부활이라는 요건을 갖추었다고 하겠다. 이야기 (나)에서 죽지랑이 태어나기까지의 부분은 부활 제의의 자취가 상당히 남아 있다. 다만, 『삼국유사』「景德王 忠談師 表訓大德」조에서 충담사가 三花嶺 미륵불에 茶供養을 한 이야기처럼 불교식으로 손질이 되었을 뿐이다.23)

부활 제의의 시간은 늘 과거가 중심이 된다. 일상적으로는 현재가 시간을 구분하는 기준이 되지만, 부활 제의에서 현재는 단지 과거의 再現이라는 의미일 뿐이다. 한 인물이 다른 이름의 인물로 다시 태어난다는 것은 삶의 반복을 의미한다. 그것은 곧 시간의 반복을 뜻하기도 한다. 그러나 이때의 반복은 과거 그대로의 반복은 아니다. 거사는 그대로 거사로 다시 태어나지 않고 죽지랑으로 태어났다. 과거(거사)는 현재(죽지랑)로 반복되면서, 현재(죽지랑)는 과거(거사)의 재현이라는 의미를 지니

---

21) 還生이 죽었던 인물이 본래의 모습으로 되살아나는 것을 뜻한다면, 幻生은 죽어서 다른 모습으로 태어나는 것을 말한다. 이야기 (나)에서는 죽지령 거사가 죽어 죽지랑으로 태어났으니, 모습을 달리하므로 幻生이다.

22) 거사가 죽지랑으로 태어나는 것을 이야기의 측면에서는 幻生, 제의의 측면에서는 復活이라고 구별하여 말하고자 한다.

23) 『삼국유사』권5. 「大城孝二世父母 神文代」조에 가난한 여인의 아들 大城이 궁색한 가운데에도 布施를 하여 죽은 뒤 재상가의 아들로 다시 태어난 이야기가 실려 있다. 동일 인물의 재생을 다룬 이야기이기는 하나 부활 제의의 흔적은 전연 없다. 순전히 불교의 因果應報說을 바탕으로 한 輪廻談이라고 할 수 있다.

게 되는 것이다. 이러한 시간은 일방적으로 흘러가는 시간이 아니라 되돌아 오는 시간이라고 할 수 있다. 죽음과 부활의 반복처럼 되돌아 오는 시간의 실재를 보여주는 예로 낮과 밤의 순환이나 사계절의 교차적 반복을 들 수 있다. 낮과 밤, 사계절은 끊임없이 되돌아 오지만, 그것은 이미 지나간 그것 그대로는 아니다. 늘 새로운 모습으로 되돌아 오게 된다.

일상적으로 인간들이 느끼는 시간의 모습은 과거로부터 미래로의 직선적인 흐름이다. 그래서 인간들은 세상에 태어나는 것을 삶의 시작으로 보고, 죽음은 삶의 종말로 인식하는 것이다. 시간의 직선적·일회적 흐름에서 벗어나고자 하는 생각을 우리의 이야기 속에서 적지 않게 발견할 수 있다.『삼국유사』에도 夢遊談·歸還談·還生談 등의 형태로 실려 전한다. 그러나 이들 몽유담·귀환담·환생담 등은 시간의 직선적 흐름 자체를 거부한 것은 아니다. 다만, 직선적 흐름 가운데 일부를 연장시키고자 하였을 따름이다.[24] 이와는 달리, 幻生談이라고 할 수 있는 죽지랑의 出生譚은 시간의 직선적 흐름 자체를 받아 들이지 않았다. 이 이야기에서의 시간은 과거에서 미래를 향하여 일방적으로 흐르는 것이 아니라, 질적인 변화를 수반하면서 되풀이하는 것으로 설정되어 있다. 그러나 위에서 구분한 단락 (나-1)부터 (나-8)까지에는 거사→죽지랑으로의 되풀이만이 보일 뿐, 죽지랑 이후의 전개 양상은 나타나 있지 않다. 이러한 의문에 대하여 일단은 죽지랑 출생 이후의 이야기가 출생하기까지의 이야기와는 달리 후일담 식으로 역사적 사실을 제시하였기 때문이라고 말할 수 있을 것이다. 그러나 그렇게 설명한다고 의문이 풀리는 것은 아니다. 이제 그러한 의문을 지닌 채, 이 글에서 아직 다루지 않은「모죽지랑가」를 새롭게 본다면 의문에 대한 답과 함께「모죽지랑가」를 해석하는 다른 길이 마련되리라고 기대한다.

---

24) 夢遊談·歸還談·還生談의 시간 인식 양상에 대해서는, 김동욱,「三國遺事 이야기와 時間認識의 세 樣相」,『陶南學報』7-8合輯, 陶南學會, 1985. 참조.

4. 「慕竹旨郎歌」의 解釋

「모죽지랑가」의 전문과 그 해독문은 다음과 같다.

> 去隱春皆理米毛冬居叱沙哭屋尸以憂音
> 阿冬音乃叱好支賜烏隱兒史年數就音墮支行齊
> 目煙廻於尸七史伊衣逢烏支惡知作乎下里
> 郎也慕理尸心未行乎尸道尸蓬次叱巷中宿尸夜音有叱下是
> 간봄 몯 오리매 모둘 기스샤 우롤 이 시름
> 아드롬 불기시온 즈의 히 혜나삼 헐니져
> 누늬 도랄 업시 뎌옷 맛보기 엇디 일오아리
> 郎이여 그릴 ᄆᆞᅀᆞ미 녀올 길 다보짓 굴헝히 잘밤 이샤리25)

첫 줄은 이 노래뿐만 아니라 헤어짐의 아픔을 주제로 다룬 많은 노래
에 보편적으로 나타나는 시름을 노래한 것이면서 계절의 흐름과 삶의
흐름을 동일한 것으로 인식한 점이 주목된다. 작자는 지나간 봄은 돌아
오지 못한다는 문제를 제기하고, 그렇듯이 郎 또한 작자의 곁으로 돌아
오지 못함을 말하고 있다. 즉 봄과 낭을 동일시하고 있는 것이다. 그러
나 봄과 낭의 동일시는 작자에게 '우롤 이 시름'으로 나타나고 있다. 그
것은 곧 봄과 간 봄, 낭의 계심과 계시지 않음의 대립 관계를 이루고 있
는 것이다. 다시 말해서 작자가 노래하고 있는 것은 간 봄과 계시지 않
는 낭이지만, 그것이 곧 시름이라고 함으로써 문맥 속에 '있어야 할 봄'
과 '계셔야 할 낭'을 암암리에 전제하고 있는 것이라고 할 수 있다.

---

25) 金完鎭, 『鄕歌解讀法硏究』, 서울대 出版部, 1982, p.60., 徐在克, 『新羅鄕歌語
彙硏究』, 啓明大出版部, 1979, pp.65-66. '阿冬音'의 '阿'가 다른 신라 노래에
모두 音讀字로 쓰인 용례를 토대로, 김완진의 '殿閣'을 취하지 않고, 서재극
의 '아득함(昏冥)'을 취한다. 그러나 서재극처럼 '아득함'을 '노쇠함'으로 부연
하지 않고, '어두움(暗塞不通)'으로 본다.

둘째 줄과 셋째 줄에서는 시름의 구체적인 사연을 노래하고 있다. 둘째 줄에서는 영원토록 유지되며 찬양되어야 할 '아ᄃ롬 불기시온 즛'이 나날이 헐어간다는 것이다. 어둠을 밝히신 모습이므로 그대로 간직되어야 한다는 것은 작자의 기대이고, 나날이 헐어져 가는 것은 작자의 기대와 대립된 현실 세계의 실상이라고 하겠다. 여기에도 작자의 기대와 현실 사이에는 충돌과 갈등이 일어나고 있다. 간 봄을 돌이키기보다는 헐어가는 모습을 회복시키기가 수월할는지 모른다. 그러나 수월한 일이면서도 수월하게 회복되지 않고, 오히려 악화되어 가는 데에서 충격과 갈등은 더욱 심각해진다고 할 수 있다.

셋째 줄은 '누늬 도랄'이 이루어지지 않고 있는 현실과 '누늬 도랄'이 이루어져야 한다는 당위가 서로 대립을 이루고 있다. 둘째 줄에서의 대립과 갈등이 작자와 외부 세계와의 대외적인 것이라면, 셋째 줄에서는 작자 내면에서 일어나는 내적 갈등을 보여주고 있다. 작자는 '누늬 도랄'을 통하여 현실의 좌절이 극복되기를 바라면서 동시에 '누늬 도랄'이 쉽지 않은 데 대한 우려를 나타내고 있다. 이 '있어야 할 것'과 '있는 것'의 갈등이 셋째 줄을 이루고 있다.

'郎이여'는 이러한 '있는 것'과 '있어야 할 것'의 대립이 하나로 통합하는 전환의 현장이다. 낭을 부름으로써 작자의 내면에 낭을 적극적으로 환기시켜 '누늬 도랄'을 결단한 것이다. 그러므로 이때 '누늬 도랄'은 과거로의 소급이나 환원, 즉 간 봄을 되돌아 보며 추억을 아쉬워한다는 뜻일 수는 없다. 그것은 '일방적인 시간의 흐름'과 같은 것으로 인식하였던 인간의 삶에 대한 새로운 인식과 해석을 뜻하는 것으로 생각된다.

'누늬 도랄'에 대한 구체적인 내용은 넷째 줄에 나타나 있다. 그것은 곧 '다보짓 굴헝히 잘'인 것이다. '다보짓 굴헝(蓬次叱巷)'은 蒿里의 뜻으로 무덤을 뜻한다. 그러므로 '다보짓 굴헝'에서 자는 일은 바꿔 말하면 죽음을 의미한다고 할 수 있다.[26] 죽음으로써 낭과의 재회가 가능하다는 작자의 자각이 넷째 줄을 이루고 있다. 그것은 마치 만물이 죽음의 상태로 있는 겨울을 지나서 다시 봄과의 만남이 가능하듯이, 작자가 자신의 죽음을 결단함으로써 낭과의 만남이 가능하다는 논리이다. '잘 밤'이라고 한 데에서도 그러한 사실은 드러난다. 밤에만 잠들 수 있는 것은 아니다. '잠'과 '밤'이 맺어질 때, 그것은 '죽음'의 이미지를 강하게 줄 수 있으며, 작자가 기도한 낭과의 만남 즉 밝아올 새 날을 예비할 수 있기 때문이다. 죽음을 새로운 만남의 통로로 인식하였음을 여기서 볼 수 있다.

이 노래에서 죽음과 삶의 계기는 계절의 변모에 비유되고 있다. 계절의 변모는 시간의 흐름을 구체화 시켜 보여주는 좋은 예라고 하겠다. 그러므로 「모죽지랑가」에서는 죽음의 문제가 시간의 문제로 전개되고 있다고 말할 수 있다. 현세적인 인간의 삶을 계절에 비유하는 것은 계절의 변화를 피부로 느끼는 인간들에게 있어서 별다른 일이라고 할 수가 없다. 이때, 계절의 변화라는 것은 단선적이고 일회적인 시간의 흐름이라고 할 수 있다. 그러나 계절이 다시 돌아오듯이 인간의 생명이 다한 뒤에 새로운 삶이 전개된다고 하였을 때에는 사정이 달라진다고 아니할 수가 없다. 그것이 억지가 아니라 '누늬 도랄'과 같은 종교적 차원의 논리를 갖추고 등장하였을 때에는 더구나 소홀히 다룰 수 없다고 생각한다.

이 노래의 작자가 '간 봄'을 말하였을 때, 그 의미는 여러 가지로 파악할 수 있다. 우선 그것은 지난날을 뜻한다고 볼 수 있다. 좀더 구체적으로 죽지랑이 생존해 있던 때라고 할 수 있다. 노래말에 따르면 죽지랑이 어둠을 밝힐 무렵이기도 하다. 그러나 그보다도 적절한 답은 작자와 죽지랑이 서로 헤어지지 않았던 때라는 것이다. 그러나 작자가 이 노래를 부를 즈음에는 어둠을 밝힌 죽지랑의 모습이 나날이 헐어가고 있었을 뿐만 아니라 만나볼 수조차 없게 되었다. 그 봄이 간 봄이 되었듯이, 만남의 시간은 어느덧 흘러 다시 돌아올 수 없게 되고 헤어짐의 시간이

---

26) 蓬次叱巷을 蒿里, 곧 무덤이라고 본 것은 趙芝薰이 최초였다. 그러나 '다보짓 굴헝희 잘 밤'을 '죽음의 결단'이라고는 보지 않았다. 조지훈, 「韓國文化史序說」, 『趙芝薰全集』6, 一志社, 1973, p.381.

이미 도래하였던 것이다.

작자가 다시 만나볼 수 없는 낭을 그리워하는 이때의 시간은 인간 세상의 일상적 시간이라고 할 수 있다. 일상적 시간은 직선적이다. 그런 까닭에 그것은 일회적이기도 하다. 낭과의 만남이라는 과거로부터 출발하여 낭과의 헤어짐에 이른 현재를 거쳐 그 귀추를 알 수 없는 미래를 향하여 끊임없이 흘러가는 것이 일상적 시간이다. 이러한 일상적 시간의 흐름 위에서 낭과의 만남이 다시 가능해지리라는 기대는 절망적일 수밖에 없다. 작자의 시름과 갈등은 여기에 연유한다고 할 수 있다. 직선적인 일상의 시간은 그 흐름의 방향이 하나밖에 있을 수 없다. 마치 높은 곳에서 낮은 곳으로 물이 흐르듯이, 시간은 과거로부터 미래를 향하여 흐를 뿐이다. 이처럼 간단없이 흐를 뿐 되돌릴 수 없는 시간과의 갈등 속에서 작자가 생각할 수 있었던 것은 일상적인 시간과는 별개의 또 다른 시간이었을 것이다.

'누늬 도랄'은 결국 죽음에 대한 자각이면서 동시에 새로운 시간의 발견이기도 한 것이다. 새로운 시간은 죽지랑과의 재회가 기약될 수 있는 만남의 시간이라고 할 수 있다. 그것은 일상적 시간을 초월해 있는 시간이다. 이 초월적 시간 속에서 '간 봄'은 '봄'으로 되돌아 올 수 있다. '누늬 도랄'에 의하여 헤어짐의 시간은 죽음을 맞게 되고, 만남의 시간이 부활하게 되는 것이다.

역사적인 존재로서의 죽지랑은 죽고 없다. 그 죽음의 의미 또한 유한하다. 죽지랑이 어둠을 밝혔다는 말은 여러 측면으로 풀이할 수 있다. 선비를 중히 여기는 풍모와 공명정대함, 통일 전쟁에서의 활약 등이 이야기 (가)·(나)에서 밝혀진 '아ᄃ롬 볼기시온 즛'의 구체적인 풀이이다. 그러나 그러한 모습도 죽은 뒤에는 나날이 헐어져 가고 잊혀져 갔다. '히 혜나삼 헐니져'가 그런 사정을 말하여 준다. 이 노래에 나타난 현재의 시간- 죽지랑이 죽고 없는 -은 그런 까닭으로 시름에 겨운 시간이기만 하다. 여기서 작자는 일상적 시간으로서의 '현재'에는 죽지랑과의 만남이 실현될 수 없음을 깨닫게 된다. 그리하여 '누늬 도랄'을 결단하게 된 것이다. 단군 신화에서 웅녀가 곰의 모습으로는 환웅과의 결합이 불가능하였듯이, 현재적 존재로서의 득오는 죽지랑과의 만남을 이룰 수가 없었기 때문이다. 죽음을 결단함으로써 득오는 이미 과거가 되어버린, 죽지랑과의 만남의 시간을 현재로 되살릴 수 있는 것이다.

이 노래는 어디까지나 득오라는 개인의 처지에서 죽지랑과의 만남을 이루려고 부른 것일 뿐이다. 그러나 '만남의 시간'의 부활을 기도한 노래 내용은 그처럼 단순하지 않다. '만남의 시간'의 부활을 통하여 죽지랑의 부활을 기도하였다고도 할 수 있기 때문이다. 이야기 (나)는 죽지령 거사가 죽지랑으로 환생한 데에서 그치고 있으나, 이 노래에는 '간 봄'이 다시 '봄'으로 도래하기를 기원하는 뜻이 가득하다. 앞에서 살폈듯이 '간 봄 = 계시지 않는 낭'이라면 봄의 도래는 곧 '낭의 부활'이기 때문이다. 어디까지나 추단에 지나지 못하지만, 계절제나 화랑의 부활제에서 이 노래가 불려졌을 듯도 하다.27) 작자가 자신의 죽음과 과거 시간의 도래에 빗대어 죽지랑의 부활을 노래하였다고 본다면, 이야기 (나)에서는 미처 언급되지 않았던 '죽지랑→부활한 죽지랑'으로의 시간적 되풀이가 「모죽지랑가」에 내재해 있는 셈이다. 결국, 이야기 (가)는 「모죽지랑가」의 역

---

27) 이러한 추단을 할 수 있는 근거로 다음의 자료가 있다.

'촌로들의 이야기를 들어보면 옛날에 이 잿마루에 죽지랑과 김유신 장군을 모신 사당이 있었다고 한다.' 榮州文化院編, 『우리 고장의 전통문화』, 1983, p.241, 「죽령재와 죽지랑」.

'최근 죽령 잿마루에 두 개의 대나무 모양의 돌기둥이 있어 옛 사당의 유물인가 했더니, 잿마루에서 북으로 2킬로 가량 내려가면 報國寺라는 신라 통일기의 절터가 있는데, 그곳에 마루의 돌과 같은 모양의 돌기둥 두 개와 높이 10미터 가량의 미륵불상이 넘어져 네 동강 나 있고, 주위에 많은 석조물이 파손된 돌을 보고 혹시 이곳이 삼국통일 후 죽지랑의 공적을 기리기 위해 전생의 거사의 묘 앞에 불사를 일으킨 것이 아닌가 생각된다.' 같은 책, p.242.

사적 측면의 이해를 위해, 이야기 (나)는 그 제의적 측면의 이해를 위해
소용된다고 하겠다.

5. 마 무 리

이 글에서 필자는 노래와 이야기가 서로 보완적인 관계에 있음을 다
시금 검증하고자 하였다. 「모죽지랑가」를 올바로 이해하기 위해서는 이
에 따른 이야기를 다루는 일이 필수적이고, 같은 조목에 실려 있을 뿐
겉으로 보아서 노래와 깊은 관련이 없는 듯한 이야기도 실상 노래를 올
바로 이해하는 데 소중한 자료가 됨을 보이고자 하였다.

그 과정에서 이제까지 대체로 순수 서정시라는 평가를 받아온 「모죽
지랑가」에 復活祭儀에서 불렀을 법한 자취가 있다고 말하는 데 이르렀
다. 극히 성급하고 가소로운 발상임은 스스로 인정하는 터이나, 때로는
모험을 무릅쓰는 가운데 새로운 이해의 길이 열리리라는 소신에는 변함
이 없다. 다져지지 못하고 비약이 심한 논의에 대한 매운 꾸지람을 필자
의 부족한 공부에 좋은 약으로 삼고자 한다.

《 參考文獻 》

『三國史記』,『三國遺事』

김동욱, 「죽음의 인식을 통해 본 신라 노래의 성격」,『文學硏究』3, 경원문화
　　　사, 1984.
　　　「三國遺事 이야기와 時間認識의 세 樣相」,『陶南學報』7·8, 陶南學會,
　　　1985.
金相鉉, 「萬波息笛說話의 形成과 意義」,『韓國史硏究』34, 韓國史硏究會,
　　　1981.
金承璨,『韓國上古文學硏究』, 第一文化社, 1978.

金完鎮, 『鄕歌解讀法研究』, 서울大 出版部, 1982.

金仁煥, 「竹旨歌의 時間構造」, 『語文論集』10, 高麗大 國文學會, 1967.

朴魯埻, 『新羅歌謠의 研究』, 悅話堂, 1982.

徐在克, 『新羅鄕歌語彙研究』, 啓明大 出版部, 1979.

梁柱東, 『增訂古歌研究』, 一潮閣, 1979.

榮州文化院編, 『우리 고장의 전통문화』, 榮州文化院, 1983.

尹榮玉, 『新羅詩歌의 研究』, 螢雪出版社, 1981.

尹徹中, 「鄕歌性格考」, 成均館大 大學院 碩士論文, 1977.

李基白, 『新羅政治社會史研究』, 一潮閣, 1974.

李萬烈, 『講座三國時代史』, 知識産業社, 1976.

李丙燾, 『韓國史』, 乙酉文化社, 1959.

李鍾恒, 『韓國政治史』, 博英社, 1978.

趙芝薰, 「韓國文化史序說」, 『趙芝薰全集』6, 一志社, 1973.

崔珍源, 「鄕歌의 抒情性」, 『國文學과 自然』, 成均館大 出版部, 1981.

崔　喆, 『新羅歌謠研究』, 開文社, 1979.

黃浿江, 『新羅佛敎說話研究』, 一志社, 1976.

讚耆婆郎詞腦歌의 原型象徵性

-月·水·石·栢의 이미지를 中心으로-

尹 敬 洙

1. 머 리 말

「찬기파랑사뇌가」(이하 찬가라고 함)는 『三國遺事』卷二 紀異第二 景德王 忠談師 表訓大德條에 실려 있는 忠談의 작이다. 충담은 영복승이었으며 「찬가」의 작가였다는 사실이 배경설화에서 밝혀진다. 『삼국사기』와 『삼국유사』에 의하면 경덕왕 때는 무척 혼란한 사회였음을 알 수 있다. 천재가 자주 일어나 백성들을 괴롭혔고 오악이나 삼산의 신들이 때때로 궁중 뜰에 나타났으며, 신하들 역시 왕당파와 반왕당파간의 알력다툼을 하는 등 여러모로 국기가 해이해진 때라고 본다.

경덕왕은 3월 3일 귀정문 누상에 납시어 영복한 스님 충담과 만나게 되었는데, 이 때 경덕왕이 「찬가」를 알고 있었다는 사실로 짐작컨대 찬가는 널리 불리어진 노래였음을 알 수 있다. 경덕왕은 충담에게 백성이 편안히 살 수 있는 노래, 즉 「찬가」와 같이 그 뜻이 높은 노래를 지어달라고 창하니 충담이 칙명을 받들어 「안민가」를 지어 바쳤다. 왕이 이를 가상히 여겨 충담을 왕사로 봉하려 했던 것이다. 충담은 해마다 3월 3일과 9월 9일이면 삼화령 미륵세존에게 차를 달여 바쳤는데, 이것으로 미루어 보아 충담은 호국하는 승려이었음이 드러난다. 경덕왕이 "짐이 듣건대 대사가 기파랑을 찬양한 사뇌가가 뜻이 매우 고상하다는데 과연 그러한가.”라고 물으니 충담이 “그렇다.”고 대답한 것으로 보아 충담과 만난 것은 처음인 것을 알 수 있다.

「찬가」가 『삼국유사』에 전하는 여타의 노래와는 달리 뜻이 깊은 노래라고 한 것은 충담의 인격을 드러내 줄 수 있는 좋은 예이기도 한다. 흔히 “글은 그 사람이다.”라고 하는 말이 있듯이, 「찬가」에서 기파랑의 고매한 인격을 만인에게 추앙받는 존재로 나타낸 것은 충담의 인물됨이 드러난 것이나 다름없다.

「찬가」의 시적 자아는 기파랑이다. 충담이 기파랑을 시적 자아로 하여 노래를 지은 것으로 보아 기파랑은 신라의 화랑 중 훌륭한 인물이었음이 드러난다. 「찬가」에 있어 기파랑은 형이하학에서 형이상학으로 상승되는 인물로 나타난다. 충담은 경덕왕 때에 군·신·민간의 기강이 해이해짐으로 인하여 정사와 사회가 혼란스럽고 어지러웠다. 이에 충담은 기파랑과 같은 인물의 출현을 기원하면서 「찬가」를 지었다고 하겠다. 「찬가」는 충담의 인격을 가름하는 작품일 뿐 아니라 향가 중에서 백미로 일컬어질 수 있다. 충담은 기파랑의 인물됨이 훌륭하여 쇠퇴일로를 걷고 있는 화랑단의 재생과 어진 충신의 출현을 기대하는 충정에서, 「찬가」를 지었던 것이 아닐까 생각한다.

본고는 충담사가 「찬가」를 짓게 된 동기를 역사적 상황으로 조명해보고, 가사에 나타난 기파랑의 인물됨을 신화 비평적으로 분석해 「찬가」의 새로운 이해를 도모할까 한다.

Ⅱ. 「찬가」의 창작 동기와 문화 및 역사적 상황

1. 창작의 배경과 신라예술

「찬가」는 뜻이 고원할 뿐 아니라 고도의 표현기법으로 형성되었다. 경덕왕 때는 문화가 발달해 「찬가」와 같이 수준 높은 작품이 많이 창작되었으므로, 그 규명은 중요한 위치를 차지하게 된다. 「찬가」가 심오한 뜻을 품고 창작될 수 있었던 것은 우연한 일이 아니고, 사회적 배경의 바탕이 되는 문화가 발달했음을 의미한다. 「찬가」가 향가의 백미로 일컬어질 정도로 평가받는 것은 신라의 문화가 그만큼 성숙단계이었음을 말해 준다.

경덕왕 때에 월명사의 「제망매가」, 충담사의 「찬가」와 「안민가」 등 많은 작품이 창작되었는데 그것은 배경이 되는 시대적 상황과 무관할 수 없다고 본다. 「찬가」가 탄생할 수 있었던 것은, 신라예술이 경덕왕 때 극도로 발달하고 문화적 성숙이 뒷받침되었다고 할 수 있다. 김대성의 발원에 의해 불국사가 창건된 것만 보더라도 신라예술의 극치를 말해 주는 중요한 단서가 된다. 이에 신라예술이 어떠한 수준에 이르렀는가에 대해 소개해 보기로 한다. 경덕왕 때 굴불사를 지었는데, 그 유래는 다음과 같다.

> 왕이 백률사에 행차하여 산 아래에 이르렀을 때 땅 속에서 염불하는 소리를 듣고 큰 돌을 파내었더니 사면에 사방불이 새겨져 있어, 이로 인해 절을 세워 굴불사라 했는데 지금은 잘못 전해져 굴석사라 한다.[1]

여기에서 사방불의 조각 연대는 백률사가 창건됐던 신문왕대(681-692)로 추정하기도 하나,[2] 造像 자체의 양식상 아미타 삼존불상에서 난숙한 불상양식을 표현하고 있는 점을 들어, 7세기 말엽임을 부인하고 8세기

---

1) 『三國遺事』 卷 3 塔像 4 四佛山 掘佛山 萬佛山條.
2) 金元龍, 「韓國佛像의 樣式變遷」(下), 『思想界』, 1961, p.282.
　-----, 『韓國美術史』, 汎文社, 1968, p.209.
　中吉功, 「新羅彫刻覺書」, 『朝鮮學報』 29, 1963, p.108.
　松原三郎, 「新羅石佛の系譜」 - 特に新發見の軍威石窟三尊佛お中心として—
　　　美術硏究 250, 1967, pp.188-189.

중엽 경덕왕 때로 보는 견해가 타당하다.[3] 이러한 희귀한 자료가 경덕왕 때 조각되어 현존한다는 것은 신라불교 조각연구에 중요한 유품이라 아니할 수 없다.

경덕왕 자신이 거대한 불사를 일으키고 완성했으며 승도들과도 접촉이 잦았다.[4] 또 그는 唐代宗이 불교를 상상한다는 말을 듣고 가산 만불사를 공작하도록 한 것은 신라예술이 극치에 이르렀음을 의미하므로 예술의 왕이라 해도 지나친 말은 아니라고 본다. 경덕왕은 삼국통일 이후 어수선한 정세의 정돈이 끝나고 8세기 초엽 성덕와대의 번영을 그대로 이어받아서, 내외의 안정을 얻었고, 국력은 최고의 충실을 얻은 때이라 문화예술은 최고의 번영을 누릴 수 있었으므로 불국사와 석굴암이 세워져[5] 독자성인 고유성을 나타내기 시작한 것이다.[6]

그러므로 佛國·石佛의 兩寺는 곧 경덕왕대 절정에 달한 불교문화와 예술의 한 정화라고 본다. 이들 양사가 동양에서 삼대불사 중의 하나로 꼽히는 것은 말할 것도 없거니와, 가산 만불산을 공장에게 만들게 했다는 것은 문화예술이 얼마만큼 발달했는지를 뒷받침해 주는 증거가 되는 것이다. 이 만불산은 신라예술의 극치를 나타낸다고 할 수 있으므로 이에 대해 살펴보기로 한다.

2. 만불산과 그 예술성

만불산은 경덕왕이 공장에게 오색전을 만들고, 또 침단목을 조각해 명

---

3) 文明大, 「景德王代의 阿彌陀造像問題」, 『韓國史學論叢』, 1969, p.654
   金理那, 「慶州 掘佛寺址의 四面石佛에 대하여」, 『震檀學報』 39, 1975, p.50
4) 李基白, 「新羅五岳의 成立과 그 意義」, 『新羅政治社會史硏究』, 一潮閣, 1974, p.215.
5) 黃壽永, 「佛國寺와 石窟庵」, 『교양국사 총서』 35, 세종대왕기념사업회, 1979, p.64.
6) 關野貞, 『朝鮮의 建築과 예술』, 岩波書店, 1941, p.73.

주와 미옥으로 조그마하게 가산을 만들어 오색전 위에 놓았다는데, 이것
이 신기에 가까운 것이었다. 만불산은 인공으로 만든 가산이지만 산에
험한 바위와 괴석과 동혈이 있어 구역을 나누고, 그 구역마다 가무 기약
과 열국 산천의 형상이 조각되어 있다. 여기에는 조금만 바람이 들어가
도 벌과 나비가 날고 제비와 참새가 춤을 추었다고 한다. 그런데 사람이
이 모습을 얼핏 보면 진짜인지 가짜인지 분간할 수 없었다고 하니, 그
시대 예술의 경지가 어느 정도 수준이었던가를 짐작할 수 있게 해준다.
이러한 절경에 일만 부처를 안치하여 큰 것은 사방 한 치가 넘고, 작은
것은 구푼쯤 되고 머리는 큰 기장만하고 혹은 콩 반쪽만하다는 것이다.
그러면서도 여기에 상투와 부처와 눈썹 사이에 있는 터럭이 광명을 무
량세계에 비치게끔 잘 갖추어져 있다고 했다. 이로 말미암아 그 이름을
만불산이라 부르게 되었다.

만불산에는 금과 옥을 새겨 불상을 덮는 일산 芒果 梔子 花果의 장엄
한 것과 백보 누각과 臺殿 堂榭를 만들어 놓았다고 한다. 비록 규모가
작기는 하나 모두 활동하는 형상이었고, 앞에는 천여 명의 중이 둘러싸
고 아래는 三座의 紫金鐘을 벌여 놓았다는 기록으로 접하더라도 눈부실
지경이다. 종각에는 포로라는 짐승을 종 위에 만들어 놓고, 포로는 고래
를 두려워하므로 고래가 포로를 치면 포로는 크게 운다는 것이다. 인공
적으로 종을 치는 것이 아니라, 바람이 불면 종이 울리게 되어 있다고
한다. 바람이 불어 종이 울면 돌아다니는 중들이 다 엎드려 머리가 땅에
닿도록 절을 하고, 은은히 염불하는 소리가 나듯 종을 만들어 놓았다고
하는데, 보통 공장인들은 엄두도 못 낼 기술이었다.

이 만불산을 만들어 사절을 당에 보내어 태종에게 선사하니 '新羅之
巧, 天造非巧也'라고 탄복했다고 한다. 대종은 九光扇을 바위 사이에 덧
붙여 佛光이라 했다고 한다. 이 뿐만 아니라, 4월 8일에 대종이 승도에게
명해 대궐 안에서 만불산에서 예배하게 하고, 삼장법사에게 명해 밀교의
경전을 천 번이나 염찬하게 해 경축하게 했다. 이런 정경을 본 사람은

모두 그 정교함에 탄복했다고 한다.

이와 같이 신라는 예술에서 극치에 이르렀음을 알 수 있다. 신라는 불교가 국교이었던 만큼 경덕왕도 독실한 신자이었겠는데 당대에 일곱 개의 사찰을 창건 내지 준수한 것이나, 그 외에 불상조각 등 각 분야에 걸쳐 이루어 낸 조형활동은 눈부실 정도이다.7) 확실히 경덕왕은 불교문황에 대한 창조적 정열과 지극한 정성으로 일정한 형상을 부여하는 능력을 지녔으며8) 문화예술을 찬란하게9) 이루어 냈던 것으로 석굴암과 만불산은 그 대표적인 것이라 하겠다.

3. 불교의 융성과 그 문화

경덕왕은 노힐부득과 달달박박이 관음진신을 만나 현신 성불함을 듣고 백월산 남사를 창건하고 미륵존상을 만들어 금당을 모시고 미타상을 만들어 안치하기로 했다. 백월산 이성설화는 경덕왕 때와 유관한 것으로 관음신앙과10) 함께 미륵 미타신앙이 병존하여 있다는 것을 발견할 수 있다. 특히 경덕왕 때에 미타신앙이 현신성불사상으로 홍성되었다는 점이 주목된다.11)

왕이 독실한 불교신자이었고 불교를 탐닉했다는 것은 『三國遺事』에서

---

7) 韓國佛敎研究院, 『佛國寺』, 一志社, 1974, p.29, 『石窟庵』 1974, 『浮石寺』 1975, 『金山寺』 1977, p.21, 『法住寺』, 志 社1975, p85.

　　高裕燮, 『韓國美術文化史論叢』, 通文館, 1966, p.173. 및 『韓國塔婆의 研究』, 同和出版社, 1975, p.200.

　　黃壽永, 「石窟庵의 創建과 沿革」, 『歷史敎育』 8輯 1964, p.171.

　　-----, 「新羅白紙墨書華嚴經」, 『美術資料』 24號 1979, p.7.

　　李宗碩, 「華嚴思想의 傳來와 寫經事業」, 『空間』 140號 1979, pp.82-83.

8) 姜友邦, 「新羅十二支像의 分析과 解釋」, 『佛敎美術』 1輯 1973, p.66.

9) 金雲學, 『新羅佛敎文學研究』, 玄岩社, 1976, p.115.

10) 金煐泰, 「新羅白月山 二聖說話研究」, 『佛敎史學論叢』, 1969, pp.56-57.

11) -----, 『新羅佛敎思想研究』, 信興出版社, 1979, pp.82-84.

나타난다. 경덕왕 12년 여름에 가뭄이 심해 大賢을 내전에 불러들여 『金光經』을 외우게 하여 감우를 빌게 했으며,[12] 또 高僧法海를 皇龍寺에 청해 『華嚴經』을 강론하게 하고 왕이 친히 가서 향을 피울 정도로 독실한 불자이었다. 4월 초하룻날에 해가 둘 떠서 朝元殿에 단을 깨끗이 하고 청양루에 납시어 연승 월명사를 만나 「도솔가」를 지어 부르게 하여, 두 해의 이변이 사라지게 했다.[13] 釋眞表를 맞아들여 보살계를 받기도 하고[14] 釋迦女師를 대궐 안으로 모셔 공양을 베풀고 국사로 추봉하기도 하고[15] 보살계를 받을 정도로 불자가 되었다. 그는 안민하기 위해 孔宏長老 李純을 왕실에 불러들여 '聞說道妙, 以及理世之方'하게 했으며, 귀정문 누상에서 충담을 맞이해 「안민가」를 짓게 했다.

> 그는 信實한 佛子인 탓으로 臣下의 忠諫을 들을 줄 알았으며 불쌍한 百姓(向得舍知, 其父)를 위해 惠施했으며, 大德과 寺殺에 布施했다. 佛心에 젖은 그로서 愛民惠施하는 모습도 발견할 수 있다.[16]

이 인용문으로 보면, 경덕왕은 불자이었음이 밝혀진다. 경덕왕 때 유독 불교가 왕성하고 문화가 발달한 것은, 왕이 불교를 탐닉할 만큼 열성적인 신자이었다는 것과 불교융성에 힘을 기울인 데 있다고 본다. 경덕왕 때는 삼국이 통일된 지 80여 년의 세월이 흘렀다. 삼국이 통일된 것도 武的 뒷받침이 되었겠지만 훌륭한 예술품의 탄생은 문화적 환경의 조성이 이루어졌기 때문이라 할 수 있다. 문화적 발달이 경덕왕 때에 들어 발달한 것은 삼국통일을 할 수 있을 만큼 쌓였던 저력이 문화적인 생활로 방향이 바뀌게 되고, 또 수준 높은 당문화와 접하게 된 점에서

---

12) 『三國遺事』 卷 4 義解 5 賢瑜珈海華嚴.
13) 위의 책, 卷 5 感通 7 月明師 兜率歌.
14) 위의 책, 卷 5 眞表傳簡.
15) 위의 책, 卷 5 避隱八 迎如師.
16) 尹榮玉, 『新羅詩歌의 研究』, 螢雪出版社, 1988, p.233.

찾아볼 수 있을 것이다. 문무왕 이전의 문화는 전쟁으로 인해 꽃을 피울 수 없었지만 평화로운 세월이 계속 흐르는 가운데 불교를 믿어, 불교문화의 성숙으로 인해 훌륭한 예술품이 탄생될 수 있었다.

경덕왕 때는 불교문화가 최절정기에 이르렀다. 경덕왕 13년(754)에 황룡사의 종의 무게가 497,581근에 이르고, 그 이듬해 芬皇寺 藥師銅像을 주성했는데 그 무게가 306,700근이고, 先考 성덕왕을 위해 황동 120,000근을 희사해 큰 종 하나를 주성하다가 완성치 못하고 붕어했다.[17] 차대인 혜공왕이 부업을 이어 6년(770)에 완성했다.

이러한 큰 종이 중국의 종과는 생김새가 다르고 독특한 소리를 냈다는데, 그것은 그만큼 우리의 문화가 발달했음을 의미한다. 경덕왕 때는 불교문화의 영향으로 말미암아 훌륭한 예술품이 탄생할 수 있었던 것은 문화적 배경의 요인이 성숙했음을 의미한다. 충담사의 「찬가」와 월명사의 「제망매가」와 같은 수준 높은 작품이 창작된 것은 문화적 배경이 융성기를 맞이했음을 뜻한다. 불교만 하더라도 문무왕 때는 타력 의존의 불교를 믿는 추세이었다. 그런데 경덕왕 때는 자기 수양으로 도를 닦는 불교로 바뀌어졌다는 것은, 문화적 가치가 있는 예술품이 탄생할 수 있는 환경이 조성되었음을 의미한다.

문화의 발달은 사회적인 성숙을 의미한다. 경덕왕 때는 불교문화가 전에 없이 발달하게 되어 「찬가」와 같은 수준 높은 노래가 지어진 것이라 본다. 또 문화는 발달해 가는 과정이었지만 失政으로 인해 백성들이 상무의 정신을 잃어가고 있었을 때, 구국의 영복승이기도 한 충담이 기파랑과 같이 충신을 출현을 열망한 데서 「찬가」를 지은 것이라 하겠다.

4. 왕의 실정과 충담사

『三國遺事』신충 괘관에 의하면 그 당시 상황을 잘 헤아려 볼 수 있다.

---

17)『三國遺事』卷 3 塔像 4 皇龍寺鐘 芬皇寺藥師 奉德寺鐘.

　경덕왕 22년 계묘에 신충이 두 벗과 서로 약속하여 벼슬을 버리고 남악 지리산에 들어갔다. 왕이 다시 불러도 나오지 않고 머리를 깎고 중이 되었다. 그는 왕을 위해 단속사를 지어 거기에 살며 일생을 구학에 마쳐 왕의 복을 빌고자 원하므로 왕도 이를 허락했다. 금당 뒷벽에 진영을 모셔 두었는데 이것이 그것이다.18)

　신충이 벼슬할 때는 상대등 자리에 있었다.19) 그런데 그가 관직을 버리고 남악으로 들어갔다. 남악은 지리산을 가리키는 말이지만 남의 의미는 피세를 뜻하는 것이다. 원래 '掛冠'이란 벼슬(冠)을 버리고(掛) 물러난다는 뜻으로 은퇴로 해석할 수 있다. 신충은 경덕왕 21년에 侍中 金邕과 大奈麻 李純과 더불어 정계에서 은퇴해 남악으로 들어가 단속사를 짓고 그 곳에서 살았다고 한다. 이것은 왕의 행실이 바르지 않았으며 풍악에 취해 국기가 흔들리는 한 퇴색되는 체제를 살펴볼 수 있겠다. 나라가 편안하지 못했기 때문에 上大等 金思仁이 상소하여 시정의 득실을 극론한 것이다. 또 李純이 세상을 피해 입산한 후 왕이 음악을 즐긴다는 말을 듣고 곧 궁문으로 찾아와서 간하기도 했던 것을 보면, 「찬가」와 「안민가」가 나올 만한 시대상을 엿볼 수 있게 한다. 侍中 김기와 왕의 총애를 받던 李純이 벼슬을 그만두었다는 것은 그만큼 왕이 정사를 돌보지 않았다는 것을 의미한다.

　더구나 경덕왕 때는 신하간의 파벌이 심했는 데다가 왕마저 정사를 소홀히 했고 흉년이 들어 민심은 어수선한 상황이었다. 정사의 득실 여부는 통치수완에 달려 있는 것인데, 당시 신라정치가 혼란스러웠던 것은 경덕왕이 실정에 있엇던 것을 부인할 수 없다. 설혹 신하의 잘못이 있었다 하더라도 책임 소재는 왕에게 있는 것이고, 또 잘 다스리려는 의지로 정사에 임한다면, 선정이 베풀어질 것이다. 현재의 정치상황도 마찬가지

---

18) 위의 책, 卷 5 避隱 8 信忠掛冠.
19) 李基白, 「景德王과 斷俗寺 怨歌」, 『新羅政治社會史 硏究』, 一潮閣, 1979, p.218.

지만, 특히 신라시대에는 나라이 흥망이 왕에 의해 좌우됐다고 해도 과언이 아니다. 당시의 시대상이 충담에게는 어떻게 비쳐졌을까.

임금은 임금답지 못하고 신하는 신하답지 못해 훌륭한 인물을 기대하는 마음에서 기파랑과 같은 충신을 기린 것이 아닐까 한다. 군주시대에서 왕은 절대적 존재로 명령 일하에 산천초목이 떨 판이고 나는 새도 떨어뜨릴 위세를 가지고 있었으므로 감히 바른 말을 아뢰기는 어려운 상황이었다. 진정한 충신만이 직언을 하게 된다. 李純이 왕에게 음악을 좋아한다고 직간을 해 왕이 반성했다는 것은 그 예이다. 충담이 「찬가」를 지어 재식에서 불리운 것은 기파랑과 같은 위국충신을 열망해 그 출현을 기대하는 데 있었다.

5. 천재지변

경덕왕은 불교신자로서 혼란했던 나라를 평안히 하려고 구원도 했지만 엎친 데 덮치는 격으로 천재지변이 자주 발생했다. 더구나 하늘에 두 해가 나타나고 지상에는 흉년과 기상이변이 일어났다. 귀신이 궁정 뜰에 나타나서 춤을 추어 민심은 걷잡을 수 없이 혼란스러웠다고 하겠다.

경덕왕 24년에 두 해가 나타났다고 했는데, 이것은 상징적인 것으로 비유된다. 하늘에 두 해가 나타난 것은 큰 이변이 나타날 징조이다. 월명사는 하늘에 두 해가 나타나 「도솔가」를 지어 불러서 소멸시켰다고 하는데 학자들은 하늘에 나타난 두 해는 두 파벌을 의미한다고 했다.[20]

두 파벌이 심화되었다는 것은 경덕왕 때 왕당파와 반왕당파간[21]의 알력으로 해석하는 입론으로 林基中과 尹榮玉의 경우가 있다. 그러나 임금에게 적대자가 나타난 것으로 풀이하는 것이 그럴 듯하다. 왕당파와 반

---

20) 崔喆 , 『향가의 문학적 연구』, 새문사, 1985, p.255.
21) 林基中, 『新羅歌謠의 呪力觀念硏究』, 東國大 博士論文, 1980, pp. 64-70.
　　尹榮玉, 앞의 책, p.60.

왕당파간의 심화된 알력을 두 해로 나타냈겠느냐는 의문이 제기된다. 군
주제도에서 두 파가 양립되는 수도 있지만 반왕당파가 있어 왕권에 도
전할 수가 있었겠느냐는 문제점으로 지적된다.

경덕왕은 『삼국유사』의 소설대로 호락하게 되고, 국사에 소홀해 신하
들이 간하게 되었다. 그러나 경덕왕의 권력과 신하들간의 격화된 대립이
양립할 수가 있었겠느냐는 것이다. 반왕당파의 주동으로 하늘의 두 해가
나타났다고 하기에는 수긍하기 어려운 점이 있다. 학자들이 두 해를 왕
당파와 반왕당파로 보는 것은 역사적 사실로 단정하기에는 의문점이 많
다. 두 해가 하늘에 나타난 것은 두 파벌간의 알력으로 보는 설 외에 혹
서나 가뭄으로 인한 재앙과 관계된다고 보는 설화도 있다.

　　太初에 하늘과 땅이 생겼을 때 해와 달이 각각 두 개씩이었는데, 낮
　에는 너무 무더워서 사람이 타 죽고 밤에는 추워서 얼어 죽게 됐다. 천
　지왕의 아들 대별왕과 소별왕 형제는 아버지에게 활을 얻어 해와 달을
　하나씩 쏘아 떨어뜨려 인간이 살 수 있게 했다.[22]

농경국가에서 천재가 자주 일어나고 가뭄이 들게 되면 민심이 흉흉하
게 된다. 고대설화에서 가뭄이 극심할 때는 여러 해가 떠오른다고 했다.
중국 요임금 때에는 하늘에 열 해가 떠올라 초목이 메마르고 곡식이 타
죽을 정도로 피해가 심했다고 한다.[23]

중국의 한발피해가 심했다는 것은 시경 도처에서 산견된다. 가뭄으로
民相食했다는 기록은 주24)에서 보기로 한다. 또 홍수로 황하가 범람할

---

22) 赤松智城, 秋葉隆, 『朝鮮巫俗の硏究』上, 初監祭, 大阪屋號書店, 1937.
23) 『淮南子』, 本經訓 臺灣商務印書館公司, 1968.
　　逮至堯之時, 十日幷出. 焦禾稼, 殺草木, 而民無所食.
24) 『前漢書』卷 27 五行志 '夏大旱江河水少, 谿谷絕'.
　　『後漢書』卷 7 五行志 '京師旱, 任城梁國饑民相食'.
　　『晉書』卷 19 本紀 五行志, '認四方水甚者, 無出田租'.
　　『宋書』卷 5 本紀 '大旱, 江漢河洛皆竭, 可涉'.

때는 황토로 하상이 높아져 뚝이 무너져 많은 사람이 죽게 되었다고 한
다. 중국인들이 한재나 홍수가 심할 때 먹을 것을 찾아 물산이 풍부한
양자강 유역으로 이동하게 되는데, 그 유민상은 펄벅의 『대지』에서도 읽
을 수 있다. 고대국가에서 한재와 홍수가 수리시설의 미비로 심할 수밖
에 없었다. 고대 중국에서는 한해가 심하면 하늘에 태양이 여럿 나타남
으로 비유했다. 또한 요시대에는 열 해가 또올라 요는 선사자인 예라는
신하에게 열해 중 아홉 해를 떨어뜨리게 했다는 것과,25) 고대국가에서
한발이 심해 하늘에 여러 해가 나타났다는 것은 세계 여러 민족간에 흔
히 전해지는 설화이다.

　　열 해가 하늘로 올라와서 비추면 그림자도 없을 뿐더러, 쇠와 동도
녹아 흐를 정도라고 했다. … 이런 설화는 세계 각 지역에 흩어져 있다.
Eduard Erkes는 "태양의 아들 일곱이 경쟁적으로 햇볕을 발해 인간이
살 수 없게 되었을 때, 달에게 청해 비로소 사람이 살게 됐다."라는 설
화와 흡사하다.
　　희랍신화의 Phaethon에서도 찾아볼 수 있다. 파에톤은 Apllo와
Klymene라고 하는 님프 사이에 태어난 아들이다. 파에톤은 父가 되는
태양신 Helios가 말을 타고 하늘로 달리는 사이, 황금마차는 빠른 속도
로 달리다가 그만 軌道에서 벗어나 땅 위에까지 떨어져 버린다. 산 위
에 불이 붙어 온 지상의 식물은 시들고 곡물은 수확을 하지 못한 채 타
버린다. 지상은 서열이 점점 더 심해 Libya는 사막으로 화하고
Ethiopians는 흑인이 되고, Nile강의 상원이 마르었다고 했다.

　　　『梁書』卷 2 本紀 '是歲大旱, 米斗五千, 人多饑死'.
　　　『南書』卷 8 本紀 '自春至夏大旱, 人相食, 都下尤甚'.
　　　『北史』卷 9 本紀 '炎旱爲炎'.
　　　『隋書』卷 22 本紀 '關內論州旱, 免其賦稅'.
　　　『唐書』卷 35 五行志 '自春不雨至於七月'.
　　　『舊唐書』卷 4 五行志 '不雨至於六月'.
　　　----- 卷 9 五行志 '江南大旱, 饑人相食'.
　25)『楚辭』天問, 臺灣商務印書館公司, 1968, '羿焉彈日, 烏焉解羽'.

남아메리카의 Mbolobes족 사이에 있는 전설로 "해가 점점 내려와 지상의 Nanahutzin은 熱을 발산해 모든 것이 전부 타버려 활로 이를 쏴 그것을 멈추게 했다."라는 설화와 비슷하다.…

堯時代 羿라는 善射者가 열 해 중 한 해만 남겨 만민이 남게 했다는 것은 그만큼 堯帝가 가뭄을 잘 극복한 성군임을 의미한다고 볼 수 있다.[26]

이와 같은 사례로 미루어 경덕왕 때 두 해가 나타났다고 한 것은 가뭄을 상징한다고 하겠다. 고대에는 수리시설이 갖추어지지 않았던 때이므로 가뭄이 계속되면 곡식이 타 죽게 된다. 『삼국사기』에서 가뭄이 일어난 사실을 찾아본다.

4년 5월에 한재가 들었다. 6년 3월에 진평왕릉에 벼락이 떨어졌다. 가을에 한재가 들고 겨울에 눈이 오지 않았다. 이 때 백성들은 기근이 심하고 또한 역질로 신음하므로, 왕은 사자를 10도로 파견하여 이를 위무했다. 8년 9월에 폭풍이 불어 나무가 뽑혔다. 13년 8월에 한재와 황재가 들었다. 15년(756) 2월에 상대등 김사인은 근년에 이상하게도 재해가 번번이 일어나므로 상소하여 시정의 득실을 극론했는데, 왕은 이를 기꺼이 받아들였다. 22년(763) 7월에 서울에 대풍이 불어 기왓장이 날리고 나무가 뽑혔다. 8월에 도리의 꽃이 다시 피었다.[27]

경덕왕 때는 가뭄이 계속되어 기우제 의식에서 「도솔가」를 부른 것이 아닌가. 『三國遺事』에 나타난 「도솔가」의 「해시」에 龍樓는 기우제 의식이 행해지는 장소인 듯도 하다. 용은 비바람을 마음대로 부릴 수 있었다는 점을 의식하지 않을 수 없다.

龍의 傳說은 結果的으로 天人合一의 理想을 말하고 漢民族이 農業을 함에서 비롯했음은 敷衍을 要치 않는다. 그 洪水와 旱魃은 龍이 呼風呼

---

26) 尹敬洙, 「龍象徵理解와 韓國文學的受容樣相」, 『釜山外大論叢』第 9輯, 1991, pp.422-423.
27) 『三國史記』卷 9 新羅本紀 9 景德王.

雨를 主管함에서 믿었던 것이다.

　이것은 希臘神話의 太陽神이 하늘로 불마차를 달리는 것으로 太陽을 說明하고, 암소들이 젖을 짜는 데서 흰 구름이 생기고 비가 내린다는 神話로 미루어 龍도 古代 漢民族으로서는 믿을 만한 對象이기도 한 것이다.[28)

신라인은 용이 비바람을 부리는 것을 믿어 왔기에 용루에서 기우제 의식을 행한 것이 아닐까 생각된다. 그리고 경덕왕 때는 복숭아꽃과 오얏이 때아닌 8월에 피었다고 했는데, 태평성대라면 때아니게 꽃이 피지도 않았을 것이고 피었다면 변고가 일어날 상징으로 받아들일 수 있다. 또 달걀만한 우박이 쏟아지고 바람이 기왓장을 날렸다는 기록이 전하는 데서, 이는 자연현상일 뿐이고 인사와는 관계가 없는 것임을 알 수 있다. 그러나 단순한 자연현상일지라도 이변이 자주 일어났을 때는 나라가 편치 못했던 것은 역사서가 증명하는 바와 같다.

6. 오악산신의 출현과 혼란상

경덕왕 때는 하늘과 땅에서 괴변이 일어나게 되고, 24년에는 오악산신이 하산해 궁정 앞에 현신하는 것 등은 심상치 않은 일이고 상서롭지 못한 것으로 받아들이게 된다. 최철은 이에 대해 다음과 같이 언급했다.

　五岳은 東·西·南·北·中央의 5방위에 있는 山을 말한다. 新羅의 五岳은 吐含山, 鷄龍山, 太白山, 智異山, 父岳으로 五山이다. 三山은 奈歷(慶州), 骨水(永川), 穴禮(淸道)를 일컫는데, 이들 五岳三山은 신라를 맡아 다스리는 핵심적인 지위다. 그런데 이들 신들이 殿庭에 나타난 것은 나라의 위태로운 상황을 예시한 것이다. 신의 출현은 불길함을 예고하는 것으로 흔히 믿어 왔다. 그런데 이들 호국의 제신들이 종종 나타나는 것이다. 경덕왕 17년부터 24년까지 사기의 天文誌를 보면 이런 사례를 곧 알아볼 수 있다.[29)

---

28) 尹敬洙, 「龍의 象徵論」, 『現代文學』 100號 記念號, 1963, p.444.

이와 같이 경덕왕 때 산신들이 궁정에 출현했던 것은 불길함을 예고
하는 것이라 하겠다. 또 그는 성기의 불구로 아들을 낳지 못해 표훈대덕
으로 하여금 상제에게 청해 후계할 아들을 낳았다. 그러나 경덕왕은 상
제에게 청해 딸을 아들로 바꾸어 놓게 되어 상제의 말과 같이 나라는
어수선했다. 『삼국유사』에서는 다음과 같이 기하고 있다.

왕이 하루는 표훈대덕에게 조칙하되, "짐이 복이 없어 아들을 얻지
못하니 원컨대 대덕께서 하느님께 청하여 아들을 두게 해 달라."하니,
표훈대덕이 하느님께 고하고 돌아와 "하느님께서 딸을 구하면 가하나
아들은 당치 않다 합니다."하니, 왕이 "딸을 아들로 바꾸기 원한다."하
니, 표훈대덕이 다시 하늘로 올라가 청하였다. 하느님께서 "할 수는 있
으나 만일 아들을 얻으면 나라가 위태롭다."하여 표훈대덕이 내려오려
하니 하느님께서 다시 이르기를 "하늘과 인간 사이에는 서로 난잡할 수
가 없는 것인데 지금 스님이 이웃 마을처럼 왕래하면서 천기를 누설하
니 이후로는 다시 통래하지 말라."하였다. 표훈대덕이 돌아와서 하느님
이 말한 대로 이야기하니 왕은 "나라가 위태롭더라도 사내를 얻으면 족
하다."하였다. 달이 차서 태자를 낳으니 왕은 심히 기뻐하였다. 여덟 살
때 왕이 죽고 태자가 즉위하니 이가 혜공대왕이다. 너무 어리기 때문에
태후가 조정에 나서서, 정치가 잘 되지 않아 도적이 봉기하여 방어하기
에 겨를이 없었으니 표훈대덕의 말이 맞은 것이다."[30]

이와 같은 사실로 보아 경덕왕 때는 어수선한 시대이었음을 알 수 있
다. 경덕왕 자신이 귀정문 누상에서 영복승 충담을 맞이해 뜻이 높은
「안민가」를 짓게 한 것은 시대상이 어수선했음을 반영한 것이라 할 수
있다. 충담은 정사가 혼란했던 데서 「안민가」에서는 '군답게 신답게 민답
게 할지면 나라 안이 태평하니이다.'와 같은 내용을 담은 것이지만,
「찬가」는 군·신·민간의 기강이 해이해짐에 따라 국사가 혼란스러운 데서

---

29) 최철, 앞의 책, p.159.
30) 앞의 책, 卷 2 紀異 2 景德王 忠談師 表訓大德.

충신을 기리게 된 것이다. 「찬가」는 충담이 어진 충신의 출현을 기대하는 데서 그 창작 동기를 찾아볼 수 있다. 따라서 오악산신의 출현은 나라가 불상의 징조를 보이게 됨에 따라 혼란의 도가니로 빠져들게 됨을 의미하는 것이다.

Ⅲ. 기파랑의 면모

1. 화랑장

「찬가」에서 기파랑은 어떤 인물일까. 「찬가」의 가사 끝 구절에 '아으 잣가지 드높아 서리를 모르올 花郎長이여!'라고 한 것을 상기해 볼 때 기파랑은 나라를 위해 공훈이 많았던 화랑 중에 큰 인물이 된다.

忠談師의 찬기파랑가에 등장되는 耆婆가 분명 神格이 아니고 花郎이 었던 만큼, 그는 佛典 설화에 등장하는 王舍城의 良醫 耆婆의 어떤 능력이나 업적을 흠모하여 그 이름을 차용한 화랑이었을 것으로 봄이 옳을 것이다. 그렇다면, 王舍城의 良醫였던 耆婆는 어떤 인물일까? …

이 때 耆婆는 阿闍世王의 瘡痍와 不眠症을 치료해 주는 良醫로 등장하며, 왕에게 釋尊의 慈悲心과 救濟力을 열심히 설교하여 왕으로 하여금 참회케 하고, 나아가 왕의 충심으로 또는 선량한 벗으로 되어 지옥고에서 탈출시켜 菩提道에 나아가도록 한 인물이다.

이런 佛典 인물의 이름을 차용한 화랑 耆婆郎과 같은 이가 경덕왕 때 귀족계층 내에서의 갈등(왕의 漢化政策을 지지하는 파인 王黨派와 그의 정책을 반대하는 파인 反王黨派)을 바르게 해소시킬 수 있는 적격자일 것으로 충담사는 생각하고 그들 찬모하는 노래를 지었으니, 그 노래는 뜻이 깊을 수밖에 없었던 것이다.[31]

기파랑에 대해 학자들의 설이 많은데 그 인물됨을 전하지 않아 상고

---

31) 金承璨, 『新羅鄕歌硏究』, 東亞大 博士論文, 1987, pp.48-49.

할 길이 없지만, 화랑 중에 공훈이 많았던 인물임에는 틀림없다. 기파의 원뜻은 불전에서 '長命天神'이라고 기재되어 있는 것으로 보아 「찬가」의 기파랑과 유사한 인물이 된다. 양주동은 기파의 원의는 '長命'의 뜻인 '길보·기보'를 佛典語 기파로서 借記한 것이라[32]했다.

기파가 불전어에서 유래된 것은 「찬가」의 내용에서도 찾아볼 수 있다. 신라 화랑 중에는 불전의 기파의 덕과 통하는 기파랑이란 인물이 있어, 삼국통일을 하는 데 많은 공헌하여 신라에서는 정신적인 상징으로 숭앙해 왔다. 충담은 신라인의 정신적 지주를 기파랑으로 숭앙해 「찬가」에서 시로써 형상화한 것이다. 기파랑은 화랑장으로서 충신이었기 때문에 후세 인물의 전형으로 삼기 위해 충담이 기파랑을 찬미하는 노래를 지었다고 할 수 있다. 기파가 어떤 인물이었던가를 불전어에서 찾아본다.

> 耆婆, 此云命, 西國風俗, 皆事長命天神. (『楞嚴經』二 長水疏)
> 耆婆, 此云長壽天神, 携子詣之, 求長壽也. (『楞嚴經』二 疏)

위에서와 같이 기파가 신과 관계된다면 기파랑은 신라가 낳은 화랑 출신의 장군으로서 삼국통일의 공훈이 있는 인물이라 할 수 있다.

2. 기파랑에 대한 제가의 견해

「찬가」의 내용에서와 같이 기파랑이 신과 통하는 인물로 후세 학자들의 학설이 구구하리만큼 많다.

金善琪는 기파랑이 훌륭한 인물이라는 고증으로 경덕왕 때 시중 벼슬을 지낸 金라고 했다. 김기는 경덕왕의 총애를 받던 충신으로 나라의 큰 공을 세운 인물이라는 점에서 기파랑과 동일인으로 추정한 것이다.[33]

---

32) 梁柱東, 『古歌硏究』, 博文出版社, 1957, p.319.
33) 최철, 앞의 책, pp.156-157.

최 교수가 기파랑을 김기로 추정한 것은 단지 나라에 공헌이 있으므로 상응하는 인물로 설정한 것이지만, 이름이 耆라는 데 연유된 것이 아닐가 한다. 『삼국사기』의 기록에 의하면, 김기가 시중 벼슬을 지낸 때는 경덕왕 14년(755)이고 그가 죽은 해는 17년(758)이다. 학자에 다라서 김기가 4년이라는 짧은 기간 동안에 충담사와 같은 영복승의 가사에 오를 만큼 훌륭한 인물일까, 하는 의문을 제기하기로 한다. 그러나 김기의 공적을 시중 벼슬과 관계지어 생각할 필요는 없다. 4년이라는 세월은 짧다고 할 수 없으며, 「찬가」 가사 내용에 의하면, 그가 시중 벼슬을 지내기 전에 이미 화랑이 일원으로 활약한 것으로 되어 있다. 그는 남다른 능력을 발휘해 화랑을 빛냈던 인물이었다. 그는 인물 상승의 기류를 타고 시중 벼슬을 지내는 동안 공적이 혁혁한 인물로 평가되었다. 충담이 김기를 기파랑으로 여기고 노래를 지을 수도 있을 것이다.

가사에 의하면, 기파랑은 제세적 능력을 가진 인물이고 신적 존재로 나타내는데, 김기를 기파랑으로 추정하기에는 많은 문제점이 따른다. 金鍾雨는 "찬양의 대상이 된 기파랑은 또한 불전에 나타난 인명을 따서 자기의 이름으로 삼은 기파랑이라는 견해가 틀림이 없다."[34]라고 기파랑의 인물됨을 나타냈다. 또 김 교수는 기파랑을 불전 설화 중의 기파와 연결시키고 표훈대덕으로 추정했다.

本歌는 佛典中에 있는 耆婆의 生活에 절실히 감동한 忠談이 그를 新羅式으로 理想化하여 찬양한 노래이었다고 생각할 수도 있겠고, 만일 忠談이 當代의 理想人物로서 婆郞을 讚慕한 것이었다면, 이는 意外에도 表訓大德이 아니었을까 推察된다.[35]

婆가 阿闍世와 釋尊을 결연하게 하는 것과 같이,[36] 神과 인간과의 관

---

34) 金鍾雨, 『鄕歌文學硏究』, 硏學社, 1971, p.94.
35) ─────, 위의 책, p.91.
36) 『長阿含經』 第 17卷 第 3分 沙門果經 第 8, 『大般涅槃經』 第 17·18卷 梵行

계를 表訓이 담당하고 있어 기파로 추정한 것 같다. 이 학설 역시 기파랑의 인물됨이 불전에서 천신을 의미하게 되고, 또 가사의 내용도 신적인 인물로 기린 데서 표훈대덕으로 추정한 것이다.

위의 두 학설은 기파의 인물을 추정한 것에 불과하지만 「찬가」에 나타난 기파랑의 인물됨을 이해하는 데 일조가 된다. 실제로 기파랑이 어떠한 인물인지 전하는 문헌이 없으므로 알 수가 없지만, 가사의 내용으로 볼 때 위대한 인물임에는 틀림없다.

기파랑은 가사 내용으로 미루어 송백이 늦서리를 이겨내는 것같이 절개가 굳은 화랑장인 듯하다. 충담은 기파랑의 인물됨을 달·냇물·조약돌·잣나무로 비유해 불전에 나오는 인물과 동일시했다. 그는 나라가 어지러울 때 충신이 생각난다는 말과 같이, 경덕왕 때 「찬가」를 통해서 어지러운 시대상을 반영하게 해 위정자의 각성을 촉구한 것 같다.

신라는 문무왕 때 삼국을 통일해 경덕왕 때 이르러서는 문화가 찬란하게 빛났다. 그러나 전제군주주의의 독단과 호락과 열음으로 나라는 평탄하지 않았고 몹시 어지러웠다. 또 하늘과 땅에서는 변고가 자주 발생했고 민심이 어수선했다. 그럴 때 충담은 기파랑을 추모해서 충신을 기린 것이 충담의 「찬가」이다.

金東旭은 찬가에 대해 '耆婆郎의 死後齋式에서 올린 佛讚歌'[37]라고 한 것은 그를 추모해서 기린 뜻의 말과 부합된다. 이에 대해 金雲學은 "耆婆郎을 위한 佛讚이란 뜻이 文意上으로 보아 도저히 이해될 수 없고 또한 耆婆는 어디가지나 郎徒이지 불과 같은 聖者는 아니기 때문"[38]에 佛讚歌가 아니라고 했다. 李雄宰 는 "이것은 佛讚歌를 꼭 '부처에 대한 讚歌'라는 의미로 해석하였을 때의 문제이지 '佛教的인 讚歌'라는 意味로 본다면 金雲學의 論議는 핵심을 벗어난 論議라고 생각된다."[39]라고 金東

品 第 405.
37) 金東旭, 『新羅詩歌의 硏究』, 乙酉文化社, 1961, p.23
38) 金雲學, 앞의 책, p.236.

旭의 학설을 찬동했다.

기파랑은 삼국통일의 공훈이 컸던 인물이었으므로 신라에서는 신과 같이 영원한 존재였다. 「찬가」가 기파랑 사후에 재식에서 그를 기리는 노래로 불리어졌다는 것은 너무나 분명하므로 불찬가라 해도 무방할 것이다. 화랑 중 기파랑은 불전의 기파에 견줄 수 있는 인물이었던 것 같다. 또 신라 화랑에서 기파랑은 상징적인 인물로 추정했던 것 같다. 기파랑이 본명인지 아명인지 현존하는 문헌이 없어 상고할 길이 없지만, 그의 인물됨됨이는 신과 같이 우러르는 인물이었던 갓은 틀림없을 것 같다. 기파랑이 신라에서 신과 같은 인물이었기에 충담은 「찬가」에서 기린 듯하다.

기파랑이 화랑장으로서 신과 같이 추앙받은 것은 삼국통일을 이루는 데 많은 공적을 세웠던 인물이고, 그 인물됨이 훌륭했던 데에는 크게 이의가 없다고 생각한다. 기파랑이 화랑장이었다면 그의 생존연대는 신라가 백제, 고구려와의 전쟁이 치열했을 때, 화랑장으로서 많은 공적을 남겼던 분이라고 추정할 수 있다.

3. 제의식 때 기파랑 찬미

충담은 그의 인물됨이 훌륭해 찬가에서 달·물·돌·잣나무로 비유했다.

> 기파랑은 당대의 위대한 인물이었음이 확실하다. 그것은 시가의 내용에서도 여러 번 엿보인다. 그의 인물됨을 달·조약돌·잣나무에 각기 비유한 것이다. 행실과 모습, 그의 인격을 감히 따를 자 없음을 기린 것이다. 충담사와 같은 호국의 大臣이 마음 아파했다는 점은 郞의 인물이 국가에 심상치 않을 만큼 큰 인물임을 나타낸 것이다.40)

「찬가」에서 기파랑의 인물됨을 달·물·잣나무로 비견한 것은 그의 인격이 고매함에서 연유된 것이며, 그런 연고로 사후에 재식에서 찬미된 것

---

39) 李雄宰, 『鄕歌에 나타난 庶民意識』, 白文社, 1990, p.272.
40) 최철, 앞의 책, p.156.

이라 할 수 있다. 『文體明辨』에서 '讚'은 사람이 죽었을 때 그의 생을 서술해 찬양한 것이라면, 「찬가」는 기파랑이 죽은 후에 그의 인물됨을 칭송한 것과 동철의 것이다.

신라사람들이 향가를 숭상한 지가 오래 되었는데 대개 시송과 같은 것이었다. 때문에 가끔 천지 귀신을 감동케 하는 것이 한둘이 아니다.[41) 일연이 향가 를 詩頌에 비겨 한시론으로 규정 지으려 한다.

詩의 頌은 본래 神을 頌讚하는 노래이므로 그것은 鄕歌의 祭儀性과 類似하기 때문이다. 祭儀歌에는 '祈禱性'과 더불어 '頌讚性'이 따르게 마련이다. 그러나 鄕歌의 頌讚性과 詩頌의 그것은 약간 다른 점이 있다. 景德王代까지의 鄕歌는 詩頌化, 漢詩化되지 않았다.[42)

최진원 교수가 위의 말을 하는 것은 다음과 같은 이유라고 밝힐 수 있다. 漢詩의 頌은 聖王의 盛德을 頌揚하거나 宗廟祭祀의 樂歌 즉 神明에 전하는 노래이거나 軍樂隊의 行進을 위하거나 外國使臣 영접을 위한 음악의 歌詞體 詩文을 가리켰다. 그런데 후에 와서는 禪者가 지은 운문을 총평해 詩偈 또는 頌이라 했다. 불전에서 이르는 頌은 한시의 형식과 율격을 엄격하게 지켜면서도 내용면에서는 다르다는 것을 명시하지 않을 수 없다. 頌은 文字를 빌어 文字 밖의 玄理를 읊으며 不立文字의 宗旨를 나타낸다고 할 수 있다. 그러면 一然이 『삼국유사』에서 향가를 詩頌으로 비견한 것은 어떠한 이유에서일까.

향가가 그윽한 뜻과 偈로서의 마력을 가지고 있었음에 근거한 것이라 본다. 즉 禪詩(Gāttā)에 대응하는 높은 뜻과 오묘한 깊이, 그리고 감동하게 하는 마력을 갖고 있었다고 보아 頌이라 장르를 규정한 것 같다. 그런데 『釋名』 釋典藝에서 讚은 '사람의 이름다움을 칭송하는 것'이라 했다. 『文心雕龍』 頌讚에서는 '찬의 내용은 미추 양면에 걸쳐 있지만, 이것은 송의 변송과 같은 것이다.'라 했으니, 이것은 頌文體의 변종임을 알

---

41) 『三國遺事』 卷 5 感通 7 月明師 兜率歌.
42) 崔珍源, 『國文學과 自然』, 成均館大出版部, 1981, p.161.

수 있다. 이 頌이 성덕을 찬미해서 그 용태를 서술한 것으로 신명에 고하는 것이라 한다면, 그 변종인 찬도 사람이 죽었을 때 그의 덕을 서술해 찬양한 면에서는 같다고 하겠다. 충담사가 지은 「찬가」에서 '찬'은 기파랑을 찬양한 노래임을 부인할 수 없는 일이다.

　　贊이란 明瞭性에 있는 것이다. 옛날 舜의 祭典에 있어서, 樂隊의 長이 讚을 반복한 것은 合唱의 開演을 알리는 말이었다. 그러므로 漢의 朝延이 儀式官 大鴻臚를 설치해 호령을 부치는 것을 찬이라고 한 것은 古代 語義의 遺存인 것이다. 司馬相如의 文筆을 잡기에 이르러 비로소 荊軻의 讚을 지었다. 司馬遷의 史記 班固의 漢書에 이르게 되면 찬에 의탁해서 사람들을 襃貶했다. 간략한 문장으로 기술을 통괄하고, 송의 문체에 의해서 문사를 논하고 있다.[43]

이 인용문은 찬가의 속성을 이해하는 데 도움이 될 수 있는 발언인 것이다.

　　'밝힌다'(明瞭性)는 것은 물론 事實을 밝힌다는 것이고 '돕는다'(助援性)는 것은 事實을 돕는다는 뜻인데, 讚耆婆郞歌의 경우는 耆婆郞의 사람됨을 밝히고 耆婆郞이 남긴 바 '교훈적인 의미'를 돕는다는 점이 그것이다. 그러므로 讚耆婆郞歌는 詩人 忠談師가 行한 耆婆郞에 행한 일종의 襃貶에 해당하는 것이고 그것의 '교훈적인 의미가 심히 높았던 것'임을 어느 정도 추측해 볼 수 있는 것이다. … 忠談師의 경우는 花郞을 制度的으로 육성하고 花郞의 英雄的 意味를 밝히고(明) 구체화시켜(助) 그의 교훈적 의미를 널리 퍼지게 하는 입장인 것이다. 花郞들은 모두 '貧夫'가 아닌 '烈士'로서 忠談師의 耆婆郞에 대한 '교훈적 意味'도 역시 그 '烈士'의 모두를 찬양했을 것임은 물론이다. …忠談師는 普賢十願歌 (稱讚如來歌)를 지은 均如와 역시 共通點을 지녔다 할 수 있다.[44]

『문심조룡』에서 讚은 頌의 변체라고 한 것과 같이 「찬가」에 나타난 기파랑도 사후에 그를 위해 제의에서 그 인물을 찬양해 고해 바찬 것이라 생각된다.

---

43) 劉勰,『文心雕龍』卷2, 頌讚 9, 崔信浩 譯, 玄岩社, 1975, p.39.
44) 鄭尙均,『韓國古代詩文學史硏究』, 翰信文化社, 1984, pp.226-227.

원래 사뇌가는 제의가로써 토속신앙의 제의(선풍)에서 불리어 오면서 유불이 전래된 이후에 이들과 習習하거나 해체되면서 향가는 불찬가와 서정화의 길을 밟게 된 것이다. 선풍과 밀착했던 사뇌가는 선풍의 형이하학성 비논리성과 불교의 형이상학성 윤리성이 習習되어, 불교의 성지로 만들어 그 한 면이 불찬가화된 것이라고 본다. 균여대사의『원왕가』는 그 표본이라 하겠다. 유교가 중국에서 전래되었다는 것은 한시의 수용을 의미해도 좋은 것이다. 향가에는 한시문의 '頌·讚'과 맥을 같이하는 것은 그 예라 본다.

讚이 사후의 의시과 동반해 존재했을 것으로 생각한다면, 그 의식과의 상관을 말해주는 것이 제명 중의 사뇌가이다. 이에 「찬가」도 "문헌상의 明記 그대로 '鄕讚'류의 '讚'이 아니라, 일반 '詞腦歌'의 '讚'류 뜻으로 보고자 한다"[45]라고 한 것을 수긍할 필요가 있다. 「찬가」의 역사적 상황과 가요를 제의와 관련시켜 도식화하면 다음과 같다.

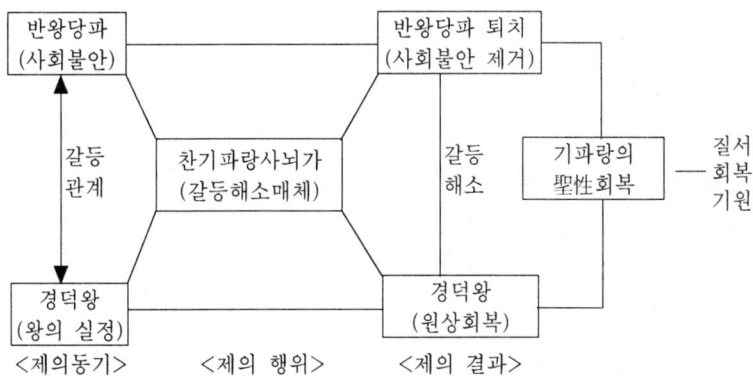

이와 같이 「찬가」는 제의식에서 기파랑을 찬미한 노래라고 할 수 있다. 「찬가」는 「안민가」와 같이 그 뜻이 심히 높은 내용이기 때문에 기파

---

45) 金尙億,「讚耆婆郎歌考」,『三國遺事와 문예적 가치해명』, 세문사, 1982, pp.1-42.

랑을 불전어 기파와 동일인으로 추정한 것은 그만큼 기파랑이 훌륭했음
을 의미하는 것이다. 일연이 『삼국유사』에서 기파랑의 인물됨에 대해 소
상하게 밝히지 못한 것은 그에 대해서 전하는 문헌이 없었기 때문인 것
같다. 기파랑이 불전에 전하는 기파와 비슷하기에 「찬가」에서 기파랑으
로 찬미된 것이라 할 수 있다. 또 기파랑은 경덕왕 때 유명한 화랑장의
일원이었기에 더 이상의 설명이 필요하지 않아 배경설화를 자세하게 기
록하지 않은 것 같다.

4. 위국충정의 인물

충담이 기파랑을 찬미한 것은 무엇 때문일까. 삼국을 통일한 지 오랜
세월이 흘러 상무의 정신이 쇠퇴해 임금은 호락에 빠져 있고 신하간에
는 파벌이 만연되어 기강이 해이해졌다. 백성은 백성대로 불신이 가중되
어 정사는 혼미했다. 충담이 「안민가」에서 군·신·민간의 책임을 다해
야 된다는것은 그 시대상을 반영한 결과라 하겠다.

신라에 있어서 기파랑은 기파와 같이 신적 존재였다. 충담은 기파랑
을 지고지순한 인물로 여기고 위국하는 일념으로 「찬가」를 지었다. 또
충담은 중 3일 중 9일에서 삼화령 미륵세존께 공양한 것으로 파악해 볼
때 위국충신의 영복승이었다. 충담이 기파랑을 기린 것은 그의 인물됨이
위국충정의 충신이고, 덕이 높았기 때문에 화랑정신의 쇠퇴와 어지러운
난국을 구한 데 있다고 하겠다.

경덕왕 때의 시대상이 어지러웠던 것은 신하들이 산야로 은둔했다는
사실로도 증명할 수 있는데, 신충과 같은 어진 신하가 입산했다는 것은
정사가 난맥상을 그리고 있다는 본보기를 제시하는 것이다. 고대에 있어
명철보신은 나라의 도가 행해지지 않았을 때는 강호에 은둔하고, 나라의
도가 행해질 때는 세상에 나와서 벼슬을 했는데 신충의 처세술은 가히
짐작할 수 있다.

충담이 「찬가」를 지은 것은 훌륭했던 정신으로 쇠미해 가는 신라를 다시 일으켜 보자는 데 있었을 것이다. 정사가 어지러울 때는 충신을 그리워하게 마련이라면 「찬가」는 그런 시각에서 이해되어야 할 것 같다. 따라서 충담이 기파랑을 찬미한 것은 삼국통일의 공훈이 컸던 화랑 정신의 부활을 의미한다. 기파랑의 인간됨을 되새겨 충신의 출현을 기대하는 마음에서 「찬가」를 지었다.

> 景德王代는 왕이 儒家의 王道政治理念, 佛家의 正法護國思想에 입각하여 爲民・愛民의 정치를 실시했기 때문에 初・中期에는 나라 안이 평온했으나, 후기에 이르러 漢化政策을 강력히 실시함으로 인해서 일부 귀족층의 반발・갈등을 가져오게 되었다. 따라서 나라 안이 어지러워지는 데다가 천재지변이 잇따라 일어났다. 이때 미륵사상에 깊이 물든 충담사는 화랑의 중심사상인 風流道와 신라 통일기의 조화된 지배체제에 대한 復古思想을 가지고서, 난국극복에는 기파랑과 같은 고매한 인물이 절실히 요청됨을 깨닫고 그를 대상으로 하여 찬기파랑가를 짓되, …작품의 밑바닥에는 작가의 보국충정의 사상과 風流道 사상 중 미륵사상이 깔려 있다고 하겠다.46)

학자들은 기파랑이 구국의 충신이었던 까닭에 김기와 이순 표훈대덕과 동일인으로 규정한 것은 이해되지만, 기파랑은 기파랑 자체의 이름으로 보는 것이 타당하다. 기파랑은 천신과 비견되는 데서 그 인물됨이 달・물・돌・잣나무의 특성으로 표출되어, 본고에서는 원형상징으로 연구해 보기로 한다.

---

46) 金承璨, 『韓國上古文學論』, 새문사, 1987, pp.153-154.

IV. 작품에 투영된 원형상징성

1. 원형상징으로 본 찬가

「찬가」에 투영된 기파랑의 인격은 원형상징론으로 분석할 필요성을 느낀다. 왜냐하면 기파랑은 신화학에서 가름할 수 있는 인물이기 때문이다. 충담은 기파랑을 통해 쇠미해 가는 신라사회를 재생시켜 보겠다는 의도에서 있어야 할 인물로 그 모습을 투영시켰다. 이 때문에 기파랑의 모습이 도인의 像과 함께 성자적 성품까지 노정되어 있으므로 신화비평적으로 분석할 필요가 있다.

원해 신화는 과학을 초월한 직접적이고 형이상학적인 진실이며 인간존재에 대한 응축된 설명이고 그 실재를 표현하는 기도라고 할 수 있다.47) 기파랑의 모습을 신화의 의미로 설명하려면 원형상징에 대해 규명할 필요가 있다. 즉 신화는 한 민족문화와 역사의 원형이며, 그 속에 전설민속 관념형태의 문화 개성이 배태되어 있다고 하겠다.

> 古代人의 原始的 思考는 人間存在 그것에 대한 直觀的 判斷의 全體系
> 와 關聯하며 作品에 대하여 하나의 原型性을 제기하는 계기가 되는 것
> 이다. 原型(Archetype)은 하나의 無意識으로 古代作品 속에 기본적인 계
> 기가 되고 있다. … 古代人의 神話的인 세계는 현대의 우리의 주변, 우
> 리 현대인의 心理深層에 潛在하고 있는 것이다.48)

---

47) George Whaley, *Poetic Process*, London, Routledge and Kegan Poul, 1953.

　　Myth is a direct metaphysical statement beyond science, It embodies in an articlated symbol or narrative a vision of reality. It is a condened accont of man's being and attempts to represent reality with structural fidelity, to indicate at a single stroke the salient and fundmental relations which for aman constitute reality…Myth is not an obscure oblique or elaborate way of expressing reality…it is the only way.

신화는 시간을 초월해서 존재하는 것이기에 과거의 전통적 관념과 연결되고, 현재 통용되는 가치와 더불어 존재하고 미래의 정신적 문화적 열망에 도달하게 된다. 찬가에 나타난 원형상징성을 현대적으로 규명하게 되는 것은, 그 내용의 신화적 매개물이 보편성을 띠면서 유사한 요소를 가지고 있기 때문이다.[49]

세계는 아득한 옛날로부터 다양한 민족이 살아와 민족에 따라 전설신화가 존재하고 문화적 환경에 따라 독특한 모습을 지닌다. 그러나 그 신화에 나타나는 요소는 공통의 의미를 지니는 경향이 있다. 「찬가」에서 기파랑을 상징하는 달·물·돌·잣나무는 원형상징인 것으로 보편적으로 규명할 필요가 있다. 불전에서 이르는 기파는 신이기에 우주적인 것이다. 기파는 인류가 원망하는 우주적 신이기에 충담이 「찬가」에서 그에 상응되는 기파랑을 찬미한 것이라 하겠다. 충담이 「찬가」에서 기파랑을 신적 존재로 다루어 담은 것은, 비록 그의 작품이 개인적 상상력에 의한 무의식의 소산이기는 하나 그 비유된 상징물의 배아가 집합적 무의식(Collective Unconscionsness)으로 나타났기 때문이다. 「찬가」에 나타난 원형상징성은 충담이 기파랑을 기파로 인식하여 노래로써 형상화시켰기 때문에 과거 전 인류의 여러 경험에 의한 구상적 영상의 침전이라 할 수 있다. 「찬가」에서 이르는 기파랑은 인류 공통의 실체로 파악할 수 있기 때문에 원형상징으로 분석할 필요가 있는 것이다.

---

48) 黃浿江, 『韓國敍事文學硏究』, 檀國大出版部, 1990, p.171, p.185.

49) Philip Wheelwright, *Metapbor and reality*, Bloomington, Indiana University Press, 1962, p.111.

Those which carry the same or very similar meanings for a large Portion, if not all of mankind. It is a discoverable fact that certain symbols, such as the sky father and earth mother, light, blood up-down, the axis of a wheel, and others, recur again and in cultures so remote from one another in space and time that there is no likelihood of any historical influence and causal connection among them.

전설신화는 아득한 옛날로부터 여러 민족이 살아오는 동안 그 민족 고유의 신화가 존재하고 문화적 환경에 따라 독특한 양상으로 나타난다. 기파랑은 찬가에서 달·물·돌·잣나무로 상징되고 있는데, 모티프나 테마면에서 그 원형이 유사한 신화를 발견할 수 있고, 그 신화에서 떠오르는 요소가 공통의 의미를 지니는 경향이 짙다. 이런 요소에서 유사한 심리적 반응을 이끌어 내고 유사한 문화적 기능이 잠재되어 있음을 볼 때, 이러한 모티프와 이미지가 원형상징인 것이다. 따라서 「찬가」에서는 기파랑의 인물됨을 신에 상응하는 말들로 투영했기 때문에 그 원문의 해석을 소개한다.

> 열치매, 나토얀 다리, 흰구롬 조초 떠가는 안디하,
> 새파란 나리여해, 기랑애 즈시 이슈다.
> 일로 나릿 재벽해, 낭애 디니다샤온, 마사매 갓할 좃누아져.
> 아으 잣가지 노파, 서라 몰누올 화판이여.
>
> 「양주동 역」

「찬가」는 해석하는 이에 따라 의미가 달라진다. 양주동에 의하면 기파는 제3장에서 '花判也'와 관련지어 기파의 신분을 화랑으로 단정했다. 그런데 김완진은 찬가를 다음과 같이 풀이했다.

> 흐느끼며 바라보매, 이슬 밝힌 달이, 흰구름 따라 떠간 언저리에.
> 모래 가른 물가에, 기랑의 모습이올시 수풀이여.
> 일오내 자갈 벌에서, 낭이 지니시던, 마음의 갓을 쫓고 있노라.
> 아아, 잣나무 가지가 높아, 눈이라도 덮지 못할 고깔이여.[50]

이 해석에서 '花判也'를 고깔(帽)로 읽어 하늘 높이 또는 잣나무 윗가지 부분이 기랑의 모습에 고깔처럼 보인다는 것이다. 현대인의 '갓'에 해당한다고 볼 수 있다. 정렬모의 의역을 소개한다.

---

50) 金完鎭, 『鄕歌解讀法硏究』, 서울대출판부, 1980, pp.90-91.

창문 열고 바라보니, 화양창 밝은 달 밑에,
흰 구름조차, 떠가는 안쪽에서도, 물 푸른 강 속에서도, 기랑의 얼굴
보는 듯하다.
금호강 언저리에, 낭과 친히 다니는 이여, 고상한 맘 자취를 본받자구나.
아아 송백의 높은 가지, 눈서리 이겨 내듯, 으뜸가는 그 맘이여.51)

이 노래에서는 '花判也'를 '으뜸가는 그 맘이여'라고 해석하고 있다. 학
자에 따라 '花判也'는 '화랑'이나 '갓' '으뜸가는 그 맘이여'로 해석하고 있
지만, 「찬가」의 내용으로 보면 기파랑은 절개 높은 인물로 화랑이었음이
드러난다. 충담은 기파랑의 인물됨을 10구체에 담았다. 향가의 완성형은
10구체이다. 10구체는 3장 6구의 형식으로 구성되어 있다. 정렬모의 경우
는 이 노래를 전부 12장으로 보았다. 이 노래는 3장 6구로 구성된 10구
체로 보는 학자들의 소설인데, 초장은 '열치매'에서 '기랑의 즛이 이슈라'
까지고 중장은 '일오 나릿'에서 '좇누아져'까지다. 종장은 '아으'에서 끝까
지로 분류할 수 있는데 각장마다 내용을 담아 신화적인 분석이 가능하
다. 원래 신화는 시간을 초월한 직접적이고 형이상학적인 이야기이므로
인간존재에 대한 응축된 설명이라고 한 것을 상기시켜 볼 필요가 있다.
기파랑은 불전의 '長命天神'을 생각나게 해 신화는 시간을 초월해서 과거
와 맺어지고 미래에 도달하게 된다고 말할 수 있다. 그러므로 신화는 한
민족문화와 역사의 원형으로 「찬가」는 신화의 원형으로 규명할 가치가
있다.

신화학에서 달은 물과 여자로 짝지어지고 달·물·여자는 해·불·남
자와 상대적인 것이다. 이 상대성은 음양관계의 입장에서 분류해 보면
달·물·여자는 음의 대상인 것이다. 「찬가」의 내용이 이를 상징으로 기
파랑을 찬미했으므로 『삼국유사』에서 '그 뜻이 매우 높다'라고 한 것이
다. 달·물·여자는 음의 상징으로 풍요와 생산력을 상징하는 것으로 나

51) 정렬모, 『향가연구』, 1965, p.310.

타나게 된다. 『찬가』에서 기파랑은 기파가 화랑의 기골찬 상무의 동작과
는 인연이 먼 사유인적 구도자적 성자적 기품으로 그 인품됨을 서술했다.

기파랑의 인물됨은 무인의 기질도 있지만 그 내면에는 온유한 여성상
으로도 풍겨진다. 「찬가」에서 투명된 인간상이 화랑장과는 거리가 먼 오
히려 유약함으로 비쳤는데, 이것은 충담이 노래를 짓는데 남자는 재질이
있고 인격이 고매한 영복승이란 점을 확인할 때 가능하다. 충담은 기파
랑이 무인인데도 불구하고 유약한 인물로 돋보이게 한 것은 그의 작법
이 범상치 않다는 것을 기록하지 않을 수 없다. 유약이 강강을 이기는
것이라면 기파랑은 유약함을 노래에다 담아 신과 같은 존재로 나타낸
것이다. 신화에서와 같이 기파랑이 온유돈후한 풍모로 풍기는 것은, 그
의 인물됨이 달·물·돌·잣나무에서 풍겨지는 이미지와 같기 때문이다.
이런 것으로 기파랑은 기파의 동일시되는 신화적 인물인 것이다.

신화는 원형이고 무의식의 형식이라 할 수 있다. Jung이 집합적 무의
식을 주장한 것은 원형적 통찰이다. 집합적 무의식이란 인류의 행동방식
과 마음이 그 자체로서 의식되는 일이 없이, 세대로 물려 내려온 원형의
행동과 마음이라 할 수 있다. 그렇기 때문에 Jung은 집합적 무의식의 학
설을 주장했는데 원시 신화를 분석해 보면, 인간 한 사람 한 사람의 행
동과 정신은 헤겔의 이른바 '개체 발생은 계통 발생의 과정을 밟는다'는
생물학적 가설이 문화와 역사의 세계에도 적용되는 것으로 보아 신화는
개인적 무의식에서 집합적 무의식으로 나아가는 것이라 할 수 있다.

충담이 「찬가」에서 기파랑을 신적인 존재로 형상화시킨 것은 불전어
의 기파를 인류 발전의 거대한 정신적 유산으로 연상해서 나타낸 것이
라 본다. 「찬가」에서 기파랑은 화랑장으로 끝을 맺고 있다. 화랑은 무사
이다. 무사는 패기와 용맹성이 나타나기 마련인데 이 노래에서는 그런
인간상과는 달리 상대적인 모습만이 연상된다. 「찬가」에 나타난 중심 소
재는 달·조약돌·물·잣나무이다. 이들은 기파랑을 찬미하기 위해 동원
된 보조관념들이지만 그 인물은 존귀하고 고고했음을 알 수 있다.

기파랑은 천체(달) · 광석(조약돌) · 물(냇물) · 식물(잣나무)의 모든 자
연을 종합한 것으로 표현될 수밖에 없는 全一的인 存在이다.52)

이 점은 「찬가」에서 달이 흰 구름을 헤치며 나타났고 기파랑의 모습
이 새파란 냇물로, 그 파란 냇가의 조약돌로, 서리를 모르는 잣나무로 비
유되었던 점으로 미루어도 그 인물됨을 쉽게 짐작하게 된다. 이런 점은
기파랑의 인물됨이 감히 따를 자 없는 데서 온 연유이기도 하지만, 충담
이 기파랑의 무사적인 인간상을 천신과 관련시켜 달 · 물 · 돌 · 잣나무
등과 같은 원형상징과 통하는 사물로 나타났기 때문이다. 즉 1 · 2 · 3행
의 달과 구름은 6 · 7 · 8행의 돌과 냇물과는 천상적 사물과 지상적 사물
이라는 관계만 달리할 뿐이고, 동일한 원형상징의 것으로 받아들일 수
있다. 4 · 5행의 냇물에는 月印으러 드러나는 기파랑의 모습과 9 · 10행의
잣나무는 서리와 상응해 천상의 원형상징과 지상의 원형상징을 매개해
합일된 세계를 이루어 놓는다.

> 기파의 사람됨을 자연물에 견주어 설명하였다. 달 · 냇물 · 조약돌 · 잣
> 나무 등의 보조관념을 빌어 人物의 고매함을 부각시켰다. 특히 달 · 냇
> 물 · 조약돌 · 잣나무의 의미를 부각시키기 위한 방법으로 서로 대치가 되
> 는 사물들 견주어 놓았다. …또한 달과 구름 · 냇물 · 잣나무는 天上的 피
> 안적 영원함을 상징하였으며 이런 이미지가 유기적으로 결합 또는 견주
> 어짐으로 하여 서정적인 주인공의 말과 의식을 명확히 나타내고 있다. …
> 그리고 결구의 차사는 고매한 인격자의 극치를 드러낸 표현법이다.53)

여기에서 기파랑의 인물됨을 달 · 강 · 조약돌 · 잣나무 등으로 나타냈
다는 것은 원형상징을 의미하는 것으로 바꾸어 볼 수 있다. 그러나 이들
의 의미를 부각시키기 위한 것은 대치가 아니라 상응관계로 보아야 할

---

52) 鄭炳昱 · 李御寧 共編, 『古典의 바다』, 玄岩社, 1977, p.44.
53) 최철, 향가의 문학적 해석, 연세대출판부, 1990, pp.153-154.

것이다. 이 원형상징성을 상을관계로 부각시킨 점은 시적 아름다움을 더해 준다. 대개 원형상징은 인간의 우주와 인간생활의 내적인 의미의 설명으로 생각할 수 있게 되는데,[54] 인간들의 가장 속 깊은 본능적인 삶과 우주에 대한 지식은 모든 특수한 의견과 태도가 의존하는 심리상태를 가능하게 하는 말을 수긍하게 한다.[55]

「찬가」에 있어 기파랑의 인간상이 여성상으로 드러난 것은 외향적인 면모보다는 내재적인 면모를 나타낸 것이다. 기파랑이 상무의 기골한 품격으로 그려진 것이 아니라 구도자적, 성자적, 동양적 이상형의 인간상으로 드러나게 된 것은 이 때문이다. 찬가는 내적인 변화의 원형상징성으로 형상화시켰기 때문에 기파랑이 여성적 자아로 노정된 것이다. 이러한 내용의 절창은 제8구 '마음의 끝을 좇누아져'의 한 재문에 잠복해 있다고 하겠다. 달이 서쪽으로 갔다고 함은 뜻없이 갔다는 의미는 아닐 것이다. 기파랑이 지녔던 마음의 높이와 밝음을 보기 위해 가는 것이라고 할 수 있다. 『삼국유사』의 '그 뜻이 매우 높다' 한 진의를 알 만한 것이다. 마음의 인용은 '그 뜻이 매우 높다'를 애해할 수 있으리라 본다.

> 찬기파랑가는 기파랑의 '안'의 모습, 精神의 波高를 스케치한 노래이지, '밖'의 모습을 과시한 노래는 아니다. 그리고 그러한 '안'의 모습은 求道者的인 文士的인 解說者的인 聖者的인 면모를 갖추고 우리 앞에 제시되어 있는 것이다.[56]

대개 동양의 성자는 외유내강의 인간형으로 나타나는데 기파랑은 이러한 맥락에서 이해되어야 한다. 더구나 신라의 예술은 여성미를 상징하고 있으므로 일심법계의 정리를 형상하는 듯한 인사을 풍기고 있는 데서, 기파랑의 내적인 상징은 구도자적 성자적 모습으로 나타났다고 하겠다.

---

54) Alan Watt, *Mytb and in Ritual in christianity*, Vauguard, 1957, p.7.
55) William Blake, *The Politics of Vision*, New York Malt, 1946, p.29.
56) 朴魯埻, 『新羅歌謠의 硏究』, 悅話堂, 1989, p.227.

2. 신라의 예술성 반영

신라의 예술미는 여성상으로 나타났다고 해도 과언이 아니다. 이는 고구려의 예술이 남성미를 나타낸 것과는 대조적인 것이다. 신라의 예술이 웅장하고 화려한 자태보다는 온유함으로써 드러내 주는 것은 불교의 영향이라 할 수 있지 않을까. 불교사상은 도가사상과 상통하는 점이 많은데, 원래 신라의 풍류도는 유불도가 포함된 것이다. 불교가 국시인 신라가 유불도의 영향이 많았다는 것은 기록하지 않을 수 없다. 충담은 영복승인 데서 불교사상과의 관계는 말할 것도 없거니와 도가 또는 도교사상의 영향이 컸다. 도가사상은 불교사상과 밀접해 노자가 인도방면에서 이주한 사람이라는 설도 있는 만큼 그 관계는 밀착된다. 도가는 유약으로 바탕을 이루는 사상이다. 충담이 「찬가」에서 기파랑의 인물됨을 유약과 연결시켜 지은 것이라 할 수 있다.

신라의 예술이 불교와 도가의 영향을 다분히 수용했다는 것은 최치원의 「난랑비서」에서 볼 수 있는 바와 같다. 이 글에 의하면 '무위의 일에 처하고 불언의 교를 행함은 周柱史의 종이다'라 했는데, 노장도의 주된 뜻이다. 또한 화랑도를 '현묘의 도' 또는 '풍류도'라 해 그 뜻은 선사에 있다고 했다. 이 역시 도교적 성격의 일면임을 알 수 있다. 물론 화랑도에 나타난 도교는 중국의 영향을 받은 것이 아니고 우리의 신선사상이라고 할 수 있다. 신라인의 신선사상은 고유한 풍월도사상의 바탕인 것을 인정하면서도 유불도의 영향이 필연적인 관계에서 이루어진다. 더구나 충담은 영복승인 것으로 「찬가」에서 유약의 인간상을 노정시킨 것이 된다.

신라의 예술은 동적인 모습이 아니라 정적인 예술미를 표현했던 관계로 「찬가」와 연결지을 수 있다. 「찬가」가 정적인 예술미로 나타내어 은은한 맛을 풍겨 준 것은 그 일례라 하겠다. 「찬가」에서 기파랑의 인물됨이 여성상징의 정으로 나타난 것은 신라 예술미를 반영한 것이나 다름이 없다. 충담이 기파랑의 인물됨을 동적인 대상으로 나타냈다면, 불전의 기파와 동떨어진 인물로 보게 되어 현대적인 입장에서 원형상징적으로 조명할 수 없다. 「찬가」는 기파랑의 인물됨을 달·물·돌·잣나무로 비유해 놓았기 때문에 원형상징적으로 분석할 수 있다. 「찬가」를 원형상징으로 분석할 수 있었던 것은 신라예술의 배경과 작가 자신의 사상과 깊은 관계를 갖고 있기 때문에 너무나 당연한 일이다.

본디 위대한 예술이란 근원적으로 통찰력과 원형적인 유형에 관한 특별한 감수성을 지닌 예술가가, 자기의 혼을 예술의 틀에 투입시키는 작업이라 할 수 있다. 예술에 있어 내적닌 세계를 체험한 사람은, 외부세계에 전달할 수 있는 근원적 이미지를 말하도록 해주는 자질을 지닌 사람이라는 사실을 수긍할 필요가 있다. 외적 세계라 함은 자연적 일을 반영한 것이고, 내적인 세계라 함은 무의식적인 드라마의 상징적 표현이라고 한 Jung의 말에서도 그 의미를 파악할 수 있다.

충담의 작가다운 모습은 기파랑의 무사다움과 영웅서사시적 색채와는 관련이 없는 오상고절의 고상함을 풍기고 있어, 기파랑은 원형상징의 관계와 밀착해진다. 기파랑의 모습을 「찬가」에서 보면 그 풍모가 율동적인 움직임으로 나타났는 데도 기파랑은 미동하지 않은 정태로 숨쉬고 있다는 것으로, 달이 신화적인 상징으로 나타난 것이다. 기파랑의 인품은 음양상에서 음의 속성인 여성상과 관계가 깊다. 달은 여자와 같은 속성이다. 진리는 동적인 모습보다는 그 호흡이 정적인 데 있다. 기파랑이 무인으로서 무찌르는 일에 몸담고 있음에도 불구하고 그의 용모가 달과 같다고 한 것은 예술성과 같이 부드러운 속성을 지니는 데 있다. 달은 다시 구름이 떠가는 아래 냇가로 이어진다. 물에 달이 담겨 있다. 물이 신화적인 대상으로 다루어지는 것이라면 여자와 짝지워지게 된다. 달은 명경지수와 같이 깨끗하고 조용한 가운데 나타나기 때문에 정태적인 것으로 보인다. 물 속에 담긴 달은 보면 볼수록 조용한 정경을 자아낸다.

기파랑의 인품이 물 속에 담겨 있는 달과 같이 보이게 되니 부드럽고 순한 미륵보살을 보는 것과 같다고 할 수 있지 않을까 한다.

제1장의 달이 여자와 짝지워지게 마련이라면 달이 비친 물은 부드러운 속성으로 달빛을 더욱 연하게 하는 작용을 하게 된다. Jung의 "달이라는 것은 여성적인 의미를 가진 생명의 원천이기도 하다"57)라는 말을 음미해 볼 필요가 있다.

제2장의 강물은 신화적인 것으로 성수를 상징한다. 「찬가」에 나타난 강물은 동천에서 혁거세를 목욕시키니 빛을 발하고, 조류와 짐승들이 춤을 추고 천지가 진동하고 일월이 정상으로 운행했다는 그런 냇가의 물이 된다. 냇물에 비친 달은 고요하면서 움직이는 모습 또한 일품이다. 밝은 달, 맑은 물은 신비스러운 정화력이 담겨 있게 되어 물은 성수가 될 수 있는 것이다. 「찬가」에 나타난 냇가의 물은 혁거세를 동천에서 알영을 북천에서 목욕시킨 성수와 같은 것이다. 『삼국유사』에서는 알영을 성수로서 목욕시켜 부리가 빠졌다고 했다. 이같이 성수는 부정한 것을 세척하게 되는 작용을 하게 된다. 그 효험은 일종의 세례식에서 행하는 그런 정화력이 있는 것으로 생각할 수 있다.58) 기파랑은 그런 정화력이 흐르는 냇가에 모습이 담겨져 있으니 보살과 같이 부드러운 얼굴로 비치게 된 것이다.

Eliade에 의하면 물은 가능성의 像體를 상징한다고 했다.59) Maria heach는 생명수(Water of life)는 민속학에서 말하는 떠돌아 다니는 마력으로서, 죽음을 생명으로, 그리고 모든 병환을 치료하는 불멸성을 갖는다

---

57) C.G. Jung, *The Collected Works*, vol. 5, symbols of trans formation, Princeton University, 1952, pp.317-318.

58) Arnold Van Gennep, *The Rites of Passage*, tr. by Monika B. Vizedom and Gabrelle L. Caffee, 1966. p.63.

59) M. Eliade, *Das Heilige un das Profane Von Wesen des Religiösen*, Roitohlts Deutshe Enzyklopädie, Nr. 31, Hamburg, 1957.(風間敏夫 譯, 聖と 俗, 東京, 1969)

고 했다.60) 신화에서 이르는 우물·샘·호수·내 등은 영원한 생명수로 신생을 의미하는 것으로 우주 중심적 위대한 인물을 탄생시키는 제의적 성수로 관념되었던 것이다. 그렇기 때문에 생명의 물인 성수는 언제나 재생하는 원리로 설명되기도 했다.

신화학에는 源水라는 말이 잇다. 이 源水는 태초의 먼 물이다. 그 물은 인간계를 형성시키고 자연계를 생산하였다. 이것은 인류의 긴 시간적 두 뇌속에 잠재되어 온 꿈이다. 이렇게 상상할 수 있는 원리가 물을 근거로 해서 돋아난 물 신화의 구체적 조직이다. 물을 소재로 하여 주어지는 인간의 꿈, 그것은 심층심리에 도사리고 있는 인류의 창조적 능력이다. 이 능력이 생명의 부활이나, 재생의 새로운 여명을 맞게 된다. 이러한 이론은 이미 정신분석학의 학자들에 의해 수다히 논거된 바 있다.61)

그러면 「찬가」에 나타난 물은 어떤 작용을 갖는가. 기파랑의 모습을 비추는 물은 생성과 풍양을 상징해 신화의 의의를 가지는 존재의 염원으로서의 물인 것이다. 기파랑이 신화비평적인 달·물과 연관을 맺어 맑고 부드러운 인물일 수 있는 것이다. 부드러움은 진리의 구현이 되며 나아가서는 신의 형체가 될 수 있다. 기파랑이 불전의 천신에까지 이름지어진 것이라면 가사의 내용과 같이 달과 물의 관계를 말하게 된다. 어쩌면 충담이 경덕왕 때 경화된 사회상을 기파랑과 같이 유약으로 다스려 나갈 것을 암시할 수도 있다. 기파랑을 달·물과도 관련시켜 부드러운 속성으로 그의 인간됨을 비유했다는 것은 시사하는 바가 크다고 하지

---

60) Maria Leach: Folklore, ed. Funk & Wagnalls Company, New York, 1949, p. 1167.

In folktale the magic liquid that brings the dead to life, causes all illness or bestows immortality it appears in numerous quest tales, in which the hero in sen't to get the water of life from a well, spring, lake, river, etc.

61) 金戊祚, 『韓國神話의 原型』, 正音文化社, 1988, p.306.

않을 수 없다.

경덕왕은 성기의 불구로 후계할 자식을 얻기 위해 애를 썼을 것이고, 또『삼국사기』의 기록에서도 알 수 있듯이 왕이 열락에 빠져 있었다. 신하들 역시 파벌싸움으로 사회상은 굉장히 어두웠다. 그럴 때 충담은 달을 매개로 하여 어두운 세상을 밝게 비추어 주고, 길 잃은 자를 갈 수 있게 해주는 등불과 같은 존재가 될 수도 있다.

물은 신화학에서 생명의 재생·부활·탄생 승천의 비약으로 다루어지듯이, 부드러움을 나타내는 것으로 딱딱한 사회를 물과 같이 부드럽게 살아가야 한다는 교훈이 담겨 있다. 충담은 신화학에서 풍요를 상징하는 물을 소재로 하여, 신라사회를 윤택하게 다스려 나갈 것을 위정자에게 은근히 바란 것이다. 경덕왕 때는 삼국을 통일한 이후이므로 태평세월이 흘렀다. 사람들의 의식은 상무의 정신을 잃고 안일한 생활을 누리려는 부동적인 요소가 많이 작용했다고 보아진다. 충담의 속 뜻은 기파랑의 모습을 부드러운 인간상으로 부각시켜 충신의 인물됨이 드러나도록 나타낸 것이다. 충담이 기파랑과 같은 위국충신이 출현할 것을 기대한 것은 혼미를 거듭하는 신화를 구원할 수 있는 길이라고 믿었으므로, 기파랑의 인물됨을 구원으로 상징으로 승화시켜 놓았다. 부드러운 속성이 바로 신라예술의 원형이라면,「찬가」는 그 예술성을 반영해 놓은 것이다.

3. 기파랑의 신화상

「찬가」가 상무적 정신과 무관하다는 것은 노래의 제 1·2장에서 그 풍모가 신화학과 음양학에서 음적 요소인 정태로 나타냈기 때문인데, 이는 기파랑의 풍모를 이해하는 데 많은 도움을 준다. 물론 화랑도의 성격의 일면들이 진흥왕 이후 배경으로 일괄해서 동태로 지정해서 말할 수 없다.

김철준에 의하면 화랑도의 이념과 정신은 시대와 역사에 따라 변천해

왔고, 그에 따라 각 시대에 알맞은 전형이 부각되어 있다는 것이다.[62)]
김교수의 이러한 견해는 통일 이전과 이후의 화랑도의 정신과 이념이
같을 수 없고, 시대에 따라 변형된 용자가 생성되었다고 할 수 있다.
「찬가」에 나타나 있는 기파랑의 모습은 경덕왕 때를 대표하고 집약 표
현해 놓은 인상이라고 인식할 수는 있을지언정, 신라 전 시대를 풍미한
화랑의 정신을 포용했다고 할 수는 없는 것이다.

  그렇지만 화랑도가 통일 이후 명목상의 단체로 퇴락되었기는 하나, 웅
휘 활달한 무사적 자질을 갖추고 있었다는 사실은 화랑사 곳곳에서 발
견할 수 있다. 화랑이 시대마다 다른 양상으로 나타났다 하더라도, 문적
인 요소와 아울러 무사적인데 더 치중한 청년단체임을 상기한다면, 찬가
의 정적인 모습은 기파랑의 신화상을 얻기 위한 데 있다.

  그러면 기파랑이 화랑출신인 데도 용맹스런 모습이 배제된 이유는 무
엇일까. 기파랑의 출신은 화랑, 즉 무인이었지만 그의 행동거지는 구도
연했다. 그의 인간됨은 추수기의 이삭과 같이 겸허한 인물이었고 화랑으
로서 후세 귀감이 되는 인물이었다. 충담은 승려인 까닭에 구도연한 기
파랑의 기개를 높이 평가해 신화학에서나 취급하는 소재로 그의 인간됨
을 다룬 것 같다.

  충담이 「찬가」를 그 뜻이 매우 높다고 지었다는 것은 충담의 작가정
신에서 연유되는 면이 없지는 않지만 문화환경의 영향이 컸다고 생각된
다. 충담이 「찬가」와 같이 기파랑의 인물됨을 숭고미로 형상화시킨 것은
문화환경이 그만큼 발달했음을 의미한다. 경덕왕 때 신라문화가 전에 없
이 발달해 충담은 사회환경을 딛고 「찬가」를 지었다.

  충담이 기파랑을 신화적인 소재로 동적인 무인의 기개를 정적 신라적
인 인물로 재현했다는 것은, 신라문화를 반영한 것이라고 하겠다. 만약
충담이 기파랑을 동적 인물로 해서 노래를 지었다면 신라예술의 정태와

---

62) 金哲埈, 『韓國古代社會硏究』, 知識産業社, 1975, p.212.

는 다른 것이 되어 신라의 예술미와는 동떨어진 것이 되고 만다. 「찬가」
는 신라 문화와 예술을 그대로 반영한다고 할 수 있다. 충담은 신라인의
기질로 찬가를 지었다.

기파랑의 이름이 불전의 기파에서 따온 것이고 점잖은 풍모를 지녔던
까닭에 신화적인 소재로 기파랑을 찬미했다. 그런 의미에서 「찬가」에서는
기파랑을 성자연하게 나타낸 것이다. 그것은 충담이 호국하는 영복승인데
서 성자연하게 승화시킨 바가 된다. 더구나 「찬가」가 엄숙한 제전에서 불
려졌다는 점에서 기파랑은 기파에 준하는 인물이라고 할 수 있겠다. 기파
랑은 생존했던 훌륭한 인물이었고 무인으로서 성현시되고 후세에까지 귀
감이 되었기 때문에 「찬가」가 불리어질 수 있었다. 즉 충담은 기파의 상무
적인 초상화를 비상무적인 초상화로 그렸다고 하겠다. 기파랑을 비상무적
초상화로 그린 까닭은 신화학과 관련지어 나타내기 위한 것이었고, 영원한
인간상으로 부각시키기 위한 데 의미가 있었다고 본다.

4. 풍요와 구원의 상징성 구가

신화학에서 달과 물은 여자와 짝지워져 풍요와 생성을 상징하여 구원
의 대상이 될 수가 있는 것이다. 음양학에서 구원의 대상은 풍요와 생식
력을 가진 음적인 상징물이다. 이 음적 상징물은 진리와 통하는 길이 된
다. 양적인 상징은 무한한 시공 과정에서는 영원한 것이 될 수가 없고
생성력을 가진 음적인 상징만이 가능하다. 신라는 삼국통일 후 태평세월
이 계속되는 동안 사치와 향락에 빠지게 되었다. 경덕왕이 열락에 탐닉
된 일도 있어, 군. 신. 민간의 기강이 확립될 수가 없었다. 게다가 흉년과
가뭄이 들어 민초는 도탄에 빠져 상서롭지 못한 재앙이 하늘과 지상에
서 일어나고는 했다. 그리고 신라의 오악산신이 궁정에 내려왔다는 것은
임금이 열락에만 빠져 있다는 상징적인 표현이 될 수도 있다.

충담에게 비친 것은 어지러운 세태를 바로잡아 신라사직을 다시 일으

켜 놓을 만한 인재가 절실히 필요했던 까닭에, 그러한 인물의 출현을 기대하는 바램에서 「찬가」를 지었다는 데는 이의가 없다. 그렇게 본다면 충담은 호국의 충신이었다고 하겠다.

「찬가」의 제작동기는 신라의 화랑인 기파랑과 같은 인물의 출현을 기대하는 마음에서 추모제에서 부른 듯하다. 이 「찬가」의 여운은 신라인의 정신적인 바탕이 되었다고 하겠다. 경덕왕 자신이 호락하게 되고 정사에 소홀히 했던 것으로 보아 신하간의 파벌이 생겨, 그 시대상황은 군. 신. 민의 기강이 바로 설 리가 없어 충담은 이들의 책임과 의무를 구가한 것이라 본다. 충담이 기파랑을 통해 비도덕적인 생활을 도덕적인 생활로 구현하기 위해, 구도적이고 문사적이고 해탈자적인 성자연한 면모를 갖춘 인간상을 구원의 상징으로 나타냈다고 하겠다. 충담은 신라사직이 존속해야 되는 소명의식으로 기파랑의 인물됨을 기리게 된 것이다. 따라서 달과 물은 생생력(fertility)인 음적 요소로 신화학에서 영원함으로 상징되는 것이다. 충담이 「찬가」 제1장에서 달과 물을 등장시킨 것은 신화비평에서 다루는 것과 같이 영원한 인간상을 만들어 내기 위한 것에 있다.

제2장 '일로나리'는 강 이름으로 볼 수가 있어 성수에 해당 한다. 김완진은 '일로강'으로 양주동은 '일로'(自此)로 해석을 했으나 '일로강'의 해석을 취하기로 했다. 제2장에 나타난 자갈은 성석을 의미하는 것이므로 신화비평적인 것이다.

　　고대와 원시 사이의 사람들에게는 쪼지 않은 돌도 강한 상직적 의미를 가졌다는 것을 우리는 안다. 거친 자연석들이 있는 곳은 靈과 神들이 사는 곳으로 믿어졌고 원시문명에서는 자연석이 비석 경계석 종교적 숭배의 대상으로 사용되었다. 돌이 그렇게 사용된 것을 원시적 양식의 조각으로 볼 수 있는데 자연이나 우연이 부여하는 것보다 더 강한 표현력을 그 돌에다 부여하려는 최초의 시도였다.[63)]

---

63) C.G. Jung 編, 『人間과 象徵』, 趙承國 譯, 汎潮社, 1981, p. 277.

이 인용문은 인류 초기에 돌이 영혼의 거소의 상징으로 쓰여지고 있었음을 진술한 것이다. 「찬가」에 있어 일로강에 흐르는 강가에 자갈은 기랑의 '마음의 끝'의 등가물이라고 할 수 있어, 신성력을 지닌 '石化된 靈'64)이라고 할 수 있다. 원래 돌은 원시시대부터 종교적 상징으로 쓰였다. 돌의 견고함, 조야함, 항구성은 원시적인 종교에서 聖體示現(Hierophanie)을 표상한 것을 상기한다면 자갈은 원형상징의 것이다.65) 원시인이 사는 곳에 자연석이 있는 것은 영과 신이 사는 것으로 믿어, 돌이 영의 거소의 상징으로 쓰여지고 있으므로 성스러운 공간과 관계된다고 볼 수 있다.

찬가에서 냇가 조약돌에 기파랑이 지니던 '마음의 끝을 쫓누아져'라고 한 것은 시공을 초월한 자기실현의 원형을 말한 것이다. 자기의 이르는 길이 개성화 과정(the process of individiduation)이며 자기실현의 길이며 성자나 구도자가 걷는 길이라고 한다면, 다음의 인용은 그 개념을 적절히 표현했다고 한다.

> 자기(the self)는 우리들의 의식적 시간의 경험(우리들의 시공의 차원)에 포함되어 있지 않을 뿐 아니라, 어디든지 동시에 편재한다. 그리고 자기는 종종 공간적인 편재성을 시사하는 형태를 띠고 나타난다. 다시 말하면 그것은 우주(cosmos) 전체를 내포하는 거대한 상징적 인간으로서 나타난다.66)

이와 같이 자기는 시공을 초월한 원형이기에 「찬가」의 화자가 '마음의 끝을 쫓과저'라고 한 것은 자기실현의 원망을 말한 것이라 할 수 있다. 「찬가」 제목에 붙어 있는 '찬'은 신이나 성자 혹은 위대한 인물을 기리는 노래이기 때문에, 기파랑을 찬미한 노래라고 한다면 그 의미는 합당한

---

64) C.G. Jung, 앞의 책, p.242.
65) M. Eliade, 『宗敎形態論』, 李恩奉 譯, 螢雪出版社, 1981, p.238.
66) C. G. Jung 編, 앞의 책, p.246.

것이다. 이에 '이로 냇가 조약에 낭의 지니시던 마음의 끝을 쫓과저'라고
한 것에 대해 유의해서 살펴볼 필요가 있다.

> 기파랑이 돌에 지니던 마음은 그냥 마음의 깊은 부분, 즉 무의식만을
> 뜻하는 게 아니라 더욱 깊은 곳을 가리키는 '마음의 끝'이다. C. G.
> Jung의 용어로 말한다면 이것은 무의식 속에서도 집단무의식, 집단무의
> 식 속에서도 그 깊이와 끝을 헤아릴 길 없는 중심에 자리한 自己(the
> self)를 의미한다. …그리하여 한 인격을 전체로서 완전하게 실현하도록
> 작용하는 마음의 핵이며 가장 생명적인 중심을 가리킬 때 쓰이는 개념
> 이다. … '마음의 끝', 곧 自己는 거의 도달할 수 없는 무한성을 함축한
> 형이상학적 개념이다. … 동시에 돌에 '마음의 끝'을 지녔던 耆婆郞은
> 자기를 실현한 성자와 같은 인물이었다고 할 수 있다. 따라서 여기의
> 돌은 '마음의 끝' 혹은 靈의 등가물, 즉 自己原型의 상징에 해당한다고
> 볼 수 있다.67)

이와 같이 「찬가」에 나타난 조약돌은 달과 여자와 물이 고리를 이루
는 원형상징의 것이다. 성석은 민간신앙에서 기자·출산·생산·풍요·
성기·연정의 의미를 지닌 생생력 상징으로서 숭앙해, 조약돌은 신라 6
촌장이 경주 북악의 알천 냇가에서 박혁거세를 추대한 그러한 성석에
해당한다고 볼 수 있다.

제3장의 잣나무는 서리를 모른다고 했으므로 성수의 일종이다. 흔히
잣나무는 상록수로 절개를 상징하는 나무로 지목되어 불변하는 구원성
을 표상하는 것이다. 잣나무의 효과를 높이기 위해 서리라는 매체를 등
장시킨 것은 상대적으로 굳건하고 힘센 모습을 내세워 생명의 영원성을
암시한 표현이라 하겠다. 여기에 서리는 잣나무와의 대립관계가 아니라,
앞서 흰 구름을 헤치며 나타난 달에서 달과 구름의 상응관계, 파란 냇가
와 조약돌이 상응관계가 이루어지는 것과 같이, 잣나무로 비유된 기파랑

---

67) 金榮錫, 돌의 原型象徵論, 培材語文學, 1985, pp.25~27.

의 인물됨은 서리로 인해 존귀하고 고아한 풍성을 드러내, 그 인물됨이 감히 따를 자 없음을 나타낸 것이라 할 때 상응관계가 이루어진다. Cirlot에 의하면 나무는 우주적인 생을 상징한다. 즉 우주의 견실한 증식 생성적이고 재생산적인 과정을 나타내 주어 영원불멸의 상징이 된다.[68)

잣나무가 원형상징의 나무로 비유된다면 '우주의 나무'(Cosmic tree)라고 할 수 있다. 이 성수는 잣나무만 지칭하는 것은 아니고, 단군신화에 나타나는 신단수라든지 마을을 수호해 주는 당나무 마을 입구에 솟대, 무당의 신대 등에서 쉽게 찾아볼 수 있다. 우리는 흔히 신이 하늘에서 지상으로 내려올 때는 우선 나무 위에 앉는다는 말을 듣는다.『삼국유사』·고조선기에서는 신단수는 환웅이 내려앉았다고 했다. 이는 나무가 길고 수직적인 모양을 갖고 있기 때문에 원형상징의 나무는 세계중심의 상징과 함께 세계의 축으로 표현된다. 이렇게 볼 때 신단수는 우주의 나무로 우리 민족에 있어서는 민족의 이미지 또는 세계의 이미지를 나타내고, 민족의 중심 또는 세계의 축이라고 할 수 있지 않을가 한다. 신단수는 우주적 지대인 천국과 지상을 결합해 주는 것이 될 것이고, 또 그 교통을 가능하게 하는 하늘을 받치는 기둥이라 할 만하다.「찬가」에 나타난 잣나무는 잠재된 서정적 자아가 따르는 천국과 지상의 공간을 연결시켜 주는 매체로서 '세계의 이미지'(imago mundi) '세계의 축'(axis mundi)인 것이다.

이와 같이 생각할 때 잣나무는 세계중심으로서 우주의 나무라는 역할을 하며, 우주의 신비로운 질서를 구현하고 우주의 운행에 방향과 힘을 주는 원동적 구실을 한다고 볼 수 있다.「찬가」에서 '잣나무 높아 서리 모르올 화판이어'라고 한 것은 일상에서 보는 잣나무가 아닌 천상과 지상을 교통하는 우주의 나무이다. 마치「찬가」에 나오는 잣나무는 불교의 보리수나 에덴의 선악과수와 같은 상징적인 나무라고 볼 수 있다. 또 민

---

68) T.E. Cirlot, *A dictionary of Symbols*, London, Routledge & Kegan Paul Ltd., 1971, "tree," pp.346~350.

중의 외경의 대상이었던 황금궤가 걸려 있는 신라인에게 신앙상의 원시림으로 우주의 나무라고 보면, 잣나무도 같은 맥락으로 이해될 수 있다. 잣나무는 가을과 겨울, 서리와 눈에도 까딱하지 않고 부단한 재생과 다함없는 풍양을 상징하고 살아있는 통체로서의 '재생의 기능이나 창조의 가능성 등을 강조하는 것과 같은 우주의 나무가 되므로'69)와 같이 그를 상징한 기파랑은 영원한 인간상의 구현이 된다.

「찬가」에서 기랑의 인격을 잣나무로 비유한 것은 신수와 관계되는 인물로 드러난다. 잣나무는 사시에 푸르러 절개가 굳은 사람을 일컫게 된다. 기파랑은 절개가 굳은 충신이었음이 「찬가」에서 드러난다. 기파랑이 화랑장으로 재직할 때 절개를 지켰던 것으로 미루어 짐작할 수 있다. 또 그는 숭고한 이념으로 살아왔던 인물이었다는 것은 너무나 당연하다. 충담은 기파랑을 화랑의 전형적 인물로 여기고 노래를 지어 부른 것은 충성어린 마음에서 우러난 것이다.

성수는 나무로서 숭배되는 것이 아니라, 성체시현으로써 성스런 공간과 관계된다. 「찬가」는 제의에서 부른다고 했다. 잣나무는 제의장소에서 서있는 만큼 신화적 공간에 서 있는 나무인 것으로 성수라고 보게 된다.

기파랑이 불전에서 천신을 상징하고 장수를 기원하는 것으로 나타난 것은 영원한 존재임을 의미한다. 천상의 달·강가의 냇물·돌과 잣나무는 신화상의 것이다. 잣나무가 구원의 상징이라면 상록이란 색채의 불변성과 연류된다. 서리는 나무에 단풍을 들게 하지만, 「찬가」에서는 보조관념으로서의 역할을 해 잣나무와 상응관계를 이루어 더한층 상징성을 나타내 준다. 달과 물이 생생력과 관계가 있는 것이라면 잣나무는 같은 맥락에서 찾아보아야 한다. 잣나무는 「六書精蘊」에 다음과 같이 기록되어 있다.

---

69) M. Eliade, *Patterns in Comparative Religion*, trans. by Rosemary Sheed, Cleverland & New York, 1967, p.273.

柏陰木也, 木皆屬陽, 而柏向陰, 指西. 蓋木之有貞德者, 古字从白, 白西
方正色也.

잣나무는 정덕이 있어 살상을 의미하는 서리가 내려도 상록으로 건재
하게 된다. 즉 잣나무는 서리가 내려짐으로써 더욱 초록의 빛깔을 띠게
되는 것은 늘 보아온 바와 같은 사실이다. 그런데 성수·신수의 경우에
있어서는 더 말할 나위도 없는 것이다. 때문에 잣나무와 서리는 상응된
다고 할 수 있다. 「찬가」의 잣나무 상징은 원형상징의 것으로, 이는 고시
조에서 '낙락장송'이나 '송죽' '설중매'로 계승되고 변용되었다. 잣나무는
서리를 모르므로 '독야청청'과 같은 기개를 나타낸다. 때문에 잣나무와
서리는 대립이 아니라 상응관계가 이루어져, 「찬가」에서는 서리를 모른
다고 한 것이다. 기파랑의 인물됨이 기파와 같은 것은 풍요를 상징하는
것과 관계를 맺기 때문이다. 기파랑의 인물됨이 잣나무인 상록수와 같이
서리를 모른다고 했으므로 달·물·돌과 같이 잣나무는 신화비평의 것
이다.

달·물·돌·잣나무에는 신화비평적인 면을 찾아볼 수 있다. 그러나
그것이 기파랑의 인물을 비유한 원형상징이라면 달·물·돌·잣나무는
기랑의 인물됨을 지칭한 것은 틀림없다. 그렇기 때문에 신화적으로 규명
하는 것만이 그의 인물됨을 이해하는 열쇠라고 볼 수 있다. 충담은 「찬
가」에서 기파랑의 인물됨을 신화학에서 다루는 달·물·돌·잣나무와
관계지어져 구원의 상징으로 나타난다. 김열규는 다음과 같이 은유하고
있다.

    이 詩 속엔 '달과 구름', '江水와 石原', '栢(花判)과 서리' 등의 對立이
있다.[70]

---

70) 金烈圭, 韓國文學과 그 悲劇的인 것, 韓國民俗과 文學研究, 一潮閣, 1980,
    p.293.

그는 여기에서 '달·강수·돌·잣나무'를 무위와 정주를 의미하는 천상적인 심상으로 '구름·석원·서리'를 유의와 전변을 의미하는 지상적 심상으로 대립시키고 있다. 그러나 지상적 심상인 '구름·석원'은 유의와 전변과 불모성을 상징하는 것만은 아니라고 본다. 동양문화권의 전통 속에는 십장생의 하나로 관념화된 것인 것만큼 무위와 영원성을 상징하는 원형이라는 김영석의 소론을 상기해 볼 필요가 있다.71)

「찬가」의 기본적인 주제는 기억(memory)이라고 말할 수 있다. 충담이 개인적 역사적 과거에 대한 명상을 기파랑을 통해 현대의 시간적 생존의 불연속성에서, 절대적인 근원과의 연속성을 회복하고자 하는 욕망을 형상화했다고 볼 수 있다. 그 형상화는 본원적인 만족인데 어머니와의 결합이라는 말로 나타낼 수 있다. 충담이 「찬가」에서 추구하는 것을 모성적 보호 속으로 기파랑을 빠져들게 하는 갈망이라 본다. 찬가에 나타난 달·물·돌·잣나무 등은 Jung에 의하면, '어머니 원형(Mother archetype)'을 구원하는 이미지들이다.72)

「찬가」가 비록 개인적 동기에 의해 쓰여지기는 했지만, 여기서 여성 이미지들과 결합되어 있는 달·물·돌·잣나무 등의 이미지는 원초적인 모성에 대한 동경 혹은 모태로의 회귀의식을 나타내고 있는 것이라 본다. 「찬가」에 달·물은 여자와 고리를 이루는 것으로 관계지을 수 있다. 기파랑의 인물을 역사 속의 구원의 상징으로써 삶을 나타낸 것이라면 기파랑은 달·여자·조약돌·잣나무와 고리를 이루는 인물로 비유되어 영원한 존재를 의미한다. 충담은 기파랑이 달·물·잣나무 등의 상징적인 이미지들과 조화되어 기파랑과 비견되는 우주신과 통하는 인물로 설정해 놓고 「찬가」를 지었다고 하겠다. 「찬가」는 기파랑이 원시시대부터 인류의 사고를 지배하고 있는 가장 강력한 원형상징으로 비유하고 있어,

---

71) 金榮錫, 앞의 책, p.29.
72) C.G. Jung, *Four Archetypes, Mother / Rebirth / Spirit / Trickster,* Princeton University Press, 1959, p.15.

이들 생성력과 영생력의 이미지는 사람의 행복의 이미지(an image of human happiness)[73] 또는 회복된 순수성의 상징(an emblem of the recovered innocence)[74]으로 받아들이게 된다.

결국 「찬가」는 경덕왕 때와 같은 난국에서 기파랑과 같은 충신의 출현을 기대해 그 어지러웠던 신라를 구원하고자 하는 일념에서 그를 찬미한 것인데, 이는 기파랑을 통해 세속적인 삶을 버리고 영원한 삶을 획득하는 것으로 그린 것이다. 충담의 욕망을 달리 말하자면, 우리의 최초의 세계(our first world)의 수풀 정원으로 상징된 상실된 근원을 원형상징물로써 추구한 것이라 할 수 있다.[75]

5. 기파랑의 모습과 원형상징성

「찬가」의 핵심어를 '기파랑의 모습'과 '기파랑의 마음'이라 한다면 기파랑의 모습은 수풀과 밀착된다. 김완진은 '기랑의 모습이올시 수루이여'라고 했다. 여기에서의 수풀은 성림이라 보아도 된다. '기랑의 마음'은 돌의 견고함 또는 항구성으로 비유되므로 '마음의 끝'을 쫓는데 있다고 했다. 이는 인간이 도달할 수 없는 무한성을 함축한 공간적인 편재성으로 형이상학적인 개념이라 본다. '마음의 끝'은 마음 전체를 하나로 통합하여 성자가 되는 길을 가리킬 때 쓰이는 개념이다.

이 개념을 「찬가」에서는 잣가지가 높아 서리를 모르는 기파랑으로 비유했다. 잣나무는 상설에도 굴하지 않고 청청히 하늘 높이 솟구치게 하는 힘을 구현해 하늘이 내린 나무로 신수 또는 우주목이라 하는 것이다.

---

73) Helen Gardner, *The Art of T.S. Eliot*, London, Faber and Faber Ltd., 1949, p.159.
74) F.B. Pinion, *A.T.S. Eliot Companion*, London, The Macmillan Press Ltd., f1986, p.22.
75) William V. Spanos, *"Hemeneutics and Memory : Destroying T. S. Eliot's Four Quartets,"* Genre vol. XI, no. 4, Winter, 1978, p.535.

이 때문에 충담은 찬가에서 내용을 수풀정원으로 나타내 최초의 세계 (first world)를 구현하게 한 것이라 본다. 수풀의 정원은 웃음을 머금고 있는 나무들이지만, 이는 기파랑의 상징화된 모습이 된다. 이 때문에 찬가는 자연과 인간의 전일감을 나타내어 구원을 주지로 하는 원형상징을 설명할 수 있게 되는 것이다. 김병욱은 「찬가」의 주요 시적 소재 등을 원형상징성으로 아래와 같이 논하고 있다.

　　이미 故人이 된 耆郎을 추모하여 달을 바라보는 作者의 情緒가 一句와 二句에 잘 나타나 있다. 따라서 '이슬 밝힌 달'은 詩人의 눈물이 달에 반사되어 있는 모습일 수도 있고 또한 이슬에 반사된 달일 수도 있다. 그러나 詩情調로 보아 前者로 해석해야 할 것이다. 이 경우 달은 耆婆郎의 表象으로서 空中에 떠 있는 것이다. 그러나 한 걸음 한 걸음 더 나아가 물가의 수풀을 耆郎의 모습으로 인식한 詩人의 情緒를 놓쳐서는 안된다. 詩人의 마음속엔 달, 수풀 등의 久遠의 이미지로서 耆郎이 나타난 것이다. 이것은 구체적 사물이지만 한 걸음 더 나아가 自然과 人間이 하나의 空間 속에서 一體가 된다. 이것은 汎神論이며 神秘主義다. 더군다나 '달' '수풀' 등은 물과 더불어 하나의 生生力을 表象하는 것이라고 볼 때, 그와 對를 이루는 '흰 구름'은 삶의 덧없음을 더욱 부각시켜 준다. 이것은 다시 '자갈벌'과 어울려 일시적인 인간의 삶을 노래하고 있다. 이러한 일시적인 인간의 삶이 '잣나무'로 表象된 耆郎의 모습에서 더욱 高孤한 存在로 變身한다. 따라서 '달밤의 우뚝 선 잣나무'로 은유된 耆郎의 모습에서 詩人은 다시 한번 故人의 높은 氣象을 인식하게 된다. 그렇기에 그러한 잣나무에는 감히 눈도 덮이지 못할 것이라고 詩人은 생각한다.[76]

「찬가」에 나타난 '수풀'과 달은 주기적인 사물로서 영원한 생생력을 상징한 것이다. 여기에서 '수풀'이 등장한 것은 김완진의 「찬가」 제5구의 해독을 따른 것이다. 끊임없이 흐르는 물은 유동적이다. 그래서 물은 원

　76) 金炳旭, 「鄕歌와 現代詩의 空間」, 忠南大 『人文科學研究所論文集』 第 10卷 2號, 1983, p.38.

형 상징을 표상하는 관계로 영원한 속성을 지닌다. 잣나무는 기파랑을 상징한 대상물로 다른 시적 소재들이 주고 있는 바와 같이 영원 속에서 그의 높은 인격과 기상을 상징적인 세계(the symbolic)로 진입시켜, '모성의 결합'을 무의식으로 만들어 낸 것이라고 이해할 수 있다.77)

위의 김 교수의 논리는 「찬가」를 원형상징론으로 잘 묘파했다. 그런데 아쉬움이 있다면 김열규와 같이 구름을 현상의 외연으로만 본 것을 지적하지 않을 수 없다. 찬가에서의 구름은 물·수풀 등과 상응관계를 이루어 삶의 덧없음을 부각시켜 주는 것이 아니라, 찬가 제1·2·3행의 달, 구름의 천상적인 이미지는 제6·7·8행의 돌, 냇물의 지상적 이미지와 교차하면서 합일을 이룬다고 볼 수 있기 때문이다. 따라서 「찬가」에 나타난 구름은 십장생에서 보는 바와 같이 생생력과 영생력으로 보아야 하기 때문이다. 윤영옥은 찬가의 상징성에 대해 기파랑의 인물됨을 원형상징인 달·물·잣나무 등과 상관관계에서 나타냈다.

久遠의 달과 深重한 삶의 물에 자리한 耆郎의 모습 그리고 花判으로 불린 耆郎은 결구 하나로 묶여질 수 있는 image로 구름과 礦惡 서리로 묶여질 수 있는 世俗과는 對極에 자리하고 있는 永遠한 삶을 表象하고 있고, 그것이 바로 耆郎인 것이다.78)

여기에서 구름·자갈·서리는 달·물·잣나무에 상응이 아니라 대립으로 본 것이 아쉽다. 그러면서도 그는 기파랑이 영원한 삶의 표상하고 있다고 한 것은 원형상징성을 의미하는 인용이기 때문이라 할 수 있다.

---

77) Jacques Lacan, *Ecrits*, A Selection trans. Alan Sheridan, New York, W. W. Norton & Company, 1977, pp.8-11.
Tony Prinkney, *Women in the Poetry of T.S. Eliot, A Psychoanalytic Approach*, London, The Macmillan Press Ltd., 1984, pp.118-119.
Toril Moi, *Sexual Textual Politics, Feminist Literary Theory*, London, Methuen, 1985, pp.99-101.
78) 尹榮玉, 앞의 책, p.56.

6. 뜻이 깊은 노래

기파랑의 인물됨이 천신과 비견할 수 있다는 것은 유교의 천인합일 사상과도 통한다. 「찬가」는 단락상 일월·산천·초목의 3단계로 나눌 수 있다. 다음 『역경』의 인용은 찬가의 3장을 이해하는 데 도움이 된다.

> 옛날 포의씨가 천하를 다스릴 때, 우러러 천체의 현상을 관찰하고 굽어서는 땅의 법칙을 살피며, 새와 짐승의 문채와 땅의 마땅한 바를 관찰하여, 가까이는 몸에서 취하고 멀리는 천지 만물에서 가져다가 처음으로 팔괘를 만드니 신명한 덕에 통달하고, 만물의 정상을 유추하여 알게 됐다.
>
> [『역경』 계사하전]

위의 것을 정리하면 일월성신의 천상·산천의 지형·초목의 상태로 분류할 수 있다. 찬가의 '뜻이 매우 높다'는 표현은 위와 같이 『역경』의 천인합일관으로 전언한 바와 같이 원형상징으로서 조명해 볼 수도 있다. 이에 대해서 학자들의 주장이 분분했던 것은 사실이다. 예컨대 '其意甚高'의 意味를 佛典說話 속의 人物 耆婆의 活命情神과 관련이 있는 것으로 본다[79]라는 학설도 있다. 또 「찬가」는 『역경』 사상에 입각한 이기설에 의하여 천지만물을 읊은 것이기 때문에 '其意甚高'라고 말하는 학설도 찾아보게 된다.[80] 이에 금기창의 찬가를 통해한 것을 소개하면 다음과 같다.

> 陰陽이 交感하매 나타난 달이,
> 흰 구름 좇아 西녘으로 떠간 宇宙空間에,

---

79) 金鍾雨, 앞의 책, p.96.
80) 琴基昌, 韓國詩歌의 硏究, 螢雪出版社, 1982, pp.184-194.
────, 新羅文化 있어서의 鄕歌論, 大學社, 1993, p.103.

새로운 太陽이 東녘에서 떠올라 빛나는 곳에,
하느님의 모습(天道)이 있도다.
여울(灘) 내(川) 물ㅅ갓(川邊) 조약돌에,
님이 지니신 마음서리(性)를 나는 좇고 싶구나.
아아, 잣나무 가지 높이 솟구쳐, 霜雪도 凌蔑하는 天地神明(性)이여!

위의 「찬가」는 『역경』의 음양설로 해석했음을 알 수 있어, '其意甚高'
를 뒷받침해 준다. 조동일은 '그 뜻이 아주 높다는 것은 귀족적 세련성
을 갖춘 당대의 특징'으로 보고 '찬기파랑가'만은 사뇌가라는 말의 붙어서
'찬기파랑사뇌가'라 한 것은 '이 노래야말로 사뇌가의 전형적 作品이거나
사뇌가가 갖추어야 할 높은 뜻을 가장 잘 갖추고 있기 때문'[81]이라고 하
여, 향가에 대한 인식으로 이해했다. 김상억은 "부대설화에 적힌 '其意甚
高'의 '其意'는 기본적으로 '詩言志' '歌永言' 개념 안의 것이며, '甚高'는
'國語노래로서 中土의 훌륭한 詩가 실현한 그것에 맞먹는 매우 높은 뜻'
임을 이른 言表라고 생각한다."[82]라고 '찬'류 성질의 노래로 규정지었다.
최철은 "찬가의 가의가 매우 높다는 것은 특별한 문제가 내포되어 있음
을 이야기한 것이다. …… 시가의 수법이라든가, 단순한 애도의 정이 마
음을 울린다는 뜻에서 한 이야기는 아니다. 여기에는 기파랑이 갖는 국가
로서의 중심적 인물됨을 설명한 일면이 얼핏보인다."[83]라고 했다.

이상의 여러 학설로 「찬가」의 '그 뜻이 매우 높다'라는 것을 보니 각
자 나름대로 일리가 있는 논리를 폈으나, 기파랑을 신화적인 인물로 부
각시켜 원형상징성과 『역경』의 음양이치로 조명할 수 있는 데서, 그런
표현을 한 것 같다. 이와 같이 보면, 기파랑은 신적 상징의 인물과 함께
천인합일의 경지에 이른 유교에서 이르는 대인이라 할 수 있다. 대인이
어떠한 인물인가에 대해 밝혀 본다.

81) 趙東一, 『한국문학통사 제1권』, 지식산업사, 1989, p.151.
82) 金尙憶, 앞의 책, pp.1-48.
83) 최철, 앞의 책, 새문사, p.155.

무릇 대인이라고 하는 자는 하늘과 땅으로 더불어 그 덕이 합치하고, 해와 달도 더불어 그 밝음이 일치하고 사계절과 더불어 그 순서를 같이 하고, 귀신과 더불어 그 길흉을 같이한다. 하늘의 이치를 깨달아 하늘에 선행하여 행동해도 하늘이 이에 어긋남이 없고, 하늘의 운행이 수행된 뒤에는 하늘의 때를 준봉하여 행동해도 하늘이 또한 어긋남이 없다. 하물며 사람이, 하물며 귀신이 이에 어긋남이 있을 수 있겠는가.

[『역경』 건괘 문언전]

대인은 천덕을 기리는 인물이 되어 불전의 기파와 통하는 인물이다. 또 천신과 불전의 기파와 통하는 인물일 수 있다. 기파랑은 이들에 준하는 인물로서 훌륭한 인간상이고, 신화에서 취급하는 소재들로 그 인물됨이 상징되어 있어 '그 뜻이 매우 높다'라고 한 것이다.

이와 같이 「찬가」는 생의 굳건한 뜻을 지니고 있어, 제의식에서 기파랑을 찬미해 불리어졌다고 본다. 본디 향가는 "신라 사람들이 향가를 숭상한지가 오래되었는데 대개 시송과 같은 것이었다. 그러므로 자주 천지와 귀신을 감동시킨 일이 한두 가지가 아니었다.(『三國遺事』 卷 5, 感通 七 月明師 兜率歌)."라고 하여 천지 귀신을 감탄시키는 것이라 했다. 양주동은 신라인의 가요 의식에 대해서

新羅人은 무릇 詞腦歌를 다만 風詠. 戱樂의 具로만 생각한 것이 아니오 정말 天地神明을 감동시킬 수 있는 神聖한 무엇으로 看做한 것인데, 이는 저 上代 震人이 歌樂을 天·神과 交通할 수 있는 무슨 超自然力, 或은 神鬼를 驅使할 수 있는 무슨 呪術的 힘으로 관념한 그대로의 遺傳이다.[84]

라고 가요를 초자연적·주술적 힘이 있는 것으로 관념했던 것을 볼 수 있다. 「찬가」가 제의식에서 불리어진 것은 기파랑과 같은 충신의 출현을 기대하는 데 있었다. 충담은 기파랑을 천신과 비견하여 인물을 형상화시

84) 梁柱東, 앞의 책, p.54.

켰기에 「찬가」를 신화비평적으로 대할 수가 있고 '其意甚高'하다고 한 것이다.

신라는 경덕왕 때 사양길에 접어 들었다. 충담이 기파랑을 신화적으로 대한 것은 무엇일까. 그는 그러한 인물의 출현을 기대하는 데서 임은 말할 것도 없고, 기파와 같이 고결한 마음씨를 지녀야겠다는 뜻을 불어 넣는 데 의도가 있었다. 충담이 「찬가」에서 기파랑의 인물된을 달·물·잣나무 등이 상징하는 것과 같이 원형상징의 것으로 규정할 수 있기 때문이다. 그런 데서 찬가는 뜻이 매우 높다고 한 것이다.

V. 맺 음 말

이상과 같이, 「찬가」는 기파랑의 인물됨을 원형상징으로 분석해 본 것이다. 기파랑이 화랑출신임에도 불구하고 무사도적인 인간상이 아닌, 신비적 구도적 선자연한 인간상과 맥을 같이하는 것은 원형상징성 때문이라 본다. 「찬가」의 내용이 신화학과 통하는 달·물·여자와 짝지워진 것은, 위대한 인물을 부각시키기 위한 작자의 의식적 태도이었다고 본다. 「찬가」는 기파와 같은 인물의 출현 뿐만 아니라 경덕왕 때 해이해진 기강을 바로 세우기 위한 목적으로 지은 것이다.

신화학에서 잣나무는 우주의 나무를 상징하는 것처럼 기파랑은 우주의 상징적 인물이다. 기파랑은 신과 같은 존재로 나타나 있지만 그가 어떠한 인물인가에 대해 현존하는 정확한 기록이 없다. 이에 학자들이 기파랑을 표훈대덕이라 한 것은 그가 천신과 비견되는 인물이기 때문이다. 『삼국유사』에 의하면 표훈대덕이 천신과 내통하는 인물인 데서, 학자들은 기파랑으로 추정한 것 같다. 그러나 이 학설들은 역시 추정하는 데 불과하고 기파랑은 기파로 볼 수밖에 없다. 충담이 「찬가」에서 기파랑의 인물됨을 달·물·잣나무 등과 통하게 지은 것은 사양길에 접어든 신라 사직을 구한다는 일념이었다고 할 수 있다. 또 파벌간의 갈등관계를 해소시키기 위해 노래를 지어 불렀다.

향가 중 「찬가」를 사뇌가 중 백미라고 일컫는 것은 충신을 기림에 있어서 진솔한 표현을 부각시킨 데 있다. 이 사실은 기파랑이 차원 높고 천신과 관계되어 있기 때문이다. 「찬가」는 경덕왕때 문화적 배경이 성숙단계에 이르러 창작된 노래인 만큼 그 규명은 시대적 배경과 무관할 수 없다. 「찬가」가 지어진 문화적 배경은 상당한 수준의 예술품이 창작되었던 시기이다. 따라서 「찬가」는 경덕왕 때의 문화적 수준을 나타낸 것이라 할 수 있다. 경덕왕이 좀더 선정을 베풀고 문화를 발전시켰다면 훌륭한 작품이 많이 창작되었을 것이다. 그러나 왕이 한동안 호락에 빠져 있었으므로 신하들간에는 파벌간의 알력이 심화되었다고 본다. 경덕왕 때 왕당파와 반왕당파가 발생하게 된 것은 그런 원인이 많이 작용됐다고 할 수 있다. 이로 인하여 백성들은 군신을 불신하게 되어 나라는 극도로 어지러워졌다. 경덕왕의 뒤를 이은 혜공왕이 반대파에 의해 시살된 것은 그 시대상을 반영한 단적인 예이다.

충담의 작품 두수가 현존하지만 실지로는 더 많이 지었을 것이다. 「찬가」와 같은 훌륭한 작품이 전해져 기파랑의 인물됨을 달·물·돌·잣나무와 관련지어 신화비평적으로 분석할 수 있게 된 것은 다행스러운 일이다. 「찬가」에 신화적 내용이 담겨져 있다는 것은 영원한 우주적 과정이라는 차원을 전적으로 부정할 수 없는 것과 같다. 다른 말로 바꾸면 가장 원시적인 것과 가슴속에 깊이 파묻어 두었던 것들로의 회귀라고 할 수 있다. 그런데 「찬가」의 내용이 '우주적 과정의 편입과 원시적인 것들로의 회구에 대한 지향'[85]은 경덕왕 때 역사적 상황에서 오는 소외인

---

85) Jolande Jacobi, *The Psychology of C.G. Jung*, Yale University Press, 1962, pp.48-49.

To open up this store in one's own psyche, to awake it to new life and integrate it with consciousness, mean nothing less than to save the individual from his isolation and gather him into the eternal comic process.

식에 의한 것이라는 점을 배제하기 어려울 것 같다. 「찬가」에서 궁극적
으로 충담이 기파랑의 인물됨을 고요한 지점과 같은 상태로 추구된 것
도 같은 맥락으로 이해될 수 있는 일이다.

신라 경덕왕 때에 있어서 기파랑은 절대자이었다. 이 절대자에 대한
찬미는 현실의 보편화와 기존의 전통적 가치들의 붕괴에 의한 소외를
보다 더 근본적으로 극복하고자 하는 욕망을 충담은 나타낸 것이다. 충
담이 「찬가」를 지은 동기는 신라인들이 시간적인 삶의 현실과 모든 모
순과 갈등이 해소된 초월적인 이상적 삶 사이에서 생기는 괴리를 해소
하기 위한 데 있었다 함은 앞서 도표에서 보는 바와 같다.

경덕왕의 사회상의 혼란의 발작이 있었으므로 충담은 이를 안정시키
기 위해 고요한 안정의 추구로 「찬가」를 지었다고 본다. 그는 또 현실의
긴장 혹은 갈등을 해소시키는 방안으로 신화비평에서 거론하는 소재들
로 「찬가」를 지었다고 볼 수 있다. 「찬가」는 화랑의 전형을 이루는 기파
랑의 모습을 원형상징성으로 형상화한 데서 훌륭한 작품을 이루었다. 즉
기파랑의 인물됨을 달·물·돌·잣나무를 소재로 하여 시화한 데서 의
의를 지닌다.

향가의 백미라 일컫는 「찬가」가 창작되었다는 것은 문화적인 배경도
큰 몫이 되었지만, 충담의 고매한 인격을 나타내 준 결정체임을 간과할
수 없다. 기파랑이 신화에서 취급하는 달·물·돌·잣나무와 통하는 인
물이라면, 충담도 그러한 경지에 이른 영복승이라는 것을 생각하게 된다.
따라서 「찬가」의 원형상징성은 기파랑의 인격을 반영해 준 것이겠지만,
충담도 그러한 인물이라는 것을 잊어서는 안 될 것이다.

「安民歌」와 敍事文脈

金文泰

1. 머리말

『三國遺事』卷二 紀異二「景德王 忠談師 表訓大德」條에 전하는「安民歌」에 대해서는 이른 시기부터 논의되어 왔다. 논의의 주안점은 경덕왕대의 시대상과「안민가」의 성격에 있었다. 즉 연구자의 대부분은 경덕왕이 충담사에게 '請作理安民歌'하였다는 서사문맥에 초점을 맞추어 이를 理世之方의 治理歌로 보았다는 공통점을 지니고 있다.[1] 따라서 연구자의 대부분은 이 노래의 창작배경과 '백성을 편히 다스리는'(理安民) 사상적 기반에 대해서 주로 관심을 가졌던 것이다.

이러한 일련의 연구는 그 작품이 당시의 시대상·사상과 어떠한 관련을 지니고 있는가 하는 것을 드러낼 수 있다는 점에서 의의를 지니고 있다. 그러나 이러한 연구방법은 문학적 관점을 도외시한 역사적·철학적 관점으로 일관하고 있다는 비난을 면하기 어려운 것도 사실이다. 역

---

1) 물론 대부분의 연구자들이 '治理歌'라는 용어를 사용한 것은 아니다. 이를 직접 언급한 것은 김선기(『現代文學』13-4, 現代文學社, 1967.4)와 崔喆(「安民歌」연구, 『三國遺事의 문예적 研究』, 새문社, 1982)과 박노준(『新羅歌謠의 研究』, 悅話堂, 1985)이다. 그러나 대부분의 연구자들은 이 용어를 직접적으로 사용하지는 않았으나, 이 개념을 저변에 두고 논의를 전개하고 있다고 보여진다.

사적·철학적 관점을 통한 고구는 「안민가」라는 한 작품의 문학적 의의
를 밝히기 위한 先決的·道具的 문제이기 때문이다. 따라서 본고에서는
역사적 관점에서 당시의 시대상을, 철학적 관점에서 이 노래의 사상적
기반을 고찰할 뿐만 아니라, 나아가 문학적 관점에서 이 노래의 문학사
적 위상을 고찰하는 데에 그 목적을 둔다. 따라서 본고에서는 「안민가」
의 창작동기와 배경, 그리고 이 노래의 성격과 이러한 성격이 지닌 의미
등을 종합적으로 규명하도록 할 것이다.

　이러한 작업에 있어서 하나의 작품은 당대의 시대상을 굴절·반영한
다는 점, 『三國遺事』는 체계적이고 일관된 체재를 지닌 完書[2] 라는 점
등을 접근방법의 전제로 삼을 것이다. 따라서 「안민가」의 성격과 의미는
당대의 시대적·사상적 흐름을 바탕으로 『삼국유사』에 대한 전체적인
조망하에서, 특히 해당조목 전체의 서사문맥과의 관련하에서 추출될 것
이다. 그러나 「讚耆婆郎歌」는 忠談師가 뜻이 높은 향가를 지은 적이 있
고, 또한 景德王을 대하던 시점에서도 그러한 향가를 지을 수 있다는 방
증으로 대두된 것이므로 「안민가」와는 직접적인 관련이 없다. 그러므로
본고에서는 「찬기파랑가」를 논의의 대상에서 제외시키기로 한다.

　우선 이 條 전체의 서술구조와 이 條와 긴밀한 관련을 지니고 있는
「月明師 兜率歌」·「處容郎 望海寺」조와의 관련양상을 살펴봄으로써 이
조 전체의 성격과 「안민가」 해석의 단서를 찾기로 한다. 다음으로 이러
한 단서를 바탕으로 하여 「안민가」의 성격과 의미에 대해 고찰하기로
한다.

---

2) 이에 대한 구체적인 논의는 金文泰(『삼국유사』의 體裁와 性格 - 一然의 編
　纂意圖와 관련하여 -,『陶南學報』12, 陶南學會, 1990) 참조.

2. 서사문맥의 유기적 성격

1) 「景德王 忠談師 表訓大德」條의 서술구조

우선 이 조 전체의 문맥을 서술의 순차적 전개에 따라 제시하면 다음과 같다.

(1) (唐에서 道)德經 등을 보내니 왕이 예를 갖추어 받았다.

(2) 御國 24년에 五岳三山神 등이 수시로 나타나 왕을 殿庭에서 모셨다.

(3) 3월 3일에 왕이 歸正門樓上에 행차하여 榮服僧을 불러오라 하였다.

(4) 이에 그 곳을 배회하던 威儀鮮潔한 大德을 불러왔다.

(5) 왕이 榮僧이 아니라고 돌려 보냈다.

(6) 남쪽으로부터 衲衣를 입고 櫻筒을 짊어지고 오는 승려가 있었다.

(7) 왕이 이를 보고 기쁘게 樓上으로 맞이하였다.

(8) 왕이 통속을 들여다 보니 茶具가 담겨있었다.

(9) 왕이 누구냐고 묻자 忠談이라 하였다.

(10) 왕이 어디서 오는 길이냐고 묻자 重三·重九에 南山三花嶺 彌勒世尊께 茶供養을 드리고 오는 길이라 하였다.

(11) 왕이 차를 청해 마시니 맛이 異常하고 異香이 풍겼다.

(12) 왕이 師의 「讚耆婆郞歌」의 뜻이 높냐고 묻자 그렇다고 하였다.

(13) 왕이 자신을 위하여 '作理安民歌'하라 하였다.

(14) 師가 노래를 지어 바쳤다.

(15) 왕이 기뻐하여 師를 王師로 봉하려 하였다.

(16) 師가 再拜固辭하며 받지 아니 하였다.

(17) 「안민가」, 「찬기파랑가」 가사

(18) 왕이 無子하였다.

(19) 왕비를 폐하고 滿月夫人을 왕비로 맞아들였다.

(20) 왕이 表訓을 불러 上帝께 청하여 아들이 있게 해달라고 하였다.

(21) 표훈이 天帝께 다녀온 후 딸은 가하나 아들은 불가하다고 전했다.

(22) 왕이 아들로 바꾸어 달라고 하였다.

(23) 표훈이 再請하자 帝가 그리하면 나라가 위태로울 것이라 하는
동시에 왕래를 금했다.

(24) 표훈이 이를 왕에게 고하자 왕은 아들이면 족하다고 하였다.

(25) 이에 태자가 탄생하니 왕이 기뻐하였다.

(26) 태자 8세에 왕이 崩하여 태자가 즉위하였다.

(27) 왕이 어려 太后가 섭정하였으나 政事가 문란하고 도둑이 봉기하
였다.

(28) 왕은 女가 男이 되었으므로 婦女의 놀이를 하고 비단주머니 차
기를 좋아했으며 道流들과 더불어 희롱했다.

(29) 나라에 大亂이 일었다.

(30) 왕이 弑害당하였다.

(31) 표훈이후로 신라에 聖人이 나타나지 않았다.

이 조에서 문제가 되는 것은 우선 唐에서 도덕경을 보내왔다는 (1)의
기록이다. 대부분의 연구자들은 이 기록의 앞부분 일부(괄호로 표시한
부분)가 삭제되어 수록되어 있다는 점, 그리고 이 기록이 『三國史記』에
는 「孝成王 二年 四月」條에 기록되고 있다는 점에서 경덕왕대의 일이
아니라 효성왕대의 일이라 보고 있다. 즉 이 기록은 이 조에 해당되는
것이 아니라, 이 조 바로 앞의 「孝成王」條에 해당된다는 것이다. 그러나
여기서 중요한 것은 이러한 일이 어느 왕 몇년에 있었는가 하는 역사적
사실이 아니라, 이러한 일을 一然이 이 조에 넣은 이유는 어디에 있는가
하는 일연의 편찬의식이다. 즉 이러한 기사를 통해 일연은 무엇을 말하
려고 했는가 하는 것이 보다 중요한 것이다. 만일 이 기록이 대부분의
연구자가 추측하듯이 板刻과정의 誤刻에 의해 이 조에 들어왔다면 경덕
왕대의 또 다른 일화인 『三國遺事』소재 「月明師 兜率歌」조의 '二日竝現'
기록은 어찌 설명할 것인가. '이일병현' 기사는 『삼국사기』에 따르면 景
德王 十九年 四月의 일이 아니라, 그의 子인 惠恭王 二年 正月의 일이기
때문이다. 따라서 (1)의 기록은 마땅히 이 조에 해당되는 것으로 보아야
할 것이다.

다음으로 諸神이 出現하였다는 (2)는 충담사의 일화인 (3)-(17)에 대한 동기유발로 작용하고 있다. 즉 (2)는 문제발생이고, (3)-(17)은 이러한 문제를 해결하기 위한 시도인 것이다. 경덕왕의 후사가 없다는 (18)은 표훈대덕의 일화인 (19)-(25)에 대한 동기유발이다. 즉 (18)은 문제발생이고, (19)-(25)는 이러한 문제를 해결하기 위한 시도인 것이다. (26)-(31)은 (18)-(25)에 대한 결과이다.

이렇게 볼 때 전반의 충담사 일화 부분과 후반의 표훈대덕 일화 부분은 일견 전혀 관련이 없는 듯이도 보인다. 단순한 경덕왕대라는 공통점 때문에 이 조에 같이 수록된 것처럼 보이는 것이다. 그러나 이 조의 전반부에 있어서 문제 (2)에 대한 해결 시도인 (3)-(17)의 결과가 전혀 언급되고 있지 않다는 점, 또한 이 조 바로 다음에 「惠恭王」조가 뒤따라 기술되고 있음에도 불구하고 (26)-(31)을 통해 굳이 이 조에 혜공왕에 관한 일화를 부연하고 있다는 점 등을 고려할 필요가 있다. 여기서 후반부의 표훈대덕 일화에 대한 결과인 (26)-(31)은 전반부의 충담사 일화에 대한 결과로서도 동시에 작용하고 있다는 잠정적인 결론에 이르게 된다. 다시말해 이 조 전체는 유기적인 관련을 지니고 있으며, 一然은 이 조의 중심이 되는 전반부에 대한 결론으로 경덕왕대의 또 다른 일화를 들고 있는 것이라 볼 수 있는 것이다. 이러한 잠정적인 결론은 경덕왕대의 일로서 이 조와 유사한 서술구조로 이루어져 있는 「月明師 兜率歌」조와 憲康王代의 일이기는 하지만 '諸神출현 - 國終亡'이라는 구조로 이루어져 있는 「處容郞 望海寺」조와의 비교를 통해 입증될 것이다.

2) 「月明師 兜率歌」・「處容郞 望海寺」條와의 관련

「月明師 兜率歌」조는 '二日竝現'이라는 문제가 발생하자 경덕왕이 朝元殿에 단을 설치하고 淸陽樓에 행차하여 緣僧을 기다렸다가 남쪽길을 따라 가는 월명사를 연승으로 지목하여 「兜率歌」를 짓게 하니 日怪가

사라지고 眞身이 출현하였다는 내용이다. 즉 '문제발생 - 왕이 樓에 행차 - 緣僧을 구함 - 南路를 가는 승려 부름 - 노래를 짓게 함 - 문제해결'의 구조로 되어 있는 것이다. 이러한 구조는 「景德王 忠談師 表訓大德」조가 '문제발생 - 왕이 樓에 행차 - 榮服僧을 구함 - 南路를 가는 승려를 부름 - 노래를 짓게 함'의 구조로 이루어져 있다는 것과 거의 일치하고 있다. 즉 문제가 발생하자 왕은 이를 해결하기 위해 樓에 행차한다는 점, 이 문제 해결에 적합한 인물로서 南路를 따라 걷는 郎徒僧侶를 지목한다는 점, 문제해결의 수단으로서 노래를 짓게 하였다는 점에서 이 두 이야기는 완전한 일치를 보이고 있는 것이다.

그러나 문제해결을 위한 수단으로서의 노래에 대한 결과는 판이하게 나타나고 있어서 주목된다. 월명사는 왕이 '開壇作啓'를 명하자 禳災·招福이라는 특별한 기능을 지닌 「兜率歌」장르를 원용해 불교와 결합시킴으로써 그의 「도솔가」를 만들어 냈으며, 이 노래는 이일병현으로 상징화된 문제해결, 즉 禳災·招福이라는 집단적인 목적을 위해 불리워진 것이다. 이러한 呪力과 佛力이 결합된 월명사의 「도솔가」는 이일병현이라는 문제를 해결하였을 뿐만 아니라, 나아가 童子로 현신한 眞身의 顯現이라는 결과까지 초래하여 가히 그 힘을 유감없이 발휘하였다.3) 또한 일연은 이 노래에 대해 「散花歌」가 아니라는 평을 하면서 이 조 말미에 '향가가 능히 천지귀신을 감동시키는 것이 한 둘이 아니다'(鄕歌者 --- 往往能感動天地鬼神者 非一)라는 평과 讚을 붙임으로써 「도솔가」의 효험을 재차 확인하고 있다. 이러한 의미에서 일연은 「도솔가」가 정통불교적인 성격을 지니지 않았음에도 불구하고 불교의 靈驗 내지 異蹟을 기록한 感通篇에 수록했던 것이다.

이에 반해 충담사는 왕이 「찬기파랑가」의 뜻이 높음을 확인한 후 자

---

3) 이에 대한 구체적인 논의는 金文泰(「兜率歌」(儒理王代·景德王代)와 敍事文脈 - 相同性과 變異性을 중심으로 -, 『泮橋語文硏究』 4, 泮橋語文硏究會, 1992) 참조.

신을 위하여 '作理安民歌'할 것을 청하자 주술적·불교적 요소가 전혀 보이지 않는 유교적 색채의 「안민가」를 지었다.4) 그러나 「도솔가」와는 달리 이 노래로 인한 효험이나 결과는 전혀 언급되지 않고 있다. 또한 일연 역시 이 노래와 이 조에 대한 어떠한 평도 하지 않고 있다. 그렇다면 일연은 거의 흡사한 구조를 지닌 동일왕대의 이야기를 왜 다른 양상으로 기술하였으며, 이를 왜 다른 편목에 수록하였는가. 여기서 일연은 이 노래에 대한 평을 유보하고 경덕왕대의 또 다른 일화인 표훈대덕 이야기를 이 조에 삽입함으로써 이 노래에 대한 평에 대신하였던 것이며, 혜공왕대의 大亂·혜공왕의 弑害事件·표훈대덕 이후의 絶聖 등을 이 조의 말미에 붙임으로써 이 조의 결말로 삼고 있는 것이라 추정할 수 있다. 국가에 大亂이 일어나고, 왕이 弑害당하고, 다시는 聖人이 나타나지 않았다는 것은 곧 亡國이라 아니할 수 없다. 이러한 의미에서 일연은 이 노래와 이 조에 대해 부정적인 평가를 내리고 있다고 볼 수 있는 것이다. 따라서 일연은 이 조 바로 다음에 「惠恭王」조를 수록하고 있음에도 불구하고 이 조 말미에 굳이 혜공왕대의 망국적 조짐을 첨부하고 있는 것이라 할 것이다. 또한 「안민가」는 「도솔가」와는 달리 어떠한 불교적 요소도 보이지 않고 있으므로 감통편이 아닌 기이편에 수록했다고 추정할 수 있는 것이다.5)

여기서 일연이 경덕왕대를 망국적 현상으로 결론지은 이유는 무엇인가 하는 의문이 제기된다. 주지하는 바와 같이 경덕왕대는 종교적으로는 佛國寺와 石窟庵, 그리고 奉德寺鐘과 같은 佛事를 일으키던 신라문화의 절정기6)인 동시에, 정치적으로는 비록 안정되지는 않았지만 官署名과 官職名, 그리고 地名과 行政區域을 정비하여 강력한 중앙집권적 專制主義

---

4) 이러한 <안민가>의 성격에 대해서는 뒤에서 구체적으로 논의하게 될 것이다.
5) 기이편과 감통편의 차이에 대한 구체적인 논의는 金文泰(『삼국유사』의 體裁와 性格 - 一然의 編纂意圖와 관련하여 -,『陶南學報』 12, 陶南學會, 1990) 참조.
6) 李基白,『新羅政治社會史硏究』, 一潮閣, 1992, p.216.

體制를 꾀하던 신라정치의 전성기였다는 점에서 이러한 의문은 한층 배가된다. 이 문제는 이와 유사하게 서술되어 있는 「處容郎 望海寺」조를 통해 그 해결의 실마리를 찾을 수 있다.

「處容郎 望海寺」조는 「景德王 忠談師 表訓大德」조와 마찬가지로 기이편에 실려있다. 「處容郎 望海寺」조는 공통화소를 지닌 다섯 개의 삽화로 이루어져 있다. 이 조의 서두는 '서울로부터 海內에 이르기까지 집과 담이 連하고 草家는 하나도 없었으며, 풍악과 노래가 길에서 끊이지 않고 風雨는 사철 순조로웠다'[7]고 하여 가히 태평성대로 시작하고 있다. 그러나 이 조의 말미는 『語法集』의 인용을 통하여 '地神과 山神은 나라가 장차 망할줄 알았으므로 춤을 추어 경계하였지만 國人이 깨닫지 못하고 도리어 祥瑞가 나타났다 하여 더욱 耽樂을 한 까닭에 마침내 나라가 망하였다'[8]고 하여 亡國으로 끝나고 있다. 이처럼 태평성대를 구가하던 왕대에 갑작스럽게 망국하는 이유는 歌舞가 祭儀性을 상실하고 宴饗的 의미로 변질하였다는 集團無意識世界의 변질[9]과 토속신앙의 불교화에 대한 시대착오적 역행[10]에서 찾을 수 있다. 다시말해 일연은 태평성대를 누리던 헌강왕대를 諸神出現과 관련한 공통화소를 지닌 다섯 개 삽화의 반복을 통해서 '國終亡'이라는 결론을 내리고 있는데, 그 원인은 문맥에서처럼 諸神의 춤에 대한 국인의 오해에 있는 것이 아니라 집단무의식세계의 변질 및 불교의 토속신앙화에 있는 것이다. 결국 일연은 「處容郎 望海寺」조를 통해 정신세계의 혼란 및 파괴가 국가의 멸망동인이 된다는 것을 암시하고 있는 것이다.

이러한 「處容郎 望海寺」조의 의미는 「景德王 忠談師 表訓大德」조의

---

7) '自京師至於海內 比屋連墻 無一草屋 笙歌不絶道路 風雨調於四時'
8) '地神山神知國將亡 故作舞以警之 國人不悟 謂爲現瑞 耽樂滋甚 故國終亡'
9) 이에 대한 구체적인 논의는 金文泰 (<處容歌>와 敍事文脈) 참조.
10) 이에 대한 구체적인 논의는 金文泰 (『三國遺事』所載 '龍' 傳承 硏究 - 敍述構造와 變貌樣相을 중심으로 -, 成均館大 大學院 博士學位論文, 1990, pp.108-112) 참조.

의미규명에 직접적인 단서를 제공한다. 일연이 종교적으로 정치적으로 명실공히 절정기였던 경덕왕대를 망국적인 모습으로 결론지은 것은 이 조의 서두 (1)·(2)에 보이는 道德經 전수와 五岳三山神 출현과 밀접한 관련을 지니고 있으며, 이는 곧 충담사의 「안민가」의 성격과도 무관하지 않음을 알 수 있다. 따라서 「안민가」의 성격과 의미는 이 조 전체구조 속에서 고구되어야만 하는 것이다. 이제 이상의 논의를 바탕으로 「안민가」를 고찰하기로 한다.

3. 「安民歌」의 성격과 의미

1) 「안민가」의 사상적 기반

君隱父也	君은 아비요
臣隱愛賜尸母史也	臣은 사랑하시는 어미요
民焉狂尸恨阿孩古	民은 어리석은 아이라고
爲賜尸知民是愛尸知古如	하실진댄 民이 사랑을 알리라
窟理叱大肹生以支所音物生	大衆을 살리기에 익숙해져 있기에
此肹喰惡支治良羅	이를 먹여 다스릴러라
此地肹捨遣只於冬是去於丁	이 땅을 버리고 어디로 가겠는가
爲尸知國惡支持以支知古如	할진댄 나라 保全할 것을 알리라
後句 君如臣多支民隱如	아아, 君답게 臣답게 民답게
爲內尸等焉國惡太平恨音叱如	한다면 나라가 太平을 持續하느니라[11]

「안민가」의 사상적 기반에 대한 논의는 이를 주술로 보는 견해[12], 불교로 보는 견해[13], 유교로 보는 견해[14], 불교와 유교의 접합으로 보는

---

11) 金完鎭, 『鄕歌解讀法硏究』, 서울大 出版部, 1980, pp.79-80.
12) 林基中, 『新羅歌謠와 記述物의 연구』, 二友出版社, 1981, pp.295-297.
13) 尹榮玉, 『新羅歌謠의 硏究』, 螢雪出版社, 1991, pp.234-237.
  이도흠, 안민가와 지배이데올로기로서의 화엄사상, 『畿甸語文學』 3, 水原大 國語國文學會, 1988, pp.211-215.

견해15) 등으로 대별된다.

우선 「안민가」의 사상적 기반을 주술로 보는 근거는 경덕왕이 신라가요에 대한 전통적인 呪力觀念을 지니고 理國의 방법을 노래로 짓게 하였다는 데에 있다.16) 즉 월명사의 「도솔가」에서와 같은 주력관념 같은 것이 작용했다는 것이다. 앞서 고찰한 바와 같이 「안민가」와 「도솔가」는 거의 완전한 일치를 보이고 있는 서사문맥 가운데 삽입되어 있어 이러한 견해가 일견 타당성이 있어 보인다. 그러나 이 두 노래의 형식과 내용이 다르다는 점을 간과할 수 없다. 월명사가 이미 10구체 향가인 「제망매가」를 통해 그 영험함을 세인에게 드러낸 바 있어 10구체 향가에 대단한 조예가 있었음에도 불구하고 굳이 향가의 가장 앞선 형태라고 일컬어지는 4구체로써 「도솔가」를 지은 까닭은 4구체 향가가 지닌 독특한 기능17) 때문이었다. 따라서 「도솔가」에는 '꽃아'라는 표현에서 볼 수 있는 喚起法, '羅立하라'라는 표현에서 볼 수 있는 강한 命令法 등 呪詞의 일반적인 징표들이 나타나고 있어 불교전래 이전의 주술적·토속신앙적 잔재가 드러나고 있는 것이다.18)　반면 「안민가」는 10구체로서 詩

---

14) 梁柱東, 論語와 國文學, 『論語』, 玄岩社, 1966, pp.393-394.

　　金鍾雨, 『鄕歌文學硏究』, 二友出版社, 1983, p.179.

　　卞鍾鉉, 安民歌, 黃浿江敎授 定年退任紀念論叢 『鄕歌文學硏究』, 一志

　　　　社, 1993, pp.446-449.

15) 金承璨, 『韓國上古文學論』, 새문社, 1987, p.138.

16) 林基中, 앞의 책, 같은 부분.

17) 소위 4구체 향가는 集團的·呪術的 기능을 지니고 불려졌다. 이에 대한 구체적인 논의는 金文泰(「獻花歌」·「海歌」와 祭儀文脈 - 『三國遺事』소재의 詩歌解釋을 위한 方法的 試攷 -, 林下 崔珍源博士 停年紀念論叢 『古典詩歌의 理念과 表象』, 1991)·(「薯童謠」와 敍事文脈 - 『三國遺事』의 유기적 성격과 관련하여-, 『새국어교육』 47, 한국국어교육학회, 1991)·(「兜率歌」(儒理王代·景德王代)와 敍事文脈 - 相同性과 變異性을 중심으로 -, 『泮橋語文硏究』 4, 泮橋語文硏究會, 1992) 참조.

18) 金文泰, <兜率歌>(儒理王代·景德王代)와 敍事文脈 - 相同性과 變異性을 중심으로 -, 『泮橋語文硏究』 4, 泮橋語文硏究會, 1992, pp.94-95.

句 어느 곳에서도 呪詞로서의 일반적인 징표가 드러나지 않고 있다는
차이를 보이고 있다. 따라서 서사문맥의 동질성에 근거하여 「안민가」의
사상적 기반을 「도솔가」와 마찬가지로 주술로 보는 견해는 그 타당성이
희박하다 할 것이다.

다음으로 「안민가」의 사상적 기반을 불교로 보는 근거는 경덕왕이 好
佛하였고, 특히 彌勒信仰에 경도되어 있었다는 데에 있고[19], 또한 경덕
왕이 전제왕권 강화책으로서 화엄사상을 신봉하였으며, 「안민가」에 전체
를 위해 자신을 절제해야 한다는 화엄사상에 입각한 圓融無碍의 실천윤
리가 담겨있다[20]는 데에 있다. 앞서 언급한 것 처럼 경덕왕대는 종교적
으로 佛國寺와 石窟庵, 그리고 奉德寺鐘과 같은 佛事를 일으키던 신라문
화의 절정기였다는 점, 그리고 경덕왕이 문제해결을 위해 낭도승려를 지
목했다는 점 등을 고려할 때 이러한 견해는 일견 설득력이 있어 보인다.
그러나 「안민가」의 어디에서도 불교적인 용어를 찾아 볼 수 없다. 뿐만
아니라 화엄사상에 입각한 원융무애의 근거로 제시한 제 9구 '君답게
臣답게 民답게'(君如臣多支民隱如)는 불교의 華嚴思想 보다는 유교의 正
名思想 내지 德治思想에 보다 근접하는 내용이다. 이 귀절은 『論語』顔
淵篇의 '君君 臣臣 父父 子子'를 원용한 것이라 보이는 것이다. 물론 이
내용이 불교의 화엄사상과 맞물리는 점도 있을 것이다. 위대한 종교·사
상의 기반은 시대와 지역을 초월하여 근원적으로 相通하고 있기 때문이
다. 그러나 慈悲·愛民·사랑 등이 근원적으로 상통한다 하여 이를 변별
하지 않고 사용한다든지, 이의 변별점을 무시하고 편의에 따라 해석하는
것은 잘못이라 아니할 수 없다. 따라서 '君답게 臣답게 民답게'의 귀절
을 견강부회하여 「안민가」의 사상적 기반을 불교로 보는 견해는 문제가
있다 할 것이다.

결국 「안민가」의 사상적 배경은 儒敎라 볼 수 있다. 『論語』顔淵篇에

---

19) 尹榮玉, 앞의 책, 같은 부분.
20) 이도흠, 앞의 논문, 같은 부분.

서 정치에 대해 묻는 齊景公에게 공자가 '君이 君답고, 臣이 臣답고, 父가 父답고, 子가 子다운 것'이라 하자, 이에 景公은 '君이 君답지 않고, 臣이 臣답지 않고, 父가 父답지 않고, 子가 子답지 않다면 비록 식량이 있다 하더라도 먹을 수 있겠는가?'라고 감탄하고 있다.[21] 이는 곧 경덕왕이 李純으로부터 수일간 治世의 방도를 듣고 감탄하였다는 점[22], 그리고 경덕왕이 충담사에게 '백성을 편히 다스리는'(理安民) 방도로서의 노래를 청했다는 점 등과 부합된다. 뿐만 아니라 경덕왕은 唐의 문화·문물·제도 등을 적극 수용하여 이를 신라에 적용하는 작업을 구체적으로 하고 있었기 때문에, 유교적 정치이념에 대해서도 깊은 관심을 가지고 있었을 것임에 틀림없다. 따라서 경덕왕은 월명사에게 내용을 제한하지 않고 '開壇作啓'를 명해 「도솔가」를 짓도록 한 것과는 달리, 충담사에게 미리 내용을 한정하여 '作理安民歌'할 것을 청해 「안민가」와 같은 유교적 내용의 노래를 짓게 하여 이를 아름답게(佳之) 여긴 것이라 볼 수 있는 것이다.

그렇다면 현전하는 향가들과는 내용면에서 완연하게 다른 이러한 유교적인 노래를 청한 경덕왕의 의도는 무엇이며, 이 노래의 의미는 무엇인가. 이제 이 조의 문맥을 세밀하게 검토함으로써 이 문제에 접근하고자 한다.

2) 「안민가」의 창작배경과 의미

경덕왕은 3월 3일에 歸正門樓上에 행차하여 榮服僧을 맞이하고자 하였다. 여기서 '榮服'이란 '잘 차려입다'라는 의미가 아니라, '잘 다스린다'라는 의미이다. 이것은 경덕왕이 威儀鮮潔한 大德을 물리치고 衲衣를

걸치고 櫻筒을 짊어진 충담사를 흔쾌히 맞이하였다는 데에서도 잘드러
나고 있다. 그렇다면 경덕왕은 무엇을 잘 다스리기 위해 영복승을 기다
렸는가.

　여기서 우선 3월 3일이라는 시기에 주목할 필요가 있다. 高句麗에서는
매년 3월 3일에 樂浪의 丘陵에 모여 사냥하고, 돼지와 사슴을 잡아서 하
늘과 산천에 제사지냈으며23), 駕洛國의 시조 首露는 三月 禊浴日, 즉 3
월 3일에 龜旨峰에 알의 형태로 하늘로부터 내려오고 있다.24) 新羅의 경
우는 3월 1일에 六部의 조상들이 閼川岸上에 모여 군주를 모실 것을 의
논하고 남쪽을 바라보니 알의 형태로 하늘로부터 내려온 赫居世를 맞이
하였다는 기록25) 이외에 3월 3일에 대한 구체적인 사례는 발견되지 않
고 있다. 그러나 고구려나 가락국의 습속으로 보아 3월 3일은 신라인에
있어서도 제의적인 측면에서 대단히 중요한 날이었을 것임을 능히 짐작
할 수 있다.　이러한 면은 우리의 세시풍속에서 3월 3일에 진달래꽃으로
花煎을 만들어 먹고 이 음식으로써 時祭를 올렸으며, 9월 9일 역시 국화
꽃으로 花煎과 술을 빚어 먹고 이 음식으로써 時祭를 올렸다는 데에서
도 여실히 드러나고 있다.26) 中國 역시 3월 3일에 물가에서 목욕하고 쑥
떡을 먹음으로써 除災求福, 즉 질병이나 사악함을 없애고 복을 기원하고
있으며, 9월 9일 역시 茱萸가지를 머리에 꽂고 국화주를 마심으로써 災
厄과 邪氣를 물리치고 있다.27)

　이상과 같이 볼 때 重三日과 重九日은 제의를 통해, 혹은 제의에 버금
가는 행위를 통해 禳災·招福을 기원하는 날이다. 충담사가 매년 重三·
重九日에 미륵세존께 차공양을 드리는 것도 이러한 습속의 일환이었던

　23)『三國史記』卷三十二 雜志一 祭祀
　24)『三國遺事』卷二 紀異二 駕洛國記
　25)『三國遺事』卷一 紀異一 新羅始祖 赫居世王
　26)『東國歲時記』三月 三日, 九月 九日.
　　　『洌陽歲時記』三月 三日, 九月 九日.
　27)『淵鑑類函』卷一 歲時部 三月 三日, 九月九日.

것이다. 따라서 경덕왕은 重三日을 禳服하기 위해 歸正門樓上에 행차하였던 것이며, 이러한 重三의 의미를 잘 아는 충담사에게 '作理安民歌'할 것을 청했던 것이다. 그러나 경덕왕은 단순히 연례행사로서의 重三日을 영복하기 위해서 행차하였던 것만은 아니었다. 경덕왕은 수시로 五岳三山神이 출현하여 자신을 모신다는 사실을 심상치 않게 느끼고 있었을 것이기 때문이었다. 五岳三山神은 大祀로 모셔지던 호국신으로서[28], 이들의 출현은 국가의 운명과 직결되기 것이기 때문이다. 이러한 면은 金庾信이 고구려의 첩자인 白石에게 속아 장차 위험에 빠지게 되었을 때, 娘子로 현신한 奈林·穴禮·骨火 등의 三山神이 나타나 구해주었다는 데에서[29], 또한 憲康王代에 南山神·北岳神·地神 등 諸神이 나타나 춤으로써 망국을 경계하였다는 데에서도[30] 잘 드러나고 있다. 따라서 호국신인 오악삼산신의 출현은 국가의 存亡과 직결되는 것으로서 국가의 安危에 대한 경계의 의미를 지니고 있으며[31], 경덕왕은 이러한 사실을 인지하고 이의 禳服을 위해 禳災·招福을 기원하는 날인 重三日에 행차하였던 것이라 볼 수 있다.

五岳三山神의 출현이 망국의 조짐에 대한 경계의 의미를 지녔다면 이

---

28) 『三國史記』 卷三十二 雜志一 祭祀 참조.
29) 『三國遺事』 卷一 紀異一 金庾信
30) 『三國遺事』 卷二 紀異二 處容郞 望海寺
31) 박노준(앞의 책, pp.246-247)은 경덕왕이 모신 오악삼산신이 '陰之靈'인 鬼이며, 이의 출현은 불길한 凶兆라고 하였다. 그러나 경덕왕이 오악삼산신을 모신 것이 아니라 오악삼산신이 경덕왕을 모셨다는 점, 어떠한 경우에도 호국신은 '陰之靈'인 鬼가 될 수 없다는 점, 호국신의 출현은 흉조가 아니라 국가의 장래에 대한 경고 내지 경계의 의미를 지니고 있다는 점 등을 간과하고 있다. 참고로 이에 대한 연구자들의 견해를 살펴보면, 이도흠(앞의 논문, p.216) 역시 오악삼산신의 출현을 흉조로 보고 있으며, 林基中(앞의 책, p.294)은 망국의 前兆로, 金承璨(앞의 책, p.128)은 咎徵의 의미로, 崔喆(앞의 논문, p.Ⅰ-32)은 경고의 의미로, 尹榮玉(앞의 책, p.220)은 흉조가 아닌 것으로 보고 있다.

당시의 망국의 조짐은 무엇인가. 주지하는 바와 같이 경덕왕은 강력한 중앙집권적 통치체제를 확립하기 위해 官署名과 官職名, 그리고 地名과 行政區域 등을 정비하였으나, 지방호족들의 강한 반발로 인해 이전까지 폐지하였던 祿邑을 다시 부활시켜야 할 정도로 극심한 정치적 혼란을 겪었다. 또한 경제적 기반을 마련한 지방호족들은 급속도로 성장하면서 왕권에 직접적인 도전을 하기 시작하였으며, 이와 더불어 왕권강화에 일익을 담당하고 있던 敎宗과 결별하고 그들의 혁명사상과 맞아떨어지는 禪宗을 그들의 정신적 기반으로 삼아 실로 경덕왕대는 정치계 뿐만 아니라 종교계에 있어서도 과도기적 혼란양상이 극심하게 드러나던 시기였다. 경덕왕대의 '二日竝現'이라는 기록은 이러한 혼란양상의 상징적 표현이었던 것이다.[32] 五岳三山神의 빈번한 출현 역시 이러한 혼란의 상징적 표출 가운데 하나로 볼 수 있다.

여기서 金庾信의 자손들이 수난을 당하자 김유신이 死後에 나타나 분노했다는 기록[33] 을 유심히 살펴볼 필요가 있다. 사후에 신라의 護國神으로 숭앙되었던 김유신의 출현은 五岳三山神 출현의 상징적 의미를 규명하는 데에 일 단서를 제공해주기 때문이다. 신라 中代의 전제왕권은 金庾信의 도움으로 왕위에 오른 金春秋(武烈王)로부터 비롯된다. 즉 武烈系의 성립은 武烈王系와 金庾信系와의 결합으로 전시대(奈勿系의 中古)의 잔재를 극복하려는 노력으로부터 비롯된 것이다. 이러한 무열계와 유신계의 밀착관계는 이들의 생전 뿐만 아니라, 이들의 도움으로 삼국통일을 완수한 文武王代, 그리고 김유신의 아들·손자인 三光·允中과 金文王의 의 아들·손자인 大莊·思仁의 도움으로 강력한 전제왕권을 확립하려 했던 神文王代에까지 지속적으로 유지되었다.[34] 그러나 통일의

---

32) 이에 대한 구체적인 논의는 金文泰(「兜率歌」(儒理王代·景德王代)와 敍事 文脈 - 相同性과 變異性을 중심으로 -, 『泮橋語文硏究』 4, 泮橋語文硏究會, 1992, pp.89-92) 참조.

33) 『三國遺事』 卷一 紀異一 未鄒王 竹葉軍

34) 무열계와 유신계의 밀착관계 및 新羅 中代 전제왕권의 전개과정에 대한

기분이 가시기 시작하면서, 그리고 왕실중심의 전제주의적 성격이 공고히 다져지면서 김유신의 지위는 전락하기 시작하였고, 김유신의 후손들은 출세의 길이 좁아졌다.35) 결국 신라 中代 말엽에 이르러서 김유신계는 6두품으로 강등되었고, 이에 金融을 비롯한 김유신계는 자신들의 신분적 강등에 대한 불만으로 金邕 일파의 지원을 통해 反惠恭王的 반란을 꾀했으나 실패하여 被誅되었고, 김유신의 후손인 金巖은 對日使節로 추방되어 그 정치적 존재를 상실하게 되는 데에까지 이르게 된다.36)

이처럼 김유신의 자손들이 수난을 당하자, 金庾信은 무덤에서 나와 未鄒王의 무덤인 竹現陵으로 들어가 미추왕에게 자신의 자손들이 죄없이 수난당하고 있음을 고하고 자신이 新羅를 떠나 다른 곳으로 갈 수 있도록 허락하여 달라고 청하였던 것이다. 호국신으로서의 자신의 입지가 약화되고 있음에 대한 반발이었던 것이다. 미추왕은 新羅 14대 儒禮王 때 신라가 伊西國人에게 공격을 받아 곤경에 처했을 때 竹葉軍을 이끌고 陵에서 나와 이들을 격퇴한 신라의 호국신인데, "公과 내가 신라를 수호하지 않는다면 저 백성들을 어찌할 것인가?"라고 하면서 김유신이 신라를 떠나지 못하도록 설득하였던 것이다. 이 사실을 들은 惠恭王은 놀라서 金敬信을 김유신의 陵에 보내 사죄하고, 功德寶田 30結을 鷲仙寺에 내리어 그의 명복을 빌게 하였으며, 미추왕을 三山과 아울러 제사지냈다.

이상의 내용을 살펴볼 때 護國神인 金庾信의 출현은 자기 자손에 대한 부당한 대우에 대한 반발로 인해 야기된 것이다. 이는 호국신으로서의 자신의 입지가 약화된 데 대한 반발이기도 하다. 이러한 호국신의 출현동기는 경덕왕대의 오악삼산신 출현의 의미를 구명하는 데 직접적인 단서를 제공해 준다. 즉 오악삼산신, 특히 大祀로 모셔졌던 三山의 神들이 빈번히 출현하였다는 것은 그에 대한 신앙의 약화에 대한 반발 내지

구체적인 논의는 申瀅植(『統一新羅史硏究』, 三知院, 1990, pp.119-150) 참조.

35) 李基白, 앞의 책, pp.251-252 참조.

36) 申瀅植, 앞의 책, p.146.

이러한 호국신에 대한 신앙의 약화로 인해 야기될 국가의 존망에 대한 경계의 의미를 동시에 지니고 있다고 추정할 수 있는 것이다. 삼국통일을 이룬 직후부터 가속화되기 시작한 신라 中代의 왕실중심적·전제주의적 통치체제는 김유신계 뿐만 아니라 다른 귀족 일반을 배척할 수 밖에 없었고[37], 이들에 의해 끊임없는 반발과 도전을 받을 수 밖에 없었다. 따라서 이 과정에서 수 많은 귀족들이 망명길에 올랐으며, 이들이 신라를 떠나며 가지고 간 것은 그들의 정신적 지주였던 三山信仰이었다.

이러한 면은 日本 香春岳(Kawaradake)의 삼산신앙이 신라의 귀족이었던 망명객에 의해서 수립되었으며, 이는 일본의 대표적 신앙인 八幡信仰으로 발전하였다는 데에서 여실히 드러나고 있다. 日本 福岡縣 田川郡 香春町에 있는 香春神社는 현재의 彦山川(Hikosangawa) 하류역에 있는 세 개의 나란히 솟아있는 巨大한 岩石山인 香春岳(一岳 해발 493m)의 중턱에 있는데, 옛날에는 一岳에 辛國息長大姬大目命이, 二岳에 忍骨命이, 三岳에 豊比咩命의 세 神이 모셔져 있었다고 한다.[38] 특히 『豊前國風土記』에 따르면 이들 세 祭神 가운데 一岳의 辛國息長大姬大目命은 新羅의 神이 渡來한 것이라고 한다. 이러한 香春岳의 三山信仰이 발전하여 성립되었다고 하는 八幡信仰은 豊前國(大分縣) 宇佐에 있는 八幡宮에서 제사하는 八幡神에 대한 신앙이다. 여타의 神社에서는 단일 씨족이 神社運營을 맡는데 반해, 이 神社에서는 韓國渡來의 辛嶋氏가 최고의 司祭이며 후에 宇佐·大神·田部氏가 그 밑에 소속하게 되었다는 특징을 지니고 있다. 辛嶋氏는 宇佐에서의 최초의 거점을 宇佐郡 橫山村에 두고 그 곳의 福積山에 新羅國神을 제사하였는데, 6세기말에 宇佐氏와 공동제사하였고, 7세기말에 사당을 宇佐氏의 聖地에 옮기고 이를 北辰社라 하

---

37) 李基白, 앞의 책, pp.251-252 참조.
38) 奧野正男, 香春神社와 新羅神, 韓·日文化國際學術大會 發表要旨 『古代 韓國文化의 日本傳播』, 民族史 바로찾기 國民會議,1992. 12.12, p.77 참조.

였으며, 8세기초에 大神氏族이 믿던 神功皇后・俯神天皇의 母子神信仰을
北辰社에 융합시켜 日本의 대표적 신앙으로 성장한 八幡信仰이 성립되
었다.39) 이러한 일본 삼산신앙의 성립배경은 신라의 정치적 상황과 긴밀
한 관련을 지니고 있다. 즉 武烈王 때부터 왕권강화를 위해 시행된 律令
體制는 귀족들의 정치관여를 약화시켰으며, 귀족들은 이에 반발할 수 밖
에 없었다. 이러한 귀족들의 정치적 권력에의 불만은 통일전쟁의 와중에
서 鎭靜되었으나, 통일이후 가시화 되었다. 이의 폭발이 神文王 元年(681
년) 八月의 반란이었다. 이에 다수의 귀족들은 처형당하거나, 국외로 도
망하였다. 일본에 이주제한법이 발효(683년)되기까지 신라귀족들은 일본
에 계속 이주하였으며, 이들은 香春지역에 거주하면서 日本의 三山信仰
을 확립하였던 것이다.40)

  이상과 같이 볼 때 신라를 떠나 망명길에 오른 귀족들은 그들이 믿던
三山信仰을 이역땅 日本에 그대로 이식하였던 것이다. 이러한 三山信仰
숭앙계층의 移住는 곧 新羅 護國神의 移住를 의미하는 것이라 아니 할
수 없다. 신라의 호국신으로 숭앙되었던 金庾信이 자손들의 수난에 반발
하여 신라를 떠나고자 했을 때, 역시 호국신인 未鄒王이 이를 극구 말렸
으며, 이사실을 안 惠恭王이 김유신의 묘에 사신을 보내 사죄하고 명복
을 빌었다는 설화41)를 통해 호국신의 이주는 곧 국가의 존망과 직결된
다는 것을 알 수 있다. 또한 日月神(日月之精)이 신라를 떠나자 신라에
서는 日月이 광채를 잃었다는 설화42)를 통해서도 이러한 면은 여실히
입증되고 있다. 따라서 五岳三山神의 빈번한 출현은 앞서 언급했듯이 그

39) 中野幡能, 八幡信仰과 韓國과의 關係, 韓・日文化國際學術大會 發表要
    旨『古代 韓國文化의 日本傳播』, 民族史 바로찾기 國民會
    議, 1992.12.11, pp.54-56 참조.
40) 일본 삼산신앙 성립배경에 대한 구체적인 논의는 吉岡完祐(中國郊祀の周邊
    國家への傳播,『朝鮮學報』108, 朝鮮學會, 1983, pp.50-52) 참조.
41)『三國遺事』卷一 紀異一 未鄒王 竹葉軍
42)『三國遺事』卷一 紀異一 延烏郎 細烏女

에 대한 신앙의 약화에 대한 반발 내지 이러한 호국신에 대한 신앙의 약화로 인해 야기될 국가의 존망에 대한 경계의 의미를 동시에 지니고 있다고 볼 수 있는 것이다. 환언하면 五岳三山神, 특히 三山神의 출현은 신라 中代에 접어들면서 강화되기 시작한 왕실중심적·전제주의적 통치 체제에 따른 三山信仰 숭앙계층에 대한 탄압과 이에 대한 숭앙계층의 반발, 그리고 나아가 왕실중심적 불교의 弘布 및 極盛에 따른 三山信仰 숭앙계층의 상대적 소외감43) 이 상징적으로 표현된 것이라 볼 수 있는 것이다. 결국 '五岳三山神의 出現'은 '二日並現'과 마찬가지로 정치적·종교적 혼란의 상징적 표현이라 할 것이다.

景德王은 이러한 심상치 않은 상황을 인식하고 이의 해결을 위해 禳災·招福을 기원하는 날인 3월 3일을 택해 榮服僧을 기다렸던 것이다. 그러나 경덕왕은 신하들이 그 곳을 배회하던 威儀鮮潔한 大德을 불러왔으나, 榮服僧이 아니라고 돌려 보냈다. 이어 남쪽으로부터 衲衣를 입고 櫻筒을 짊어지고 오는 승려 忠談師를 서슴없이 영복승으로 지목하였던 것이다. 두 승려의 차이는 차림새와 행로의 방향에 있었을 뿐이었지만, 경덕왕은 문제해결의 적격자가 누구인지를 즉각 알았던 것이다. 여기서 정치계와 종교계의 혼란이 상징적으로 표현된 '二日並現'을 해결하기 위해 경덕왕이 緣僧으로서 남쪽길을 따라 가던 月明師를 지목하였다는 사실44)을 상기할 필요가 있다. 충담사 역시 남쪽으로부터 왔다는 점과 상통하고 있기 때문이다. 경덕왕이 문제해결을 위해 지목한 緣僧 내지 榮服僧의 행로의 방향이 한결같이 남쪽이었다는 것은 남쪽에 중대한 의

---

43) 경덕왕은 佛事를 일으키는데 총력을 기울였을 뿐만 아니라, 모든 문제를 불교의 힘을 빌어 해결하려 했던 왕이라는 점에서 이러한 추론이 가능하다. 경덕왕의 불교적 성향에 대해서는 『三國遺事』(卷二 紀異二 景德王 忠談師 表訓大德 ; 卷三 塔像四 皇龍寺鐘芬皇寺藥師 奉德寺鐘, 四佛山 掘佛山 萬佛山, 敏藏寺, 南白月二聖 努肹夫得怛怛朴朴 ; 卷四 義解五 眞表傳簡, 賢瑜珈 海華嚴 ; 卷五 感通七 月明師 兜率歌 ; 卷五 避隱八 信忠掛冠, 迎如師) 참조.

44) 『三國遺事』卷五 感通七 月明師 兜率歌

미를 부여한 것이라 할 것이다. 결국 영복승의 요건은 차림새가 아니라 행로의 방향이었던 것이다. 景德王은 질문을 통해 그가 忠談師이며, 매년 重三·重九에 南山三花嶺 彌勒世尊께 茶供養을 드린다는 사실을 알았다. 따라서 경덕왕은 소문을 통해 익히 알고 있었던 '뜻이 높은「讚耆婆郎歌」'를 지은 충담사를 미리 알아보고 그를 영복승으로 지목한 것이 아니라, 그의 행로 방향을 보고 그를 지목한 것이다.

그렇다면 남쪽이 의미하는 바는 무엇인가. 충담사의 대답에서도 드러나듯이 남쪽은 府의 남쪽 6里에 있는 金鰲山, 一名 南山45)을 지칭한다. 南山은 新羅始祖 赫居世王의 宮이 있던 곳으로 新羅開國의 장소이고46), 大事가 있을 때마다 이 곳에서 의론하면 반드시 성사되는 신라 四靈地의 하나이며47), 신라땅에 흐르는 客水와 逆水를 진압하여 신라를 수호하는 곳48)이기도 하다. 즉 남산은 곧 명실공히 국가의 存亡에 지대한 역할을 하고 있는 靈地인 것이다. 뿐만 아니라 남산은 王과 花郎들의 遊娛處49)이기도 하다. 특히 花郎의 주된 임무가 神宮을 모시고 하늘에 제사지내는 데 있었다는 점50)을 고려하면, 이 곳은 단순히 心身修鍊 및 宴饗의 장소가 아니라 南山神을 비롯한 護國神이 거처하는 장소이며, 제의의 장소로서의 의미를 지니고 있다고 할 것이다. 여기서 앞서 언급한 신라의 三山信仰이 이식되어 성립한 日本의 八幡信仰이 신라의 國仙信仰과 흡사하며, 宇佐八幡宮이 慶州의 南山을 모방하여 豊後國東半島에 六鄕山을 설치하여 宇佐八幡宮의 社僧들이 산악수행하도록 하였다는 사실51)

45)『新增 東國輿地勝覽』卷二十一 慶尙道 慶州府
46)『三國遺事』卷一 紀異一 新羅始祖 赫居世王
47)『三國遺事』卷一 紀異一 眞德王
48)『三國遺事』卷三 塔像四 天龍寺
49)『三國遺事』卷一 紀異一 太宗 春秋公
　　『三國遺事』卷二 紀異二 處容郎 望海寺
　　『三國遺事』卷五 孝善九 貧女養母
50)『花郎世紀』序
51) 中野幡能, 앞의 발표요지, p.56.

에 주목할 필요가 있다. 우리의 기록에는 구체적으로 명기되어 있지는 않지만 이로써 보면 花郎은 삼산신앙의 숭앙계층이며52), 남산은 이들의 遊娛處로서 삼산신앙과 긴밀한 관련을 지니고 있는 장소라는 것을 미루어 짐작할 수 있다.

그러나 삼산신앙과 관련하여 남산신을 비롯한 호국신의 거처이자 제의의 장소인 南山의 성격은 불교의 남산 진출이 시작된 7세기 중엽53)에 이르면 불교와 전면적으로 習合하게 되어 점차 불교적인 모습으로 바뀌어 가게 된다. 이는 화랑도가 彌勒信仰과 습합하여 화랑을 미륵의 현신으로 인식하는 것과도 무관하지 않다.54) 따라서 南山은 大德들이 수행하는 장소로55), 眞身이 거처하며 異蹟을 행하는 장소로56) 전환될 수 밖에 없었다. 경덕왕은 바로 이러한 남산의 성격을 잘 알고 있었고, 生義란 승려가 계시를 받고 南山 三花嶺에 안치한 彌勒佛57) 께 茶供養을 드리고 오던 花郎이자 僧侶인 충담사를 영복승으로 지목하였던 것이다. 즉 충담사는 삼산신앙과 불교 양쪽의 생리를 누구보다도 잘 알고 있었을 뿐만 아니라, 호국사상을 지니고 왕실과 긴밀한 유대관계를 맺어왔던 郎

---

52) 李基白(앞의 책, p.209) 역시 화랑이 삼산신앙과 관련이 있음을 암시하고 있다.

53) 金元龍(南山佛蹟의 美, 『慶州 南山』, 悅話堂, 1987, p.12)은 남산에서 가장 오랜 佛像은 동북쪽 부처골(佛谷)의 龕室石佛坐像(7세기 전반)이며, 그 뒤를 잇는 것이 절골(寺谷) 위쪽의 소위 三花嶺 生義寺 彌勒三尊, 속칭 애기부처(7세기 중엽)와 서쪽 拜里의 三尊立佛(7세기 중엽)이기에 불교의 남산 진출이 7세기 중엽 가까이에 시작되었다고 한다.

54) 이에 대한 구체적인 논의는 金煐泰 (彌勒仙花攷,『佛敎學報』3·4, 東國大 佛敎文化硏究所, 1966)와 金庠基(花郎과 彌勒信仰에 대하여, 李弘稙博士華甲 紀念『韓國史學論叢』史學篇, 1969) 참조.

55) 『三國遺事』卷四 義解五 元曉不羈
   『三國遺事』卷四 義解五 賢瑜 海華嚴

56) 『三國遺事』卷五 感通七 憬興遇聖
   『三國遺事』卷五 感通七 眞身受供

57) 『三國遺事』卷三 塔像三 生義寺 石彌勒

徒僧侶였기에 오악삼산신의 출현으로 상징화된 정치적·종교적 문제를 '잘 다스릴 수 있는'(榮服) 승려로 지목될 수 있었던 것이다.

경덕왕은 영복승으로 지목한 충담사에게 자신을 위해 '作理安民歌'할 것을 청하였다. 月明師에게는 '開壇作啓'할 것을 명한데 반해, 忠談師에게는 노래의 성격과 주제를 지정해 주었던 것이다. 이에 문제상황을 간파한 충담사는 「安民歌」를 통해 문제의 핵심을 찌른다. '이 땅을 버리고 어디로 가겠는가'(此地肹捨遣只於冬是去於丁)·'할진댄 나라 保全할 것을 알리라'(爲尸知國惡支持以 支知古如). 귀족들이 신라를 떠나 망명길에 오른다면, 신라는 망할 수 밖에 없다는 것을 역설하고 있다. 이는 그들의 정치적 역량 뿐만 아니라, 그들의 정신적 지주인 三山信仰까지 국외로 유출되어 신라는 정치적·종교적 공백을 맞지 않을 수 없음을 암시하고 있는 것이다. 따라서 이의 해결을 위해서는, 즉 나라가 太平을 持續하기 위해서는 (爲內尸等焉國惡太平恨音叱如) 君은 君답게, 臣은 臣답게, 民은 民답게 (君如臣多支民隱如) 자신의 도리를 다하는 것이 최선임을 역설하고 있는 것이다. 君은 아비요(君隱父也), 臣은 사랑하시는 어미요(臣隱愛賜尸母史也), 民은 어리석은 아이이기에 (民焉狂尸恨阿孩古) 왕과 신하들이 첨예한 대립이 아닌 父·母와 같은 적절한 융화를 통하여 나라를 다스릴 때, 大衆을 살리기에 익숙해져 있는 (窟理叱大肹　生以支所音物生) 왕과 신하들은 어려움없이 백성들을 먹여 살릴 수 있으며 (此肹喰惡支治良羅), 어리석은 백성들은 무조건적으로 그 사랑을 알고(爲賜尸知民是愛尸知古如) 그들을 따를 수 있는 것이다.

결국 「안민가」는 경덕왕대의 정치적·종교적 문제가 왕과 신하들의 불협화음에서 비롯된 것이며, 이의 해결을 위해서는 왕과 신하가 그 본분을 다하여 합심해야 한다는 평범한 진리를 노래한 것이다. 충담사는 양쪽의 입장을 누구보다도 잘 알고 있는 郎徒僧侶였기에 이러한 노래를 통해 '백성을 잘 다스릴 수 있는'(理安民) 방도를 경덕왕에게 제시할 수 있었던 것이라 할 것이다. 이에 경덕왕은 평범하지만 문제의 핵심을 찌르는 이러한 노래를 듣고 이를 아름다이 여기지(王佳之) 않을 수 없었고58), 나아가 이러한 통찰력을 지닌 충담사를 王師로 봉하려 했던 것이다. 그러나 충담사는 이러한 제안을 극구 사양하였다. 충담사의 왕사직위 사양은 단순한 겸양으로만 보이지 않는다. 그렇다면 충담사의 왕사직위 사양의 이유는 무엇인가. 이 문제는 「안민가」의 성격에서 그 실마리를 찾을 수 있다.

「안민가」는 여타의 향가와는 대단히 이질적이다. 소위 향가라는 것은 詩頌의 類로서 天地鬼神을 감동시킬 수 있는 힘을 지니고 있다.59) 이처럼 향가가 천지귀신을 감동시킬 수 있음은 宗廟祭祀의 樂歌인 頌과 마찬가지로 향가가 지닌 '告神明'에 있으며, 이는 곧 신과 인간의 交感을 의미한다.60) 또한 향가는 '告神明' 이외에 간발도 넣지 않는 '對象과 象徵의 밀착', 즉 修辭的인 말을 쓰지 않고 情感을 폭발시키는 直率이 있기에 그 뜻이 높다는 평을 받을 수 있었다.61) 이러한 면에서 「안민가」는 여타의 향가와는 다른 모습을 지니고 있는 것이다. 즉 「안민가」에는 어떠한 불교적인 힘이나 주술적인 힘도 내재되어 있지 않을 뿐만 아니라, 대상과 상징의 밀착관계도 보이지 않고 있는 것이다. 다만 직설적인 문제상황과 비유적인 문제해결의 방도만이 나타나고 있다. 환언하면 문제해결을 위해 神明에게 고하여 그 交感을 추구하는 것이 아니라, 현실적인 정치이념으로서의 유교의 王道政治를 행할 것을 직설적으로 표현하

---

58) 경덕왕은 강력한 전제주의를 시행하려 했던 왕이기는 하나, 매년 災異가 누차 나타남에 따라 時政의 得失을 극론한 金思仁의 忠諫을 기쁘게 받아들이고(『三國史記』 卷九 新羅本紀九 景德王 十五年 二月), 왕이 好樂한다는 말을 듣고 止樂하기를 諫한 李純의 말을 듣고 감탄하여 그를 궁에 불러 며칠 동안 治世의 방도를 들은(『三國史記』 卷九 新羅本紀九 景德王 二十二年 二月) 정도로 포용력있는 왕이기도 하였다는 점을 참고할 필요가 있다.

59) 『三國遺事』 卷五 感通七 月明師 兜率歌

60) 崔珍源, 「鄕歌 能感動天地鬼神」考, 『陶南學報』 12, 陶南學會, 1990, pp. 7-13 참조.

61) 崔珍源, 『國文學과 自然』, 成均館大 出版部, 1981, pp.184-185 참조.

고 있는 것이다. 따라서 「讚耆婆郎歌」의 뜻이 높음을 인식하고 있을 정
도로 향가의 생리를 잘 알고 있었음에도 불구하고, 왕권강화를 위해 적
극적인 漢化政策을 펼치고 있던 경덕왕은 이러한 향가의 儒敎化・漢詩
化에 만족했던 것이라 할 것이다.62)

　이러한 상황에서 경덕왕은 충담사의 현실적인 치세의 도리를 지속적
으로 경청하고자 하는 의도 뿐만 아니라, 향가의 한시화를 지속하고자
하는 의도에서 충담사를 왕사로 봉하고자 하였을 것이다.63) 그러나 「讚
耆婆郎歌」와 같은 뜻이 높은 향가를 지을 수 있는 능력을 지니고 있음
에도 불구하고 경덕왕의 의도된 청으로 「안민가」를 지은 충담사는 지속
적인 향가의 한시화에 대한 반발로 왕사를 극구 사양하였다고 볼 수 있
다. 이러한 충담사의 향가에 대한 태도는 一然에게도 마찬가지로 견지되
고 있었다. 앞서 언급한 것처럼 일연은 呪力과 佛力을 통해 문제를 해결
하려 한 月明師의 「兜率歌」가 '二日竝現'이라는 문제해결 뿐만 아니라,
眞身顯現이라는 결과까지 초래하였다고 하면서 讚을 통해 그 의미를 극
찬하고 있다. 반면 일연은 충담사의 「도솔가」에 대해서는 그 결과나 의
미에 대해 어떠한 언급도 하지 않고 있다. 오히려 表訓大德 일화를 통해
이 條를 亡國的 현상으로 마무리 하고 있는 것이다.64) 이러한 서술태도

---

62) 여기서 新羅는 통일 이전부터 體制的인 강화를 위하여 唐의 律令體制를
　도입하였으나, 통일 이후 강화된 중앙집권적 정치체제의 요청에 따라 그것을
　더욱 강화하고 운영하기 위하여 儒敎的 倫理思想과 政治思想을 체계적・의
　식적으로 수용하였다는 사실(洪淳昶, 新羅儒敎의 役割, 『新羅宗敎의 新硏究』,
　書景文化社, 1991, p.22)을 상기할 필요가 있다.
63) 崔珍源, 앞의 책, p.187 참조.
64) 일연은 망국의 遠因으로 天機漏洩로 인한 정신세계의 혼란을 들고 있지만,
　近因으로는 혜공왕이 聲色에 빠지고 無時로 遊幸하였다(『三國史記』 卷九 新
　羅本紀九 惠恭王 十六年)는 失政을 든 것이 아니라, 婦女의 행동을 하며 道
　流들과 더불어 희롱하였다는 것을 들고 있다. 이러한 면은 일연이 역사적으
　로는 孝成王代의 일이지만 이 조 서두에 붙인 경덕왕의 道德經 傳受 기사와
　도 직결된다. 일연에게 있어서 도교는 극히 부정적인 것이었기 때문이다. 儒

의 차이는 편목의 성격에 기인하는 것이기도 하지만, 일연 역시 충담사와 마찬가지로 향가의 생리를 누구보다도 잘 알고 있었기에 頌과 類로서 '告神明'의 의미를 지닌 향가의 변질에 대한 부정적인 관점에서 기인한 것이라 할 것이다. 일연은 神異로써 『三國遺事』를 편찬하고자 하였는데[65], 향가의 儒教化·漢詩化·合理主義化는 前論理의 집단무의식세계를 바탕으로 한 神異, 특히 紀異篇의 神異에 背馳되는 것이기 때문이다. 환언하면 기이편의 성격상 佛力이 개입될 소지는 없다 하더라도 呪術的·集團的·原型象徵的 힘이 배제된 향가로서는 어떠한 문제도 해결할 수 없다는 의식이 이러한 결과를 초래한 것이라 할 것이다.

결국 「安民歌」는 신라 中代에 접어들면서 강화되기 시작한 왕실중심적·전제주의적 통치체제에 따른 三山信仰 숭앙계층에 대한 탄압과 이에 대한 숭앙계층의 반발, 그리고 나아가 왕실중심적 불교의 弘布 및 極盛에 따른 三山信仰 숭앙계층의 상대적 소외감이 상징적으로 표현된 五岳三山神의 출현이라는 문제를 해결하기 위해 여타의 향가와는 달리 전적으로 유교적 통치이념을 직설적으로 설파한 노래라고 규정할 수 있다.

4. 맺음말

본고는 「兜率歌」와 관련하여 동일왕대의 조목이 왜 달리 기술되는가, 또한 「處容歌」와 관련하여 전성기의 왕대에 왜 갑자기 망국적 현상으로

教와는 달리 道教를 左道로 표현하고, 도교의 極盛으로 인해 나라가 위태로 왔다는 이야기들이 이를 입증한다. 이러한 의미에서 일연이 극찬한 <兜率歌>에 도교적 신앙이 결합되었고, 景德王은 道家와 긴밀한 관련을 지닌 인물이라는 견해(尹榮玉, 앞의 책, p. 60,63)는 수긍하기 어렵다. 불교와 도교의 대립적 양상은 『三國遺事』(卷三 興法三 阿道基羅, 卷三 興法三 寶藏奉老 普德移庵, 卷三 塔像四 前後所將舍利) 참조.

65) 이에 대한 구체적인 논의는 金文泰(『삼국유사』의 體裁와 性格 — 一然의 編纂意圖와 관련하여 —,『陶南學報』12, 陶南學會, 1990) 참조.

마무리되는가 하는 의문을 해결하기 위해 마련된 것이다. 그 결과를 요약하면 다음과 같다.

「安民歌」소재의 「景德王 忠談師 表訓大德」조는 크게 두 개의 일화로 이루어져 있다. 전반의 충담사 일화 부분과 후반의 표훈대덕 일화 부분은 일견 전혀 관련이 없는 듯이도 보인다. 그러나 후반부의 표훈대덕 일화에 대한 결과부분은 전반부의 충담사 일화에 대한 결과로서도 동시에 작용하고 있다. 이 조 전체는 유기적인 관련을 지니고 있으며, 一然은 이 조의 중심이 되는 전반부에 대한 결론으로 경덕왕대의 또 다른 일화를 들고 있는 것이다.

「景德王 忠談師 表訓大德」조의 구조는 「月明師 兜率歌」조의 구조와 거의 일치하고 있다. 그러나 문제해결을 위한 수단으로서의 노래에 대한 결과는 판이하게 나타나고 있다. 월명사의 「兜率歌」는 二日竝現으로 상징화된 문제를 해결했을 뿐만 아니라, 眞身顯現이라는 결과까지 초래하고 있으며, 一然 역시 이를 대단히 긍정적으로 평가하고 있다. 반면 충담사의 「안민가」부분에서는 이 노래로 인한 효험이나 결과가 전혀 언급되지 않고 있으며, 일연 역시 이 노래와 이 조에 대한 어떠한 평도 하지 않고 있다. 오히려 일연은 경덕왕대의 또 다른 일화인 표훈대덕 이야기를 이 조에 삽입함으로써 이 노래와 이 조에 대해 부정적인 평가를 내리고 있다.

일연은 태평성대를 누리던 憲康王代를 諸神出現과 관련한 공통화소를 지닌 다섯 개 삽화의 반복을 통해서 '國終亡'이라는 결론을 내리고 있는데, 그 원인은 집단무의식세계의 변질 및 불교의 토속신앙화에 대한 역행에 있었다. 이러한 「處容郎 望海寺」조의 의미는 「景德王 忠談師 表訓大德」조의 의미규명에 직접적인 단서를 제공해 준다. 일연이 종교적으로 정치적으로 명실공히 절정기였던 경덕왕대를 망국적인 모습으로 결론지은 것은 이 조의 서두에 보이는 道德經 전수와 五岳三山神 출현과 밀접한 관련을 지니고 있으며, 이는 곧 충담사의 「안민가」의 성격과 직결되는 것이다.

경덕왕은 禳災·招福을 기원하는 날인 3월 3일에 이를 榮服하기 위해 歸正門樓上에 행차하였으며, 이러한 重三의 의미를 잘 아는 충담사에게 '作理安民歌'할 것을 청했다. 그러나 경덕왕은 단순히 연례행사로서의 重三日을 영복하기 위해서 행차하였던 것만은 아니었다. 경덕왕은 五岳 三山神이 출현하여 자신을 모신다는 사실을 심상치 않게 느끼고 있었기 때문이었다. 오악삼산신의 출현은 국가의 存亡과 직결되는 것으로서 국가의 安危에 대한 경계의 의미를 지니고 있으며, 경덕왕은 이러한 사실을 인지하고 이의 榮服을 위해 禳災·招福을 기원하는 날인 重三日에 행차하였던 것이다.

경덕왕대는 정치계 뿐만 아니라 종교계에 있어서도 과도기적 혼란양상이 극심하게 드러나던 시기였다. 경덕왕대의 '二日竝現'이라는 기록은 이러한 혼란양상의 상징적 표현이었으며, 五岳三山神의 빈번한 출현 역시 이러한 혼란의 상징적 표출 가운데 하나로 볼 수 있다. 삼국통일을 이룬 직후부터 가속화되기 시작한 신라 中代의 왕실중심적·전제주의적 통치체제는 金庾信系 뿐만 아니라 다른 귀족 일반을 배척할 수 밖에 없었고, 이들에 의해 끊임없는 반발과 도전을 받을 수 밖에 없었다. 따라서 이 과정에서 수 많은 귀족들이 망명길에 올랐으며, 이들이 신라를 떠나며 가지고 간 것은 그들의 정신적 지주였던 三山信仰이었다. 이러한 면은 日本 八幡信仰의 모태인 香春岳의 삼산신앙이 신라의 귀족이었던 망명객에 의해서 수립되었다는 사실을 통해 여실히 입증된다. 이러한 三山信仰 숭앙계층의 移住는 곧 新羅 護國神의 移住를 의미하는 것이다. 즉 오악삼산신, 특히 大祀로 모셔졌던 三山의 神들이 빈번히 출현하였다는 것은 그에 대한 신앙의 약화에 대한 반발 내지 이러한 호국신에 대한 신앙의 약화로 인해 야기될 국가의 존망에 대한 경계의 의미를 동시에 지니고 있는 것이다.

景德王은 이러한 위기 상황을 인식하고 이의 해결을 위해 남쪽길을 따라 걷던 충담사를 지목하였다. 경덕왕이 문제해결을 위해 지목한 緣僧 내지 榮服僧의 행로의 방향이 한결같이 남쪽이었다는 것은 남쪽에 중대한 의미를 부여한 것이라 할 것이다. 남쪽은 南山을 지칭한다. 南山은 신라의 存亡에 지대한 역할을 하고 있는 靈地일 뿐만 아니라, 花郎들의 遊娛處이기도 하다. 花郎은 삼산신앙의 숭앙계층이며, 남산은 이들의 遊娛處로서 삼산신앙과 긴밀한 관련을 지니고 있는 장소였다. 후에 이러한 남산의 성격은 불교와 습합하면서 大德들이 수행하는 장소로, 眞身이 거처하며 異蹟을 행하는 장소로 전환되었다. 경덕왕은 바로 이러한 남산의 성격을 잘 알고 있었기에 삼산신앙과 불교 양쪽의 생리를 누구보다도 잘 알고 있었을 뿐만 아니라, 호국사상을 지니고 왕실과 긴밀한 유대관계를 맺어왔던 郎徒僧侶인 충담사를 영복승으로 지목하였던 것이다.

이에 문제상황을 간파한 충담사는 「安民歌」를 통해 문제의 핵심을 찌른다. 이에 왕권강화를 위해 적극적인 漢化政策을 펼치고 있던 경덕왕은 평범하지만 儒敎의 통치이념으로써 문제의 핵심을 찌르는 이 노래를 듣고, 이를 아름다이 여겨 충담사를 王師로 봉하려 했다. 그러나 충담사는 향가의 儒敎化·漢詩化·合理主義化에 대한 반발로 왕사를 극구 사양하였다. 이러한 충담사의 향가에 대한 태도는 一然에게도 마찬가지로 견지되고 있었다. 일연의 이 조에 대한 부정적 평가는 일연 역시 충담사와 마찬가지로 향가의 생리를 누구보다도 잘 알고 있었기에 '告神明'의 의미를 지닌 향가의 변질에 대한 부정적인 관점에서 기인한 것이라 할 것이다. 神異로써 『三國遺事』를 편찬하고자 한 일연에게 있어서 향가의 儒敎化·漢詩化·合理主義化는 前論理의 집단무의식세계를 바탕으로 한 神異에 背馳되는 것이기 때문이다.

결국 「안민가」는 경덕왕대의 정치적·종교적 문제가 왕과 신하들의 불협화음에서 비롯된 것이며, 이의 해결을 위해서는 왕과 신하가 그 본분을 다히여 합심해야 한다는 평범한 진리를 노래한 것이다. 이러한 의미에서 「安民歌」는 정치적·종교적 문제가 상징적으로 표출된 五岳三山神의 출현이라는 문제를 해결하기 위해 불리워진 유교적 통치이념의 노래라 규정할 수 있다.

《 參考文獻 》

1. 資料

『三國遺事』
『三國史記』
『新增 東國輿地勝覽』
『花郞世紀』
『東國歲時記』
『洌陽歲時記』
『論語』
『淵鑑類函』

2. 論著

金文泰,『삼국유사』의 體裁와 性格,『陶南學報』12, 陶南學會, 1990.
————,「獻花歌」・「海歌」와 祭儀文脈, 林下 崔珍源博士 停年紀念論叢
　　　　『古典詩歌의 理念과 表象』, 1991.
————,「薯童謠」와 敍事文脈,『새국어교육』47, 한국국어교육학회, 1991.
————,「兜率歌」(儒理王代・景德王代)와 敍事文脈,『泮橋語文研究』4,
　　　　泮橋語文研究會, 1992.
金庠基, 花郞과 彌勒信仰에 대하여, 李弘稙博士華甲紀念『韓國史學論叢』
　　　　史學篇, 1969.
김선기,『現代文學』13-4, 現代文學社., 1967.4.
金承璨,『韓國上古文學論』, 새문社, 1987.
金煐泰, 彌勒仙花攷,『佛敎學報』3・4, 東國大 佛敎文化研究所, 1966.
金完鎭,『鄕歌解讀法研究』, 서울大 出版部, 1980.
金元龍, 南山佛蹟의 美,『慶州 南山』, 悅話堂, 1987.
金鍾雨,『鄕歌文學研究』, 二友出版社, 1983.
박노준,『新羅歌謠의 研究』, 悅話堂, 1985.
卞鍾鉉, 安民歌, 黃浿江敎授 定年退任紀念論叢『鄕歌文學研究』, 一志社,
　　　　1993.

申瀅植, 『統一新羅史硏究』, 三知院, 1990.

梁柱東, 論語와 國文學, 『論語』, 玄岩社, 1966.

尹榮玉, 『新羅歌謠의 硏究』, 螢雪出版社, 1991.

李基白, 『新羅政治社會史硏究』, 一潮閣, 1992.

이도흠, 안민가와 지배이데올로기로서의 화엄사상, 『畿甸語文學』 3, 水原
          大 國語國文學會, 1988.

林基中, 『新羅歌謠와 記述物의 연구』, 二友出版社, 1981.

崔珍源, 『國文學과 自然』, 成均館大 出版部, 1981.

────, 「鄕歌 能感動天地鬼神」考, 『陶南學報』 12, 陶南學會, 1990.

崔 喆, 「安民歌」연구, 『三國遺事의 문예적 硏究』, 새문사, 1982.

洪淳昶, 新羅儒敎의 役割, 『新羅宗敎의 新硏究』, 書景文化社, 1991.

吉岡完祐, 中國郊祀の周邊國家への傳播, 『朝鮮學報』 108, 朝鮮學會, 1983.

奧野正男, 香春神社와 新羅神, 韓·日文化國際學術大會 發表要旨 『古代
          韓國文化의 日本傳播』, 民族史 바로찾기 國民會議, 1992.12.12.

中野幡能, 八幡信仰과 韓國과의 關係, 韓·日文化國際學術大會 發表要旨
          『古代 韓國文化의 日本傳播』, 民族史 바로찾기 國民會議, 1992.
          12.11.

彗星歌 研究

윤 철 중

1. 解讀詩 一覽

三國遺事 券第五 感通第七에 실려 있는 彗星歌 原典의 分句表記는 '倭理軍置來叱多烽燒隱邊也藪耶'가 한 句로 처리되어 있지만, 혜성가를 十句體로 분류하는 학계에서는 일반적으로 두 句로 처리해서 다음과 같이 分句表記하고 있다.

① 舊理東尸汀叱
② 乾達婆矣游烏隱城叱肹良望良古
③ 倭理軍置來叱多
④ 烽燒隱邊也藪耶
⑤ 三花矣岳音見賜烏尸聞古
⑥ 月置八切爾數於將來尸波衣
⑦ 道尸掃尸星利望良古
⑧ 彗星也白反也人是有叱多
⑨ 後句 達阿羅浮去伊叱等邪
⑩ 此也友物北所音叱彗叱只有叱古

小倉進平은 삼국유사의 원전의 분구표기 그대로 '倭理軍置來叱多烽燒

隱邊也藪耶'를 한 句로 처리했고, 梁柱東은 '倭理軍置來叱多'와 '烽燒隱邊
也藪耶'로 나누어 두 句로 처리하면서 '乾達婆矣'를 앞의 句에 올려 붙여
서 '舊理東尸汀叱乾達婆矣'로 하고 있다. 徐在克 金承璨은 小倉의 分句에
따르고 있고, 池憲永 金善琪는 梁柱東을 따르고 있다. 많은 경우 대체적
으로 앞에 제시한 것처럼 十句로 나누고, ①②③④를 첫째 단락으로, ⑤
⑥⑦⑧을 둘째 단락으로 하고, ⑨⑩을 셋째 단락으로 하여, 노래 전체를
세 단락으로 나누고 있다.

　　小倉進平은

　　녜로 東ㅅ믈ㄱㅅ
　　乾達婆의 노온 잣올난 바라고
　　예내ㅅ 軍도 왓다(고)
　　烽 살은 ㄱ애 고자
　　三花의 오름 보샤올 듣고
　　돌도 발써 쉴 바애
　　길울 쓸 별을 바라고
　　彗星(이)라 숣욀 사룸이 잇다
　　後句
　　돌(이) 뼈갓더라
　　이에 밧갓듸 밤ㅅ 비질악(이)잇고

라 해독하여, 해독의 기반을 제시했다. 梁柱東은 小倉의 해독에 15세기의
국어표기 체계에 맞게 고어 표기를 적용하여 수정하고, 노래의 전체 뜻이
하나의 詩로서 의미가 잘 소통되도록 詩語를 다듬는데 힘을 기울여,

　　녜 싀ㅅ믌ㄱ 乾達婆이
　　노론 잣홀란 브라고
　　예ㅅ 軍두 옷다
　　燧ㅅ술얀 ㄱ 이슈라

三花의 오롬보샤올 듣고
둘두 ᄇᆞ즈리 혀렬바애
길쁠 별 ᄇᆞ라고
彗星여 술ᄫᅥ여 사ᄅᆞ미 잇다
아으 둘 아래 떠갯더라
이 어우 므슴ㅅ 彗ㅅ기 이실꼬

라고 해독했는데, 첫째 단락에서는 ①②③이 후학의 수정이 조금 가해지기는 했지만 거의 詞意의 표준이 되었고, 둘째 단락에서는 ⑤⑦⑧이 지금까지도 후학들이 크게 수정없이 전거로 삼아 이어져 오고 있다.

그 후의 제가의 해독시만을 제시해 보면 다음과 같다.

池憲永

구슬ᄂᆞㅅ 乾達婆(디돌이) (숫(금)·돌·불)의 / 노론잣홀란 ᄇᆞ라고 / 예ㅅ둘두 왓다 / 烽(블)술얀 갓어드ᄅᆞ / 三花(ᄉᆞᄂᆞ)의 ᄃᆞ리(오름) 보샤올 듣고 / 둘두 ᄇᆞ즈리 셔(혀) 올바애 / 길 뿌 벼리 ᄇᆞᄅᆞ고 / 彗星여 술ᄫᅧ 사ᄅᆞ미 잇다 아으 / ᄃᆞᄅᆞᄅᆞ 쁠갯드라 / 이에 번둘ㅅ 소리ㅅ 술(혜)ㅅ아 잇고

李釋

멀이 싀므갓/ 乾達婆의 흔들 성을 바라고 / 재라릿(倭)軍도 왔다 수술온 갓잇우라 / 세 곧의 오ᄅᆞ 보ᄉᆞ올 듣고 둘도 불긋의 잣ᄊᆞ옷 비익 / 길슬 별 ᄇᆞ라고 / 살별여 술온이 잇다 / 아라 둘아 불아 잇ᄃᆞ라 / 이 본돋 므솜 살아 잇ᄃᆞᄅᆞ

金善琪

나리 샐 믇갇 깐딸빠이 / 놀온 잣깔란 바라고 / 아나릳 군도 왼다 / 퐁사란 갇애고지라 / 삼화이 올옴 보샤올 듣고 / 딸도 바즈리 잣을 바이 / 길쁠볼이 바라고 / 쒸셩이야 살바란 사람읻다 / 딸 아라이 쁘갠따라 / 이야 받몬 다뵈솜ㄷ 쐳끼 읻고

徐在克

네누리 샐 믈叉 / 乾達婆이 노론 짓하 ᄇ라고 / 여릿軍두 옷다 烽ㅅ
란 모히야 슈라 / 三花이 오롬 보시올 듣고 / 둘두 바치 혀바돌 바의 /
길 쁠 벼리 ᄇ라고 / 彗星이야 술본 너니 잇다 / 아으 / 달아라 뼈가 잇
더라 / 이야 벋믈 배숩ㅅ 볏즈락 잇고

金俊榮

네 샏 믊叉 / 乾達婆의 놀온 잣흘아 바라고 / 옛 군두 옷다 / 烽술안
ㄱ여슈라 / 三花의 오롬 보샤올 듣고 / 둘두 ᄇ즐이 혀어 올 바의 / 길
쁠 벼리 ᄇ라고 / 彗星여 술본여 사롬이 잇다 / 아야 달이라 뼈갯더라 /
이여우 믓숌 섯잇고

홍기문

네 동ㅅ 느ᄅ / 乾達婆의 놀온 잣흐란 ᄇ라고 / 예ㅅ 군도 옷다 / 봉
술안 ㄱᄲ고야 / 세 고즤 오롬 보샤오리 듣고 / 돌도 브지리 혜렬 바에
/ 길 쁠 벼리 ᄇ라고 / 혜성야 술볏야 사ᄅ미 잇다 / 아야 / ᄃᄅᄅ 뼈
가잇다라 / 이 버댜 叉봇솜 혜ㅅ기 이실고

정열모

ᄒ리 실 느리ㅅ / 건달바이 놀아 / 가믄 잣흘랑 ᄇ라고 / 서리ㅅ 군
두 왓다 / 발블 술안 ㄱ시라 수븨 / 삼화의 오롬 보리 ㄱ몰 듣고 / 둘두
볼기리 혀어 ᄇ랠 믈애 / 길 쁠 벼리 ᄇ라고 / 혜성이라 술벼리라 / 사
ᄅ미 이싫다 / 아으 / 둘 아벌라 빼가 잇ᄃ야 / 이도 다믈 비슴ㅅ / 슈
ㅅ기 이싫고

이러한 성과를 검토한 金完鎭은 다음과 같은 해독을 내놓았다,

녀리 실 믎叉
乾達婆이 노론 자슬랑 ᄇ라고
여릿 군도 왯다
홰턴얀 어여 수프리야
三花이 오롬 보시올 듣고

    ᄃ라라도 ᄀᄅ그ᄉ〕 자자렬 바애
    길 ᄡᆞᆯ 벼리 ᄇ라고
    彗星이여 술ᄫᅡ녀 사ᄅ미 잇다.
    아야 ᄃ라라 떠갯더야
    이예 버믈 므슴ㅅ 彗ㅅ 다ᄆ닛고

　이 해독의 특기할 점은 '邊也藪耶'를 '어여 수프리야'로 읽고, '八切爾'를 'ᄀᄅ그ᄉ〕', '數於將來尸'를 '자자렬'로 읽고, '友物'을 '버믈', '只有叱故'를 '다ᄆ닛고'로 읽은데 있는데, '藪'를 '숲'으로 읽은 것이 특히 돋보인다. 崔鶴璇은 대체로 梁柱東의 해독을 따르면서도 '烽燒隱邊藪耶'를 '봉 술얀 ᄀ이라 수피라'라 하여 '藪'를 '숲'이라고 읽고 있다. 梁柱東이 '봉화를 사른 변방이 있어라'의 뜻으로 해독한 것을 崔鶴璇에서는 '봉화 사른 요새 있다네, 숲이라.'로 해석해서 '藪'를 분명히 '수풀'로 해독하려는 생각이 반영되어 있다.

　金承璨은 '達阿羅浮去伊叱等耶'를 '山 밑에 떴더라'로 해석하여, '達'을 '月'이 아닌 '山'의 '돌'로 읽어 彗星歌가 山과 밀접한 관계를 지니고 있다는 것을 깨닫게 해 주었고, '乾達婆의 노론 城'이 山에 있는 것이라는 것을 강하게 암시해 주고 있다.

　이렇게 諸家의 解讀을 살펴보니 논의의 논리성이나 증명의 합리성에 대한 논란은 미루어 두고, 轉字에는 차이를 보이면서도 句意에는 대체로 含意를 도출할 수 있는 것이 ①②③⑤⑦⑧의 6개 구이고, 제가의 견해가 각양각색이어서 句의 뜻을 종잡기 어려운 것이 ④⑥⑨⑩ 4개 구가 된다. '烽燒隱邊藪耶'와 '月置八切爾數於將來尸波衣'와 '達阿羅浮去伊叱等耶'와 '此也友物北所音叱彗叱只有叱故'가 그것이다.

　'烽燒隱'은 '烽 술얀'과 '烽 ᄉ론'과 '홰 ᄐ얀'이 같은 의미를 지니면서도 각기 다른 표현을 지니고 있는데, 어느 것이나 가의가 통하는데 손상을 주지는 않는다. '邊也藪耶'는 梁柱東의 'ᄀ 이슈라'로 대표되어 오다가 金完鎭의 '어여 수프리야'가 나와 우리를 놀라게 했다. '邊'字는 대체로 梁

柱東을 따라 邊方 邊塞 國境地帶로 읽고 있으나, '藪'의 해독에 난맥을 이루어 왔다. '也藪耶'를 '이슈라'(있어라)로 읽는 것은 같은 노래 안에 '有叱多'가 '잇다'(있다)로 해독되어, '있다'를 '有'字를 사용한 용례가 있는데도, '邊方에 있어라'의 표기를 '有'字를 쓰지 않고 '邊也藪耶'라 한 것은 아무래도 어색하다는 지적을 누누이 받아 왔다. '옛날 샐 믈갓(東海邊), 건달바가 놀던 城을 바라보고 倭軍도 왔다고 횃불을 사른 邊方이 있다'라고 할 때 이곳 邊方은 東海邊에 있는 어느 구체적인 장소인 것이다. 옛날에 왜군이 왔다고 烽火를 올린 이 具體的인 場所는 지금 花郎들이 모여 彗星을 물리치는 祭儀를 올리고 있는 장소인 것이다. 이 장소가 수풀인 것이다. 그래서 '邊也藪耶'는 '변방의 수풀이여'일 수도 있다. 그러나 '邊也'를 'ᄀᆞᆺ이'(변방의)로 읽어 '也'字가 '이'로 읽히기에는 께름직한 점이 있고, '이'를 표기한 것이라면 오히려 '矣'가 사용되어야 했을 것이다. 그래서 이곳에 있는 수풀이 東海邊에 있는 固有한 장소인 점을 들어서 '邊也'를 '수풀'앞에 놓이는 固有名詞로 보려한 金完鎭의 견해는 요체를 얻은 것이라 볼 수 있다.

  '藪'자는 讚耆婆郎歌의 경우에나 遇賊歌의 경우에나 訓讀하여 '수플' (또는 '숲')이라 읽을 것이지 결코 音讀될 자가 아니라는 것이 著者의 見解이거니와, '邊也'는 '어여'로서 '수플'에 붙는 고유명사가 아닐까 하는 것이다.[1]

어학적인 측면에서는 그 타당성이 좀더 검토되어야 하는 것인지 몰라도, 노래가 생성되던 당시의 시대 상황이나 현장 분위기를 감안한다면, 이 해독은 향가 해석에 새로운 지평을 열어 놓은 깃이라 할 수 있다.

'月置八切爾數於將來尸波衣'는 '乾達婆矣游烏隱城'과 '達阿羅浮去伊叱等耶'와 연결시켜 생각해야 한다. '乾達婆'는 小倉進平이 天樂神으로 본 것

---

1) 金完鎭, 鄕歌解讀法研究, 서울대학교 출판부, 1980, p.131.

을 梁柱東이 '乾達婆이 놀온 城'을 蜃氣樓로 고친 이래로 답습되어 오다가, 金承璨에 의해 天樂神으로 되돌아 가게 되었다. 金承璨은

　　　필자의 견해로 須彌山의 남쪽 金剛窟 속에 사는 제석의 天樂神이며 八部衆의 하나인 건달바로 해석함이 옳지 않을까 한다.[2]

라고 하였는데, 梁柱東의 신기루에서 벗어나 실체를 볼 수 있는 시력을 회복하는데 결정적인 역할을 한 셈이 되었다. 거기에 김승찬은 '달 아래'로 해독되던 '達阿羅'를 '山 아래'라고 해석하여, '達'을 '月'이 아닌 '山'으로 해석하는 길을 열어 놓았다. 여기에 힘입어 필자는 '乾達婆矣游烏隱城'을 '天樂神이 놀던 蘇塗'로 보고, '達阿羅'를 '드ᄅᆞ'로 읽어 '山으로'라고 해석하는 것을 전제로 하여 '數於將來尸波衣'를 해석해 보려 한다.

　'月置'의 해독은 '돌두'이다. '八切爾'는 李釋의 '불긋ᄋᆞ'나 정열모의 '볼기리'에 따라 '불그시'로 읽을 수 있는데, 梁柱東의 'ᄇ즈리'와 金完鎭의 'ᄀᆞᄅᄀ시'보다 얼마나 나은 결과인지는 미지수이다.

　'數於將來尸波衣'의 문제는 '婆衣'에서 출발한다. '婆衣'는 정열모의 '믈에'를 제외하고는 모두 '바에'로 읽고 있는데, '波'를 '바'로 읽는 것은 몹시 불편한 해독이라 할 수 있다. 불완전명사 '바'를 表記했다면 '所'字로 족했을 것이고, 이런 경우 '바이'라면 '所矣'라야 했을 것인데, '波衣'라는 표기는 아무래도 불편하고 어색한 표기인 것이다. 또 詩語로서도 '달도 부지런히 켜려 할 바에'라고 한다거나, '달도 갈라그어 잦아들려 하는 바에'라고 한다면, '-하는 바에'라는 표현은 詩作 表現上의 묘를 얻었다고 볼 수는 없는 것이다. 그래서 '波衣'는 訓讀하여 '물결옷'이 어떨까 하는 것이다. 다만 '옷'이 '무늬'의 뜻을 지녀 '練光'이나 '練錦'에 접근하는 '물결 무늬'의 뜻으로 해석될 수 있는지는 미지수이지만, '옷'을 強勢詞 '곳'의 묵음화된 모양으로 보고, '물결'의 어세를 강화하는 접사로 쓰인 것으

---

　2) 金承璨, 郷歌文學論, 새문사, 1986, p.202.

로 이해해 보고 싶다.

'數於將來尸'의 경우는 '將來'를 '-려'로 읽은 梁柱東의 해독이래 답습해 오고 있다. 그러나 '-려'의 의미가 반드시 '將'字와 '來'字를 한데 묶어야만 나오리라는 생각은 잘못된 것이다. 그런 의미라면 '將'字 하나로도 충분하리라 여겨 진다. 그래서 '將'字와 '來'字를 떼어서 읽는 것이다. '數於將' '헤아려' 혹은 '헤느려'이고, '來尸'는 '올'이 되는 것이다. '於'를 音借하면 '헤아려'가 되고, 訓借하면 '헤느려'가 되겠는데, '헤어려'로 하든지, '헤느려'로 하든지, 그 뜻은 '밝히려'가 아닌 '數'字의 訓을 그대로 써서 '헤아리다'인 것이다. '藪於將來尸'는 '헤느려 올'로 읽는 것이고, '헤아려 오는'으로 해석되는 것이다. 그래서 '藪於將來尸波衣'는 '헤느려 올 물결옷'으로 읽을 수 있고, '헤아려오는 물결인데'로 해석된다. '헤아려오는 물결'은 동쪽에 떠오르는 달에 대한 묘사인데, 더 정확히 말한다면, 떠오르는 달이 바다의 수면에 뿌려놓은 달빛 물결이 되는 것이다.

'達阿羅浮去伊叱等阿'의 '達阿羅'는 '드ᄅᆞᆼ'로 읽는 것이다. 이 때 '돌'은 '月'이 아니라 '山'이다. '阿羅'는 'ᄋᆞᆼ'로 읽는데 'ᄋᆞᆼ>ᄋᆞ로'를 상정하는 것이다. 이렇게 되면 '드ᄅᆞᆼ'는 '山으로'로 해석된다. 김승찬은 '達'을 '山'으로 읽는 길을 열어 놓았다. 그런데 하나 아쉬운 것은 여기에서 '達'은 東海邊에서 可視的으로 바라볼 수 있는 山이어야 하는데, 경주 시내의 狼山으로 잡고 있는 것이다. 彗星歌의 문맥은 東海邊에서 이 山이 바라보이어야 순하게 통하고 앞뒤가 맞아 돌아가게 된다.

'浮去伊叱等邪'의 '等邪'는 '뻐갯드라'의 '드야'나 '드라' 이외에도 '드냐'로 읽을 수 있다. '等邪'를 '드냐'로 읽는 것은 '等'을 音借하여 '든'으로 하고 '邪'字를 음차하여 '야'로 하는 것이지만, '邪'字를 '야'로 읽는 것은 '邪'字가 語助疑辭로는 音이 '야'이기 때문이다. 이렇게 보면 '達阿羅浮去伊叱等邪'는 '드ᄅᆞᆼ 뻐갯드냐'로 읽어지는데, 이것은 '山으로 떠갔드냐?'로 해석된다. 수풀로 이루어진 神話的 聖地가 있는 東海邊에서, 三花가 遊娛하러 떠나는 전도에 福慶이 있기를 비는 자리에 달빛 물결을 뿌리

며 솟아오르는 달이, 天樂神이 놀던 蘇塗가 자리잡고 있는 山으로 떠올
라가고 있는 것이다. 이러한 해석에는 꼭 '뼈개드냐'만 되는 것은 아니다.
'뼈갯드냐'나 '뼈갯드라'도 좋은 것이다. '드야'로 하면 '等'의 'ㄹ'이나 'ㄴ'
의 행방을 찾기 어렵고, '드라'로 하면 '邪'가 '야'가 아닌 '아'가 된다.

   彗星歌는 呪歌이다. 제10구가 주가로서의 기능을 결집하고 있는데, 梁
柱東의 해독에 따라 '이 어우 므슴ㅅ 彗ㅅ기 이실꼬'로 하거나 金完鎭의
해독에 따라 '이에 버믈 므슴ㅅ彗ㅅ 다마넛고'로 하거나, 김승찬의 해석
에 따라 '어렵슈! 무슨 彗氣 있을까?'로 하거나, 이 노래의 주술적인 기
능에는 아무 지장이 없다. '音'字를 '므슴'의 末音으로 간주할 때 그 뒤에
이어 나오는 '叱'字의 처리가 불편하다. 나열형 어미 '고'의 표기가 '古'인
것과는 달리 의문형 어미에 '故'를 쓰고 있는 것은 변별력 있는 표기 의
식을 짐작하게 해주는 것이다.

   선배 제가의 해독에 필자의 견해를 보태어 解讀詩를 정리해 보면 다
음과 같다.

       녀리 실 믌곳
       乾達婆이 노론 잣홀란 브라고
       여릿 軍두 왯다
       왜 술안 어여 수프리야
       三花이 오롬 보시올 듣고
       둘도 볽그시 혜ᄂ려 올 믈결옷
       길 쓸 벼리 브라고
       彗星이여 술바녀 사ᄅ미 잇다
       아야 ᄃᄅ르 뼈갯드라
       이예 버믈 므슴ㅅ 彗ㅅ기 이실꼬

2. 附帶說話 解釋의 부연

「融天師 彗星歌 眞平王代」의 설화는 다음과 같다.

第五 居烈郎 第六 實處郎 第七 寶同郎 등 세 花郎의 무리가 楓岳에 遊娛하러 가려 하는데 彗星이 心大星을 범했다. 郎徒들은 그것을 疑訝하게 여겨서 그 遊娛의 길을 그만두려 했다. 그러는 때에 融天師가 노래를 지어 그것을 노래 불렀다. 星怪는 즉시 사라지고 日本兵은 제 나라로 돌아가 버리니 도리어 福된 慶事가 되었다. 眞平大王은 歡喜하면서 郎徒들을 보내어 楓岳에 遊娛하게 했다.

第五居烈郎 第六實處郎(一作突處郎) 第七寶同郎等三花之徒 欲遊楓岳 有彗星 犯心大星 郎徒疑之 欲罷其行 時天師作歌歌之 星怪卽滅 日本兵還國 反成福慶 大王歡喜 遺郎遊岳焉

이 설화의 해석에 관심을 보여온 부분은 花郎의 성격과 花郎의 欲遊楓岳, 彗星이 心大星을 犯한 일과 融天師의 存在, 日本兵 환국에 따르는 일본병의 출현여부였다. 이들 문제에 대해서는 많은 논의가 이루어져 왔는데, 특히 尹榮玉[3], 金承璨[4], 朴魯埈[5]에 의해 면밀한 연구가 진행 되었다. 여기서는 花郎의 성격과 欲遊楓岳에 대하여 약간의 의견을 첨가해 보려고 한다.

1) 花郎

花郎에 대한 첫기록은 眞興王 37년에 시작된다. 이 시점을 花郎의 制度化된 시기로 잡아도 무방할 것이다.

---

3) 尹榮玉, 新羅詩歌의 研究, 螢雪出版社, 1980, pp.19~34.
4) 金承璨, 鄕歌文學論, 새문사, 1986, pp.191~201.
5) 朴魯埈, 新羅歌謠의 研究, 悅話堂, 1990, pp.83~96.

眞興王 37년 봄. 애초에 源花를 받아들이게 했었다. 처음에 君臣이 人材를 알아낼 수 없는 것을 근심하여, 사람들을 끼리끼리 모여 떼지어 놀게 하여, 그 行義를 보아 가리어 뽑아서 등용하려 했다. 드디어 美女 二人을 가리어 뽑았다. 하나는 南毛라 하고 하나는 俊貞이라 했는데 徒衆 三百餘人이 모였다. 두 女人은 서로 아릿다움을 다투어 질투하게 되어, 俊貞은 南毛를 자기 집으로 데리고 가서 억지로 술을 권하여 취하게 하고, 끌어다 河水에 던져 그를 죽여 버렸다. 俊貞은 伏誅되고 徒衆은 화목을 잃어 흩어지게 되었다. 그후 다시 美貌의 男子를 뽑아 단장을 하여 이름을 花郎이라 하고 받들게 하니 徒衆이 雲集했다. 혹은 서로 道義를 닦고, 서로 歌樂으로 즐겁게 하여, 遊娛山水하기를 먼 데까지 다니지 아니한 곳이 없었다. 이로 인하여 사람이 그릇되고 바른 것을 알아, 그 가운데 착한 자를 가리어 조정에 추천했다.

眞興王……三十七年春 始奉源花 初君臣病無以知人 欲使類聚群遊 以觀其行義 然後擧而用之 遂簡美女二人 一曰南毛 一曰俊貞 徒三百餘人 二女爭娟相石 俊貞引南毛於松第 强勸酒至醉 曳而投河水以殺之 俊貞伏誅 徒人失和罷散 其後更取美貌男子 粧飾之 名花郎以奉之 徒衆雲集 或相磨以道義 或相悅以歌樂 遊娛山水 無遠不至 因此 知其人邪正 擇其善者 薦之於朝6)

花郎制度는 源花의 遺風에서 비롯된다. 사회 변동에 따른 의식의 변이와 함께 源花의 風味가 흔들리면서 문제점이 제기 되어, 이것을 바로잡는 과정에서 花郎制度는 성립되었을 것이다. 源花의 遺風 진흥왕 이전부터 있어왔고, 眞興王 37년 봄에 받들게 된 南毛와 俊貞은 初代 源花라기보다는 이 때 새로 簡擇된 源花로 인식하는 것이 좋을 것이다. 부족 사회의 祭儀共同體적인 集團的 思惟가 지배하던 源花의 遺風은, 이웃 부족의 정벌 병합 과정을 통한 사회의 변동, 佛敎의 사변성과 儒敎의 논리성의 작용, 共同體에서 유리되는 개인적 정서의 촉발, 이에 따르는 사유 체계의 변동으로 말미암아, 개혁의 운명을 맞이해야 되었을 것이다. 그 개

---

6) 金富軾, 三國史記 卷第四, 新羅本記 第四 眞興王.

혁의 필연성이 만들어낸 것이 花郎制度이지만, 花郎制度는 源花 유풍을 근본적으로 부정하는 것은 아니었다. 그 遺風을 계승하고 傳來해 오는 思惟를 保全 發展시켜, 변질되어 흩어져 있는 힘을 결속하려는 데에 花郎制度 성립의 당위성이 있었을 것이다. '相磨以道義'는 保全해야 할 思惟를 修習하려는 행동에 대한 표현이고, '相悅以歌樂'은 그들의 集團無意識 속으로 여행하여 정서적 결속을 이끌어 내는 행동양식인 戲樂이었을 것이다. 그 戲樂의 생리는 歌樂을 수반하는 것이고, 이때 歌樂은 최대공약수의 회열을 생산하고, 결속된 집단의 역량을 고양하고 있었을 것이다. 이러한 사회적 요청은 歌樂이 共同體集團으로 승화되기를 희망하는 부족연맹체 집단에게 祭儀歌로 계속해서 존재하기를 요구했을 것이다. '遊娛山水 無遠不至'는 山川祭의 전개와 연결되는 것이지만, 山川祭 형성의 始動은 種族集團의 共同體的 집단의식에 바탕을 두는 것으로, 山川祭의 核은 지역을 바탕으로 하는 血緣共同體의 祖上神에 귀결되는 것으로 보아야 한다. 이웃 부족을 향한 끊임없는 정벌과 병합은 많은 血緣共同體의 신앙 체계에 손상을 주었을 것이다. 부족마다 각기 다른 단위로 존재하던 自然信仰的 祖上崇拜를 하나의 原理로 묶어보려는 노력이 일어났을 것이다. 이러한 노력이 山川祭라는 제도를 만나게 되었을 것이고, 이러한 노력이 추구하던 의식이 행동 양식으로 나타난 것이 遊娛山水 無遠不至하는 제의 형식으로 자리잡게 되었을 것이다. 이러한 의식 변화는 어느 곳에 있건 어느 부족의 것이었건, 그것이 확대된 국토 안에 있는 것이면, 모두 다 공동의 聖地로서 순례의 대상으로 삼았을 것이다. 그래서 아무리 먼 곳이라 하더라도 神明이 깃들어 사는 곳이면 찾아나서는 것이며, 神明의 住處를 찾아 神明을 즐겁게 하는 것으로 民物의 편안함을 얻게 되었을 것이다. 이러한 花郎의 행동 양식이 仙風의 내용을 이루고 있는 것이었을 것이다.

仙風을 받들어 숭상하라. 옛날 新羅에서는 仙風이 크게 修行되었으니 이로 말미암아 龍天이 歡悅하여 民物이 安寧하였다. 그러므로 祖宗이래로 그 仙風을 崇尙한지가 오래 되었다.

遵尙仙風 昔新羅 仙風大行 由是龍天 悅 民物安寧 故祖宗以來 崇尙風久矣[7]

라 하여, 新羅에서는 仙風을 숭상했고, 仙風을 크게 修行함으로써 龍天을 즐겁게 하여 民物의 安寧을 도모했던 것이다. 이러한 仙風은 고려 시대에 와서도 이어 받아, 그것을 八關會에서 修行하게 되었다.

太祖元年 十一月에 有司가 말씀드렸다. "前住는 해마다 仲冬에 八關會를 크게 베풀어 그로써 福을 빌었으니 그 制度를 받들어 수행하기를 바랍니다"라고 했다. 왕은 그에 따라 시행했다.

드디어 격구장에 輪燈一座를 설치하고 香爐를 네 구석에 배열했고, 또 두 개의 綵棚을 엮어 세웠는데 각각 그 높이가 다섯 길이 넘었다. 앞에서 百戱歌舞를 演戱해 올렸는데 거기에서 연주되는 四仙樂部와 龍鳳象馬車船의 행렬을 꾸민 것은 다 新羅의 故事에 의한 것이다. 百官은 관복 차림으로 禮式을 거행했고, 구경하는 사람들은 온 도성을 기울여 나왔으며, 王은 鳳凰樓에 납시어 관람하였는데, 해마다 그렇게 修行하는 것으로 규정을 삼았다.

太祖元年十一月 有司言 前主每歲仲冬大設八關會 以祈福 乞遵其制 王從之 遂於*庭 置輪燈一座 列香爐於四旁 又結綵棚 各高五丈餘 呈百戱歌舞於前 其四仙樂部 龍鳳象馬車船 皆新羅故事 百官袍笏行 觀者傾都 王御威鳳樓觀之 歲以爲常[8]

이라고 하였다. 이 八關會의 행사장에서 연주되는 四仙樂部나 龍과 봉황과 코끼리와 말과 수레와 배의 演戱는 모두 다 新羅의 故事에 의거하는

---

7) 高麗史, 世家第十八 毅宗二.
8) 高麗史, 志 卷第二十三 禮十一.

것이라고 했는데, 여기의 故事란 신라 建國神話와 깊이 연관되어 있는
것으로 여겨지며, 여기 놀이에 형상화된 것은 대체로 新羅 王族 三姓의
始祖神話에 등장하는 物象과 동일한 것이 많다. 이런 것들이 팔관회 연
회에 주제였다 하니, 仙風의 내용이 건국神話와 깊이 맺어져 있다는 것
은 자명한 이야기가 된다. 이러한 측면은 仙風이 初期 斯盧國의 部族聯
盟的 祭儀共同體의 原初思惟를 배경으로 하고 있으며, 仙風을 實修하는
花郎이 중요한 행사로 수행하는 遊娛山水의 일환으로 거행하던 '欲遊楓
岳'은, 적어도 그러한 思惟를 담고 있는 戲樂이어야 할 것이다. 신라의
시조 神話와 선풍과 팔관회의 관계는 매우 흥미 있는 문제이다.

2) 欲遊楓岳

東國輿地勝覽 惟陽都護府 山川條에는 "金剛山은 長楊縣 동쪽 30리에
있다. 府와의 거리는 1백 67리이다. 山 이름이 다섯 있는데 첫째 金剛
둘째 皆骨 셋째 湟槃 넷째 楓嶽 다섯째 況달이니 白頭山의 남쪽 가지다.
會寧府의 汚羅漢峴으로부터 甲山에 이르러 동쪽은 頭里山이 되고 永興
의 서북쪽에서 劍山이 되었으며 府의 서남쪽에서 分水嶺이 된다. 서북쪽
으로는 鐵嶺이 되매 通川의 서남쪽에서 楸池嶺이 되고 長楊의 동쪽 高
城의 서쪽에서 이 山이 된다."라고 적혀 있어 金剛山의 한 이름이 楓嶽
이고 通川의 西南쪽 高城의 西쪽에 있는 山임을 알 수 있다. 高城郡 山
川條에는 "金剛山은 고을 서쪽 50리에 있는데…… 通川에서 高城까지 백
50리 길은 楓岳의 등(背)으로서 그 위가 높고 험한데 사람들이 모두 外
山이라고 하다. 대개 內山과 더불어 奇怪한 것을 다툰다"고 적어 놓았다.
이에 따르면 通川과 高城 사이 1백 50리 안에 外金剛이 있음을 알 수
있다. 이 外金剛 또한 楓岳일 것이다.

高城郡 山川條에는 浦口山 丹穴 三日浦의 항목이 들어 있는데, 이것들
은 花郎의 遊娛와 관련이 깊은 지명인 것이다. 먼저 高城浦의 南江과 楡
岾寺 楡樹 古墟가 花郎의 遊娛와 어떤 관계가 있는지 살펴 보겠다.

浦口山은 고을 동쪽 9리 高城浦에 있다. 바위가 우뚝 일어서고 층층 첩첩하기 계단 같으며 그 위에는 100여 명이 앉을 만하고 바위 북쪽에 또한 봉우리가 있는데 모두 돌이다. 동쪽으로 바다 가운데를 바라보면 5리쯤 되는 곳에 돌 봉우리가 병풍 둘린 것 같고 봉아래에 돌이 있는데 용이 끌어 당기고 범이 움켜 잡는 것 같아서 기이하고 이상하다. 또 돌 두 개가 서로 마주서서 사람이 함께 말하는 것 같은데 돌은 모두 흰빛 이며 푸른 바다에 광채가 비쳐 바라보면 그림같다.

바다는 고을 동쪽 8리에 있다.

南江은 고을 남쪽 3리에 있다. 金剛山 水岾에서 나와 동쪽으로 흘러 서 九龍淵이 된다. 민간에서 전해오는 말에 "옛날 九龍이 숨어 있는 못 을 메우고 楡寺를 세우니 龍이 여기로 옮겼기 때문에 그렇게 이름하였 다." 한다. 동남쪽으로 흘러서는 舟淵이 되고 또 남쪽으로 흘러서는 黑 淵이 되며 돌아서 북쪽으로 흘러서는 箭灘이 되고 고을 성 남쪽에 이르 러서는 南江이 된다. 그리고 동쪽으로 흘러가서 高城浦가 되고 바다로 들어간다.

浦口山 在郡東九里高城浦 有岩斗起層疊如皆 其上可座百餘人 岩北又有 一峯皆石 東望海中五里許 有石峯如列屛 峯下有石 龍拏虎攫奇怪異常 又 有二石相對 如人偶語 石皆白色輝映 碧海望之如畵

海 在郡東八里

南江 在郡南三里 出金剛山水岾 東流爲九龍淵 諺傳 昔塡九龍所蟄之澤 建楡岾寺 龍移于此 故名東南流爲丹淵 又南流爲黑淵 轉而北流爲箭灘 至 郡城南爲南江 又東流爲高城浦 入于海[9]

이곳 高城은 본래 고구려 때는 達忽이라 했는데, 위의 기록에서 다음 과 같은 사실을 읽어낼 수 있다. 이곳의 지형이 韓國渡來神話의 地形的

---

9) 新增東國輿地勝覽, 卷之十五 高城郡 山川.

유형을 보여 주는 것으로 여겨진다. 楡岾寺를 세운 龍淵의 옛터와 南江과 高城浦의 浦口山 앞바다에 있는 石島가 이어지는 지형이 바로 그것이라 할 수 있다. 楡岾寺 楡樹 古墟의 龍淵에 살고 있던 용은 못을 메우고 楡岾寺를 세울 때 그 곳을 쫓겨나고 있다. 龍의 住處를 메우고 절을 짓는 것을 土俗信仰의 聖地를 佛敎가 調伏 壓勝하는 것으로 해석하고 있으므로[10], 이 경우도 土俗信仰의 仙風聖地에 대한 佛敎의 調伏으로 해석할 수 있다.

楡岾寺는 金剛山 東쪽에 있는데 고을과의 거리는 60여 리이다. 절의 大殿을 能仁 (譯迦)이라 한다. 閔漬의 記文에 "53佛이 月低國으로부터 鍾을 타고 바다에 떠와서 安昌縣 浦口에 대었다. 縣宰 盧이 관속을 거느리고 가보니, 다만 여러 작은 발자국이 진흙 위에 있는 것이 보이며, 나뭇가지가 모두 山 서쪽으로 쓰러지고, 또 鍾을 달고 쉰 곳이 있었다. 山 아래 와서 부처가 쉬인 곳을 房이라 하고 또 消房이라 하기도 하는데 곧 지금의 京庫이며, 文殊보살이 比丘尼의 몸으로 나타나니 그 곳이 지금의 文殊村이다. 수리를 못가서 바라보니 한 女僧이 돌에 걸터앉아 있으므로 부처가 있는 곳을 물었는데 지금의 尼遊岩 혹은 尼臺라고 하는 곳이다. 또다시 앞으로 가니 白狗가 꼬리를 흔들며 앞으로 인도하였는데 지금의 狗嶺이 그 곳이다. 고개를 지나가서는 목이 말라서 땅을 파서 샘물을 얻었는데 지금의 盧井이 그 자리이다. 거기서 수백 보를 가니 개가 없어지고 노루가 나왔으며, 또 수십 보를 가서는 노루도 보이지 않고 문득 종소리가 들리므로 기뻐서 나갔기 때문에, 노루를 본 곳을 獐項이라 하고, 종소리를 들은 곳을 歡喜嶺이라고 한다. 종소리를 듣고는 그 소리를 따라 洞門으로 들어가니 큰 못이 있고, 못 위에 느름나무 있는데 종을 나뭇가지에 걸고 여러 부처들이 못 언덕에 벌려 있으며 이상한 향기가 풍겼다. 盧이 관속들과 함께 나이가서 예하고 돌아와서 왕께 아뢴 다음 절을 창건하고 모시며 그 절을 楡岾寺라 하였다." 한다.

---

10) 崔珍源, 寺利緣起說話와 仙風, 國文學과 自然, 1986, pp.119~133.

楡岾寺 在金剛山東 距郡六十餘里 寺大殿曰能仁 閱積記 五十三佛 自月
底國鐵鍾泛海而泊安昌 縣浦口 縣宰盧 率官屬而往 但見小小哀迹印泥中
樹枝皆向山西靡 又有縣鍾息之處 至山下 佛所之處曰 房或云消房 卽今京
庫也 文殊現比丘身 卽今文殊村也 末及數里望見 一尼踞石而坐 問佛所在
今之尼遊岩或云尼臺是也 又復前行 白狗搖尾而前導 今之狗嶺是也 過嶺而
渴撥地得泉 今之盧井是也 行數百步 狗逸而獐出 又行數十步 獐亦不見 忽
聞鍾聲 喜躍而進 故見獐之地曰獐項 聰鍾之地曰歡喜嶺也 旣尋鍾聲 綠入
洞門有大池 池上有楡樹 鍾掛于枝 諸佛羅列池岸異香馥 與官屬膽禮歸奏于
王 創寺以安之 因名曰楡岾寺云云[11]

이 이야기는 月低國에서 鍾을 타고 바다를 건너 온 53佛이 安昌縣[12]
浦口에 올라와 房(文殊村)을 지나 尼遊岩 狗嶺을 넘어 盧井 獐項을 거처
歡喜嶺을 넘어 楡岾寺의 楡樹 古墟에 이르는 경로를 縣宰 盧의 추적하
는 이야기를 입혀서 구성하고 있는데, 月低國에서 渡來한 鍾과 부처가
大池 가에 서 있는 楡樹 옆에 머물러 楡岾寺를 세우게 되었다는 것은
매우 흥미 있는 설화라고 아니 할 수 없다.

安昌縣은 高城郡에 편입된 폐현이므로 安昌縣 浦口는 高城 海邊의 어
느 浦口이다. 이 浦口로 月國을 떠나온 배는 上陸했다는 主旨를 이 설화
는 담고 있다. 월저국은 지금 中東에 있는 나라이고, 이것은 우리 東海
岩의 많은 浦口가 中東과 교류하고 있었다는 역사적 사실의 설화 속의
반영이라 할 것이다.

楡岾寺를 세우면서 못을 메우게 되어 거기 살다가 쫓겨났다는 龍도
그 곳에 찾아 왔을 때는 鍾과 53佛과 비슷한 경로를 따라 들어갔을 것
이다. 아마도 高城浦口로 상륙해서 南江의 여러 구비를 거슬러 楡岾寺
楡樹 古墟에 들어갔으리라고 追想할 수 있다. 大池가 있고 그 옆에 楡樹
가 서 있고 언덕이 있어 金剛山 東쪽에 자리잡고 있는 楡岾寺 楡樹 古

---

11) 新增東國輿地勝覽, 券之四十五 高城郡 佛宇.
12) 安昌發縣 在君南二十七里 本莫伊縣(勝覽 高城君 古跡)이라 했으니, 安昌縣
浦口도 지금 高城의 어느 浦口이다.

墟인 楡岾 즉 느름나무 고개는 이른바 蘇塗의 자격을 갖추고 있는 聖地
일 것이다. 楡岾寺를 지으면서 메워버린 못에서 쫓겨난 龍은 蘇塗別色을
지키던 天君, 즉 土俗信仰의 神明을 수호하던 司祭者가 佛力에 調伏되어
그 곳을 내주고 떠나는 一大事件을 상징적으로 표현한 인격신의 모습이
아닐까. 어쨌든 이것은 의상조사가 부석사를 세우면서 조복된 石龍, 김
대성이 토함산에 석불사를 지으면서 그 곳을 떠난 天神, 이런 것들과 그
궤를 같이 하고 있는 것이다.

　　眞平王代에 居烈郎 實處郎 寶同郎의 무리가 楓岳에 遊娛했을 때 그
중요한 巡禮地가 여기 高城浦口를 거쳐 올라간 楡岾 蘇塗였을 것이다.
이곳은 仙風聖地의 성격을 지니고 있는 것이다. 오늘에 와서 楡岾寺 楡
樹 古墟의 蘇塗에 花郎이 遊娛했다는 기록은 남겨지지 않았지만, 같은
高城과 이웃한 通川과 杆城에는 花郎이 유람했던 자취를 남기고 있다.

　　역시 여지승람 고성 산천조에,

　　　丹穴은 고을 남쪽 11리에 있다. 민간에선 전하여 오는 말이 "四仙이
　　놀던 곳이라"다.

　　　丹穴 在郡南十一里 俗傳 四仙所遊處

라 하였으니, 丹穴은 花郎의 무리가 遊娛한 傳說이 있는 곳이다.

　　　三日捕가 高城 북쪽 7·8리에 있는데, 밖으로는 중첩한 봉우리들이 둘
　　러쌌으며 그 안에 36봉이 있다. 洞壑이 맑고 그윽하며 소나무와 돌이
　　奇異하고 옛되다. 물 가운데 작은 섬이 있고 푸른 돌이 평평하니, 옛날
　　四仙이 여기서 놀며 三日間이나 돌아가지 않았다고 하여 이렇게 이름한
　　것이다. 물 남쪽에 또 작은 봉우리가 있고 봉우리 위에 石龕이 있으며
　　봉우리의 북쪽 벼랑 벽에 단서 여섯 字가 있으니, '郎徒南石行'이라 하
　　였다. 작은 섬에 옛날에는 亭子가 없었는데 存撫使 朴公이 그 위에 지
　　으니 곧 四仙亭이다.

三日浦 在高城北七八里 外有重峯疊 合包而內有三十六峯 洞壑淸幽 松石奇古 水中有小島 蒼石盤陀 昔四仙遊此而三日不返 故得是名 水南又有小峯 峯上有石龕 峯之 北崖石面 有丹書六字 曰 郞徒南石行 小島古無亭 存撫使朴公構之於其上卽四仙亭也[13]

高城 북쪽 7·8리에 三日浦가 있는데, 이 곳에 四仙이 노닐었고, 여기 머물렀던 花郞들은 석벽에 '郞徒南石行'이라고 쓴 단서를 남기어 거기 遊娛한 花郞이 郞의 무리였음을 알게 되었다. 이 곳에 花郞의 遊娛 사실이 집중적으로 남아 있다.

輿地勝覽 通川郡 樓亭條에는,

叢石亭은 고을 북쪽 19리에 있다. 수십 개의 돌기둥이 바다 가운데 모여 섰는데, 모두가 六面이며 형상이 옥을 깎은 것 같은 것이 무릇 네 곳이다. 亭子가 바닷가에 있어 叢石에 임하였기 때문에 그렇게 이름한 것이다. 민간에서 전하기를 "新羅 때의 述郞 南郞 永郞 安祥의 四仙이 이곳에서 놀며 구경하였기 때문에 이름하여 四仙峯이라 한다" 하였다.

叢石亭 在郡北十八里 有數十石柱叢立海中 皆六面如削玉者凡四處 亭在海涯臨叢石 故因名焉 諺傳 新羅述郞南郞永郞安祥遊賞于此 呼稱四仙峯[14]

라 하여, 述郞 南郞 永郞 安祥 등 新羅의 네 花郞이 通川의 叢石亭에 遊賞했음을 보여주고 있다. 杆城에도 永郞仙徒遊賞之地라 한 花郞湖가 있다.

3. 東 海 邊

彗星歌의 첫째 단락은 彗星歌가 불리워진 장소가 東海邊에 자리잡고 있는 수풀임을 보여주고 있다. 彗星歌의 첫째 단락의 해석은 '옛날 東海邊, 乾達婆가 놀던 城을 바라보고, 倭軍이 왔다고 烽火를 올린 어여 수풀

---

13) 11)과 同.
14) 上同, 通川郡 山川

이여'가 된다. 이 단락의 時間은 지금이 아니라, 지금 이 자리에 서서 회상하고 있는 과거이다. 그 과거의 시간 속에서 倭軍이 왔다고 烽火를 올린 사람들이 있었는데, 그 사람들이 모여 烽火를 올린 장소가 東海邊이고 '어여 수풀'이라는 것이다. 그 東海邊 어여 수풀에서 일어났던 옛날 일을 감동적으로 追想하면서, 그 일이 일어났던 장소를 불러 세우고 있는 것이다. 그것이 '倭軍도 왔다고 烽火를 올린 어여 수풀이여'라고 외친 것이다. 이렇게 되면, 현재의 시간과 과거의 시간은 구별되지 않고 지금 이 자리는 옛날 그 자리와 같은 장소가 된다. 이 장소가 東海邊 어여 수풀이다. 東海邊 안에 '어여 수풀'이 자리잡고 있는 것이다. '어여'는 東海邊에 있는 수풀에 매겨진 고유명사이다. 이렇게 되면 東海邊도 이 경우 거의 고유명사의 의미를 지닌다. 그 특정한 장소에서 彗星歌는 불리워지고 있는 것이다.

'乾達婆이 노론 자슬랑 ㅂ라고'의 해석은 '乾達婆가 놀던 城을 바라보고'가 된다. 이런 경우, '乾達婆'는 天樂神이고, '乾達婆가 놀던 城'은 蘇塗이다. 그렇게 본다면, '乾達婆이 노론 자슬랑 ㅂ라고'는 '天樂神이 놀던 蘇塗를 바라보고'라고 해석이 되겠는데, 天樂神이 놀던 蘇塗를 바라보고 있는 장소가 東海邊에 있는 '어여 수풀'이 되는 것이다. 東海邊은 彗星歌를 부른 장소이며, 동시에 바라보는 장소가 된다.

이 장소에서 바라보는 방향에 대한 종래의 견해는 梁柱東 이래로 蜃氣樓였다. 東海 위에 나타난 신기루, '건달바가 놀던 城'은 바로 그 신기루로 해석되었다. 그러던 것이 金承璨에 의해 신기루의 허구성이 지적되었다. 김승찬에 의하면 "시인묵객의 붓끝으로 나타내고 있는 신기루는 東海邊의 조망에서 느낀 아름다움을 표현하고 있음에 불과하다"고 말하고, 乾達婆는 "須彌山 남쪽 金剛窟 속에 사는 제석의 天樂神이며…… 신라의 불연국토사상에 의해 신라에 정착하게 되었고, 本地異跡說의 한 변이형태로서 狼山이 건달바가 살고 있는 수미山으로 비의 되었던 것이다"라는 것이다.15) 건달바가 놀던 성을 경주 시내에 있는 狼山에 잡은 문제점을 남기기는 했으나, 乾達婆를 신기루에서 벗어나게 하는 새로운 경지를 열어 놓은 것이다. 東海邊에 서서 바라보는 시각이 바다 위의 신기루에서 육지 쪽의 山으로 바뀐 것이다. 그렇다면 옛날 여기 서서 횃불을 울렸고, 지금은 여기 서서 노래 부르고 있는 東海邊은 구체적으로 어느 곳인가. 옛날에 倭軍이 왔다고 육지 안쪽 山을 바라보며 烽火를 울렸던 사람들도 東海邊의 수풀에 서 있었고, 지금 혜성이 나타났다고 아뢰는 사람과 혜성의 변괴를 물리치려 노래 부르는 사람들이 모여 있는 곳도 이 東海邊의 수풀인 것이다. 삼국유사에서 찾아보아도 東海邊에 비정될 만한 곳이 몇 군데 있다.

먼저 신라 제4대 脫解王(57~79)이 渡來한 海邊을 들 수 있다. 辰韓 땅 鷄林의 東쪽 下西知村의 阿珍浦 포구가 그것이다. 또 신라 제8대 阿達羅王(154~183) 때, 한 바위를 타고 延烏郎과 細烏女가 日本으로 건너간 東海邊이 있다. 또 제17대 奈勿王(356~401) 때, 朴堤上이 日本으로 떠난 栗浦之邊도 있다. 그리고 또 우리에게 가장 인상깊은 설화와 함께 떠오르는 萬波息笛의 현장인 東海邊이 있다. 그것은 제31대 神文王(681~691)이 龍으로부터 黑玉帶와 萬波息笛을 얻어 온 장소인데, 大王岩과 利見臺와 感恩寺가 있는 東海邊이다. 제49대 憲康王(875~885) 때 處容이 출현할 開雲浦 앞 바다인 東海가 있는데, 이들 가운데 가장 그럴싸한 곳이 萬波息笛說話의 東海邊이다.

脫解王이 渡來한 阿珍浦는 慶州郡陽南面羅兒里의 羅兒川 河口에 있다. 延烏郎이 떠난 東海邊은 迎日郡烏川面의 烏川 河口 근처의 都邱 일대일 것이다. 朴堤上이 떠난 栗浦之濱은 蔚山郡의 어느 해변이거나 慶州郡陽南面 下西川 河口의 津里 일대일 것이다. 大王岩 利見臺 感恩寺가 있는 萬婆息笛 說話의 東海邊은 慶北慶川郡陽北面 奉吉里 臺本里 龍堂里가 있는 大鍾川(東海川) 河口에 있다. 處容說話의 開雲浦는 蔚山의 外煌江

15) 金承璨, 鄕歌文學論, 새문社, 1986, p.202~203.

河口에 있다. 앞에 적은 다섯 곳 가운데 지리적으로 경주와 가장 가까운
곳이 大鍾川 河口이다. 지리적으로 가까울 뿐만 아니라 역사적으로도 초
기 신라의 사로국과 가장 밀접한 관계를 지니고 있는 곳이 羅兒川 河口
를 포함하는 이 지역이다. 그뿐만 아니라 倭賊 鎭壓의 의지가 가장 확실
하게 표출되어 있는 설화가 이 지역의 것이어서 倭軍의 출현과 밀접한
관계가 있는 혜성가와 연계해서 생각하기에는 이곳 大鍾川(東海川) 河口
의 東海邊이 적절하리라 여겨 진다.

　彗星歌의 가사 속에 나타난 東海邊이 文武王이 倭兵을 鎭壓하려는 發
願으로 海中岩에 장골한 곳이고, 文武王의 아들 神文王은 그 東海邊의
利見臺에 나아가 黑玉帶와 萬波息笛을 얻은 곳이다. 그렇다면 이 東海邊
은 어떤 곳인가? 三國遺事에 실려 있는「萬波息笛」說話에는 다음과 같
은 이야기가 전해지고 있다.

　　제31대 神文王의 이름은 政明, 姓은 金氏였다. 개요원년 7월 7일 즉위
　하였다. 父王인 文武大王을 위하여 東海邊에 感恩寺를 지었다.
　　感恩寺에 전해오는 기록에 의하면 文武王이 倭兵을 鎭壓하려고 이 절
　을 짓다가 끝내지 못하고 붕어하여 海龍이 되고, 그 아들 神文王이 즉
　위하여 개요 2년(A.D. 682)에 낙성했는데 金堂 섬돌 아래 東向으로 한
　구멍이 뚫려 있으니 그것은 龍이 들어와 서리고 있게 하기 위한 것이
　다. 이것은 왕의 遺詔에 의해 그 遺骨을 간수한 곳으로 이름을 大王岩
　이라 하고 절 이름도 感恩寺라 했던 것이다. 나중에 龍의 現形을 본 곳
　은 利見臺라 이름했다.

　　第三十一·神文王 諱政明 金氏 開耀元年辛巳七月七日卽位 爲聖考文武大
　王創感恩寺於東海邊 寺中記云 文武王欲鍾倭兵 故始創此寺 未畢而崩 爲
　海龍 其子神文立 開耀二年畢 排金堂 下東向開一穴 乃龍之入寺施繞之備
　蓋遺詔之藏骨處 名大王岩 寺名感恩寺 後見龍現形處 名利見臺16)

---

16) 一然,『三國遺事』, 紀異第二, 萬波息笛.

文武王이 짓다가 神文王이 완성한 感恩寺는 이 東海邊에 세워진 절이다. 文武王은 倭兵의 침입으로부터 國土를 守護하려고 여기에 感恩寺를 짓기 시작했고, 죽어서는 海龍이 되어 倭賊을 鎭壓하기 위하여 海中岩에 歲骨하기를 遺言하였다. 이곳에 感恩寺를 지으려는 文武王의 뜻은 佛緣國土說과 護國佛敎의 理念으로 再創出된 新羅佛敎의 理想을 실현하려는 것이었고, 문무왕 자신이 이곳 바다 바위에 장골하려 한 것은 初期 新羅의 部族聯盟的 神話思惟를 담고 있는 土俗信仰과 結合함으로써 이 고장의 神聖한 힘을 새롭게 하고 王權의 힘을 강화하여 나라의 기틀을 튼튼히 하려는데 있는 것이다. 여기 東海邊의 성격을 좀더 살펴 보기로 하겠다.

感恩寺의 營造는 落成 뒤에도 계속되고 있었겠지만, 일단 낙성을 본 것은 神文王 2년 5월 이전의 일이 된다. 神文王 2년 5월 1일에 海官 朴淸은 浮來하는 小山의 일을 왕에게 아뢰고 있는 것으로 보아, 그 때는 이미 感恩寺나 利見臺에 海官이 주재하고 있었을 것이다. 感恩寺는 成典17)이 설치되어 있는 사원이므로 成典의 官員이 주재하고 있었을 것이지만 感恩寺에 成典이 설치된 것을 神文王 4년 경으로 추정하고18) 있으니, 이 추정대로라면 神文王이 利見臺에 幸行한 것은 感恩寺 成典이 설치되기 이전부터 주재하고 있었던, 成典의 官員과는 성격이 다른 官員으로 보인다. 어느 때인가 한때 感恩寺에는 海官의 官員과 成典의 海官과 僧侶가 함께 주재하고 있었던 것으로 보아야 한다. 적어도 感恩寺 안에 함께 주재하지 않았다 하더라도 이 東海邊에 이들이 함께 있었을 것은 분명하다. 삼국사기 職官志의 규정에 의하면 成典의 長官인 衿荷臣은 角干에서 大阿湌까지의 眞骨만이 할 수 있게 되어 있어서 波珍湌인 朴夙淸이 맡고 있는 海官은 成典의 長官과 맞먹는 貴族으로 배치하고 있는 것을 알 수 있다. 이런 점으로 미루어 보면 成典이 설치되기 이전부터

---

17) 成典이 설치된 절은 四天王寺 奉聖寺 感恩寺 奉德寺 靈廟寺 등인데, 이 가운데 感恩寺만 경주에서 멀리 떨어진 東海邊에 위치하고 있다.
18) 李泳鎬, 新羅中代 王室寺院의 官寺的 機能, 韓國史硏究 43, 1983.

海官이 주재하고 있던 官廳은 그 격이 높았던 것으로 이해할 수 있다. 이곳은 眞骨이 長官으로 있는 官廳이 설치되어 있던 매우 중요한 곳이라는 것을 알 수 있다. 이 海官이 長官인 관청은 어느 곳에 있었을까. 東海邊에 感恩寺가 창건되기 이전부터 海官이 주재하고 있었다면 海官이 주재하고 있던 관청은 어떤 성격의 기구였는지 의문을 갖게 된다. 感恩寺가 창건되기 이전부터 있었을 이 관청은 初期 新羅 斯盧國의 건국 神話가 지니고 있는 部族聯盟的 神話思惟를 수호하기 위하여 설치되었던 기구라고 여겨진다. 그렇다면 東海邊은 感恩寺가 창건되기 이전에는 빈터였다고 보기는 어렵다. 적어도 그곳은 倭冠를 막아내는 중요한 요충지로 인식되고 있었다.[19]

萬波息笛 설화에서 조명되고 있는 이곳은 통일 전쟁을 끝내고 있는 文武王(661~680)과 神文王(681~691) 시대인 것이다. 이러한 認識은 이 시대에 비롯된 것은 아니다. '융천사 혜성가'의 설화 내용으로 미루어 보면, 이미 150년 전의 眞平王(579~631) 때에 倭軍을 물리치기 위한 제단이 만들어졌고, 그 祭壇에서 융천사의 彗星歌는 불리워지고 있는 것이다. 融天師는 그 彗星歌의 呪力의 원천을 이곳 東海邊의 神聖性에 의지하려고 여기 東海邊의 수풀을 불러 세우고 있는 것이다. 그 옛날 이 神聖한 수풀에서 神人이 제천하던 蘇塗를 향해 횃불을 올리던 일을 追想하고 있는 것이다. 들추어내 추상한다고 하기보다는 높이 들어 올려 지금 불안에 빠져 있는 사람들에게 신념의 원천을 제시하고 있는 것이다. 여기 東海邊의 수풀과 저기 神人이 祭天하는 蘇塗는 하나의 짝을 이루는 聖地이고, 거기에는 언제나 生命力이 넘쳐 살아 움직이고 있는 것이다.

그렇다면 이러한 東海邊은 어떠한 곳인가 관심이 가게 된다. 아마도 東海의 龍神을 모시던 龍堂이 있던 곳이었을 것이다. 지금 이곳엔 龍堂里라는 마을 이름이 남아 있다. 東海邊은 大王岩이 있고 利見臺가 있고

---

19) 尹徹重, 萬波息笛說話研究, 大東文化研究 26, 成均館大學校 大東文化研究院, 1991, p.24.

感恩寺가 있는 옛날의 東海川, 즉 지금의 경북 경주군 양북면 龍堂里 臺本里 奉吉里가 있는 大鍾川 河口가 있는 바로 그곳을 지칭하는 말이다. 거의 固有名詞的 의미를 지니는 지명이다. 新羅 初期 東海에서 斯盧國으로 통하는 通路가 나 있던 곳이니, 蔚山의 外煌江 河口나 迎日의 兄山江 혹은 烏川의 河口와 함께 사로국 東海岸 쪽에 자리잡은 중요한 地形的 地點이었던 것이다. 外煌江 하구는 于尸山國이나 屈阿火國이 가까웠고, 兄山江 하구는 音汁伐國이나 悉直谷國에 가까이 있어 사로국과의 통로로서는 장애가 되었을 것이나, 이곳 東海邊은 그 인접 지역인 下西知村 乃兒의 阿珍浦와 함께 일찍이 斯盧國의 영역으로 인식되고 있는 곳이다. 제4대 脫解王은 이곳 乃阿에서 斯盧國으로 진출하고 있으며, 萬波息笛 說話의 浮來島의 主旨는 脫解神話의 渡來神話的인 성격과 그 궤를 같이 하고 있는 것이다. 東海邊과 함께 下西知村 지역은 斯盧國에 정복된 사실이 없이, 脫解왕의 근거지로 초기 신라 六村의 하나인 金山加利村의 속촌으로 존재하고 있었다.

　　그 이듬해 5월 초하룻날에 海官인 波珍 朴夙淸이 東海 가운데에 感恩寺를 향해 浮來하는 小山이 파도를 따라 왕래하고 있습니다 라고 아뢰었다.

　　明年 壬午五月朔 海官波珍 朴淸奏曰 東海中有小山 浮來向感恩寺 隨波往來[20]

　　떠오고 있는 작은 山은 현실적으로는 작은 섬이다. 그 섬은 돌섬이다. 돌섬 즉 石島는 바다 위에 떠 있는 돌섬이지만, 거기에 渡來神이 타고 오면 움직이는 山이 된다. 움직이는 山, 움직여 이쪽으로 떠 오고 있는 돌섬, 그 石島는 渡來神이 타고 오던 배를 상징한다. 태양의 아들로서 이 땅에 와서 이 땅에 神聖한 나라를 열던 渡來神이 타고 온 배이다.

---

20) 16)과 同.

神文王이 즉위한 그 이듬해 5월 1일에 海官인 波珍 朴淸이 왕에게 아뢰어 왔다. 東海 중에 感恩寺를 향하여 떠 오는 작은 山이 있는데, 물결을 따라 왕래한다는 것이다. 이 '東海有中小山 浮來向感恩寺'는 萬波息笛 설화가 渡來神話를 원형으로 하고 있다는 관점의 근거가 되는 부분이다. 浮來하는 小山은 渡來神이 타고 오는 배를 설화적으로 표현한 神話象徵이기 때문이다. 海官은 東海邊에 주재하고 있었다. 그러나 感恩寺를 지킨 僧侶나 成典의 官員으로 보이지는 않는다. 感恩寺를 지키는 사람이라면 僧侶이거나 成典에 소속되어 있는 官員이어야 하기 때문이다. 海官은 東海邊의 수풀에 자리잡고 東海口를 守護하던 土俗信仰의 神話的인 성격을 띠고 있었을 것이다. 이곳에 感恩寺가 세워지기 이전부터 海官의 官員은 이곳을 지키고 있었을 것이며, 僧侶는 感恩寺의 불사를 맡고 成典의 官員은 感恩寺의 영조 영선을 관리했을 것이며, 海官의 官員은 斯盧國의 神話的 聖地를 지키는 土俗信仰의 담당자가 되었을 것이다. 다시 말하면 斯盧國이 형성되던 시기의 部族聯盟的 共同體의 原初思惟를 계승하고 守護하는 존재였을 것이다. 花郎이 土俗信仰적 사유를 계승 담당한다는 면에서 海官과 상통하는 점이 있는 것이다. 花郎이 源花를 원형으로 한다는 것과 海官이 赫居世王의 海尺之母인 阿珍義先을 원형으로 한다는 것은 기묘한 상대를 이루고 있다. 여기 東海邊에 海官만이 주재하고 있었을 眞平王 시절에 花郎들이 이곳에 모여 高城과 通川의 神話的 聖地에 遊娛하는 길을 떠나기에 앞서 前途를 예비하는 행사를 가졌다는 것은 편안한 시각으로 이해할 수 있을 것이다.

萬波息笛 說話는 渡來神話의 主旨를 담고 있다. 渡來神話의 현장은 渡來神話의 地形的 類型을 형성하고 있는데,

渡來人은 竹島와 望山島를 통하여 原住民 사회에 上陸하고, 그 해변 가까운 곳에 그들의 神堂을 남겼고, 原住民의 靈山에 올라 제의를 통하여 天神에 동화되고, 천제손의 자격으로 그곳의 始祖王이 된다. 竹島와

靈山은 江으로 이어지고, 竹島는 그 江의 하구에 자리잡은 石島이다. <靈山-江-竹島>는 渡來神話의 地形的인 類型이 된다.[21]

渡來神話의 地形的인 類型을 <靈山-江-竹島>라고 했는데, 이런 地形的인 類型은 우리나라 東海岸과 南海岸 여러 곳에서 발견할 수가 있다. 그런 곳은 神話나 傳說의 현장인 곳이 많다. 이 東海邊이 그런 地形的 類型을 보이고 있다. 靈山에 해당하는 山은 吐含山이고 竹島에 해당하는 섬은 大王岩이다. 그 사이를 연결하는 江은 大鍾川(東海川)이다.

> 吐含山의 立岩 앞의 石窟岩은 해돋는 쪽으로 자리잡고 앉아 있다. 그 方位는 天神이 降臨하기에 알맞은 각도이다. 이 자리는 아침햇살이 곧 바로 꽂히는 방향이기 때문이다. 天神은 <天帝子>요 <天王>이다. 脫解가 天神과 만나는 祭儀를 實修하던 石塚은 바로 이 立岩 앞의 石窟岩 자리이다. 이 石窟岩은 冬至日에 해돋는 方位인 東南 30°의 방향으로 놓여 있다. 吐含山 石窟岩에서 大王岩의 方位는 대략 27°의 방향이다. 이 方位는 冬至日에 해돋는 방향과 대체로 일치하는 각도이다. <토함산 -大鍾川-大王岩>으로 짝을 이루는 이른바 靈山의 立岩과 河口의 石島 는 冬至日 무렵 日出時의 햇살을 一直線上으로 받는다.[22]

吐含山의 立岩과 大鍾川 河口의 大王岩은 渡來神話의 地形的 類型에 서는 짝을 이룬다. 吐含山의 立岩과 石塚(石窟岩 자리)과 遙乃井이 있는 蘇塗와 大鍾川(東海川) 河口의 大王岩과 利見臺와 感恩寺가 있는 東海邊 의 숲은 神話的 祭儀的 祭場으로서 짝을 이룬다. 이것이 東海邊 숲 속의 祭場에서 彗星歌를 부르던 融天師의 노래 속에 반영된 시각의 방향인 것이다. 노래의 문맥 속에서 확인되는 '바라보고' 서 있는 장소는 東海邊 이고, 바라보는 시선이 향하고 있는 吐含山의 蘇塗인 것이다.

---

21) 尹徹重, 韓國渡來神話의 類型, 陶南學報 10, 1987, p.41.
22) 同上, p.42.

4. 乾達婆

梁柱東은 古歌硏究에서 乾達婆를 풀이하면서,

「乾達婆」는 梵「간달바」, 그 原義는「臭香」, 八部衆의 一인 天樂神의 名號이나,「尋香」의 義로 西域에서「俳優」의 稱이 되었다. 대개 西域俗에 俳優가 흔히 남의 집 飮食 냄새를 맡아가며 作樂 求乞하기 때문이다. 現行語의「건달」亦是「不作生業 只尋飮食之氣」하는 類의 사람의 汎稱이다.[23]

라고 설명하여,「乾達婆」가 天樂神 俳優 건달의 뜻이 있음을 말하고 있다. 또 '乾達婆이 놀온 잣'에 대하여는,

本句「乾達婆이 놀온 잣」은 무엇을 뜻하는가,「乾達婆城」은 譯曰「尋香城」, 서역의 俳優들이 흔히 幻術로 城을 作하고 그 안에서 遊戲함으로 전하여「蜃氣樓」를「乾達婆의 놀온 城」이라 칭한다. 곧 本歌 第一‧二 句의「녜 시ㅅ 믌乙 乾達婆이 놀온 잣」云云은「東海邊의 蜃氣樓를 바라보고」云云의 義에 不外하다.[24]

라 하여, '乾達婆'는 '天樂神'이지만 '乾達婆이 놀온 잣'은 '蜃氣樓'를 바라보고 하는 말이므로 '녜 시ㅅ 믌乙 乾達婆이 놀온 자슬랑 ㅂ라고'는 '東海邊의 바다 위에 생긴 蜃氣樓를 바라보고'라 해석하여 '녜 시ㅅ 믌乙'은 東海邊이고, '乾達婆이 놀온 잣'은 蜃氣樓의 뜻을 지니고 있다는 것이다. 결과적으로 梁柱東의 해석은 실체가 있는 天樂神이라고 보는 해석과 환상인 蜃氣樓로 파악하는 양면적 논란의 길을 열어 놓은 셈이 되었다. 梁柱東의 해석에 앞서 小倉進平은 '乾達婆'를 音樂의 神이라 했으나

---

23) 梁柱東, 增訂 古歌硏究, 一潮閣, 1965, p.567.
24) 上同, p.574.

해석에 활용하지는 않고, 다만 '녜로 東ㅅ 믈ㅿㅅ 乾達婆의 노온 잣올난 바라고 예내ㅅ軍도 왓다(고) 봉살은 ㅿ애고자'라고 해독하고, 이것을 '東海邊 일찍이 乾達婆의 놀던 성을 앗으려 倭軍이 쳐왔다고 烽火를 올려 警報하는데'라고 해석하고 있다. '바라고'를 '앗으려고'라고 해석하고 있는 것이다. 小倉進平의 생각은 '東海邊 音樂이 신이 놀던 城을 앗으려고 倭軍이 침범해 왔다'고 하는 것이고, 이 해석을 수정해서 梁柱東은 倭軍이 온 것이 아니라 蜃氣樓를 보고 倭軍으로 착각하여 倭軍이 왔다고 했으니 사실은 倭軍이 온 적도 없다고 한 것이다.

尹榮玉은 乾達婆를 倭軍으로 착각했다고 보는 梁柱東의 견해가 모순을 지니고 있다는 것을 인정하고 있으면서, 동해안에 蜃氣樓가 실제로 존재하지 않았다는 데까지 확대하지는 않았지만, 蜃氣樓를 보고 倭軍이라고 호들갑을 떠는 것은 사람들의 우매의 소치라고 인정한다. 그러면서도 그러한 우매한 판단은 과거지사고 지금은 그런 일이 일어날 까닭이 없으니 그런 염려조차 없다는 것을 말한 것으로 이해하고 있다.25)

金承璨은 '건달바이 노론 잣'이 蜃氣樓로 해석된 데 대해 의문을 제기했다. 그래서 '동해에서 일어난다는 건달바성(蜃氣樓)'을 옳게 파악하기 위해 시인묵객이 東海邊에서 읊은 한시문 가운데서 蜃氣樓가 등장되는 시구를 검토하고,

> 시인 묵객이 붓끝으로 나타내고 있는 蜃氣樓(海市)는 佛經에서 풀이하고 있는 蜃氣樓와는 자못 다르다. 동해의 蜃氣樓는 건달바(樂人)의 환각술에 의한 것도 아니고, 해가 돋을 때에 보인 것도 아니다.26)

라고 하여, 梁柱東의 해석을 비판하고,

---

25) 尹榮玉, 新羅詩歌의 硏究, 螢雪出版社, 1980, p.37.
26) 金承璨, 鄕歌文學論, 새문社, 1986, p.202.

　　동해변의 조망에서 느낀 아름다운(海中에 屹立한 기암의 장관이나 햇
빛이 비친 층층한 구름의 아름다운 景觀)을 蜃氣樓로 표현하고 있음에
불과하다.27)

라고 단정하여, 동해의 蜃氣樓의 존재를 부인했다. 이것은 '乾達婆이 노
론 잣'을 蜃氣樓로 보는 것이 부당할 뿐만 아니라, 乾達婆를 倭軍으로 볼
수 없다는 것을 강조하고 있는 것이다. 그렇다면 어떻게 봐야 할 것인
가? 김승찬은 小倉進平의 '音樂의 神'보다는 佛典 용어인 梁柱東의 '天樂
神'을 취하고 있는 것이다. 김승찬의 말을 들어보면,

　　그렇다면, <혜성가>의 가사에 나오는 건달바는 무엇으로 해석함이
옳겠는가? 필자의 견해로는 須彌山의 남쪽 金剛窟 속에 사는 제석의 天
樂神이며 八部中의 하나인 건달바로 해석함이 옳지 않을까 한다.28)

고 하여, 須彌山의 남쪽 金剛窟 속에 사는 제석의 天樂神으로 보고 있는
것이다. 이 佛典에 나오는 天樂神이 신라의 護國思想과 불연국토사상에
연유되어 신라에 정착하게 되었는데, 本地華跡說의 한 변이형태로서 狼
山이 건달바가 살고 있는 須彌山으로 비의되었다는 것이다.29) 그러니까
'乾達婆이 노론 잣'은 慶州府의 동쪽 9리에 있는 狼山이어야 한다는 것이
다. 그리고 계속해서,

　　이상과 같이 건달바를 須彌山의 악신으로 보았을 때 <혜성가>의 第2
句의 '乾達婆矣遊烏隱城肹叱良望良古'와 第9句의 '達阿羅浮去伊叱等耶'는
쉽게 풀이될 수 있을 듯하다. 즉 앞의 귀절은 '乾達婆의 놀고 있는 성을
바라보고(건달바가 기악을 잡히며 놀고 있는 東州 守護의 城을 바라보
고)'로, 뒤의 귀절은 '狼山 아래에 떴더라(혜성이 건달바가 놀고 있는 狼
山 아래에 떴더라)'로 해석될 것이다.30)

---

27) 上同.
28) 上同.
29) 上同, p.203.

라고 첫째 단락을 해석했다. 이에 따르면, 須彌山의 남쪽 金剛窟 사는 天樂神이 신라의 불연국토사상에 의해 狼山에 옮겨 살게 된 것이고, 彗星이 그 天樂神이 살고 있는 狼山 아래에 떠 있다고 해석하게 된 것이다.

金承璨은 蜃氣樓의 허구성을 극복하고 '건달바가 놀던 城'을 山으로 보았으며, 건달바 자체는 그 산에서 노닐고 있는 天樂神으로 해석해서 彗星歌 해석에 새로운 국면을 마련하게 되었다. 그럼에도 아쉬움을 남긴 점은, 그 산이 東海邊에서 바라볼 수 있는 시야 안에 있어야 한다는 것을 간과했다는 것이다. 그 결과 東海邊에서는 바라볼 수 없는 吐含山 너머 경주 분지 깊숙한 곳에 있는 狼山에 비정하고 말았다.

앞서 東海邊을 感恩寺 利見臺 大王岩이 있는 大鍾川 河口 일대에 비정한 바 있다. 이 東海邊에서 바라보이는 산을 吐含山으로 잡을 수 있는데, '樂神이 놀던 城'으로 잡을 만한 곳은 석굴암 일대를 꼽을 수 있다. 석굴암 일대는 옛 蘇塗의 여건을 갖추고 있는 곳이기 때문이다.

脫解는 吐含山과 깊은 관계를 맺고 있다. 脫解는 계림의 동쪽 阿珍浦에 도착한 후 阿珍義先에게 七日間 供給을 받고 吐含山에 올라가 石塚 속에서 칠일 동안 머물고 月城으로 진출한다. 호공의 집을 위계로 빼앗는 기지를 보여, 지혜를 인정받아 南解王의 長公主에게 장가 든 뒤, 白衣와 함께 東岳에 올라 遙乃井에 서약차 다녀오고 있다. 왕이 된 후에는 2년 2월에 시조묘에 친사한 뒤를 이어 3년 3월에 吐含山에 올랐고, 그때 덮개같은 玄雲이 왕의 머리 위에 떠있어 이적을 보이더니 한참만에 사라졌다. 사후에는 碎骨하여 塑像을 만들어 月城에 두었다가 동악에 안치했고 국사가 끊이지 않아 東岳神이 되었다. 가히 吐含山은 신격을 지닌 脫解가 활동한 무대라 말할 수 있다.

吐含山에는 옛적부터 石塚이 있었다. 脫解가 阿珍浦에 올라와 阿珍義先에게 수양되어 七日間 供給을 받고, 도래지에서 새로운 생활을 시작하

---

30) 上同, p.204.

면서 처음 한 일로 吐含山에 올라가 7일 동안 머문 곳이 바로 이 석총
이다.

　脫解 임금은 남해왕 때에 가락국 바다에 배를 대었다가…… 계림국
동쪽 下西知村 阿珍浦에 이르렀다. 그때 갯가의 阿珍義先이라 하는 한
할미가…… 그 배를 끌어다 한 수림 아래 놓아 두고,…… 하늘에 빌고는,
조금 있다 열어보니 단정한 남자 아이가 있어서…… 7일 동안 공급을 했
더니, 이에 말을 하기를, '나는 본래 龍城國 사람입니다……' 말을 마치자,
그 童子는 장대를 끌고 두 사람의 종을 거느리고 吐含山 위에 올라가
석총을 만들고 7일 동안 머물렀다.

　脫解爾叱今 南解王時 駕洛國海中有船來泊…… 至於鷄林東下西知村阿
珍浦 時浦邊有一　名阿珍義先…… 曳其船 置於一樹林下…… 向天而誓爾
俄而乃開見 有端正男子…… 供給七日　言曰 我本龍城國人…… 言訖 其
童子 曳拔率二奴 登吐含山上作石塚 留七日[31]

　駕洛國을 거쳐 斯盧國의 東海邊의 한곳인 阿珍浦口에 상륙한 脫解는
吐含山上에 올라가 石塚을 만들고 7일 동안 머물고 있는데, 金烈圭는 이
'登吐含山上作石塚 留七日'을 再生祭儀로 풀이한 바 있다.

　돌무덤에 一週日 머무는 일로 죽음은 現實로 엄연히 존재하게 되었던
것이다. 그러므로 '作石塚 留七日'은 적어도 脫解 本人에게 있어선 죽음
과 再生을 象徵的으로 시현해 보인 것이 아니다. 石塚에 들어감으로써
그 이전의 生命은 실지로 죽었고, 石塚에서 나오면서 새 生命은 現實的
으로 시작된 것이다.[32]

　여기 石塚은 靈山이 갖추고 있는 穴이라고 여겨지는데, 檀君神話에서
곰이 들어 가서 여자의 몸이 되어 나온 穴과 같은 것을 볼 수 있는 것

31) 一然, 『三國遺事』, 卷第一紀異第二 第四脫解王.
32) 金烈圭, 韓國民俗과 文學硏究, 一潮閣, 1975, p.284.

이다. 곰은 聖穴에 듦으로써 곰으로의 生命은 죽고 그 穴에서 나옴으로
써 檀君을 낳을 神母로 再生하고 있는 것처럼, 脫解는 穴에 들어 가는
것으로써 渡來人으로서의 脫解의 生命은 죽고 혈에서 나옴으로써 氏族
의 始祖王이 될 神童으로서의 새 生命을 지니고 새로운 삶을 시작하는
것이다. 더욱이 그 石塚은 天神(天王)의 住處라고 여겨지는데, 구체적으
로는 脫解는 이 天神의 아들로 再生되는 祭儀를 實修한 것으로 볼 수
있는 것이다. 이 石塚 자리는 뒤에 石窟岩이 세워진 곳으로, 三國遺事의
'大城孝二世父母 神文代'에 이 이야기가 담겨져 있다.

　　그리하여 대성은 현세의 양친을 위해 佛國寺를 창건하고 전세의 부모
를 위해 石佛寺를 세워 神珠 表訓 두 聖師를 청해다 각각 주지케 했다.
…… 대성은 石佛을 조각하려 했다. 한 개의 큰 돌을 다듬어 감실(龕室)
덮개를 만들려 하는데 돌이 갑자기 세 개로 쪼개져 버렸다. 대성은 분
통해 욕을 하다가 어렴풋이 선잠이 들었다. 밤중에 天神이 강림해 와서
다 만들어 놓고 돌아갔다. 대성은 곧장 일어나 南嶺으로 달려 올라가
향나무를 태워서 天神에게 공양을 했다. 그래서 그 곳을 '香嶺'이라고
이름하게 되었다.

　　乃爲現生二親 創佛國寺 爲前世爺孃 創石佛寺 請神琳表訓二聖師各住焉
…… 將彫石佛也 欲鍊一大石爲龕室 石忽三裂 憤　而假寢 夜中天神來降
畢造而還 城方枕起 走跋南嶺藝木 以供天神 故名其地爲香嶺[33]

　金大城은 佛國寺와 石佛寺 두 절을 창건했는데, 石佛寺를 짓다가 龕室
덮개의 돌이 세 도막으로 부러졌다. 대성이 분통해 하며 졸고 있는데,
天神이 내려와 석감을 다 만들어 놓고 南嶺 쪽으로 떠나갔다. 대성은 잠
에서 깨어 따라가 南嶺에서 香木을 불살라 天神에게 공양을 했다. 그로
말미암아 그곳을 香嶺이라고 한다는 것이다. 石佛寺는 石窟岩의 옛 이름

---

33) 一然, 『三國遺事』, 卷第五 孝善第九 大城孝二世父母 神文代.

이고, 石窟岩 자리는 石塚의 옛터에 세워진 것으로 보이며, 石窟岩 즉 石佛寺의 옛터인 石塚은 天神의 住處임을 알 수 있다. 이곳에 살고 있던 天神은 石塚 자리에 石佛寺를 짓게 되니 이곳을 떠나가게 되는데, 처음은 감실 덮개를 부러뜨려 절 짓는 것을 방해하는 듯했으나, 절짓는 것을 도와, 다시 만들어 주고 이곳을 떠나는 것이다.[34] 이 설화를 통해서 吐含山에는 石塚이 있고, 이 石塚에는 天神이 살고 있었고, 이곳에는 香嶺이라 이름 붙은 고개가 있다는 것을 알 수 있다.

吐含山에는 石塚과 香嶺 이외에도 遙乃井이 있다.

> 그 때에 脫解왕이 脫解가 지혜로운 사람임을 알고 長公主로 아내삼아 주었다. 이가 阿尼夫人이다. 어느날 吐解는 東岳에 올라 갔다. 돌아오는 길에 白衣에게 명하여 마실 물을 구해 오게 했다. 白依는 물을 길어오다 도중에서 먼저 맛보고 올리려 했더니 그 角盃가 입에 붙어 떨어지지 아니했다. 그 잘못을 들어 그를 책망했다. 白依는 "이후에는 近이건 遙이건 감히 먼저 맛보지 아니하겠습니다"라고 서약했다. 그런 후에 角盃는 입에서 떨어졌다. 이로부터 白依는 두려워해 복종하여 감히 속이지를 아니했다. 지금 東岳에 한 우물이 있으니 민간에서 遙乃井이라 하는 것이 이것이다.

> 時南解王知脫解是智人 以長公住妻之 是阿尼夫人 ‥日脫登東岳 廻程次 令白依索水飮之 白衣汲水 中路先嘗而進 其角盃貼於口不解 因而責之 白衣誓曰 爾後若近遙不敢先嘗 然後乃解 自比白依服 不敢欺罔 令東岳中有 一井 俗云遙乃井是也[35]

脫解는 남해왕의 사위가 되었다. 이것은 왕권에 가까이 다가선 것이 된다. 왕자와 동등하게 왕위 계승권을 가지고 있기 때문이다. 이런 경우, '登東岳'은 특별한 의미를 지니게 된다. 말하자면 石塚에 상주하는 天神

---

34) 尹徹重, 脫解傳承의 石塚에 대한 考察, 祥明女大論文集 18, 1986, p.21.
35) 一然, 『三國遺事』, 第四脫解王.

에게 신탁을 묻기 위해서 올라간 것이 될 것이다. 이곳에는 聖穴로서의 石塚이 자리 잡은 立岩 앞에 神樹가 서 있고, 그 神樹 아래 마련된 神壇인 누석단이 자리 잡고 있는 모습을 그려볼 수 있을 것이다. 이 神壇 앞에서 脫解는 天神에게 신탁을 묻는 誓告를 올리고 있는 것이리라. 脫解의 '登東岳'은 이런한 이야기를 함축하고 있는 것이다. 이 서약에 동행한 白依는 脫解와 특수한 관계에 있는 것이다. 운명공동체라 할까. 天神 앞에서 함께 서약한 심복자로서의 주종 관계를 확실하게 한 처지일 것이다. 어쨌든 天神에게 密祀를 함께 올린 운명공동체일 것이다. 天神에게 올리는 告祀를 통하여 天神은 그들의 편에 서게 되고, 이 서약은 遙乃井의 聖水를 두고 이루어졌을 것이다.

후세에 東岳頂에 昔脫解祠가 있었던 것으로 보면 吐含山(東岳)에는 脫解信仰이 형성된 곳이라 하겠으니, 石塚이나 香嶺이나 遙乃井 등은 脫解信仰을 형성하는 중요한 自然象徵이 될 것이다. 이런 것들은 이 고장이 脫解信仰의 聖地였고, 이 聖地가 太陽崇拜를 기초로 하는 原始 내지 古代의 自然信仰으로 이어지고 있으며, 또 이런 자연물들은 太陽神 崇拜를 탄생 원리로 하는, 天降神話의 신앙 체계를 보유하고 있는, 蘇塗의 구성 요건이 된다 할 것이다. 土含山은 이런 蘇塗가 있던 곳이었다.

吐含山에는 穴이 있고 井이 있다. 이 穴과 井의 주변에서 神들이 활동한 흔적도 남아 있다. 기록으로 남겨진 것은 풍부하다 할 수는 없다. 그러나 韓半島 남단에서 日本으로 건너가 활동한 神話시대의 사람들의 기억 속에 남아 있던 이야기가 일본 쪽 神話에는 기록으로 남아 있다. 일본의 建國神話에는 韓半島에서 건너간 사람들이 그들의 고향에 남겨 놓고 온 祖上神에 대한 추억이 그들이 살던 고장에 대한 기억과 어울려 잘 반영되어 있다는 것은 잘 알려진 사실이다. 日本의 建國神話에는 神의 이름이나 神이 활동한 장소의 이름에 '天'字를 冠한 명사가 많이 나온다. 이들 단어가 지니고 있는 이 '天'字의 어떤 것들은 그들의 고향인 韓半島의 일정한 장소를 지칭하고 있는 경우가 많은 것이다.36) 일본의 建

國神話의 시조신인 天照大神이 활동한 무대인 高天原에는 이러한 이름을 지니는 많은 自然勿이 있다. 天石窟(아마노이와야), 天眞名井(아마노마나이), 天香山(아마노가꾸야마), 天安河(아마노야스가와) 등이 그것인데, 이 단어들에 冠한 '天'字를 韓半島의 동남부 해안에 위치하는 어떤 지역, 즉 韓半島에서 일본열도로 건너간 神人들이 남겨놓고 간 고향에 붙인 관형어로 이해한다면, 이 단어의 본래 명사는 石窟(이와야), 眞名井(마나이), 香山(가꾸야마), 安河(야스가와)가 된다.

이렇게 보면 日本의 建國神話의 始祖神이 활동한 高天原의 穴, 井, 山, 河의 명사가 新羅王族의 하나인 昔氏의 始祖神이 활동한 吐含山 있는 穴, 井, 山, 河의 이름과 일치하리만치 흡사한 점을 지니고 있는 것이다.

天石窟은 石窟岩이 세워진 古墟인 石塚과 대응된다. 天眞名井이 '아마노마나이'의 표기이고, '마나이'는 遙乃井의 '遙乃'를 '머나이'의 표기[37]로 보면, '遙乃'는 '머나이'의 신라 쪽의 표기이고, 그 일치점을 찾을 수 있어서 '眞名井(머나이)'은 '머나이'의 일본 쪽 표기라고 할 수 있다. 天香山은 香嶺에 대응되는데, 香嶺은 吐含山 石窟岩 남쪽에 있는 재의 이름이므로 高天原의 穴인 天石窟의 가까이에 있는 天香山과 같이 吐含山의 香嶺도 吐含山의 穴인 石塚 옆에 있는 것이다. 天香山(아마노가꾸야마)의 '香'이 '가꾸'로 읽히고 있는데, 이때 '가꾸'는 麝香노루의 옛 이름인 '국놀'의 '국'과 같은 말로 여겨진다. '국'은 사향노루의 '香'을 의미하는 말일 것이다. '국'은 일본에 건너가 개음절화하여 '가꾸'가 되었을 것이다. 사향노루의 다른 이름이 '궁노루'인데, '궁노루'의 '궁'은 '국노루(국놀)'의 '국'의 변이 형태이다.[38] 그렇다면 香嶺의 본이름이 그대로 일본에 건너가 쓰이고

---

36) 김석형, 고대한일관계사, 한마당, 1988, p.132~133.

37) '遙'는 '멀다'의 뜻으로 訓을 취하여 '머'이고 '乃'는 音을 취하는데 이중모음으로 읽으면 '나이'이다.

38) 金大植, 「궁노루」의 어원에 대하여, 새국어교육 41, 한국국어교육학회, 1985. 참조. 金大植은 이 논문에서 한국어 {KUK}은 '청색'이라는 의미를 지닌 형태소이므로 '궁노루', '국노루'는 '청노루'에 해당한다고 하였다.

있었던 셈이 된다. 吐含山에서 흘러내리는 물이 含月山의 祇林寺 쪽에서
흘러내리는 물과 합치는 곳에 安洞이라는 지명이 있는데, 이곳이 '쉬우
내'류의 이름이 남아 있는지는 더 조사해 볼 숙제이지만, 天安河와 安洞
의 연관성을 점치고 싶은 것이다. 이곳은 東海邊에서 吐含山 石窟岩으로
오르는 중요한 길목인 것이다.

吐含山의 蘇塗에는 신들이 활동하던 모습이 적게 전해지지만 高天原
의 蘇塗에는 신들의 활동이 풍부하게 전해지고 있다.

누이 天照大神(아마데라스오오미가미)은 高天原에 올라온 남동생 素
戔嗚尊(스사노오노미고도)이 나라를 빼앗으려 온 것으로 여겨 불쾌하게 생
각한다. 素戔嗚尊은 姉氏와 함께 神意를 묻기로 하고 誓約하는 중에 아
들을 낳으면 사심이 없는 것으로 정한다. 天照大神은 素戔嗚尊의 十握劍
을 세 도막으로 잘라서 天眞名井에 씻어 그것을 씹어 뱉어 三柱의 女神
을 낳고, 素戔嗚尊은 天照大神의 구슬 꾸러미를 받아 天眞名井에 씻어
그것을 씹어 뱉어 五柱의 男神을 얻는다.39) 나라를 세우는 시기를 두 男
妹 神은 정통성 싸움에서 神意를 묻는 誓約을 天眞名井에서 벌이고 있
는 것이다. 이때 이 우물은 神人들이 신에게 誓約하는 자리인 것이다.

또 高天原에서 다투던 두 神의 싸움에는 이런 일도 있었다.

이로부터 뒤, 素嗚尊의 하는 짓은 대단히 난폭하였다. 왜냐하면 다음
과 같은 일이 있었다. 天照大神은 天狹田[아마노사나다]·長田을 自身의
밭으로 하고 있었다. 그런데, 素嗚尊은 봄이 되자 거기에 重燔種子를 한
다든지, 또 밭두덕을 파괴한다든지, 가을에 天班駒[아마노후치고마]를 밭
가운데 방목하여 밭을 황폐시켜, 경작과 수확을 방해하였다. 또 天照大
神이 神嘗[니이나메]의 제사를 올릴 때를 맞추어, 몰래 神嘗의 궁전에
분뇨를 뿌리기도 하였다. 또 天照大神이 齊服殿에서 신의를 짜고 있는
그때에 天班駒를 벗겨서, 그 궁전의 지붕에 구멍을 뚫고 던져 넣기도
하였다. 이 때문에 天照大神은 하늘을 쳐다보았다가 織機의 북으로 몸

---

39) 成殷九, 譯註 日本書紀, 정음사, 1987, pp.43~44.

에 부상을 입었다. 이런 일이 있어 天照大神은 대단히 立服하여 天石窟
[아마노이와야]에 들어가 磐戶를 잠그고 숨어 버렸다. 이 때문에 세상은
항상 어둠이 되고, 주야의 교대도 할 수 없게 되었다.40)

이 이야기는 高天原(蘇塗로 본다)의 主神이 활동한 모습을 보여주고
있다. 특히 우리의 시선을 끌고 있는 것이 齊服殿에서 神衣를 짜고 있는
일인데, 이것은 赫居世王의 母性인 婆蘇神母의 織羅를 방불케 하는 것이
다. 사소신모도 비단을 짜서 男神의 朝衣를 짓는 것으로 그의 神聖性을
보여주고 있는 것이다41). 天照大神이 神衣를 짜는 일은 齊服殿에서 하고
있지만 太陽神으로서의 그의 住處는 天石窟인 것이다. 太陽神이 곧 天神
일 때 石窟은 곧 太陽神人 天神의 住處이겠는데, 諸神의 불손 불경한 행
동은 太陽神을 굴 속에 숨어 들어 문을 굳게 닫아버리게 하고 만 것이다.

그래서 八十萬神[야소요로즈노가미]은 天安河[아마노야스가와]의 언덕
에 모여서 그 비는 방법을 논의하였다. 이때, 思兼神[오모이가네노가미]은
면밀한 계획을 짜고 있었다. 그 결과 드디어 常世[도꼬요]의 長鳴鳥를 모
아다가 일제히 한번에 長鳴케 하였다. 또 手力雄神[다치가라오노가미]을
미리 磐戶의 곁에 보이지 않게 세워 두었다. 中臣連[나가도미노무라지]의
遠祖인 天兒屋命[아메노고야네노미고도]과 忌部[이무베] 遠祖인 太玉命[후
도다마노미고도]이 天香山의 眞坂樹[마사가기] 五百箇의 御統[미스마루]을
걸고, 가운데 가지에는 八咫鏡[야다노가가미]을 걸고, 밑가지에는 靑和幣
[아오니기데]와 白和幣를 걸고 일제히 기도하였다. 또 授女君[사루메노기
미]의 遠祖인 天鈿女命[아메노우즈메노미고도]은 손에 띠[茅]를 감고 창
[矛]을 가지고 天石窟의 문 앞에 서서 교묘하게, 모인 여러 사람들을 웃
게 하는 仕鍾[시구사](俳優)을 하였다. 또 天香山의 眞坂水로 髮[가즈라]
(가빌)로 하고, 蘿[히가게](딩굴이)를 手强[다스기](띠)으로 하고, 불을 피
우며 履槽[우게]를 뒤집어 놓고 그 위에 올라가서 발로 밟으며 장단맞추
고, 顯神明之憑談[가무가가리]하며 춤추고 노래불렀다.42)

―――――――――――――
40) 앞의 책, p.49.
41) 一然,『三國遺事』, 仙桃聖母隨喜佛事.

이것은 太陽神의 힘을 새롭게 하려는 復活祭儀로 여겨지는데, 제의의
진행 절차와 제장의 꾸밈이 매우 자세하게 설명되어 있다. 가히 天樂神
의 한바탕 흐드러진 놀이라고 할 수 있다.

神들이 활발히 활동하던 시기의 吐含山의 蘇塗에서도 이만한 활동은
있었으리라 여겨진다. 이것은 말할 것도 없이 太陽神을 맞이하는 제의의
한 모습이라 여겨지는데, 이러한 제의를 통하여 세상에 빛을 가져오고,
이러한 제의의 결과는 神人을 환열하게 하고 民物이 안녕을 누리는 복
을 받아오게 하였다. 신들이 활동하던 이런 모습의 蘇塗는 힘과 복의 원
천이었던 것이다.

'乾達婆'는 借用된 말이다. 원래 佛典에 나오는 '天樂神'을 뜻하는 말이
나, 彗星歌에서는 佛典語의 의미 그대로 사용된 것이 아니라, 유사성의
뉘앙스를 지니면서 吐含山의 蘇塗에서 올리는 제의에서 활동하는 神人
(樂神)을 가리키는 말이 되었다. '乾達婆 노론 잣'은 '樂神이 놀던 蘇塗'가
되는 것이다.

5. 세 단락 구성의 呪歌

彗星歌는 세 단락으로 구성되어 있다. 첫째 단락은 과거의 시간 속에
살아 있는 聖神의 靈力에 대한 신앙이고, 둘째 단락은 祭壇을 마련한 현
재의 상황에 대한 설명이고, 셋째 단락은 자연신앙을 바탕으로 한 주술
의 성취를 기대하는 의지의 표출이다.

첫째 단락의 종래의 해석은 '邊也藪耶'의 무리한 解讀에서 혼선이 비
롯되었다. 小倉進平이 'ㅿ애 고자'라고 해독한 것은, 그것을 '봉화를 올려
경보하는데'라고 해석하거나 '봉화를 올린 그곳에 이르러'라고 해석하더
라도, 노래의 문맥이 합리적으로 납득되기도 어렵고, 해독 자체도 순리적
으로 이해하기에 매우 어렵다. 梁柱東의 'ㅿ 이슈라'는 향가 연구가가 가

---

42) 40)과 同.

장 많이 따르고 있는 해독이지만, '也藪耶'를 '有'의 뜻으로 잡아 '이슈라'라고 해독한데는 아무래도 作詩者의 의도에 접근하지 못한 것으로 지적되고 있다. 그래서 '邊也藪耶'의 訓讀 가능한 글자를 '邊'字와 '藪'字로 잡고, '邊'字는 전통적으로 'ㄱ'으로 읽고, '藪'字는 '수풀'로 읽는 새로운 방법을 생각해 내고 있다. '邊'字는 'ㄱ'으로 읽혀 '邊方·邊塞'의 뜻으로 받아들여지고 있었으나, 그대로 적용시켜 'ㄱ이 수피여'로 해독하여 '邊方의 수풀이여'로 해석한다면 '邊也'의 '也'字가 관형격의 '이'로 표기되기에는 '의'자의 사용이 배제된 부적절성이 지적되고 있다. 金完鎭은 '邊也'의 '也'字를 그 글자 나름대로의 용도에 충실하여(音을 취하여) '여'로 읽고 '어여 수풀'이라는 固有名詞를 생각해 냈는데, 이것이 固有名詞라 하더라도 연유될 것이다. '어여 수풀'이라 할 수도 있고 'ㄱ 수풀'이라 할 수도 있고 '변방 수풀'이라 할 수도 있다. 현재 경상도 동해안에서는 수풀을 '쑤'라고 하는 것이 일반적이니 '어여 수야'로 해독할 수도 있다.

'邊也藪耶'를 'ㄱ 이슈라'로 읽으면, 첫째 단락의 해석은 '옛날 東海邊 바다 위에 생긴 蜃氣樓를 바라보고 倭軍이라고 착각하여 倭軍이 왔다고 봉화를 올린 변방이 있어라'가 된다.

이 해석의 특이한 점은 '乾達婆가 놀던 城'을 '蜃氣樓'로 파악한 데 있다. 그리고 바다 위에 생긴 蜃氣樓를 倭軍으로 인식해서, 작시자가 '바라보고' 있는 시선이 바다 쪽으로 향하고 있는 것이다. 이것은 烽火를 올려서 알려주고, 그 烽火를 받아서 이러한 사실을 인지해야 할 장소, 烽火를 받아들일 주체를 망각하고 있는데서 나온 해석이다. 烽火를 올리는 행위는, 침입해 온 倭軍을 물리치게 해줄 神聖한 힘의 소재를 향한 기원이 담긴, 제의를 올리는 것으로 파악되어야 하기 때문이다.

이 경우에 있어서 烽火를 올린 행위는 단순한 통신수단이라고 할 수는 없다. 통신수단의 기능은 이차적인 목적이어서, 일이 발생했다는 통고이기보다는 그 일을 해결해 주기를 기원하는 신앙적 행위가 선행되는 것으로 보아야 하기 때문이다. 蜃氣樓를 바라보고 倭軍으로 착각해서 烽

火를 올렸다던가, 건달바가 풍악을 잡히며 노는 성을 바라보고 왜적의
침입으로 착각하여 烽火를 올렸다는 것은, '바라보고'의 행위를 옳게 파
악하지 못한 데 연유하는 착각이라 볼 수 있는 것이다. 東海邊에서 彗星
歌를 부르면서 바라본 곳은, 왜적의 침입을 불러올 彗星의 출현을 저지
해 줄 힘의 근원이 되는, 신성한 장소여야 하는 것이다. 乾達婆가 풍악
을 잡히며 노는 성을 바라보고 왜적의 침입으로 착각을 했다면 착각하
기 이전의 乾達婆가 풍악을 잡히고 놀던 성의 실체는 아직 남아 있을
가능성이 있다. 이 가능성이 남겨 놓고 있는 실체, 이것이 이 노래의 힘
의 근원인 것이다.

   彗星이나 倭軍이 물러나기를 기원하는 주술은 무슨 힘으로 이루어지
는가. 그것은 東海邊도 신성한 곳이니까 그 신성한 힘으로 족할 수도 있
다. 그러나 東海邊의 신성한 힘과 乾達婆가 풍악을 잡히고 놀던 곳의 신
성한 힘이 더해진다면 주술의 효과는 금상첨화격으로 상승될 것이다.

   '乾達婆이 노론 자슬랑 ㅂ라고' 倭軍이 왔다고 횃불을 올린 것은 '乾達
婆가 놀던 城을 향하여' 倭軍이 왔다고 烽火를 올린 것으로 보아야 할
것이다. 'ㅂ라고'는 '앗으려고'로 해석되어 질 것도 아니고, '바라보고'라고
해석된다 하더라도 그것이 무엇을 '발견했다'가 아니라 어느 쪽으로 '향
하여'로 해석되어야 할 것이다.

   '東海邊'과 '어여 수풀'은 같은 장소에 있다. 억지로 구별한다면 '어여
수풀'은 '東海邊'에 포함되어 자리잡고 있는 어느 수풀이다. '옛날 東海邊
神人들이 풍악을 잡히고 놀던 城재(蘇塗)를 향하여 倭軍이 왔다고 烽火
를 올려 제의를 벌이던 어여 수풀이여'라고 해석할 때, 어여 수풀(변방
수풀)은 東海邊에 있는 聖地의 하나가 된다. 彗星歌의 주술적인 능력은
하나의 짝을 이루는 吐含山의 城재(蘇塗)와 東海邊의 邊藪(어여수풀)을
喚起함으로써 가능해지는 것이다. 그것이 '횃불을 올린 어여 수풀이여'라
고 외치는 소이연인 것이다. 이것이 彗星歌의 呪歌로서의 배경이고, 東
海邊이 아득한 옛날부터 오랜 세월 이 땅에 사는 사람들의 聖地로 남아

있게 되는 당위성인 것이다.

둘째 단락은 '月置八切爾數於將來尸波衣'에 관심이 집중된다. 우선 해독인데, '月置'는 '둘두'의 해독으로 더이상 문제삼을 일은 없다. '八切爾'는 '붗즐이'이던 'ㄱ릇그싀'이건 '붘그시'이건 '數於將來尸'을 한정하는 말이 될 것이고, 가장 문제가 되는 것은 '波衣'로 볼 수 있다. '波'字를 불완전명사로 간주해서 '바'로 읽고 '衣'字를 처소격조사로 처리하여 '애'로 해독한다면, 우선 처소격에 쓰인 '衣'字는 정상적인 표기라면 '矣'字이어야 하므로, 너무나 불편한 표기인 것이다. 더구나 '波'字로 불완전명사 '바'를 표기했다면, 굳이 '所'字를 피해간 것이 되어, 이는 너무 의외의 용례가 될 것이다. 그리고 시어로서도 '밝히려 하는 바에'라든가 '자자들려 하는 바에'라는 투의 불완전명사 '바'를 사용한 시적 표현은 표현의 묘를 얻었다고 할 수 없을 뿐만 아니라, 표현의 상도라고 할 수는 없는 것이다. 이렇게 보면 '波'字는 아무래도 訓을 끌어다가 '물결'로 읽혀야 하겠는데, 그렇게 하면 뒤따르는 '衣'字를 어떻게 읽어야 할 것인가가 문제로 따라오게 된다. '물결에'로 해독을 해서 '衣'字를 '이·애'로 사용한 것으로 본다면, 이런 표기는 '矣'字를 쓰는 것이 보편적이어서 '波矣'였어야 한다. 그러한데도 굳이 '波衣'로 표기하고 있는 것은 '衣'字가 '옷'을 표기하기 위해서 사용한 것으로 보아야 할 것이다. 이렇게 본다면, '波衣'를 '물결옷'으로 해독해야 되겠는데, '衣'字를 '옷'으로 읽었을 경우 訓讀을 취하여 그 주변에서 의미를 찾아야 할 것인지, 訓借를 취하여 '강세사'로 처리할 것인지의 문제가 남는다.

여기서는 강세사로 취하여 '물결'의 의미를 강화하는 역할을 겸하여 조사의 격에 좀더 개방적인 의미를 부여하는 보조사적 기능을 인정하기로 한다. '물결옷'을 현대어로 옮길 때는 '물결이기에' 혹은 '물결인데'로 해석하려 한다.

다음은 '數於將來尸'의 해독인데, '將來'를 하나의 형태소 '-려'를 표기한 것으로 보는 종래의 견해를 수정하여 '數於將'과 '來尸'로 분리해서 해독하려 한다. '-려'라고 표기하기 위해서 반드시 '將來'가 함께 쓰여야만 될 것으로 생각하지 않기 때문이다. '-려'의 표기라면 '將'字 하나로도 충분하리라고 보는 것이다. 그래서 '數於將'를 '헤어려'나 '헤느려'로 읽고, '來尸'를 '올'로 읽는 것이다. 이럴 경우 '於'字는 음을 취하면 '어'가 되고 訓을 취하면 '늘'이 될 것이다. 결국 '數於將 來尸'은 '어'를 '늘'로 취하면 '헤느려 올'로 해독될 것이고, 그 뜻은 '數'字의 보편적인 의미인 '헤아리다'로 잡아 '헤아리려 오는'이 되고, '數於將 來尸 波衣'를 함께 해석하면 '헤아리려 오는 물결인데'로 해석되는 것이다.

彗星歌의 둘째 단락은 현재의 상황이다. 현재 東海邊에서 벌어지고 있는 몇 가지 일을 복합적으로 묘사한 글이라 할 수 있다. 첫째 단락에서 제시한 권능 앞에 현재의 사건들은 한데 얽혀 유기적으로 문제를 해결해 나가고 있는 것이다. '세 화랑의 무리가 오름 보신다는 말을 듣고, 달도 밝게 헤아리려 오는 물결인데, 길 쓸 별을 바라보고 彗星이 나타났다고 아뢴 사람이 있다'라고 해석된다. 둘째 단락에서 지적되는 사건은 먼저 화랑의 무리가 치루고 있는 '오름 보시는 일'을 들 수 있다. 화랑의 무리가 '오름 보시는 일'은 정례적인 행사로 여겨진다. 祖上崇拜, 始祖神 崇拜信仰이 뿌리 깊었던 신라인에게 祖上神이 강림한 靈山에 대한 순례, 즉 靈山에 올리는 望祭는 확대된 신라 사회의 제도화된 三山五岳制로 발전해 갔을 것이다. '오름 보시다'는 말은 이 祖上神의 下降處인 靈山에 올리는 望祭라고 이해할 수 있는데, '오름 보신다'는 말은 이 제의에 붙여진 숙어일 것이다. '오름 보신다'는 말은 그대로 한자어로는 '望山'일 것이기 때문이다. 지금 彗星歌에 나타난 '오름 보기'는 楓岳에서만 이루어질 일은 아니다. 금강산 입구인 高城郡의 高城浦口에서 楡岾寺의 楡樹 古墟를 향한 望祭를 생각해 볼 수 있는 것이지만, 高城의 楓岳에 가기에 앞서, 東海邊에서 石佛寺(石窟岩)의 石塚 古墟를 향해 올렸을 望祭를 부인해야 할 아무런 근거도 없는 것이다. '오름 보기(望祭)'는 그 수가 많았다는 것을 우리는 잘 알고 있는 것이다.43) 화랑의 무리가 정례적으로 치

루는 望山하는 遊娛는 東海邊을 기점으로 遊娛의 행렬이 시작되었을지
도 모른다. 이것은 추상이겠지만 지금 융천사가 彗星歌를 지어 부르는
이 자리는 그런 望祭가 올려지는 거룩한 장소, 바로 東海邊이라고 보아
야 한다.

彗星歌의 분위기는 달밤이다. 달밤이라면 마땅히 보름밤이면 더욱 제
격일 것이다. 이 달빛은 이 祭儀의 福慶을 제고하는데 상승하는 효과를
거두리라는 것은 분명한 사실이다. 제의를 준비하고 있는 저녁 東海邊의
숲이 있는 바다에서는 달이 떠오고 있는 것이다. '달도 볼그시 혜느려
올 물결옷' 이것은 이 제의장을 밝히며 떠오르는 달의 모습이다. 달빛이
길을 열어 놓은 물결을 따라 여기에 降臨해야 할 祖上의 聖靈은 달려오
고 있는 것이다. 어느 때였던가 처음 이 땅에 내려와 이 땅에 사는 사람
들에게 복된 빛을 뿌려주던 그 성스러운 神靈은 지금 이곳에 강림하고
있는 것이다.

東海邊의 제의는 본래 첫째 단락에서 보여준 倭軍이 왔다고 烽火를
올려 물리치려 한 것처럼 왜적의 내침을 막아내려는 제의였을 것이다.
彗星의 출현은 왜적의 내침을 예고하는 징조라고 믿어왔던 신라인의 관
념은 彗星 출현의 재앙을 祓禳하는 데에, 일본군 퇴치의 前歷을 가지고
있는 東海邊에서 있었던 옛날의 제의를 상기하고 있는 것이다. 어쩌면
東海邊 숲 속에서 倭軍의 내습을 예방하려는 제의를 겸한 靈山을 望하
는 遊娛를 준비하고 있을 때, 이때 마침 나타난 彗星은 신성한 기운으로
가득찬 이곳의 열기로 해서 이미 그 두려움이 약화된 것일 수도 있다.
길 쓸 별을 바라보고 彗星이라고 외친 것은 무의미한 것이 된다. 누구의
길을 쓸어주는 것이든 그것은 불길한 일이라기보다는 달무리진 보름달
이 지새우는 밤에 신들의 축복이 가득 내리고 있는 것이다.

셋째 단락은 예기되는 미래의 시간이다. 불길한 조짐은 사라지고 복경

---

43) 三國遺事, 仙挑聖母隨喜佛事에는 "群望之上"이라는 말이 나온다.

이 충만한 시간을 맞이하는 것이다. 彗星도 물론 사라져 버리고, 彗星이 몰고 올지 모를 불행도 말끔히 쓸어없애 버렸다. 염려했던 왜병도 나타나지 않을 것이다. 떠오른 달은 이제 산 위로 높이 솟아 올랐고, 달빛이 환히 비쳐 내리는 城재에서는 다시 내린 神들의 놀이가 한참 어우러질 것이다. 밤도 깊어 달도 이제 '山으로 떠갔더라' 융천사는 이렇게 자연과 신령과 여기 모인 사람들이 하나로 융융되었음을 알려주는 것이다. 이만한 밤이면 불길한 모든 일은 말끔히 씻겨 정화된 내일을 맞이하기에 넉넉한 것이다. 달은 이제 乾達婆가 楓岳을 잡히고 놀던 옛날의 그 城재 위로 높이 떠오른 것이다. 이에 무슨 불길한 일들이 있을 수 있겠습니까.

해독시를 현대어로 해석해 보면 다음과 같다.

> 옛날 東海邊
> 樂神이 놀던 蘇塗를 바라보고
> '倭軍도 왔다'고
> 횃불을 올린 「어여수풀」이여
> 세 花郎의 山 보신다는 말을 듣고,
> 달도 밝게 헤아리려 오는 물결인데,
> 길쓸 별을 바라보고,
> '彗星이여'하고 아뢴 사람이 있다.
> 아아, 山으로 떠가고 있더라.
> 이에 어울릴 무슨 彗星이 있을까.

6. 結 論

이상의 논의를 요약하면 다음과 같다.

1. 彗星歌를 '作歌歌之'한 장소를 분명하게 잡는 것이 彗星歌를 이해하는 중요한 출발점이 된다는 관점에서, 彗星歌가 노래 불리워진 곳이 감은사 대왕암 이견대가 있는 대종천 하구의 東海邊이라고 잡았다.

2. 彗星歌의 첫째 단락에서 바라보는 것은 무엇을 '발견하고' 착각하는

것이 아니라 어느 곳을 '향해서' 望祭를 올리는 것으로 이해하였다.

3. '乾達婆이 노론 잣'은 '神들이 활동하던 蘇塗'로 보았다. 이 蘇塗는 吐含山의 石塚 古墟 주변에 있다.

4. '邊也藪耶'의 해독은 金完鎭의 '어여 수프리야'를 따랐다. 이 '어여수풀'은 東海邊에 있는 수풀이다.

5. '達阿羅'의 '達'은 '月'이 아닌 '山'이라는 김승찬의 견해를 따랐다. '達阿羅'의 해독을 '드르르'로 잡고, '드르르'는 '山 아래'가 아니라 '山으로'라고 해석했다. 이 경우의 山은 吐含山이며 '신들이 활동하던 蘇塗'가 있는 곳이다.

6. '月置八切爾數於將來尸波衣'의 해독은 '波衣'의 종래 해독 '바이'에 의문을 제기하여, '月置 八切爾 數於將 來尸 波衣'로 끊어서 '돌두 볼 그시 헤느려 올 믈결옷'으로 읽었다.

7. 彗星歌는 세 단락으로 구성되었다는 종래의 견해를 수용하고, 첫째 단락은 과거의 시간 속에 살아 있는 聖神의 靈力에 대한 신앙이고, 둘째 단락은 제단을 마련한 현재의 상황에 대한 설명이고, 셋째 단락은 自然信仰을 바탕으로 한 呪術의 성취를 기대하는 의지의 표출이라고 보았다.

세 단락의 구성의 원리는 다른 사뇌가에도 적용될 수 있으며, 더 정밀한 원리가 발견되리라 기대하고 있다.

「願往生歌」의 작자 연구

金 昞 國

1. 문제제기

문학 작품을 올바로 이해하는 데 原文의 정확한 이해가 얼마나 중요한가 하는 점을 새삼 일깨워 주는 것이 바로 「願往生歌」의 작자 논의이다. 지금까지 여러 논자들이 나름의 증거를 제시하면서 「願往生歌」의 작자를 규명하였지만, 아직까지 의견이 분분하다. 그래서 필자는 기왕의 논의를 비판하면서 이들이 안고 있는 문제점을 지적하고, 「願往生歌」의 작자를 명확히 밝혀보고자 한다.

이러한 「願往生歌」의 작자를 밝혀내는 작업이 朴魯埻 교수의 주장[1]처럼 「願往生歌」 연구의 대종을 이루는 것은 아니지만, 이 노래의 정서를 올바로 읽어내고, 이 노래를 『三國遺事』 소재 '廣德・嚴莊'조의 설화와의 관계 속에서 온전히 이해하고자 할 경우에는 「願往生歌」의 작자가 분명히 밝혀져야 하며, 그것은 논의가 분분하다고 하여 소홀히 하고 넘어갈 문제가 아닌 것이다. 그래서 일견 진부하기까지 한 「願往生歌」의 작자 논의를 다시 하려는 것이다.

---

1) 朴魯埻, 『新羅歌謠의 硏究』 (열화당, 1982), p.52.

2. 작자 논의의 문제점

「願往生歌」의 다양한 작자 논의의 시비[2]를 일으키는 부분은 다음이다.

其婦乃芬皇寺之婢盖十九應身之一德嘗有歌云……

위의 기록에서 구두를 '德'자 다음에 하느냐 '一'자 다음에 하느냐에
따라 「願往生歌」의 작자가 달라진다. '德'자 다음에 구두를 찍으면 '嘗
有'의 주체가 광덕의 아내가 되어 '광덕의 아내'가 작자가 되고[3] '一'자
다음에 구두를 찍으면 '嘗有'의 주체가 광덕이 되어 '광덕'이 작자가 된
다.[4] 후자의 이 견해는 우선적으로 '一德'이라는 용어가 존재하지 않는다
는 데 근거한다. 그래서 「願往生歌」의 작자로 '광덕처'설과 '광덕설'이
나오게 되었다.

그 후에 '嘗有歌'의 '有'를 '作'의 의미로 해석하는 것은 '자의적'이라고
하면서 '嘗有'의 의미에 이견을 제시함으로써 「願往生歌」 작자에 대한
논의는 더욱 복잡한 양상을 띠게 된다. '嘗有'의 '有'자에 '作'의 의미가
없다는 사실을 증거로 「願往生歌」의 작자는 '광덕처'나 '광덕'이 아니
며, 「願往生歌」의 작자는 다른 측면에서 살펴져야 한다는 견해가 지속
적으로 다양하게 제기된 것이다.

---

2)「願往生歌」 작자에 대한 자세한 논의는, 金思燁, 「願往生歌와 元曉大師」
    <日文 「願往生歌と 元曉大師」 『朝鮮學報』 27집(朝鮮學會,1962)의 改譯>,
    『鄕歌의 文學的 研究』(啓明大出版部, 1979), 朴魯埻,「願往生歌攷」, 『國語
    國文學』 85집,(국어국문학회, 1985)와 申東益,「願往生歌의 작자」(張德順 외,
    『韓國文學史의 爭點』,集文堂,1986) 참조
3) 이의 대표적인 견해로 梁柱東 씨의 『朝鮮古歌研究』(博文書館, 1942)가 있다.
4) 이의 대표적인 견해로 金東旭 씨의 「新羅淨土思想의 展開와 願往生歌」,
    『논문집』 제2집(중앙대, 1957)가 있다.

이러한 측면에서 金思燁 교수5)는 「願往生歌」의 작자를 '元曉大師'로 보았고, 崔喆 교수6)는 '민요와 같은 전승가요'로, 成基玉 교수7)는 실명된 전문적 불승으로, 尹榮玉 교수8)는 개인이 아니라 집단으로 보아 崔喆 교수와 유사한 견해를 피력했고, 朴箕錫 교수9)는 작자 미상으로 파악하고 있다. 물론 「願往生歌」의 작자에 대하여 위와 같이 '제3의 작자'가 제기되는 중간 중간에 '嘗有歌'의 '有'자에 '作'의 의미가 있느냐 없느냐 하는 논의가 계속되었다.

『三國遺事』 소재 '廣德·嚴莊'조의 "其婦乃芬皇寺之婢盖十九應身之一德嘗有歌云……"의 한 구절을 중심으로 전개된 「願往生歌」의 작자 논의는 깊은 수렁에 빠진 느낌을 갖게 한다.

3. '有'와 '作'의 쓰임

「願往生歌」의 작자에 대한 논의는 우선 '嘗有歌'의 의미를 해명함으로써 문제해결에 이를 수 있을 것 같다. 「願往生歌」의 작자를 규명함에 있어서 우선 申東益 교수의 논문10)에 주목할 필요가 있다. 그는 原文 중 '一'자 다음에 구두를 하고, 人名과 함께 쓰여서 '嘗有'가 '嘗作'의 의미로 쓰이는 용례를 徐居正의 『東人詩話』에서 제시하면서, "같은 항목에 이미 '作'자를 쓴 경우에는 다음에는 '有'자를 사용하였다고 보아진다."고 주장하였다. 그러한 자료를 근거로 申東益 교수는 "德嘗有歌云"으로 구두하여 「願往生歌」의 작자를 '광덕'이라고 규정한 것이다. 申東益

---

5) 金思燁, 앞의 논문.
6) 崔　喆, 「三國遺事 所載 新羅歌謠의 背景說話 研究」, 東國大 博士學位論文, 1978.
7) 成基玉,「願往生歌의 生成背景 研究」,『震檀學報』51호,震檀學會, 1981,4.
8) 尹榮玉,「願往生歌」, 金承璨 編, 『鄕歌文學論』, 새문사, 1986.
9) 朴箕錫,「<願往生歌>와 <廣德 嚴莊> 설화의 관련 양상」, 한국고전시가작품론 1, 集文堂, 1992.
10) 申東益,「願往生歌의 作者」,『韓國文學史의 爭點』, 集文堂, 1986.

교수의 이러한 주장은 비록 '有'자에 그 자체에는 직접적으로 '作'의 의미가 없다 하더라도 문맥상 '作'의 의미로 쓰일 수 있다는 가능성을 제기했다는 점에서 주목할 만하다.

그러나 申東益 교수의 발표 이후에도 계속해서 「願往生歌」의 작자에 대한 의문이 제기되고 있다. 朴箕錫 교수는 기존의 「願往生歌」의 작자에 대한 연구사를 申東益 교수의 윗논문에 미루면서도 다시 '嘗有歌'의 '有'자를 '作'의 의미로 해석하는 것은 '자의적'이라고 규정하고, 一然의 『三國遺事』에서 '有'자가 '作'의 의미로 쓰인 곳이 없으며, 특히 여타 향가작품에서 관련된 산문기록, 즉 배경설화의 설화 속의 인물과 향가의 저작을 관련시킨 문맥에서 '有歌'를 '作歌'로 해석할 어떠한 근거도 발견할 수 없다[11]고 단언하고 있다.

그렇다면 이에서 우리는 다음 사실을 생각해 볼 수 있다. 그것은 첫째, 申東益 교수가 제시한 자료가 진실로 신빙성이 있는 것이며, 그는 그 자료를 제대로 분석하였는가이며, 둘째, 申東益 교수의 주장이 옳고, 또한 朴箕錫 교수의 주장대로, 배경설화의 설화 속의 인물과 향가의 저작을 관련시킨 문맥에서 '作歌'의 의미로 '有歌'를 쓴 근거를 『三國遺事』속에서 발견할 수 없다면, 一然이 '廣德 嚴莊'조에서만 '嘗有歌云'이라는 표현을 쓴 이유는 무엇인가이다.

우선 申東益 교수가, '嘗有'와 '嘗作'은 엄격히 뜻을 구분하여 쓴 것이 아니며, 같은 항목에서 이미 '作'자를 쓴 경우에는 거듭쓰기를 피하기 위해 다음에는 '有'자를 사용하였다고 보아진다고 하면서 제시한 자료들을 살펴볼 필요가 있다. 그것은 다음과 같다.

①明又嘗爲亡妹營齋作鄕歌祭之(卷5 月明師 兜率歌)
②嘗作贈內詩云(卷5 金現感虎)
③師嘗一日風顚唱街云(卷4 元曉不羈)

---

11) 朴箕錫, 앞의 논문

④王嘗息樹下見黃鳥飛集乃感而歌曰(三國史記 卷13 高句麗本紀 第一)
⑤嘗貶長沙監務有詩云(東人詩話 卷上)
⑥又嘗有詩云(東人詩話 卷上)
⑦然有句(東人詩話 卷上)
⑧東坡有山村五絶(東人詩話 卷上)
⑨思菴忤逆旽乞退有句云(東人詩話 卷上)
⑩東坡嘗作病鶴詩(東人詩話 卷上)
⑪虞文靖公嘗作苑學士詩序(東人詩話 卷上)
(①부터 ⑪까지의 번호와 밑줄은 논의의 편의상 필자가 표시한 것임)

申東益 교수는 '嘗有'와 '嘗作'이 엄격히 뜻을 구분하여 쓴 것이 아니라며, 위의 예들을 제시했는데, ①부터 ⑪까지의 예들 중에서 '嘗有'로 표현된 문장은 ⑤와 ⑥뿐이다. 그러므로 일단 ⑤와 ⑥만을 대상으로 살펴보는 것이 오해의 소지가 없을 듯하다. ⑤와 ⑥은 徐居正이 猊山 崔瀣에 대해서 서술한 내용의 일부분이다. 우리는 ⑤와 ⑥, 이 두 예에서 '嘗有'의 '有'자에 '作'의 의미가 있다는 申東益 교수의 견해에 일단 동의하지 않을 수 없다.

그러므로 朴箕錫 교수가 一然의『三國遺事』에서 '有'가 '作'의 뜻으로 쓰인 곳이 없으며, 특히 여타 향가작품에서, 그와 관련된 산문기록의 인물과 향가의 저작을 관련시킨 문맥에서 '有歌'를 '作歌'로 해석할 어떤 근거도 발견할 수 없으며, 그것은 그의 문장을 선입견을 가지고 자의적으로 해석하는 잘못된 것이라고 한 주장[12]은 명백한 객관적 증거를 외면하고 그야말로 자의적으로 이해한 것에 불과한 것인 듯하다. 그러나 그럼에도 불구하고 朴箕錫 교수의 주장을 완전히 떨쳐버리지 못하는 이유는 여전히 '有'자의 '字意'에 '作'이라는 字解가 없기 때문이다.

일연은 분명 『三國遺事』 속에서 '有歌'와 '作歌'라는 표현을 모두 쓰고 있으며, ⑤와 ⑥의 표현을 근거로 한다면, 申東益 교수의 주장대로 문

---

12) 朴箕錫, 앞의 논문

맥상 '有歌'를 '作歌'의 의미로 볼 수 있으나, 정작 '有'자의 字解에 '作'의 의미가 없는 것은 무슨 일인가? 이러한 사실을 어떻게 해명할 것인가?

그런데 申東益 교수의 주목할 만한 자료의 제시에도 불구하고 '嘗有歌'는 '嘗作歌'와 동일 의미는 아니다. '作'이라는 것은 창작자의 '創作行爲'의 표현에 중심이 놓여 있다면, '有'라는 것은 '存在事實'의 확인에 그 표현의 중심이 놓여 있는 것이다. 논의를 작자와 작품의 관계로 한정시킨다면, '有'라는 표현은 '짓는다'라는 작자의 창작행위보다는 '있다'라는 창작된 결과물의 존재확인에 더 관심이 두어진다는 것이다.

申東益 교수가 제시한 사례 중 다음에서 이를 명확히 확인할 수 있다.

> 東坡嘗作病鶴詩有三尺長脛閣瘦軀之句(東人詩話 卷上)
> (동파는 일찍이 病鶴이란 시를 지었는데, 시에는 '三尺長脛閣瘦軀'란
> 句가 있다.)

위의 예에서 '作'은 동파가 '病鶴'이란 시를 지은 '創作行爲'를, '有'는 '三尺長脛閣瘦軀'의 '存在事實'을 나타내 준다는 사실을 알 수 있다. 물론 '三尺長脛閣瘦軀'를 지은 이는 동파임이 틀림없다. 그러나 '作'과 '有'의 쓰임은 다른 것이다.

그래서,

> 德嘗有歌云 月下伊底亦 …… 四十八大願成遣賜去(廣德 嚴莊)
> 大王誠知窮達之變 故有身空詞腦歌(歌亡不詳)(『三國遺事』卷2, 元聖大王)
> 嘗貶長沙監務有詩云……(東人詩話 卷上)
> 又嘗有詩云……(東人詩話 卷上)
> 然有句云……(東人詩話 卷上)
> 東坡有山村五絶……(東人詩話 卷上)
> 思菴忤逆旽乞退有句云……(東人詩話 卷上)

위의 예에서와 같이 '(嘗)作'과는 달리 '(嘗)有' 다음에는 반드시 그 작품의 내용이 소개되거나 그 작품에 대한 설명이 언급되고 있음을 알 수 있다.

그러므로 '嘗有'와 '嘗作'이 엄격히 뜻을 구분하여 쓴 것이 아니라는 申東益 교수의 견해는 엄밀한 분석에 근거한 것 같지 않다. 또한 같은 항목에서 이미 '作'자를 쓴 경우에는 거듭쓰기를 피하기 위해 다음에는 '有'를 사용하였다라는 주장도 마찬가지이다. '有'자를 쓰는 것은 같은 의미의 '作'자의 거듭씀을 피하기 위한 것이 아니다. 이러한 사실은 위의 예에서도 분명하지만, 申東益 교수가 제시한 다음의 예에서도 이러한 사실이 분명히 드러난다.

『東人詩話』 중 앞에서 다룬 ⑤와 ⑥이 들어 있는 글의 전문을 들면 다음과 같다.

崔猊山瀣 才奇志高 放蕩不群 嘗登海雲臺 見萬戶張瑄題詩松樹曰 此樹何厄遭 此惡詩 遂刮去塗以糞土 瑄怒 命將追獲傔從械立門外 猊山遁還 其恃才傲物如此 然坐此蹭蹬 嘗貶長沙監務 有詩云 高名千古長沙上 却愧才非賈少年 又云 三年竄逐病相仍 一室生涯轉似僧 雪滿四山人不到 海濤聲裏坐挑燈 又嘗有詩云 我衣緼袍人輕裘 人居華室我圭竇 天工賦與本不齊 我不嫌人人我詬 讀其詩 可見困頓氣象13)

(猊山 崔瀣는 재주가 기이하고 뜻이 높아 방탕하여 무리짓지 아니하였다. 일찍이 해운대에 올라서 만호 張瑄이 소나무에 시를 지은 것을 보고 말하기를, "이 나무가 어째서 액을 만났는가? 이것은 惡詩다."라고 하며, 드디어 (그 시를 소나무에서) 긁어버리고는 糞土로 발랐다. 瑄이 화가나서 쫓아가서 잡아오게 하고 從者를 시켜 형틀을 문밖에 놓게 했다. 猊山이 피하여 달아났다. 그의 재주를 뽐냄과 오만함이 이와 같았다. 그러나 (그는) 이에 연루되어 세력을 잃게 되었다. 일찍이 長沙의 監務로 밀려나면서 (지은) 시가 있었는데 이르기를,

---

13) 徐居正, 『東人詩話』 上

"千古의 長沙上에 높이 이름을 날렸는데, 오히려 재주가 賈少年에 미치지 못함을 부끄러워한다." 하였다. 또 이르기를, "삼년 귀양살이에 병이 생기니, 단간 방의 생애가 도리어 僧 같구나. 눈 가득 내린 사방의 산 속에 사람은 이르지 못하고, 바다의 파도소리 속에서 앉아 등불 심지를 돋운다."라고 하였다. 또 일찍이 (지은) 시가 있었는데 이르기를, "나는 솜옷 입었는데 남들은 가벼운 갖옷 입고, 남들은 화려한 집에 사는데 나는 움집에 산다. 하늘이 부여한 것이 고르지 않으니, 나는 남을 싫어하지 않는데 남들은 나를 나무란다."고 하였다. 그 시를 읽으면, 피곤한 기상을 볼 수 있다.)

위의 글에서 알 수 있듯이, '嘗貶長沙監務 有詩云'나 '又嘗有詩云' 앞에 '作'이나 '嘗作'이란 표현은 보이지 않는다. 즉, '作'자와 거듭쓰기를 피하기 위해 다음에는 '有'를 사용한 것이 아닌 것이다. '(嘗)有'와 '(嘗)作'은 그 쓰임이 분명히 다른 것이다. 이러한 사실은 申東益 교수가 제시한 여러 사례들 속에서 확인할 수 있다.

그러면 '嘗有'는 어느 경우에 쓰는가?

'廣德・嚴莊'조에서 그 해결의 실마리를 풀어나갈 수 있다.

4. '嘗有'의 쓰임-一然의『三國遺事』항목 서술상의 특징

'廣德・嚴莊'조에서 야기된 '嘗有'와 '嘗作'의 문제는 一然이『三國遺事』의 각 항목을 서술하는 방식에 기인하는 것 같다.

一然은『三國遺事』의 각 항목을 一筆로 쓴 것이 아니라, 대부분 몇 개의 소항목으로 나뉘어진다. 먼저 그 표제에 관련된 이야기를 기술하고, 그 이야기 말미에 그 이야기와 연관된 부연 설명이나 논평을 하고, 또한 대부분 '讚'을 달아 놓고 있음을 본다. 이러한 면을 '廣德・嚴莊'조에서 살펴보면 다음과 같다.

「廣德·嚴莊」

① 문무왕대에 우애 있는 승 광덕과 엄장이 수도를 하면서 '광덕의
    처'와 '원효'의 도움을 받아 극락정토에 간 이야기
② 이 이야기 내용에 대한 一然의 부연 설명
    ㉠錚觀在曉師本傳 與海東僧傳中
    (정관법은 원효대사의 본전과 해동승전에 실려 있다.)
    ㉡其婦乃芬皇寺之婢 盖十九應身之一
    (그 부인은 곧 분황사의 비인데 대개 십구응신 가운데 한 모습이다.)
    ㉢德嘗有歌云 月下伊底亦 …… 四十八大願成遺賜去
    (광덕에게는 일찍이 (지은) 노래가 있었으니 이르기를,……)

『三國遺事』의 '廣德·嚴莊'조는 위와 같이 「廣德 嚴莊」에 대한 이
야기와 그에 대한 一然의 부연설명으로 구성으로 되어 있다. 그런데 위
의 '廣德·嚴莊'조의 ①과 ②는 서술대상에 대한 서술자의 성격에 차이가
존재한다. 즉 ①은 문무왕대의 廣德·嚴莊에 관한 이야기를 이끌어 가는
서술자의 입장에 서나, ②는 그런 서술자의 입장을 벗어나 一然의 시대
의 一然의 입장에서 문무왕대의 일에 대하여 언급하고 있는 것이다. 이
런 입장의 차이에서 시간적 거리의 차이가 생기니, '嘗有'의 '嘗'이 그런
시간적 거리를 나타내주고 있는 것이다.

'嘗'은 문장 서술에 있어서 두 가지 기능을 갖는다. 연속된 사건의 서
술에 있어서 뒷 사건이 앞 사건보다 시간적으로 먼저 일어났을 때, 그리
고 과거의 사건을 언급할 때 이 '嘗'자가 쓰인다. 특히 '嘗有'는 후자의
경우에만 쓰인다. '嘗有'가 포함된 글들에서 이를 확인할 수 있다.

① 德嘗有歌云 月下伊底亦 …… 四十八大願成遺賜去(廣德 嚴莊)
② 嘗眅長沙監務有詩云(東人詩話 卷上)
③ 又嘗有詩云(東人詩話 卷上)

앞에서 살펴보았듯이 ①은「廣德 嚴莊」의 이야기를 마친 후 一然의
부연설명에 해당되는 기록의 일부이고, ②와 ③은 猊山 崔瀣의 이야기를
마친 후 徐居正이 崔瀣의 시를 논한 기록의 일부이다. 그러므로 '嘗'은
'有'자와 더불어 '과거 사실의 존재를 확인'하는 표현임을 알 수 있다.
그리고 이 이외의 경우에 '嘗作', '作'의 표현이 쓰였음을 다른 시가와 관
련된 기록 속에서 확인할 수 있다.

지금까지 '(嘗)有'와 '(嘗)作'의 쓰임에 대해 살펴보았다. 그 결과 '(嘗)
有'는 '(과거의) 존재사실'에 초점을 두는 표현이며, '(嘗)作'은 '(과거의)
창작행위'에 초점을 두는 표현임을 살펴보았다.

그러므로 申東益 교수는 의미있는 자료를 제시했음에도 불구하고 그
자료들의 분석과 해석에 다소 미흡함이 있었다고 생각한다.

제3의 작자를 제기한 분들의 주장을 살펴보면, 주로 '(嘗)有'와 '(嘗)作'
으로 표현된 문장들을 제시하면서, '(嘗)有'가 '(嘗)作'과 그 의미가 다르
다는 점을 부각시키는 데 논의의 주안점을 두면서도, 막상 '德嘗有歌
云…'과 똑같은 구문으로 된 다른 사례를 통하여 자신들의 주장을 증명
하지 못하고 있다는 약점을 지니고 있다. 이러한 점은 물론 의미있는 자
료를 제시한 申東益 교수의 경우도 마찬가지이다.

5. '德嘗有歌云'의 의미

'德嘗有歌云…'은 다음과 같이 해석된다.

광덕에게는 일찍이 노래가 있었는데 이르기를…,

이 해석은 여러 가지 함의를 지니고 있다. 첫째는 광덕이 노래(願往生
歌)를 지었다는 것이고, 둘째는 제3의 인물이 광덕에 관한 노래를 지었
다는 것이며, 마지막으로 제3의 인물이 애초에 광덕과는 상관없이 지었

는데, 이 노래가 널리 퍼져 나중에 광덕이 이 노래를 불렀다는 것이다.

결론부터 말해서 필자는 願往生歌의 작자를 광덕으로 본다. 앞에서 "
'(嘗)有'는 '(과거의) 존재사실'에 초점을 두는 표현이며, '(嘗)作'은 '(과거
의) 창작행위'에 초점을 두는 표현임을 살펴보았다."고 그 쓰임을 구분했
을 때, 이는 '德嘗有歌云…'에서 광덕이 願往生歌의 작자임을 전제로 한
것이었다.

이의 증명을 위해 '德嘗有歌云…'과 같은 구문을 제시하면서 그러한
자료들을 살펴보겠다.

우선 『東人詩話』에 申東益 교수가 제시한 자료 외에 다음의 글이 있다.

金直殿久冏嘗有聯云 驛樓擧酒山當席 官渡哦詩雨滿船(東人詩話 卷上)
(直殿 金久冏에게 일찍이 시가 있었는데 이르기를, "驛樓에서 술을
드니 산이 자리에 이르고 官吏가 강을 건너며 詩를 읊으니 비가 배
에 가득 내리네."하였다.)

윗글은 徐居正이 直殿 金久冏의 詩를 거론하면서 쓴 표현이다. 이 글
의 구문이 '德嘗有歌云…'과 일치함을 알 수 있다.

또 다음의 자료가 있다.

過鄭松江墓有感[14]

空山木落雨蕭蕭, 空山 木落 모두 蕭蕭한데,
相國風流此寂廖. 相國의 風流 이곳에 적막하다.
惆悵一盃難更進, 슬프도다. 한잔 술 다시 올리기 어려우니,
昔年歌曲卽今朝. 옛날 歌曲(의 내용)이 곧 오늘 아침(의 상황)이구나.

———————————————

14) 權韠, 『石洲集』 卷7.

위의 시는 石洲 權韠이 鄭松江의 무덤을 지나면서, 그 쓸쓸한 분위기 속에서 옛날 松江이 지었던 '將進酒辭'의 내용을 떠올리며 느낀 감회를 적은 것이다.

그런데 이 시의 밑에 다음과 같은 註가 달려 있다.

公嘗有短歌 道死後誰勸一盃酒之意
(公에게는 일찍이 短歌가 있었으니, "죽은 후에 누가 한잔 술을 권할
쏘냐."라는 뜻을 말한 것이다.)

위의 자료에서 볼 때, '公嘗有短歌'의 '公'은 鄭松江을 가리키고 '短歌'는 '將進酒辭'를 말한다. 이 '將進酒辭'는 鄭松江이 지은 것이 분명하다. 그러므로 위의 '公嘗有短歌'의 구문도 또한 앞의 '金直殿久闢嘗有聯云'과 더불어 '廣德·嚴莊'조의 '德嘗有歌'와 명확히 일치함을 확인할 수 있다.

이러한 사실들을 근거로 할 때 「願往生歌」를 지은 이를 '廣德'으로 볼 수 있는 것이다.

아울러 이러한 결과를 바탕으로 할 때,

大王誠知窮達之變 故有身空詞腦歌(歌亡不詳)(『三國遺事』卷2, 元聖大王)
(대왕은 진실로 궁달의 변화를 알았다. 그러므로 身空詞腦歌가 있었
다. 노래는 없어져서 자세하지 않다.)

위의 기록에 보이는 身空詞腦歌를 元聖大王이 지은 것으로 볼 수 있겠다.

6. 맺음말

지금까지 '願往生歌'의 작자 논의에 대한 주요 견해를 살펴보면서 '願往生歌'의 작자가 광덕임을 제시하였다. 그것은 '德嘗有歌'와 똑같은 구문

인 '金直殿久冏嘗有聯云'과 '公嘗有短歌'라는 구문의 존재에 근거한다.

'(嘗)有'와 '(嘗)作'의 표현은 그 쓰임이 다른 것임을 살펴보았다. '作'자는 창작자의 '創作行爲'를 나타내는 데 초점을 둔 표현이며, '有'자는 '存在事實'을 확인하는 데 초점을 둔 표현인 것이다. 특히 '嘗有'는 과거 사실의 존재를 확인하는 표현이다.

서두에서 언급하였듯이 '願往生歌'의 작자 논의는 '原文'의 올바른 이해가 얼마나 중요한가를 다시한번 확인해 주는 대표적인 예라고 볼 수 있다.

《 參考文獻 》

『三國遺事』
『三國史記』
『東人詩話』
『石洲集』
『古文眞寶』 외
논문은 각주로 대신함.

＜怨宮庭栢歌＞가 亡失한 '後句'의 詩的 가능성에 대하여

成　武　慶

1.　문제제기

　　＜怨宮庭栢歌＞는 金信忠이 지은 10구체 사뇌격 향가인데 아깝게도 後句를 잃어버려 8구만 남은 노래이다. 학계에 ＜怨歌＞라는 歌名이 일반화되어 있으며, ＜栢樹歌＞·＜잣나무가＞·＜잣나모노래＞ 등의 명칭이 제기되어 있기도 하다. 『東國文獻備考』, 「樂考」에 ＜宮庭栢＞이라는 歌名이 보이니 歌名을 ＜궁정백＞으로 하자는 의견도 가능하다. 이는 정작 노래를 기록한 『三國遺事』, 「避隱」, ＜信忠掛冠＞條에 뚜렷한 歌名이 기록되지 않은 데서 말미암은 문제이다. ＜怨歌＞라는 歌名은 신충이 '怨而作歌'하였다는 점에서, ＜栢樹歌＞·＜잣나무가＞·＜잣나모노래＞·＜宮庭栢＞ 등의 歌名은 '栢樹'가 노래의 중요 동기소를 이룬다는 점에서 각각 명명된 것이다.

　　원칙적으로 우리 고전 시가의 용어는 비생산석 논의를 피하기 위해 될 수 있으면 일반화된 명칭을 사용함이 옳다. 그럼에도 ＜원궁정백가＞라는 낯선 歌名을 들고 나선 까닭은 나름대로의 고민 때문이며 구구한 명칭 논의를 벌이자는 것은 아니다. 문학 작품의 제목은 독자에게 강한 인상을 남길 수 있으며 그것이 작자의 명명일 경우 독자는 그 제목을 작자의 의도로 읽어냄으로써 작품 이해에 독특한 정서를 형성하기도 하는 매우 경제적인 장치이다. 그런데 제목을 잃은 향가 작품의 명명은 전문적 독자라 할 연구자에 의해 부여된 것으로 이러한 명명법은 제목이 작품 전체의 정서를 포괄하지 못할 경우 작품 이해에 선입관을 줄 가능성이 크다.

歌名 <怨歌>는 우리의 관심을 '누구 또는 무엇을 원망하는가?'에 집중시켜 '孝成王의 信義 없음을 원망한 노래'라는 결론을 쉽사리 이끌어낸다. 그리하여 이 서사 문맥의 의미를 작품 이해를 위한 스키마(배경 지식)로 과도히 활용함으로써 서사 문맥의 의미와는 다를 수 있는 노래 자체의 고유한 정서, 즉 抒情을 해치는 수가 있다. 이 노래의 歌名으로 <세도탄>이 제기되어 있기도 한데 노래 자체의 정서보다 서사 문맥의 의미를 중시하는 태도가 빚은 다분히 목적성 있는 제목이라 할 수 있다. 한편 歌名 <宮庭栢>·<잣나무가>·<잣나모노래> 등은 이미 문헌에 <궁정백>이란 歌名이 있으므로 생산적 명칭이라 할 수 없고 <궁정백>이 대표할 수 있겠는데, 이것이 원작자의 명명이라면 아름다운 歌名이었을 것으로 생각되나 역시 후대적 명명이라는 약점을 지니며 단순히 <궁정백>이란 歌名만으로는 노래 전체의 성격을 포괄하는 데 미흡한 점이 없지 않다.

<祭亡妹歌>는 '爲亡妹營齋作鄕歌祭之'에서, <讚耆婆郞歌>는 景德王의 발언 '朕嘗聞師讚耆婆郞詞腦歌'에서 그 명칭을 따왔는데 그 歌名이 아무런 저항감을 주지 않고 자연스럽다. 제목이 노래 자체의 정서를 포괄하고 있다고 인정되기 때문일 것이다. 그런데 歌名 <怨歌>는 <제망매가>를 <祭歌>라고 하고, <찬기파랑가>를 <讚歌>라고 한 것과 마찬가지 발상이며 또 <宮庭栢>이란 歌名은 노래 제목을 단순히 <亡妹>나 <耆婆郞>이라 한 것과 같다. 이러한 의미에서 서사 문맥의 의미와 노래 자체의 고유한 정서를 아울러 고려하고 노래의 중요 동기소마저 포괄하는

<怨宮庭栢歌>를 歌名으로 삼아 이 노래의 서정을 온전히 드러내는 데 초점을 맞춘다. 뒤집어 말하면 기존에 제기된 歌名들은 곧 이 작품을 이해하는 하나의 관점들이었음을 알 수 있는데 이 글의 <원궁정백가>라는 歌名 역시 이유 있는 판단에 근거한 또 하나의 관점을 선명히 제시하기 위해 마련된 歌名인 셈이다.

이 노래의 연구에 있어 歌名의 문제는 매우 사소한 듯 보이지만 실상은 그렇지 않다. 왜냐하면 <제망매가>나 <찬기파랑가>의 경우는 완결된 작품의 전모를 볼 수 있어 그 歌名에 선뜻 동의할 수 있지만 이 노래는 잃어버린 後句를 볼 수 없는 상황에서 여덟 줄만의 解讀 결과로 그 歌名이 부여되었기 때문에 문제가 크다. 이러한 우려는 기존의 거의 모든 논의가 비록 자료적 한계로 말미암은 것이겠지만 잃어버린 後句의 詩的 가능성을 전혀 고려하지 않았다는 데서 그 심각성이 확인된다. 이 노래는 작품 말미의 '後句亡'이란 단서로 인해 10구체 향가라는 데 이견이 있을 수 없다. 그럼에도 실제 작품 해석에 있어서는 여덟 줄만의 정서를 작품 전체의 정서로 결론짓는 무모함을 보여왔다. 망실한 것을 어쩔 수 있느냐는 태도가 이 노래를 온전한 10구체 향가로 이해하는 것을 쉽게 포기하게끔 한 것은 아니었던가 반성해 볼 필요가 있다. 이에 <원궁정백가>로서 이 노래가 잃어버린 後句의 詩的 가능성에 주목해 본다.

2. 잃어버린 '後句'의 詩的 가능성

모든 향가가 그렇듯이 이 노래 역시 완벽한 해독을 기대하기는 어렵다. 그렇다고 향가의 문학적 해석이 무턱대고 상상력을 발휘할 수 있는 것은 아니다. 그것은 鄕札 해독의 국어학적 일반 법칙이 허용하는 한도 내에서 가능할 것인데 향가의 문학적 해석은 연구자의 견해와 일치하는 해독을 취사해 온 감이 없지 않다. 보다 과학적인 향찰 해독을 위해 각고의 노력을 기울여 온 국어학적 연구 성과를 존중해야 할 필요가 있으

며, 만약 문학적 해석을 통해 새로운 詩想을 전개할 경우에는 그 詩語가
국어학적 일반 법칙에 위반되지 않음을 충분히 입증해야만 타당성이 인
정될 것이다. 이러한 의미에서 이 글의 논의에 이끌어 쓰는 鄕歌의 轉寫
는 기본적으로 金完鎭의 讀法에 의거한다.1)

　　갓 됴히 자시 / ㄱ술 안둘곰 ㅁ르디매 / 너를 하니져 ㅎ시ㅁ론 / 울
월던 ㄴ치 가시시온 겨스레여 / ᄃ라리 그리메 ㄴ린 못ᄌ / 널 믌겨랏
몰애로다 / 즈싀삿 ᄇ라나 / 누리 모ᄃᆞᆫ갓 여희온 디여 / (後句亡)

　이 노래에 대한 기존의 거의 모든 문학적 논의가 잃어버린 後句의 詩
的 가능성을 전혀 고려하지 않았다고 할 수 있는데 임의적으로 둘만 들
어 사정을 대신해 보겠다.

　　○ 결국 이 노래 怨歌는 의연한 체념으로 끝났다고 보아야 한다. 哀
　　　訴도 원망도 동정의 기대도 없이 시종 자신의 쓰라린 심경, 변화무
　　　쌍한 炎凉世態를 개탄하면서 적극적인 타개를 모색하지 못하고 일
　　　체를 조용히 체념해 버린 슬픈 곡조로서 이해된다.2)
　　○ 그리하여 이 노래는 '자연―인사'를 반복 제시하면서 과거―현재를
　　　대비시키는 의미 구조를 통해 작자의 원망스런 현재의 심정을 극대
　　　화할 뿐, 왕에 대한 직접적 원망을 한 구절도 드러내지 아니하고
　　　작자의 처해진 상황에 대한 체념적 차탄으로 일관하였다.3)

　이러한 작품 해석이 잘못 되었다는 것은 아니다. 다만 여기에는 後句
를 亡失한 8句만의 해석이란 전제가 있어야 하고 이러한 해석이 적어도
결론으로 이해되어서는 안된다는 언급을 한마디쯤 해 두는 조그만 배려
가 아쉬울 따름이다. 그런데 이에서 더 나아가 '後句亡'의 後句가 이미

---

1) 金完鎭, 『鄕歌解讀法硏究』(서울대 출판부, 1980).
2) 朴魯埻, 「怨歌」, 『新羅歌謠의 硏究』(열화당, 1982), p.160.
3) 金聖基, 「<怨歌>의 해석」, 『한국고전시가작품론 I 』(집문당, 1992), p.121.

앞에서 제시된 심상을 다시 정리하는 데 그쳤을 것이므로 그다지 중요한 의미를 지니지 아니하여 독자에게 쉽게 잊혀질 수 있었던 것4)이라 論斷하기도 한다. 과연 그러한 것일까? 後句의 詩的 가능성에 주목하면 그것은 지금까지 우리가 가지고 있던 詩想의 틀을 완전히 바꿔버릴지도 모른다.

　　生死 길흔 / 이에 이샤매 머믓그리고 / 나는 가ᄂ다 말ㅅ도 / 몯다 니르고 가ᄂ닛고 /
　　어느 ᄀ슬 이른 ᄇᄅ매 / 이에 뎌에 ᄠ러딜 닙ᄀᆮ / ᄒᄃᆫ 가지라 나고 / 가논 곧 모ᄃᆞ론뎌

＜祭亡妹歌＞는 10句를 온전히 갖춘 향가인데 그 後2句를 떼어 본다. ＜제망매가＞가 이렇게 後句를 亡失했다고 가정해 보자는 것이다. "나는 간다"는 말도 못다 이르고 가버린 누이의 죽음, 이에 우리는 "허무와 무상감이란 迷妄에 사로잡힌 月明師를 볼 뿐이며, ＜제망매가＞는 슬픔과 비탄의 서정으로 일관하였다"고 評했을지도 모른다.

　　아야 彌陁利아 맛보올 나 / 道닷가 기드리고다

이 後句를 마저 읽었을 때 우리는 거기서 슬픔과 비탄을 극복해 내는 信念을 발견하고, 슬픔과 비탄으로 고조된 前大節의 긴장이 완결된 서정으로 조율되고 있음을 느끼게 된다. 鄭炳昱은 이 노래에서 "월명사의 골육에 대한 절실한 사랑을 흠뻑 맛볼 수 있으면서도 월명사의 눈물을 찾아 볼 수 없다"5)고 했다. 월명사의 눈물 不在는 ＜제망매가＞가 '눈물마

---

4) 註)3과 같은 논문, p.120 및　趙東一, 『한국문학통사』1(지식산업사, 1982), p.144.
5) 鄭炳昱, 「韓國詩歌文學史　上」, 『民族文化史大系』(고려대　민족문화연구소, 1967), p.800.

저 조율하는 서정의 완결'을 보여 주었다는 뜻일 것이다. 이것을 가능케
한 것이 무엇이겠는가? 또 <제망매가>는 그 지향하는 抒情이 일반적
의미의 순수 서정과는 달라 예사롭지 않은 느낌을 준다. 그 느낌은 바로
'彌陁刹'과 '道닷가'로 대표되는 後句의 詩想때문이 아니겠는가? 이처럼
전체 詩想의 형성에 '後句'의 비중은 실로 막대한 바가 있다.

10구체 사뇌격 향가에 있어 '後句'가 작품 전체의 詩想 형성에 결정적
인 역할을 한다는 사실은 <讚耆婆郎歌>에서도 거듭 확인된다. 金烈圭는
<찬기파랑가>의 後句를 다음과 같이 해석한다.

○ 그 讚揚의 頂點은 드디어 感嘆詞로 이루어질 수밖에 없다. "아으
잣ㅅ가지 노파 / 서리 몯누올 花判이여"가 그 頂點이다.[6]

金完鎭은 이 後句를 '아야 자싯가지 노포 / 누니 모둘 두폴 곳가리여'
라고 해독했다. 金烈圭의 해석은 梁柱東의 해독에 의거했는데 '서리'와
'花判'은 '눈'과 '고깔'로 바뀌어야 하겠지만 詩語를 그렇게 바꾼다 하더라
도 '서리'와 '눈'은 부정해야 할 대상이란 의미에서 벗어나지 않고 '고깔'
은 '花判'이나 '花郎'의 엠블럼(표징)으로 읽을 수 있기에 後句의 詩想은
그다지 흐트러지지 않는다. <찬기파랑가>가 만약 이 後句를 亡失했다면
"그대의 노래가 그 뜻이 매우 높다던데 과연 그러한가?"라는 景德王의
물음에 단호히 "그렇습니다"라고 답하는 忠談師를 의아하게 생각했을지
도 모를 일이며, 노래의 5句 '耆郎이 즈싀올시 수프리야'를 두고서 耆郎
의 모습이 왜 수풀일까?하는 고민에 붙들릴 수도 있겠고, 결국 7·8句의
'郎이 지니시던 / 마음의 갓을 쫓고 있노라' 쯤에서 '찬양'의 의미를 맛볼
수 있다고 評했을 수도 있다. 이 後句가 있음으로서 5句의 '耆郎의 즁·
수풀'이 等價를 이루는 表象[7]이라는 사실을 감지하는 것이다.('자싯가지'

---

6) 金烈圭, 「韓國文學과 그 '悲劇的인 것'」, 『韓國民俗과 文學硏究』(일조각,
   1971), p.298.

와 '고깔' 역시 等價를 이루는 直率的 表象으로 볼 수 있으나 이것이 곧
'耆郎의 즛'인가는 의문이다. 이 문제는 차츰 밝혀질 것이다.) 그리하여
자칫 설복에 빠지기 쉬운 '찬양'이라는 주제에도 불구하고 티끌만큼의 교
조성도 드러내지 않는 <찬기파랑가>의 高揚된 서정 앞에 '其意甚高'가
자연 수긍된다. 그렇다면 <찬기파랑가>가 표출한 '서정의 충천하는 분
출'[8]도 '초극하는 서정'[9]도 어쩌면 다 이 後句의 몫인지도 모른다.

　<제망매가>와 <찬기파랑가>를 통하여 10구체 사뇌격 향가의 後句가
전체의 詩想 형성에 얼마만큼 중요한 비중을 지니는지 살펴보았다. 이러
한 사실을 감안한다면 <원가>·<궁정백> 등으로 불리는 이 노래의 '後
句亡'이 "그다지 중요한 의미를 지니지 못하여 쉽게 잊혀질 수 있었던
것"이란 논의는 근거 없는 速斷에 불과했음을 알 수 있으므로 불식될 필
요가 있다. 이제 이 노래가 잃어버린 後句 부분은 詩的 가능성으로 해석
되어야 한다.

3. 잃어버린 '後句'의 詩想 모색 ― 10句體의 의미

　문제 제기에서 이 노래의 歌名을 <怨宮庭栢歌>로 내걸었는데 여기에
는 앞서 논의한 명칭 문제보다 더 중요한 의도가 있었다. 즉 잃어버린
'後句'의 詩想을 再構해 보자는 것이다. 얼토당토 않은 이야기라고 할지
도 모르겠다. 그러나 이 노래는 '後句'의 詩的 가능성으로 말미암아 재해
석될 여지가 있는 작품이고, 詩想의 再構가 관련 자료들이 허용하는 作
詩原理上의 개연성과 밝혀진 정보에 따른 필연성을 고려한 범위 안에서

---

　7) 崔珍源은 <찬기파랑가> 제5句, '耆郎이 즈싀올시 수프리야'가 鄕歌的 抒情
　　의 沖天하는 噴出을 보이며, 이는 修辭的 말을 쓰지 않고 情感을 폭발시키는
　　'直率'이 있기 때문이라 했다.(「鄕歌의 原型象徵」, 『國文學과 自然』(성균관대
　　출판부, 1986. 3판), p.191)
　8) 註7)과 같은 논문.
　9) 金烈圭, 「超克하는 抒情」, 『詩的 體驗과 그 形象』(대방출판사, 1984), p.208.

모색된다면 혹 용납될 수도 있지 않을까 한다.

作詩原理上의 개연성은 10구체 사뇌격 향가의 형식 문제와 맞물려 있다. 형식적 규칙성을 요구하는 詩에서는 작품 전체의 구조를 구성하는 몇 개의 제한적 규칙이 있기 마련인데, 그것은 단순히 내용을 담아내는 외피가 아니라 표현된 詩語들을 정서적 긴장에 이르도록 하는 미적 질서로 작용한다. 作詩原理로 보았을 때 작시자가 그 장르에 충분히 관습화되어 있지 않다면 그것은 매우 껄끄러운 장치로 보여질 것이고, 반대로 충분히 관습화되어 있다면 자신의 詩가 자체로 내포한 형식을 오히려 당위로 여길 것이다. 게다가 세련된 작시자라면 형식에 보다 예리한 관심을 집중시킴으로써 자신의 詩想을 가다듬는 데 그것을 효과적으로 운용할 것이다. 작시자가 갖는 관심의 정도가 어떻든 개별 작품들이 동일한 장르로 인식되는 한, 장르의 형식은 개별 작품들이 미의식을 실현하는 중심 원리로 작용할 것이다.

10구체 사뇌격 향가는 소위 '三句六名'이라는 형식적 정형을 공통적으로 요구하는 詩歌 장르로 이해된다. <원궁정백가> 또한 이 '三句六名'이라는 제한적 규칙을 미적 질서로 받아들여 詩想을 형성했을 것임은 두말할 나위 없다. 현재까지 축적된 '三句六名'에 관한 논의는 가능한 모든 방법이 거의 다 시도되었다고 할 수 있을 정도이지만 자료 자체가 갖는 한계와 모호성 때문에 확고한 해결의 실마리를 찾지 못하고 있는 실정이다. 그러나 세부적인 차이에도 불구하고 '三句六名'에 대한 연구 결과가 10구체 사뇌격 향가의 3分段 6部節의 형식을 의미하는 것으로 파악됨으로써 공통된 결론에 이른다는 사실은 이 글의 논의에 큰 힘이 된다. 金學成은 '三句六名'에 대한 기존 논의를 검토하면서 우리의 서정 시가들이 이전 장르의 수용과 변용이라는 차원에서 전개되어 왔다는 장르 발생의 이론적 측면에서 탐구될 때 문제 해결의 전망이 있을 것임을 지적했다.10) 기존의 연구 성과와 이와 같은 문제 해결 방법의 시사를 바탕으로 10구체 사뇌격 향가의 作詩原理를 파악하고자 한다. 이 문제는 <원궁

정백가>의 온전한 詩想을 모색하는 데 가장 중요한 걸림돌이기도 하다.

우리 詩歌의 作詩原理는 音樂과 분리해 생각할 수 없다. 노랫말을 악곡에 올려 실현시키는 것을 음악의 입장에서 말하면 聲樂이라 하고 문학적으로 표현하자니 詩歌라고 말하게 된다. 향가도 노래 불리어진 이상 詩歌的 질서를 파악하는 데 음악적 요소를 전연 무시할 수 없다. 19首의 10句體歌가 모두 사뇌가라는 향가의 하위 장르에 묶이게 되는 근본적인 이유는 이들 노래가 열 줄로 끊겨 적혔다는 사실과 前大節(8句)과 後小節(2句)로 분별할 수 있게끔 하는 뚜렷한 詩的 징표, 「아야」가 있다는 사실을 들 수 있다. 특히 이 「아야」라는 詩的 징표는 10구체 사뇌격 향가의 作詩原理上 가장 뚜렷한 제한 규칙으로 보인다.

10구체 사뇌격 향가가 원문에 열 줄로 끊어 적힌 이유는 바로 10개의 악곡적 분단을 의식한 때문이라는 사실을 발견할 수 있다. 이는 「아야」의 表裏的 두 성향과 그 위치의 문제를 검토할 때 검증이 가능하다. 「아야」는 일단 감탄사로 이해된다. 감탄사는 일반적으로 高揚된 시적 정서를 증폭시키는 助興的 기능을 하지만 동시에 詩想의 종결이라는 詩的 標識의 기능을 이면에 숨기고 있다. 19首 사뇌격 향가가 지닌 「아야」는 이 두 가지 표리적 성향을 여실히 보여준다.

○ 助興 ; 「阿耶」(讚耆婆郞歌・遇賊歌・廣修供養歌・總結無盡歌), 「阿也」(祭亡妹歌), 「阿邪」(願往生歌), 「阿邪也」(禱千手觀音歌), 「嘆曰」(禮敬諸佛歌), 「城上人」(常隨佛學歌), 「打心」(恒順衆生歌), 「病吟」(普皆廻向歌) 이상 11회

○ 標識 ; 「後句」(安民歌・彗星歌・隨喜功德歌), 「隔句」(稱讚如來歌), 「落句」(懺悔業障歌・請佛住世歌), 「後言」(請轉法輪歌) 이상 7회

<怨宮庭栢歌>의 경우는 「阿耶」 등으로 표기되었을지 아니면 「後句」

10) 金學成, 「三句六名의 解釋」, 『한국문학사의 쟁점』(집문당, 1986), p.136.

등으로 표기되었을지 알 수 없으나 '後句亡'이란 기록의 文面的 의미로
보면 「後句」였을 것이다. 비록 표기상 그것이 標識를 의미하는 「後句」
등으로 기록되었다고 하더라도 「嘆曰」 등의 표기 의식으로 보아 실제
歌唱에 있어서는 「아야」일 뿐이었음은 의심할 여지가 없다. 이 「아야」는
대부분의 경우 8句와 9句 사이에 독립되어 표기되고 있다. <찬기파랑가>
를 그 예로 들어 8句와 9句를 원문의 띄어쓰기대로 표기하면 다음과 같다.

心未際叱肣逐內良齊 ∨ 阿耶 ∨ 栢史叱枝次高支好
(모수민 フ술 좇누라져 ∨ 아야 ∨ 자싯가지 노포)

詩的 의미로 보면 이처럼 독립되거나 9句의 앞에 와서 後句의 詩想을
이끌어야 정상이라고 생각되는 이 「아야」가 <원왕생가>, <도천수관음가>,
<안민가> 등에는 맹랑히도 8句에 붙어 있다. <원왕생가>를 원문의 띄
어쓰기대로 行을 구분 지으면 이렇다.

月下伊底亦	도라리 엇뎨역
西方念丁去賜里遣	西方𠯪장 가시리고
無量壽佛前乃	無量壽佛前의
惱叱古音多可支白遣賜立	又곰 함죽 솗고쇼셔
誓音深史隱尊衣希仰支	다딤 기프신 모릇옷 브라 울워러
兩手集刀花乎白良	두 손 모도 고조술바
願往生願往生	願往生 願往生
慕人有如白遣賜立阿邪	그리리 잇다 솗고쇼셔 아야
此身遺也置遣	이 모마 기텨 두고
四十八大願成遣賜去	四十八大願 일고실가

<원왕생가> 한 편만 이런 현상을 보인다면 그것은 '當作句而看'(『遺
事』 民推本 校勘)으로 보아 「아야」는 8句에서 띄어 읽어야 하겠지만, 세
편에 걸쳐 같은 현상을 보인다는 것은 간단히 지나칠 문제가 아니라고

본다. 왜냐하면 이러한 歌行 표기법은 俗謠와 景幾體歌로 大別되는 高麗
詩歌에도 그대로 나타나기 때문이다. 향가 「아야」에 대응하는 고려 시가
의 言表로 「아으」와 「위」를 들 수 있다. 「아으」는 俗謠에만 나타나고
「위」는 俗謠와 景幾體歌에 공통적으로 나타난다. 「아으」와 「위」는 일반
적으로 감탄사로 이해되고 있다. 필자는 「아으」가 助興과 標識라는 두
기능을 모두 가지고 있는 반면, 「위」는 樂曲的 餘音曲段을 지시하는 標
識 기능만을 갖는다고 본다. 그 구체적 성격은 필자의 拙稿11)에 미루기
로 하고 우선 「아으」와 「위」의 위치를 歌行에 의거해 살펴보기로 한다.
「아으」는 <鄭瓜亭>, <處容歌>, <動動> 등에 나타나지만 樂曲 표기에
의해 歌行이 구분되고 井間譜에 악곡과 노랫말 배분의 실상을 볼 수 있
는 자료는 <정과정> 하나뿐이다. 「위」는 <西京別曲>, <思母曲>, <가시
리>, <쌍화점> 그리고 <翰林別曲> 등이 정간보에 그 악곡을 남기고 있
어 사정이 조금 낫다. 이에 <정과정>이 악곡적 분단에 의해 歌行 구분
되었다는 점과 악곡상 「아으」의 위치를 보이고, 「위」는 <서경별곡>과
<한림별곡>의 악곡상 위치만 보이겠다.

　①<정과정>
　… 奏三眞勺妓唱其歌
　前腔 내님을 그리ᄉᆞ와 우니다니
　中腔 山졉동새 난이슷ᄒᆞ요이다
　後腔 아니시며 거츠르신ᄃᆞᆯ 아으
　附葉 殘月曉星이 아ᄅᆞ시리이다
　大葉 넉시라도 님은 ᄒᆞᆫ디 녀져라 아으
　附葉 벼기더시니 뉘러시니잇가
　二葉 過도 허믈도 千萬 업소이다
　三葉 ᄆᆞᆯ힛마리신뎌

---

11) 拙稿, 「高麗詩歌에 나타난 '위(爲·偉)'에 대하여」, 『성균어문연구』제29집
　(성균관대 국문학과, 1993).

四葉 술웃븐뎌 아으
附葉 니미 나롤 ㅎ마 니즈시니잇가
五葉 아소 님하 도람 드르샤 괴오쇼셔   『樂學軌範』

② <정과정>

녀	져			라				
아								
으								
		벼	기	더				

『大樂後譜』<三眞勺>

③ <서경별곡>

西		京	이		셔		울	히
마	르				는			위
두		어	렁		셩		두	어

『時用鄕樂譜』

④ <한림별곡>

沖	基	對	策		光	鈞	經		義
良	鏡	詩			賦			위	
試	場		景		긔		엇	더	

『琴合字譜』

　　자료 ①과 ②를 대비해 살펴보면 「아으」는 後腔·大葉·四葉이라는 樂節 內에 있으면서 이 「아으」 다음은 반드시 附葉을 요구하고 있음을 알 수 있다. 附葉의 五音略譜는 동일하다. 또한 ③·④에 보이듯 「위」의 위치는 항상 6대강 14정간에 고정적으로 표기되며, <한림별곡>의 경우 이 「위」가 두 번 나타나는데 「위」가 이끄는 다음 曲段의 五音略譜 또한 동일하다. 이와 같은 「아으」와 「위」의 위치로 보아 10구체 사뇌격 향가 의 「아야」가 8句에 붙어 표기된 것은 전혀 맹랑한 일이 아니고 당연한 것으로 보인다.

　　＜정과정＞은 흔히 鄕歌系 麗謠라고 하는데 이는 악곡상 어느 정도 입
증이 가능할 것으로 보인다. ①에서 보다시피 ＜정과정＞은 11개의 악곡
적 분단을 갖는데 6대강 16정간을 한 마루로 보면 前腔은 8마루, 中腔은
8마루, 後腔은 7마루, 附葉은 9마루, 大葉은 7마루, 附葉은 9마루, 二葉은
8마루, 三葉은 4마루, 四葉은 3마루, 附葉은 8마루, 五葉은 10마루를 각각
소요한다.[12] 三葉과 四葉을 합치면 7마루인데 이는 「아으」를 포함하고
있는 樂節은 반드시 7마루임을 증명한다. 또 五葉의 10마루는 실상 前腔
에서 2대강을 못갖춘 마디로 시작했기 때문에 1마루가 더 늘어난 것 뿐
이고 실은 9마루이니, 이들은 ＜8・8・7・8 (1) / 7・8・(1)・8・7 / 8・8
(1)＞ (괄호의 1마루는 여음으로 간주함)이라는 10개의 樂節과 3개의 曲
段을 악곡적 형태로 갖추고 있음을 도출해 낼 수 있다. 이 결과는 사뇌
가의 형태에 소급 적용이 가능할 것으로 보인다.

　　한편 時調, 즉 歌曲은 鄭瓜亭 三機曲에서 파생되었다[13]하니 그 노랫말
표기에 있어서 樂曲을 의식한 기록이 있을 법한데 이는 이미 陶南이 지
적한 바와 같이 『客樂譜』에서 그 현상을 찾을 수 있다.

　　　○ 各曲調에 分類된 時調를 한 首 한 首 쓰는 데 있어서는 반드시
　　　　終章 第一句는 떼어서 쓰고 있다. 即 初・中・終 三章의 한 首 時
　　　　調를 쓰는데 다른 것은 죽 달아서 쓰면서 終章 第一句에 限하여는
　　　　前後로 한 字씩 떼어서 쓰고 있다.[14]

　　이러한 『客樂譜』의 노랫말 표기 방식은 初・中章이 지니는 律格的 지
속성을 차단하고 호흡과 詩想의 긴장을 증폭시켜 終章에 넘겨주면서 非
均齊的 調化로 마무리하는 時調의 詩學的 특성을 보여준다고 할 수 있

---

12) 『大樂後譜』, ＜三眞勺＞, 井間譜 참조.
13) 梁德壽 편, 『梁琴新譜』(영인본)(통문관, 1959), p.4. "時用大葉 慢中數 皆出
　　　於瓜亭三機曲中".
14) 趙潤濟, 「歌集解題」, 『朝鮮詩歌의 硏究』(을유문화사, 1948), p.265.

는데, 이는 中章과 終章의 첫 3字 사이에 中餘音이 진행되고 있다는 것을 눈치채야만 좀 더 확실한 美感을 체득할 수 있게 된다. 이러고 보면 우리 詩歌의 作詩原理라 할 詩的 제한 규칙은 詩와 音樂의 상호 제약 관계 아래에서 형성되었다고 보아 무방할 것이다.

이에 鄕歌의 「아야」가 8句에 붙어 표기된 것은 전혀 이상한 일이 아니며, 오히려 이로 말미암아 10句體의 의미도 그것이 10개의 樂節에 배분된 노랫말 단위였음을 말할 수 있게 된다. 그런데 <원왕생가>의 1句 '드라리 엇뎨역'과 5句 '다딤 기프신 ᄆᆞᆯ옷 ᄇ라 울워러'는 음절 또는 음보에 있어 상당한 차이가 있는데 똑같은 1개 樂節에 배분될 수 있느냐는 의문이 문제로 남는다. 이 문제는 우리의 전통 聲樂曲에 흔히 발견되는 노랫말과 악곡의 불일치 현상으로 이해할 수 있다. 樂節 단위는 일반적으로 拍의 규칙성에 의해 이루어진다. 동일한 拍數를 갖는 樂節에 배분되는 노랫말의 음절수가 다를 수 있는 융통성, 이 현상을 노랫말과 악곡의 불일치로 보는데 民俗樂, <春香歌> 中「박석티」대목을 예로 들어 이해해 본다. 「박석티」대목은 '진양조 6拍'을 한 악절로 반복해 나가는데 六拍의 한 악절에 배분된 노랫말을 詩形으로 나타내 보이면 다음과 같다.15) (· 은 一拍, 一行은 六拍)

박석 · · 틔 · 를
올 · 라 · 서 · 서
좌 · 우 · 산천 · 을
둘 · 러 · 본 · 다
산도 · 예보던 · 산이 · 오
물도 · 예보던 · 물이 · 로다
광한 · 루야 · 잘 · 있 · · 드냐
오작 · 교야 · 무사 · · 하냐

---

15) 李惠求, 「音樂과 詩」, 『韓國音樂序說』(서울대 출판부, 1982, 4판), pp.435~436 참조.

무릉·도원은·평안·하오
일모·황혼·밤이·왔으니
춘향의·집을·어서·찾어·가서
알뜰한·춘향을·만·나·보리라.

노랫말 자체는 불규칙하게 보이지만 음악적으로는 每行이 진양조 6拍이라는 규칙성을 갖는다. 이처럼 6拍을 하나의 樂節로 보아 노랫말을 行 구분하면 마치 12行을 지닌 詩처럼 보인다. 이러한 이해는 景幾體歌 <한림별곡>의 '元淳文 仁老詩' 6字, '公老四六' 4字, 그리고 '沖基對策 光鈞經義' 8字 등이 井間譜에는 똑같이 6대강 16정간이라는 한 樂節 단위에 배분되고 있음을 볼 때 더욱 타당성을 확보한다.

10구체 사뇌격 향가의 표기 현상은 현대시가 갖는 의도적 행바꿈으로 이해되지 않는 이상 그 하나의 句들은 음악적 시간의 等長性을 나타내는 樂節 단위라고 볼 수 있다. 그렇다면 10구체 사뇌격 향가는 작시 원리상 10개의 악절 내에서 실현되어야 하는 음악적 제약성과 이차적으로 3句 6名이라는 詩型的 제약, 그리고 가장 뚜렷한 詩的·음악적 징표이며 어떻게든 3句 6名과 관련을 맺고 있을 「아야」라는 언표 제시 등을 반드시 요청받고 있다고 할 수 있다.

<怨宮庭栢歌>를 온전한 10구체 사뇌격 향가로 이해하기 위해 이상의 검토에서 밝혀진 특성을 바탕으로 다시 <祭亡妹歌>와 비교해 본다.

① 갓 됴히 자시	① 生死 길혼
② ㄱ술 안둘곰 ㅁ릇디매	② 이에 이샤매 머뭇그리고
③ 너를 하니져 ㅎ시ㅁ룐	③ 나는 가ᄂ다 말ㅅ도
④ 울월던 ㄴ치 가시시온 겨스레여	④ 몯다 니르고 가ᄂ닛고
⑤ ᄃ라리 그리메 ᄂ린 못ᄀ	⑤ 어느 ᄀ술 이른 ᄇ룸매
⑥ 녈 믉겨랏 몰애로다	⑥ 이에 뎌에 ᄠ러딜 닙ᄀ
⑦ 즈ᅴ삿 ᄇ라나	⑦ ᄒ둔 가지라 나고
⑧ 누리 모둔갓 여희온 더여 아야	⑧ 가논 곧 모ᄃ론뎌 아야

| ⑨ | ? | ⑨ 彌陁刹아 맛보올 나 |
| ⑩ | ? | ⑩ 道닷가 기드리고다 |

10구체 사뇌격 향가는 歌辭 장르처럼 노랫말이 긴 것도 아니거니와 형식적인 규칙성도 時調만큼이나 밀도 있게 요구되는 短型의 詩歌로 볼 수 있는데 이 <원궁정백가>의 後句가 亡失되었다는 사실은 終章을 잃어버린 時調를 발견한 것만큼이나 희한한 일일 것이다. 필자는 落帙의 경우를 제외하고는 終章을 잃어버린 時調의 例를 보지 못했거니와 따라서 우연한 亡失은 생각할 수 없으며 여기에는 피치 못할 필연성이 있었다고 생각한다.

李在銑은 10구체가의 8句와 9句 사이에 고정된 「아야」를 종교적 필요성에 의해 이루어진 '神聖絶叫'(音聲象徵的인 聖語)로 보아 이 部位를 전후하여 話者 또는 唱者의 변화가 있을 것임을 推斷한 바 있다.[16] 또한 崔珍源은 詞腦歌가 告神明의 노래이기에 鄕歌가 능히 天地鬼神을 感動시킬 수 있었음을 논파하면서 특히 <제망매가>에 대하여 경청할 만한 견해를 내걸었다.

○ 이 노래는 이른바 十句體의 것인데 前八句=前大節은 재를 올리는 오라비의 말이고, 後二句=後小節은 죽은 누이의 말이다. 오라비의 정성에 감동한 누이 왈 "아으! 미타찰에서 만날 나 道 닦아 기다리겠노라"라고, 즉 "오라버님의 營齋로 저는 薦度되어 극락으로 갑니다. 道를 닦아 아미타불의 功德을 입어 오라버님을 그 곳으로 모시겠습니다"라고. 이 때 紙錢이 西方으로 날아가는 것이다.[17]

<제망매가>의 詩想이 실로 선명하게 떠오르는 대목이다. 前八句는 화

---

16) 李在銑, 「新羅鄕歌의 語法과 修辭」, 『鄕歌의 語文學的 硏究』(서강대 인문과학 연구원, 1972), p.141.
17) 崔珍源, 「鄕歌能感動天地鬼神考」, 『陶南學報』제12집(도남학회, 1990), p.10.

자가 대상을 향하여 청자 지향의 담화를 제시하는 詩的 空間이라 할 수
있고 後二句는 물론 그것이 대상과 交感하려는 화자의 간절한 희망으로
제시되는 것이지만 대상이 화자를 향하여 화자 지향의 담화로 응답하는
詩的 空間이라 할 수 있다. <願往生歌> 4句의 鄕札 표기 '惱叱古音'의
註에 '鄕言云報言也'가 보인다. '詞腦'의 '腦'와 '惱叱古音'의 '惱'를 같은
音借로 볼 수 있다면 적어도 그 어원적 訓은 '報'의 뜻이 될 것이다.[18]
이러한 가능성을 바탕으로 10구체 사뇌격 향가의 前八句를 '報言', 後二
句를 '答言'으로 想定해 본다. 詞腦歌가 능히 天地鬼神을 感動시킬 수 있
는 告神明의 노래이기에 그 '答言'의 발화 주체는 '神明' 또는 '神明의 代
理話者'가 될 것이다. 사뇌가를 향유한 신라인들은 그들의 기원·소망·
기대를 豫祝해 주고, 그 실현을 보장하는 장치로 「아야」와 '後2句'를 마
련한 것으로 보인다. 이와 같은 10구체 사뇌격 향가의 구조적 질서를 통
해 사뇌가를 몇 首 읽어본다.

　<원왕생가>는 西方淨土에 往生하기를 염원하는 노래이다. 話者는 前
八句에 걸쳐 傳言者인 청자 달에게 '두 손 모도 고조술바' 往生을 '그리
리 잇다'는 것을 無量壽佛前에 '함족'(빠짐없이, 낱낱이) 사뢰달라고 請한
다. 간접 화법에 의한 '報言'이다. 「아야」라는 神聖絶叫와 함께 아미타불
의 신성한 聲音이 울린다. 白毫光이 西쪽으로부터 와서 빛 가운데서 金
色 팔이 내려와 話者의 정수리에 닿는다.[19] 이는 곧 아미타불의 按手이
다. 아미타불이 자비의 미소를 머금고 왈 "이 모마 기텨 두고 / 四十八
大願 일고실가", 즉 "이처럼 간절히 나를 기리는데 너를 남겨 두고 내

---

18) '惱叱古音'이 '報言의 鄕言'이라는 『遺事』의 細註는 '詞腦'를 '亽뢰다(白)'라
　　는 動詞에서 발전한 名詞의 古語表記라고 본 池憲英의 견해가 卓見이었음을
　　입증하는 또하나의 자료로 볼 수 있다. '腦·惱'의 訓이 '報·告·白'임은 분
　　명해 진다.(池憲英,「次肹伊遣에 對하여」,『崔鉉培先生還甲紀念論文集』(思想
　　界社, 1954), p.461).
19) 이 문장은 『三國遺事』,「塔像」, <南白月二聖 努肹夫得 怛怛朴朴>條, '夜夢
　　白毫光白西而至光中垂金色臂摩二人頂'에서 이끌어 썼다.

어찌 四十八大願을 이루겠느냐!"고 '答言'하는 것이다.(혹 答言의 발화 주체를 신명의 대리 화자로 볼 수도 있다.) 『無量壽經』에 따르면 아미타불은 48大願의 서원을 이루지 못하면 부처가 되지 않겠노라 서약한 부처님 최고의 權化이다. 순간 청자인 화자는 신성 체험의 전율을 느끼게 된다.

<도천수관음가> 역시 '報言'과 '答言'의 구조를 그대로 실현하고 있다. 이 노래의 '報言'은 千手千眼, 大慈大悲의 權化, 觀音에 대한 직접 화법으로 제시되는 祈禱 그 자체이다. 화자는 '두 눈 감은 나'이다. 千手觀音 앞에 '무릎을 낮추며 두 손바닥 모아', 눈 '하나를 숨겨 주소서'하고 간절한 祈求의 말씀을 올린다. 역시 「아야」와 함께 大慈大悲 觀音이 聲音으로 顯現한다. "아야여 나라고 아르실던 / 어드레 쓰올 慈悲여 큰고"라고. 一然은 讚에서 大慈大悲한 관음이 慈眼을 돌리지 않았던들 希明의 아이는 헛되이 楊花의 봄을 보냈을 것이라고 했다. 慈眼의 돌림, 이는 後二句 관음의 答言이다.

앞서 언급한 바 있는 <찬기파랑가>의 구조도 이렇게 볼 수 있다. 郎徒僧과 花郎의 관계를 생각할 때, 노래는 충담사가 지었지만 실제 歌唱은 耆婆郎의 郎徒가 불렀을 가능성이 있다. "郎이 지니시던 마음의 끝을 쫓고 있노라"하는 郎徒들의 기림에 "아야 자싯가지 노포 / 누니 모둘 두폴 곳가리여"라고 기파랑이 應答하는 것은 아닐까? 고깔은 기파랑을 상징한다고 보기보다는 花郎, 그 자체의 表徵으로 읽고 싶다. 죽은 자와의 交感, 이보다 더 큰 讚揚이 있을까?

이처럼 사뇌가가 지닌 의의는 단순히 정서의 서정적 표출이라는 일반 시가의 존재 요건과는 다소 다르다. 그것은 詩歌 자체가 일종의 정서 감염을 일으키는 언어적 감응 효과를 구조적으로 내포하고 있다는 데서 찾을 수 있다고 본다. <제망매가>에서 紙錢이 西方으로 날아가게 된 문맥과 이를 가능케 한 노랫말과의 相應은 바로 後二句 누이의 答言 때문이다. 希明의 아이가 得眼하게 된 이유도 <도천수관음가>의 後二句, 觀音의 聲音 때문이다. 그렇다면 <원궁정백가>의 '栢樹忽黃悴'를 가져 온 원인은 어디서 찾아야 하는 것일까? 그 역시 노래가 亡失한 後句 때문이 아니겠는가? 이제 亡失한 後句의 詩的 가능성이 다소 좁혀진 듯하다.

4. 온전한 10구체가로서의 <怨宮庭栢歌> 詩想 읽기

<怨宮庭栢歌>는 信忠의 掛冠, 즉 避隱과는 아무런 관련이 없다. 필자의 이러한 단정적 발언은 이 노래의 제작 시기에 대한 문제를 확고히 해 두자는 의도이다. 노래의 제작 시기는 詩想을 읽는 태도를 결정짓는 중요한 문제이므로 반드시 해결해야 한다. 이 노래의 제작 시기를 孝成王代가 아닌 景德王代로 보려는 논의가 있어 왔다. 이 논의는 李基白이 역사적 문헌 고증에 입각하여 이끌어 낸 견해로 상당한 영향력을 지닌 듯하다. 상당한 영향력이란 국문학계에서도 이 견해를 받아들여 노래의 詩想 해석을 시도한 논의가 적지 않았음을 뜻한다. 그러나 이러한 논의들의 기본적인 약점은 역사적 문헌 고증에 결정적 결함이 발견된다면 허상에 그치고 만다는 데 있다. 李基白은 論考의 맺는말에 다음과 같은 말을 아끼지 않았다.

○ 題目에 이끌리어 예까지 써 왔으나 두로 文獻을 상고함이 없이 서두른 글이라 뜻하지 않은 잘못이 있을는지 모르겠다. 叱正을 바랄 뿐이다.[20]

외람되이 이 '뜻하지 않은 잘못'을 정정하고자 한다. 論考의 결정적 결함은 『遺事』 판본에 誤刻된 단 한 字를 校勘하지 못했기 때문에 발생한 문제와 문헌 고증에 뜻하지 않은 실수를 함으로서 논리적 오류를 갖게 된 문제, 두 가지로 요약된다. 이 문제를 재검토해 보겠다.

---

20) 李基白, 「景德王과 斷俗寺・怨歌」, 『新羅政治社會史硏究』(일조각, 1984. 重版) 참조.

A(1) 孝成王이 潛邸에 있을 때 賢士 信忠과 더불어 宮庭의 잣나무
밑에서 바둑을 두었는데, 일찍이 말하기를 "뒷날 만일 그대를 잊
는다면 잣나무 같음이 있으리라"고 하니 信忠이 일어나 拜하였
다. 몇 달 뒤에 王이 즉위하여 功臣에게 賞주면서 信忠을 잊고
등급에 넣지 않았다. 忠이 원망하여 노래를 지어 잣나무에 붙이
니 나무가 갑자기 말라졌다. 王이 괴이히 여겨 사람을 시켜 살펴
보게 하였더니 노래를 가져다 바쳤다. 王은 크게 놀라 말하기를
"萬機가 번잡하여 角弓을 거의 잊을 뻔했다"고 하고는 그를 불러
爵祿을 주니 이에 잣나무가 소생하였다. 노래에 曰, (생략). 이로
말미암아 王의 寵愛가 兩朝에 드러났다.

A(2) 景德王—王은 孝成王의 아우이다—22년 癸卯에 信忠이 二友와
相約하고 벼슬을 버리고 南岳에 들어갔는데, 두 번이나 불러도
나오지 않고 머리를 깎고 중이 되어 王을 위하여 斷俗寺를 세우
고 居하며 終身토록 山 속에 살면서 大王의 福을 받들기를 원하
니 王이 허락하였다. 王의 眞影을 모시니 金堂 뒷벽의 것이 그것
이다. 南쪽에 俗休라는 이름의 마을이 있었는데 지금은 小花里로
訛傳한다.

A(3) 『三和尙傳』을 보면 信忠 奉聖寺가 있는데 이와 더불어 서로 混
同된다. 그러나 따져보면 그것은 神文王의 世로 景德王代와는 이
미 百餘年의 相距가 있다. 하물며 神文王과 信忠의 이야기는 宿
世의 일이니 곧 여기의 信忠이 아님이 明白하다. 마땅히 잘 살필
것이다.

A(4) 또, 『別記』에 말하기를 景德王代에 直長 李俊—『高僧傳』에는 李
純으로 되어있다.—이 일찍이 發願하기를 "나이가 知命에 이르면
出家하여 佛寺를 지으리라"고 하였는데, 天寶 7년 戊子(경덕왕 7
년—필자註)에 나이 50이 되자 槽淵小寺를 고쳐 지어 大刹로 만
들고 斷俗寺라 이름지었다. 자신이 또한 머리를 깎고 法名을 孔
宏長老라 하고 절에 살기 20년에 卒하였다고 하는데, 이는 앞서
『三國史』에 기재된 바와는 같지 않다.

B(1) (聖德王 34년) 正月에 金義忠을 唐에 보내어 新年을 賀하였다.
二月에 副使 金榮이 唐에서 죽으매(唐帝가) 그에게 光祿少卿을

贈하였다. 義忠이 돌아올새 唐主가 浿江 이남의 땅을 勅賜(?公認)
하였다.(참고 ; 성덕왕 36년 2월 王崩)

B(2) (孝成王 元年) 三月에 伊湌 貞宗으로 上大等을 삼고 阿湌 義忠
으로 中侍를 삼았다.

(효성왕 3년) 正月에 中侍 義忠이 卒하매, 伊湌 信忠으로 中侍
를 삼았다. 五月에 波珍湌 憲英(孝成王의 同母弟로 景德王이 됨-
-필자註)을 太子로 삼았다.(참고 ; 효성왕 6년 5월 王崩)

B(3) (景德王 4년) 五月에 中侍 惟正이 退官하매 伊湌 大正으로 中侍
를 삼았다.

(경덕왕 6년) 正月에 中侍를 侍中이라 개칭하였다.

(경덕왕 16년) 正月에 上大等 思仁이 병으로 職을 사면하매, 伊
湌 信忠을 上大等으로 삼았다.

(경덕왕 19년) 四月에 侍中 廉相이 退官하매, 伊湌 金邕으로 侍
中을 삼았다.

B(4) (景德王 22년) 秋八月에 上大等 信忠과 侍中 金邕이 辭免하였다.
大奈麻 李純은 왕의 寵臣이었는데 홀연 一朝에 世間을 피하여 深
山에 들어갔다. 여러 번 부르되 나오지 아니하고 머리를 깎고 중
이 되어 王을 위하여 斷俗寺를 세우고 거기에 居하였다. 뒤에 王
이 音樂을 좋아한다는 말을 듣고 宮門에 나아가 諫하여 아뢰기를
"臣이 듣건대 옛날 桀·紂가 酒色에 빠져 荒淫逸樂을 그치지 않
다가 이로 말미암아 政事가 문란하여 나라가 敗滅하였다 합니다.
엎어진 바퀴가 앞에 있으니 뒤 차는 마땅히 경계해야 할 것입니
다. 엎드려 바라건대 大王은 잘못을 고치고 스스로 새롭게 하여
나라의 수명을 영구히 하소서" 하였다. 王이 듣고 감탄하여 음악
을 정지하고 곧 正室로 끌어들여 道理의 妙와 治世의 방책에 관
한 말을 며칠동안 듣고 그치었다.

C(1) 釋惠通은 그 氏族이 자세치 않다. …… 唐에 건너가서 無畏三藏
을 찾아 業을 청하니, 三藏이 가로되 "오랑캐 사람이 어찌 法器
가 되리요" 하고 가르쳐 주지 않았다. 惠通이 쉽사리 물러가지
않고 三年이나 섬기었으나 허락하지 않으므로 通은 분하고 애가
타서 뜰에 서서 머리에 火盆을 이고 있었다. 얼마 안 있어 정수

리가 터지며 우레와 같은 소리가 났다. 三藏이 듣고와서 火盆을
치우고 손으로 터진 곳을 만지며 神呪를 외우니 상처가 아물어
전날과 같이 되었으나 상처 자국이 남아 王字 무늬와 같았다. 이
로 인하여 王和尙이라 하고 깊이 愛重하여 印訣을 傳하였다.

C(2) 처음에 神文王이 등창이 나서 惠通에게 보아주기를 청하였다.
通이 와서 呪文을 외니 당장에 나았다. 이에 通이 가로되 "陛下
가 前生에 宰相의 몸이 되어 臧人 信忠을 誤決하여 奴婢가 되게
하였으므로 信忠이 怨恨을 품고 還生할 때마다 報復하니 지금 이
등창도 信忠의 災殃입니다. 마땅히 信忠을 위하여 절을 세우고
冥福을 빌어 怨恨을 풀게 하소서" 하였다. 王이 옳게 여겨 절을
세우고 이름을 信忠 奉聖寺라 하였다. 절이 낙성되자 공중에서
노래를 불러 가로되 "王이 절을 세움으로 苦生에서 벗어나 하늘
에 태어났으니 怨이 이미 풀렸도다" 하였다.—어떤 책에는 이 事
實이 眞表傳에 記載되었으나 잘못이다.— 그 노래 부른 곳에 折
怨堂을 두었으니 堂과 寺는 지금도 남아 있다.

A는 『遺事』, 「避隱」, <信忠掛冠>條 中 노래와 一然의 讚을 제외한 서
사 문맥을 순서대로 보인 것이고, A(3)는 細註이다. B는 『史記』, 「新羅本
記」 中 관련 자료를 적출한 것이다. C는 『遺事』, 「神呪」, <惠通降龍>條
中 관련 부분을 적출한 자료이다.

문제의 발단은 斷俗寺 창건에 관련된 기록들이 애매한 서술을 하고
있다는 데서 출발했다. A(2)에는 信忠과 그의 二友가 景德王 22年에 창
건했다고 했는데, 一然은 이와 다른 기록이 있음을 보고 A(4)에 그 『別
記』의 내용을 제시해 객관성을 유지하고자 했다. A(2)는 A(4)의 기술로
보아 一然이 『三國史』를 기본 자료로 하여 기록했음을 알 수 있다. 그런
데 『史記』 B(4)는 A(2)와 거의 흡사한 내용을 보이고 있으니, 一然이 기
본 자료로 삼은 『三國史』는 곧 『三國史記』의 기록이라는 것이다. 그리하
여 一然이 B(4)의 원문 '二十二年 … 秋八月 … 上大等信忠 侍中金邕免
大奈麻李純 爲王寵臣 忽一旦避世入山 累徵不就 剃髮爲僧 爲王創立斷俗

寺居之 …'의 문맥을 誤讀하여 「免」一字를 看過했기 때문[21]에 A(2)에 '信忠과 二友가 단속사를 창건했다'고 기술했다는 것이다. 一然이 『史記』의 내용을 이렇게 誤讀하게 된 이유는 A(3)에 보이듯 '神文王代에 同名의 又一信忠이 있어 奉聖寺를 創한 사실이 『三和尙傳』에 記述되어 있기 때문에 『史記』의 別個 三人을 곧 三和尙으로 驟斷한 때문'[22]으로 보고 있다. 따라서 一然의 A(2) 기록은 믿을 수 없고, 오히려 A(4) 『別記』의 내용이 B(4) 『史記』의 내용과 부합하므로 信忠은 斷俗寺와는 관련이 없고 李純(李俊)만의 일이라 했다. 李基白은 이에서 더 나아가 C(2)자료를 발견하고 그 細註의 기록―'어떤 책에는 이 事實이 眞表傳에 記載되었으나 잘못이다'―에 주목하여(眞表는 景德王代의 인물인 까닭에), C(2)의 내용을 '神文王은 景德王이며, 惠通은 眞表이며, 臧人 信忠은 上大等 信忠'이라 보아, 信忠이 景德王 22년 上大等 職을 물러나면서 怨恨을 가졌고, 이에 경덕왕은 그 怨을 풀어주기 위해 信忠을 위한 奉聖寺를 창건한 것으로 보고 있다. 때문에 奉聖寺 창건 설화에 信忠이 개입되었다는 것이다. 사정이 이러하니 <怨歌>는 자연히 경덕왕 22년 이후의 일이 되는 것이다. 일견 논지 전개에 논리가 정연해 보인다.

그러나 필자는 一然이 「免」一字를 看過하여 文脈을 誤讀하였다고 보지 않는다. 또한 一然의 A(2) 기록이 B(4) 『史記』의 기록을 보고 기록한 것도 아니라고 본다. 왜냐하면 『史記』를 읽어보면 거기에는 무수히 많은 免職에 관한 일이 있고, 그 때마다 「免」字는 사용된다. 사정이 이러한데 어째서 一然이 이 부분에서만 실수를 한 것일까? 이해할 수 없다. 더욱이 B(4) 『史記』의 기록을 보고 一然이 A(2)를 기록했다면 어째서 앞선 자료인 B(4) 『史記』에 단순히 '山'으로만 된 기록이 A(2)에는 구체적 地

---

21) 이 지적은 梁柱東이 『增訂 古歌硏究』(일조각, 1987. 重版) p.610에서 보인 견해인데 李基白은 이를 論考에 수용하고 있다.

22) 梁柱東, 註21)과 같은 책, p.611. 李基白은 이에 대한 직접적 언급은 없으나 一然의 기록을 불신하게 된 원인이 이 같은 견해를 수용한 결과로 보인다.

名 ‘南岳’으로 둔갑해 기록될 수 있겠는가? 一然이나 金富軾은 똑같이 소위 『舊三國史』를 기본 자료로 하여 각각 기록을 남긴 것은 아닐까? 게다가 一然이 A(2)에서 ‘信忠과 二友가 相約했다’고 기술한 것이 『三和尙傳』의 ‘三’字 때문에 別個 三人을 친구로 취단했을 것이라는 것은 있을 수도 없는 일이다. 왜냐하면 一然은 『王和尙傳』이라고 했지 『三和尙傳』이라 하지 않았기 때문이다. 『三和尙傳』의 ‘三’字는 ‘王’字로 校勘되어야 한다. 一然은 A(3)에서 그 책에 神文王과 信忠(上大等 信忠이 아니다)의 이야기와 信忠 奉聖寺에 관한 기록이 있음을 말했는데, 공교롭게도 C(2)가 그것임을 알 수 있다. 이 자료는 <惠通降龍>이란 제목이 달려 있는데 C(1)에서 알 수 있듯이 惠通이 곧 王和尙이다. 一然이 <惠通降龍>을 기술할 때의 기본 자료가 곧 『王和尙傳』이었음이 분명하다. 어쩌면 <惠通降龍>條 自體가 『王和尙傳』일지도 모른다. 李基白이 C(2)를 끌어쓰면서 C(1)의 王和尙을 주목하지 못하여 ‘三和尙傳이 어떤 책인지를 알 수 없는 것이 유감된 일’이라 한 점은 뜻하지 않은 실수일 것이다. 또한 C(2)의 說話를 神文王代가 아닌 景德王代로 본 것은 논리의 함정에 빠진 것으로 보인다. 즉 설화는 역사적 사실과 반드시 일치하지 않는다고 본 점이다. 여기서 李基白은 논지의 논리에 초점을 맞추었지 정작 자신의 所論이 역사적 사실을 왜곡한다는 점은 인식하지 못했다. 즉 奉聖寺의 창건 연대를 조사하지 않았다. 奉聖寺의 창건 연대는 『史記』, 「新羅本記」, 神文王 5年 3月條에 그 落成 기록이 ‘奉聖寺成’이라고 뚜렷이 기술되어 있는 것이다. 이 역사적 사실을 景德王代로 옮기지 못하는 이상 소위 <怨歌>의 景德王代 제작說은 再論될 수 없다. 信忠의 掛冠과 避隱이라는 서사 문맥, 그리고 이와 관련된 景德王 22年條의 애매한 서술, 이에 대해 부연 설명이 따라야 하겠으나 요점은 드러났다고 보고 여기서 그친다.

　　이제 <원궁정백가>는 A(1)의 서사 문맥이 지닌 사건적 상황 내에서 그 詩想이 읽혀져야만 한다. 그럼에도 불구하고 노래를 지은 信忠은 掛冠한 사실이 있으니 노래 속에 避隱的 성향이 있지 않겠느냐는 질문이

제기될 수 있겠다. 이러한 질문은 마치 향가집 『三代目』의 三代가 新羅 역사의 上代·中代·下代를 뜻한다23)는 견해를 의심없이 수용하는 것과 같다. 羅代人들도 그들의 王系가 몇 차례 바뀌었으니 그들 나름대로 구분법은 있었을 것이지만 현재를 下代로 본다니, 그렇다면 下代에 살던 羅代人은 新羅가 조금 있으면 亡하리라는 것을 예견하고 살았단 말인가? 『三代目』은 眞聖女王代에 편찬되었으니 앞으로도 다섯 왕이 더 등극하고서야 新羅의 역사가 마감되는 것이다. 역사적으로 뒤인 일이 어떻게 앞의 상황에 결부될 수 있는가? 노래와 관련된 사건적 상황의 결과로 신충이 中侍職에 오르는 것은 효성왕 3년 正月이며, 避隱을 생각하고 上大等에서 물러나는 해는 경덕왕 22년이다. 여기에는 25년이라는 相距가 있다. 따라서 <원궁정백가>에서 避隱的 성향을 읽을 수는 없다고 본다.

　　<원궁정백가>의 제작 시기는 비교적 정확히 추단할 수 있다. A(1)의 기록을 신빙한다면, 潛邸時의 孝成王, 즉 金承慶과 眞骨 貴族 金信忠24) 이 宮庭栢 아래에서 바둑을 둔 일, 그리고 承慶이 그 잣나무를 걸고 誓約한 일은 聖德王 35년 가을의 일로 본다. 성덕왕은 36년 2월에 崩御하고 承慶이 元年 3월에 王位에 즉위하여 B(2)에 보듯 곧 功臣에게 賞을 주고 있다. A(1)의 '몇 달 뒤'는 이 사실과 부합한다.

　　잣 됴히 자시 / ᄀᆞ술 안돌곰 ᄆᆞ르디매 / 너를 하니져 ᄒᆞ시ᄆᆞ론 / 울월던 ᄂᆞᆾ

---

23) 趙東一, 『한국문학통사』1(지식산업사, 1982), p.128.
24) 孝成王은 武烈系 왕통을 이었다고 할 수 있는데, 최소한 武烈系 왕위 계승 기간 동안 등용된 中侍와 上大等의 이름을 조사할 때 대부분 두 자의 이름만 기록되는데 姓을 밝힐 수 있는 사람은 모두 金氏 뿐이다. 자료 B(2)의 中侍 義忠도 B(1)을 보면 金義忠인 까닭이다. 이름이 외자인 경우는 金邕과 같이 기록한 것으로 보인다. 『文獻備考』에도 金信忠이라 했다. 이러고 보면 <水路夫人>條의 純貞公 역시 金純貞이라는 역사적 인물로 볼 수 있는데, 純貞의 딸이 景德王의 妃였다는 사실(『史記』, 景德王 元年 참조)이 그것을 뒷받침한다.

金承慶은 質 좋은 잣(宮庭栢)이 가을이 되었는데도 말라 떨어지지 않음을 보고 "너를 重히 여겨 가겠다"(A(1)의 기록에 의하면 "뒷날 만일 卿을 잊는다면 栢樹와 같음이 있으리라"이다)고 했다. 金承慶은 이 때 17세, 金信忠은 38세 정도였다.[25] 金承慶은 이 때 이미 太子의 位에 있었지만 정치적 역학 관계 아래에서 앞날이 불투명했었다고 보아야 할 것이다.[26] 承慶에게 信忠은 마음을 털어놓고 의지할 수 있었던 몇 안되는 인물 가운데 한 명이었을 것이다. 承慶의 이와 같은 약속은 栢樹의 常綠과 같은 信忠의 변함없는 忠誠을 전제한다. 信忠이 일어나 拜함으로서 이 誓約이 성립되었던 것이다. 그러나 違約은 王位에 오른 承慶으로부터 시작된다. B(2)에 보이는 元年의 조치가 그것이다. 그런데 3년 正月에 信忠이 中侍職에 오르고 있다. 그렇다면 노래의 제작은 언제인가? 그것은 효성왕 2년 겨울이었던 것으로 보인다.

　울월던 ᄂᆞ치 가시시온 겨스레여

信忠은 相約하던 그 날의 우러르던 낯이 변해 버린 지금 이 겨울에 노래를 읊조리고 있는 것이다.

　ᄃᆞ라리 그르메 ᄂᆞ린 못ᄀᆞ / 녈 믈ᄭᅥ랏 몰애로다 / 즈ᅀᅵᆺ삿 ᄇᆞ라나 / 누리 모ᄃᆞᆫ갓 여희온ᄃᆡ여

---

25) 承慶은 憲英(경덕왕)과 함께 父王 성덕왕과 母后 炤德王后의 아들이다. 성덕왕에게는 成貞(嚴貞)王后가 있었으나 15년에 무슨 이유에서인지 出宮된다. 그리고 太子 重慶(성정왕후 소생)이 그 이듬해 죽으며, 19년 3월 炤德을 왕비로 맞고 6월에 책봉하는데, 23년 12월에 卒한다. 효성과 헌영은 성덕왕 19년 3월부터 23년 12월 사이에 출생한 것이다. 성덕왕 35년이면 효성은 많아야 17세가 된다. 한편 信忠은 자료 A(4)와 A(2), B(4)의 기록을 모두 인정하고 계산해 보면 38세가 된다.

26) 註25)와 함께, 성덕왕 16년 6월에 太子 重慶이 죽자 唐에서 숙위하던 王子 守忠이 곧바로 9월에 급히 귀국하나 太子 책봉이 되지 않는다는 사실 등을 감안하면 이 같은 추측은 가능하다.

효성왕 2년 겨울 어느날 밤, 詩人은 月城 아래 연못과 그 옆을 흐르는 강물에 시선을 던지고 있다. '녈 믌결'은 달이 그림자를 내린 못가에 흐른다. 무심히 흐르는 물결과 달빛에 드러난 모래밭. 모래밭은 묵묵히 정지한 채 흐르는 물결을 떠나보내고 있다. 순간 시인은 자신이 모래임을 발견한다. '녈 믌겨랏 몰애로다.' 시인은 시적 화자, 즉 '나'를 드러내지 않으면서 자신의 정황적 처지를 예리하게 포착한다. 그러한 '나'는 '(임금의) 즈싀삿 ᄇ라나 / 누리 모든갓 여희온' 처지일 뿐. 간절한 戀君의 心象이 具象的 詩語들의 직결을 통해 내면화되어 제시된다.

남아있는 노랫말은 여기서 끝이 난다. 그러나 '後句亡'이란 단서는 詩想의 완결이 여기서 종결되지 않았음을 의미한다. 신충은 '怨而作歌' 했다는데 지금까지는 좀처럼 그 '怨望'의 詩想을 읽어낼 수가 없었다. 혹, 소극적이기는 하지만 임금의 違約을 지적한 것 자체가 '怨望'의 표현이라고 볼 수도 있겠다. 그러나 이러한 해석만으로 '怨而作歌 帖於栢樹 樹忽黃悴'를 설명하기엔 역부족임을 느낀다.

'怨'은 누구를 향한 怨望인가? 그 원망의 대상은 일반적으로 해석되어왔던 효성왕이나 세태, 또는 신충 자신 등이 아닌 듯하다. '나'는 아직도 왕의 '즘'을 바라다 보고있다. 이는 곧 왕이 '나'를 돌아다 보아주길 간절히 바라고 있음을 뜻한다. 여기서 '怨望'과 '怨慕'를 구별할 필요가 있다. 신충의 효성왕에 대한 감정은 마음에 불평을 품고 미워함을 뜻하는 '怨望'이 아니라, 무정한 것을 원망하면서도 오히려 그를 思慕하는 '怨慕'에 가깝다는 사실을 알 수 있다. 또한 이 노래는 避隱과 관련지어 해석할 수 없다는 점에서 원망의 대상을 '세태'나 '신충 자신' 등으로 파악하기가 곤란하다.

怨望은 違約에 있다. 그 책임은 궁극적으로 효성왕에게 있지만 詩人은 그 책임을 栢樹, 즉 宮庭栢에 전가시키고 있는 것이다. 신충과 효성왕의 誓約은 二人相約이 아닌 宮庭栢이 證人으로 개입된 三者相約이었음을 주목해 본다. 만약의 違約 상태에서 栢樹도 그 책임의 절반쯤은 안고 있다고 보아야 하지 않을까? 이 노래가 栢樹에 帖歌되어 木異의 變을 초래하고 있다는 점에서 그 怨望의 대상이 宮庭栢이라는 사실을 알 수 있다. 「壬申誓記石」으로 특징지어지는 羅代人의 誓約은 반드시 지켜져야할 生活의 信念이었던 것 같다. 서약은 반드시 지켜져야 한다는 신념이 있었기에 효성왕이 'ᄀ술 안둘곰 ᄆ르디매' 서약의 증거로 걸었던 宮庭栢의 푸르름은 지금의 違約 상태에서 더 이상 푸르를 수 없는 것이고, 신충은 이에 이 겨울에도 푸르름을 잃지 않는 宮庭栢을 怨望하고 있는 것이다. 이 노래의 제목으로 <怨宮庭栢歌>를 내세운 까닭이 여기에 있다.

宮庭栢은 서약의 증인이기에 더 이상 침묵하는 自然物이어서는 안된다. 詩人은 10구체 사뇌격 향가의 作詩原理에 기반하여 前八句, 즉 '報言'의 공간을 자신의 처지와 심정을 알리는 내용으로 충실히 엮어냈다. 궁극적 청자는 효성왕이지만 詩的 청자는 宮庭栢이었던 것이다. 이제는 後二句, 즉 「아야」와 함께 터져나올 神明의 '答言'이 기대된다. 청자가 화자를 향해 화자 지향의 담화로 응답할 차례인 것이다. 그 '答言'은 '樹忽黃悴'의 이변을 초래할 만한 信念에 찬 목소리여야 한다. 왜냐하면 詩人이 어떤 목소리를 선택하는가 하는 문제는 대상에 대한 시인의 태도가 장르적 제한 요건과 긴밀히 결부되어 결정된다고 할 수 있는데, 앞서 우리는 사뇌가의 後句가 대상과 交感하려는 作詩者의 간절한 희망으로 제시되는 것이며 前八句를 이끌어 왔던 話者와는 분명 다른 목소리를 지니고 있음을 보아왔다. 따라서 이 노래의 後句, 즉 '答言'의 목소리는 宮庭栢의 應答일 것으로 推斷한다. 신충의 '歌帖於栢樹'는 주술 수행의 의미와 함께 노래의 後句를 宮庭栢 자신의 발화로 인정하게끔 만들려는 의도가 복합된 행위로 읽는다.

<怨宮庭栢歌>가 잃어버린 後句의 詩想, 그것은 어쩌면 <원왕생가>적 詩想으로 "아야, 이 몸 남겨두고 어찌 푸를까 보냐!"가 될 듯 싶고, <도천수관음가>적 詩想이라면 "아야, 나라고 알아 주실진댄 어디에 쓸 志操라 푸른고!"일 수도 있겠다. 좀 더 詩的 상상력을 발휘하여 후대적 노랫말 <動動> 4월령의 詩想을 빌어 온다면 "아야, 무슴다 임금님은 옛날을

(또는 ‘옛 나를’—이 때의 ‘나’는 宮庭栢一) 잊고신뎌!”도 가능하겠다. 이
에 宮庭栢은 스스로 黃悴하는 것이 아닐까?

잃어버린 後句의 詩想을 이렇게 몇 가지 가능성으로 想定했을 때, 그
것은 어떠한 표현이든 결국 ‘怨望’의 의미를 강하게 드러내고 만다. 비록
怨望의 화살은 栢樹에게 돌려졌다고 하더라도 그것은 자칫 ‘不忠’으로 비
쳐질 수 있다. 10구체 사뇌격 향가의 後二句는 詩歌的 질서면에서 구조
자체가 요구받는 화자 변환의 요건으로 말미암아 前八句와는 여러모로
분별되는 까닭에 분리의 잠재성을 지닌데다가, 이 노래의 경우 그 後句
의 내용이 자칫 ‘不忠’으로 비쳐질 수 있다는 우려가 함께 작용하여 ‘後
句亡’의 기록으로 남게 되었다고 본다.

이러고 보면 온전한 10구체가로서 <怨宮庭栢歌>의 詩想은 서사 문맥
이 지향하는 ‘효성왕의 信義없음을 원망함’이라는 주제 의식과는 달리 노
래 자체의 고유한 정서를 확보하고 있다고 보아야 할 것인데, 그것은 원
망의 대상을 곧바로 효성왕으로 지적해 말하지 않고 栢樹에 그 책임을
전가시킴으로써 발생하는 독특한 ‘詩的 감응력’ 때문임을 看破할 수 있
다. 지금까지 <怨宮庭栢歌>가 잃어버린 後句의 詩想을 詩的 가능성으로
읽어 보았다. 애초에 그것은 死傷되어도 좋은 그러한 성질의 것이 아니
었던 것이다.

5. 맺 는 말

帖歌로 말미암아 黃悴했던 宮庭栢은 효성왕이 신충을 불러 작록을 주
자 다시 소생했다고 한다. 향가의 감응력이 또한번 실감된다. 뒤늦게나
마 효성왕이 서약의 내용을 실행하자 약속은 결과적으로 지켜진 셈이
되었고 宮庭栢 역시 푸르름을 회복한 것이다. 栢樹의 ‘黃悴→蘇生’은 효
성왕에게 있어서는 ‘명예의 실추와 회복’을 의미하며, 신충에게 있어서는
‘처지의 반전’ 또는 ‘심경의 변화’ 그 자체였음을 뜻한다. 宮庭栢은 誓約

이라는 믿음의 磁場 안에서 윤리적 인격성을 확보하며 효성왕과도 신충과도 等價를 이루는 동질적 表象이었던 것이다.

　詩人은 이러한 동질적 표상 관계를 정확히 포착하고 '怨望'과 '怨慕'의 감정을 분별 적용함으로써 자신의 감정을 '정서적 울림'으로 변환시켜 놓았다. 상황적 감정의 정서적 표백, 이는 詩 장르만이 지니는 美의 具現原理이다. <怨宮庭栢歌>의 정서적 울림은 誓約은 반드시 지켜진다는 羅代的 믿음의 숭고한 정신 세계를 최고의 가치로 보아 이를 적극적으로 추구한 信念이 있었기에 가능한 것이었다. 우리는 최고의 가치를 적극적으로 추구한 신충의 信念을 성실하게 읽어 줄 필요가 있다. 이 적극적 신념은 신충의 作歌 동기를 '효성왕의 잠재적 違約 가능성 예방'이라는 진실한 忠君 행위로 볼 수 있게 하며, 그것을 '능란한 처세의 방편'27)으로 읽는 편협성으로부터 벗어나게 한다. 신충이 적극적 신념의 노래를 짓지 않았다면 '능란한 처세가'라는 비방은 피할 수 있었을지는 몰라도 그는 역사적 모반자나 아니면 제2의 勿稽子 모습으로 남았을 테니까. 적어도 <怨宮庭栢歌> 노랫말에서는 그런 능란함은 읽을 수 없다.

　<怨宮庭栢歌>의 '정서적 울림'에는 어떤 힘이 느껴진다. 一然은 향가가 "왕왕 天地鬼神을 감동시킨 일이 한둘이 아니다"(『遺事』, 「感通」, <月明師 兜率歌>條)라고 했거니와 향가에는 상당한 감응력이 있음이 분명하다. 어쩌면 신라 가요의 대부분이 呪力 관념의 효과성 범주에 들어 있을지도 모를 일이다.28) 이러한 향가의 주술성 또는 주력성을 논의할 때 그것은 주로 고유 신앙에 바탕을 둔 呪詞的 성격의 詩歌와 불교 신앙에 바탕을 둔 呪詞的 성격의 詩歌라는 두 개의 범주에서 탐색되고 또 설명된다. 그것이 어떠한 방향에서 논의되든 향가의 힘은 노래 자체의 내부적 힘으로 설명되기보다는 서사 문맥에 의지한 상황적 설명이 많은 것도 사실이다. 그러나 향가가 내포한 힘은 무엇보다도 詩歌 텍스트 자체

---

27) 註)23과 같은 책, p.143.
28) 林基中, 「新羅歌謠에 나타난 呪力觀」, 『新羅歌謠硏究』, 국어국문학회편(정음사, 1979).

에서 규명될 수 있어야 향가 문학의 본질적 성격을 보다 분명하게 드러
낼 수 있다고 본다.

　필자는 10구체 사뇌격 향가에 관한 한 노래가 지닌 언어적 힘을 詩歌
텍스트 내부에서 규명할 수 있다고 보아 이 문제를 병행하여 논의해 왔
다. 10구체 사뇌격 향가는 作詩原理上 화자 변환이라는 구조적 질서를
장르적 제한 요건으로 내포하고 있어서 作詩者로 하여금 대상과의 교감
을 용이하게 하는 예축의 장치로 운용하게끔 한다. 이로 말미암아 노래
는 '정서적 감응력'을 성취하게 되는 바 필자는 이 '정서적 감응력'이 곧
향가에 언어적 힘을 부여한다고 보았다. 이 논의 결과를 10구체 사뇌격
향가의 미적 질서 해명을 위한 試案으로 제출한다.

　필자는 소위 8구체 향가의 존재 여부마저 의심한다. 8구체 향가라고
일컬어지는 작품은 <處容歌>와 <慕竹旨郞歌> 두 편뿐이다. 단지 두 편
뿐이라는 이유에서가 아니라, <처용가>는 체념적 語調로 노래를 마치고
있는데도, '神現形跪'를 이끌어내는 힘을 지니고 있으며, 또한 <모죽지랑
가>의 비탄적 情調는 後句를 떼어 낸 <제망매가>의 비탄적 情調와 너
무도 닮아 있다. <처용가>와 <모죽지랑가>는 모두 詩想의 미완결성을
보이고 있다고 할 수 있는데 혹 이들 역시 後句를 亡失한 것은 아닐는
지. 이는 섣불리 판단할 문제가 아니지만 10구체 사뇌격 향가의 作詩原
理가 좀 더 치밀하게 파악될 수 있다면 이를 원용하여 충분히 도전해
볼 만한 가치가 있다고 본다. 기존의 향가 문학에 대한 논의가 지나치게
조심성을 보이며 현상적인 연구에 얽매여 오지는 않았는가 하는 당돌한
물음을 던져보며 가능성으로의 향가 읽기를 제안해 보았다.

　本考가 '亡失한 後句의 詩的 가능성'이라는 다소 위험한 주제를 선택해
논지를 펴 온 까닭은 바로 이러한 향가의 복합적 문제를 해결해 보려는
도발적 의욕의 부추김 때문이었다. 의욕이 앞선 논의를 벌여 온 결과, 여
기에는 '뜻하지 않은 잘못'과 '주제넘은 발언'마저 있을 줄로 안다. 뜻하지
않은 잘못은 叱正을 바라며 주제넘은 발언이 있었다면 용서를 구한다.

「遇賊歌」에 있어서 믿음과 상상의 가치

柳孝錫

1. 머 리 말

「遇賊歌」는 흔히 도적들을 대번에 감화시켜 佛徒로 만든 위력적인 노래라고 한다. 물론 鄕歌 가운데 이보다 더 대단한 힘을 발휘한 노래들도 많지만, 그것들은 대부분 그 결과가 초현실적이라는 데에서 「우적가」의 힘과는 차원을 달리한다. 이 노래가 흉폭한 도적들을 說服시켰다는 것은 분명 특이한 사건이지만, 현실적으로 그 가능성이 충분히 인정됨도 사실이다.

그런데 도적들을 沙門에 들도록 작용했다는 본 가요를 살펴보면 정작 佛法의 가르침은 미미하다.[1] 「우적가」는 불교의 敎理 說破나 偈頌 등의 직접적 포교가 아니다. 도적들은 이미 불교적인 소양을 갖고 있었거나 불교에 귀의할 준비가 되어 있던 것도 아니다.

신라 말기라는 불교의 전성기를 염두에 둔다면 이들이 평소에 불교적

---

[1] 「遇賊歌」는 해독상 대단한 차이를 보이는 것이 사실이지만, 어느 쪽을 따르더라도 이렇다 할 불교적 가르침은 눈에 띄지 않는다. 물론 이 노래의 근본적 사상은 불교에 있다고 하겠지만, 詩句에 나타난 정도는 이미 도적들도 아는 사실일 터이니 굳이 영재의 가르침이라 할 것은 없다.

삶에 無知했기 때문에 도적이 되었다고는 볼 수 없다. 또 이들이 永才를 처음 보았을 때 그가 승려인 줄 몰라서 죽이려 했던 것도 아니다.(영재가 南岳으로 가다가 이들을 만났을 때 승려 복장이었을 것임은 당연하다.) 그렇다면 이들은 불교가 生을 구제할 수 있는 길이라고 평소에 인식하지 않았다 할 수 있다. 이러한 도적들이 영재와의 만남을 통해 佛徒가 되었다는 것은 일반적 布敎로는 불가능했던 특수한 감동의 채널이 존재했음을 시사한다.

「우적가」는 승려가 중생을 濟度한 작품이되 불교적 성격이 약하다는 점, 그러면서도 도적들이 佛徒로 生을 전환할 만큼 감동적이었다는 점에 주목해야 한다. 따라서 이 노래에서는 작품 자체의 불교적 사상성을 탐구하는 작업과 별도로 문학적 감동의 구체적 양상을 구명하는 작업이 요구된다.

본고는 이러한 양상을 고찰하는 데 그 목적을 둔다. 이 과정에서 흉악한 도적들이 불교에 귀의했다는 것이 사실일 수 있는지 여부와 노래 한 수를 듣고 그것이 가능할 수 있었는지도 함께 논하게 될 것이다.

「우적가」는 여타의 향가 작품에 비해 독립된 연구 대상으로 자주 거론되지 못했다. 그것은 문학연구의 전제가 되는 어학적 해독이 제대로 이루어지지 않았다는 점이 결정적 이유이다. 텍스트 자체의 缺字 등으로 해서 풀이에 어려움이 따르고, 여타의 향가 작품에 비해 해석상에 엄청난 차이를 보일 뿐 아직 해결의 조짐은 보이지 않고 있다.

향가에 대한 문학적 분석은 어학적 성과를 기반으로 한다. 그러나 어학적 해석에 진척이 없다고 하여 문학 연구가 언제까지고 손을 놓고만 있을 수는 없다. 어학적 작업에 진전이 없을 때, 향가와 같은 경우 관련 설화와의 연계적인 문학적 고찰이 오히려 해독에도 도움을 줄 수 있을 것이니, 가능한 한 현재의 상태에서 차선책을 찾고 다시 훗날을 기약하기로 한다.

2. 「우적가」의 상상력과 설득력

1) 永才의 향가 세계

『三國遺事』卷 第五에 전하는 「永才說話」는 '釋永才 性滑稽 不累於物 善鄕歌'라고 시작된다. 그리고는 바로 永才가 도적과 만나는 사건으로 들어가는데, 이 사건이 「영재설화」의 전부가 된다. 그렇다면 이 설화는 영재가 도적들을 만난 단일 사건을 기술하는 데 목적이 있다고 보기 쉽다.

그러나 문제는 그리 간단하지 않다. '釋永才 性滑稽 不累於物 善鄕歌'라고 한 대목은 永才의 인물됨에 대한 개략적인 소개임에 틀림없지만 그렇게 보고 말 수만은 없으니, 이 대목을 구절별로 따로 떼어 분석하고 또 서로 연관지어 살펴보자. 먼저 설화의 내용을 요약해 보면 이렇다.

1. 永才가 末年에 은거하기 위해 산 속으로 들어가고 있었다.
2. 도적들이 나타나 죽이려 했다.
3. 영재가 태연히 이들을 대했다.
4. 도적들이 이상히 여겨 이름을 묻자 永才라고 했다.
5. 도적들도 그의 명성을 들은 바 있으므로 노래를 지어보라고 했다.
6. 「遇賊歌」를 지었다.
7. 도적들이 감동되어 비단 두 필을 주었다.
8. 永才가 이를 사양했다.
9. 도적들이 감화되어 마침내 佛徒가 되었다.

이 단락들을 위의 대목과 연관지어 살펴보기로 한다. 먼저 '不累於物'과 '善鄕歌'에 우선 주목하기로 하자.

'不累於物'은 세상일에 초연하고 物慾이 없던 永才의 평소 성품을 함축성 있게 표현한 것이다. 그런데 누구나 그렇듯 평소의 성품은 긴박한 상황하에서 더욱 분명히 드러난다. 영재의 경우도 설화의 내용에 비추어 보면, 도적들이 답례로 준 비단 두 필을 미련없이 사양한 행위로 '不累於物'의 성품이 단적으로 나타난다. 즉 7, 8의 단락과 직접적으로 연관됨을 볼 수 있다.

'善鄉歌' 역시 같은 맥락에서 살필 수 있다. 영재는 목숨을 위협하는 상황에서도 두려움없이 감동적인 「우적가」를 지었다고 했다. 5, 6의 단락이 그것이니 바로 '善鄉歌'의 구체화이다.

따라서 '不累於物 善鄉歌'라는 대목은 영재라는 인물을 개략적으로 소개하기 위해 이야기 서두에 서술된 것이지만, 동시에 도적을 만나서 발생할 사건의 진행방향도 아우르고 있는 셈이다.

이렇게 永才를 개략적으로 소개하는 구절과 사건의 구체적 양상이 긴밀히 연관되었다면 나머지 구절인 '性滑稽'를 풀이할 수 있는 열쇠도 이미 설화의 사건 속에 내재되어 있을 가능성이 매우 높다. 그런데 永才의 '性滑稽'를 오늘날 우리가 인식하는 '골계'로 풀이하기에는 일단 어려움이 있다. 한 인물의 평소 성품이 언제 어디서나 드러나는 것은 아니겠지만, 이야기 서두에 소개될 정도라면 그의 삶을 단적으로 보여주는 이 사건 속에 흔적이나마 있어야 할 것이다. 그러나 영재에게서 익살스럽고 해학적인 모습은 아무래도 찾을 수 없다.

여기서 우리는 『史記』와 『漢書』를 근거로 滑稽의 또다른 의미를 찾게 된다. 이에 의하면 '滑稽'란 '亂의 뜻을 가진 滑과 同의 뜻을 가진 稽'의 합성어로 '言辯捷之人이 非를 말하되 是처럼, 是를 말하되 非처럼 能亂同異한 것'을 일컫는 말이다. 또 '滑稽之雄'이란 말은 '多智者'를 의미한다고 할 수 있다.2) 즉 '滑稽'란 '지혜롭게 막힘없이 어려움을 풀어간다'는 의미로 상정할 수 있다. 이를 영재의 경우에 대입시키면, '性滑稽'란 도적들의 칼날 앞이라는 긴박한 상황도 능히 극복한 2, 3의 단락과 긴밀하게 연관됨을 볼 수 있다.

---

2) 尹榮玉, 『新羅詩歌의 研究』, 螢雪出版社, 1982, p.243과 崔聖鎬, 「遇賊歌」, 金承璨 編著, 『鄉歌文學論』, 새문사, 1986, p.383에서 재인용 참조.

결국 '性滑稽 不累於物 善鄕歌'라는 대목은 영재에 대한 개략적 소개이면서 동시에 도적들을 만난 위 설화의 실제적 요약인 셈이다. 역으로 말하면 이는 일회적인 사건으로만 머무르지 않고 영재의 인물됨을 총체적으로 보여주고 있기도 한 것이다.

한편 '不累於物 善鄕歌'라는 구절은 개별적인 두 가지 사실이 영재라는 한 인물을 소개하기 위해 나열된 것이지만, 영재가 아니더라도 이들은 자체적으로 충분히 연관될 수 있어 주목을 요한다. 얼마 전에 발견된 『花郎世紀』[3)]에는 '文弩之徒 好武事 多俠氣 薛原之徒 善鄕歌 好淸遊'라는 대목이 있다. 앞뒤 문맥과 연관지을 때 이들은 모두 화랑의 무리임이 확인된다. 그렇다면 문노의 무리라고 鄕歌와 淸遊를 싫어하지는 않았겠지만, 이들은 武事를 좋아하고 俠氣가 많았던 까닭에 이렇게 특징 지워진 것 같다. 한편 향가를 잘 하는 설원의 무리들은 유독 淸遊를 좋아하였다는 것이다. 武事와 俠氣가 불가분의 관계이듯이, 鄕歌를 잘한다는 것과 淸遊를 좋아한다는 것도 밀접하게 연관되어 있음을 알 수 있다.

淸遊의 '淸'은 '속됨'에 상반되는 개념이라 하겠다. 불교 쪽에서 볼 때 속됨의 가장 큰 특징은 物慾, 즉 사물에 대한 집착에 있다고 할 것이다. 이렇게 유추할 때 淸遊는 결국 사물에 얽매임이 없다는 영재의 '不累於物'과 통하는 의미라고 할 수 있다. 그렇다면 『花郎世紀』의 '善鄕歌 好淸遊'는 『三國遺事』의 '不累於物 善鄕歌'와 맥을 같이 한다고 볼 수 있으니, '不累於物'과 '好淸遊'는 모두 향가적 세계관을 이해하는데 중요한 단서가 될 것이다.

---

3) 1989년 2월 16일에 초록본이 발견되었다. 같은 해 2월 19일부터 3월 9일까지 『서울신문』에 全文이 최초로 소개되었다. 그 후 이 초록본의 母本에 해당하는 것이 1995년 歷史學會에서 노태돈에 의해 거론되었다. 이를 통해 『화랑세기』의 眞僞문제가 노태돈과 이종욱을 중심으로 논쟁화되엇는데, 그간의 경과는 유효석, 「운상원과 운상인의 가악적 수행」, 『韓國詩歌硏究』 창간호, 1997, p.203-5에서 자세히 다루었다.

2) 「遇賊歌」와 삶의 지평

「遇賊歌」를 짓게 된 사건의 발단은 永才가 末年에 南岳으로 은거하러 가다가 大峴嶺에 이르러 도적 60여 명을 만난 데서 시작된다.

여기서 우선 문제가 되는 것은 도적의 정체이다. 이들에 대한 기존의 논의 중에는 단순한 도적으로 보지 않는 견해도 있었다. 즉 이들이 단순한 도둑떼가 아니며 특히 두목은 경제적 궁핍이나 현세적 탐욕보다 무엇인가 차원 높은 목표를 가지고 집단을 일사불란하게 결속시켰을 것이라는 주장이 그 대표적 경우4)이다.

그런데 이들이 사회개혁 등의 차원 높은 목표를 갖고 일사불란하였다면, 또 이러한 굳은 신념을 갖고 있었다면 아무리 영재의 언행(「우적가」 포함)이 훌륭하더라도 즉석에서 종교적 삶으로 귀의할 수 있었을까 하는 점이 의심스럽다. 따라서 이보다는 차라리 당시의 혼돈되고 부패한 사회 속에서 생계마저 곤란해지자 올바른 삶의 방향을 찾지 못하고 유랑하다가 마침내 도적이 되었다고 보는 것5)이 납득하기 쉽다. 그래야만 영재의 언행에 쉽게 동화되어 그의 삶을 추종하는 과정이 자연스럽게 이해된다.

一然은 이 설화에 讚을 부치면서 도적들을 '綠林君子'라고 칭했지만, 이것은 이들이 佛徒가 되었기 때문이며 끝내 도적으로 머물고 말았다면 이런 호칭이 불가능했을 것임은 물론이다. 따라서 一然이 사건의 결말을 가지고 이들을 평가했다는 점을 무시하고, 영재를 만날 당시의 도적에게서 이미 綠林君子 또는 佛徒로서의 가능성을 찾으려는 발상6)은 지나치게 결과론적이다.

이들에게는 분명한 가치관이 없었다고 하겠다. 차츰 도적질에 타성이

---

4) 崔聖鎬, 앞의 논문, p.381.
5) 金哲峻, 「羅末麗初의 社會轉換과 中世知性」, 『創作과 批評』 통권 12호, p.773과 金學成, 『韓國古典詩歌의 硏究』, 원광대 출판부, 1980, p.313 참조.
6) 崔聖鎬, 앞의 논문, p.389.

붙게 되고 자신들의 행위에 대한 죄책감도 없어지자 가난한(은거하러 가는 영재가　남루한 행장이었을 것임은 분명하다.) 승려에게조차 칼을 들이댈 만큼 탐욕적이고 잔인한 인간들이 되었다고 볼 수 있다. 설화의 흐름을 중시하면 이렇게 속물적이고 단순한 도적이었다고 보는 것이 순리이겠다.

도적들은 영재를 만났을 때 그가 누구인지 몰랐던 것으로 되어 있다. 단지 칼을 들이대어도 두려워 하지 않는 것에 오히려 그들이 당황했던 것으로 나타난다. 두려워 해야 할 사람이 두려워 하지 않고, 놀라게 하려는 사람이 오히려 놀랐다는 것이다. 그러니 도적들은 위협을 할 수 없게 되고, 사건은 이미 일반적인 강탈행위에서 벗어난 셈이다.

이어 도적들은 재물을 빼앗고 목숨을 위협하는 일을 포기하고, 그의 이름을 물어 보았다고 했다. 칼을 들이대면 두려움에 떨 것을 기대했는데 전혀 동요하지 않자 그의 정체에 강한 호기심이 생긴 것이다. 여기서 영재의 정체에 대한 호기심이란 결국 그의 세계관에 대한 궁금증으로 귀결된다. 영재와의 관계를 자신들의 의도대로 이끌지 못하고, 오히려 영재의 세계관 속으로 한 발 끌려 들어간 셈이다.

이에 永才라고 자신의 이름을 밝혔다. 永才라는 이름은 다른 향가 작자의 경우처럼 설화의 내용과 밀접하게 연관되어 있다. '永'은 '詠'과 통한다고 볼 때, 영재는 '시를 잘 읊는 재주를 가진 사람'이라는 의미로 풀이할 수 있다. 또한 「善鄕歌」라고 했으니, 그는 특히 향가를 짓는데 탁월한 능력을 갖고 있었음을 알 수 있다. 그는 이러한 재능으로 크게 명성을 얻게 되었고, 그 결과 本名보다 오히려 '향가를 잘 한다'는 의미의 永才로 더 널리 알려지게 되었음을 추정케 된다.

이에 도적들은 '素聞其名'했다고 하면서 '乃命□□□作歌'하게 했다. 이 두 문장은 의미상 직접적으로 연결된다. '其名'이란 단순히 그의 이름을 지칭한다기 보다 '향가로 인한 명성'을 의미하는 것으로 보아야 한다. 산 속의 도적들조차 일찍부터 '永才'라는 그의 이름을 들었을 정도였으니, 이러한 사정은 쉽게 짐작할 수 있다. 이처럼 향가에 뛰어났던 영재였기에 도적들의 위협적인 요구에도 의연히 대응하며 노래를 지었던 것이라 하겠다.

그러나 영재와 도적간의 대립은 표면적으로 나타나듯 목숨을 담보로 한 대결은 아니다. 영재는 목숨이야 대수롭지 않다는 입장이었으므로 애초에 싸움이 될 수 없었다. 목숨을 위협하여 목적을 이루려는 도적의 방책은 이미 처음부터 실패한 셈이다. 하지만 도적들은 영재의 세계관 속으로 몰입되고 있다는 것을 깨닫지 못하고, 영재의 목숨을 쥐고 있다고만 믿었다. 그래서 노래를 지으라고 '명령'을 할 수 있었던 것이고, 자신들의 명령에 당시의 大詩人이 노래한다는 우월감에 사로잡혀 있었을 터이다.7)

여기서 우리는 도적들의 심리적 변화에 주목할 필요가 있다. 즉 영재에게 칼을 들이대었을 때의 당황함은 차츰 그에 대한 호기심으로 바뀌었고, 이것은 다시 그의 명성에 대한 매료와 향가에 대한 관심으로 변화되고 있었던 것이다. 처음의 완악한 마음이 얼마나 宥和되었는지 짐작할 수 있다. 이 단계에서 도적들은 벌써 영재를 살해할 意思가 없어졌던 것으로 보아야 할 것이다.

「우적가」는 자족적이고 폐쇄적인 詩歌가 아니라 발화자와 지정된 수신자 사이의 세계관이 맞물린 통신회로이다. 도적들은 영재의 詩作能力을 시험해 보겠다고 생각했을 것이고, 영재는 이 기회에 도적들을 교화시켜야 한다는 의무감에 가득차 있었을 것이다. 도적들은 영재의 생명을 담보로 하고 있다고 믿었던 반면에, 영재는 오히려 이들의 생명을 濟度

---

7) 도적들이 이러한 긴박한 상황에서조차 노래를 지으라고 요구했다는 깃은 평소에 향가를 매우 좋아했다는 의미이고 月明師條의 표현을 빌리면 도적조차 향가를 '崇尙'했다고 할 수 있다.

사람을 살상하고 물건을 약탈하는 도적들조차 향가를 능동적으로 향유했을 정도였으니, 기왕에 거론된 바와 같이 元聖王代 역시 신라의 전계층이 향기의 창작과 수용에 참여하는 전성기임을 방증한다.

해야 한다는 의욕을 갖고 있었던 셈이다. 그 교차점에 「우적가」가 놓여 있는 것이다.

『三國遺事』에 전하는 「遇賊歌」의 가사는 이러하다.

> 自矣心米
> 兒史毛達只將來呑隱日遠鳥逸□□過出知遣
> 今呑藪未去遣省如
> 但非乎隱焉破□主次弗□史內於都還於尸朗也
> 此兵物叱沙過乎好尸日沙也內乎呑尼
> 阿耶
> 唯只伊吾音之叱恨隱潒陵隱安支尙宅都乎隱以多

「우적가」는 어떻게 도적들에게 현실적 설득력을 가질 수 있었을까. 그 상상력의 방향은 어떠했을까. 이에 대한 규명은 본질적으로 노래 자체에 대한 분석에서 출발해야 한다. 그러나 주지하다시피 「우적가」는 원문 자체의 缺字와 해독상의 엄청난 격차로 인해 텍스트 확정이 현재로선 곤란하다. 따라서 당시의 정황을 통해 영재의 의식을 추정하는 우회적 방법으로 「우적가」의 상상력 세계를 더듬어 보고자 한다.

첫째, 「우적가」는 도적이라는 지극히 범속한 인간의 요구로 인해 자신을 이해시켜야 했던 메시지이다. 따라서 문학적 소양이 없던 도적들을 감동시킨 노래라면 일단 내용이 쉽고 의미가 분명한 것이었다고 하겠다. 구사한 어휘도 일상적이고 평이한 것이며, 세련된 기교나 수준 높은 비유도 배제되었을 것이다.

둘째, 그러면서도 향가로 이름을 날린 전문적 作家의 작품이므로 구조적으로 완결되고 의미상으로 자연스레 연결된 것이라 하겠다.

셋째, 인간을 聽者로 하여 감화시키는 것이므로 초월적 존재를 대상 내지 청자로 하는 一群의 향가와도 구별이 된다. 따라서 찬탄적이거나 위협적인 것은 아니었던 것으로 추정된다.

넷째, '次弗□史內於都還於尸朗也'를 재물을 무가치하게 보는 내용으로 解讀[8] 하는 경우가 있었는데 이는 타당성이 희박하다. 도적들은 「우적가」를 듣고서 영재에게 비단을 주었다고 했다. 만일 재물을 무가치하게 보는 내용이 표출된 노래를 듣고서도 도적들이 재물을 증정했다면 일단 다음과 같은 두 가지 이유를 생각할 수 있다.

하나는 노래를 제대로 이해하지 못했다는 것이고, 또하나는 영재의 말과 행동이 일치하는지를 시험하려 했다는 것이다. 그러나 첫째 이유는 도적들이 노래의 뜻에 감동했다고 하였으니 설득력이 없다. 또 죽음 앞에서 초연하고 일찍부터 그 명성이 알려졌던 영재를 다시 한번 시험하려 했다고 보기도 어렵기 때문에 둘째 이유도 타당치 못하다.

「우적가」에 物慾에 관한 언급이 있을 것이라는 주장은 이렇게 설화 문맥과 상충된다. 이것도 저것도 아니라면 「우적가」에는 이런 내용이 없었다고 해야 한다. 그래야 도적들이 비단을 선물하는 과정이 순조롭게 이해된다. 도적들은 당연히 사양할 줄 알면서 비단 두 필을 주었을 까닭이 없기 때문이다. 따라서 본 가요에 物慾을 비판한 구절은 존재하지 않았을 것이다.[9]

다섯째, '此兵物叱沙過乎'를 무기를 버리게 하려는 의미로 해석하는 경우가 많았는데, 이것도 再考를 요한다. 도적들이 武裝을 解除한 것은 「우적가」의 감동에 대한 직접적 반응이 아니다. 이 노래를 듣고 나타낸 반응은 '賊感其意 贈之綾二端'이다. 무기를 버린 것은 나중에 보여준 영재의 실천적 행위에 감화되어 佛徒가 되기로 결심하면서 스스로 결정한 것이기 때문에 서사문맥의 몫이다. 이는 다시 상술한다.

---

8) 金俊榮, 『鄕歌文學』, 螢雪出版社, 1979, 개정판, p.169.
9) 「遇賊歌」와 一然의 讚詩를 지나치게 연계시킬 필요는 없을 것이다. 一然의 讚詩는 「영재설화」에 대한 결과론적인 評詩이고, 「遇賊歌」는 「영재설화」의 사건이 진행되는 과정상의 詩歌이다. 따라서 讚詩에 있는 내용이라고 「우적가」에도 있을 것으로 기대할 수는 없다.

여섯째, '安支尙宅'이 '귀족의 저택'을 지칭한다고 풀이한 경우가 많은 데, 이러한 견해는 그릇된 듯 하다. '安支尙宅'을 '귀족의 저택'으로 풀이 하면서 다음 구절을 이것의 추구로 흔히 해석하고 있는데 이것이 비유 적으로 쓰였다고 하더라도 영재의 세계관에 비추어 볼 때, 추구해야 할 이상적 세계를 물질적 풍요의 상징인 귀족의 저택으로 환치시키는 발상 은 결코 허용될 수 없는 것이다.

일곱째, 이들의 신분이 도적이라는 것과 당시의 상황을 감안하면 본 가요에 불교의 교리가 미미했던 것은 당연한 듯 하다. 앞서 언급했듯이 이들은 기왕에 불교적 세계관을 몰랐기 때문에 도적이 되었다고 볼 수 없다. 따라서 도적들이 영재의 노래를 통해 새삼스레 불교의 가르침을 받으려고 하지는 않았을 것이다. 영재도 이러한 사정을 몰랐을 리 없다. 특히 자신이 승려인 줄 알면서도 살해하려 했던 점에서 불교에 대한 이 들의 감정이 결코 호의적이지 않았음을 간파했을 터이다. 도적들이 사회 체제나 지배층에 불만을 갖고 있었을 것임은 쉽게 추정된다. 그러나 승 려마저 죽이려 했다는 것은 불교계에 대해서도 이들이 불만과 불신을 갖고 있었기 때문이 아닌가 한다.

승려가 죽음을 두려워 한다면 그것이 이상한 일이다. 그런데 도적들은 승려인 줄 알면서도 영재가 죽음을 두려워 하지 않는다고 오히려 놀랐 다. 이것은 영재의 信心을 극명히 나타내기 위한 서술이 분명하지만, 뒤 집어 생각하면 도적들은 죽음을 두려워 하는 승려도 상당수 있다고 여 겼기 때문이겠고 그렇다면 이 또한 도적들의 불교에 대한 不信과 불만 을 반영하는 것으로 볼 수 있겠다.

여덟째, 「우적가」를 도적들을 설득하는 노래로 간주하는 것은 지나치 게 결과론적이지 않은가 한다. 상황이 위와 같다면 「우적가」에서 직접적 으로 불교의 교리를 강조하는 것은 오히려 도적들의 반감만 불러 일으 키게 된다. 억지로 종교적 세계를 주입시키려 하거나 잘못을 꾸짖는 것 은 오히려 이들의 감정만 자극시킬 뿐이다. 도적들의 惡行을 一喝하기

보다는 영재 자신이 겪은 수양에서 오는 깨달음, 즉 세상일에 얽매이지
않는 자유로운 의식과 入山하는 심경 그리고 목숨에 집착하지 않는 까
닭 등이 언급되어야 전체적인 흐름에 어긋나지 않는다.

「우적가」는 불교적 색채를 가급적 배제하고 자신의 삶을 차분히 회고
하며 현재 추구하는 삶의 지평을 진술하고 평이하게 제시하였을 것이다.
그래서 도적들로 하여금 자신들의 삶을 스스로 돌이켜 보게 하고 마침
내 감동으로 끌어내는 쪽에 문학적 상상력의 방향을 두었던 것으로 추
정된다.

「우적가」의 상상력 발동이 불교적 카테고리에서 이루어졌음을 부인할
수는 없다. 그러나 영재는 불교적 구심력의 강력한 작용을 받으면서도
교리를 노래하지는 않고[10] 오히려 자신에 대한 엄격함과 세속에 대한
자유로움으로 도적들 스스로가 각성하도록 유도했음직 하다.

이렇게 하여 문학적 감동이 현실적 설득력을 갖게 되었고, 이를 통해
자연스레 불교적 세계관이 열렸던 것으로 보여진다. 도적들의 심리변화
는 이렇게 영재의 의도하에 이루어졌음을 추정할 수 있다. 즉석에서 향
가를 지었으면서도 도적들의 완악한 마음을 녹인 老僧의 경륜을 발견하
게 되는 것이다.

그러나 아직까지 도적들이 불교에 歸依한 것으로 볼 수는 없다. 「우적
가」를 노래하자 '도적들은 그 뜻에 감동을 했다'고만 되어 있음에 주목할
필요가 있다. 종래에는 영재가 이 노래를 들려주자 도적들이 회개하여
佛徒가 된 것으로 대부분 파악했지만 이는 설화 문맥을 세밀하게 검토
하지 못한 결과이다. 그만큼 「우적가」의 역할이 과장·왜곡된 것이다.
도적들의 佛敎歸依는 「우적가」에 이은 실천적 행위를 기다려야만 했다.

---

10) 앞에서 기왕의 解讀들이 천차만별이지만 이 점만은 공통적이라고 했다.

3. 감동의 현실적 층위

도적들의 佛敎歸依는 「우적가」의 문학적 감동 위에 존재한다. 그런데 여기서 우선 짚어 보아야 할 문제는 흉악한 도적들이 노래 한 편을 듣고 감화되어 佛徒가 되었다는 것이 사실일까 하는 현실적 의문이다. 다시 말하자면 이 사건이 실재했을까 하는 것과 사건이 대체로 사실이라 하더라도 노래 한 首만으로 도적들의 회개가 가능했을까 하는 것이 문제된다.

이에 대해서는 몇 가지 가능성을 생각해 볼 수 있다.

첫째, 완전히 허구적 사건이었다고 할 수 있다. 이러한 주장은 사건을 단순히 꾸며낸 이야기로 보는 입장이다. 또한 永才라는 이름도 '詠才'라는 의미이므로 사건에 지나치게 부합된다는 점에서 假名이며 따라서 그는 가공의 인물이라는 것이다.

그러나 영재가 생존했다는 元聖王代의 역사적 정황[11]을 보면 이 사건이 실재했을 가능성은 충분하다. 또한 영재의 경우도 이 사건을 제외하곤 그를 특별히 기억할 필요가 없어지자, 본래의 이름이 亡失되고 사건에 걸맞은 假名이 붙여졌을 뿐이라고 보면 실존성 자체를 의심할 필요는 없을 것이다. 따라서 이 이야기를 단순히 허구적 사건으로 볼 수만은 없겠다.

둘째, 이 이야기는 사실이었다고 할 수 있다. 그렇지만 이 경우에도 두 가지 상이한 견해를 가정할 수 있다. 하나는 이 사건 자체를 사실로 보나 상당 부분 과장되어 있다는 쪽이고, 또하나는 문맥 그대로 實在했다고 보는 쪽이다.

---

11) 元聖王代를 전후하여 政權簒奪과 謀叛이 빈번했고 도적이 猖獗했다는 것은 다음의 기록에서 찾아볼 수 있다.

『三國史記』 惠恭王 十六年.

『三國史記』 元聖王 四年, 七年.

『三國遺事』 景德王 忠談師 表訓大德.

前者는 영재가 도적들을 만나 회개시켰다는 것을 사실로 받아들일 수는 있지만, 시 한 首만으로는 그것이 불가능했다는 쪽이다. 아무리 「우적가」가 감동적이라 하더라도 도적들을 대번에 佛徒로 만들 수 있었겠느냐는 것이다. 즉 실제로는 영재가 이들에게 「우적가」도 들려주고 장시간에 걸쳐 說法도 하고 해서 어렵게 교화시켰을 터인데, 一然이 설화를 기술하면서 불교적 감동을 고취시키기 위해 극적인 反轉을 꾀했다고 보는 것이다.

後者는 문맥 그대로 사실이라는 쪽으로 이는 설화의 내용만 가지고도 사건의 모든 내용이 현실적으로 충분히 설명된다는 입장이다.

전자와 후자 중 어느 것이 타당한가 하는 문제는 설화의 분석과 「우적가」의 위상을 규명하는 작업에 직결되기 때문에 매우 중요하다.

이 이야기를 완전한 허구로 보지 않는다면, 문제는 결국 흉폭한 도적들이 「우적가」를 듣고 改心하여 佛徒가 되었다는 것이 사실인가 하는 문제로 수렴된다. 다시 말해 영재가 도적들과 遭遇하여 교화시켰다는 점을 의심하는 것이 아니라, 도적들이 어떻게 佛徒로 생을 전환하게 되었는가 하는 과정을 문제삼는다. 따라서 여기서는 영재보다 도적들의 심리와 태도에 초점을 맞추어 살펴보는 것이 유익하리라 본다.

「우적가」를 듣고 이들은 비단 두 필을 헌납했다. 그러나 그것은 어디까지나 감동을 준 데 대한 감사이고 답례의 차원이지, 그들이 영재의 불교적 세계관을 추종하기로 했다는 의미는 결코 아니다. 그렇다면 「우적가」 노래 한 편을 듣고 대번에 도적에서 佛徒로 說服되었다는 단견은 사실이 아니다.

하지만 도적들이 자신의 재물을 남에게 증정했다는 것은 그 자체로 대단한 사건이다. 남의 재물을 빼앗을 줄만 아는 도적들의 생리를 감안하면 비단 두 필의 증정이란 엄청난 감동을 전제로 한다. 비록 영재의 삶에 歸依할 정도는 아니었지만, 도적의 신분으로서 비단을 선사했다고 하니 이 노래로 인한 감동의 폭과 깊이는 충분히 짐작할 수 있다. 「우적

가」는 이들의 탐욕스럽고 사악한 마음을 동요시키고 진리를 들을 수 있
는 귀를 열어 놓는 역할을 했다.

이에 永才는 「재물이 지옥의 근본이 됨을 알아 장차 깊은 산으로 피
해 일생을 보내려 하는데 어찌 감히 받을 수 있겠는가」 하며 비단을 땅
에다 던졌다. 종교적 교리로 無所有를 가르치기는 쉬워도 눈앞에 있는
재물을 물리치기는 용이하지 않다. 도적들이 받은 결정적인 감동은 심오
한 교리의 가르침에서 비롯된 것이 아니라 物慾의 超脫이라는 세속적
인간은 결코 흉내낼 수 없는 실천적 행위에 있었다. 여기서 도적들은 자
신들의 전 생애를 뒤바꿀 충격적 세계관을 발견한 것이고 생의 최고 가
치였던 재물 축적이 덧없음을 알게 된 것이다.

이에 도적들이 보인 반응은 '賊又感其言'에서 비롯된다. 그런데 이는
다음에 이어지는 결정적 改心 즉 '皆釋劒投戈 落髮爲徒'의 이유가 된다.
그렇다면 도적이 佛徒가 된 이유의 '又'는 단순히 '또한'을 의미하는 것이
라 할 수 없다. 그것은 도적들이 받은 충격과 감동의 최상급이라는 속뜻
이 자리한다.

永才가 「遇賊歌」에서 제시한 불교적 세계가 도적들에게 전혀 새롭고
충격적인 것이어서 이들이 改心했다고 볼 수는 없다. 불교의 시대였던
당시에 이 설화와 노래에 보이는 초보적 가르침 정도는 이들도 도적이
되기 전에 이미 알고 있었을 것이다. 따라서 이들이 佛徒가 된 것은 영
재가 가르친 불교의 교리에 탄복했다기 보다 자신들의 삶에 투사된 「우
적가」의 문학적 감동과 일련의 언행, 즉 영재라는 한 개인에 대한 감동
때문이라고 할 수 있다. 영재는 도적들에게 '佛徒가 되라'는 말 한마디
하지 않고도 이들을 교화시켰던 것이다.

지금까지 도적들의 佛敎歸依 과정을 그들의 심리적 변이를 중심으로 살
펴보았다. 이에 따르면 처음에 영재가 칼날 앞에서도 태연하자 도적들이
오히려 당황했고, 그것이 점차 호기심으로 바뀌었을 것이라고 했다. 그러
다가 영재가 자신의 修道的 체험과 世慾으로부터의 자유로움을 그린 「우

적가」의 세계를 제시하자 마음의 문이 열리게 되었고, 다시 그의 실천적
행위로 이것을 확인하게 되자 마침내 굴복하게 되었다고 추론해 보았다.

도적들이 沙門에 든 것은 일순간의 감정 때문이 아니라, 위와같은 지
극히 인간적인 감동의 단계를 거쳐 점진적으로 이루어진 결과였음을 알
수 있었다. 결국 「우적가」만으로 도적들을 감화시켰다는 견해나, 이러한
점 때문에 이 사건이 허구라는 견해는 모두 불식되어야 할 것이다.

4. 맺 음 말

永才는 어떻게 도적들을 敎化시킬 수 있었을까. 그 상상력의 세계는
어떠했으며, 문학의 몫은 무엇인가. 본고는 이러한 의문에서 출발했다.
그래서 감동을 주고받은 永才와 도적들의 입장을 넘나들면서 「우적가」
의 상상력 세계를 더듬어 보고자 했다. 이와 더불어 흉악한 도적들이 불
교에 귀의했다는 것의 사실 여부와 그 과정도 살펴보고자 했다.

먼저 영재와 遭遇한 때부터 도적들의 심리적 상태를 점검한 결과「우
적가」를 듣기 전에 이미 완악한 마음이 상당히 宥和되었음을 짐작할 수
있었다. 한편 영재는 도적들을 감정적으로 자극시키지 않으면서도 자연
스레 이들의 그릇된 삶을 깨우치려 했던 것 같다. 따라서 「우적가」는 자
신의 修道的 체험과 추구하는 삶의 지평을 진솔하고 평이하게 제시하여
문학적 감동으로 끌어내는 쪽이었다고 보고, 이러한 관점에서 그 상상력
세계의 방향을 몇 가지로 나누어 추정해 보았다.

그러나 「우적가」만으로 도적들이 불교에 歸依한 것은 아니라고 했다. 이
들이 改心한 결정적 계기는 세속적 인간은 흉내낼 수 없는 物慾의 超脫에
있었던 것으로 보았다. 이렇게 하여 문학적 감동이 현실적 설득력을 갖게
되었고, 이를 통해 자연스레 불교적 세계관이 열렸던 것으로 보여진다.

그래서 결국 영재의 설화가 과장되었다는 주장과 문맥 그대로 사실이
라는 주장 중 어느 것이 옳으냐는 문제는 가릴 것이 아니라고 했다. 문

맥을 제대로 이해하지 못한 데서 온 그릇된 시비거리이기 때문이다. 노래 한 首가 이들을 대번에 佛徒로 改心시킨 것은 아니지만, 설화도 문맥 그대로의 실제성이 충분히 인정된다. 「영재설화」에서는 「우적가」 한 首만으로 이들이 沙門에 든 것이라고 하지 않았다. 이 노래를 비롯한 앞뒤 행위를 조목조목 서술하고 이것들의 일련의 결과로 도적들이 감화되었다고 했는데, 오히려 후대의 연구가 노래에만 지나치게 비중을 둔 셈이다.

그렇다고 해서 「遇賊歌」의 역할이 평가 절하되는 것은 아니다. 佛教 歸依는 여전히 「우적가」의 문학적 감동 위에 존재한다. 說法을 통해서가 아니라 詩的 감동의 극대화를 통해 도적들에게 새로운 삶의 지평을 열어주었기 때문이다.

《 參考文獻 》

1. 자료

『三國史記』
『三國遺事』
『花郎世紀』
『史記』
『漢書』

2. 논저

金俊榮, 『鄕歌文學』, 螢雪出版社, 1979, 개정판.
金哲埈, 「羅末麗初의 社會轉換과 中世知性」, 『創作과 批評』 통권 12호.
金學成, 『韓國古典詩歌의 硏究』, 원광대 출판부, 1980.
柳孝錫, 「雲上院과 雲上人의 歌樂的 修行」, 『韓國詩歌硏究』 창간호, 1997.
尹榮玉, 『新羅詩歌의 硏究』, 螢雪出版社, 1982.
崔聖鎬, 「遇賊歌」, 金承璨 編著, 『鄕歌文學論』, 새문사, 1986.

◐ 저자소개

강등학 : 강릉대학교 국어국문학과 교수
허남춘 : 제주대학교 국어국문학과 교수
김문태 : 성균관대학교 국어국문학과 강사
유효석 : 성균관대학교 국어국문학과 강사
윤철중 : 상명대학교 국어교육학과 교수
여기현 : 광운대학교 국어국문학과 교수
김동욱 : 상명대학교 국어국문학과 교수
윤경수 : 부산외국어대학교 국어국문학과 교수
김병국 : 건양대학교 국어국문학과 교수
성무경 : 성균관대학교 국어국문학과 강사

반교어문연구총서1

신라가요의 기반과 작품의 이해

1998년 4월 8일 인쇄
1998년 4월 13일 발행
편 저 : 반교어문학회 편
발행인 : 김 홍 국
도서출판 보 고 사
주 소 : 서울시 동대문구 이문2동 291-60
한빛빌딩 B01호
전화 : (02)959-2032~3 팩스 : 957-9320

ISBN 89 - 86142 - 63 - 5   가격 : 15,000